Die fünf WELTRELIGIONEN

Bradley K. Hawkins, Brian Wilson, Cybelle Shattuck,
Jamal J. Elias, Dan Cohn-Sherbok

Die fünf WELTRELIGIONEN

GESCHICHTE, LEHREN, PERSPEKTIVEN

HOHE

Wichtiger Hinweis:
Der Text dieser Neuausgabe basiert auf den Originalausgaben von 1999.
Sie beinhalten treffende Beispiele, die sich in bezug auf Persönlichkeiten oder Ereignisse an der Entstehungszeit des Buches orientieren und damit nicht den gegenwärtigen Gegebenheiten entsprechen.
Redaktion Verlag HOHE GmbH

Bradley K. Hawkins, Brian Wilson, Cybelle Shattuck, Jamal J. Elias, Dan Cohn-Sherbok: Die fünf Weltreligionen – Geschichte, Lehren, Perspektiven
Titel der englischen Originalausgaben:
Buddhism, Christianity, Hinduism, Islam, Judaism
Titel der deutschen Originalausgaben:
Religionen der Welt: Buddhismus, Christentum, Hinduismus, Islam, Judentum
Übersetzung aus dem Englischen: Angela Krumpen (Buddhismus),
Ulrich Ruh (Christentum), Bernardin Schellenberger (Hinduismus und Judentum),
Rita Breuer (Islam)

These books were first published as separate volumes, and were designed and produced by Calmann & King Ltd., now known as Laurence King Publishing Ltd., London.

Die Verlag HOHE GmbH ist ein Gemeinschaftsunternehmen
der Herder GmbH & Co. KG, Freiburg,
und BMH Buch Medien Handel GmbH, Erftstadt.

Einbandgestaltung: sowiesodesign.de
Einbandabbildungen (von o. nach u.):
Buddhastatuen im buddhistischen Kloster Yuanhengsi in Kaohsiung, Taiwan, picture-alliance/dpa; Jesus am Kreuz, Tomar, Portgal, picture-alliance/Godong; Menorah, Kerzenleuchter aus Jerusalem, Israel, picture-alliance/Godong; Ein Moslem betet während des Ramadans in der Großen Moschee von Srinagar in Kaschmir, aufgenommen 2003, picture-alliance/dpa; Hindufest ehrt Elefantengott Ganescha, Bombay, Indien, aufgenommen 2006, picture-alliance/dpa
Satz: Roland Poferl Print-Design, Köln

Gesamtherstellung: Verlag HOHE GmbH, Erftstadt
Printed in Czech Republic 2007

ISBN 978-3-86756-024-5

Inhalt

BUDDHISMUS

CHRISTENTUM

HINDUISMUS

ISLAM

JUDENTUM

BUDDHISMUS

1. Einleitung: Die drei Traditionen

Theravada: Der Weg der Disziplin

Vor der Südostküste von Indien liegt die wunderschöne Insel Sri Lanka. Nur wenige Grade nördlich des Äquators gelegen, blühen hier tropische, üppig grüne Landschaften. Sri Lanka ist das Land der Erde mit der längsten kontinuierlichen buddhistischen Tradition. Überall kann man Spuren des Buddhismus sehen. In den früheren – heute verlassenen – Hauptstädten im Norden, Anuradhapura und Polonnaruwa, zeugen gewaltige Ruinen von der Hingabe der früheren srilankischen Könige an die buddhistische Religion. In Polonnaruwa wurden riesige Buddhastatuen aus dem Fels gehauen – und diese stillen Botschafter aus der Vergangenheit gebieten heute noch Ehrfurcht. Aber der Buddhismus ist nicht nur ein totes Relikt einer glorreichen Vergangenheit. Heute folgen ungefähr 75 % der srilankischen Bevölkerung den Geboten des Gründers des Buddhismus, Siddhartha Gautama, so wie Buddhisten es seit den Anfängen der Religion um 500 v. Chr. immer getan haben. Darüber hinaus entscheiden sich auch viele Srilanker, sich tief auf ihre Religion einzulassen: Sie treten in die *Sangha* ein, den buddhistischen Orden der Mönche und Nonnen. Offiziell gibt es heute zwar keine buddhistische Nonne mehr in Sri Lanka – aber das war nicht immer so. Der Buddhismus war lange für seine positive Haltung gegenüber Frauen bekannt, über lange Zeit in der Geschichte des Buddhismus konnten Frauen die Erleuchtung aus einer fast gleichen Stellung wie Männer anstreben.

Für die Srilanker ist Buddhismus ein lebendiger Glaube, der ihr ganzes Leben prägt. Nirgendwo wird das deutlicher als in Kandy, der Hauptstadt des letzten unabhängigen Königreiches, das es in Sri Lanka gegeben hat, bevor es 1815 unter britische Herrschaft geriet. Gebaut worden ist Kandy in den geschützten tiefen Tälern des Gebirges im Zentrum von Sri Lanka. Die Hingabe der Einwohner von Kandy an den Buddhismus ist augenfällig, wohin man auch schaut. Am zentralen See Kandys liegen zwei der heiligsten Stätten von Sri Lanka. Auf der einen Seite liegt Dalada Maligava, der Tempel des Zahns, der so genannt wird, weil er vermutlich eine Reliquie des Buddha beherbergt, einen seiner Zähne eben. Gegenüber, quer über den See, liegt

Malvatta, das große zentrale Kloster der Siyam Nikaya, der zahlenmäßig stärksten Gruppe buddhistischer Mönche in Sri Lanka. Nicht weit entfernt, am anderen Ende der Stadt, liegt das andere Hauptkloster von Kandy. Es handelt sich um Asgin, das Zentralkloster der zweitgrößten Gruppe von Mönchen. Überall in der Stadt und der Umgebung zeugen zahlreiche winzige Schreine und klösterliche Bauten von der Verbundenheit der Bevölkerung mit ihren religiösen Wurzeln.

Aber nicht alle buddhistischen Bauten in Sri Lanka sind alt. Mehr als fünf oder sechs Meilen südlich von Kandy in den Bergen befindet sich eine neue buddhistische Gemeinschaft. In die steilen Hügel gebaut, dient ihr Zentrum sowohl der lokalen Bevölkerung als auch interessierten Ausländern: es ist für alle da, die die buddhistische Kultur für sich erproben wollen. Wie alle buddhistischen Einrichtungen des *Theravada* konfrontiert das Zentrum den Besucher mit zwei scheinbar völlig unterschiedlichen Seiten des Buddhismus. Einerseits sind die Schreine des Buddha prächtig, farbenfroh und komplex gestaltet. Andererseits leben die Mönche in äußerster Einfachheit. Gleichwohl bilden diese widersprüchlichen Seiten zusammen wie ein nahtloses Ganzes die Sicht der Welt in der *Theravada*-Tradition. Buddhisten glauben beides: daß unser Leben letztlich eine unzulängliche Erfahrung ist – und gleichzeitig, daß wir immer wieder sterben, um in diese Welt wiedergeboren zu werden. Der Kreislauf von Tod und *Wiedergeburt* wird *samsara* genannt. Die vielen prächtigen dem Buddha gewidmeten Schreine werden aufgestellt, um den großen Lehrer zu verehren, der den Menschen den Weg gezeigt hat, mit Hilfe dessen das Leid im *samsara* überwunden werden kann.

Über dem Klostereingang sieht man zuerst einen großen Steinbogen, der die Grenze zwischen der gewöhnlichen, alltäglichen und profanen Welt und der heiligen Klosterwelt darstellt. Es gibt kein kunstvoll gestaltetes Zeichen, welches für die Trennung der beiden Welten stünde, es gibt nur ein Steintor, überragt von einem gemeißelten Rad mit acht Speichen. In gewisser Weise beinhaltet dieses einfache Zeichen die gesamte Lehre des Buddha. Die acht Speichen symbolisieren den *Achtfachen Pfad*, den der Buddha als den Weg der Befreiung von den Leiden der Alltagswelt ausgewiesen hat. Die Radnabe im Zentrum steht für das *Nirwana*, das Ziel, das alle Buddhisten anstreben. Das *Nirwana* unterscheidet sich so sehr von dem, was wir in unserer Welt erfahren, daß es sich jeder Beschreibung entzieht. Aber im wahrsten Sinne ist es: ewiger Friede.

Die Krönung des Klosters findet sich auf dem Gipfel des Hügels: hier ist der dem Buddha gewidmete Schreinraum gebaut. Beim Eintreten wird man von kühlem Halbdunkel eingehüllt. Die einzige Beleuchtung im Innern kommt aus wenigen, engen Fenstern hoch oben an den Wänden und einigen brennenden Kerzen vom Altar. Instinktiv hört jede Unterhaltung auf. Alles in der Halle ist so ausgerichtet, daß die Aufmerksamkeit des Gläubigen auf die zentrale Statue des Buddha gelenkt wird. Diese Statue ist viereinhalb Meter hoch. Der Buddha wird so groß dargestellt, um symbolisch die Größe seiner Tugenden und Fähigkeiten auszudrücken. Diese Statue ist keine keusche, kahle Steinskulptur wie die in Polonnaruwa. Hier finden wir ein Fest glänzender Farben: orange, schwarz, rot, grün, und sie erwecken den Anschein, als sei der Buddha wie ein lebendiges Wesen. Alle anderen um diese Buddhafigur gruppierten Statuen, die die ersten Schüler des Buddha darstellen, sind ebenfalls mit leuchtenden Farben bemalt: im ersten Moment wirken sie wie lebende Menschen, eingefroren in Zeit und Raum.

Direkt vor der Buddhastatue steht der Altar. Weil hier täglich *Pujas* abgehalten werden, stehen auf dem Altar mit Früchten, Blumen und Wasser gefüllte Schalen. Die Praxis, symbolische Opfergaben statt Tieropfer (auch Menschenopfer) darzubringen, scheinen die Buddhisten erfunden zu haben; von ihnen ist sie wohl in den Hinduismus, die andere große Religion in Indien, übernommen worden. Ihre Absicht ist nicht, eine wütende Gottheit zu bestechen oder zu besänftigen, sondern dem geliebten Lehrer zu danken und ihn zu preisen. Auf jeder Seite des Altars stehen Kerzenleuchter mit Kerzen, die für das symbolische Lichtopfer stehen. Über allem liegt der schwache, süße, rauchige Duft von Weihrauch. An den Wänden ringsherum sind weitere Bilder, die das Leben und die Unterweisungen des Buddha darstellen. Die meiste Zeit über nehmen an der täglichen *Puja* nur die Mönche teil, die hier leben. An Neumond und Vollmond ist das anders. Diese Tage sind in der *Theravada*-Tradition heilig, und viele Dorfbewohner gesellen sich zu den Mönchen bei ihren religiösen Verrichtungen.

Direkt unterhalb dieses Schreines befinden sich die anderen Gebäude des Klosters. Rechts ist ein großes Gebäude, das als Schule genutzt wird. Regelmäßig findet hier Unterricht statt, in dem die Kinder die Grundlagen der buddhistischen Religion lernen sollen. Auch Kurse für interessierte Ausländer werden hier angeboten. Wenn die Schule nicht für religiöse Unterweisungen genutzt wird, findet der normale Schulbetrieb statt. Diese Verbindung zwischen Buddhismus

Theravada-Mönche in Thailand sammeln auf der Straße Almosen. Dadurch, daß sie Mönche unterstützen, erwerben sich die Laien Verdienste für dieses und auch für folgende Leben.

und Bildung existiert seit den Anfängen der Religion. In den anderen Gebäuden sind die Gästezimmer, die Verwaltungsräume und die Küche untergebracht. Die Küche hat dabei einen innovativen Charakter: Traditionellerweise waren die Buddhistischen Mönche aus der *Theravada*-Tradition mit ihren geschorenen Köpfen und ihren charakteristischen orangefarbenen Roben gegen neun Uhr morgens in nahe gelegenen Dörfern von Haus zu Haus unterwegs, um sich ihr Essen zu erbetteln. Das Essen wurde in großen Schalen gesammelt, die jeder Mönch mit Hilfe eines um die Schulter geschlungenen Stoffriemens trug. Nachdem so das Essen zusammengetragen war, kehrten die Mönche ins Kloster zurück und verzehrten dort ihre Essensspende bis zum Mittag: die klösterlichen Regeln verbaten jede Aufnahme fester Nahrung nach Mittag. Heutzutage, mit dem Zustrom ausländischer Studenten, haben die Mönche dieses Klosters beschlossen, eine Küche einzurichten. Allerdings kochen sie nicht selbst. Das ist immer noch verboten. Die Frauen des Dorfes wetteifern um die Ehre, die Mönche bekochen zu dürfen. Den Mönchen zu spenden oder ihnen Essen zu kochen, ist für Laienbuddhisten ein sicherer Weg, Verdienste anzusammeln und so eine bessere Wiedergeburt zu erlangen.

Weiter unten am Hang, fern vom Gedränge und Gehetze des Hauptgeländes, leben die Mönche selber. Jeder Mönch hat seine eigene Hütte. In seiner Wohnung hat er ein Bett, einen Tisch, einen Stuhl und eventuell ein paar Bücher. Wie der Mönch seinen Tag verbringt, hängt von den Pflichten ab, die ihm zugewiesen werden. In den *Theravada*-Ländern kann man die Mönche in zwei Gruppen einteilen. Die einen leben in den Dörfern. Ihre Hauptaufgabe besteht darin, für Laienbuddhisten dazusein und sie zu unterrichten. Die zweite, wesentlich kleinere Gruppe sind die Waldmönche. Ihre Hauptaufgabe besteht in der Meditation. Bis vor kurzem gab es keine Zentren, um Laien in der Meditation zu unterrichten. Laien haben hauptsächlich dadurch Verdienste angesammelt, daß sie Mönche mit allem Lebensnotwendigen versorgten, mit Essen, Kleidern und Medizin. Nur Mönche meditierten. In den *Theravada*-Ländern gibt es heute Initiativen zur Meditation für Laienbuddhisten. Es wurden Zentren gegründet, in denen Laien Meditationstechniken lernen können.

Obwohl das Zentrum in Kandy nicht als eine strenge Einsiedelei für Waldmönche konzipiert ist, folgen eine ganze Reihe Bewohner diesem Lebensstil. Das bedeutet, daß sie sich so weit wie irgend möglich von der Welt zurückziehen. Der Mönch, der diesen besonderen Weg gehen will, muß sein Leben radikal ändern. Er bricht seine Kontakte zu Familie und Freunden ab. Er hört auf (außer bei wenigen Ritualen im Jahr), Menschen in der Öffentlichkeit zu treffen. Diese Beschränkungen haben ein klares Ziel: das *Nirwana* zu erreichen. Um dahin zu gelangen, so glauben die Mönche, muß man ein diszipliniertes Leben führen. Diese Disziplin leitet sich aus den Verhaltensregeln ab, die vor ungefähr 2500 Jahren von Buddha aufgestellt und später in der ersten der drei Schriftensammlungen im Buddhismus festgehalten wurden – im *Vinaya*.

Diese Disziplin ist die wichtigste Grundlage der religiösen Praxis der Mönche. Erst wenn sie durch ein solches diszipliniertes Leben über Körper und Geist Kontrolle erlangt haben, können die Mönche anfangen, effektiv zu meditieren. Es ist jedenfalls nicht leicht, meditieren zu lernen. Die Mönche müssen viele Stunden damit zubringen, ihre Meditationstechnik zu verbessern. Eine ganze Literaturflut ist entstanden, um die Techniken zu beschreiben. Zu ihnen gehören die acht Sammlungsstufen *(jnana)*, das Erlangen von ruhigem Verweilen *(samatha)* und schließlich die besondere Einsicht *(vipasyana)*, die zur *Erleuchtung* und zum Ende der Wiedergeburten führen.

Zen: Der Weg der Meditation

Bei der Bedeutung, die der Meditation immer zugeschrieben wird, ist es nicht überraschend, daß die Mönche in anderen Teilen der buddhistischen Welt Meditationstechniken entwickelt haben, die ihren eigenen Gesellschaften entsprechen. Eine der radikalsten dieser Schulen ist die Form des Buddhismus, die im Westen unter dem allgemeinen Namen *Zen* bekannt ist. In mancher Hinsicht ist ein buddhistisches Zenkloster einem buddhistischen Kloster der *Theravada*-Tradition sehr ähnlich. Für beide sind sowohl die Stille als auch die absolut ernsthafte Absicht der Übenden essentiell. Aber in vielem anderen gibt es ebenso klare Unterschiede. Die Mönche sehen zum Beispiel anders aus. Wie bei ihren Vettern in der *Theravada*-Tradition sind ihre Köpfe geschoren, aber statt lockerer orangefarbener Roben tragen sie ernste schwarze Roben, die besser für das kalte Klima im Nordosten von Asien geeignet sind.

Ein gutes Beispiel – sowohl für die Gemeinsamkeiten als auch für die Unterschiede zwischen Mönchen aus Sri Lanka und aus Japan – ist das Hauptkloster des *Soto-Zen*, Eihei-ji. Dieses Kloster ist 1243 von dem großen japanischen Zenmeister Dogen gegründet worden. Erbaut in den isolierten und dicht bewaldeten Bergen in Westjapan ist dieses Kloster immer noch für die Strenge bekannt, mit der hier diszipliniert trainiert wird. Man kann schon an der Architektur des Klosters erkennen, welche Bedeutung der Innenschau im Zen zugewiesen wird. Eihei-ji wird von einer weißen Mauer umschlossen. Es gibt nur ein oder zwei Tore, die normalerweise geschlossen und verriegelt bleiben. Aber geht man einmal ins Innere – dann öffnet sich eine ganz neue Welt.

Wie die meisten japanischen Klöster ist auch Eihei-ji um eine Reihe von Höfen herumgebaut. Diese Höfe haben oft kleine Gärten, entweder mit Pflanzen angelegt oder symbolisch gestaltet mittels abstrakter Anordnungen von Steinen und Sand. Die Räume sind getrennt durch Wandschirme aus Reispapier, und die Böden sind bedeckt mit *tatami,* aus Binsen geflochtenen Matten, die den Räumen einen charakteristischen Geruch geben. Diese selbst sind oft unmöbliert, ausgestattet nur mit wenigen Kissen. Nachts dienen die Räume auch als Schlafquartiere. Dann werden Schlafmatten, *futons* genannt, aus nahgelegenen Schränken geholt und ausgerollt. Es gibt nur spärliche Dekoration: zum Beispiel eine einfache Tuschezeichnung in einer Wandnische, oder vielleicht ein knappes *Zen*-Wort als kunstvolle, in Tinte gezeichnete Kalligraphie. Und davor steht eine kleine Vase mit sorgfältig arrangierten Blumen.

Diese strenge Einfachheit ist entwickelt worden, um die ruhige und friedvolle Atmosphäre zu fördern, die der Meditation dienlich ist. Viele der in den Klöstern übenden Mönche bleiben nur für eine relativ kurze Zeit. In Japan ist es Brauch geworden, Mönchen die Ehe zu erlauben. Das ist in den meisten buddhistischen Schulen anders. Es ist auch Brauch geworden, daß Söhne ihre Väter als Leiter der örtlichen *Zen*-Tempel, die über ganz Japan verstreut sind, beerben. Um dies zu tun, müssen sie aber auch beweisen, daß sie in der Meditation einen bestimmten Grad an Kompetenz erreicht haben. Sie können ihn erlangen durch zwei- bis dreijährige Kurse in einer klösterlichen Umgebung. Nur wenige Mönche entscheiden sich dazu, ihr ganzes Leben der Suche nach *Erleuchtung* zu widmen und ihr gesamtes Leben im Kloster zu verbringen.

Das Trainingsprogramm in Eihei-ji ist nichts für Schwache. Während die Mönche in den *Theravada*-Ländern meistens ihre eigenen, abgetrennten Lebensbereiche haben, leben die Mönche in Zenklöstern oft in Schlafsälen. Die Mönche werden vor Sonnenaufgang geweckt und baden in kaltem Wasser. Im Altarraum fahren sie mit dem morgendlichen Gebet fort. Viele Amerikaner und Europäer haben angenommen, daß *Zen* ein Glaube ohne Rituale oder heilige Schriften sei. Das liegt daran, daß die frühen Autoren, die in europäischen Sprachen über *Zen* geschrieben haben, die Meditation sehr betont haben – oft so sehr, daß sie andere Aspekte des *Zen* ignoriert oder heruntergespielt haben. In Wahrheit gibt es, wie es auch in anderen buddhistischen Schulen der Fall ist, auch im Zen viele farbenprächtige und komplexe Rituale, die entwickelt wurden, um den Buddha zu verehren.

Zen-Mönche folgen vorgeschriebenen Ritualen, um »Achtsamkeit« zu erreichen, einen Zustand der »bewußten Aufmerksamkeit«, der die Meditation vertieft und hilft, das Ziel der Erleuchtung zu erlangen.

Für den wahren Praktizierenden des Zen dienen alle diese Handlungen dem Zweck, die Meditation zu vertiefen. Ob ein *Zen*-Mönch ins Badezimmer geht, sich zum Essen niedersetzt oder sich zum Zubettgehen fertig macht – für alles gibt es ein vorgeschriebenes Ritual. In der Tat wird das ganze Leben eines *Zen*-Mönches durch solche Rituale bestimmt. Dabei ist aber wichtig, daß diesen Ritualen keine eigenständige Bedeutung beigemessen wird. Sie werden eher als Mittel zum Zweck gesehen. Ihr Ziel ist es, genau wie beim Disziplinkodex der *Theravada*-Mönche, die Aufmerksamkeit des Mönches zu schärfen, so daß er sich in jedem Augenblick bewußt wird, was er tut. Dieses »aufmerksam sein« wird *Achtsamkeit* genannt. *Achtsamkeit* ist im Buddhismus immer als einer der wichtigsten Wege angesehen worden, um *Erleuchtung* zu erlangen.

Nach dem morgendlichen Gebet beginnt für die Mönche von Eihei-ji die erste von verschiedenen Meditationsperioden, die zwischen einer Stunde und eineinhalb Stunden dauern. Als erstes wird *Zen*-Übenden die richtige Sitzhaltung beigebracht: man sitzt mit verschränkten Beinen auf dem Boden in der als *Lotussitz* bekannten Position. Das Gesäß wird mit Kissen erhöht, so daß der Rücken gerade und der Kopf aufrecht ist. Die Hände liegen gefaltet im Schoß.

Es gibt zwei grundlegende Formen der *Zen*-Meditation. Die erste, die von der *Soto*-Schule praktiziert wird, besteht darin, den Kopf zu leeren und so einen Zustand tiefer Meditation zu erlangen. Dies erreicht man durch bestimmte Techniken, zum Beispiel die, sich ausschließlich auf den Atem zu konzentrieren. Wenn man nur tief genug in diesen Meditationszustand eindringt, glaubt der *Soto*-Praktizierende, erkennt man die wahre Natur der Realität und erlangt so *Erleuchtung*. Die zweite Methode, von der *Rinzai-Schule* praktiziert, hat das gleiche Ziel. Sie unterscheidet sich vom *Soto* durch den Gebrauch von *Koans*. Ein *Koan* ist eine Art Rätsel, auf das es keine logische Antwort gibt. Diese Übungen dienen dazu, die dualistische irdische Logik zu durchbrechen und so die wahre Natur der Wirklichkeit zu erkennen.

Nach der Meditation dürfen die Mönche schließlich essen. In *Zen*-Klöstern gibt es meistens vegetarisches Essen. Anders als *Theravada*-Mönche, denen es erlaubt ist, Fleisch zu essen, sofern es nicht eigens für sie geschlachtet wurde, dürfen *Zen*-Mönche kein tierisches Eiweiß essen. Das ist der Grund, warum so viel Wert auf pflanzliches Eiweiß gelegt wird, wie man es in Tofu findet, und auf eine besondere Ausgewogenheit von verschiedenen Nahrungssorten. In Europa und Amerika ist dieser Ernährungsstil unter dem Namen Makrobiotik populär geworden. Den Mönchen ist es auch nicht erlaubt, Alkohol zu trinken oder zu rauchen, jedenfalls nicht, während sie praktizieren. Wie alle anderen Aktivitäten, finden auch das Essen und der Abwasch in einer wohlüberlegten, ritualisierten Form statt. Nach dem Frühstück folgt wieder Meditation bis zum Nachmittag, wenn ein weiteres Essen eingenommen wird. Danach haben die Mönche verschiedene Aufgaben, um das Kloster und ihre wenigen eigenen Dinge in Ordnung zu halten. Der Tag endet gegen Sonnenuntergang mit einem weiteren Gebet. Danach ist es den Mönchen erlaubt, entweder zu schlafen oder alleine weiter zu meditieren.

Vajrayana: Der Weg des Rituals

Meditation steht in allen buddhistischen Schulen im Zentrum der religiösen Praxis. Aber jede Schule hat ihre eigenen rituellen Ausprägungen. Das wurde erst vor kurzem in New York offensichtlich. Sicher kennen Sie den Madison Square Garden: Stellen Sie sich ihn bis zum Bersten gefüllt vor. Kein ungewöhnliches Bild, schließlich sind die Ränge oft vollgestopft mit hartgesottenen Fans und Menschen, die ihrem Lieblingseishockeyteam zujubeln. Aber in der Arena des Madison Square Garden befindet sich keine Sportmannschaft. Dort sitzt statt dessen ein Mann auf einer erhöhten Bühne, gekleidet in Roben aus leuchtenden Farben. Um ihn sind herum andere Männer, kaum weniger elegant gekleidet. Alle tragen mit Federn besetzte gelbe Hüte. Diese Menschen singen in tiefen Baßtönen und spielen dazu auf exotischen Instrumenten. Aber all dies ist kein bizarres Rockkonzert: es ist das feierlichste Ritual der Gelugpa-Schule des *Vajrayana* (auch tibetischer Buddhismus genannt), die Kalachakra-Einweihung. Die Einweihung wird geleitet von dem meistverehrten Mönch des tibetischen Buddhismus – vom *Dalai Lama.*

Vor dem *Dalai Lama,* der auf einem Thron sitzt, befindet sich ein großes und kompliziertes Bild, sorgfältig hergestellt aus vielfarbigem Sand. Es wird viele Wochen gedauert haben, dieses Bild anzufertigen: oft dürfen nur ein oder zwei Sandkörner gleichzeitig aufgetragen werden. Diese Arbeit wird von Künstler-Mönchen durchgeführt, die ihr ganzes Leben damit verbringen, das komplizierte Muster zu erlernen und zu beherrschen. Es handelt sich um das Kalachakra-*Mandala* und stellt eine Art Landkarte des Universums dar, so wie es sich die *Vajrayana*-Buddhisten vorstellen. Sein Zweck ist es, dem Einzelnen den Weg zum *Nirwana* zu zeigen.

Weil alle Menschen unterschiedliche Begabungen und Fähigkeiten besitzen, glauben tibetische Buddhisten, muß auch jeder Einzelne eine andere Kombination von Techniken benutzen, um den Kreislauf von Geburt und Tod zu durchbrechen. Wie in allen anderen buddhistischen Schulen, wird die Meditation als Haupttechnik bei dieser Suche angesehen. Aber tibetische Buddhisten glauben auch, daß man *Erleuchtung* durch die Kraft eines Rituals erlangen kann. Diese duale Herangehensweise unterscheidet den tibetischen Buddhismus von anderen buddhistischen Schulen, die annehmen, daß das Ritual immer der Meditation unterzuordnen ist und daß sich der Weg zur *Erleuchtung* allmählich über mehrere Leben erstreckt. Die tibetische Schule glaubt, daß man *Erleuchtung* innerhalb eines Lebens erlangen kann – wenn man gewillt ist, bestimmte Risiken einzugehen. Der Plötzlichkeit, mit der man im tibetischen Buddhismus *Erleuchtung* erlangen kann, verdankt dieser Schule ihren zweiten Namen: *Vajrayana* – der Weg des Donnerkeils.

Einweihungen sind ein spezielles Merkmal des tibetischen Buddhismus. Die Tradition, aus der sich diese Schule entwickelt hat, war das *Tantra.* Im *Tantra* war man der Auffassung, daß Einweihungen von einem *Guru* oder Lehrer in besondere Praktiken und Schriften notwendig sind, wenn man Fortschritte auf dem Weg zum *Nirwana* machen möchte. Tibetische Buddhisten glauben: Je höher die spirituelle Entwicklung des *Guru,* um so effektiver ist die Einweihung. Weil der derzeitige *Dalai Lama* der spirituelle Führer der tibetischen Tradition ist, sind viele Menschen, sowohl Männer als auch Frauen, nach New York gereist, um eine Einweihung von ihm zu erhalten. Die meisten Menschen, die an der Kalachakra-Einweihung teilgenommen haben, haben nicht vor, ernsthafte Studien zu beginnen und um Aufnahme in die *Sangha* zu bitten. Eher glauben sie, daß die Einweihung in einem der nächsten Leben Früchte trägt und Bedingungen schaffen wird, die zur *Erleuchtung* führen – wenn man so will, eine Lebensversicherung für die Zukunft.

Wer seine buddhistische Praxis vertiefen will, den wird diese Einweihung befähigen, bestimmte Texte zu studieren und besondere Techniken auszuüben; er hat sich in der Regel lange auf diese Einweihung vorbereitet, indem er die vorbereitenden Übungen durchgeführt hat. Die jeweiligen Praktiken hierfür unterscheiden sich leicht in den einzelnen tibetischen Schulen, aber manche Praktiken sind allen Schulen gemeinsam. Zunächst gehören dazu die Niederwerfungen. Hierzu streckt sich der Übende in voller Länge auf dem Boden vor einem Altar mit dem Buddha aus, um sich dann wieder vollständig aufzurichten. Diese Praxis muß einhunderttausendmal durchgeführt werden.

Ebenfalls 100 000mal praktiziert wird ein symbolisches Opfer, welches zum Wohle aller Lebewesen dargebracht wird – nicht nur für

Tibetische Mönche mit gelben Hüten beim Vollzug einer Zeremonie in einem Kloster in Tibet.

Menschen. Das Gleiche gilt für die Rezitation von *Mantras,* heiligen Formeln, durch den Übenden. Alle diese Praktiken werden als notwendig erachtet, damit der Übende die notwendige ethische Grundlage und spirituelle Reinheit entwickelt, die er braucht, um den schwierigen und gefährlichen Weg des *Vajrayana* zu gehen. Die höheren Einweihungen, die auf diese vorbereitenden Übungen folgen, erlauben es dem Übenden, bestimmte Meditationstechniken anzuwenden. Diese beinhalten oft besondere *Mantras,* mystische Gesänge oder Techniken, in deren Zentrum der Übende eine spezielle *Yidam* oder Schutzgottheit visualisiert.

Das rituelle Element des tibetischen Buddhismus ist in der Kalachakra-Zeremonie besonders offensichtlich. Alles in der Zeremonie ist so ausgerichtet, daß der Empfänger der Einweihung mit einbezogen werden kann. Anstatt den Körper zu verleugnen, glauben die tibetischen Buddhisten, daß man den ganzen Körper als »Fahrzeug« auf dem Weg zur Erlösung nutzen kann. Süßlich duftender Weihrauch, leuchtende Farben und komplizierte Muster, der schwere rhythmische Baß der Instrumente, der gewaltige Chor der Mönche, all dies wird genutzt, um das Bewußtsein der Übenden langsam aus der Welt der Sinne in einen Bereich höherer Wirklichkeit zu führen. Durch den extensiven Gebrauch von Symbolen wird das Ganze vervollständigt: Hierbei hat das *mandala* eine zentrale Bedeutung. Sogar das Material, aus dem das *mandala* hergestellt wird, hat eine symbolische Bedeutung, repräsentiert es doch die vergängliche Natur der menschlichen Existenz. Am Ende des Rituals wird das *mandala* zerstört und der Sand in das Meer oder einen Fluß gestreut, um nie wieder benutzt werden zu können. Dies betont die vergängliche Natur von *samsara.*

Auch viele andere Symbole werden benutzt. Der *Dalai Lama* und viele der Mönche halten *dorjes* und *ghantas* in ihren Händen. Mit diesen führen sie bestimmte Handgesten aus, die man *Mudras* nennt. *Dorjes* sind schmale Zepter mit zwei Enden, normalerweise aus Bronze hergestellt, die Donnerkeile darstellen. Sie repräsentieren sowohl *geschickte Mittel* – das ist die Praxis, alle Facetten der menschlichen Existenz zu nutzen, um *Erleuchtung* zu erlangen – als auch die unzerstörbare, unveränderbare Natur der Wirklichkeit. Die *ghantas* sind Handglocken, die in der zweiten Hand gehalten werden. Sie stehen für die Weisheit, die der Übende zu erreichen versucht. Viele weitere Symbole finden sich im tibetischen Buddhismus. Eines von ihnen ist die *phurba,* ein ritueller Dolch, welcher symbolisch gebraucht wird, um Unwissenheit durchzuschneiden. In manchen Ritualen werden auch Schalen aus menschlichen Schädeln oder Trompeten aus menschlichen Schenkelknochen benutzt.

Für westliche Augen mag das seltsam aussehen oder abstoßend wirken, aber das muß nicht zwangsläufig so sein. Wie alle Buddhisten glauben auch die Tibeter, daß alle Menschen durch eine endlose Reihe von Wiedergeburten gehen. Der Tod ist also weder ein einmaliges Ereignis, noch braucht man ihn zu fürchten. Der Körper, der zurückbleibt, ist ebenfalls ohne besondere Bedeutung. Wenn er zu einem guten Zweck genutzt wird, dann wird sein früherer Besitzer (oder seine Besitzerin) in ihrem oder seinem nächsten Leben davon profitieren. Ein gutes Beispiel hierfür ist das *Himmelsbegräbnis.* In diesem Fall wird der Körper des Verstorbenen in Stücke zerschnitten und für Aasgeier ausgelegt. Wenn nur noch das Gerippe übrig ist, werden die Knochen gesammelt, gesäubert und entweder begraben oder für religiöse Gegenstände genutzt. Seinen Körper anderen Lebewesen als Nahrung zu überlassen oder für religiöse Gegenstände zur Verfügung zu stellen, wird von den Tibetern als ein Akt außerordentlicher Großzügigkeit gewertet, von dem alle Betroffenen profitieren werden.

2. Die Wurzeln des Buddhismus

Indische Religionen zur Zeit des Buddha

Wenn man die verschiedenen Praktiken und Glaubensrichtungen, die im vorhergehenden Kapitel dargestellt wurden, verstehen will, muß man zuerst die historische Entwicklung des Buddhismus begreifen. Der Buddhismus ist, wie die meisten anderen Religionen, zu einer bestimmten Zeit an einem bestimmten Ort entstanden. Seine Ideen und Formen wurzeln in der Umgebung, in der er entwickelt wurde. Es ist deshalb notwendig, die Entwicklung der Religion in Indien zu betrachten. Indien ist ein sehr großes Land, durch hohe Berge und Ozeane vom restlichen Asien isoliert. Diese geographischen Gegebenheiten bestimmen das Klima des Landes. In Indien herrscht ein sogenanntes Monsunklima mit drei unterschiedlichen Jahreszeiten: einer heißen, einer kalten und einer regnerischen. Während der stürmischen Regenzeit von Mai bis Oktober läßt der heftige Regen Reisen durch das Land nur sehr begrenzt zu.

Außerdem laufen Bergketten und Flüsse kreuz und quer durch Indien und teilen es in unterschiedliche Regionen ein. Die wichtigste Region zur Zeit des Buddha war das Tal des Flusses Ganges, der von West nach Ost durch fast ganz Nordindien fließt. Hier war es, wo die großen Religionen Indiens zuerst entstanden und aufblühten. Erst später verbreiteten sie sich auch im Süden. Zur Zeit des Buddha, gegen 500 v. Chr., fand in dieser Gegend ein lebhafter religiöser Wandel statt.[1]

Von diesen verschiedenen geistigen Strömungen haben drei Schulen die Entwicklung des Buddhismus beeinflußt: die vedische Religion, die *Sramanas*-Bewegung und der *Jainismus.*

Brahmanismus: die frühe indische Opferreligion

Die erste und älteste dieser Bewegung war die alte vedische Religion. Die Veden waren die heiligen Bücher der Arier, eines Volkes, von

1. Die tatsächlichen Daten des Buddhas und der ersten Ereignisse, die den Buddhismus geprägt haben, sind immer noch Gegenstand ernsthafter Debatten zwischen den Wissenschaftlern. Die Daten, die in den folgenden Kapiteln genannt werden, sind die, die von den meisten Wissenschaftlern anerkannt werden. Aber auch diese Daten sind Annäherungen. (Ungefähre Daten werden durch »ca.« gekennzeichnet.)

dem die meisten Wissenschaftler annehmen, es sei zwischen 2000 und 1500 v. Chr. aus den Ebenen des südlichen Rußland nach Indien gekommen. Das Volk der Arier hat eine Sprache gesprochen, die ein entfernter Vorfahr des heutigen Englisch ist und in Indien später zum *Sanskrit* weiterentwickelt wurde, der heiligen Sprache des Hinduismus. Diese halbnomadischen Stämme kamen mit ihren Viehherden nach Indien und unterwarfen die einheimischen Bauern. Die arische Gesellschaft war in drei Hauptklassen unterteilt: Priester, Krieger und das gemeine Volk. Diese sozialen Einteilungen wurden Kasten genannt. Jede Gruppe hatte eine spezielle Aufgabe für die Gesellschaft zu erfüllen. Später, als das System immer rigider wurde, durften die Angehörigen der jeweiligen Kasten keine Angehörigen anderer Kasten mehr heiraten oder auch nur zusammen mit ihnen essen. Dies galt besonders für die besiegten Nicht-Arier. Diese Menschen wurden einer vierten Kaste zugeordnet. Religion war das besondere Gebiet der *Brahmanen,* die als die höchste Kaste angesehen wurden. Das älteste uns von den Ariern überlieferte Dokument, die *Rigveda,* zeigt, daß diese Religion nicht statisch war, sondern eine lebendige Einheit, die sich mit der Zeit veränderte und entwickelte.

Ursprünglich scheinen die Arier eine sehr einfache Religion praktiziert zu haben, deren Schlüsselelement das Opfer war. Man glaubte, daß die Götter, wie Indra, der Kriegsgott unter den Göttern, und Agni, der Gott des Feuers, Verkörperungen der Naturgewalten waren. Die Arier glaubten, daß die Götter in ihrem Tun im Großen und Ganzen durch dieselben Dinge wie Menschen motiviert würden. Opferungen wurden als eine Art Handel angesehen. Die Person, die ein Opfer darbrachte, handelte mit dem Gott, dem das Opfer dargebracht wurde, etwas aus. Im Gegenzug erhoffte sich der Opferbringende eine Gunst, gewöhnlich materieller Natur, wie ein langes Leben, viele Söhne oder Erfolg im Krieg.

Opfer darzubringen gehörte zu den Aufgaben der Priesterkaste. In den frühesten Teilen der *Rigveda,* geschrieben zwischen ca. 1500 und ca. 1000 v. Chr., scheinen diese Opferungen recht einfache Angelegenheiten gewesen zu sein. Eine Kuh oder ein anderes Tier wurde geschlachtet und die Gottheit wurde eingeladen, vom Himmel hinabzusteigen und zusammen mit den Gläubigen auf der Erde an dem folgenden Festmahl teilzunehmen. Mit der Zeit jedoch wurden die Opferriten immer komplexer. Zur Zeit des Buddha, also ungefähr 500 v. Chr., konnten sich einige dieser Rituale über ein ganzes Jahr er-

Shiva ist einer von vielen Hindu-Göttern.
Der Buddhismus entstand teilweise aus Ablehnung der komplizierten und teuren Rituale, die verlangt wurden, um diesen Göttern zu dienen.

strecken und großen Reichtum und die Anstellung einer großen Anzahl von Priestern erfordern.

Dies hatte zwei Auswirkungen auf den *Brahmanismus*, wie man die späte Phase der vedischen Religion bezeichnet. Erstens bedeutete es, daß die ärmeren und weniger einflußreichen Mitglieder der arischen Gesellschaft von vielen der komplizierten Rituale ihrer Religion ausgeschlossen wurden. Sie konnten sich die Ausübung der komplexen und teuren Rituale einfach nicht leisten. Darüber hinaus wurden auch die unterworfenen Völker im Land von den Opferungen ausgeschlossen. Tatsächlich wurden sie vollständig von der Religion ihrer Eroberer abgeschnitten. Zweitens hieß dies, daß die *Brahmanen*-Priester über immer mehr Macht in der arischen Gesellschaft verfügten.

Wir können diese Entwicklung in den *brahmanischen* Schriften sehen, die ungefähr zwischen 1200 und 900 v. Chr. geschrieben wurden. Anders als in der *Rigveda* liegt der Schwerpunkt hier nicht mehr auf Geschichten von den und Hymnen an die Götter. Das Hauptthema dieser drei Bücher ist die korrekte Verrichtung der Opfer. Sie waren so umfangreich und schwerfällig geworden, daß ein Buch mit Anweisungen für die Ausführenden der Opfer notwendig geworden war, und daraus bestanden diese drei Texte im wesentlichen auch. Unter diese Anweisungen gemischt, können wir aber auch erste Elemente einer langen indischen Tradition religiöser und philosophischer Spekulationen erkennen. Sie drehen sich um die Erschaffung der Welt, die Natur der Wirklichkeit und mehr pragmatische Fragen, wie zum Beispiel die Frage, welche Rolle die Opferungen bei der Erhaltung der kosmischen Ordnung haben.

Die Sramanas-Bewegung: Die Entstehung religiöser Spekulation und die Anstrengung des Einzelnen

Mit der Zeit gewannen die Priester nicht nur immer mehr die Überzeugung, daß ihre Handlungen den Göttern gefielen, sie glaubten sogar, daß diese Handlungen die Götter zwängen, das gewünschte Resultat zu gewähren.

Wie zu erwarten sahen die *Brahmanen* sich nun selbst als herausragende Mitglieder der arischen Geselischaft an: Schließlich erzeugten ihre Handlungen die Kräfte, die den Kosmos bewegten und zusammenhielten. Aber eine andere Gruppe der arischen Gesellschaft dachte über dieselben grundlegenden religiösen Fragen wie die *Brahmanen* nach – und kam zu radikal anderen Schlußfolgerungen als die priesterliche Kaste. Diese anderen Denker, die ungefähr zwischen 900 und 600 v. Chr. gelebt haben, sind als *Sramanas* bekannt geworden.

Die Denker der *Sramanas*-Bewegung sahen in den Opferungen keine konkreten rituellen Handlungen, sondern glaubten, daß es sich um symbolische und allegorische Darstellungen einer inneren Transformation handelte. So entspricht jedes Element der Opferung einer inneren Haltung oder Handlung auf der Seite des Einzelnen. Ursprünglich war die Philosophie der *Sramanas* in ihrer Natur verhältnismäßig materiell. Zum Beispiel wurde *Prana,* das Prinzip, auf dem das Leben basiert, mit dem Atem gleichgesetzt und in der Verallgemeinerung auf den Wind übertragen. Aber die *Sramanas*-Bewegung ist schnell über diese eher unreifen Anfänge hinausgekommen und hat Konzepte entwickelt, die seitdem für religiöse Denkmodelle in Indien zentral geblieben sind.

Wesentlich unter diesen Ideen sind die Konzepte von *atman* und von *Brahman.* Wie wir in den philosophischen Büchern der *Sramanas,* den *Upanishaden,* sehen können, haben diese Denker in ihren Spekulationen über Religion viele Wege erforscht. *Atman* war reiner Geist, unveränderbar und unsterblich. *Atman* wurde aber auch als Teil von *Brahman* angesehen, der spirituellen Kraft, die das Universum erschafft und zusammenhält. Weil *atman* als unsterblich angesehen wurde, fragten sich die *Sramana*-Philosophen, was wohl nach dem Tod mit ihnen passiert, wenn der physische Körper nicht mehr existiert. Die frühen Arier haben an eine Art Himmel geglaubt, aber die *Sramana*-Philosophen haben diese Idee zugunsten des Konzeptes der *Reinkarnation* verworfen.

Reinkarnation, die Idee, daß Menschen sterben und in einem neuen physischen Körper fortlaufend wiedergeboren werden, ist bald von allen indischen Religionen akzeptiert worden. Gleichzeitig warf dieses Konzept aber andere philosophische Fragen auf. Diese Probleme wurden immer größer, als – ungefähr zwischen 800 und 600 v. Chr. – sich die Philosophie der *Sramanas* veränderte. Vor dieser Zeit hatten die Arier generell eine positive Einstellung zum Leben und der erschaffenen Welt. Leben wurde wesentlich als gut angesehen. Nach 800 v. Chr. aber ist die indische Weitsicht immer pessimistischer geworden. Die Freuden des Lebens wurden als unbeständig und unbefriedigend angesehen. Als diese neue Einschätzung des menschlichen Lebens sich ausbreitete, begann man gleichzeitig im Kreislauf der Wiedergeburten eine Last zu sehen, etwas, das man besser vermeidet.

Zur gleichen Zeit wurde das Konzept vom *Karma* entwickelt. Dieses Konzept ging von der einfachen Prämisse aus, daß auf jede Aktion eine Reaktion folgt. Gute Handlungen haben gute Folgen, schlechte Handlungen haben schlechte Folgen. Was war dann aber mit den Menschen, die gute Taten vollbrachten, aber gleichwohl litten? Oder mit jenen Menschen, die außergewöhnlich böse, aber dennoch erfolgreich waren? Auch hierfür liefert das Konzept der *Reinkarnation* eine Antwort. Wenn man die Auswirkungen seiner Handlungen nicht in diesem Leben erfahre, dann könne das im nächsten oder gar im übernächsten Leben geschehen. Auf diese Art und Weise konnten die indischen Religionen dem Problem des Bösen ausweichen. Aus der Perspektive von *Karma* und *Reinkarnation* betrachtet, konnten guten

Menschen schlechte Dinge als Ergebnis von schlechten Handlungen in einem früheren Leben zustoßen. Darüber hinaus: Wer sich unangemessen verhält, wird – wenn nicht in diesem Leben, dann zu einem späteren Zeitpunkt – unter den Auswirkungen zu leiden haben.

Alle diese neuen philosophischen Konzepte formten die Ideen und Ziele der Anhänger der *Sramanas,* die im allgemeinen nicht zur Klasse der *Brahmanen* in der indischen Gesellschaft gehörten. Wenn die Menschen ständig in eine grundsätzlich unbefriedigende Welt wiedergeboren werden, dann ist *moksha,* Erlösung vom ewigen Kreislauf von Geburt und Tod, das erstrebenswerteste Ziel, das Menschen überhaupt erreichen können. Dieses Ziel kann durch die Vereinigung des individuellen *atman* mit dem universalen *Brahman* erreicht werden. Aber wie soll das geschehen? Zur Lösung dieses Problems gibt es unterschiedliche Sichtweisen. Die meisten *Sramanas* waren sich darin einig, daß der einzige Weg, um *atman* mit *Brahman* zu vereinigen, darin bestand, Praktiken zu entwickeln, die den Körper, der an *atman* festhält, schwächen. Diese Praktiken – verallgemeinernd unter dem Begriff Askese zusammengefaßt – konnten solche Dinge wie Fasten, zölibatäres Leben oder das Auskommen ohne Essen, Schlaf oder sogar Kleidung beinhalten. Diese Askese brachte *tapas* hervor, eine Art spiritueller Kraft, die man nutzen konnte, um den endlosen Kreislauf von Tod und Wiedergeburt zu durchbrechen und *atman* mit *Brahman* zu vereinigen. Aus buddhistischen Schriften wie den *Digha-nikaya* geht hervor, daß sich viele der *Sramanas* äußersten Härten aussetzten. Zusätzlich zum Fasten oder zum Verzicht auf Schlaf gelobten sie Dinge wie: sich zum Schlafen niemals hinzulegen, sich nie in einem Haus aufzuhalten, nie Kleider zu tragen, einen Arm über dem Kopf zu halten während einer bestimmten Anzahl von Jahren, zehn Jahre lang auf einem Bein zu stehen und so weiter. Solche heroischen asketischen Taten sind nicht nur Relikte aus der indischen Vergangenheit, auch heute kann man sie noch finden.

Die Jainas: Die Anstrengung des Einzelnen innerhalb einer organisierten religiösen Bruderschaft

Die dritte wichtige gedankliche Richtung, die das Denken des Buddhas beeinflußt hat, wurde von einer Gruppe von Asketen vertreten, den *Jainas.* Anders als die *Sramanas* und die *Brahmanen* haben die *Jainas* einen klar bestimmbaren Gründer: Mahavira (ca. 580 bis 500 v. Chr.). Mahavira soll der letzte in einer Reihe von 24 Anführern der *Jainas* gewesen sein. Mahavira war Mitglied der Kriegerkaste, in einigen Geschichten wird er als Prinz dargestellt. Obwohl er verheiratet war und einen Sohn hatte, entschied er sich, sein vergnügliches weltliches Leben aufzugeben, um aus dem Kreislauf der Wiedergeburten auszubrechen. Er war ein angesehener Asket, von dem behauptet wird, er habe *Erleuchtung* erlangt und sei aus dem weltlichen Kreislauf befreit worden. Nach seiner *Erleuchtung* hat er begonnen, Schüler in einer organisierten Bruderschaft um sich zu sammeln. Dieser Bruderschaft gab er ein klar definiertes Programm, durch das die Schüler selber *Erleuchtung* erlangen konnten. Basis des Programms war das Schlüsselkonzept *ahimsa.*

Kurz gesagt, war das Verständnis der *Jainas* von *ahimsa,* Nicht-Gewalt, ein direktes Ergebnis ihres Verständnisses von *Karma. Karma* war in den Augen der *Jainas* eine reale Substanz, eine Art klebriger Rückstand, die *atman* niederdrückt und ihn so hindert, zur Spitze des Universums aufzusteigen, dorthin, wo er dem Kreislauf der Wiedergeburten entrinnen könnte. Angesammeltes *Karma* war das Resultat schlechter Handlungen, als schlimmste Handlung wurde Töten angesehen. In allem, so glaubten die *Jainas,* ist Lebenskraft. Außerdem wurden vielen Dingen, wie Tieren oder Menschen, mehrere solcher Lebenskräfte zugeschrieben. So wurde es für die *Jainas* zwingend, den Schaden möglichst gering zu halten, den sie diesen lebenden Wesen zufügten – schließlich war der Tatbestand, lebende Wesen zu verletzen, der leichteste Weg, schlechtes *Karma* anzusammeln. Die *Jainas* waren die erste Gruppe in Indien, die sich für vegetarische Ernährung anstelle geschlachteter Tiere einsetzte. Allerdings genügte es nicht, kein neues schlechtes *Karma* anzusammeln, um sicher dem Kreislauf von Tod und Wiedergeburt entrinnen zu können. Man mußte zusätzlich das *Karma* »verbrennen«, das man angesammelt hatte, bevor man die Wahrheit erkannt hatte. Nur dann konnte man die Befreiung aus dem Kreislauf von Geburt und Tod erlangen.

Der Buddha und seine Botschaft

Das Leben des Buddha

Auf den ersten Blick scheint es, als hätten wir eine beträchtliche Anzahl von Informationen über das Leben von Siddhartha aus dem Stamm der Gautama im Sakya-Königreich, oder, wie er in der Geschichte besser bekannt ist, von Buddha, dem Erwachten (ca. 560–480 v. Chr.). Aber solch eine Annahme wäre voreilig. Die früheste zusammenhängende Biographie über den Buddha, das *Buddha-Charita*, ist von Asvaghosa um 100 v. Chr. geschrieben worden. Alles, was wir aus der Zeit davor über das Leben des Buddha wissen, muß aus vereinzelten Hinweisen in den buddhistischen Schriften rekonstruiert werden. In den Schriften findet man auch eine Literaturgattung, die *Jatakas* genannt wird.

Die *Jatakas* beschreiben das Leben des Buddha vor seiner letzten Inkarnation und *Erleuchtung*. Obwohl uns diese Erzählungen keine oder nur wenige »harte« Fakten über den historischen Buddha liefern, sind sie äußerst wichtige Quellen, um die ethischen und metaphysischen Lehren des Buddhismus zu verstehen. Ihren Einfluß kann man folglich heute noch in vielen buddhistischen Gemeinschaften spüren. Darüber hinaus sollten wir uns vor Augen führen, daß die Lebensgeschichte des Buddha, so wie wir sie heute kennen, eine stilisierte Darstellung ist. Wenn man die Biographie eines anderen großen Religionsführers dieser Epoche, die von Mahavira, betrachtet, kann man eine ganz ähnliche Geschichte sehen. Sie beziehen sich auf ein allgemeines Muster in indischen religiösen Biographien. Das Ziel solcher Biographien ist weniger, das reale faktische Leben einer Person zu erzählen, sondern vielmehr zu zeigen, daß diese Person eine kosmische Weisheit verkörpert.

Man nimmt an, daß der Buddha im Nordosten von Indien, in der Stadt Lumbini, direkt an der Grenze zu Nepal gelegen, im Jahr 560 v. Chr. geboren wurde. Sein Vater, Suddhodana, wird als König der Gegend dargestellt. Buddha wurde also nicht in die Kaste der Priester, sondern in die der Krieger und Herrscher hineingeboren. Seine Mutter, Mahamaya, soll ihn ohne menschliches Zutun empfangen haben. Sie scheint sieben Tage nach Geburt ihres Sohnes gestorben zu sein, so daß dieser dann von seiner Tante großgezogen wurde. Kurz nach seiner Geburt wurde, wie es damals Sitte war, ein *Brahmanen*-Priester konsultiert, um das Horoskop auszustellen und seine Zukunft auszuloten. Der *Brahmane* informierte den Vater, daß der junge Prinz später einmal entweder ein großer König oder eine großer religiöser Führer werde.

Sein Vater, der wollte, daß sein Sohn ihm auf dem Thron nachfolgen sollte, beschloß, seinen Sohn sorgfältig vor allen Enttäuschungen und Desillusionierungen der Welt zu beschützen. Buddha wurde daher in einer privilegierten und verzärtelnden Welt großgezogen. Ihm wurden Fähigkeiten beigebracht, die er als weltlicher Herrscher brauchen würde. Zu gegebener Zeit heiratete Buddha seine Cousine Yasodhara, mit der er einen Sohn hatte, Rahula. Obwohl umgeben von Luxus, begann Buddha sich zu fragen, wie die Welt außerhalb der Palasttore wohl aussähe.

Eines Tages, als er ungefähr 29 Jahre alt war, sagte er seinem Wagenlenker, daß er ausfahren und sich die Stadt anschauen wolle. Dieser Wunsch wurde sofort dem König mitgeteilt, der den jungen Prinzen bat, sich mit seiner Ausfahrt noch einen Tag zu gedulden. Während dieser Zeit veranlaßte er, daß alle unerfreulichen Mahnungen an die menschliche Sterblichkeit, wie Krankheit und Alter, vor seinem Sohn versteckt werden sollten. Allerdings vergaß er einen alten Mann. Der Prinz, der noch nie alte Menschen gesehen hatte, fragte seinen Wagenlenker, was dem alten Mann fehle. Ihm wurde mitgeteilt, daß es sich nur um das unvermeidliche Eintreten des Alters handele. Durch diese Auskunft beunruhigt, machte Buddha weitere Ausfahrten – ohne das Wissen seines Vaters. Während dieser Ausfahrten begegneten ihm auch Krankheit und Tod. Bei seinem letzten Ausflug in die Welt als Prinz traf er einen Wanderheiligen. Als er über diesen Erkundigungen einzog, wurde ihm gesagt, es handele sich um jemanden, der das Böse in der Welt überwunden habe. Tief beeindruckt, entschied Prinz Siddhartha, es ihm gleichzutun.

Mitten in der Nacht verabschiedete er sich mit einem Kuß von seiner schlafenden Frau und seinem Kind. Er sattelte sein Lieblingspferd und verließ für immer sein weltliches Leben. Zuerst führte er ein Leben von außergewöhnlicher Härte, dem von Mahavira vergleichbar. Er wanderte bei jedem Wetter nackt, fastete ununterbrochen, badete nicht, kam ohne Schlaf aus und führte alle *tapas* aus, die zu jener Zeit bei den *Sramanas* üblich waren. Er scheint von zwei berühmten Meditationslehrern seiner Zeit, Arada Kalama und Udraka Ramaputra, deren Namen uns aus anderer religiöser Literatur dieser Zeit vertraut sind, unterrichtet worden zu sein. Von ihnen lernte er, in einen Trancezustand einzutreten, der für das *Yoga* bis heute kennzeichnend ist. Trotzdem erreichte er nicht die religiöse Einsicht, die er sich erhoffte. Daher verdoppelte er seine strenge Askese, wild entschlossen, *Erleuchtung* zu erlangen.

Eines Tages, als er auf dem brennend heißen Sand am Ufer des Ganges meditierte, hatte er seine erste wichtige Erkenntnis: daß der Weg der strengen Askese nicht zum Ziel führt. In diesem Moment bot ihm eine vorbeigehende Dorffrau, Sujata, Essen an, in dem Glauben, einem Heiligen zu dienen – und der Buddha aß es. Damit war die Zeit der extremen Askese für ihn beendet. Jetzt setzte er seine Suche nach *Er-*

leuchtung auf die Weise fort, die er später »den mittleren Weg« nennen würde. Damit meinte er Mäßigung in allem: Man sollte ausreichend essen, um gesund zu bleiben – aber nicht mehr. Man sollte genug Schlaf und Ruhe haben – aber nicht zu viel. Dieser Weg der Mäßigung war eine radikale Abkehr von den religiösen Praktiken seiner Zeit.

Trotz dieser neuen Methode hatte der Buddha immer noch nicht den Weg zur Überwindung von *samsara,* dem Kreislauf von Geburt und Tod, gefunden. Entschlossen, diesen Weg zu finden, setzte er sich unter einen Feigenbaum in Bodh Gaya, einem kleinen Ort im heutigen Bihar in Indien. Er schwor einen Eid, nicht eher aufzustehen, bis er *Erleuchtung* erlangt habe oder sterbe. In einer Vollmondnacht im Mai ca. 525 v. Chr. fand er die *Erleuchtung.* Als er aufstand, war er nicht länger Prinz Siddhartha Gautama der Shakyas, sondern Buddha, der Erwachte.

Nachdem er viele Tage in Meditation zugebracht hatte, wurde der Buddha vom Mitgefühl für die Leiden der Menschheit ergriffen. Obwohl er jetzt ins *Nirwana* hätte eingehen können, entschloß er sich, in der Welt zu bleiben, um seine Einsicht anderen zu vermitteln. In den nächsten 45 Jahren, so erzählen uns die Schriften, verkündigte er seine neue Erlösungsbotschaft und sammelte eine große Schülerschaft um sich. Aus diesen Schülern formte der Buddha eine klösterliche buddhistische Gemeinde, die *Sangha,* möglicherweise nach dem Vorbild der *Jainas.* Der Buddha entwickelte einen komplexen Verhaltenskodex, *Vinaya* genannt. Er legte seine Lehre seinen Schülern auch in einer Reihe von Reden dar. Diese Redensammiung wird als die Sutras bezeichnet.

Das *Vinaya* und die *Sutras,* zusammen mit einer dritten Gruppe von Texten, dem *Abhidharma* – philosophische Texte –, bilden zusammen die heiligen Schriften des frühen Buddhismus, gemeinhin als *Tripitika* bekannt. Der Kern der *Sutras* und des *Vinaya* stammt aus der Zeit des Buddha. Spätere Ergänzungen dieser Schriften und die Entwicklung des *Abhidharma* stellen Versuche dar, bestimmte Passagen zu erläutern und Implikationen aus den frühen buddhistischen Schriften in ihrer ganzen Bedeutung darzustellen. In den frühen Jahren des Buddhismus werden diese Texte von den Mönchen auswendig gelernt und von Generation zu Generation den Schülern weitergegeben. Erst 400 Jahre nach dem Tod des Buddha werden die ersten Texte niedergeschrieben. Die ältesten Abschriften der Schriftsammlung sind uns in *Pali* überliefert, einer Sprache, die in Zentralindien zur Zeit des Buddha und kurz danach gesprochen wurde.

Exkurs: Die Schüler des Buddha

Alle Religionen, die auf eine historische Person zurückgehen, haben ein ernstes Problem, wenn ihr Gründer stirbt. Die Religionen, denen es gelungen ist, dieses Problem zu überwinden, sind die, bei denen es eine Anzahl fähiger Schüler gab, die das Werk ihres Gründers fortsetzen konnten. Dies war auch im Buddhismus so. So stellt ein Teil der Figuren, die man auf buddhistischen Altären sehen kann, diese Schüler dar.
Der Lieblingsschüler des Buddha scheint Sariputra gewesen zu sein. Als *Brahmane* geboren und vermutlich ein fähiger Wortführer des Hinduismus seiner Zeit, war Sariputra zum Buddhismus konvertiert, nachdem er mit dem Buddha über die Vorzüge ihrer jeweiligen Systeme debattiert hatte. Mit seinen außerordentlichen Begabungen, die nun dem Buddhismus zur Verfügung standen, reiste Sariputra durch Indien. Ihm werden viele der Konversionen zum Buddhismus zugeschrieben. Er war der offensichtliche Nachfolger des Buddha – starb aber wenige Monate vor seinem Lehrer. Heute wird er als die Verkörperung der Weisheit verehrt. Auch Sariputras Freund, Mahamaudgalyana, der zusammen mit ihm in den buddhistischen Orden eintrat, wird heute noch verehrt. Sein Ruhm begründet sich in seinen angeblichen übernatürlichen Fähigkeiten.
Der Mönch, dem wir die Kontinuität des buddhistischen Ordens nach Buddhas Tod verdanken, ist Mahakasyapa. Bekannt für seine Askese und seine moralische Strenge, wird von Mahakasyapa überliefert, er habe das erste buddhistische Konzil (ca. 480 v. Chr.) einberufen. Auf diesem Konzil sind die Schlüsseltexte und die zukünftige Richtung des Buddhismus festgelegt worden. Mahakasyapa wird von chinesischen und japanischen Buddhisten auch zugeschrieben, der Begründer des *Zen* zu sein. In *Zen*-Klostern findet man seine Statue gewöhnlich rechts neben dem Bild des Buddha.
Links vom Buddha steht die Statue des zweiten Begründers der *Zen*-Schule, Ananda. Ihm wird als persönlichem Begleiter des Buddha großer Respekt gezollt. Als der Buddha, der sein Cousin gewesen zu sein scheint, starb, war Ananda der einzige Mönch, der alle Lehrreden des Buddha wörtlich wiedergeben konnte.

Weil die Texte in der Sprache des einfachen Volkes geschrieben waren, waren sie sehr viel einfacher zugänglich als die Schriften der *Brahmanen,* die in *Sanskrit* verfaßt waren, einer älteren arischen Sprache, die die meisten Menschen nicht mehr sprachen oder verstanden. Der Gebrauch der einheimischen Sprache ist ohne Zweifel ein Grund für die schnelle Verbreitung des Buddhismus in Nordindien bis zum Tod des Buddha mit 80 Jahren im Jahr 480 v. Chr. Bis heute ist es ein wesentlicher Charakterzug des Buddhismus, daß seine zentralen Lehren in der Alltagssprache weitergegeben werden. Als der Buddhismus anfing, sich in Asien auszubreiten, haben die missionierenden Mönche als erstes die Schriften in die Sprache des Volkes übersetzt, bei dem sie sich gerade aufhielten.

Der buddhistische Weg

Es waren drei grundlegende Beobachtungen, auf die der Buddha seine Analyse, unter welchen Bedingungen der Mensch existiert, aufbaute. Diese Grundlagen nannte er die *drei Grundpfeiler der menschlichen Existenz.* Der erste dieser drei Grundpfeiler oder Eigenschaften der Natur der menschlichen Existenz und zugleich die Basis des gesamten religiösen buddhistischen Systems ist die Unbeständigkeit *(anitya).* Alles, sagt der Buddha, ist in einem fließenden Zustand. Nichts in der materiellen Welt ist beständig. Dinge können den Anschein von Beständigkeit erwecken, aber letztlich handelt es sich um eine Illusion. Mit der Zeit wird sich alles, Berge, Seen, die Himmel und besonders die Menschen verändern und aufhören zu existieren – sie sind unbeständig. Der zweite Grundpfeiler der menschlichen Existenz, die Unzufriedenheit (*duhkha,* wörtlich »Leiden«), ergibt sich aus der Unbeständigkeit. Alle Dinge, die unbeständig sind, sind nach Buddhas Auffassung unbefriedigend. Es ist zwecklos und zum Scheitern verdammt, sein Vertrauen in materielle Dinge zu setzen. Auch der dritte Grundpfeiler leitet sich aus dem ersten ab: Es geht um die Vorstellung von *anatman.* Menschen, sagt der Buddha, haben keine beständige Seele *(atman).* Für den Buddha besteht der Mensch aus einer ständig wechselnden Wolke aus physischen und mentalen Faktoren. Von einem ewigen »Kern« zu sprechen, der nach dem Tod weiterbesteht, war nach Buddhas Meinung ausgesprochen falsch.

Bestimmte Züge und Eigenschaften können vom einen zum anderen Leben weiter bestehen, aber nicht die Persönlichkeit als solche. Darüber hinaus sind alle scheinbar konkreten Phänomene in dieser Welt in Wirklichkeit das Ergebnis von sich ständig wandelnden Faktoren. Diese Vorstellung, von den Buddhisten *pratitya-samutpada* genannt, meint, daß fast nichts eine Existenz völlig in sich selbst, unabhängig von vorhergehenden Ursachen, hat.

Aber Buddha ging noch weiter. Er beließ es nicht bei diesem pessimistischen Verständnis der menschlichen Existenz, sondern schlug einen Ausweg aus dieser mißlichen Lage der Menschen vor. Dieser Weg sind die *Vier edlen Wahrheiten.* Die erste dieser Wahrheiten ist, daß das Leben in seinem Wesen unbefriedigend ist. Die zweite ist die Vorstellung, daß die Unzulänglichkeit der Welt sich einerseits aus dem ständigen Verlangen (*trsna,* wörtlich »Durst«) ergibt, das den Menschen beherrscht, und andererseits aus seiner Unwissenheit *(avidya)* über die wahre Natur der Wirklichkeit. Die dritte edle Wahrheit ist, daß unter diesem Schicksal nicht alle Menschen leiden müssen und daß es einen Weg gibt, die Versklavung durch die unzulängliche Welt zu beenden. Die letzte edle Wahrheit besagt, daß der Weg, die Fesseln der Welt durchzuschneiden, der *Achtfache Pfad* ist. Die acht Bestandteile dieses Befreiungsweges sind: 1. rechte Ansicht, 2. rechte Absicht, 3. rechte Rede, 4. rechte Handlung, 5. rechte Lebensführung, 6. rechte Anstrengung, 7. rechte Achtsamkeit, 8. rechte Konzentration. Damit ist, in sehr wenigen, leicht zu merkenden Schritten zusammengefaßt, der gesamte buddhistische Weg zur Erlösung ausgedrückt.

Bei einem genauen Blick auf diese Liste teilt sie sich in drei verschiedene Segmente. Der erste Teil, richtige Ansicht und richtige Absicht, bezieht sich auf das grundlegende Verständnis von der Natur der Wirklichkeit. Der Buddha war sich über folgendes im klaren: sollte sein Befreiungsprogramm wirken, müßten die Praktizierenden ganz grundsätzlich ihre Wahrnehmung der Welt ändern. Das war der Zweck der rechten Ansicht: eine Orientierung, die wegführt vom Verständnis, daß sich die Welt aus materiellen Dingen zusammensetzt. Sie führt zu einem Verständnis, daß die Welt eine Abfolge von ständig wechselnden und miteinander verbundenen Prozessen ist. Von diesem neuen Verständnis aus erwuchs die zweite Stufe auf dem *Achtfachen Pfad,* die rechte Absicht. Diese zweite Stufe wird erreicht, wenn der Einzelne für sich die buddhistische Sicht der menschlichen Existenz als richtig anerkennt und entschieden dem buddhistischen Weg zur Erlösung folgt. Dies bedeutete, sich wohlwollend und nicht verletzend zu verhalten und die acht Stufen des *Achtfachen Pfades* zu praktizieren.

Die nächsten drei Stufen auf dem *Achtfachen Pfad* dienen dazu, die Einsicht, die in den beiden ersten Stufen gewonnen wurde, in praktisches Handeln umsetzen zu können. Rechte Rede, wie der Name schon sagt, beruht auf einem angemessenen Gebrauch der Sprache, aber in Wirklichkeit geht es um die gesamte Interaktion zwischen Menschen. Rechte Rede heißt, daß man sich verpflichtet, nicht zu lü-

Exkurs: Bilder des Buddha

Heute identifizieren wir Buddha mit den vielen Statuen und Bildern, die im Laufe der Jahrhunderte von ihm angefertigt wurden. Es ist deshalb für uns fast überraschend, daß das nicht immer so war. Zur frühen buddhistischen Kunst gehörten keine Bilder des Buddha. Statt dessen wurde Buddha symbolisch dargestellt: durch Bilder eines Elefanten, eines Fußabdruckes, eines Regenschirmes zum Beispiel. Es gab in diesen frühen Zeiten auch keine buddhistischen Tempel. Viele Kunsthistoriker glauben, daß die buddhistische Kunst erst nach 300 v. Chr. begann, realistische anstelle symbolischer Darstellungen zu schaffen. Zu dieser Zeit kamen die indischen Künstler in Kontakt zu griechischen Künstlern aus dem Westen. Diese Künstler waren geübt darin, naturgetreue künstlerische Darstellungen zu schaffen, und zwar nicht nur von normalen Menschen, sondern auch von Göttern. Da die ersten Statuen des Buddha im Nordwesten Indiens entstanden sind, dort, wo sich die indische und die griechische Welt trafen, scheint vieles für diese These zu sprechen.

Während der Buddha auf den ersten Porträts komplett realistisch dargestellt wurde, haben buddhistische Künstler bald ihre eigenen Ideen entwickelt, wie der Buddha dargestellt werden sollte. In einer vorwiegend ungebildeten Gesellschaft bildete die Kunst eine gute Ergänzung zu den mündlichen Unterweisungen der umherziehenden Predigermönche dar. Schnell wurden die Buddhastatuen und -bilder zu dezidiert didaktischen Mitteln. Jede Darstellung mußte die sogenannten »33 Hauptmerkmale« haben. Es sind dies physische Merkmale: sie sollten auf den übernatürlichen Ursprung des Buddha und seine weit überlegene spirituelle Verwirklichung hinweisen.

gen und niemanden zu verleumden – mit einem Wort, nichts zu sagen (mutmaßlich nicht einmal zu denken), was jemand anderen verärgern oder ihm Leid bereiten könnte. Um die Absicht, nicht zu verletzen, geht es auch im nächsten Schritt auf dem Weg, die rechte Handlung. Hier entscheidet man sich, nicht zu stehlen, nicht zu töten und die Sexualität angemessen zu leben (eine Regel, die unterschiedlich angewandt wurde, je nachdem, ob es sich um einen Mönch handelte oder nicht), keine Drogen zu nehmen und nichts zu tun, was eine andere Person verärgern oder verletzen könnte. Die fünfte Stufe, rechte Lebensführung, ist eng mit der vierten dadurch verknüpft, daß es verboten ist, seinen Lebensunterhalt mit irgend etwas zu verdienen, was anderen schaden könnte, wie zum Beispiel Waffenhandel,

Darüber hinaus wurde der Buddha viel größer als andere Figuren dargestellt, um auf diese Weise seine spirituelle Überlegenheit zu betonen.

Obwohl dieser formalisierte Kanon der buddhistischen Kunst sich in der ganzen buddhistischen Welt durchsetzte, gab es immer noch einen großen Spielraum für die Künstler. So entwickelten sich mit der Ausbreitung des Buddhismus auch an dere Porträtstile. In Thailand zum Beispiel wird der Buddha häufig gehend anstatt sitzend dargestellt. Die gertenschlanken, fließenden Ausführungen der Buddhastatuen dieser Stilrichtungen sind unverwechselbar. Ebenso entwickelten sich in China, Korea und Japan Darstellungen des Buddha, die dem jeweiligen herrschenden kulturellen Geschmack angepaßt sind. Von diesen Stilrichtungen stammt unser Bild eines schwergewichtigen, wohlgenährten Buddha. In Sri Lanka entwickelte sich der realistische Stil. Dies führte dazu, daß viele Tempel große Dioramen mit lebensechten Figuren haben, die verschiedene Szenen aus dem Leben des Buddha erzählen.

Katra-Buddha (Indien, frühes 1. Jh. n. Chr.).

Drogenhandel, aber auch damit, daß man als Metzger arbeitet und so weiter. Die sechste Stufe auf dem *Achtfachen Pfad* ist ziemlich einfach. Es ist die rechte Anstrengung. Buddha glaubte nicht, daß es ausreiche, schlechte Dinge zu unterlassen, um ans Ziel zu kommen. Er fordert, daß man auch Kraft für eine positive Anstrengung aufbringt, sowohl um Gutes zu tun, als auch um religiöse Übungen auszuführen.

Erst wenn wir zu den beiden letzten Stufen des *Achtfachen Pfades* kommen, rechte Achtsamkeit und rechte Anstrengung, geht es um Handlungen, die wir als originär religiöse Handlungen bezeichnen. Rechte *Achtsamkeit* ist eine einzigartige buddhistische spirituelle Übung, die darin besteht, sorgfältig die eigenen Handlungen und Gedanken zu verfolgen. Diese Übung war im allgemeinen auf Mönche und Nonnen beschränkt. Dem *Achtsamkeit* Übenden wurde eingeschärft, »wenn er geht, sich des Gehens bewußt zu sein, wenn er sitzt, sich des Sitzens bewußt zu sein, wenn er atmet, sich des Atems bewußt zu sein.« Das ist das erste Stadium in der buddhistischen Anstrengung »aufzuwachen« und bildet die Grundlage für den letzten Schritt auf dem *Achtfachen Pfad,* die rechte Konzentration oder, wie wir es ausdrücken würden, die rechte Meditation.

Die buddhistische Meditation kann in zwei Kategorien unterteilt werden. Die erste ist *samadhi. Samadhi* heißt wörtlich »ständige Ruhe« – das heißt sozusagen: den Geist beruhigen. Wenn man *Achtsamkeit* praktiziert, ist eines der ersten Dinge, die man beobachtet, daß der Geist in ständiger Bewegung ist. Unsere Gedanken bilden sich unaufgefordert wie Luftblasen und fließen durch den Geist, ein ständiger Whirlpool, ständig in Bewegung. Wenn man tiefer in die wahre Natur der Wirklichkeit eindringen mochte, so glauben die Buddhisten, muß man zuerst diesen Gedankenspringbrunnen beruhigen. Das ist das Ziel der Techniken, die *samadhi* hervorrufen sollen. Der zweite Schritt in diesem Prozeß ist der, *vipasyana* oder »Einsichts«-Meditation zu praktizieren. Durch die Praxis dieser Meditationsform kann die Natur der Wirklichkeit endgültig realisiert und so Freiheit von dem endlosen Kreislauf des *samsara* erreicht werden.

3. Die frühe historische Entwicklung des Buddhismus

Die Entwicklung des Buddhismus in Südasien

Wie bei den meisten Religionen liegen auch die frühen Jahre des Buddhismus im dunkeln. Eins ist jedoch sicher: Die *Sangha,* die Gemeinschaft der buddhistischen Mönche und Nonnen, hat den physischen Tod *(Parinirvana)* des Buddha überlebt. Aber die Zeit zwischen diesem Ereignis und dem Wiederauftauchen des Buddhismus ins Licht der Geschichte gegen 250 v. Chr. ist ein wenig unklar. Die buddhistische Tradition überliefert, daß ein Treffen, ein Konzil, unmittelbar nach Buddhas Tod abgehalten wurde. Das Hauptanliegen auf diesem Treffen war es, sich auf die buddhistischen Lehrreden zu einigen, die wirklich vom Buddha gehalten wurden. Wegen einer Reihe von Gründen konnte eine solche Übereinkunft nicht erreicht werden, obwohl es eine Art allgemeine Übereinkunft über die grundlegende Botschaft des Buddha gab. Das bedeutet, daß bis zu einem gewissen Punkt die Interpretation dessen, was eine echte buddhistische Schrift war und was nicht, dem Einzelnen überlassen wurde.

Auf diese Art den Kanon, die komplette Sammlung der buddhistischen Schriften, offen zu lassen, führte in der späteren Geschichte des Buddhismus zu Unstimmigkeiten. Das zweite buddhistische Konzil von Vaisali wurde ungefähr 380 v. Chr. einberufen, weil ein Streit über verschiedene Interpretationen der buddhistischen Schriften entstanden war. In diesem Fall lag das Problem in der Interpretation der klösterlichen Regeln, die sich im *Vinaya* gebildet hatten. Eine Gruppe, die *Mahasanghikas,* hielt eine lockerere Interpretation der Regeln für möglich. Sie glaubten, daß ein *Arhant,* jemand, der *Erleuchtung* in diesem Leben erlangt hat, immer noch menschlichen Unsicherheiten und Schwächen unterworfen sein kann. Ihre Gegner, die *Sthaviras* oder »Älteren«, die die Mehrheit in der *Sangha* darstellten, waren sehr viel strenger in ihrer Auslegung der überlieferten Tradition. Unfähig, ihre Differenzen beizulegen, gingen beide Gruppen von nun an getrennte Wege. So begann der Buddhismus, ein Jahrhundert nach dem Tod seines Gründers, sich in verschiedene Gruppen aufzuteilen.[2] Aufs Ganze gesehen scheint die Spaltung innerhalb der *Sangha* keine besondere Auswirkung auf die Ausbreitung des Buddhismus oder auf seinen anhaltenden Erfolg bei den Völkern Indiens gehabt zu haben. Auch hat sich die *Sangha* später nicht über andere Interpretationen des *Vinaya* zerstritten. Schließlich gab es 18 Schulen *(nikayas)* des Buddhismus im frühen buddhistischen Indien. Gegen 250 v. Chr. war der Buddhismus extrem populär in Indien. Einer der größten indischen Herrscher, Asoka Maurya (ca. 280–200 v. Chr.), scheint die buddhistische *Sangha* unterstützt zu haben. Er ist besonders bekannt geworden, weil er eine Reihe von Inschriften hat meißeln lassen. Diese Inschriften sollten einen Verhaltenkodex verbreiten, der buddhistisch gefärbt war. Die Inschriften sind der erste greifbare Beweis dafür, wie sehr der Buddhismus das Leben und Denken in Indien beeinflußt hat.

240 v. Chr. wurde das dritte buddhistische Konzil in Pataliputra, der Hauptstadt der Dynastie der Mauryas, einberufen. Die versammelten buddhistischen Mönche haben dabei Mönche als der *Sangha* ausgeschlossen, die in ihrer Religionsausübung nicht ehrlich waren, und sie haben wieder vergeblich versucht, eine verbindliche Festlegung der buddhistischen Schriften durchzusetzen. Wichtiger für die zukünftige Entwicklung des Buddhismus aber war die Entscheidung, die missionarischen Anstrengungen außerhalb des eigentlichen Indiens voranzutreiben. Nach dem Niedergang des Reiches der Mauryas sank auch der buddhistische Einfluß in Indien. Aber dieser Niedergang ging keineswegs schnell vonstatten. Buddhistische Missionare hatten mit ihren Aktivitäten vor allem in Sri Lanka beträchtlichen Erfolg. Ca. 200 v. Chr. erklärten die Könige Sri Lankas den Buddhismus zur Staatsreligion. Auch eine Reihe späterer indischer Herrscher war von dieser Religion angezogen. Unter diesen ist Kaniska bemerkenswert. Kaniska war König eines nomadischen Volkes. Dieses Volk hatte Gebiete der Mauryas in Zentralasien und im Nordwesten Indiens überfallen und sich anschließend dort niedergelassen. Kaniska berief

2. Eine Bemerkung über die Bedeutung des Begriffs »Schisma« und damit verbunden über den Begriff »Häresie« im Buddhismus muß hier hinzugefügt werden. Ein Schisma konnte nur innerhalb des Ordens der Mönche stattfinden, da für Buddhisten ein Schisma eine Unstimmigkeit über die Auslegung der klösterlichen Regeln bedeutet. Daraus folgt natürlich, daß Laien qua Definition weder »schismatisch« noch »häretisch« sein konnten, da sie außerhalb dieses rechtlichen Rahmens standen. So kommt es, daß wir selten große Kriege zwischen unterschiedlichen Fraktionen in der Geschichte des Buddhismus beobachten, obwohl Sektiererei eine Rolle spielte, wenn die herrschende Klasse an einer anderen Form des Buddhismus festhielt als die Mönche.

das vierte und letzte buddhistische Konzil (gegen 100 v. Chr.) ein. Dieses Konzil, das von der *Theravada*-Schule, den modernen Nachfahren der Sthavira-Partei, nicht als kanonisch akzeptiert wird, stellte einen weiteren gescheiterten Versuch dar, einen verbindlichen Kanon von Schriften zu entwickeln.

Der Aufstieg des Mahayana-Buddhismus

In der Zeit von 100 v. Chr. bis 200 n. Chr. können wir die Entwicklung dessen beobachten, was die zweite große Ausdrucksform des Buddhismus werden sollte – das *Mahayana.* Beim *Mahayana*-Buddhismus handelt es sich nicht um eine einzelne Schule oder Lehre, sondern eher um eine Bewegung, die ursprünglich ihre Identität daraus bezog, daß sie sich von anderen Bewegungen innerhalb des Buddhismus unterschied. Man kann Tendenzen im Sinne des *Mahayana* schon in den frühen Zeiten des Buddhismus erkennen, besonders in Versuchen, den Primat der *Sutras* gegenüber anderen Abteilungen der Schriften zu betonen. Die frühesten Hinweise, die wir für das Entstehen einer *Mahayana*-Tradition haben, datieren aus der Zeit ca. 100 v. Chr.

Drei Konzepte begannen diese Gedankenschule zu dominieren. Das erste Konzept war die Idee von *sunyata. Sunyata* bedeutet »Leere« und war die logische Weiterentwicklung des frühen buddhistischen Konzeptes, daß die Menschen keine beständige Seele haben und alle Dinge abhängig sind von vorhergehenden Bedingungen *(pratitya-samutpada).* Die Philosophen des *Mahayana* gingen einen Schritt weiter. Nichts, sagten sie, habe eine unabhängige Wirklichkeit oder eine beständige Substanz. Die Dinge könnten solide aussehen oder scheinbar eine eigene Existenz haben. Wenn man jedoch infolge der Meditation Einsicht entwickelte, erkennt man, daß dem nicht so ist. Solche Einsicht führt ihrerseits zur *Erleuchtung.*

Das zweite Konzept, das für die Lehre des *Mahayana* bestimmend wurde, war der Glaube, daß der Tod des Buddha nur eine Illusion sei und daß der Buddha weiter für die leidende Menschheit zugänglich sei. Nach den Vorstellungen der *Mahayana*-Anhänger war nur der grobe, materielle Körper des Buddha gestorben. Der subtile, feinstoffliche Körper und das »spirituelle« Selbst verweilen in anderen Ebenen der Existenz und können von einigen wenigen Ausgewählten konsultiert werden. Für diese Buddhisten lebte der Buddha immer noch und konnte neue Wahrheiten über die buddhistische Religion

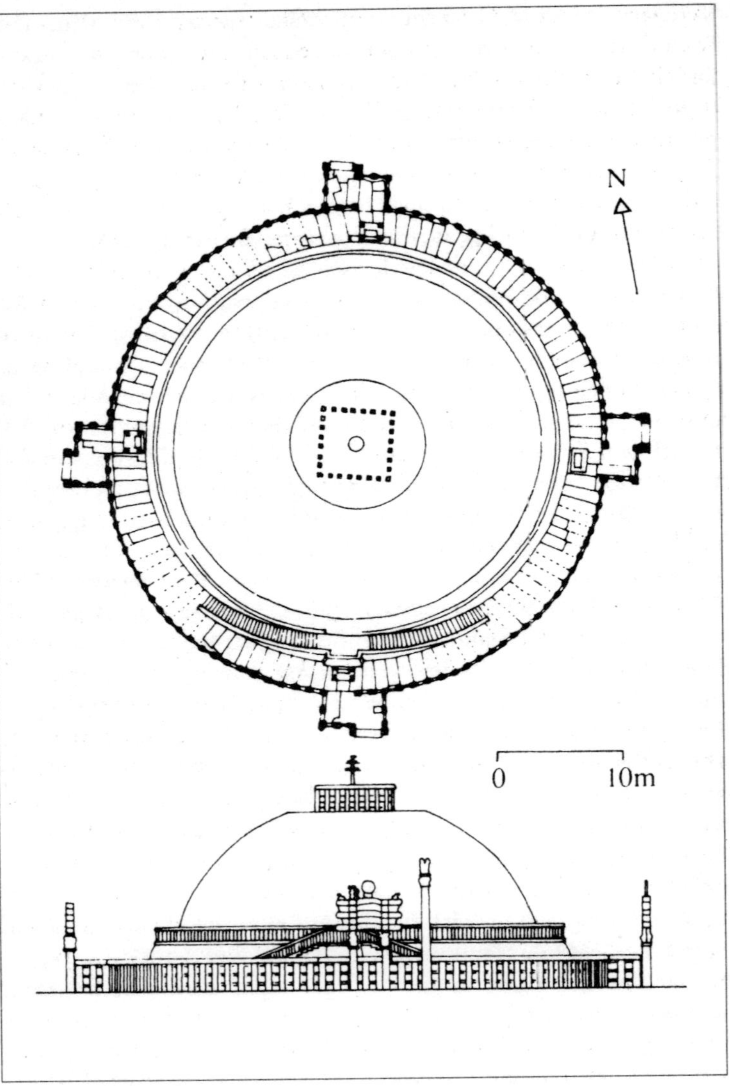

Plan der Großen Stupa von Sanchi, drittes Jahrhundert v. Chr. bis erstes Jahrhundert n. Chr. Sie ist das bemerkenswerteste erhaltene Exemplar der 84 000 buddhistischen Begräbnisstätten, die vermutlich von Kaiser Asoka errichtet wurde. Die vier Tore wurden genauestens nach den Himmelsrichtungen ausgerichtet.

predigen. Seit dem 1. Jahrhundert v. Chr. entstand innerhalb der buddhistischen Gemeinschaft eine neue Literatur, die für sich in Anspruch nahm, das direkte, authentische Buddhawort zu verkünden. Diese Literatur scheint, obwohl sie mehr auf Laienbuddhisten zugeschnitten war, überwiegend von Mönchen verfaßt worden zu sein. Um diese neuen *Sutras* herum entstanden jeweils Kulte, die untereinander kaum oder keinen Kontakt hatten, jeder von ihnen geprägt von der geographischen Gegend, in der sie ihren Ursprung hatten.

Die Anhänger dieser neuen Texte hatten das Gefühl, selbst in direktem Kontakt mit Buddha zu sein, entweder durch das Medium der neuen *Sutras* oder durch die direkteren Wege der Meditation und der Träume. Sie scheinen auch überzeugt gewesen zu sein (im Gegensatz zu anderen Gruppierungen in der buddhistischen Gemeinschaft), daß diese neuen *Sutras* – als Ausdruck einer direkten Kommunikation mit dem Buddha – verehrungswürdiger seien als die *Stupas*, die nur tote Uberreste des materiellen Körpers des Buddha enthielten.

Aber das Konzept, das den größten Einfluß auf die Entwicklung der buddhistischen Lehre haben sollte, war das Konzept des *Bodhisattva. Bodhisattvas* waren Wesen, die *Erleuchtung* erlangt hatten, aber ein Gelübde abgelegt haben, solange wiedergeboren zu werden, bis alle Wesen gerettet worden sind. Viele Buddhisten waren mit dem Ideal des *Arhant* unzufrieden – des sich selbst motivierenden und isolierten buddhistischen Praktizierenden, der einzig an seiner eigenen Befreiung interessiert war. Auf das Beispiel des Buddha selbst hinweisend, waren diese späten Denker überzeugt: wenn jemand wahrhaft spirituell entwickelt sei, müsse er von Mitgefühl für alle anderen Kreaturen erfüllt sein, die im *samsara*, dem Kreislauf von Geburt und Tod, leiden. Solch ein Wesen würde seinen eigenen Eintritt ins *Nirwana* zurückstellen, um anderen leidenden Wesen zu helfen.

So begann sich allmählich die Betonung im Buddhismus von der vorherrschenden Konzentration auf das Individuum hin zum Augenmerk auf alle Wesen zu verändern. Und weil die spirituelle Entwicklung der *Bodhisattvas* das Maß normaler Sterblicher überstieg, hatten sie auch Kräfte und Fähigkeiten weit jenseits der durchschnittlicher Menschen. So konnten sie denen spirituelle und materielle Hilfe gewähren, die sie anriefen. Aus diesem Grund ist die große allgemeine Verehrung, die sich ihnen gegenüber entwickelte, nicht verwunderlich. Die bekanntesten *Bodhisattvas,* wie Avalokitesvara, Manjusri und Maitreya, wurden fast wie Götter verehrt und spielten eine wachsende zentrale Rolle in der Verehrung des Volkes, als sich der Buddhismus über sein Ursprungsland Indien hinaus ausbreitete. Am Anfang waren diejenigen, die den neuen Ideen des *Mahayana* anhingen, in der Minderheit innerhalb der buddhistischen Gemeinschaft, und ihr öffentliches Verhalten unterschied sich nicht wesentlich von dem der anderen Buddhisten. Erst später kamen zwischen den beiden Grup-

Exkurs: Die zunehmende Bedeutung der Bodhisattvas

Mit dem Aufstieg des *Mahayana*-Buddhismus wurde die Figur des *Bodhisattva* immer populärer. Mit der Zeit dominierte sie die Vorstellung der Gläubigen und verdrängte sogar die Figur des Buddha. Das ist keine verblüffende Entwicklung, da der Buddha eine ferne Gestalt war: ein großer verehrungswürdiger Lehrer, aber nicht leicht verfügbar wie die *Bodhisattvas.* Weil Buddhisten oft Hilfe brauchten, sowohl in weltlicher als auch in spiritueller Hinsicht, und die *Bodhisattvas* beides leisten konnten, nahmen sie einen zentralen Platz im Geist vieler Buddhisten ein. Der früheste dieser *Bodhisattvas* ist Maitreya. Er wird dargestellt, wie er im Himmel residiert und seine nächste Inkarnation als nächster Buddha in dieser Welt vorbereitet. Von allen *Bodhisattvas* ist er der einzige, der sowohl im *Mahayana*- als auch im *Theravada*-Buddhismus verehrt wird. Von den anderen *Bodhisattvas,* die in den *Mahayana*- und *Vajrayana*-Schulen verehrt werden, ist Avalokitesvara der bedeutendste. Ihm wird unendliches Mitgefühl zugeschrieben, und er gilt als immer bereit, leidenden Menschen in der irdischen Welt zur Hilfe zu eilen. Bald gab es künstlerische Konventionen über seine Darstellung. Er wurde dargestellt mit tausend Augen, um das Leid der Welt zu sehen, und mit tausend Armen, um es zu erleichtern. Als der Buddhismus sich in Asien ausbreitete, entwickelten sich neue künstlerische Interpretationen, die die Bilder der *Bodhisattvas* neuen Regionen anpaßten, manchmal mit eigentümlichen Ergebnissen. Avalokitesvara zum Beispiel wurde in China als Kuanyin verehrt. Aber Kuanyin wurde in der Kunst als Frau dargestellt! Dieser Geschlechtertausch wurde in den chinesisch beeinflußten Kulturen Ostasiens die Norm.

Aber Avalokitesvara war nicht der einzige *Bodhisattva,* der von den Buddhisten verehrt wurde. Eine andere wichtige Figur ist Manjusri. Dieser *Bodhisattva* wurde als Verkörperung der höchsten Weisheit angesehen, die in der Meditation erlangt werden kann. Deshalb findet man seine Darstellung oft in buddhistischen Klöstern.

Aber Manjusri ist alles andere als eine gütige Figur. Bewaffnet mit einem Schwert, um die Fesseln der Verblendung durchzuschneiden, ist

pen Feindseligkeiten auf – möglicherweise, als der wieder lebendig werdende Hinduismus Anhänger unter den Laien rekrutierte, die dem Buddhismus dann fern blieben. In jedem Fall hat der *Mahayana*-Buddhismus in Indien nie dominiert. Sein eigentlicher Erfolg kam erst, als der Buddhismus sich in Ostasien ausbreitete.

Tibetische Bronzestatue von Avalokitesvara,
der tausendarmigen Bodhisattva des unendlichen Mitgefühls.

Manjusris grimmige Miene eine ständige Erinnerung an die Schwierigkeiten auf der Suche nach *Erleuchtung*.

Manche *Bodhisattvas* werden nur lokal verehrt. Ein gutes Beispiel dafür ist die japanische Verehrung von Jizo. Jizo wird zugeschrieben, ein Gelübde abgelegt zu haben, Buddhisten vor den Qualen der Hölle zu bewahren. Mit dieser Eigenschaft wird er oft als Retter von Kindern angesehen, und die Statuen dieses *Bodhisattvas* werden oft auf die Gräber von Kindern gestellt.

Die buddhistische Mission und die Verbreitung des Buddhismus in Ostasien

Ursprünglich wurde der Buddhismus durch den Handel nach China gebracht, ungefähr zum Beginn unserer Zeitrechnung. Es wird allgemein angenommen, daß die neue Religion zum ersten Mal durch Händler aus Zentralasien in die schon alte Zivilisation im Osten eingeführt wurde, eine Gegend, die seit Asoka stark vom Buddhismus beeinflußt wurde. Es erscheint gerechtfertigt anzunehmen, daß es ungefähr zur gleichen Zeit eine ebenso wichtige Verbreitung der buddhistischen Kultur entlang der Seestraßen nach Südostasien und von dort nach Südchina gegeben hat.

Auf jeden Fall hat der Buddhismus zunächst keinen starken Eindruck bei den Chinesen hinterlassen. Die Chinesen waren sehr zufrieden mit ihren eigenen einheimischen Denkgebäuden, wie Taoismus und Konfuzianismus, und waren sogar eher abgeschreckt vom hohen Stellenwert von Entsagung und Zölibat im Buddhismus. Das waren Konzepte, die etablierten chinesischen Idealen geradezu entgegenliefen. All dies änderte sich, als das stabile politische und soziale System in China im zweiten Jahrhundert n. Chr. ins Wanken geriet. Im Jahr 148 n. Chr. wird einem buddhistischen Missionar mit dem Namen An Shih-kao das Verdienst zugeschrieben, zum ersten Mal buddhistische Schriften ins Chinesische übersetzt zu haben. Diese Übersetzungen waren nicht besonders gut, da es notwendig war, für buddhistische Begriffe im Chinesischen Begriffe zu finden, und zunächst wurden Begriffe aus dem Taoismus benutzt, um buddhistische Ideen auszudrücken. Das führte zu einer Vermischung von taoistischen und buddhistischen Ideen in der Vorstellung der Chinesen. In diesen frühen Tagen des Buddhismus in China wurden eher kurze praktische Texte und Handbücher über Meditation als lange philosophische Abhandlungen übersetzt.

Mit dem Untergang der Han-Dynastie 220 n. Chr. begann für China eine Periode politischer Uneinigkeit und sozialer Erschütterung, die bis zum Ende der Sui-Dynastie (589 n. Chr.) andauerte. Trotz der Tatsache, daß es den chinesischen Dynastien immer noch gelang, im Norden Chinas Einfluß zu behalten, sank der Glücksstern der Chinesen. Im Jahr 311 n. Chr. drangen Barbaren aus den Steppen Zentralasiens nach China ein und beendeten die politische Kontrolle der Chinesen in Nordchina für fast 300 Jahre. Diese veränderten politischen Umstände führten zur Emigration von Beamten und gelehrten

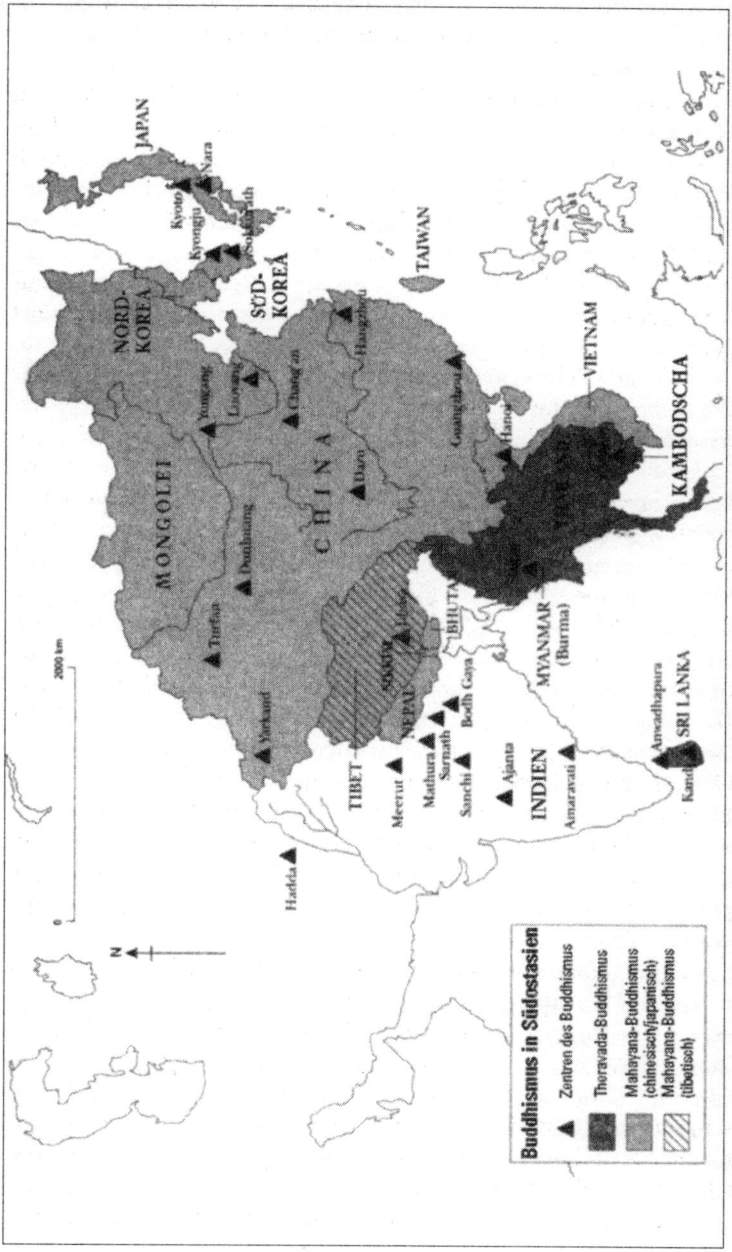

Buddhismus in Südostasien
Zentren des Buddhismus
Theravada-Buddhismus
Mahayana-Buddhismus (chinesisch/japanisch)
Mahayana-Buddhismus (tibetisch)
N
0
2000 km
JAPAN
NORD-KOREA
SÜD-KOREA
MONGOLEI
CHINA
TIBET
NEPAL
BHUTAN
INDIEN
MYANMAR (Burma)
VIETNAM
KAMBODSCHA
TAIWAN
SRI LANKA
Kyoto
Nara
Kyongju
Yungang
Luoyang
Chang'an
Turfan
Dunhuang
Yarkand
Hadda
Hangzhou
Guangzhou
Hanoi
Meerut
Mathura
Sarnath
Sanchi
Bodh Gaya
Ajanta
Amaravati

Mönchen vom Norden in den Süden, wo sie sich schließlich in Chienk'ang niederließen, in der Nähe der heutigen Stadt Nanking. Hier halfen sie die östliche Chin-Dynastie aufzubauen und hatten eine dominierende Rolle im intellektuellen Leben dieser Gegend. Durch die Verschmelzung dieser intellektuellen und religiösen Führer entwickelte sich zum ersten Mal ein Buddhismus für die oberen Klassen, eine Art »Elite-Buddhismus«.

Darin wurde das Studium sowohl des Buddhismus als auch das der chinesischen Gelehrsamkeit betont; philosophische Diskussionen und literarische Aktivitäten – auf der Basis einer Mischung von taoistischen und buddhistischen Ideen – gehörten dazu. Der Buddhismus blühte auch in den neu etablierten Staaten der Barbaren im Norden auf. Allerdings entwickelte sich die Religion in unterschiedliche Richtungen. Im Norden war der Buddhismus eine Staatsreligion, errichtet und aufrechterhalten für die Zwecke der fremden Herrscher im Lande. Mönche in Nordchina spielten sowohl eine politische als auch eine religiöse Rolle im Staat, sie hatten politische und militärische Kompetenzen.

Die Bauern in Nordchina hatten eine völlig verschiedene Sicht des Nutzens vom Buddhismus. Sie übernahmen den Buddhismus, weil sie als Mönche von Steuerabgaben und Zwangsarbeit befreit waren. Darüber hinaus begann der Buddhismus Wege zu suchen, die Bauern an der Religion zu beteiligen, wie zum Beispiel durch Opfergaben im Tempel, Pilgerfahrten und Gebete zu verschiedenen *Bodhisattvas.* Aus diesen Anfängen haben sich die beiden getrennten und in vieler Hinsicht unterschiedlichen Ebenen des chinesischen Buddhismus entwickelt. Einerseits war da der eher philosophische und meditative Buddhismus für die höheren Klassen, die es sich leisten konnten, religiöse Verrichtungen in einer zeitaufwendigen Form auszuüben. Andererseits gab es einen mehr ritualisierten Buddhismus, mit der Betonung auf übernatürlicher Hilfe und Intervention, der sich eher an die Landbevölkerung wandte.

Mit dem Aufstieg der T'ang-Dynastie am Anfang des 7. Jahrhunderts n. Chr. begann für den Buddhismus in China das goldene Zeitalter. Die frühen Herrscher dieser Zeit haben die Religion stark gefördert und buddhistische Mönche nach Indien entsandt, um neue Schriften für neue Übersetzungen zu holen. So brachten zum Beispiel berühmte Gestalten der Geschichte des chinesischen Buddhismus neues Leben in den chinesischen Buddhismus, wie Hsuan-tsang (ca. 596–664 n. Chr.), der über Land nach Indien reiste, und I-Tsing, der 671 n. Chr. Kanton mit einem persischen Handelsschiff verließ. Die neuen Übersetzungen waren begleitet von aufregenden neuen philosophischen Entwicklungen.

Viele dieser neuen Entwicklungen waren einzig und allein chinesisch ausgerichtet. Vier der bedeutendsten neuen philosophischen Schulen waren: T'ien-t'ai, Hua-yen, Ch'an *(Zen)* und die *Schule des Reinen Landes.* Obwohl diese Schulen mit den grundlegenden Regeln des Buddhismus, so wie der Buddha sie ausgelegt hatte, übereinstimmten, war ihr Verständnis dieser Regeln doch von Standpunkten des *Mahayana* und von einheimischer chinesischer Philosophie geprägt. Die T'ien-t'ai-Schule scheint um 550 n. Chr. entstanden zu sein. Sie hat ihren Namen von dem Bergkloster, welches von Hui-ssu (515–567 n. Chr.) gegründet wurde. Diese Schule, deren wichtigster Text das *Lotus Sutra* war, hatte ein gleichwertiges Interesse an Meditation und Analyse der Lehre. T'ien-t'ao entwickelte ein unglaublich komplexes philosophisches System mit dem Ziel, alle philosophischen Schulen des Buddhismus in ein harmonisches Ganzes zu integrieren. Das Meditationssystem war genauso elaboriert.

Die Hua-yen- oder Blumengirlande-Schule (ca. 650–750) hat sich hauptsächlich mit philosophischer Analyse beschäftigt. Ausgehend vom Konzept des *pratitya-samutpada* hat diese Schule alle Phänomene als von einander abhängig und sich gegenseitig durchdringend angesehen. Von diesem Standpunkt aus entwickelten die Denker des Hua-yen ein hochkomplexes metaphysisches System, das großen Einfluß auf die philosophischen Entwicklungen der nachfolgenden Schulen hatte.

Der Ch'an- oder *Zen*-Buddhismus entwickelte sich in eine etwas andere Richtung als die genannten, sehr philosophisch ausgerichteten Schulen. Diese Schule nahm an, daß den Kern des Buddhismus nicht die Philosophie oder das Textstudium ausmacht, sondern in der unmittelbaren Erfahrung der letztendlichen Wirklichkeit liegt. Erreicht wird dies durch ein rigoroses Meditationsprogramm. Anders als die älteren und besser etablierten klösterlichen Orden, die sich eher durch Besitz großer Flächen gemeinschaftlichen Landes finanzierten, wanderten die Ch'an-Mönche von Ort zu Ort, angewiesen auf die Mildtätigkeit der Einwohner und den Ertrag ihrer eigenen Arbeit.

Ebenso wichtig war die Entwicklung des *Buddhismus des Reinen Landes.* Diese Schule oder Schulen wurzeln alle, wenn auch in unterschiedlichem Ausmaß, in den buddhistischen Schriften mit dem Namen *Sutra des Reinen Landes.* Sie beinhalten, daß die Anstrengung der Menschen nicht ausreicht, um Erlösung zu erreichen: Die Welt ist zu degeneriert. Aus diesem Grund war es notwenig, übernatürliche Hilfe von den *Bodhisattvas* und Buddhas, die in anderen Universen, den sogenannten *»Reinen Ländern«* lebten, zu erbitten. Die *»Reinen Länder«* sind nicht degeneriert wie unsere Welt, da unser Buddha gestorben ist. Solche Buddhas, und im besonderen Buddha Amida, wurden als mitfühlende Wesen verstanden. Rief ein Bittsteller voller Vertrauen ihre Namen an, wurde er im *Reinen Land* wiedergeboren, wo ihm die Erlangung des *Nirwana* gewiß ist. Weil diese Form des Buddhismus keine langen Perioden der Meditation erforderte, sondern eher individuelle Handlungen oder Frömmigkeit, war sie für das harte Leben der Bauern viel passender als der meditative und philosophische Buddhismus der oberen Klassen.

Sowohl der aufrichtige Individualismus des Ch'an als auch die weitverbreitete Anziehungskraft des Buddhismus des *Reinen Landes* sollten den buddhistischen Schulen in der folgenden Zeit zugute kommen. Trotz der Unterstützung der frühen T'ang-Kaiser haben sich die späteren Herrscher dieser Dynastie gegen den Buddhismus gewandt. Hierfür gibt es eine Reihe von Gründen. Einer dieser Gründe war, daß die T'ang-Kaiser glaubten, sie stammten von Lao-Tzu ab, dem Gründer des Taoismus. Konsequenterweise begannen sie, die Taoisten zu favorisieren. Ein anderer Grund war, daß viele Menschen sich nicht aus ehrlichen religiösen Motiven den buddhistischen klösterlichen Orden angeschlossen hatten. Statt dessen wollten sie an dem beträchtlichen materiellen Wohlstand teilhaben, den eine solche Mitgliedschaft bedeutete. Da sie immer noch ein weltliches Leben führten, geriet das eigentliche religiöse Leben, zu dem sie sich verpflichtet hatten, in Mißkredit. Aber der vielleicht wichtigste Grund für die Repression des Buddhismus in der späten T'ang-Zeit war der Besitz.

Viele Menschen glaubten, wenn sie ihr Hab und Gut und ihr Land den verschiedenen buddhistischen Klöstern stifteten, sei ihnen eine gute zukünftige Wiedergeburt sicher. Da die buddhistischen Klöster von Steuern befreit waren, waren diese Besitztümer und die Einkünfte, die sie für den Staat bringen konnten, tatsächlich für die Regierung verloren. Keine Regierung kann mit sinkendem Steueraufkommen existieren. Im Jahr 845 n. Chr. reichte ein konfuzianischer Beamter dem Kaiser eine Petition ein, die buddhistischen Klöster zu unterdrücken und die Priesterschaft von unwürdigen Mönchen zu säubern. Die Regierung löste bald die Klöster auf. Das war für alle jene buddhistischen Schulen eine Katastrophe, die in erster Linie klösterlich organisiert waren. Da aber weder der Ch'an-Buddhismus noch der Buddhismus des *Reinen Landes* klösterlich organisiert waren, änderte sich für diese beiden Schulen wenig. Die Landbevölkerung folgte weiter diesen beiden Formen des Buddhismus. Aber das goldene Zeitalter der chinesischen buddhistischen Philosophie war vorbei und kam nie wieder. Für den Buddhismus in China begann eine Zeit des langsamen Niedergangs. In den ländlichen Gebieten immer noch praktiziert, enthielten die buddhistischen Praktiken immer mehr Magie – und es ging immer weniger um Erlösung.

Die Anfänge des Buddhismus in Japan und Korea

In seiner Blütezeit war der chinesische Buddhismus in einer günstigen Lage, sich weiter auszubreiten. Das China zur Zeit der T'ang-Dynastie war das unbestrittene Zentrum der zivilisierten Welt; wie ein Magnet zog es die anderen Staaten Ostasiens an. So brachten Schiffe japanische Abgesandte und Botschafter von den verschiedenen Höfen Koreas ständig in die Hauptstadt des chinesischen Kaiserreiches Ch'angan. Von dort kamen sie zurück in ihre Heimatländer, beladen nicht nur mit chinesischer Kunst und Technologie, sondern auch mit neuen, manchmal revolutionären religiösen Ideen. Das heißt nicht, daß der Buddhismus nicht schon vor dem 8. Jahrhundert n. Chr. in diese Kulturen gelangt war. Es gibt eindeutige Hinweise, daß der Buddhismus die koreanische Halbinsel im 2. oder 3. Jahrhundert n. Chr. erreicht hat. Von dort kam er Anfang des 5. Jahrhunderts nach Japan. Aber es waren die neuen Zweige der buddhistischen Tradition, die aus dem T'ang-China kamen und in Korea und Japan weiter entwickelt wurden – und die heute mit diesen Ländern identifiziert werden.

In Korea und Japan fanden in dieser Zeit bedeutende politische Veränderungen statt – weg von autonomen lokalen hin zu einer stärker zentralisierten Regierung. In Korea hatten sich die drei Königreiche Paekche, Koguryo und Silla eine tödliche Schlacht über die Kontrolle der Halbinsel geliefert. Als Silla schließlich im Jahr 668 n. Chr. triumphierte, wollte die neue Zentralregierung die verschiedenen buddhistischen Schulen in einer einzigen, staatlich kontrollierten

Kirche zusammenfassen. In dieser Zeit der Anpassung haben koreanische buddhistische Philosophen die innovativsten Spekulationen geschaffen, die diese Religion je hervorgebracht hat. Da der Buddhismus von Silla und den ihm nachfolgenden Staaten stark unterstützt wurde, hat er sich bis zum 13. Jahrhundert sehr ausgebreitet. Son, die koreanische Variante des *Zen,* dominierte schließlich im koreanischen Buddhismus. Aber auch andere Philosophien, wie der Neo-Konfuzianismus, blühten in Konkurrenz zum Buddhismus und erhielten staatliche Unterstützung. Dies und ständige ausländische Invasionen und Naturkatastrophen führten zum Niedergang des Ansehens des Buddhismus bis in das 20. Jahrhundert.

Ahnliche Entwicklungen haben in Japan stattgefunden. Ursprünglich als ein unnötiger ausländischer Import mißbilligt, hat sich der Buddhismus schnell als ein fester Bestandteil des japanischen Staates etabliert. Der Kaiser und sein Hof waren an den Feinheiten der buddhistischen Lehre wenig interessiert. Vielmehr vertraten sie den etwas abergläubischen Standpunkt, daß buddhistische Rituale ihr Land besser gegen Naturkatastrophen und böse Geister schützen könnten als ihre eigenen Shinto Götter. Erst im späten achten Jahrhundert, als die zwei großen Reformer Saicho (76 7– 822 n. Chr), der Tendai gründete (die japanische Form de T'ien-t'ai), und Kukai (774–835 n. Chr.), der Gründer der Shingon-Schule, aus China neue Zugänge zur Religion mitbrachten, begann man den Buddhismus als eine Religion und nicht mehr als Magie zu betrachten. Darüber hinaus begann sich wenig später die einfache Bevölkerung der Religion in Gestalt der *Schule des Reinen Landes* zuzuwenden, sowie sie von Honen Shonin (1133–1212 n. Chr.) und seinem Schüler Shinran (1173–1262 n. Chr.) gelehrt wurde.

Im 13. Jahrhundert gab es im japanischen Buddhismus noch andere Veränderungen. Der Reformer Nichiren (1222–1282 n. Chr.) predigte eine ultranationalistische Form des Buddhismus. Er sah in Japan die wahre spirituelle Heimat der Religion. Während sich Japan tiefer und tiefer in den Bürgerkrieg verstrickte, begann die daraus entstehende kriegerische Klasse die strengen Grundsätze des *Zen* mehr und mehr zu übernehmen, weil sie gut zu ihrem gefährlichen und unsicheren Leben paßten. Auf diese Weise wurde der Buddhismus in Japan immer mehr mit Patriotismus und nationalem Stolz verbunden. Dies sollte im 20. Jahrhundert bedeutende Auswirkungen auf das Land haben.

Tibet und die Entwicklung des Vajrayana-Buddhismus

Die Entwicklung des *Vajrayana*-Buddhismus ist eng mit der Entwicklung Tibets verbunden. Eigentlich ist es höchst erstaunlich, daß überhaupt jemand in Tibet lebt, geschweige denn mit dem Erfolg, mit dem die Tibeter es getan haben. Tibet ist ein hochgelegenes, felsiges, trockenes und unwirtliches Land. Es hat wenig natürliche Ressourcen, die menschliche Bewohner anziehen könnten. Auch geographisch hat es keine besondere strategische Bedeutung. Nichtsdestotrotz hat es von frühester Zeit an nomadische Hirtenvölker beherbergt. Gegen 600 v. Chr. gelang es einer Herrscherdynastie in Zentraltibet, rund um Lhasa, das tibetische Hochland unter seiner Herrschaft zu vereinigen. Der erste und größte dieser Herrscher war Songtsen Gampo (ca. 609–649 n. Chr.). Um seine Autorität zu festigen und gleichzeitig die Auslandsbeziehungen zu verbessern, heiratete dieser König zwei Frauen: eine aus dem südlich von Tibet gelegenen Nepal und eine aus dem in Norden und Osten angrenzenden kaiserlichen China. Beide Frauen waren Buddhistinnen und haben zweifelsohne zur Ausbreitung des Buddhismus in Tibet beigetragen. Wichtiger war jedoch ein anderer Umstand: Die Könige von Lhasa fanden, daß – da Tibet nunmehr vereinigt war – die alte Bön-Religion nicht im gleichen Maß wie der Buddhismus für ihre politischen Ambitionen taugte.

Dazu kam, daß Tibet zum ersten Mal über seine Grenzen schaute. Während der Herrschaft von Songtsen Gampo wurden Gesandte nach Indien geschickt, wo sie die Sanskritschrift so veränderten, daß sie auch für das geschriebene Tibetisch verwandt werden konnte (kein kleines Kunststück, da die Sanskritschrift phonetisch ist und Tibetisch eine tonale Sprache ist, dem Chinesischen verwandt). Ohne Zweifel zogen kühne buddhistische Missionare über die Pässe des Himalaya und über die östlichen Berge aus China nach Tibet.

Die erste Ankunft dieser Missionare ist vom Nebel der Geschichte umhüllt, aber die Legende schreibt die Etablierung des Buddhismus einem besonders heiligen Mann, Padmasambhava, zu, der wahrscheinlich im achten Jahrhundert n. Chr. nach Tibet kam. In frühen Legenden erscheint Padmasambhava als überlebensgroße Gestalt mit ehrfurchtgebietenden magischen Kräften, die er durch strenge Entsagung, geheime Rituale und ausgedehnte Meditation erlangt hatte. Ihm wird das Verdienst zugesprochen, die gefährlichen und gewalttätigen Götter der Berge unterworfen zu haben. Man schreibt ihm außerdem den Bau des Samye-Kloster zu, des ersten buddhistischen Klosters in Tibet, und zwar während der Herrschaft von Trisong Detsen. Hier wurde zwischen 792 und 794 n. Chr. die Richtung des tibetischen Buddhismus für alle Zeiten entschieden. Diese Jahre waren die Zeit der sogenannten großen Debatte zwischen Kamalasila, der die indische Form des Buddhismus vertrat, und dem buddhistischen Ch'an-Mönch Hoshang, der für die chinesische Form des Buddhismus stand. Nach den Debatten wurde der tibetische Buddhismus nach dem Vorbild des indischen Buddhismus und besonders seiner tantrischen Ausprägung geformt. Zu der Zeit begannen die Tibeter auch, große Anstrengungen zu unternehmen, um buddhistische Texte aus Indien zu beschaffen und sie in ihre eigene Sprache zu übersetzen. Sie waren darin so erfolgreich, daß viele dieser Texte, die in ihrem Ursprungsland verloren sind, in der tibetischen Übersetzung heute noch zugänglich sind.

Aber der Buddhismus in Tibet entwickelte sich nicht ohne Rückschläge. Der letzte der großen religiösen Könige, Ralpachen (805–838 n. Chr.), war ein schwacher Herrscher, der von seinem eigenen Bruder Langdarma ermordet wurde. Der neue König war kein Freund des Buddhismus und versuchte den Buddhismus in Tibet auszulöschen. Trotz der Tatsache, daß er von einem buddhistischen Mönch nach einer kurzen Herrschaft von nur vier Jahren 842 n. Chr. ermordet wurde, markiert seine Herrschaft doch das Ende sowohl für die erste Verbreitung des Buddhismus in Tibet als auch für die Herrschaft weltlicher Könige. Für Tibet beginnt ein 150 Jahre dauerndes dunkles Zeitalter.

Diese Periode endet ungefähr 1000 n. Chr. Zu dieser Zeit begann die zweite Verbreitung des Buddhismus in Tibet, diesmal nicht in Zentraltibet, sondern im westlichen Teil des Landes. Hierhin brachte der buddhistische Lehrer Atisha (ca. 982–1054 n. Chr.) neue Unterweisungen von der Universität Vikramashila in Indien, bevor er nach Zentraltibet weiterreiste. Tibeter wie Drogma und Marpa (ca. 1012–1096 n. Chr.) machten sich von Zentraltibet aus auf die beschwerliche Reise in die indischen Ebenen, auf der Suche nach inspirierenden Lehrern, von denen sie die neuesten Trends im Buddhismus lernen konnten. Mit dem Zufluß neuer Ideen erneuerte sich auch das Interesse an buddhistischer Praxis: die Hauptschulen des tibetischen Buddhismus haben in dieser Zeit ihren Ursprung.

Die älteste dieser Schulen waren die Nyingmapa- oder »Alten«-Schule, die von sich behauptet, daß ihre Anfänge noch vor dieser zweiten Verbreitung des Buddhismus (11. Jahrhundert) im frühen siebten Jahrhundert liegen.

Nur in der allerlockersten Form organisiert, waren die Nyingmapas in erster Linie Individualisten und konzentrierten sich auf lokale Aufgaben wie Weissagungen, landwirtschaftliche Rituale und Exorzismen.

Die zweitälteste Schule des tibetischen Buddhismus ist die Sakya Schule, die von Konchog Gyalpo (1034–1102 n. Chr.) gegründet wurde. Diese Schule, benannt nach ihrem Hauptkloster im südlichen Zentraltibet, war besonders bekannt für ihr Lehrsystem, das Lamdre-System (in dem geschickt tantrische Studien mit orthodoxen buddhistischen Schriften verbunden wurden) und für seine Betonung eines bestimmten Textes, des *Hevajra-Tantra.* Sie beeinflußte schnell sowohl weltliche als auch spirituelle Ereignisse. Als einer ihrer wichtigsten Mönche der offizielle Lehrer des großen sino-mongolischen Herrschers Kublai Khan wurde, stattete der Kaiser ihn bald mit der weltlichen Herrschaft über ganz Tibet aus, das damals eine Provinz des mongolischen Kaiserreiches war. Damit begann die lange Tradition, daß Tibet von einem buddhistischen Klosterorden regiert wurde: Sie dauerte bis 1951 an.

Die Kagyü-Schule verfolgt ihre Abstammung zurück zu Marpa und seinem berühmten Schüler Milarepa (1052–1135 n. Chr.). Beide Lehrer waren bekannt für ihre magischen Fähigkeiten, und Milarepa wird als der berühmteste Dichter Tibets angesehen. Die Kagyüs waren die erste Schule, die das Konzept des *Tulku* einführten. Ein *Tulku* ist ein hoch verwirklichter Mönch, normalerweise der Gründer eines bestimmten Ordens, der reinkarniert und Mal für Mal in einem neuen Körper weiter lebt, um seine Aufgaben als Oberhaupt seines Ordens weiterzuführen. In viel späteren Zeiten war der Kagyü-Orden einer der ersten, der das Potential einer Ausbreitung nach Europa und Amerika erkannte. Eine Reihe berühmter zeitgenössischer Mönche wie Chögyam Trungpa und Chuje Akong gehörten zu diesem Orden.

Aber von allen tibetischen Schulen ist die berühmteste die Schule des *Dalai Lama,* die Gelugpa- oder Gelbmützen-Schule. Gegründet als eine Reformbewegung zu Beginn des 15. Jahrhundert n. Chr. durch Tsongkhapa (1357–4419 n. Chr.), wurde die Gelug-Schule bald die bedeutendste Schule des Buddhismus in Tibet. Ein Schüler von Tsongkhapa, Gendun-drup (1391–1474 n. Chr.), war das erste Oberhaupt dieser Schule, der *Dalai Lama* genannt wurde. Seine Nachfolger wurden zur gleichen Zeit als seine *Reinkarnation* und als Reinkarnation von Avalokitesvara, des *Bodhisattvas* des Mitgefühls, angesehen. Im Jahr 1642 n. Chr. wurde der fünfte *Dalai Lama* zum Herrscher über ganz Tibet bestimmt, und so blieben die Dinge, bis die Chinesen den heutigen vierzehnten *Dalai Lama* 1959 aus Tibet vertrieben.

Der Niedergang des Buddhismus in Indien

Der aus Tibet kommende tantrische *Vajrayana*-Buddhismus stellt die letzte große Entwicklung des Buddhismus in seinem Heimatland Indien dar. Der Buddhismus geriet angesichts eines wiedererwachenden Hinduismus hier mehr und mehr in die Defensive. Vor 600 n. Chr. begann die Verehrung der Götter Shiva und Vishnu die zahlreichen Schulen des Buddhismus zu verdrängen. Dies wird zuerst im südlichen Teil des Subkontinents offensichtlich. Vor dieser Zeit war der Buddhismus eine hoch angesehene Tradition, die von den Kalabhra-Herrschern in Südostindien große Unterstützung erhielt. Aber gegen 800 n. Chr. war der Buddhismus völlig aus diesem Teil von Indien verschwunden.

Gleichwohl behauptete sich der Buddhismus im Nordosten des Landes mit blühenden Kloster-Universitäten, die viele hundert Mönche auf einmal beherbergten und ausbildeten. Reisende aus China, wie I-tsing und Hsuan-tsang, berichteten, daß diese Bildungsstätte des Buddhismus Studenten aus allen Teilen des südlichen und östlichen Asiens anzog. Die Herrscher weitentfernter Staaten sandten kostspielige Geschenke, bestimmt für die Erhaltung dieser hochentwickelten Institutionen. Hier entstand die tantrische Form des Buddhismus, von hier wurde sie nach Tibet und darüber hinaus exportiert. In vieler Hinsicht hatte sich der Buddhismus dieser Klosteruniversitäten entscheidend verändert im Vergleich zum eher strengen Glauben, wie ihn der Buddha gelehrt hatte. Jetzt bestand er aus einem komplexen System vieler Riten und einer hochentwickelten subtilen Philosophie sowie aus einem immer größer werdenden Kanon von Schriften. Dennoch verlor der Buddhismus als Ganzes immer mehr Boden an seine Rivalen in Indien. Die Gründe hierfür sind nicht ganz klar, aber einige Faktoren sind offensichtlich.

Das politische System in Indien nach 700 n. Chr. war sehr instabil. Mit dem Untergang der Gupta-Dynastie nach 450 n. Chr. und ihrer unmittelbaren Nachfolgerstaaten löste sich Indien in einen Flickenteppich von kleinen, sich untereinander bekriegenden Staaten auf.

Dies bedeutete unvermeidlich, daß das Los des einfachen Volkes immer schwieriger wurde. Überall sank der Lebensstandard durch höhere Steuern infolge der Kriege und der Schäden, die diese Kriege mit sich brachten. Dies hatte zwei Folgen. Die Summen, die das Volk für religiöse Spenden aufbringen konnte, verringerten sich beträchtlich im Vergleich zu wohlhabenderen Zeiten. Wichtiger war aber vielleicht noch, daß die Menschen nun sofort in der Religion Trost finden wollten. Sie waren nicht länger interessiert an einer langfristigen Befreiung aus dem Kreislauf von Leben und Tod. Eher wollten sie jetzt eine Religion mit schnell greifbaren Resultaten. All dies bedeutete, daß die Spenden der Landbevölkerung an die Buddhisten zurückgingen (wenngleich sie nicht ganz aufhörten), als die Bauern sich den hinduistischen Göttern zuwandten.

Trotzdem bewegte sich der Buddhismus mühsam weiter. Den letzten Schlag versetzen ihm die muslimischen Eroberer. Sie kamen von Nordwesten, angetrieben von zwei Motiven: den Götzendienst zu zerstören und ihre Taschen zu füllen. Die reich ausgestatteten buddhistischen Institutionen erlaubten ihnen, beides zu tun. Zwischen 1000 und 1200 n. Chr. plünderten und beraubten immer neue Wellen muslimischer Eroberer die letzten Inseln buddhistischen Einflusses in Indien. Die wenigen Mönche, die den Massenabschlachtungen ihrer Brüder entgehen konnte, emigrierten in gastfreundlichere Länder. Die buddhistischen Klöster und Monumente wurden zu hinduistischen oder muslimischen Zwecken konvertiert, zerstört oder gerieten in Vergessenheit. Es dauerte bis zur Ankunft der Briten 600 Jahre später, ehe die Ruinen ihre Geheimnisse preisgaben, und weitere 150 Jahre, bis der Buddhismus wieder eine lebendige Religion in Indien werden sollte.

4. Der moderne Buddhismus: Viele Wege, ein Ziel

Das gemeinsame Erbe

Wie wir gesehen haben, hat sich der Buddhismus nicht nur in seinem Ursprungsland ausgebreitet und entwickelt, sondern ebenso in vielen anderen Ländern. Warum stellt der Buddhismus für so viele verschiedene Kulturen eine so attraktive religiöse Alternative dar? Der Budhismus nimmt, genau wie andere Religionen, für sich in Anspruch, die Mittel zu besitzen, mit denen man dieses am meisten begehrte und geschätzte Ziel der Menschheit erreichen kann: ewigen Frieden. Er unterscheidet sich von anderen Religionen jedoch dadurch, daß er verschiedene Methoden akzeptiert, mit denen man dieses Ziel erreichen kann, wobei jede dieser Methoden auf unterschiedliche Temperamente und Bedingungen zugeschnitten ist. Wie wir im zweiten Kapitel gesehen haben, hat der Buddhismus sehr früh eine hochentwickelte Sicht der Welt hervorgebracht. Den Kern dieser Weltsicht stellt dar, was westliche Philosophen später »Angst« nennen werden: jenes vage Gefühl von Unbehagen und Getrenntsein von der Welt, das das Leben oft färbt. Für den Buddhisten ist dieses inhärente Element der menschlichen Existenz ein unvermeidlicher Teil des Lebens, er wird hervorgebracht durch die Unbeständigkeit, die dem Leben innewohnt.

Das Konzept eines instabilen Universums erinnert an die moderne Physik. Die alten buddhistischen Philosophen haben die Welt nicht als eine stabile, materielle Entität betrachtet, sondern als eine sich ständig verändernde Wolke interaktiver Kräfte. Die buddhistische Analyse der unbefriedigenden und instabilen Natur der Existenz begründet eine ganze Lebensanschauung. Für diese Lebensanschauung ist nicht nur das buddhistische Verständnis von der Natur der Wirklichkeit wesentlich. Ebenso wichtig ist, wie Buddhisten das menschliche Schicksal und die Faktoren, die es beeinflussen, begreifen. Für den Buddhisten ist die menschliche Existenz kein kurzer Ausflug zwischen Geburt und Tod. Sie dehnt sich endlos durch Zeit und Raum (Buddhisten glauben, daß es eine fast grenzenlose Zahl von anderen Welten zusätzlich zu dieser hier gibt), und der Mensch kann nur einer endlosen Reihe von Wiedergeburten in dieser Welt – oder anderswo – entgegensehen.

Die treibende Kraft hinter diesen Leben ist *Karma,* das eiserne Gesetz von Ursache und Wirkung. *Karma* bedeutet, daß gute Handlungen gute Ergebnisse und schlechte Handlungen schlechte Ergebnisse hervorbringen werden – und das heißt, daß man auf nichts hoffen kann außer auf sich selbst. Die Menschen sind im Grunde genommen auf sich allein gestellt. Es gibt keine übernatürliche Instanz, die sie vom ewigen Kreislauf von Geburt und Tod befreien könnte. Lehrer können nur die Richtung weisen, in die jemand gehen sollte. Niemand kann sich – auch nicht durch noch so großen persönlichen materiellen Erfolg – einen Ausweg erkaufen. In diesem finsteren Bild tröstet nur eine einzige Tatsache: Buddha hat den Ausweg entdeckt, den Weg zum *Nirwana.* Die verschiedenen buddhistischen Gruppierungen interpretieren diese buddhistische Grundbotschaft auf unterschiedliche Weise, um sie so den verschiedenen Bedingungen anzupassen.

Theravada: Das Leben mit Disziplin und die Ansammlung von Verdiensten

Unter den vielen Schulen, die es immer noch gibt, kommt die *Theravada*-Schule dem Buddhismus des Buddha am nächsten. Heute findet man sie nur noch in Sri Lanka, Burma, Thailand, Laos und Kambodscha. Diese Schule hält sich an die älteste Sammlung buddhistischer Schriften – den Pali-Kanon. Wenn wir diese Schule auf einen einfachen Nenner bringen müßten, der die Philosophie der spirituellen Praxis des *Theravada*-Buddhismus zusammenfaßt, dann wäre das die persönliche Anstrengung. Im Zentrum der Erleuchtungserfahrung des Buddha stand die Erkenntnis, daß die Erlösung vom ewigen Kreislauf der Wiedergeburten durch persönliche Anstrengung geschieht. Da war kein Gott, der einen erlösen könnte, kein Lehrer, der den Menschen die Wahrheit vorführen konnte. Nur durch eigene, persönliche Anstrengung kann die Natur der Wirklichkeit verstanden und der Kreislauf von Tod und Wiedergeburt durchbrochen werden. Die Erlösung (im weitesten Sinn des Wortes) mußte daher durch die Disziplinierung von Körper und Geist erreicht werden.

Von Buddhas Standpunkt aus war die wichtigste Aufgabe, für die man seine Inkarnation als menschliches Wesen – an sich schon ein äußerst seltenes Ereignis – verwenden konnte, die Suche nach *Er-*

leuchtung. Da dies ein sehr schwieriges Unterfangen war, begann man es als einen Vollzeitjob für Menschen anzusehen, die sich auf Religion spezialisiert hatten. Als Buddha anfing zu predigen, verkündete er als erstes eine Reihe von Regeln, die alle Anwärter auf *Erleuchtung* befolgen sollten. Diese Regeln, gemeinhin bekannt als das *Vinaya* (Verhaltensregeln), deckten alle Aspekte im Leben eines Jüngers ab. Sie stellen auch immer noch den Rahmen dar, in dem sich das Leben moderner buddhistischer Mönche abspielt. Diese Regeln schreiben vor, wann der Mönch welche Nahrung zu sich nehmen darf, welche Kleider er tragen darf, mit wem er Sex haben darf und viele andere große und kleine Dinge seines Lebens. Wer diesen Regeln folgt, wird *Bhikkhu* – oder, wenn es sich um Frauen handelt, *Bhikkuni* genannt. Zusammen bilden sie die *Sangha*, den buddhistischen Orden, der die Lehre des Buddha verkörpert.

Es ist daher nur natürlich, daß die professionellen Mönche und Nonnen der *Sangha* beträchtlichen Einfluß auf die frühe buddhistische Gesellschaft ausübten. Während Veränderungen in anderen buddhistischen Schulen dazu führten, daß die *Sangha* an Einfluß verlor, spielen die Mönche im *Theravada*-Buddhismus immer noch eine prominente Rolle in der Gesellschaft. Das ist erstaunlich, wenn man bedenkt, daß die Mönche nur wenig Kontakt zu Laien haben sollten. Als die Religion sich jedoch entwickelte, veränderte sich diese Haltung etwas. Einige Mönche, Waldmönche genannt, hielten weiter am klösterlichen Ideal der Trennung von der Welt fest. Andere Mönche, die große Mehrheit der heutigen Mönche, wurden als Dorfmönche betrachtet. Diese Mönche lebten am Rande des Dorfes und arbeiteten als Dorflehrer und lokale religiöse Berater für die Laien. Das waren die Mönche, die für die normalen Menschen zuständig waren.

Anders als in anderen Religionen oder auch in anderen Formen des Buddhismus sind die Rituale für Laien im *Theravada* äußerst genügsam. Laiengruppen treffen sich an Neumond und Vollmond jedes Monats des Mondkalenders. Bei diesen Treffen, gewöhnlich in Anwesenheit eines Mönches, erneuern sie ihre Loyalität zum buddhistischen Lebensstil, in dem sie öffentlich das Gebet zu den *Drei Zufluchtsorten* rezitieren und die *Fünf Gebote* anerkennen. Sie hören dann eine Predigt des Mönches, die normalerweise eher formaler als spontaner Natur ist. Danach kann sich eine kurze Meditation anschließen. Jahreszeitliche Feste haben meistens den gleichen Charakter und konzentrieren sich auf Ereignisse im Leben des Buddha.

Man könnte zu dem Schluß kommen, es ginge hier nicht besonders religiös zu. Aber das ist ein Fehler, der aus einem falschen Verständnis der Funktion von Religion in den verschiedenen gesellschaftlichen Schichten entsteht. Für *Theravada*-Buddhisten sind religiöse Übungen wie Meditation keine Aufgabe für Laien. Solche Übungen sind generell Mönchen vorbehalten. Einsicht zu entwikkeln, sagen diese Laienbuddhisten, ist ein Vollzeitjob, der nicht einfach im Wirrwarr der modernen Welt ausgeübt werden könne. Wenn jemand wünscht, diese Form der Schulung zu absolvieren, dann muß er sich diesem Weg ganz und gar widmen und der Welt entsagen, wie Buddha es getan hat. Wenn man sich so verhält, erntet man ungeheure Verdienste und sollte deshalb mit tiefstem Respekt behandelt werden. In *Theravada*-Ländern ist es heute nicht ungewöhnlich, daß Großmütter im Bus aufstehen, um ihre Sitze Teenager-Mönchen zu überlassen. Auf eine paradoxe Art und Weise gibt die Entsagung von der Welt den Mönchen eine herausgehobene Position in der Welt.

Um das zu verstehen, müssen wir das Wesen des Laien-Buddhismus in *Theravada*-Ländern begreifen. Laien können (natürlich) immer Mönche werden.[3]

Aber die meisten bleiben in dem Stand, in den sie hineingeboren werden. Das heißt weder, daß ihnen religiöse Gefühle fehlen, noch daß sie nicht an ihrer Tradition teilhaben. Stattdessen folgen sie dem Weg, der für Laien vorgesehen ist – dem Weg des Verdienstes *(punya)*. Im Grunde sind die *Sangha* und die Laien zwei Hälften eines Ganzen. Die Mönche brauchen die Laien für Nahrung, Essen und alle anderen notwendigen Dinge des Lebens. Die Laien brauchen andererseits die Mönche als moralisches Vorbild und als Mittel, um Verdienste zu erwerben. Aber worum geht es bei diesen Verdiensten?

An dieser Stelle kommen wir wieder auf die Frage des *Karmas* und der Wiedergeburt zurück. Wenn man weiß, daß man wiedergeboren wird und daß eine vorteilhafte Geburt von guten Handlungen abhängig ist, dann ist es nur klug, einen möglichst großen Vorrat an guten

3. Die Tatsache, daß es in heutigen *Theravada*-Ländern keine Nonnen gibt, ist eher auf einen historischen Unfall als auf bewußten Sexismus zurückzuführen. In der Tat spielen Frauen eine sehr effektive, wenngleich inoffizielle, religiöse Rolle in diesen Ländern. Darüber hinaus wird eine Bewegung zur Wiedereinführung der Frauenordination immer stärker. Sri Lanka ist eine Ausnahme unter den *Theravada*-Ländem: Seit dem 12. März 1998 ist der Frauenorden wieder errichtet worden, in dem nach 1000jähriger Unterbrechung wieder eine volle Frauenordination stattgefunden hat, wenngleich diese Ordination nicht von allen Sekten in Sri Lanka anerkannt wird. Im *Mahayana*- und *Vajrayana*-Buddhismus gibt es immer noch Nonnen.

Exkurs: Mönch werden

In einigen *Theravada*-Ländern kann man Mönch auf Zeit werden – der Einzelne entscheidet, wie lange er in einem Orden bleibt. In anderen Ländern ist die Entscheidung zur Ordination endgültig (oder sollte es zumindest sein). In beiden Fällen ist es ein zweifacher Prozeß, Mönch zu werden. Der erste Schritt in diesem Prozeß wird *pabbajja* (»Fortgang«) genannt. In einer Wiederholung von Buddhas Verzicht auf sein Zuhause »geht« der Mönchsanwärter »fort« vom Leben als Hausvater zu dem als Mitglied der *Sangha.* Es gibt kein vorgeschriebenes Alter, zu dem diese Zeremonien stattfinden.

Oft entscheiden Eltern, einen ihrer Söhne in frühen Jahren ordinieren zu lassen. Darin werden zwei Vorteile gesehen: Der eine gilt für die Familie des neuen Mönches, die durch dessen Ordination Verdienste erwirbt, und der zweite gilt für den jungen Mönch selber. In vergangenen Zeiten war es oft nur über das Mönchtum möglich, eine Ausbildung und damit hohe Positionen im Staat zu erlangen. Aber auch heute noch lassen viele Eltern ihre Söhne ordinieren, damit sie eine Ausbildung erhalten,

Die Ordinierungszeremonie selbst ist sehr einfach. Sie findet normalerweise zu einer Zeit statt, die festlegt wird, nachdem das Horoskop des Kandidaten konsultiert worden ist. Zusätzlich wird der Status des neuen Novizen den Göttern und lokalen Geistern mitgeteilt. Dem Kandidaten wird das Haar geschoren und er nimmt ein rituelles Bad. Danach nimmt er »Zuflucht zu den Drei Juwelen« (das sind die *Drei Zufluchtsorte*) und wird mit Roben und anderen Dingen, die der Mönch täglich braucht, ausgestattet. Jetzt ist er ein offizielles Mitglied des buddhistischen Ordens, und von diesem Datum aus wird sein Rang im buddhistischen Orden berechnet. Es folgt eine Zeit des Studiums unter der Anleitung eines älteren Mönches. Nach mehreren Jahren Schulung, aber nicht vor seinem 20. Geburtstag, kann der No-

Handlungen anzusammeln. In der *Theravada*-Kultur wird dieses Verdienst durch *dana* (Gaben) angesammelt. Den größten Effekt bringen dem Spender diese Gaben, wenn er sie an Mönche abgibt. Daraus ist eine symbiotische religiöse Beziehung entstanden, von der beide Seiten profitieren. Darüber hinaus haben die Verdienste auch noch anderen Nutzen.

In der *Theravada*-Tradition wird den Göttern zwar nicht die Fähigkeit zugeschrieben, Menschen zur endgültigen Freiheit zu führen, aber sie werden schon als nützlich angesehen. Wenn jemand Hilfe

vize um den zweiten Schritt im Ordinierungsprozeß bitten. Das ist das *upasampada*-Ritual. Diese Zeremonie stellt die volle Aufnahme des Novizen in die *Sangha* dar. Danach kann der Mönch selber als Erzieher jüngerer Mönche arbeiten. Er kann auch Mitglied in der Klosterleitung werden. Sollte sich ein Mönch entschließen, den Orden zu verlassen, dann tut er dies einfach. Für diesen Schritt gibt es keine spezielle Zeremonie.

Junge Ordinierte nehmen Unterricht bei einem Mönch in einer buddhistischen Schule in Bangkok (Thailand).

braucht bei der Ernte, bei Krankheiten, in der Liebe und so weiter, dann ist es zwecklos, den Buddha oder seine Mönche um Rat zu fragen – mit diesen weltlichen Problemen befassen sie sich nicht. Götter können helfen, aber sie müssen dazu genötigt werden. Dies geschieht durch den Austausch von Verdiensten. Da Buddhisten die Götter nicht als unsterblich ansehen, sondern nur als sehr langlebig, glauben sie, daß die Götter genauso wiedergeboren werden wie sie selbst. Da das so ist, brauchen auch die Götter Verdienste, um unter guten Umständen wiedergeboren zu werden. Nun macht es das Wesen eines Gottes aus vielen Gründen unmöglich, selber Verdienste zu erwerben. So sind die Götter auf die Menschen dergestalt angewiesen, daß sie nur Verdienste erwerben können, wenn Menschen sie ihnen zur Verfügung stellen. Das tun die *Theravada*-Buddhisten gerne – im Austausch für weltliche Entschädigungen.

Weil die Meditation im Leben der Mönche eine so große Rolle spielt, verbringen sie viel Zeit getrennt von einfachen Praktizierenden. Aber das ist nicht immer so: An den größeren buddhistischen Festtagen kommen beide Gruppen zusammen. Im allgemeinen richten sich die buddhistischen Feste an Ereignissen im Leben des Buddha aus. Darüber hinaus scheinen sie auch einen Bezug zum Kreislauf von Säen und Ernten zu haben, da sie sich im Kontext der Agrargesellschaften entwickelten. Andere Festtage, wie zum Beispiel der Anfang des neuen Jahres, sind von Gesellschaft zu Gesellschaft unterschiedlich.

In den *Theravada*-Ländern sind regelmäßig alle zwei Wochen bestimmte Tage, ausgerichtet nach dem Mondzyklus (dem Erscheinen von Vollmond und Neumond) für religiöse Bräuche vorgesehen. Diese Tage, *poya*-Tage genannt, entsprechen ungefähr den Sonntagen in Amerika und Europa. An ihnen halten Laien die *Fünf Gebote* ein: nicht lügen, nicht töten, nicht stehlen, keine unangemessenen sexuellen Handlungen ausführen, keine Drogen oder Alkohol zu sich nehmen. Laien verbringen den Tag oft mit religiösen Beschäftigungen, indem sie etwa eine Predigt hören, die von einem Mönch gehalten wird, und selbst ein wenig meditieren. Das ist das allgemeine Muster, nach dem alle religiösen Feiertage gestaltet werden, die auf die *poya*-Tage bestimmter Monate fallen. *Poya*-Tage werden in buddhistischen Ländern, die nicht zur *Theravada*-Tradition gehören, nicht gefeiert.

Für die *Theravada*-Buddhisten findet die wichtigste Feier im Jahr am Vollmond im Monat Mai statt, bekannt unter dem Namen *Wesak.* Die Geburt, seine *Erleuchtung* und der Tod des Buddha – alles soll an diesem Tag (natürlich in verschiedenen Jahren) stattgefunden haben. Ein anderes bedeutendes Fest fällt auf den Vollmond im Juni. An diesem Tag beginnt das dreimonatige Regenretreat (manchmal auch Buddhistische Fastenzeit genannt). Zu dieser Zeit ziehen sich die Mönche aus dem gesellschaftlichen Leben zurück, um intensiver meditieren zu können. Auch Laien sind bestrebt, sich während dieser Zeit strengere buddhistische Prinzipien aufzuerlegen. Der Zeitraum endet mit *Kathina,* dann bringen die Laien den Mönchen neue Roben und andere Dinge des täglichen Lebens.

Manche Feste gibt es nur in bestimmten Gegenden. So wird zum Beispiel das Fest *Poson* gefeiert, weil im zweiten Jahrhundert v. Chr. die Lehre des Buddha nach Sri Lanka kam. Ebenso wird auch *Esala* nur in Sri Lanka gefeiert. An diesem Tag findet eine riesige Parade in Kandy statt, genannt *Esala Perihara*, bei der eine Reliquie, der sogenannte heilige Zahn des Buddha, zur Schau gestellt wird. Auch in anderen Ländern der *Theravada*-Tradition gibt es lokale Feste. Es sind dies ernste Feste, dabei aber auch vergnügliche Ereignisse.

Zen: Der Weg der Leere

Der *Zen*-Buddhismus steht – sowohl ideologisch als auch geographisch – in scharfem Kontrast zum *Theravada*-Buddhismus. *Zen* ist eigentlich in Indien entwickelt worden, aber erst als er nach China und von dort nach Korea und Japan kam, hat er sein volles Potential erreicht. Der Weg des *Zen* unterschied sich anfänglich von den meisten anderen Schulen des Buddhismus. Die Schulen neigten dazu, sich in Klöstern zusammenzuschließen und über die Jahrhunderte immer mehr Reichtum anzuhäufen. So fanden die Mönche sich schließlich in einer eigenartigen Situation wieder. Jeder einzelne war so arm wie die ersten Jünger des Buddha. Aber als Gemeinschaft waren sie oft unvorstellbar reich. Mit der Zeit haben die Mönche dieses Vermögen in große Bauten investiert, die kunstvoll verziert und reich möbliert waren. Während Außenstehende dies beeindruckte, wuchs unter den Mönchen das Gefühl, daß solcher Luxus eine gefährliche Ablenkung vom eigentlichen Ziel, Erlösung vom Kreislauf von Geburt und Tod zu erlangen, darstellen könnte. Diese neuen intellektuellen Strömungen sollten die Entwicklung und Ausrichtung des *Zen* stark beeinflussen.

Philosophisch gesehen ist der Kern des *Zen*, daß alle Wesen schon erleuchtet sind. Sie wissen es nur noch nicht. Das Ziel des *Zen* besteht deshalb darin, die Menschen zu ihrer eigenen spirituellen Natur zu erwecken. Das erreicht man weder durch das Studium von Büchern noch durch intellektuelle Anstrengungen, sondern nur durch Meditation. Die *Zen*-Meditation ist darauf angelegt, den rationalen, dualistischen Geist zu überwinden und den Übenden zum Urgrund der Existenz zu bringen, der uns alle verbindet. Dies kann man durch einen der beiden folgenden Wege erreichen; In der *Soto*-Schule des *Zen* soll der Übende »nur sitzen«. Diese Schule glaubt, daß konzentrierte Meditation allein ausreicht, um zur *Erleuchtung* zu gelangen. In der *Rinzai*-Sekte ist der Prozeß etwas komplizierter. Diese Schule nutzt kurze paradoxe Fragen, sogenannte *Koans*, als Mittel, um die Übenden aus ihrem dualistischen Denken aufzurütteln. Einige dieser *Koans*, wie zum Beispiel »das Klatschen der einen Hand« oder »Hat ein Hund eine Buddhanatur?«, sind weit über die Grenzen des Buddhismus hinaus berühmt geworden.

Betrachtet man diese Meditationsschulung, zusammen mit der Betonung, die im *Zen* auf Einfachheit gelegt wird, könnte man annehmen, daß der *Zen* die feierliche Seite und die Rituale im Buddhismus abgeschafft hätte. In der Tat war es dieser Eindruck, der die ersten Amerikaner und Europäer kurz nach dem Zweiten Weltkrieg am Buddhismus anzog. Aber so ist es in Wahrheit gar nicht. *Zen* wurde stark beeinflußt von seinen Gönnern, den wohlhabenden und mächtigen herrschenden Klassen Japans. Diese Klassen, die Religion und Regierung oft als zwei Seiten einer Medaille verstanden, waren oft mehr an der Fähigkeit der Mönche interessiert, kraftvolle und beschützende Rituale durchzuführen, als an der philosophischen und meditativen Seite, für die sie auch standen. Während dieser Typ der Religionsausübung seinen deutlichsten Ausdruck in anderen buddhistischen Schulen fand, zum Beispiel Shingon, sind alle buddhistischen Schulen in Japan bis zu einem bestimmten Ausmaß durch Rituale geprägt.

Konsequenterweise hatte das Ritual (und so ist es bis heute) einen wichtigen Platz im *Zen*-Buddhismus. In den Klöstern und Tempeln werden aus diesem Grund morgens und abends Zeremonien durchgeführt, die in den Klöstern vom Abt und in den Tempeln vom Hauptpriester geleitet werden. Laien können an diesen Zeremonien teilnehmen, aber mit Ausnahme der großen buddhistischen Feiertage sind sie eher für die Spezialisten der Religion da. Früchte, Blumen und Weihrauch werden in diesen Zeremonien Buddha und den wichtigsten *Boddhisattvas*, wie Manjusri und Avalokitesvara, dargebracht. Verschiedene Texte werden rezitativ gesungen, besonders das *Herz-Sutra*, ein kurzer Text, in dem die Hauptlehren des *Zen* zusammengefaßt sind. Zu diesen Zeremonien tragen the Mönche häufig prächtig bestickte Seidenroben, die von einem genügsamen Leben nach der *Zen*-Lehre weit entfernt sind. All dies kann für europäische und amerikanische Praktizierende, die *Zen* aus Büchern und nicht von Lehrern direkt gelernt haben, überraschend sein.

Wie in den *Theravada*-Ländern kommen Mönche und Laien zusammen, um wichtige religiöse Tage gemeinsam zu feiern. Aber die Feiertage der *Mahayana*-Buddhisten unterscheiden sich oft von de-

Shingon-Mönche meditieren vor einem Altar im Shojoshin-in-Tempel am Berg Koya in Japan. Shingon-Mönche sind bekannt für ihre Fähigkeit, kraftvolle Schutzrituale durchzuführen.

nen in *Theravada*-Ländern. In Japan, dem größten *Mahayana*-Land, werden die Geburt, die *Erleuchtung* und der Tod des Buddha nicht an den gleichen Tagen gefeiert, an denen die Buddhisten in Sri Lanka und Südostasien diese Ereignisse begehen. Die Geburt des Buddha *(Hana Matsuri)* wird am 8. April, seine Erleuchtung *(Nehan)* am 15. Februar und sein Tod *(Rohatsu)* am 8. Dezember gefeiert. Rohatsu bezeichnet eine Woche intensivster Meditation.

Von besonderer Bedeutung ist für japanische Buddhisten das vier Tage andauernde Fest *Obon*, das am 13. Juli beginnt. Dieses Fest erinnert an die Befreiung der Mutter eines Schülers des Buddha aus den buddhistischen Höllen. In Japan ist es ein Fest zur Erinnerung an verstorbene Ahnen geworden. Einige Feiertage sind strenggenommen nur für *Zen*-Praktizierende von Bedeutung. Im Oktober wird das Fest gefeiert, das an Bodhidharma erinnert, den ersten Lehrer, der *Zen* von Indien nach China brachte. Große japanische *Zen*-Lehrer werden ebenfalls verehrt. An Rinzai Zenji wird am 10. Januar, an Daito Zenji am 22. November, an Dogen Zenji am 28. August und an Keizan Zenji am 15. August erinnert. Die Praktizierenden des Buddhismus des *Reinen Landes* verehren ihren Gründer, Shinran, am 21. Mai.

Vajrayana: Der Weg der rituellen Mystik

Um 500 n. Chr. setzte in Indien eine neue Stufe der religiösen Entwicklung ein. Zu dieser Zeit entwickelten sich sowohl im Hinduismus als auch im Buddhismus die Züge, die heute das *Tantra* ausmachen. *Tantra* scheint ein Versuch gewesen zu sein, eine neue, dynamischere Form der Praxis als die eher statischen Meditationen des frühen Buddhismus zu entwerfen. In diesem Prozeß entstand eine radikal neue Form des Buddhismus. Der *Vajrayana*-Buddhismus geht von anderen Prämissen aus als andere Formen des Buddhismus. Die Unterschiede sind allerdings nicht so sehr philosophischer als methodologischer Natur. Der *Vajrayana*-Buddhismus ist nicht nur weit entfernt davon, den Körper als Mittel auf dem Weg zur *Erleuchtung* abzulehnen, er schließt ihn im Gegenteil ausdrücklich mit ein.

Konsequenterweise unterscheidet sich auch die Schulung der Mönche in der *Vajrayana*-Schule von der der Mönche im *Zen* oder im *Theravada*. Das Wichtigste im Schulungsprozeß der *Theravada*-Mönche sind die Perfektionierung der Meditation mit Hilfe klösterlicher Regeln einerseits und das Studium der Pali-Texte andererseits. Das Wichtigste im Training der *Zen*-Mönche ist die Perfektionierung der Meditation durch Selbstdisziplinierung. Das Wichtigste im *Vajrayana*-Training ist die Perfektionierung der Meditation durch Ritualpraktiken. Aber der Schwerpunkt auf der Durchführung von Ritualen kommt in der Ausbildung der Mönche erst relativ spät. Zuerst wird der Mönch zu einer langen Periode des Studiums der Schriften angehalten, um sich auf sein Training durch Rituale vorzubereiten. Tantrische Praktiken werden auf dem Weg zum *Nirwana* als extrem effektiv angesehen – aber sie sind auch sehr gefährlich. Sich ihnen ohne ausgedehnte Vorbereitung zu nähern, ist nicht klug und kann zur *Reinkarnation* in einer der zahlreichen buddhistischen Höllen führen. Aus diesem Grund tendieren Laien dazu, tantrische Praktiken zu vermeiden und ihren Gebrauch religiösen Spezialisten vorzubehalten.

Tantra kann man nicht für sich alleine praktizieren. Es kann unter Anleitung eines *Gurus* erlernt werden, der selbst den Weg gegangen ist, dem der Übende folgen möchte, und der sie oder ihn auf diesem Weg anleiten kann. Dem *Guru* wird tatsächlich eine so hohe Bedeutung zugemessen, daß er oft wie eine Gottheit verehrt wird. Vielen dieser hoch entwickelten *Gurus* wird zugeschrieben, daß sie fähig sind, durch ihren eigenen Willen immer neu wiedergeboren werden. Das sind die oben geschilderten *Tulkus.* Unter der Führung eines erfahrenen *Gurus* betritt der Novize den tantrischen Weg.

Dieser beginnt mit den vorbereitenden Übungen. Sie können sich von Schule zu Schule unterscheiden, aber bestimmte Elemente sind allen gemeinsam. Der Übende muß 100 000 Niederwerfungen ausführen. Sie oder er muß 100 000 Mal verschiedene rituelle Darbringungen durchführen und ebensooft Formeln wiederholen, die dazu dienen sollen, den Geist zu reinigen und zu fokussieren. Aber es muß daran erinnert werden, daß keine dieser Praktiken schon zum eigentlichen *Tantra* gehört. Diese Praktiken, die notwendigerweise Jahre in Anspruch nehmen und über die viele Menschen nie hinauskommen, sollen den »Tantriker in spe« testen und sie oder ihn für die kommende Arbeit reinigen. Das heißt aber auch, daß diese Übungen einen Wert in sich selbst darstellen; viele Menschen, besonders Laien, führen sie durch, ohne einen Gedanken daran zu verschwenden, einmal über sie hinaus zum eigentlichen *Tantra* zu gelangen, das generell als den Mönchen und Nonnen vorbehalten gilt. Die Übenden gehen davon aus, daß ihre Bemühungen in zukünftigen Leben Früchte tragen werden.

Sind diese vorbereitenden Übungen abgeschlossen, wird der (oder die) Übende als bereit angesehen, von seinem oder ihrem *Guru* initiiert zu werden. Das Einweihungsritual *(abhiseka),* hat in der Ausbildung des Schülers eine ganz zentrale Bedeutung. Ohne dieses Ritual ist das ganze Studium vergeblich, selbst wenn man Zugang zu den tantrischen Texten hat. *Abhiseka* gibt einem Schüler nicht nur die Erlaubnis, eine bestimmte Praxis durchzuführen – es befähigt ihn zugleich auch dazu. Und vielleicht noch wichtiger: der Schüler erhält durch *abhiseka* einen Platz in der »Familie« derer, die einen bestimmten Text oder Texte in einem Ritual gebrauchen. Durch dieses Ritual qualifiziert sich der Übende dazu, mündliche Unterweisungen über die Bedeutung dieses Textes, die von Lehrer zu Schüler weitergegeben worden sind, zu erhalten. Das ist äußerst wichtig. In unserer modernen Gesellschaft glauben wir, daß Schriften aus sich selbst heraus verständlich sein sollten. Aber in der tantrischen Tradition wurden die

Texte als viel zu gefährlich angesehen, als daß sie klar für sich hätten sprechen sollen. Das Wissen, das in diesen Texten enthalten ist, könnte wirkliche Schäden anrichten. Das führte dazu, daß sie oft in einer verwirrenden und rätselhaften Sprache verfaßt wurden, der sogenannten *Zwielichtsprache.* Dies bedeutete, daß nicht die Texte selbst als Hauptmittel angesehen wurden, um die Lehre weiterzugeben, sondern eher eine Art Gedächtnishilfe für Lehrer und Schüler darstellten für die viel wichtigere mündliche Tradierung.

Zur Zeit des *abhiseka* erhält der Schüler oder die Schülerin auch das *mantra* und das *mandala* des jeweiligen *yidams. Vajrayana*-Buddhisten scheinen an ein riesiges Pantheon von Göttern und Göttinnen zu glauben. Aber für den *Tantra*-Praktizierenden sind diese Gottheiten nicht wirklich existierende Entitäten, sie stellen eher archetypische Symbole für psychologische Prozesse und Neurosen dar. Als solche stellen sie dem Übenden einen Weg zur Verfügung, mit bestimmten Faktoren in seinem oder ihrem Geist in Kontakt zu kommen, die sonst vielleicht nur auf einer unbewußten Ebene existieren und deshalb auf anderen Wegen unzugänglich sind. Bei der Einweihung wählt der *Guru,* der in diesen Fragen viel Erfahrung hat, einen *yidam* für den Schüler aus, mit dem er arbeiten soll. Ebenso führt er den Schüler in das entsprechende *mantra* für diese Gottheit ein. Dieses *mantra* kommt normalerweise aus dem Sanskrit und enthält die Essenz des *yidams* in einem kurzen Satz, über den der Schüler zu jeder Zeit und an jedem Ort in seinem täglichen Leben meditieren soll. Dadurch halten Schülerin oder Schüler eine ständige spirituelle Verbindung zu seinem oder ihrem inneren Selbst.

Das *mandala* wird eher in formelleren religiösen Kontexten gebraucht. Es handelt sich um eine sehr komplexe Zeichnung, auf der das Universum in seiner ganzen Komplexität mit dem Schüler vereint wird. Durch das *mandala* wird ein heiliger Raum geschaffen, der die beiden vereinigt. Das *mandala* wird zu einer Art heiligem Wegweiser, der die Reise des Schülers zum Palast seines *yidams* beschreibt. Durch Rituale und Meditationen, die sich aus diesem Wegweiser ergeben sowie dadurch, daß der Schüler die verschiedenen Hindernisse überwindet, mit denen er konfrontiert wird, rückt er seinem letzten Ziel, der Vereinigung mit dem *yidam,* immer näher. Diese Vereinigung stellt den Höhepunkt der Praxis des Schülers dar. Durch diese Vereinigung kann er erkennen, daß er mit der letztendlichen Wirklichkeit identisch ist, und so die Befreiung aus dem Kreislauf von Geburt und Tod erlangen.

Rituale dieser Art, wie das Kalachakra-Ritual, sind im buddhistischen Jahr nicht mit den wiederkehrenden Festtagen verbunden. Der tibetische Kalender orientiert sich am Mond, und so können die Tage, auf die Feste fallen, sehr unterschiedlich liegen. Die Tibeter feiern Geburtstag, *Erleuchtung* und Tod des Buddha alle an einem Tag, am 15. Tag des vierten Monat des Jahres. Am 5. Tag des ersten Monats beginnen die Tibeter das Fest *Mönlam Chenmo,* welches bis zu drei Wochen dauert. Am fünfzehnten Tag des fünften Monats werden den lokalen Göttern und Göttinnen Opfer dargebracht: Man glaubt, daß sie die Buddhalehren beschützen. Von besonderer Bedeutung für die wichtigste Schule, die Gelugpas, sind zwei Daten: einmal das Fest, durch das an den Tod ihres Gründers Je Tsonghkapa am 25. Tag des zehnten Monats erinnert wird, zum anderen der Geburtstag des gegenwärtigen *Dalai Lama,* der am 6. Juli des westlichen Kalenders begangen wird.

Reines Land: Die rettende Gnade des Amidabutsu

Alle Wege, die wir uns bis hierher angesehen haben, sind für Laien sehr schwer zu begehen. Sie verlangen, daß der oder die Übende sich aus der Gesellschaft zurückzieht und daß er oder sie viele Stunden in Meditation oder mit der Durchführung von Ritualen zubringt, um an das ersehnte Ziel der *Erleuchtung* zu gelangen. Für die große Mehrheit der Menschen ist dies weder eine erstrebenswerte noch eine durchführbare Möglichkeit der Lebensgestaltung. Familie und soziale Verpflichtungen lassen es nicht zu. Welche Hoffnung bietet dann der Buddhismus für diese Menschen? Mönche zu unterstützen oder sich in vorbereitenden Übungen zu ergehen – ist das alles, was sie erhoffen dürfen? Werden sie in der Tat aufgefordert, jede Hoffnung auf *Erleuchtung* auf eine zukünftige Inkarnation zu verschieben? Diese Fragen kamen früh im Buddhismus auf – und die Antworten, die darauf gefunden wurden, waren der Beginn der vielleicht am weitesten verbreiteten Schule im Buddhismus: der *Schule des Reinen Landes.*

Die Wurzeln des *Reinen Landes* liegen in Indien. Wie wir im dritten Kapitel gesehen haben, entstanden die neuen Ideen, die der *Mahayana*-Schule zugeordnet werden, ungefähr 100 v. Chr. Eine dieser neuen Ideen war das Konzept, daß das von uns bewohnte Universum nur eines von vielen Weltsystemen ist. In den buddhistischen Schriften lesen wir, daß Buddha gegen Ende seines Lebens eines Tages durch den Wald spazieren ging, als er beiläufig zu seinem Schüler Ananda bemerkte, daß ein Buddha unbegrenzt in dieser Welt leben könne, wenn er darum gebeten würde. Unglücklicherweise war Ananda nicht der hellste Jünger des Buddha, und er verstand den Hinweis nicht. Unverdrossen wiederholte der Buddha seine Worte. Ananda gelang es wieder nicht, die passende Bitte zu äußern. Der Buddha versuchte es ein drittes Mal, und als Ananda ihn immer noch nicht aufforderte zu bleiben, teilte Buddha ihm umgehend mit, daß er bald sterben werde.

Für Buddhisten stellt der Tod des Buddha den Anfang des Niederganges der Kraft seiner Botschaft in der Welt dar. Da die Zeit voranschreitet und wir uns immer mehr von der Zeit des Buddha entfernen, sinkt die Moral in der Welt immer weiter. In der Tat glauben viele Buddhisten, daß die Moral schon so weit gesunken ist, daß es in unserer Zeit unmöglich ist, *Erleuchtung* zu erlangen. Doch nicht alle Weltensysteme sind so wie unseres. Der Hauptgrund dafür ist, daß jede dieser Welten ihren eigenen Buddha hat und daß die Buddhas, die in diese Welten inkarniert sind, nicht gestorben sind, so wie es der Buddha unserer Welt getan hat.

Dies hat das ganze Ziel der religiösen Praxis beeinflußt. Für die Buddhisten in der *Theravada*-Tradition bedeutete der Niedergang dieser Welt, daß das höchste Ziel, das sie erreichen konnten, eine günstige Wiedergeburt in der Zukunft war, wenn der neue Buddha, Maitreya, auf der Erde erscheinen werde, um den buddhistischen Glauben zu erneuern. Viele *Mahayana*-Buddhisten sahen eine unmittelbarere Möglichkeit – eine Wiedergeburt in einem anderen, reineren Universum. Diese Universen wurden kollektiv als *»Reines Land«* bekannt. Die Buddhas, die den Buddhismus in diesen Welten begründet hatten, waren mit Schülern gesegnet, die eine schnellere Auffassungsgabe besaßen als der arme Ananda. Konsequenterweise lebten diese Buddhas ewig. Das Resultat war nicht nur, daß diese Welten – im Gegensatz zu unserer – nicht moralisch absanken, sondern sich im Gegenteil so verbesserten, daß sie von unserem Standpunkt aus wie Paradiese erscheinen. Diese Welten seien so perfekt, daß jedes Wesen, das in eine solche Welt wiedergeboren wird, dort automatisch in seiner Spiritualität reife; und zwar so weit, daß *Erleuchtung* innerhalb eines Lebens erlangt werden könne.

Das Ziel, das Buddhisten in dieser Welt anstreben sollten, bestand aus der Sicht der *Schule des Reinen Landes* darin, in einer dieser Welten des *Reinen Landes* wiedergeboren zu werden. Gleichwohl gab es ein Problem. Buddhisten der *Schule des Reinen Landes* hielten unsere Welt für derartig korrupt, daß wir nichts aus uns selbst heraus tun könnten, was uns eine Wiedergeburt im *Reinen Land* garantieren könnte. Glücklicherweise hatten die Menschen übernatürliche Verbündete in den Buddhas, die diese Länder regieren, den Dhyani Buddhas. Der berühmteste dieser Buddhas war Amitabha oder, wie er in Japan genannt wird, *Amidabutsu.* Wie alle Buddhas und *Boddhisattvas* hat Amitabha das Gelübde abgelegt, alle intelligenten Wesen zu retten. In seinem Fall bedeutete das, er werde jedem helfen, der ihn mit dem richtigen Glauben bitte, im *Reinen Land* wiedergeboren zu werden. Dies würde den Wesen erlauben, in ihrem nächsten Leben *Erleuchtung* zu erlangen.

Auf einen Schlag hauchte dieses Konzept dem Buddhismus neues Leben ein. Meditation, Rituale, Textstudium konnten nur von denen praktiziert werden, die sich die viele Zeit leisten konnten, die diese Methoden verlangte. Das bedeutete, daß nur jemand diesen Weg gehen konnte, der entweder der Welt entsagte oder sehr wohlhabend war. Aber die Grundaussage der *Schule des Reinen Landes,* daß Erlösung stärker vom Glauben als von der Arbeit abhängt, bedeutete, daß ganz normale Menschen, Händler und Bauern, sich jetzt auch ganz der buddhistischen Praxis verschreiben konnten.

Nun entstand eine Reihe frommer Übungen und Literatur für die Menschen, denen bisher mehr oder weniger eine Rolle als unterstützendes Personal für Mönche und Nonnen zugewiesen worden war. Während die Bauern weiterhin Verdienste durch Gaben sammeln konnten – und dies auch wirklich taten – konnten sie zusätzlich auf Erlösung durch die Hilfe von übernatürlichen Wesen hoffen. Durch die ständige Wiederholung von kurzen Formeln und Gebeten konnten die einfachen Klassen gleichzeitig beten und arbeiten. Zusammen mit Pilgerfahrten an heilige Orte, die so oft wie möglich unternommen werden sollten, und der Unterstützung von Mönchen wurde dies für die Anhänger der *Schule des Reinen Landes* kennzeichnend.

Der Buddhismus des *Reinen Landes* scheint nie eine bedeutende Schule in Indien geworden zu sein, aber als sich diese Form des Buddhismus in Ostasien ausbreitete, wuchs sie schnell. Ein Grund dafür war, daß sowohl China als auch Japan viele begabte Lehrer hervorbrachten. Leider wurde die Verbreitung der *»Lehre des Reinen Landes«* oft von den klösterlichen und Laienautoritäten als subversiv angesehen – von Zeit zu Zeit haben sie die *Schule des Reinen Landes* verfolgt. All dies führte in den Köpfen des einfachen Volkes dazu, daß der Buddhismus des *Reinen Landes* der Buddhismus des einfachen Volkes war, während andere Formen des Buddhismus den höheren Klassen vorbehalten waren. Konsequenterweise verbreitete sich der Buddhismus der *Schule des Reinen Landes* besonders stark in den unteren Schichten der Gesellschaft in China und Japan. Und so ist es auch nicht überraschend, daß der Buddhismus des *Reinen Landes* die erste Schule war, die Amerika erreichte, als Menschen aus diesen Schichten auf der Suche nach einem besseren Leben emigrierten.

5. Der Buddhismus und die Herausforderung der modernen Welt

Der Buddhismus hat eine lange und interessante Geschichte, aber es wäre unklug anzunehmen, daß seine Glanzzeiten alle in der Vergangenheit liegen oder daß er heute keine dynamische Religion mehr ist. Wie wir in diesem Kapitel sehen werden, ist der Buddhismus gezwungen worden, sich den schnellem Wandel unterworfenen Bedingungen unserer modernen Welt anzupassen. In einigen Fällen sind diese Veränderungen sanft vonstatten gegangen. In anderen Fällen jedoch konnten die Spannungen zwischen Buddhismus und moderner Ideologie nicht ohne ernste Schwierigkeiten gelöst werden.

Buddhismus und nationale Identität in Sri Lanka

Wie weiter oben beschrieben, hat der Buddhismus eine lange Geschichte in Sri Lanka. Die Religion wurde schnell ein etablierter Teil der Kultur der indoeuropäischen Singhalesen. Über mehrere Jahrhunderte lang übte der Buddhismus kontinuierlich seinen Einfluß auf die Bewußtseinsbildung der Singhalesen aus. In der Tat werden die ersten Schriften der *Theravada*-Schule im ersten Jahrhundert v. Chr. in Sri Lanka niedergeschrieben. Es sollte allerdings erwähnt werden, daß auch andere Schulen des Buddhismus hier aufblühten. Offizielle Religion in Sri Lanka wurde die *Theravada*-Schule des Buddhismus erst zur Zeit von Parakama Bahu 1. (Er regierte von 1153–1186 n. Chr.)

Ebenfalls im ersten Jahrhundert allerdings wurde der stetige Fortschritt des Buddhismus durch politische Umwälzungen unterbrochen. Sri Lanka mußte wiederholte Invasionen im nördlichen Teil der Insel von drawidisch sprechenden Tamilen aus Südindien über sich ergehen lassen. Diese Eroberer waren im großen und ganzen Hindus, die keinen Zwang verspürten, die etablierte buddhistische Religion zu unterstützen. So wie ihr Einfluß durch die Jahrhunderte zu- und abnahm, verlief das Schicksal des Buddhismus in Sri Lanka. Es ist deshalb auch nicht verwunderlich, daß der Buddhismus immer mehr mit der indoeuropäisch sprechenden singhalesischen Gruppe assoziiert wurde, genauso wie der Hinduismus den drawidisch sprechenden Tamilen zugeordnet wurde.

Diese Zuordnung wurde während der Regierung von König Dutugamuna (101–77 v. Chr.) offenbar. Es war während dieser Regierung, daß die Singhalesen einen großen Teil des nördlichen Gebietes, das ihnen von den Tamilen entrissen worden war, zurückerobern konnten. Um dies zu tun, rief Dutugamuna einen religiösen Krieg aus und brachte den Konflikt auf die Formel, daß die gerechten buddhistischen Singhalesen ihr Heimatland von ungerechten hinduistischen Tamilen zurückerobern wollten. Dieses rhetorische Muster wurde von den folgenden Königen aufgegriffen und dadurch solange intensiviert und konsolidiert, bis es ein Glaubenssatz in der singhalesischen Kultur wurde. So wurde eine Spannung aufgebaut, die in unserer Zeit in Sri Lanka so bittere Früchte tragen sollte.

Dieses Muster wurde durch die Ankunft der europäischen Mächte im frühen 17. Jahrhundert zusätzlich verstärkt. Angetrieben von einer Mischung aus wirtschaftlichen Ambitionen und religiösem Eifer, sollten die europäischen Mächte eine immer wichtigere Rolle spielen, nicht nur in Sri Lanka, sondern überall in Asien. Die Portugiesen waren die erste Kolonialmacht in Sri Lanka. Durch Jahrhunderte der Kriegsführung gegen die Muslime auf der iberischen Halbinsel, die sogenannte Reconquista, geprägt, war für die Portugiesen die Ausdehnung ihrer Kolonialmacht gleichbedeutend mit der Verbreitung ihres eigenen strengen römisch-katholischen Glaubens. Absolut intolerant gegenüber allen anderen religiösen Ausdrucksformen, zerstörten sie einerseits die buddhistischen und hinduistischen religiösen Stätten und bekehrten die Menschen oft unter Zwang zum römisch-katholischen Glauben. Die Portugiesen wurden bald von den Holländern verdrängt, die der Gegend daraufhin prompt ihre eigene protestantische Religion aufzwangen. Auf sie wiederum folgten die Briten, die in erster Linie am Handel interessiert waren und die der Ansicht waren, dieses Interesse am besten durch eine Politik religiöser Toleranz fördern zu können.

Je mehr die koloniale Ausdehnung voranschritt, desto mehr nahm die politische Macht der Singhalesen (und Tamilen) ab, bis schließlich als einziger einheimischer, unabhängiger Staat das in der hügligen Mitte gelegene Königreich von Kandy übrig blieb. Es war – in Anbetracht der religiösen Vorurteile der eindringenden europäischen Kolonialmächte – unvermeidlich, daß das Königreich von Kandy als

Wächter des Buddhismus angesehen wurde. Darüber hinaus wurden Buddhismus und politische Unabhängigkeit in den Köpfen der Singhalesen eng miteinander verbunden. Diese Verbindung sollte in der postkolonialen Zeit äußerst wichtig für die Ausrichtung des Buddhismus in Sri Lanka werden.

Die Erfahrung des modernen Sri Lanka

Während seiner Kolonialzeit hat Sri Lanka die ganze Palette der christlichen Missionsaktivitäten erlebt. Aber die buddhistische *Sangha* war immer fähig, große Teile ihrer Vormachtstellung zu erhalten. Da die meisten kolonialen Aktivitäten sich im Küstenbereich abspielten, blieb das Königreich von Kandy – vor Eindringlingen durch eine Palisade umgehender Berge geschützt – ein Hort für die traditionelle Kultur und das traditionelle Leben von Sri Lanka sowie ein freigebiger Unterstützer für den institutionalisierten Buddhismus. All dies änderte sich mit der Ankunft der Briten. Im Jahr 1815 – als den Briten die Bedrohung durch französische und holländische Schiffe, die ihre Kommunikationsverbindung zu den östlichen Kolonien unterbrachen, noch frisch in Erinnerung war – begannen die Briten das Königreich von Kandy auszulöschen.

Mit dem Verschwinden ihres letzten offiziellen Beschützers stellten die Buddhisten fest, daß sie nun einem Herren dienten, der ihre alten Traditionen nicht verstand. Zuerst schien das kein großes Problem darzustellen; die britischen Herrscher in Südasien hatten kein Interesse am religiösen Leben ihrer Untertanen. Eher vom Geldbeutel als von der Bibel motiviert, waren sie zufrieden, wenn sie ihre Steuern und Zölle bekamen. Aber Ereignisse im fernen Großbritannien sollten die lässige Einstellung der kolonialen Regierung zur Religion verändern.

Einer der Hauptgründe für diese Meinungsänderung war eine Welle evangelikalen Eifers, die über das Land schwappte. Viele einflußreiche Leute glaubten nun, daß Britannien eine moralische Verantwortung seinen kolonialen Untertanen gegenüber habe. Im Tenor der Zeit bedeutete dies, daß alle Anstrengungen unternommen werden sollten, um die einheimische Bevölkerung zum Christentum zu bekehren. Dies brachte die britische Kolonialregierung in Sri Lanka (und anderswo) in eine paradoxe Situation. Einerseits glaubte sie, daß die Einheimischen in der Tat ein besseres Leben hätten, wären sie Christen. Andererseits war sie an die Versprechen gebunden, die sie den religiösen Autoritäten in Sri Lanka zu der Zeit gegeben hatten, als sie Kandy eroberten. Der Buddhismus war einer Staatsreligion sehr ähnlich geworden. In Sri Lanka war der Buddhismus so bedeutend geworden, daß der König (oder die an seiner Stelle handelnde Regierung) die Kontrolle über das Vermögen der Klöster hatte und Richter bei inneren Konflikten war. Als das Königreich von Kandy aufgelöst wurde, haben die Briten diese Funktionen übernommen. Sie gelobten dabei, die buddhistische Religion genauso zu unterstützen, wie es ihre eingeborenen Vorgänger getan hatten.

Aber als der Ruf nach verstärkter Missionierung in Sri Lanka lauter wurde, wurde es für die Kolonialregierung immer schwieriger, dieses Versprechen zu halten. Und als die ältere Generation von sympathisierenden Verwaltern starb oder pensioniert wurde, fühlten sich ihre Nachfolger immer weniger an diese Verpflichtung gebunden. Um 1840 war die Missionierung im vollen Gang. Um 1860 wurde der Buddhismus mit der schweigenden Hilfe der Regierung immer mehr in die Defensive gedrängt. Es ist deshalb nicht überraschend, daß wir zu dieser Zeit eine Veränderung im Buddhismus von einer friedlichen Koexistenz mit dem Christentum hin zu einem konfrontierenden Gegenangriff auf die Missionare und ihre Religion beobachten können.

Der auslösende Impuls zu dieser Entwicklung hatte überraschende Gründe. Oberst Henry Steel Olcott, ein Held des amerikanischen Bürgerkrieges, war ein Anhänger H.P. Blavatskys und einer der Gründer einer neuen religiösen Bewegung namens Theosophie. Diese Bewegung übernahm viele Gedanken aus dem Hinduismus und dem Buddhismus. Überzeugt vom spirituellen Wert der östlichen Gedanken, segelte er nach Indien und Sri Lanka, um die Religionen in ihrer natürlichen Umgebung studieren zu können. Erschrocken über die Übergriffe der christlichen Missionare in Sri Lanka, lancierte er eine erfolgreiche Kampagne gegen die neue Religion. Diese Kampagne umfaßte eine buddhistische Laienorganisation, eine buddhistische Schule sowie eine organisierte Widerlegung der Thesen der christlichen Missionare. Zu gegebener Zeit gab er den Stab an seinen Schützling David Hewavitarne weiter, der in der Geschichte besser unter seinem religiösen Namen Anagarika Dharmapala (1864–1933) bekannt wurde.

Dharmapala hat mehr für die Wiederbelebung des Buddhismus in Sri Lanka getan als irgendeine andere einzelne Person in der modernen Geschichte. Seine Anstrengungen endeten auch nicht an der Küste Sri Lankas. Tief verstört über die Tatsache, daß alle buddhistischen heiligen Stätten in Nordindien in den Händen von Hindus waren, gründete er die Maha-Bodhi-Gesellschaft, um diese Stätten zu erwerben und wieder herzurichten. In diesem Prozeß wurden die heiligen Orte erneut Zentren für buddhistische Pilgerreisen aus der ganzen Welt – es war der Beginn der Wiederbelebung des Buddhismus in seinem Ursprungsland. In Sri Lanka unterstützte Dharmapala, der niemals Mönch wurde, obwohl er sich Zeit seines Lebens so verhielt, den Zusammenschluß von buddhistischen Laiengruppen, die meditieren wollten. Da buddhistische Meditation von jeher den Mönchen vorbehalten war, brachte dieser neue Trend – Laien mit einzubeziehen – den Buddhismus immer mehr ins Bewußtsein der Öffentlichkeit.

Als die Agitation für politische Freiheit eskalierte, wurde den Politikern klar, wie groß der Einfluß des Buddhismus auf die singhalesische Landbevölkerung immer noch war. Ein gutes Beispiel dafür, wie weit die Politiker zu gehen bereit waren, um diesen Umstand auszunutzen, ist die Karriere von S.W.R.D. Bandaranaike. Bandaranaike wurde als Anglikaner erzogen, aber er nahm die Religion seiner Vorfahren als nützliche Ergänzung seiner Karriere im Staatsdienst an. Bandaraneike ist vor der Unabhängigkeit sogar so weit gegangen vorzuschlagen, die richtige Sprache, um den Buddhismus zu studieren, sei nicht etwa Pali oder Singhalesisch (die Sprache, die der größte Teil der Bevölkerung sprach), sondern Englisch! Irgendwann jedoch zwischen dieser Forderung und seiner Wahl zum Premierminister 1956 war er ein bekehrter Buddhist geworden.

Zu dieser Zeit begannen er und andere seines Schlages, den Buddhismus in Sri Lanka als normative Religion zu bezeichnen. Unnötig zu sagen, daß dies bei den mehr als 20 % der Inselbevölkerung, die keine Buddhisten waren, nicht gut ankam. Die Christen, und zu einem noch größeren Grad die tamilisch sprechenden Hindus im Norden der Insel, sahen sich zunehmend politisch isoliert, da die Politiker sektiererische Differenzen ausnutzten. Mit dieser zunehmenden Betonung der Unterschiede unter den Religionen brachen die Unruhen aus, als die Regierung begann, eine bewußte Isolationspolitik zu betreiben. Die Gesetzgebung, die erlassen wurde, um Englisch zugunsten von Singhalesisch zu benachteiligen, schaffte die vom Staat verfügten Quoten ab, die den Tamilen eine bedeutende Beteiligung an den Ausbildungseinrichtungen und der Regierung garantierten. Außerdem wurde der Buddhismus auf Kosten anderer Religionen gefördert.

Die Auswirkungen dieser Politik spüren wir bis heute. Sri Lanka hat mehr als ein Jahrzehnt lang unter einem schwelenden und bitteren Bürgerkrieg gelitten, der von beiden Seiten oft unter Berufung auf religiöse Prinzipien geführt wurde. Es sieht auch nicht so aus, als ob dies bald ein Ende fände. Nicht nur, daß die Regierung in regelmäßigen Abständen militärische Angriffe auf Hindu-Festungen im Norden und Osten der Insel befiehlt; auch vergelten die Hindus diese Angriffe mit terroristischen Anschlägen auf den von den Singhalesen beherrschten Teil Sri Lankas. Sri Lankas Tragödie ist, daß der Buddhismus, eine der friedlichsten Religionen der Welt, Ausgangspunkt für Gewalt und Intoleranz geworden ist. Traurigerweise gilt dies nicht nur für Sri Lanka, sondern genauso anderswo in der buddhistischen Welt.

Buddhismus und Kolonialismus in Südostasien

Ähnliche Kräfte können in Südostasien beobachtet werden. Diese Länder, heute als Indonesien, die Philippinen, Malaysia, Vietnam, Kambodscha, Thailand, Laos und Burma (Myanmar) bekannt, sind über viele Jahre durch kulturelle Strömungen beeinflußt worden, die von Indien und (mit etwas weniger Auswirkung) von China ausgingen. Eine Reihe von Historikern am Anfang dieses Jahrhunderts sah es so, daß der Buddhismus (und der Hinduismus) durch eine Welle von kulturellem Imperialismus nach Südostasien gespült wurde. Während es zutrifft, daß die einheimischen Kulturen dieser Region die Religionen und andere Aspekte der indischen und chinesischen Kultur attraktiv fanden und sie so in ihre eigenen Kulturen integrierten, wäre es unklug, dies als einen unkritischen Prozeß oder als ein Ergebnis äußeren Druckes anzusehen. Diese Kulturen scheinen die neuen religiösen Formen nach ihren eigenen Vorstellungen geformt und sie dergestalt modifiziert zu haben, daß sie in jeder Hinsicht einheimische Religionen aus eigenem Recht geworden sind.

Der Buddhismus ist hierfür ein gutes Beispiel. Chinesische Aufzeichnungen zeigen, daß sich der Buddhismus in den Küstengebieten von Vietnam sehr früh etabliert hat. Die genauen Daten jedoch, wann er in diese Gegend gekommen ist, sind unbekannt. Aber es kann gut sein, daß der Buddhismus aus dieser Gegend (und nicht aus Zentralasien) zum erstenmal nach China gelangte. In jedem Fall ist es klar, daß Buddhismus und Hinduismus entlang der Handelsstraßen zu einem sehr frühen Zeitpunkt nach Südostasien kamen; möglicherweise liegen die Anfänge im zweiten Jahrhundert v. Chr.[4]

Aber es war der Hinduismus, der zuerst von den Königen dieser Gegend gefördert wurde, und aus diesem Grund haben wir sehr wenig archäologische Beweise, um die Entwicklung des Buddhismus hier nachzuvollziehen.

All dies änderte sich gegen 1000 n. Chr. Nach diesem Datum wurde der Buddhismus zunehmend die offizielle Religion der wachsenden Staaten Südostasiens. Diese Gegenden entschieden sich nach dem Vorbild Sri Lankas für die eher konservative *Theravada*-Schule. Gegen 1300 n. Chr. waren Burma, Thailand, Laos und Kambodscha zu *Theravada*-Ländern geworden.[5]

Die Praxis, Buddhismus und Staat zu verbinden, welche ein charakteristisches Merkmal des Buddhismus von Sri Lanka geworden war, verbreitete sich auch hier – teils als Ergebnis von lokalen Gegebenheiten, teils durch den Umstand, daß die buddhistischen Führer in dieser Gegend Sri Lanka als Hauptzentrum ihrer Religion ansahen. In jedem Fall blühte der Buddhismus auf und wurde zusätzlich durch königliche Förderung genährt.

All dies änderte sich, als die europäischen Mächte ihren Einfluß in diese Region ausdehnten. Dies war jedoch eine sehr späte Entwicklung. Die frühen Kolonialherren, die Portugiesen und Spanier, die im späten 15. Jahrhundert nach Südostasien kamen, haben zunächst nicht versucht, die ganze Region zu beherrschen. Sie begnügten sich damit, relativ kleine Gegenden rund um ihre Handelshafen zu kontrollieren. So kam es, daß diese Kolonialherren, obwohl für sie Kolonialisierung und religiöse Bekehrung zusammengehörten, nur auf einen kleinen Teil der Philippinen und Indonesiens einwirkten. Konzertierter waren die Anstrengungen, die die Holländer in Indonesien, die Franzosen in Vietnam, Kambodscha und Laos und die Briten in Burma, Malaysia und Singapur im 19. Jahrhundert unternahmen.

---

4. Die Legende sagt, daß Asoka im dritten Jahrhundert v. Chr. zwei Missionare nach Burma entsandt habe. Während sich in Burma kein eindeutiger Beweis für diese Behauptung findet, wird durch die Nähe von Burma zu den Machtzentren der Mauryas-Dynastie solch eine Behauptung sehr wahrscheinlich, Wenn dies der Fall ist, dann stellt dies den Anfang dar, daß Südostasien mit dem Buddhismus in Berührung kam.

5. Teile Südostasiens bieten ein anderes Bild. Indonesiens einheimische Religion, die die Verehrung Shivas mit der Verehrung Buddhas verband, geriet mehr und mehr unter den Einfluß des Islams. Die Philippinen scheinen mit ihrer Praxis verschiedener einheimischer Religionen zufrieden gewesen zu sein. Vietnam entschied sich für eine Form des *Mahayana*-Buddhismus, die eng mit China verbunden war.

Eines der ersten Länder, das unter der unwillkommenen Aufmerksamkeit der Europäer zu leiden hatte, war Burma. In einer eskalierenden Serie von Kriegen haben die Briten Burma zunehmend ihrem indischen Imperium einverleibt. Gegen 1880 hatte der alte Staat Burma de facto aufgehört zu existieren. Die Franzosen begannen ihre kolonialen Anstrengungen in Südostasien zur gleichen Zeit. Vorgeblich, um ihre römisch-katholischen Missionare in Vietnam zu schützen, begannen sie eine Serie aggressiver Kriege, die immer mehr vietnamesisches Territorium verschlangen. Obwohl sie die Existenz des vietnamesischen Kaisers bis 1954 duldeten, haben die Franzosen um 1900 nicht nur Vietnam, sondern auch Kambodscha und Laos kontrolliert. So war Thailand der einzige Teil Südostasiens, der unabhängig geblieben war – und auch das nur, weil weder die Briten im Westen noch die Franzosen im Osten dem jeweils anderen erlaubten, es zu besitzen. Wie in Sri Lanka verband sich der Buddhismus in den Köpfen der Menschen eng mit dem Konzept der nationalen Selbständigkeit und sollte eine Rolle im Unabhängigkeitskampf der Region spielen.

Buddhismus und der Rückzug von der modernen Welt in Südostasien

Die Situation auf dem südostasiatischen Festland zeigt eine Reihe von Ähnlichkeiten zu der in Sri Lanka. In Burma wurde der *Theravada*-Buddhismus der religiöse Glaube der burmesischen Bevölkerungsgruppe, die ungefähr 75 Prozent der Gesamtbevölkerung des Landes ausmachte. Es ist deshalb nicht überraschend, daß der Kampf gegen die koloniale Beherrschung durch Großbritannien in gewisser Weise mit dem Wiedererstarken des Buddhismus assoziiert wird, so wie es auch in Sri Lanka beobachtet wurde. 1906 wurde die Vereinigung junger Buddhisten gegründet; diese Organisation stellte die Führungskräfte, die das Land 1948 zur Unabhängigkeit führten. Aber das Burma, das zu dieser Zeit geschaffen wurde, war keineswegs ein monolithischer burmesischer Staat. Ungefähr 25 Prozent seiner Bevölkerung waren anderer ethnischer Herkunft und – durch europäische Missionare stark beeinflußt – Christen geworden.

Es ist nicht schwer zu begreifen, warum diese Volksgruppe im burmesischen Staat zögerte, irgendeine Institution zu unterstützen, die die burmesische Herrschaft zementieren würde. Ihre Ängste wurden durch die Ernennung von U Nu zum Premierminister der neuen burmesischen Föderation nicht kleiner. U Nu war ein frommer Buddhist, für den Burmesesein und Buddhistsein identisch war. Seine Vision der burmesischen Zukunft war eine Art buddhistischer Sozialismus. Dies führte zum Aufstand der Karen, die mehrheitlich christlich waren und ihren eigenen Staat wollten. Frühe Siege der Karen in den 50er Jahren führten dazu, daß General Ne Win zum Befehlshaber der Regierungskräfte ernannt wurde. Dies sollte sich als folgenschwer herausstellen.

Unterdessen förderte U Nu eine Wiederbelebung der buddhistischen Religion in der Hoffnung, die Einheit des Landes voranbringen zu können. 1956 war Burma Gastgeber einer internationalen Konferenz buddhistischer Koryphäen und richtete so die 2500-Jahrfeier von Buddhas Geburtstag aus. Dies beruhigte die Ängste der Minderheitengruppen nicht, die sich vor der burmesischen Herrschaft fürchteten. Zunehmend versuchten diese Gruppen, die eher in den bergigen Randgebieten rund um die fruchtbaren Flußtäler mit Reisfeldern lebten, Autonomie von der Zentralregierung zu erringen. Dies führte im Gegenzug dazu, daß die Regierung immer mehr Macht in die Hände von Militärs legte. 1958 übernahm das Militär unter dem Kommando von General Ne Win die Kontrolle des Landes. 1960 gab es einen erfolglosen Versuch, zur zivilen Regierung zurückzukehren. Zu dieser Zeit wurde auch die burmesische Verfassung geändert, um den Buddhismus zur offiziellen Religion des Landes zu machen. Aber die zivile Regierung erwies sich einmal mehr als unwirksam. 1962 übernahm wieder Ne Win die Macht. Sie ist bis zum heutigen Tag in den Händen der Militärs geblieben.

Zur gleichen Zeit hat das Militär Burma vom Austausch mit dem Rest der Welt abgeschnitten. Mit Ausnahme kurzer Zeiten relativer Offenheit bleibt Burma damit eines der am meisten isolierten Länder der Welt. Die Folge ist ein durch unablässige Unterdrückung gekennzeichnetes politisches Klima. Jede Kritik am Regime ist entweder durch Einschüchterung oder durch Mord zum Schweigen gebracht worden. Auch die buddhistischen Mönche sind davon nicht ausgenommen. Konsequenterweise ist der vom Staat unterstützte buddhistische Orden nicht viel mehr als eine Regierungsabteilung. Andererseits haben sich viele Dissidenten-Mönche den Widerstandsgruppen gegen die Regierung angeschlossen und sind sehr aktiv in dem Kampf, Burma wieder zu einem demokratischen Land zu machen.

Auch in der jüngsten vietnamesischen Geschichte spielt das Verhältnis des Buddhismus zum Staat eine Schlüsselrolle, aber auf eine andere Weise. Als die Franzosen im späten 19. Jahrhundert die Kontrolle über die Region, die heute als Vietnam, Kambodscha und Laos bekannt ist, gewannen, stellten sie fest, daß sie einheimisches Personal für ihre Verwaltung brauchten. Sie wandten sich an die relativ kleine Zahl von Vietnamesen, die zum Christentum konvertiert waren. Als die Region ihre Unabhängigkeit gewann, war es nur natürlich, daß die Regierung von denen übernommen wurde, die Erfahrung im Regieren hatten. So kam es, daß römisch-katholische Vietnamesen, die nicht mehr als zehn Prozent der Bevölkerung darstellen, die Kontrolle über das Leben der zahlenmäßig weit überlegenen Buddhisten ausübten.

Nach einer Weile begannen die Buddhisten unter Führung von Mönchsaktivisten, für die Wiedereinführung von Bürgerrechten für Buddhisten zu demonstrieren. Die katholische Minderheit versuchte sich an der Macht zu halten, aber nach einer Reihe spektakulärer Martyrien, bei denen buddhistische Mönche seelenruhig ihre Körper mit Benzin übergossen und sich dann verbrannten, wurde die katholische Regierung abgesetzt. Nachfolgende Ereignisse, wie die Indochina-Kriege und die kommunistische Übernahme Vietnams, schränkten den Buddhismus ein, konnten ihn aber nicht völlig unterdrücken Trotz der Unterdrückung durch die kommunistische Regierung in Vietnam ist die Religion lebendig, sowohl in Vietnam als auch im Ausland, in den Gemeinschaften der Immigranten in Europa und US-Amerika.

Der Buddhismus war schon seit vielen Jahrhunderten ein wichtiger Teil des kambodschanischen Lebens, als dieses Land 1953 die Unabhängigkeit erlangte. Aber 1975 erlitt er einen Schlag, von dem er sich vielleicht nie mehr erholen wird. In diesem Jahr entschieden die neuen Herrscher Kambodschas, die Roten Khmer, alle Elemente der Gesellschaft, die nicht direkt zum Aufbau eines sozialistischen Staates führen würden, auszulöschen. Sie haben große Teile der gebildeten Elite aufs Land deportiert und umgebracht. Dies galt für die meisten buddhistischen Mönche. In einer kurzen Schreckensherrschaft sind 15 Jahrhunderte buddhistischer Kultur fast gänzlich ausgerottet worden. Nur wenigen Mönchen gelang rechtzeitig die Flucht aus dem Land. Das Ergebnis ist, daß die kambodschanische Kultur an so unterschiedlichen Plätzen wie Kalifornien, Lowell, Massachusetts und Paris durch eine Handvoll Mönche lebendig gehalten wurde. Heute gibt es Versuche, den kambodschanischen Buddhismus in seinem Heimatland wieder zu beleben, aber so viel Tradition ist zerstört und verloren, daß es fraglich ist, ob er je wieder an seinen früheren Glanz anknüpfen kann.

Staatliche Verfolgung des Buddhismus in China

In China finden wir eine etwas andere Situation vor. Trotz großer Anfangserfolge war der Buddhismus der herrschenden konfuzianischen Klasse, die in der chinesischen Regierung immer dominiert hat, immer suspekt. In ihren Augen unterminierte der Buddhismus das traditionelle chinesische Familiensystem. Außerdem minderten Spenden an die verschiedenen chinesischen Schulen des Buddhismus das Steueraufkommen. Es ist daher nicht überraschend, daß der Buddhismus in China in regelmäßigen Abständen verfolgt wurde. Mit der Zeit forderten diese Verfolgungen ihren Tribut. Der Buddhismus verfügte unter der bäuerlichen Landbevölkerung weiterhin über Gefolge. Allerdings geschah dies mehr aufgrund der ihm unterstellten magischen Kräfte als durch eine tiefe Verehrung seiner metaphysischen Prinzipien.

Als die Chinesen politisch wiedererstarkten, wuchs auch ihr Selbstbewußtsein auf intellektuellem Gebiet. Neue Formen des Konfuzianismus begannen das Denken der Chinesen zu beherrschen. Der Buddhismus wurde immer mehr zu einer Religion der Landbevölkerung, praktiziert von den politisch Entrechteten; er fand nie wieder zu seiner intellektuellen Größe zurück, die er im siebten und achten Jahrhundert n. Chr. erlangt hatte. Es wäre jedoch unklug, hieraus zu folgern, daß jeder buddhistische philosophische Gedanke komplett aus China verschwunden sei. Chinas Anstrengungen, ausländische Eroberer fernzuhalten und die politische Einheit wiederherzustellen, führten dazu, daß sich eine Reihe junger Mönche um Modernisierung bemühten. Obwohl sie nie eine Mehrheit in der *Sangha* hatten und obwohl sie von den offiziellen Führern des Buddhismus oft mißbilligt wurden, hatten sie doch Einfluß auf die moderne Entwicklung des Buddhismus in China.

Der berühmteste unter diesen Mönchen war T'aihsu (1890–1947). Er gründete Schulen, förderte das Studium von anderen Sprachen des Buddhismus außer dem Chinesischen und befürwortete die Idee eines Weltverbandes der Buddhisten. Diese Anstrengungen begannen Früchte zu tragen, als die Kommunisten in China die Macht übernahmen. In ihren Augen waren die buddhistischen Mönche und Nonnen Parasiten, die die Lebendigkeit aus dem chinesischen Volk saugten. 1951 konfiszierten die Kommunisten den größten Teil des klösterlichen Landbesitzes und machten junge Mönche und Nonnen wieder zu Laien. 1953 wurde die Chinesische Buddhistische Vereinigung gegründet, um die buddhistische Gemeinschaft unter staatliche

Kontrolle zu bringen. Regelmäßig fanden Repressionen statt, wie die Bewegung der Roten Garde, die den Buddhismus in China weiter schwächten. Obwohl der Buddhismus einen großen Teil seiner Stärke durch diese Verfolgungen verloren hat, gibt es ihn in China noch immer. Dies wird, aller Voraussicht nach, auch in Zukunft so bleiben.

Buddhismus im modernen Korea und Japan

Der Buddhismus in Korea und Japan war über viele Jahrhunderte eng verbunden. In der Tat waren es oft koreanische Mönche, die die Verbindung zwischen der chinesischen und der japanischen Kultur hielten. Gegen 1000 n. Chr. war Son, eine Schule des *Zen*-Buddhismus, zur populärsten Form des Buddhismus in Korea geworden. Leider wurde der Buddhismus durch die strengen konfuzianischen Könige der Yi-Dynastie (1392–1910) unterdrückt. Seltsam genug, aber es war die japanische Eroberung von Korea im Jahr 1910, die den Buddhismus in Korea zu neuer Blüte brachte.

Obwohl die Japaner in Korea das Wiederaufleben des Buddhismus zuließen, versuchten sie seine Entwicklung nach den japanischen Modellen zu erzwingen, die sich oft deutlich von den einheimischen koreanischen Formen unterschieden. Dadurch entstand ein Bruch, der schließlich 1935 zur Gründung eines vereinigten Koreanischen Buddhismus führte. Nach dem Zweiten Weltkrieg (1939–1945) und dem Koreakrieg (1950–1953) war der Buddhismus in Nordkorea de facto ausgelöscht und in Südkorea in einiger Hinsicht eingeschränkt. Dennoch entwickelte sich der koreanische Buddhismus trotz dieser Schwierigkeiten weiter, und zwar nicht nur zu Hause, sondern auch im Ausland.

Der Buddhismus in Japan hatte in der modernen Zeit seine eigenen Schwierigkeiten. In der Zeit der Meiji-Ära nach 1868 wurde der Buddhismus zugunsten des staatlich unterstützten Shinto mit seiner Verherrlichung des Kaisers ignoriert. In dieser Zeit wurde der Zölibat der buddhistischen Kleriker aufgehoben – mit dem Ergebnis, daß der heutige japanische Buddhismus einer der wenigen Formen des Buddhismus ist, der verheiratete Kleriker erlaubt. In dieser Zeit übernahm der japanische Buddhismus auch viele Neuheiten aus dem Westen, wie die Sonntagsschule, Meditationskreise, Jugendorganisationen und in einigen Fallen sogar die äußeren Formen protestantischer Rituale und Gewänder.

Eine andere interessante Entwicklung im modernen japanischen Buddhismus ist der Aufstieg von Laienorganisationen, wie Soka Gakkai und Rissho-koseikai. Diese neuen Organisationen haben die alten Organisationsprinzipien des Buddhismus abgeschafft und durch neue, aggressive Methoden ersetzt, die eher traditionelle Buddhisten als Ärgernis empfinden. Im großen und ganzen ist der Buddhismus ein dynamischer Bestandteil des japanischen Lebens. Darüber hinaus finden eine Reihe japanischer Schulen in Europa und Amerika fruchtbaren Boden für ihre Ideen und Praktiken.

Buddhismus und die Zerstörung einer Kultur in Tibet

Über viele Jahrhunderte war Tibet in den Augen der Chinesen eine Provinz ihres Reiches. Zufrieden mit der formalen Unterwerfung und dem rituellen Austausch von Geschenken, beschränkte sich China darauf, dem Land seine eigene Regierung durch die großen klösterlichen Orden zu erlauben, so wie es über Jahrhunderte geschah. All dies aber änderte sich, als die Kommunisten 1950 die Macht übernahmen. Ihnen genügten die traditionellen Übereinkünfte nicht, außerdem waren sie ängstlich um die Sicherheit ihrer Grenzen besorgt. Aus diesen Gründen wollte die neue chinesische Führung unmittelbar regieren. Um dies tun zu können – und in Übereinstimmung mit ihrer eigenen atheistischen Überzeugung – besetzte sie das Land, begann die Klöster zu zerstören und die buddhistische Religion zu entrechten.

1959 wehrte sich das tibetische Volk in einem großen Aufstand. Gleichzeitig floh der heutige *Dalai Lama* aus Tibet nach Indien. Die Chinesen installierten ein Terrorregime mit dem Ziel, den tibetischen Buddhismus völlig auszulöschen. Sie plünderten Tempel, machten Klöster dem Erdboden gleich, folterten und ermordeten Mönche und verbrannten Schriften. Aber den buddhistischen Glauben in Tibet zu vernichten erwies sich als schwieriger, als es sich die chinesischen Kommunisten vorgestellt hatten. Mönche machten sich auf die lange Reise über den Himalaja nach Indien und brachten die unschätzbar wertvollen Schriften ihres Glaubens mit. Sie versammelten sich in Indien, gründeten zerstörte Klosterschulen neu und lehrten eine neue Generation von Novizen die komplexen Riten und Rituale des tibetischen Buddhismus.

Unterdessen wurde der *Dalai Lama* ein beredter und charismatischer Führer für sein Land und seinen Glauben. Indem er das Interes-

Viele Westler sind durch seinen spirituellen Führer, den charismatischen Dalai Lama, vom tibetischen Buddhismus angezogen. Der Dalai Lama lebt seit 1959 im indischen Exil. Seine Bekanntheit hat dazu beigetragen, daß die Weltöffentlichkeit auf die Verbrechen der chinesischen Besatzung in seinem Heimatland aufmerksam wurde.

se der Weltöffentlichkeit auf Tibets Schicksal lenkte, wurde auch der tibetische Buddhismus bekannt. Viele Westler begannen, angezogen durch die prächtige und schillernde tibetische Tradition, die Tibeter in ihrem Bemühen, ihre Kultur zu bewahren, zu unterstützen. Während das Problem der chinesischen Besatzungspolitik bis heute nicht gelöst ist, kann man mit Sicherheit sagen, daß der tibetische Buddhismus den Sturm überstanden hat. Durch den Mut und die Hartnäckigkeit der heutigen Praktizierenden wird er überleben und intakt an die zukünftigen Generationen weitergegeben werden.

Neue Blumen pflanzen: Buddhismus in Europa und in den Vereinigten Staaten

Der Buddhismus ist so sehr Teil der modernen Kultur, zumindest auf einem oberflächlichen Niveau, daß die Vorstellung schwerfällt, die Menschen im Westen hätten bis vor noch nicht einmal 200 Jahren nichts über diese Religion gewußt. Erst als sich die europäischen Mächte ihre Kolonialreiche in Süd- und Südostasien zulegten und sich in die Angelegenheiten der Nationen Ostasiens einmischten, begannen sie, sich für die Glaubensysteme der eroberten Menschen zu interessieren. Aber im allgemeinen hatte dieses Interesse kaum oder nichts mit dem wirklichen Wert dieser Systeme zu tun. Vielmehr betrachteten diese frühen Verwalter die Religion als ein Mittel der sozialen Kontrolle. Mit der Zeit jedoch begannen die Europäer, den Buddhismus und die anderen asiatischen Religionen zu schätzen. Als sie anfingen, die klassischen Sprachen Asiens wie Sanskrit, Chinesisch, Japanisch und Pali zu beherrschen, konnten die europäischen Gelehrten Stück für Stück zusammenbringen, was für sie eine neue und faszinierende Gedankenwelt darstellte.

Diese Gelehrten kamen meist aus den unteren Rängen der Kolonialverwaltung. Sie verbrachten den größten Teil des Tages mit Verwaltungsproblemen der einfachen Menschen, über die sie herrschten. Weil nur sehr wenige andere Europäer da waren, mit denen soziale Kontakte hätten gepflegt werden können, widmeten sich diese Beamten oft Studien über die lokalen Kulturen. Ein gutes Beispiel hierfür ist T. W. Rhys-Davids (1843–1922). Er war Verwaltungsbeamter in Sri Lanka und verbrachte seine freie Zeit damit, Pali zu lernen, die heilige Sprache des *Theravada*-Buddhismus. Was er entdeckte, erstaunte ihn. Der Buddhismus, der sich ihm aus den Texten erschloß, war nicht die (scheinbar) abergläubische Religion, die ihn umgab. Vielmehr stieß er auf eine elegante, subtile Philosophie, die den logischen, wissenschaftlichen Gedanken, durch die das europäische Denken zunehmend beherrscht wurde, nicht widersprach. Er war von seinen Studien so begeistert, daß er die Gesellschaft für Pali-Schriften gründete, mit der Absicht, den gesamten Kanon der Pali-Schriften ins Englische übersetzen zu lassen. Dieses Ziel hat die Gesellschaft (die es immer noch gibt) bis heute fast erreicht.

Die Beziehung zwischen dem Buddhismus und Europa erreichte 1879 eine neue Stufe, als Sir Edwin Arnold sein berühmtes episches Gedicht *Das Licht Asiens* veröffentlichte. In englischen Versen wird hier das Lebens des Buddha erzählt, und zwar nicht aus einem akademischen Blickwinkel. Vielmehr erzählte hier jemand, der die buddhistischen Unterweisungen als Ausdruck von Religiosität schätzt. Kurze Zeit später reisten die Russin Helen P. Blavatsky und der Amerikaner Henry Steel Olcott, zwei Gründer der religiösen Bewegung, die als Theosophie bekannt wurde, nach Indien und Sri Lanka, um östliches Gedankengut kennenzulernen. In Sri Lanka nahmen beide an einer Zeremonie teil, durch die sie offiziell zu Buddhisten wurden. Obwohl ihr Verständnis von Buddhismus zum Teil eigentümlich war, waren diese neuen Konvertiten begeistert.

Aber die Theosophen waren nur die Spitze des Eisberges. Ungefähr ab 1850 gerieten Europa und die USA in eine spirituelle Krise. Intellektuelle (und solche, die sich für Intellektuelle hielten) wurden zunehmend unzufrieden mit dem Christentum. Manche waren nicht damit einverstanden, daß die Bibel als komplettes und genaues Abbild der Erschaffung des Menschen und der Welt betrachtet wurde. Andere störte die Behauptung, allein das Christentum besitze die Mittel zur Erlösung für diese und die nächste Welt. Viele andere wiederum wollten einfach das, was sie als bloßen Aberglauben betrachteten, gegen eine wissenschaftlichere Weitsicht tauschen. Für viele stellte das »plötzliche« Auftauchen des Buddhismus am intellektuellen Horizont eine Antwort für ihr Dilemma dar.

Aber diese frühen Buddhismusbegeisterten in Europa und Amerika neigten dazu, den Buddhismus mißzuverstehen. Wie wir gesehen haben, nimmt der Buddhismus sehr wohl an, daß es mächtigere Wesen als die Menschen gibt. Er behauptet jedoch, daß ihr Einfluß begrenzt ist und daß letztendliche Befreiung anderswo gefunden werden muß. Frühe europäische und amerikanische Anhänger des Buddhismus neigten dazu, den Buddhismus als völlig atheistisch und selbstorientiert zu interpretieren. Dies stimmt aber für viele, wenn nicht sogar für die meisten Buddhisten nicht. Es ist deshalb nicht überraschend, daß sich die frühen Konvertiten zum *Theravada*-Buddhismus wandten, in dem die »übernatürlichen« Elemente am wenigsten betont werden. Als die Europäer in der Mitte des letzten Jahrhunderts begannen, den Buddhismus ernsthaft zu erforschen, waren sie von den Pali-Schriften dieser Schule angezogen. Und zwar deshalb, weil sie in diesen alten Werken modernes europäisches Gedankengut wiederzufinden meinten.

Wie wir gesehen haben, ist dies nicht genau der Weg, den der *Theravada*-Buddhismus in seinen einheimischen Umgebungen genommen hatte. Aber diese frühe europäische Sichtweise beinhaltete gerade genug Wahrheit, um den *Theravada*-Buddhismus zu einer interessanten Alternative für viele europäische und amerikanische Suchende werden zu lassen, die auf ihrer spirituellen Suche keine außerirdischen Elemente akzeptieren wollten. Der erste dieser Konvertiten, der zum Mönch ordiniert wurde, war Allen Bennett (1872–1925), dessen Ordination in Burma stattfand. Er fand schnell eine Reihe britischer und deutscher Nachfolger, die sich zu einem klösterlichen Leben entschlossen. Aber erst nach dem Zweiten Weltkrieg wurden auch andere Formen des Buddhismus in Europa und Amerika bekannt.

Der Hauptgrund für diese neue Renaissance des Buddhismusinteresses in Europa und Amerika war der Krieg selber. Er brachte Europäer und Amerikaner in Kontakt mit anderen buddhistischen Ländern, über Japan und China hinaus. Der Buddhismus dieser Länder hatte es schon zu einem kleinen Brückenkopf in Hawaii und an der amerikanischen Westküste gebracht. Rassismus hielt diese Immigrantengemeinschaften leider vom Zentrum des amerikanischen Lebens fern. All dies änderte sich nach dem Krieg.

Die erste der großen buddhistischen Invasionen in Nordamerika war die *Zen*-Besessenheit, die in den 50ern durch Amerika fegte. *Zen* war durch die Teilnahme des japanischen Mönches Soyen Shaku (1859–1919) am großen Weltparlament der Religionen nach Amerika gekommen, das 1893 in Chikago stattfand. Dort traf dieser Mönch auf einen begeisterten Verleger religiöser Werke namens Paul Carus. Beide kamen überein, daß Soyen Shaku einen seiner Schüler nach Amerika senden werde, um Paul Cams bei der Übersetzung von Texten des japanischen *Zen*-Buddhismus zu helfen. Dieser Schüler sollte einen großen Teil seines Lebens damit zubringen, *Zen* im Westen einzuführen. Sein Name war D. T. Suzuki (1870–1966).

Andere *Zen*-Meister folgten Suzuki in der Zeit vor dem Zweiten Weltkrieg nach Amerika und sammelten bald eine kleine Schar begeisterter amerikanischer Schüler um sich. Aber es war die Beatgeneration, die nach dem Krieg aufkam, die *Zen* in ihr Herz schließen sollte. Schriftsteller dieser Bewegung wie Jack Kerouac, Gary Snyder und Allan Ginsberg wurden glühende Verfechter des *Zen* (zumindest so, wie sie ihn verstanden). Alan Watts (1915–1973), ein Sucher in allen Religionen, predigte das *Zen*-Evangelium einer dankbaren Zuhörerschaft von begeisterten Jugendlichen (hauptsächlich in Kalifornien) in den späten 50ern und den 60ern.

Diese Basisarbeiten führten dazu, daß in den folgenden Jahrzehnten mehr *Zen*-Lehrer nach Amerika kamen. Sie richteten Zentren für eine Schulung nach der althergebrachten, strengen japanischen Art und Weise des *Zen* ein. Dies war ein Schock für die frühere Generation der Sucher, die *Zen* als eine Religion nach dem Motto »mach dein eigenes Ding« betrachteten. Als Ergebnis dieser zweiten Welle von Lehrern ist *Zen* heute eher in Übereinstimmung mit der traditionellen Ausformung der Religion in Amerika. In der Tat sind eine Reihe von Amerikanern als *Zen*-Meister anerkannt worden. Man kann sogar sagen, daß eine neue Form des *Zen,* ein amerikanisches *Zen* unter ihrer Führung, entsteht.

Es sollte aber auch nicht der Anteil der chinesischen und koreanischen *Zen*-Schulen vergessen werden. In Kalifornien hat der *Zen*-Meister Hsuan Hua (geb. 1908) die sino-amerikanische buddhistische Vereinigung und das Kloster Gold Mountain Dhyana gegründet, in dem die Schulung sehr traditionell und streng verläuft. Auch andere Lehrer wie Sheng Yen Chang bringen die Lehre des chinesischen Zen nach Amerika. Ebenso lehren koreanische Meister wie Soen Sa Nim (geb. 1927) die Schätze der weniger bekannten koreanischen Tradition. Soen Sa Nim etablierte 1972 die immer populärer werdende Schule Kwan Um (benannt nach Kuan-yin, dem *Bodhisattva* des Mitgefühls). 1967 schon hatte Samu Sunim die Zen Lotus Gesellschaft mit Sitz in Toronto gegründet.

Genauso wie der Zweite Weltkrieg für den Vormarsch des *Zen* in Amerika steht, steht der Indochinakrieg der späten 60er und 70er für den Beginn einer neuen Wertschätzung des *Theravada*-Buddhismus. Während dieser Zeit nutzten amerikanische Armeekräfte, die in Vietnam kämpften, das Nachbarland Thailand als Erholungsraum. Hier kamen sie in Kontakt mit dem *Theravada*-Buddhismus. Ebenso führte die steigende amerikanische Präsenz in Südostasien zu einer wachsenden Anzahl von Freiwilligen im Friedenskorps, die in die stabileren Länder dieser Gegend gesandt wurden. All dies ergab eine erhöhte Aufmerksamkeit für den *Theravada*-Buddhismus.

Zu der Zeit reisten auch amerikanische Meditationslehrer wie Jack Kornfield und Joseph Goldstein in diese Länder und nach Sri Lanka, um dort zu studieren und als buddhistische Mönche unter so großen zeitgenössischen *Theravada*-Lehrern wie Ajahn Chah in Thailand und Taungpulu Sayadaw in Burma ordiniert zu werden. Schließlich kehrten viele von ihnen nach Europa und Amerika zurück – entweder, um ins Laienleben zurückzukehren oder um als ordinierte Mönche zu lehren. Der *Theravada*-Buddhismus, den sie lehrten, unterschied sich jedoch von dem der Länder, in denen sie geschult worden waren. Im großen und ganzen meditierten dort keine Laien – Meditation war den Mönchen vorbehalten. Aber in Amerika und Europa sollte das die Haupttätigkeit sowohl der Mönche als auch der Laien werden.

Andererseits wurden viele traditionelle Laienaktivitäten, die mit dem *Theravada*-Buddhismus in seinen Heimatländern verbunden werden, von den Amerikanern und Europäern nicht angenommen. Die meisten Menschen, die vom *Theravada*-Buddhismus angezogen wurden, hatten Schwierigkeiten mit der traditionellen Religion, besonders mit ihren institutionellen und übernatürlichen Anteilen. Genauso wie schon früher im selben Jahrhundert war es die Wahrnehmung des *Theravada*-Buddhismus als »atheistische« und »wissenschaftliche« Philosophie und nicht die Religion in der traditionellen Bedeutung, die diese neue Generation anzog. Dies hatte zur Folge, daß viele der eher frommen Aspekte des *Theravada*-Buddhismus von diesen Praktizierenden nicht übernommen wurden.

Aber für viele Menschen hatten die strengen Meditationspraktiken des *Zen* und des *Theravada*-Buddhismus keine Anziehungskraft. Sie suchten nach einem farbigeren Buddhismus – die Antwort ihrer Suche nach religiöser Bedeutung lag im *Vajrayana*-Buddhismus. Diese Form des Buddhismus war die am wenigsten bekannte Schule des Buddhismus und zugleich diejenige, die am spätesten in den Westen kam. Zufrieden damit, isoliert in seinem tibetischen Heimatland zu bleiben, wäre der *Vajrayana*-Buddhismus vielleicht nie von Außenstehenden wahrgenommen worden, wäre es nicht zu der Katastrophe gekommen, die sich 1950 ereignete.

Von Anfang an waren die tibetischen Mönche, die von Tibet nach Indien geflohen waren, mit einem ernsten Problem konfrontiert. Die Chinesen zerstörten ihre gesamte religiöse Kultur. Schreckliche Geschichten kamen auf, von denen die meisten leider der Wahrheit entsprachen. Sie erzählten von verbrannten Klöstern, gefolterten und getöteten Mönchen und zerstörten Kunstwerken von unschätzbarem Wert. Diese Verbrechen nahmen in den späten 60ern während der chinesischen Kulturrevolution noch zu. Die tibetischen Mönche mußten einen Weg finden, um ihre Kultur zu retten. Es war kein wirkliches Problem, neue Mönche zu finden. Die Tibeter widmeten sich weiter dem religiösen Leben, viele tun dies heute noch. Aber wie sollten die Mönche unterstützt werden, nun, da die großen tibetischen Klöster und ihr Einfluß zerstört waren? Wie konnten ihre Schriften ersetzt werden, von denen viele einzigartig in der tibetischen Tradition waren? Die Antwort lag, wie die Tibeter schnell herausfanden, im Westen.

So begannen in den 60ern tibetische Mönche im Westen zu lehren. Der berühmteste dieser frühen Missionare war Chögyam Trungpa (1939–1987), ein *Tulku* der Kagyü-Schule. Er gründete 1967 die erste tibetische *Gompa* (Kloster) außerhalb von Asien, Samye Ling in Dumfriesshire in Schottland. Aus diesen bescheidenen Anfängen schuf Trungpa die weitgespannte Vajradhatu-Organisation, mit dem Ziel, den tibetischen Buddhismus der Kagyü-Schule im Westen zu verbreiten. Nach einem ernsten Verkehrsunfall, von dem sich Trungpa nie ganz erholte, heiratete er und ging von Großbritannien nach Amerika. Die zahlenmäßig größere Schule der Gelugpas streckte ihre Fühler mehr und mehr nach Europa und der neuen Welt aus. Der erste Lehrer dieser Schule, der Schüler im Westen fand, war Thubten Yeshe (1935–1984). Er und sein Schüler Zopa Rinpoche (geb. 1946) gründeten 1971 die Vereinigung zur Erhaltung der *Mahayana*-Tradition im Westen, die Wisdom Publications, einen anerkannten Verlag mit Sitz in Boston.

Aber erst in den Vereinigten Staaten blühte der tibetische Buddhismus richtig auf. 1951 war es einer Gruppe von Kamyks erlaubt worden, die aus ihrer Heimat im Nachkriegsrußland geflohen waren, sich in New Jersey niederzulassen. Weil die Kamyks über viele Jahrhunderte Anhänger des tibetischen Buddhismus waren, wurde hier der erste tibetisch-buddhistische Tempel in Amerika gebaut, geleitet von dem Gelugpa-Mönch Geshe Wangal (1901–1983). Hier gab es auch den ersten formalen Unterricht in Tibetisch und tibetischem Buddhismus in Amerika. 1967 wurde Geshe Wangals Schüler, Geshe Sopa (geb. 1923) von dem großen kanadischen Buddhologen Richard Robinson an die neu etablierte buddhistische Fakultät eines buddhistischen Studienprogramms an die Universität von Wisconsin eingeladen. Geshe Sopa wiederum sorgte dafür, daß der *Dalai Lama* 1981 in die Vereinigten Staaten kam. In jenem Jahr leitete der *Dalai Lama* eine Kalachakra-Einweihung, an der 12 000 Menschen teilgenommen haben sollen.

1970 wanderte Chögyam Trungpa, erschöpft von den ständigen internen Querelen in seiner europäischen Organisation, in die Vereinigten Staaten aus. In Boulder in Colorado gründete er eine neue internationale *Vajradhatu*-Organisation. Als Leiter seiner Organisation folgte ihm Ösel Tendzin (1945–1990) nach. Sein ausschweifender Lebensstil und sein Aidstod machten die Gefahren eines kritiklosen Gehorsams dem *Guru* gegenüber deutlich, wie ihn die tibetische Tradition lehrt. Orthodoxer war die Herangehensweise des Kagyü-Meisters Kalu Rinpoche (1905–1989). Seine heilige Persönlichkeit und seine streng traditionelle Herangehensweise an den tibetischen Buddhismus brachte die erste Gruppe authentisch geschulter westlicher *Vajrayana*-Mönche hervor, die qualifiziert waren, selber Schulungseinrichtungen zu gründen.

Es war auch in Amerika, daß der tibetische Nyingma-Buddhismus zu neuem Leben fand. 1969 gründete Tarthang Tulku das Tibetische Nyingma-Institut in Berkeley, Kalifornien. Bald folgten ihm andere geachtete Lehrer dieser Schule, einschließlich ihres obersten Leiters Dudjom Rinpoche (1904–1987). Eines von Tarthang Tulkus Hauptprojekten war die Herausgabe der riesigen Zahl von Nyingma-Schriften – ein Ziel, das gegenwärtig auf dem Weg zur Vollendung ist. Dies, zusammen mit anderen Unterfangen, wie zum Beispiel Wisdom Publications, hat dafür gesorgt, daß die immens reiche schriftliche Tradition des tibetischen Buddhismus zukünftigen Generationen bewahrt bleibt.

Schließlich muß ein Wort zum Schicksal des Buddhismus des *Reinen Landes* gesagt werden. Diese Schule war seit der Mitte des neunzehnten Jahrhunderts Teil der amerikanischen Buddhismus-Szene, als chinesische und japanische Arbeiter anfingen, sich in den Vereinigten Staaten bei der Eisenbahn und auf den Zuckerrohrplantagen in Hawaii zu verdingen. Über die Jahre hat sie viele äußere Erscheinungsformen des protestantischen Christentums aufgenommen, und zwar nicht nur im Westen, sondern auch in ihrem Heimatland. Im großen und ganzen ist der Buddhismus des *Reinen Landes* auf die asiatischen Gemeinschaften beschränkt geblieben. Viele Nichtasiaten, die vom Buddhismus angezogen werden, sind fasziniert von den radikalen Unterschieden in den Kernaussagen im Vergleich zum Judentum und zum Christentum. Der Buddhismus des *Reinen Landes*, mit seinen vielen Ähnlichkeiten zu diesen Traditionen, scheint weniger anziehend als exotischere Formen des Buddhismus zu sein. Trotzdem gibt es immer noch zahlreiche traditionelle Anhänger, besonders die japanische Schule des Jodo Shin-shu, unter dem Namen Buddhistische Kirche von Amerika (1899 gegründet).

Buddha spricht Deutsch: Buddhismus in Deutschland, Osterreich und der Schweiz

von Alfred Weil

Lebt man im deutschsprachigen Raum in einer der großen Städte, darf man sicher sein: Irgendwann und irgendwo findet heute eine buddhistische Veranstaltung statt. Man kann einen Vortrag hören, an einem Gesprächs- oder Studienkreis teilnehmen, in einer Meditationsrunde sitzen oder eine künstlerische Darbietung genießen. Noch vor zwei oder drei Jahrzehnten sah das völlig anders aus. Buddhismus? Das hatte etwas mit Asien zu, aber nichts mit westlichen Menschen. Das kannte man allenfalls aus den Medien oder von Reisen. Mittlerweile jedoch haben die Lehren des Buddha auch in Europa eine Heimat gefunden, und immer mehr Menschen bekennen sich zu dem *buddhadharma,* machen die Wahrheiten des Erwachten zu ihren eigenen und orientieren sich an ihnen in ihrem Alltag.

Wie viele Anhängerinnen und Anhänger es in Deutschland genau sind, läßt sich nur schätzen. Die Zahl 150 000 bis 200 000 ist ein brauchbarer Anhaltspunkt. Allerdings gehören dazu auch solche Buddhistinnen und Buddhisten, die aus Asien nach Deutschland gekommen sind (das ist wohl die Mehrzahl), und alle, die diese Weltanschauung in einem weiteren Sinn sympathisch finden und sich ihr nahe fühlen. Derzeit lassen sich rund 500 Adressen aus allen Teilen der Bundesrepublik ausmachen, hinter denen kleine und mehr private Gruppen, aber auch große Gemeinschaften mit mehreren tausend Mitgliedern und einer breiteren öffentlichen Wirkung stehen. Viele von ihnen haben eigene Zentren, kleinere klösterliche Anlagen oder Seminarhäuser geschaffen, in denen ein reges Gemeinschaftsleben stattfindet.

Ähnlich wie in Deutschland gestaltet sich der Buddhismus in Österreich und der Schweiz.[6] Auch hier findet sich das breite Spektrum buddhistischer Traditionen. Meditation und Lehrdarlegungen werden in privaten Studienkreisen, Ortsgruppen oder in staatlichen Seminarhäusern und buddhistischen Klöstern angeboten und durchgeführt. In Großstädten wie Wien, Zürich oder Genf sind die unterschiedlichen Traditionen aus Südasien, aus Tibet, Japan oder Korea einander Nachbar, und vereinzelt werden auch gemeinsam Feste und Veranstaltungen begangen. In Österreich finden sich um die 16 000

6. Ergänzungen für Österreich und die Schweiz: Martin Baumann

Buddhistinnen und Buddhisten, darunter etwa 5000 Buddhisten aus Ländern Asiens. In der Schweiz liegt die Zahl etwas höher, ca. 20 000 bis 25 000 fühlen sich den jeweiligen buddhistischen Traditionen zugehörig. Buddhisten und Buddhistinnen aus Asien stellen mit etwa 20 000 Personen vier Fünftel aller Buddhisten dar, am stärksten vertreten sind thailändische und vietnamesische Buddhisten. Mehr als 2000 tibetische Buddhisten leben in der Schweiz. Sie kamen schon in den sechziger Jahren und mit ihnen tibetische Lamas, die die einstigen Flüchtlinge religiös und kulturell betreuen. Während es in der Schweiz um die 100 buddhistische Gruppen und Zentren gibt, sind es in Osterreich um die 50. Ohnehin besteht ein zunehmend reger werdender Austausch zwischen Buddhisten Osterreichs, Deutschlands und der Schweiz, d. h. zu Wochenendseminaren, den »Retreats«, oder zu Vorträgen bedeutender buddhistischer Lehrer überquert man leicht einmal die Grenze ins deutschsprachige Nachbarland.

Buddhismus im deutschsprachigen Raum wie allgemein im Westen bedeutet nicht zuletzt eine intensive geistige Auseinandersetzung mit dieser östlichen Weisheitslehre. Der Buchmarkt ist längst unübersehbar geworden. Neben Übersetzungen grundlegender Quellentexte gibt es eine breitgefächerte Sekundärliteratur. Buddhistische Filme, CDs und Kassetten neben allerlei Devotionalien und Praxiszubehör sind ebenso selbstverständlich im Handel wie buddhistische Kunst und kunsthandwerkliche Gegenstände. Und nicht zu vergessen: Viele bedeutende asiatische Lehrerinnen und Lehrer leben inzwischen hier oder sind regelmäßig als Lehrer zu Gast. Sie repräsentieren und vermitteln den *dharma* auf direkte und authentische Weise und ermöglichen einen unmittelbaren Zugang »vor Ort«.

Wegbereiter

Man könnte glauben, daß der Buddhismus im deutschsprachigen Raum eher eine junge Erscheinung ist. Tatsächlich ist er erst in den letzten Jahren verstärkt in das Bewußtsein einer breiteren Öffentlichkeit getreten. Die herausragende Persönlichkeit des *Dalai Lama* hat erheblich dazu beigetragen, daneben der Ferntourismus und das wachsende Interesse der Medien. Doch bekennen sich in Deutschland schon fast ein Jahrhundert lang Frauen und Männer zu dieser Form der Spiritualität. Und die »exotischen Ausnahmeerscheinungen« von damals sind im Laufe der Jahrzehnte schon fast zur Normalität geworden.

1903 war es der aus Wiesbaden stammende F. A. Gueth, der als erster Deutscher in Burma in den Orden eintrat und sich als Nyanatiloka Mahathera international einen Namen machte. Seine mutige Pioniertat erleichterte es anderen ungemein, ebenfalls den Schritt in die »Hauslosigkeit« zu gehen. Und seine Schriften waren Generationen ein erster verläßlicher Wegweiser. Im August desselben Jahres hob der Indologe Karl Seidenstücker den »Buddhistischen Missionsverein« aus der Taufe und gründete in Leipzig den ersten buddhistischen Verein Deutschlands. Schon Ausgangs des 19. Jahrhunderts hatte der Wiener Buddhist und Indologe Karl Eugen Neumann damit begonnen, zentrale Teile des Palikanons ins Deutsche zu übersetzen und uns die Reden des Buddha in unserer Muttersprache zugänglich zu machen. Ein weiterer Meilenstein war der Bau des imponierenden Buddhistischen Hauses in Berlin-Frohnau 1924 durch Paul Dahlke. Es ist inzwischen eine denkmalgeschützte Sehenswürdigkeit und noch immer ein Symbol für den geistigen Aufbruch der Zwischenkriegszeit.

In der Schweiz kamen erste bleibende buddhistische Aktivitäten erst mit dem Wirken Max Ladners in den vierziger Jahren zustande. Der Versuch des genannten Nyanatiloka, 1910/1911 in der Südschweiz ein buddhistisches Kloster ins Leben zu rufen, war an der mangelnden Unterstützung und der »unsagbaren Kälte«, wie der buddhistische Mönch in seinem Tagebuch festhielt, gescheitert. Die Züricher Gruppe um Ladner während der 1940er und 1950er blieb jedoch klein.

Gleiches trifft auf die erste österreich-buddhistische Gruppe 1947 in Wien zu. Erst ab den ausgehenden sechziger Jahren kam es in der Schweiz, ebenso in Deutschland und Österreich, zu einem merklichen Aufschwung buddhistischer Aktivitäten.

Motive

Für manche Zeitgenossen scheint der Buddhismus kaum mehr als eine interessante Modeerscheinung zu sein. Es ist »in«, den *Dalai Lama* zu bewundern, sich um Achtsamkeit und Gelassenheit im Alltag zu bemühen oder über Gewaltlosigkeit zu philosophieren. Meditieren ist angesagt, ebenso der Trip nach Asien oder die Buddhastatue im Wohnzimmer. Bei sehr vielen Menschen steckt indessen weit mehr dahinter, ihre Motive reichen über das Bunt-Folkloristische und die Beeinflussung durch den flüchtigen Zeitgeist hinaus.

Das Bedürfnis, mit den Tiefendimensionen der Wirklichkeit wieder (mehr) in Kontakt zu kommen, bewegt bewußt oder unbewußt immer mehr Frauen und Männer. Die scheinbare Erfolgsgeschichte unserer Nachkriegsgesellschaft auf dem materiellen Sektor ist für sie doch nicht so überzeugend, wie sie lange glauben mochten. Besitz und Konsum alleine bedeuten eben nicht alles. Auch das dritte Auto bringt keine Erfüllung, und selbst mehrere Lebensversicherungen sind keine Lösung für die Angst vor Alter, Krankheit und Tod. Keine technische Erfindung bringt die Antwort auf die Frage nach dem Sinn des Lebens, und naturwissenschaftliche Entdeckungen vermitteln keine Einsicht in Richtig und Falsch, Wert und Unwert. Spiritualität gewinnt wieder an Bedeutung, weil wir merken: Es gibt eine andere und wichtigere Seite unseres Daseins.

Doch wer kann auf das Bedürfnis nach Tiefe und existentieller Verankerung zufriedenstellend eingehen? Nicht wenige sind von den angestammten und etablierten Religionen enttäuscht. Sie trauen ihnen nicht mehr zu, die richtigen Antworten zu besitzen oder sie auf zeitgemäße Weise zu vermitteln. Sie erkennen den Führungsanspruch der christlichen Kirchen nicht länger an und vermissen wirksame spirituelle Hilfen. In dieser Situation erscheint ihnen der Buddhismus als eine naheliegende Alternative, der aus verschiedenen Gründen an Attraktivität gewinnt.

Die Weisheitslehren des Buddha verstanden und verstehen sich als ein Angebot. Wer es annehmen möchte, ist willkommen, wer jedoch einen anderen (spirituellen) Weg wählt, wird nicht daran gehindert oder deshalb geringgeschätzt oder gar verfolgt. Die Lehren und die Praxis selbst sind es, die überzeugen und ihren Wert für den Alltag erweisen wollen. Mission (in ihrem negativen Sinn) kennt der Buddhismus nicht, und es geht ihm nicht darum, sich als organisierte Religion zu verbreiten, die eigene Anhängerschaft zu vermehren oder Einfluß und Macht auszuüben. Das jedenfalls war die dezidierte Haltung des Buddha selbst, und tatsächlich gibt es im Vergleich mit anderen Religionen nicht allzu viele und nicht sehr dunkle Flecken in der Geschichte des Buddhismus.

Dreiklang

Einige weitere Grundzüge des Buddhismus stärken dessen Wertschätzung gerade in unserer Zeit. Dazu gehört, daß er den Menschen in seiner Ganzheit und alle seine Lebensäußerungen im Auge hat. In einer Welt der Spezialisierung, der Fragmentierung von Wissen und Können ist die buddhistische Spiritualität auf Integration ausgelegt. Sie ist ein harmonischer Dreiklang von Weisheit, Ethik und Meditation.

Weisheit betrifft unseren Geist. Sie bedeutet die Fähigkeit, die Dinge so zu sehen, wie sie wirklich sind – ohne Verzerrungen, ohne Schleier und Vorurteile. Der Buddha will das Leben und dessen Gesetzmäßigkeit zeigen. Er selbst ist derjenige, der aus den Träumen des Lebens zur Wirklichkeit erwacht ist. Er zeigt, wie sehr wir alle illusionären Vorstellungen verfallen und schmerzlichen Irrtümern erlegen sind. Wir klammern uns an unseren Besitz und suchen Sicherheit in materiellen Gegenständen, und doch ist alles unbeständig und wandelbar. Wir sind vernarrt in unser Ego und merken nichts von seiner Abhängigkeit und Zerbrechlichkeit. Wir setzen auf sinnliche Freuden und Erlebnisse und übersehen deren letztendliche Unzulänglichkeit. Weisheit heißt die wahre Natur des Geistes und der Dinge kennen.

Neben einer realitätsgetreuen Sicht interessiert den modernen Menschen, wie er seine existentiellen Probleme angehen und seinen Alltag praktisch in den Griff bekommen kann. Während dem Westen in den vergangenen Jahrzehnten ethische Maßstäbe und moralisches Handeln weitgehend verlorengegangen sind, lehrt der Buddha beide wieder als unschätzbare Werte zu erkennen. Seine konsequenten Anleitungen zu heilsamem Denken, Reden und Handeln geben dem Leben nicht nur eine verläßliche Richtschnur, sie zeigen auch, wie durch sie das Leben einfacher, zufriedenstellender und erfüllter wird. Dabei geht es nicht allein um äußerliches Verhalten und formale Regeln, sondern um eine entsprechende innere Haltung. In einer Gesellschaft der Konkurrenz, des Gegeneinanders, der Kälte und der Vereinzelung ermöglichen sie ein Zusammenleben in Solidarität, Gemeinschaft und Geborgenheit. Buddhistische Ethik basiert auf nichts anderem als auf praktiziertem universellem Wohlwollen.

Schließlich sucht der westliche Mensch des 21. Jahrhunderts einen gangbaren Weg, um sich selbst besser erfahren und mit sich besser umgehen zu können. Er spürt eine weitreichende Entfremdung seiner eigenen Person gegenüber; seine Innenwelt ist ihm eine unbekannte und fast unheimliche Größe. Die uralte buddhistische Tradition der Geistesschulung mit ihren differenzierten und ausgefeilten Methoden erweist sich deshalb noch immer als hochaktuell. Die Meditation öffnet einen vielleicht verschütteten oder bislang unbekannten Weg zu uns selbst. Sie vermag den Geist stiller und klarer zu machen und versetzt ihn so in die Lage, subtilere Ebenen der Wirklichkeit unmittelbar zu erfahren. Meditation bringt uns (wieder) mit den verborgenen Seiten unseres Fühlens und Wollens in Kontakt, mit denen wir dann auch souverän umgehen können.

Wissenschaftlichkeit

Menschen, die es gewohnt sind, ihren Intellekt zu gebrauchen, schätzen die Rationalität des Buddhismus. Die Lehren des Erwachten sind undogmatisch, und ihre Inhalte stehen nicht im Widerspruch zu unserer Vernunft. Wer sich dem Buddhismus zuwendet, soll keine anderen, fremdartigen Glaubenssätze verinnerlichen, sondern den eigenen Verstand benutzen und den *dharma* in seiner Daseinswirklichkeit wieder erkennen. Der Anspruch des Buddha jedenfalls lautet: Ich lehre nur das, was ich selbst als richtig erkannt habe. Meine Aussagen beruhen nicht auf Spekulation und Mutmaßung, sie sind der Wirklichkeit abgelesen, die ich systematisch untersucht und vollständig durchschaut habe. Und jeder hat prinzipiell das Potential, zu denselben Einsichten zu gelangen. Mehr als die von anderen gehörte oder die angelesene Weisheit zählt also die eigene Erfahrung.

So gesehen läßt sich der Buddhismus mit gutem Recht als Wissenschaft bezeichnen. Das setzt ihn allerdings nicht in einen Gegensatz zu dem Anspruch, auch eine »Religion« zu sein, die uns auf einer existentiellen Ebene mit einer anderen, höheren und nicht immer unmittelbar einsehbaren Realität in Verbindung bringt. Um sich ihr zu öffnen, sind ebenso Vertrauen (Glaube) und Hingabe nötig.

Dialog

Der Buddhismus im deutschsprachigen Raum ist in vielerlei Hinsicht auf Dialog angelegt. Etwas überspitzt formuliert: Gerade die Buddhistinnen und Buddhisten selbst sind auf Gespräch und Austausch angewiesen. Und zwar vor allem auf den Austausch untereinander. Das ist der Tatsache zu verdanken, daß bei uns – im Gegensatz zu den meisten buddhistischen Ländern Asiens – eine Vielzahl unterschiedlicher Formen und Traditionen des Buddhismus nebeneinander bestehen. *Theravada*-Buddhisten sind hier ebenso zu Hause wie die Anhänger des japanischen oder koreanischen *Zen*, Freunde des tibetischen Buddhismus ebenso wie Shinbuddhisten oder eine Reihe von Gruppierungen mit schulübergreifenden und »modernen« Ansätzen. Und diese Mannigfaltigkeit nimmt weiter zu.

Was Buddhismus »eigentlich« ist und wie Anschauung und Praxis dieser Religion in Europa und in diesem neuen Jahrtausend auszusehen haben, ist also keineswegs so selbstverständlich, wie das in den Ursprungsländern meistens der Fall war. Buddhismus mit einem europäischen Profil muß erst entstehen, und das ist nur über einen langen und intensiven Dialog möglich. Der muß Klarheit schaffen, was zum zeitlosen und festen Kernbestand des *dharma* gehört und damit für alle Gültigkeit hat und was »nur« kulturelle Einkleidung und historisch bedingte Form ist und verändert werden kann. Dieser Anpassungsprozeß wird voraussichtlich viele Jahrzehnte, wenn nicht Jahrhunderte dauern – wie übrigens seinerzeit in den asiatischen Ländern auch, die den *dharma* aus Indien übernahmen.

Die Rahmenbedingungen dafür sind gut. In Deutschland wurde mit der Gründung der Deutschen Buddhistischen Union (DBU) im Jahr 1955 eine geeignete Plattform für den notwendigen Erfahrungsaustausch geschaffen. In der DBU sind alle wichtigen Schulen und Traditionen vertreten, die sich 1988 ein gemeinsames Bekenntnis gegeben haben und an gemeinsamen Themen und Projekten arbeiten. Die schulübergreifende Zeitschrift »Lotusblätter« (seit 1987) ist ein weiteres wichtiges Forum.

In Österreich ist es ähnlich – und auch wieder anders. Die 1947 ins Leben gerufene Buddhistische Gesellschaft (BG) Wien war lange Zeit die einzige buddhistische Anlaufstelle. Beinahe überraschend wurde der aus den Kreisen der BG Wien entstandenen Österreichischen Buddhistischen (ÖB) Religionsgemeinschaft, die als Dachverband der bestehenden buddhistischen Gruppen fungiert, auf Antrag die staatliche Anerkennung zugebilligt. Unter anderem beinhaltet diese staatliche Zuerkennung, daß Buddhismus nun an den Schulen als eigenständiges Lehrfach unterrichtet werden darf und buddhistische Geistliche den Geistlichen anderer religiöser Traditionen gleichgestellt sind. Seit 1991 publiziert die ÖB Religionsgemeinschaft die schulübergreifende Zeitschrift »Ursache & Wirkung«; ähnlich wie die »Lotusblätter« kommen die unterschiedlichen buddhistischen Traditionen zu Wort, und die Zeitschrift fungiert als wichtiges Medium des Dialogs untereinander.

In der Schweiz besteht zwar seit 1976 eine vergleichbare Dachorganisation buddhistischer Gruppen, die Schweizerische Buddhistische Union. Aktivitäten und Dialogformen zwischen den einzelnen Traditionen sind jedoch weit weniger vorhanden als in Österreich und Deutschland. Entsprechend gibt es keine schulübergreifende Zeitschrift, auch wenn seit Mitte der neunziger Jahre die Schweizerische Buddhistische Union darum bemüht ist, durch gemeinsam begangene Feste und Veranstaltungen die Bereitschaft zum Miteinander zu wecken und zu stärken.

Dialog heißt natürlich mehr. In einem christlich geprägten Umfeld steht der Austausch mit Vertreterinnen und Vertretern des Christentums aus verständlichen Gründen ganz oben auf der Tagesordnung, wenngleich die Begegnungen noch zahlreicher werden müssen. Da der Buddhismus gerne die Gemeinsamkeiten aller Religionen betont und den spirituellen Reichtum anderer Traditionen schätzt, sind solche Kontakte von Offenheit und Wohlwollen geprägt. Dialog heißt jedoch nicht Nivellierung und Verwischung durchaus unterschiedlicher Positionen. Der Buddhismus sieht sich genauso in seiner Besonderheit und Einmaligkeit wie das Judentum, das Christentum oder der Islam.

Ebenfalls erst ganz am Beginn steht der notwendige Brückenschlag des Buddhismus zur Wissenschaft. Doch zeichnen sich schon jetzt einige Bereiche ab, in denen eine Kooperation für beide Seiten sehr fruchtbar sein kann. Besonders in der Psychologie und der Medizin, aber auch in der Physik oder der Erziehung gibt es eine ganze Reihe beiderseits interessierender Ansätze. Das betrifft theoretische Fragen wie praktische Aufgaben.

Westliches Gesicht

Wenn der Buddhismus ein westliches Gesicht haben soll, wird er sich von seinen traditionellen asiatischen Vorbildern in mancherlei Hinsicht unterscheiden. Wenige Beispiele sollen das erläutern.

In seiner über 2500jährigen Geschichte war der buddhistische Orden nahezu alleiniger Träger und Bewahrer des *dharma.* Die Mönche (weit weniger die Nonnen) studierten die Lehren und gaben sie weiter. Sie widmeten sich der meditativen Praxis und prägten auf vielerlei Weise die kulturelle und soziale Identität der Gesellschaft. Im deutschsprachigen Bereich wie im Westen generell haben sich die Akzente an diesem Punkt merklich verschoben. Hier sind es aufgrund der sozialen und gesellschaftlichen Gegebenheiten auch Anhängerinnen und Anhänger mit Familie und in bürgerlichen Berufen, die wichtige Aufgaben übernommen haben. Ihnen kommt bei vielen organisatorischen Angelegenheiten bereits eine dominierende Rolle zu, und mehr als ihre Schwestern und Brüder in Thailand, in Tibet, Japan usw. widmen sie sich der Meditation, treiben intensive Studien und übernehmen teilweise die Rolle der Lehrenden. Ob die geringe Präsenz von gut ausgebildeten und sich ganz dem *dharma* widmenden Ordinierten auf Dauer gut ist, wird indessen häufig und ernsthaft in Frage gestellt.

Eine weitere Gewichtsverlagerung betrifft die Rolle der Geschlechter. Wenngleich dem Buddha selbst Frauenfeindlichkeit berechtigterweise nicht nachgesagt werden kann und die ursprünglichen Lehren keine diskriminierend gemeinten Elemente enthalten, waren und sind buddhistisch geprägte Gesellschaften dennoch weitgehend patriarchalisch geprägt. Diese Tatsache wird sich hierzulande stark relativieren. Buddhistische Frauen sind nicht länger bereit, in der zweiten Reihe zu stehen und sich ihren männlichen Kollegen in wichtigen Belangen unterzuordnen. Im Gegenteil, eine zukunftsweisende Entwicklung scheint nur denkbar, wenn es gelingt, dem großen Potential weiblicher Spiritualität mehr Aufmerksamkeit zu schenken und die besonderen Erfahrungen und Fähigkeiten von Frauen angemessen zu nutzen. Wichtige Schritte in diese Richtung sind längst getan, und viele Frauen haben sich bereits als Lehrerinnen, Autorinnen und Organisatorinnen hervorgetan.

Buddhistische Spiritualität vereinigt zwei Aspekte: die eigene Vervollkommnung und die solidarische Hinwendung zum anderen. Persönliches spirituelles Wachstum und soziales Engagement schließen sich daher nicht aus, stille Meditation oder innere Abgeschiedenheit und tatkräftiges Handeln sind keine Gegensätze. Dennoch haben es Buddhistinnen und Buddhisten in ihrer langen Tradition nicht selten versäumt, ihre hohen ethischen Ansprüche auch in gesellschaftlich erkennbares Handeln umzusetzen. Erst in jüngster Zeit lernen sie es (wieder), und diese Neubesinnung hat vor einigen Jahren die internationale Bewegung des »Engagierten Buddhismus« hervorgebracht. Sein Anliegen hat auch bei uns seine Berechtigung und seinen Niederschlag gefunden. Die heutige buddhistische Praxis versteht sich nicht individualistisch oder gar egozentriert, sondern bezieht die öffentliche Dimension ein.

So richtet sich der Einsatz von Buddhistinnen und Buddhisten verstärkt auf den Aufbau einer solidarischen Gesellschaft, in der das Prinzip des umfassenden Wohlwollens und der solidarischen Hinwendung zum anderen seinen Ausdruck finden kann. Sie plädieren ebenfalls für einen rücksichtsvollen und nachhaltigen Umgang mit der Natur, die sie nicht als Objekt hemmungsloser Ausbeutung betrachten, sondern als wertvolles und schützenswertes Gut. Das schließt die Tiere übrigens ein, die für sie nicht in erster Linie Wirtschaftsgüter sind, sondern fühlende Wesen. Schließlich sei das entschiedene Friedensengagement genannt, das von der immer gegebenen Möglichkeit des Ausgleichs und der gewaltlosen Konfliktbewältigung ausgeht. Internationale Anerkennung dafür hat der *Dalai Lama* 1989 mit der Verleihung des Friedensnobelpreises erhalten.

Perspektiven

Eine zusammenfassende Charakterisierung des Buddhismus im deutschsprachigen Bereich bedarf einer differenzierten Betrachtung. Sicher kann man sagen, daß der Buddhismus inzwischen eine zwar recht kleine, aber zunehmend beachtete Größe geworden ist. Doch hat er mehr als nur ein Gesicht.

In der Öffentlichkeit und von den Medien am meisten wahrgenommen wird seine eher »folkloristische« Facette. Rote Roben, farbenprächtige Tempel und Rituale machen ihn zu einem interessanten und faszinierenden Thema, besonders für die Medien. Eine andere, aber kaum gewürdigte Seite betrifft die sehr traditionelle Ausübung buddhistischer Spiritualität durch die vielen Tausend asiatischen Flüchtlinge (die meisten davon kamen aus Vietnam), Geschäftsleute, Studenten oder die, die mit einer oder einem Deutschen, Österreicher/in oder Schweizer/in verheiratet sind. Buddhismus in Deutschland, Osterreich und der Schweiz bedeutet für sie ein Stück importierte Heimat und sorgsam gehegte Identität.

Die dritte Variante hat mit Menschen zu tun, die hier geboren und in einem christlich geprägten Umfeld groß wurden und bewußt dieser neuen Religion beigetreten sind. Als Bekennende und Praktizierende haben sie keine leichte Aufgabe vor sich. Für sie gilt es, mit einer fremden und zugleich anspruchsvollen Lehre vertraut zu werden und eine Lebenseinstellung abzulegen, die ihnen bisher ganz selbstverständlich war. Im großen und ganzen betrachtet ist diesbezüglich kaum mehr als ein viel versprechender Anfang gemacht. Der Buddhismus als gelebte Weisheitslehre muß in seiner Breite und Tiefe erst noch erarbeitet werden. Auch wenn das intellektuelle Verständnis und das Wissen in den letzten Jahren sehr zugenommen haben, stehen die »Verwirklichung« und die Verankerung des *dharma* im Tagtäglichen und in unserem kulturellen Umfeld noch weitgehend aus.

Ob die damit verbundenen Herausforderungen bestanden werden, hängt von zwei Faktoren ab: Zum einen müssen Buddhistinnen und Buddhisten im Westen der Gefahr begegnen, dem *dharma* unbewußt eine christliche oder abendländisch aufklärerische Färbung zu geben und ihn damit zu verfälschen. Sie müssen sich die authentischen Lehren des Buddha und deren ganz eigene Sichtweise der Realität umfassend und gewissenhaft aneignen. Das geht nur, indem sie sich immer wieder auf deren originäre Quellen beziehen und engen Kontakt zu der lebendigen Tradition halten. Doch genauso müssen sie die historisch entstandenen Ausprägungen buddhistischer Anschauung und Praxis von der buddhistischen Spiritualität als solcher unterscheiden lernen. Eine unkritische und unveränderte Übernahme asiatischer Gepflogenheiten allein wird den Erfordernissen im Westen nicht gerecht.

6. Buddhismus im 21. Jahrhundert: Alter Wein in neuen Schläuchen

Die Herausforderungen einer sich verändernden Welt

Der Buddhismus unterscheidet sich nicht von anderen Weltreligionen: Auch er muß sich in der modernen Welt einerseits Herausforderungen stellen und findet andererseits günstige Möglichkeiten vor. Das 20. Jahrhundert war nicht besonders freundlich zum Buddhismus. Große Regionen der buddhistischen Welt sind aufgrund politischer und sozialer Veränderungen verschwunden. Ein gutes Beispiel dafür ist China, wo der Buddhismus einst weit verbreitet war. Nach der Machtübernahme der Kommunisten wurde der Buddhismus (wie alle anderen Religionen) systematisch unterdrückt, so daß man heute nur schwer sagen kann, wie viele Buddhisten in diesem riesigen Land noch leben. Wie wir gesehen haben, übertrugen die Kommunisten ihre Ablehnung des Buddhismus auch auf Tibet, wo sie seit 1951 versuchten, den Buddhismus völlig auszulöschen, oft mit außergewöhnlich brutalen Mitteln. Ebenso wurde unter den gräßlichen Exzessen der Roten Khmer in Kambodscha zwischen 1975 und 1979 grausam der ganze buddhistische Orden ermordet – zusammen mit mehr als der Hälfte der gesamten Bevölkerung in diesem Land des *Theravada*-Buddhismus. Viele schätzen, daß zum Ende dieser Zeit von ursprünglich 80 000 Mönchen nur ein paar Hundert es schafften zu überleben. In China, Kambodscha und Tibet wurden Tempel zerstört, Schriften verbrannt und wertvolle buddhistische Kunstwerke meistbietend verkauft.

So furchtbar dieser offene Versuch, den Buddhismus zu zerstören, auch war, so wird er doch von einem noch konzentrierteren und zugleich subtileren Angriff auf die Religion übertroffen. Dieser geschieht durch die westliche Kultur. Eingeschmuggelt auf dem Rücken von Mickymaus und Michael Jackson, ist das westliche Evangelium des Konsums das genaue Gegenteil der Werte, die der Buddhismus verficht: Einfachheit, Ruhe und Abkehr von der unbarmherzigen Anhäufung von Gütern. Aber die Coca-Cola-Kolonisation hat die asiatischen Gesellschaften überschwemmt mit Rockvideos, westlichen Nachtklubs und teuren elektronischen Konsumgütern. Obwohl sie sicher nicht in sich selbst schlecht sind, bilden diese Dinge ein – noch nicht einmal besonders subtiles – Gegengewicht gegen die traditionellen buddhistischen Werte der Einfachheit und Ungebundenheit an die Welt der Sinne.

Die buddhistischen Ideale werden durch eine andere Vorstellung vom Glück ersetzt Das ist Glück als die Jagd nach »Zeug«. Es ist die Idee, wie es ein zynischer Philosoph ausgedrückt hat, daß »der gewinnt, der bei seinem Tod die meisten Spielsachen gesammelt hat«. Zusammen mit diesen kulturellen Werten wird die dazu passende Weitsicht transportiert. Die westliche, wissenschaftliche Weitsicht mit ihrem Ausverkauf religiöser Werte und seiner Betonung des Materiellen im Hier und Jetzt hat in den gebildeten Klassen der buddhistischen Länder tiefe Wirkung gezeigt. Sie haben in vielen Fällen den Buddhismus verworfen, ihn mit dem Aberglauben der Landbevölkerung gleichsetzend. Auch dies hat sich auf den Buddhismus negativ ausgewirkt.

Müssen wir deshalb befürchten, daß der Buddhismus, wie so viele andere Religionen, verschwinden wird? Solch ein Ereignis ist sehr unwahrscheinlich. Über die Jahrhunderte hinweg hat der Buddhismus immer wieder seine große Fähigkeit bewiesen, sich neuen kulturellen Bedingungen anzupassen. Wie wir gesehen haben, hat er sich von seinem Ursprungsland Indien über fast ganz Asien verbreitet und paßte sich den neuen Kulturen und neuen Sprachen an, auf die er dabei stieß. In diesem Prozeß wurde er ein integraler Bestandteil dieser Kulturen. Und auch heute verändert er sich und paßt sich an. Der Buddhismus, der aus den verschiedenen asiatischen Kulturen nach Europa und Amerika gekommen ist, wird neu gestaltet und wiederbelebt – dergestalt, daß er zu einem einzigartigen Teil dieser Kulturen wird.

Ebenso paßt sich der Buddhismus den sich verändernden Umgebungen seiner Heimatländer an. Während der Buddhismus über viele Jahre als randständig in der säkularen Gesellschaft galt, entstehen jetzt überall buddhistische Gruppen, deren Hauptsorge säkulare soziale Probleme sind. Ein gutes Beispiel hierfür kann man gerade in Thailand beobachten. Die Thais stehen mitten in dem Prozeß, ihre Wirtschaft aus einer bäuerlichen in eine industrielle umzuwandeln. Leider kostet diese Entwicklung oft einen furchtbaren Preis an Lebensqualität – die europäische Erfahrung mit der industriellen Revolution ist da ja nicht anders. Thailand macht diese Erfahrung. Ein besonders schwerwiegendes Beispiel hierfür sind die ökologischen Probleme, denen das Land jetzt ausgesetzt ist. Weite Landstriche sind abgeholzt, da ihre

Bäume für die Holzverarbeitung in Japan und anderswo gebraucht werden. Dadurch wiederum entstehen andere Probleme – zum Beispiel Erosion. Um sie zu bekämpfen, engagieren sich buddhistische Gruppen, angeführt von Mönchen, in Umweltfragen, die aus der schnellen Industrialisierung des Landes resultieren. Sie bedienen sich dabei gewaltloser, aber innovativer Methoden, indem sie zum Beispiel Bäume ordinieren. (Selbst verwestlichte Thais zollen der *Sangha* immer noch Respekt und würden nie einen »ordinierten« Baum fällen.) Diese Gruppen kämpfen für einen gesünderen Gebrauch der natürlichen Ressourcen auf der Basis des buddhistischen Respekts vor der Integrität aller lebenden Wesen.

In Sri Lanka sind klösterliche Organisationen immer mehr in Belangen des Gesundheitswesens und in anderen sozialen Aufgaben in den vielen winzigen über die Insel verstreuten Dörfchen engagiert. Traditionellerweise haben sie Laien gepredigt und sie belehrt, aber heute sehen sich viele buddhistische Mönche mit viel weltlicheren Problemen konfrontiert. Zwei gute Beispiele hierfür sind der Ehrwürdige Pandita Walgowwagoda Wimalabuddho Thero vom Kloster Sri Wardhanaramaya und der Ehrwürdige Medagama Dhammananda Thero vom Kloster Asgiri Mahavihara in Kandy.

Pandita Wimalabuddho ist Mitglied des höchsten Konzils der buddhistischen Kirche in Sri Lanka, aber sein Interesse geht über die rein spirituellen Angelegenheiten hinaus. Eines der Projekte, die er unterstützt hat, war ein gemeinsames Projekt mit japanischen buddhistischen Organisationen zur Bekämpfung von Augenkrankheiten in ländlichen Gebieten. Diese Krankheiten – die unbehandelt zu Erblindung führen – waren schon immer ein Problem im feuchten tropischen Klima der Insel. Sie können in der Regel mit einfacher antibiotischer Salbe behandelt werden. Obwohl die Behandlung relativ billig ist, ist sie für arme Bauern immer noch zu teuer, selbst wenn sie den Verlauf der Krankheit verstehen. Die Großzügigkeit japanischer Buddhisten ermöglicht es nun, Antibiotika nach Sri Lanka zu schikken und dort in den Dörfern zu verteilen.

Das ist nicht das einzige Beispiel von buddhistischem Engagement in zeitgenössischen Problemen in Sri Lanka. Der Ehrwürdige Dhammananda steht für eine Veränderung, die die buddhistische *Sangha* durchmacht. Als junger, gut ausgebildeter Mann gab sich der Ehrwürdige Dhammananda nicht damit zufrieden, in Sri Lanka zu praktizieren. Er reiste nach Taiwan, um zu erfahren, wie man dort den Buddhismus lebt. Bei seiner Rückkehr nach Sri Lanka begann er mit

Laien an vielen sozialen Problemen zu arbeiten. Er steht symbolisch für eine sich verändernde Haltung unter den jüngeren Buddhisten, daß der Buddhismus nämlich Engagement in der Welt und nicht Rückzug aus der Welt verlangt. Diese Haltung beschränkt sich auch nicht auf religiöse Spezialisten. In Sri Lanka ist die *Sarvodaya*-Bewegung von Laien gegründet worden, um die sozioökonomischen Pro-

Exkurs: Kulturelle Synthese im westlichen Buddhismus

Einer der bemerkenswertesten Charakterzüge, der sich im westlichen Buddhismus entwickelt, ist die Rolle, die Frauen in der Verbreitung der Lehre übernehmen. Obwohl Frauen nie vom Buddhismus ausgeschlossen waren, haben die männlich orientierten Gesellschaften der meisten asiatischen Gesellschaften ihnen nur eine untergeordnete Rolle im religiösen Leben zugewiesen. Im Westen ist das anders. Tatsächlich wird an viele Pioniere der Buddhismus Forschung, wie Caroline Rhys-Davids (1858–1942) und I. B. Horner (1896–1981), immer noch als bemerkenswerte Wissenschaftlerinnen erinnert. Es ist aber die Rolle als religiöse Lehrerin, in der westliche Frauen ihre eigentliche Stärke entwickelt haben.

Ein besonders interessantes Beispiel hierfür ist Jiyu Kennett Roshi (Peggy Teresa Nancy Kennett, 1924–1996). Geborene Britin, studierte Kennett Roshi zuerst westliche Musik am London's Trinity College of Music. Zunehmend unzufrieden mit dem Leben in der westlichen Welt, begann sie, den Buddhismus zu studieren. Sie war eine der ersten Frauen, die von japanischen und koreanischen *Zen*-Meistern Anerkennung fanden und die von ihnen zum Lehren autorisiert wurden. 1969 reiste sie in die Vereinigten Staaten und gründete Shasta Abbey in Nordkalifornien. Seitdem hat ihre Organisation, der Orden der kontemplativen Buddhisten, eine Reihe anderer Klöster und Tempel gegründet. Sie schrieb eine Reihe Bücher *Zen is Eternal Life, How to Grow a Lotus Blossom* und *Diaries of Years in Japan* (Deutsche Übersetzungen liegen nicht vor).

Man könnte hieraus schließen, daß Shasta Abbey eine getreue Nachbildung eines japanischen Klosters ist, aber das ist nicht der Fall. Kennett Roshi hat früh in ihrer Karriere entschieden, daß der Buddhismus an die besonderen Bedingungen im Westen angepaßt werden müsse. Für sie, die klassische westliche Kunst und Musik studiert hatte, bedeutete dies, westliche Formen zu suchen und sie mit buddhistischem Geist zu erfüllen. Daher tragen die Mönche und

bleme anzupacken, die in ländlichen Gebieten existieren. All dies kündet von einer neuen Beziehung zwischen dem Buddhismus und seiner Umgebung in dieser alten Gesellschaft.

Diese Neuorientierung findet nicht nur in den traditionellen buddhistischen Gesellschaften statt. In den Vereinigten Staaten sind buddhistische Lehrer und Laien eine überzeugende Stimme auf vie-

Eine Nonne und ein Mönch von Shasta Abbey in Nordkalifornien versorgen Babys. Das Kloster versucht, die buddhistische Praxis und die westliche Tradition zu verbinden.

Nonnen in Shasta Abbey Roben, die an christliche Ordenskleidung erinnern. Ebenso ist die Musik, die in den zahlreichen gemeinschaftlichen Zeremonien verwendet wird, gregorianischen Gesängen nachempfunden, nicht östlichen Musikmodellen. Man kann zu Recht die Frage stellen, ob dies der richtige Weg ist, den Buddhismus im Westen zu gestalten, da diese Formen der Masse der Bevölkerung fremd geworden sind. Trotzdem zeigt Kennett Roshis Versuch, der Spiritualität des Buddhismus einen Platz innerhalb der westlichen Tradition zu geben, den dynamischen Geist des amerikanischen Buddhismus – und Wege, wie er sich in Zukunft entwickeln kann.

len Gebieten sozialer Angelegenheiten. Ein gutes Beispiel hierfür ist die Arbeit von Buddhisten mit Aidspatienten. Als Aids in Amerika in Erscheinung trat, schien es eine Krankheit zu sein, die fast ausschließlich homosexuelle Männer traf. Da Homosexualität im Christentum traditionell verdammt wird und deshalb von der Masse der amerikanischen Öffentlichkeit wenig verstanden und geschätzt wird, wurden Aidspatienten oft von den traditionellen spirituellen Wohltätern ignoriert. Mehr noch, als sich die Epidemie auf Drogenabhängige ausdehnte, verbreitete sich die stereotype Verbindung von »Sünde« und Aids noch weiter.

Unter den ersten Gruppen, die gegen diese vorherrschende Tendenz ankämpften, waren die amerikanischen Buddhisten. Da der Buddhismus im großen und ganzen das Konzept der Sünde nicht kennt und Homosexualität an sich nicht verurteilt, wurde Aids auch nicht als Schande oder als Strafe angesehen. Eher wurde die Krankheit als ein weiteres Beispiel für the leidvolle Natur des Daseins betrachtet, und die, die daran leiden, als Gefährten in Not, die Mitgefühl brauchen. So waren praktizierende Buddhisten, sowohl schwul als auch heterosexuell, an vorderster Front bei der Pflege von Aidskranken. Unnötig zu sagen, daß durch solche Aktionen, zusammen mit vergleichbaren Aktivitäten, das Ansehen der Religion in den Vereinigten Staaten und in Europa stark stieg.

Die zeitlose Botschaft des Buddha

Weshalb dauert die Anziehungskraft des Buddhismus, genauer seine wachsende Anziehungskraft für Europäer und Amerikaner an? Die einfachste Antwort: Die Probleme, denen der Buddhismus sich vor 2500 Jahren zugewandt hat, haben wir, mehr oder weniger unverändert, heute immer noch. Die Menschen stellen immer noch das Wesen des Lebens und seine letztliche Bedeutung in Frage. Die Menschen fragen sich immer noch, warum die Guten leiden und die Bösen ohne Strafe davonkommen. Die Menschen denken immer noch über die unaufhaltbaren Naturgewalten nach und fragen sich, in welcher Beziehung sie zur menschlichen Existenz stehen. Für viele von diesen Menschen sind die buddhistische Analyse der Wirklichkeit und die dazugehörenden praktischen Techniken, mit Hilfe derer man die menschlichen Leiden transzendieren kann, sehr reizvoll. Aber andere Religionen, wie zum Beispiel der Islam, das Christentum und der Hinduismus, bieten auch Antworten auf diese Fragen an. Was ist das Einzigartige am Buddhismus?

Einer der Hauptcharakterzüge des Buddhismus ist für viele Menschen, besonders Menschen, die im wissenschaftlichen Denken der westlichen Welt sozialisiert worden sind, sehr anziehend: Der Buddhismus schafft die Idee des »Übernatürlichen« ab, die Spaltung zwischen dieser Welt und einer unsichtbaren, völlig anderen Realität. Das Universum, sagen die Buddhisten, ist ein riesiges System aus Prozessen, nicht aus Dingen.

Aus Sicht der Buddhisten kann man ebenso wenig die unerbittlichen Gesetze von Ursache und Wirkung verändern, wie man darauf hoffen könnte, das Gesetz der Schwerkraft aufzuheben. Ein solcher Standpunkt ist für den westlichen Verstand, der nach wissenschaftlichen Prinzipien erzogen worden ist, sehr anziehend. Während andere Religionen der unbewiesenen (und vielleicht unbeweisbaren) Vorstellung einer höchsten Gottheit anhängen, tut dies der Buddhismus nicht. Außerdem scheinen die buddhistischen Voraussetzungen viel einfacher mit allgemein anerkannten Naturgesetzen übereinzustimmen als bei theistischen Voraussetzungen. Zunehmend scheinen diese Naturgesetze die Behauptungen der Buddhisten zu untermauern.

In vieler Hinsicht scheinen buddhistische Prinzipien, wie das von Ursache und Wirkung, lediglich physikalische Gesetze zu sein, die auf das Reich der Metaphysik angewandt werden. So stellt der Buddhismus für viele Menschen eine zunehmend attraktive religiöse Alternative dar, weil er so »unreligiös« ist, weil ihm so viele Charakteristika fehlen, die Westler bei einer Religion für unabdingbar halten – etwa eine oberste Gottheit.

Ein anderer Grund, der die Popularität des Buddhismus unterstützt, ist die Tatsache, daß Religiosität eher individuell als gemeinsam gelebt wird. In westlichen Religionen werden die zentralen religiösen Handlungen in Gemeinschaft zelebriert. Die gläubige Christin oder der Jude sind angehalten, sich zusammen mit anderen Anhängern seines oder ihres Glaubens zu wöchentlich stattfindenden Gottesdiensten einzufinden. Demgegenüber besteht für den Buddhismus die religiöse Aktivität in persönlichen Handlungen. Das Individuum hat natürlich Möglichkeiten, sich mit anderen zusammenzuschließen und Beistand in der Gemeinschaft der Gläubigen zu finden. Aber er oder sie kann ein genauso guter Buddhist sein, ohne jemals ein anderes Mitglied der Religionsgemeinschaft zu treffen. Was zählt, ist einzig die innere Arbeit, die nur jeder einzelne leisten kann.

In den zunehmend individualistischen Gesellschaften in Europa und Amerika ist dies ein entscheidender Vorteil – besonders, da immer mehr Anforderungen an die Zeit des einzelnen gestellt werden. Die prachtvollen Rituale im Jahreskreislauf, die Christentum und Judentum prägen, waren abgestimmt auf den langsamen Rhythmus in landwirtschaftlichen Gesellschaften und werden in einer industrialisierten Welt, in der der Tag 24 Stunden und die Woche sieben Tage haben, immer unpraktischer.

Außerdem kann jede/r einzelne soviel oder sowenig Rituale praktizieren, wie er oder sie wünscht. Während der Hauptanteil der westlichen Religionen im Kontext formaler Rituale stattfindet, können Buddhisten, wenn sie wollen, ihre Religion praktizieren, ohne überhaupt auf Rituale zurückzugreifen (obwohl sich nur wenig Menschen in traditionellen buddhistischen Ländern dafür entscheiden würden). Andererseits: Wer seine Meditationspraxis durch formale Rituale unterstützen will, kann das leicht tun. Es gibt Rituale für jeden Geschmack im Buddhismus: von den relativ strengen, kargen Ritualen im *Theravada* bis hin zu den überladenen und komplexen Ritualen im tibetischen Buddhismus.

Diese Wertschätzung des Persönlichen spielt auch in anderen Bereichen des Buddhismus eine Rolle. Im Buddhismus fehlen viele der institutionalisierten Vorurteile, die in anderen Religionen existieren. Menschen unterschiedlicher Rassen, Geschlechter, sexueller Orientierungen oder Lebensstile – sie alle finden im Buddhismus eine unterstützende Atmosphäre, die in westlichen Religionen fehlt. Damit soll nicht gesagt sein, daß der Buddhismus völlig frei ist von Vorurteilen, die andere Religionen befallen haben – Dinge wie die gegenwärtigen Unruhen in Sri Lanka sind ausreichend Beweis dafür. Eher soll gesagt werden, daß es keine schriftliche oder institutionelle Rechtfertigung für solche Vorurteile gibt. In der Tat wird in den Schriften solch ein Verhalten oft verurteilt. Kein Buddhist wird auf dem spirituellen Weg vorankommen, wenn er andere Religionen verfolgt; genau das Gegenteil ist der Fall.

Reizvoll ist der Buddhismus auch durch einen weiteren Umstand. Es gehört zur Geschichte des Buddhismus, daß er immer die alltägliche Sprache der Einheimischen benutzt, statt sich einer heiligen Sprache zu bedienen, die nur einige wenige Spezialisten verstehen können. Das bedeutet, daß die Schriften dieser Religion von all ihren Mitgliedern zum Studium und zur Reflexion genutzt werden können. Das heißt nicht, daß die buddhistischen Schriften alle von dergleichen

Qualität oder Bedeutung sind. Aber es gibt keine privilegierte Ritualsprache im Buddhismus. Den Schriften, gleich ob Urtexten oder Übersetzungen, wird die gleiche Autorität zugebilligt. Dazu kommt noch: Das Fehlen einer vermittelnden Priesterschaft bedeutet, daß jeder einzelne Buddhist das selbe Potential besitzt, um die Verwirklichung der letztendlichen Realität zu erreichen – ohne dazu von jemand anderem abhängig sein zu müssen.

Aber die vielleicht größte Stärke des Buddhismus ist seine Verpflichtung zum Frieden. In einer Welt, die in den letzten hundert Jahren zwei Weltkriege und unzählbare kleinere Konflikte gesehen hat, bedeutet der buddhistische Aufruf zu Frieden und Versöhnung unter den Menschen eine besondere Faszination. Buddhistische Führer wie der vietnamesische Mönch Thich Nhat Hanh und der *Dalai Lama* werden regelmäßig für die höchsten Preise nominiert, um ihre Bemühungen um den Frieden zu würdigen. Auch predigen diese Führer nicht nur eine Versöhnung zwischen den Menschen allein. Sie kämpfen auch im Namen der stummen Bewohner unseres Planeten und fordern, daß wir andere Spezies und die Umwelt mit dem gleichen Respekt behandeln, mit dem wir selber behandelt werden möchten. Hier bieten sie eine klare Alternative zu dem vorherrschenden menschlichen Paradigma der Ausbeutung sowohl der Menschen untereinander als auch der Erde an.

Es kann deshalb kein Zweifel daran bestehen, daß der Buddhismus ein starker Anwalt für eine sanftere Welt bleiben wird. So lange, wie die Probleme bestehen, die eine menschliche Existenz ausmachen, solange wird der Buddhismus immer in jeder Generation Menschen finden, für die die buddhistische Botschaft von Hoffnung, Frieden und Mitgefühl Sinn macht. Diesen Menschen wird der Buddhismus weiter eine Strategie anbieten, um mit den vielen Enttäuschungen und Tragödien des Lebens umzugehen, ein alternatives Modell menschlicher Interaktion mit der Welt als Ganzem. Für diese Menschen wird der Buddhismus immer eine Religion mit vielen Wegen sein, die alle ein Ziel haben: Frieden.

Anhang

Zeittafel

560 v. Chr.	Das überlieferte Datum von Buddhas Geburt.
531	Buddha entsagt seinem Leben als Prinz und wird Asket.
525	Buddha wird erleuchtet und beginnt zu lehren.
480	Das überlieferte Datum von Buddhas Tod.
ca. 480	Das erste buddhistische Konzil von Rajagriha in Bihar; die Vinaya und Sutra-Texte werden standardisiert,
386	Zweites buddhistisches Konzil in Vaisali, erste Spaltung des buddhistischen Ordens.
244	Drittes buddhistisches Konzil, einberufen von Asoka; der Kanon des Theravada-Buddhismus wird festgelegt.
ca. 240	Der Buddhismus kommt nach Sri Lanka.
ca. 100	Anfänge des Mahayana-Buddhismus.
ca. 50 v. Chr.	In Sri Lanka werden erste buddhistische Schriften verfaßt.
ca. 50 n. Chr.	Zentralasiatische Händler führen den Buddhismus im Norden Chinas ein; die erste Periode von Übersetzungen buddhistischer Texte ins Chinesische beginnt.
ca. 100	Viertes und letztes allgemeines buddhistisches Konzil, einberufen durch Kaniska.
ca. 200	Der Buddhismus wird in Südostasien durch Händler eingeführt.
ca. 300	Der Buddhismus spielt in China eine herausragende Rolle; Anfänge des Buddhismus in Korea.
402	Der chinesische Pilger Fa-hsian reist auf der Suche nach buddhistischen Texten nach Indien; dies läutet die zweite Periode von Übersetzungen ausländischer buddhistischer Texte ins Chinesische ein.
538	Der Buddhismus wird von Korea aus in Japan eingeführt.
630	Der chinesische Pilger Hsuan-tsang reist nach Indien.
ca. 750	Der Buddhismus wird offiziell in Tibet eingeführt, Anfänge der Vajrayana-Schule.
ca. 750	Borobudur in Indonesien wird gebaut.
ca. 800	Ch'an und Buddhismus des Reinen Landes werden zu dominierenden Schulen in China; in Japan etablieren sich die Tendai- und die Shingon-Schule.
ca. 1050	Der Theravada-Buddhismus wird zur Staatsreligion Burmas, andere Formen des Buddhismus blühen in ganz Südostasien auf.

1073	In Tibet wird das Sakyapa-Kloster gegründet; Beginn der Reformbewegung im Vajrayana. Die Rinzai-Schule des Zen wird in Japan gegründet. Nach einer langen Zeit des Niedergangs geben muslimische Eroberer dem Buddhismus in Indien den Todesstoß.
ca. 1200	Die Schule des Reinen Landes (Jodo) wird in Japan gegründet.
ca. 1240	Die Schule des Soto-Zen wird in Japan gegründet.
ca. 1250	Die Wahre Schule des Reinen Landes (Shin Jodo) des Buddhismus wird in Japan gegründet.
ca. 1300	Der Theravada-Buddhismus wird zur Staatsreligion Thailands, bald darauf in Kambodscha.
ca. 1350	Tsongkhapa gründet die Gelugpa-Schule des Vajrayana; diese Schule wird den Vajrayana-Buddhismus dominieren, ihr Oberhaupt ist der Dalai Lama.
ca. 1360	Der Theravada-Buddhismus etabliert sich in Laos.
ca. 1870	Immigration aus China und Japan beginnt und bringt Buddhisten nach Hawaii und in den Westen der USA.
ca. 1880	Henry Steele Olcott startet eine Kampagne, um den Buddhismus in Sri Lanka wiederzubeleben.
1881	Die Gesellschaft für Pali-Texte wird gegründet, um Theravada-Schriften ins Englische zu übersetzen.
1893	Das Weltparlament der Religionen in Chikago bringt Amerikaner in Kontakt mit dem Buddhismus.
1903	A. F. Gueth wird als Nyanatiloka buddhistischer Mönch; im gleichen Jahr gründet Karl Seidenstücker die erste buddhistische Gesellschaft Europas in Leipzig.
1924	Paul Dahlke weiht das Buddhistische Haus in Berlin ein.
1931	Die sehr stark nationalistisch geprägte buddhistische Gesellschaft *Niehira Shoshu Soha hakkai* wird in Japan gegründet; sie ist heute noch aktiv.
1942	Max Ladner gründet die *Buddhistische Gemeinschaft Zürich.*
1949	Gründung der *Buddhistischen Gesellschaft Wien.* Die Kommunisten kommen in China an die Macht; die Repression des Buddhismus beginnt.
1950	2500 Jahre Buddhismus werden durch eine große Versammlung in Burma gefeiert.
1955	Die in Deutschland bestehenden verschiedenen buddhistischen Gruppen gründen den Dachverband *Deutsche Buddhistische Union.*
1956	B. R. Ambedkar belebt den Buddhismus in Indien wieder.
ca. 1965	Konflikte in Südasien lassen den Buddhismus in Europa und Nordamerika einer größeren Öffentlichkeit bekannt

	werden; erste Lehrer aus der Theravada-Tradition kommen in den Westen.
1967	Kulturrevolution in China; viele Schätze des chinesischen Buddhismus werden zerstört.
1968	Erste Lehrer aus der Zen und der tibetisch-buddhistischen Tradition kommen nach Europa und Nordamerika.
ca. 1970	Zunahme von buddhistischen Gruppen und Meditationskreisen; die Entwicklung verstärkt sich in den achtziger und neunziger Jahren.
1975	Die Roten Khmer übernehmen die Macht in Kambodscha; viele buddhistische Mönche werden ermordet.
ca. 1980	Nationalistische Tendenzen unter einigen buddhistischen Mönchen tragen zur Entstehung des Bürgerkrieges in Sri Lanka bei.
1983	Der Buddhismus wird in Österreich staatlich anerkannt.
ca. 1995	Die 1976 gegründete *Schweizerische Buddhistische Union* nimmt mit neuem Schwung ihre Arbeit auf.
2000	BuddhistInnen aus dem deutschsprachigen Raum beteiligen sich gemeinsam an der mehrmonatigen Großveranstaltung »Buddha Dharma 2000« im Zusammenhang der Weltausstellung Expo 2000 in Hannover.

Glossar

Abhidharma: Der dritte Teil des *Tripitika* oder des buddhistischen Kanons. Er behandelt hauptsächlich philosophische Probleme.

abhiseka: (wörtlich: sprühen). Zeremonien, durch die im *Vajrayana*-Buddhismus der Schüler in eine höhere Ebene des Studiums eingeführt wird. Die Zahl der Einweihungen variiert von Tradition zu Tradition.

Achtfacher Pfad: Der Weg in acht Schritten, den Buddha aufgezeigt hat, um das Leiden zu überwinden.

Achtsamkeit: Die Grundlage aller buddhistischen Praxis. Die Vorstellung, daß man »aufwachen« und sein Leben bewußt und befreit leben muß.

ahimsa: Das Prinzip der Gewaltlosigkeit gegenüber anderen lebenden Wesen, zuerst im *Jainismus* entwickelt. Mit diesem Prinzip wird der Vegetarismus begründet. Heute zentraler Grundsatz des Buddhismus.

Amidabutsu: (»Der Buddha des grenzenlosen Lichts«). Die zentrale Figur im Buddhismus des *Reinen Landes.* Der Herrscher im »Reinen Land«, in dem es unendlich viel einfacher für Buddhisten ist, ins *Nirwana* einzugehen,

anatman: Der buddhistische Glaube, daß es keine unsterbliche Seele gibt, sondern eher eine »Wolke« von Empfindungen und Prozessen, die die Menschen fälschlicherweise für eine eigenständig existierende Seele halten.

anitya: Der buddhistische Glaube, daß alles, was wir in der Welt erfahren, unbeständig ist.

arhaut: Bezeichnung im *Theravada*-Buddhismus für jemanden, der ins *Nirwana* eingegangen ist.

atman: Vorstellung im Hinduismus, daß es eine unsterbliche Seele gibt, die in mancher Hinsicht mit *Brahman* verbunden ist.

Bodhisattva: So bezeichnet der *Mahayana*-Buddhismus ein Wesen, das alle notwendigen Dinge erreicht hat, um ins *Nirwana* eingehen zu können, sich gleichwohl aber entscheidet, seine oder ihre Erlösung zurückzustellen, um sie anderen Wesen ebenfalls zu ermöglichen.

Brahman: Im Hinduismus das allem zugrunde liegende Prinzip des Universums. Letztendliche Wirklichkeit.

Brahmanen: Oberste Kaste im Hinduismus, Priesterstand.

Brahmanismus: Die erste Phase des Hinduismus, gekennzeichnet durch komplizierte, hochentwickelte Opferrituale, die von *Brahmanen* geleitet wurden.

Dalai Lama: Das Oberhaupt der Gelugpa-Schule im tibetischen Buddhismus. Heute das anerkannte spirituelle Oberhaupt im tibetischen Buddhismus. Der gegenwärtige *Dalai Lama* ist der Vierzehnte *Dalai Lama* seiner Schule.

dana: Im *Theravada*-Buddhismus die wichtigste Aufgabe der Laien, die darin besteht, den buddhistischen Mönchen materielle Güter großzügig zur Verfügung zu stellen.

Dhyana Buddha: Die Buddhas anderer Universen. Sie werden so genannt, weil sie überwiegend nur in der Meditation vom Schüler erfahren werden können. In der *Schule des Reinen Landes* von Bedeutung.

dorje: Ein kleines Zepter, das normalerweise in der rechten Hand gehalten wird. Es wird in vielen tibetischen Ritualen benutzt.

Dreifache Zuflucht: (Drei Juwelen) Öffentliche Erklärung der Zufluchtnahme zum Buddha, seinen Lehren und seiner Gemeinschaft.

Drei Grundpfeiler der Existenz: Die grundlegende philosophische Basis im Buddhismus, die besagt: 1. Die materielle Welt ändert sich ständig, 2. Das menschliche Leben ist letztlich unbefriedigend, 3. Es gibt keine eigenständige menschliche Seele, die aus diesem Leben ins nächste Leben weiter wandern könnte.

duhkha: (Leiden) Die buddhistische Vorstellung, daß Leben grundsätzlich Leiden bedeutet.

Erleuchtung: Das Ziel aller Buddhistischen Praxis. Erleuchtung ist ein Zustand, der mit unseren normalen Begriffliehkeiten nicht zu fassen ist. Buddhisten beschränken sieh deshalb oft auf den Hinweis, daß es sich um eine völlig andere Wirklichkeit handelt.

Fünf Gebote: Buddhistische Ethik, die allen Formen des Buddhismus zu Grunde liegt. Sie lauten: nicht töten, nicht lügen, nicht stehlen, keine unangemessenen sexuellen Handlungen ausführen und keine Drogen nehmen.

Geschickte Mittel: Ein Begriff, der in allen Formen des Buddhismus vorkommt, aber im *Mahayana*-Buddhismus dominierend ist. Die Vorstellung, daß ein hoch entwickelter buddhistischer Weiser Handlungen, die falsch oder unmoralisch aussehen, benutzt, um Schüler zu dem höheren Gut eines religiösen Lebens zu führen.

ghanta: Kleine Handglocke, die in vielen tibetischen Zeremonien in der linken Hand gehalten wird.

Guru: Religiöser Lehrer. Im Buddhismus wird ein Lehrer als ganz wesentlich für die spirituelle Entwicklung angesehen.

Herz-Sutra: Zentraler Text des Zen Buddhismus. Der Text des Herz-Sutra ist so kurz, daß er in den meisten *Zen*-Zeremonien vollständig rezitiert wird.

Himmelsbegräbnis: Die tibetischen Buddhisten glauben, daß es gut für einen Verstorbenen ist, wenn seine Leiche Vögeln zum Fraß hingeworfen wird. Er erwirbt so gutes *Karma* für sein nächstes Leben.

Jainas: Frühe Gruppe von *Sramanas*, die in Organisation und Lehren dem Buddhismus sehr ähnlich sind.

Jatakas: Kurze Erzählungen aus den früheren Leben des Buddha, bevor er Buddha wurde. Diese Geschichten haben oft eine didaktische Botschaft, dienen aber auch der Unterhaltung in buddhistischen Gesellschaften.

Karma: Die Vorstellung, daß jede Handlung unausweichlich eine Wirkung haben wird, selbst wenn man ihre Früchte nicht in diesem Leben ernten kann. *Karma* ist die Antwort der indischen Religionen auf das Problem des Bösen.

Kaste: In der Vorstellung der Hindus sollte die Gesellschaft in vier Kasten unterteilt sein, in die man hineingeboren wird.

Koan: Rätsel, gewöhnlich in Form einer Frage, das im *Zen*-Training genutzt wird, damit der Übende den logischen Verstand »abstellt«. Häufig gibt es keine rationale Antwort auf die Fragendes *Koans.*

Lotus-Sutra: Das zentrale Schriftstück der T'ien-t'ai-Schule. Das Lotus-Sutra ist in Indien entstanden, in China hat es seine höchste Entwicklung erreicht.

Lotussitz: Sitzhaltung mit gekreuzten Beinen, die am förderlichsten für die Meditation ist.

Mahayana: (wörtlich: das große Fahrzeug). Schule im Buddhismus, die in China, Korea, Vietnam und Japan dominiert.

mandala: Heilige Zeichnung, die den Übenden mit einer Art »Landkarte« der Wirklichkeit ausstattet. Wird in der tibetischen Tradition häufig angewandt.

mantra: Heilige Formulierung, die auf unterschiedliche Art und Weise in der buddhistischen Meditation eingesetzt wird. Alle Schulen des Buddhismus kennen Mantras, besonders intensiv eingesetzt aber werden sie im tibetischen Buddhismus.

mudra: Gesten, die mit den Händen ausgeführt werden. Besonders in tibetischen Ritualen von Bedeutung.

Nirwana: Das Gegenteil von *Samsara*, der Welt, in der wir uns im Augenblick befinden. Das Ziel der buddhistischen Praxis. Die Buddhisten zögern, diesen Zustand zu beschreiben. Sie beschränken sich auf die Aussage, daß das *Nirwana* anders sei als alles, was wir in dieser Welt erfahren.

Pali: Ein Dialekt des Sanskrits. Pali ist die Sprache der ältesten buddhistischen Schriften und die heilige Sprache im *Theravada*-Buddhismus.

phurba: Ritueller Dolch. Wird in tibetischen Ritualen benutzt, um »Unwissenheit« abzuschneiden.

Poya-Tage: Die »Sonntage« im *Theravada*-Buddhismus. Sie finden zweimal im Mondmonat statt: an den Vollmond- und Neumond-Tagen. An diesen Tagen führen fromme Buddhisten eine Reihe religiöser Handlungen aus. So geben sie den Mönchen Essen, hören Predigten und halten sich streng an the Fünf Gebote.

pratitya-samutpada: Die buddhistische Vorstellung, daß die Welt nicht beständig ist, sondern aus einer endlosen Kette sich gegenseitig bedingender Ereignisse besteht.

puja: Zeremonie im Hinduismus und Buddhismus zur Verehrung von Göttern.

punya: Vorstellung, daß durch gute Handlungen Verdienste erworben werden. Diese Verdienste kann man, zumindest im *Theravada*-Buddhismus, bei den Göttern gegen materielle Begünstigungen eintauschen.

Reinkarnation: Vorstellung aller indischer Religionen, daß die Menschen Leben für Leben »recycelt« werden. Weit entfernt davon, als etwas Gutes angesehen zu werden, wird *Reinkarnation* als etwas betrachtet, dem man um jeden Preis entkommen sollte.

Rigveda: Älteste der hinduistischen Schriftsammlungen.

Rinzai: Eine der zwei dominierenden Schulen im *Zen*-Buddhismus. Diese Richtung setzt intensiv *Koans* zur Schulung ein.

samadhi: Das niedrigere von zwei Stadien buddhistischer Meditation. Besteht hauptsächlich darin, den Geist zu beruhigen.

samsara: Die Welt, so wie wir sie erfahren. Etwas, aus dem man so schnell wie möglich ausbrechen sollte.

Sangha: Streng genommen alle Buddhisten. In der Praxis bezieht sich dieser Begriff eher auf ordinierte Mönche und Nonnen.

Sanskrit: Die heilige Sprache des Hinduismus und ganz allgemein von Indien. Entfernt verwandt mit dem Englischen, Spanischen und Französischen.

Soto: Die zweite der großen Schulen im *Zen*. Anders als im *Rinzai-Zen* versucht der *Soto-Zen,* auf den Gebrauch von *Koans* zu verzichten und sich auf ganz auf das »Sitzen« zu beschränken.

Sramanas: Eine religiöse Bewegung, die sieh von der vorherrschenden Schule der *Brahmanen* abspaltete. Aus den *Sramanas* haben sich sowohl der Buddhismus als auch der *Jainismus* entwickelt.

Stupa: Erdhügel, der üb er einer Reliquie des Buddha angelegt wurde. Populäre Pilgerstelle.

sunyata: Die Vorstellung im *Mahayana*-Buddhismus, daß letztlich nichts eine eigene Existenz hat.

Sutras: Die zweite der drei Abteilungen der *Tripitika.* Enthält die Predigten und Geschichten des Buddha.

Sutras des Reinen Landes: Textsammlung, die das *Reine Land* beschreibt. Die Schriftengrundlage verschiedener Schulen des *Reinen Landes.*

Tantra: Religiöse Praxis, the sowohl im Hinduismus als auch im Buddhismus ausgeübt wird. Betont hochentwickelte Rituale, the vom einzelnen Gläubigen ausgeübt werden.

Theravada: (wörtlich der »Weg der Älteren«) Die älteste Form des institutionalisierten Buddhismus. Im *Theravada* wird besonders die Meditation und ein diszipliniertes Leben betont. Diese Form des Buddhismus findet sich vorwiegend in Sri Lanka, Burma (Myanmar), Thailand, Laos und Kambodscha.

Tripitika: Der buddhistische Kanon. Bezieht sieh auf die Dreiteilung des Kanons in das *Vinaya,* die *Sutras* und den *Abhidharma,* deren Texte in drei unterschiedlichen Körben gesammelt wurden.

trsna: Die buddhistische Vorstellung, daß alles Unglück aus Begierde (wörtlich »Durst«) oder Gier nach Besitz entsteht.

tulku: Das wiedergeborene Oberhaupt einer klösterlichen Linie in Tibet. Der im Westen bekannteste *tulku* ist der *Dalai Lama.*

Upanishaden: Eine Reihe philosophischer Texte, die am Ende der vedischen Epoche (ca. 800 bis 400 v. Chr.) entstanden. Zahlreiche Ideen, die sich in den *Upanishaden* finden, nimmt sowohl die buddhistische als auch the *Jaina*-Literatur auf.

Vajrayana: Die dritte und späteste der drei großen Schulen des Buddhismus. Im *Vajrayana* spielt das Ritual eine große Rolle. Früher weiter verbreitet als in der Gegenwart, wird das *Vajrayana* heute vor allem in Tibet praktiziert.

Vier edle Wahrheiten: 1. Das Leben ist unbefriedigend. 2. Das Leben ist unbefriedigend auf Grund von Verlangen. 3. Es gibt einen Ausweg aus dem endlosen Kreislauf der Wiedergeburten. 4. Dieser Ausweg ist der *Achtfache Pfad.*

Vinaya: Die erste der drei Abteilungen des *Tripitika.* Das *Vinaya* enthält die Regeln, nach denen die Mönche und Nonnen leben sollen.

vipasyana: Die zweite und höhere Stufe der buddhistischen Meditation, die den Übenden zur *Erleuchtung* führen soll.

Yidam: Im tibetischen Buddhismus eine persönliche Gottheit, die eine zentrale Rolle in der Meditations- und Ritualpraxis des Übenden spielt.

Yoga: Eine Reihe von praktischen Übungen, deren Zweck es ist, daß der Übende die Natur der Wirklichkeit erkennt. Wird sowohl im Hinduismus als auch im Buddhismus benutzt.

Zen: Eine Schule des *Mahayana*, die meditative Übungen dem Studium von Schrifttexten vorzieht. Vorwiegend in China, Korea und Japan. In den letzten Jahren war *Zen* in Amerika und Europa sehr einflußreich.

Zwielichtsprache: Im *Vajrayana*-Buddhismus eine gewollt unverständliche, doppeldeutige Sprache. Sie soll verhindern, daß Lehren von dazu nicht befugten Gläubigen ausgeübt werden können. Die Zwielichtsprache kann nur mit Hilfe eines *Gurus* oder Lehrers verstanden werden.

Festtage

Festtage im Theravada

Poya-Tage (Vierzehntägig, Voll- und Neumondtage): Laien beachten die *Fünf Gebote*, nicht lügen, nicht töten, nicht stehlen, keine unangemessenen sexuellen Handlungen ausführen oder Drogen nehmen. Außerdem hört man eine Predigt und meditiert.

Wesak feiert Geburt, Erleuchtung und Tod des Buddha, von denen man annimmt, daß sie alle am gleichen Tag (obgleich in verschiedenen Jahren) stattgefunden haben. Wird gefeiert bei Vollmond im Mai.

Anfang der dreimonatigen Regenzeit (Buddhist Lent) in der sich die Mönche aus der Gesellschaft zurückziehen, um intensiver zu meditieren (Vollmond im Juni). Diese Periode hört mit

Kathina auf, an dem Laien den Mönchen neue Roben bringen.

Poson, ebenfalls bei Junivollmond, feiert die Ankunft des Buddhismus in Sri Lanka im zweiten Jahrhundert v. Chr.

Esala, zur gleichen Zeit, wird nur in Sri Lanka gefeiert und bezeichnet eine riesige Parade in Kandy (Esala Perihara).

Festtage im Mahayana

Hana Matsuri (8. April): Feier der Geburt des Buddha.

Nehan (15. Februar): Feier der Erleuchtung des Buddha.

Rohatsu (8. Dezember): Feier des Todestages des Buddha. Beginn einer Woche intensiver Meditation.

Obon (13. Juli): wichtiges Viertage-Fest, an dem die Befreiung der Mutter eines Schülers des Buddha aus einer buddhistischen Hölle gefeiert wird. In Japan hat sich daraus ein Fest zur Erinnerung an verstorbene Ahnen entwickelt.

Festtage im Zen

Erinnerung an Rinzai Zenji, den japanischer Zenlehrer, am 10. Januar.
Shinran, Gründer der Reinen-Land-Schule, wird am 21. Mai verehrt.
Erinnerung an Keizan Zenji: 15. August
Erinnerung an Dogen Zenji: 28. August.
Erinnerung an Bodhidharma, den ersten Lehrer, der den Zen nach China brachte (Oktober).
Erinnerung an Daito Zenji: 22. November.

Festtage im Tibetischen Buddhismus

Die Tibeter haben einen Mondkalender, so daß die Festtage auf sehr unterschiedliche Daten fallen können.

Mönlam Chenmo beginnt am vierten Tag im ersten Monat des Jahres.
Der Geburtstag des Buddha wird am neunten Tag im vierten Monat gefeiert.
Die Erleuchtung und den Todestag des Buddha feiert man am fünfzehnten Tag des vierten Monats.
Opfergaben für lokale Gottheiten werden am fünfzehnten Tag des fünften Monats dargebracht.
Feier des Todestages von Ja Tsongkhapa, dem Begründer der Gelugpa-Schule, am fünfundzwanzigsten Tag im zehnten Monat.
Geburtstag des gegenwärtigen Dalai Lama am 6. Juli (nach westlichem Kalender).

Register

CHRISTENTUM

1. Einleitung

Ostern in Jerusalem

Die Stadt Jerusalem im heutigen Staat Israel ist ein geeigneter Ort dafür, unsere Einführung in das Christentum zu beginnen. Obwohl das Christentum in dieser von Juden und Muslimen dominierten Stadt nur die Religion einer Minderheit ist, übt Jerusalem immer noch eine starke Faszination auf sehr viele Christen aus. Hier soll Jesus von Nazareth vor etwa 2000 Jahren durch die römischen Autoritäten hingerichtet worden sein. Hier, so glauben die Christen, ist Jesus auch von den Toten auferstanden und hat so seine wahre Identität als der *Messias* offenbart. Hier bildete sich eine der frühesten christlichen Gemeinden, aus der die ersten christlichen Missionare hervorgingen, die die Botschaft von der Auferstehung Jesu in der übrigen Welt verbreiteten. Deshalb pilgern Christen aus der ganzen Welt immer noch in der Osterwoche in diese Stadt, um eine unmittelbare Anschauung von den Orten zu gewinnen, an denen nach der Tradition Jesus seine letzten Tage verbrachte.

In jedem Frühjahr versammeln sich katholische Christen in Jerusalem, um des Freitags zu gedenken, an dem Jesus vom Ort seiner Verurteilung zum Ort seiner Hinrichtung gehen mußte, nach Golgotha. Der Weg, auf dem Jesus ging und der heute Via Dolorosa heißt, ist nicht sehr lang, aber er weckt die Erinnerung an sehr viele wichtige und herausragende Ereignisse. Beginnend mit dem Ort, an dem der Palast des Pontius Pilatus gestanden haben soll und der jetzt eine muslimische Schule ist, halten die katholischen Gläubigen nacheinander an elf anderen Orten (sog. Stationen) an. An jeder dieser Stationen liest der Führer der Gruppe eine Stelle aus den *Evangelien,* die die besondere Bedeutung dieses Ortes erklärt. Die Gruppe spricht dann üblicherweise ein Gebet, singt vielleicht ein Kirchenlied und geht weiter. An der 3. Station hält die Gruppe an, um an dem Ort kurz betrachtend zu verweilen, wo Jesus der Überlieferung nach zum ersten Mal unter dem Gewicht des großen hölzernen Kreuzes gefallen ist, das er tragen mußte; bei der vierten Station hält man, um sich an die Stelle zu erinnern, wo Maria, die Mutter Jesu, aus der Menge heraustrat, um ihren Sohn auf seinem Weg in den Tod zu trösten.

Die katholische Karfreitagsprozession endet mit den Stationen 13 und 14: Golgotha, der Ort, an dem die Tradition die Kreuzigung Jesu lokalisiert, und das Heilige Grab, der Ort, an dem Jesus der Tradition nach begraben wurde. Heute befinden sich beide Orte unter dem Dach eines einzigen sehr alten und eindrucksvollen Gebäudes, der Grabeskirche. Nach einer Meditation auf dem Felsen von Golgotha endet die Prozession damit, daß die katholischen Gläubigen der Reihe nach in die kleine Kapelle im Inneren der Grabeskirche hineingehen, die sich jetzt an der Stelle von Jesu Grab befindet. Drei Tage danach, am Ostersonntag, kehren die Pilger in die Grabeskirche zurück und feiern dort den Ostergottesdienst.

Die Katholiken sind nicht die einzigen Christen, für die das Heilige Grab den Mittelpunkt der Osterfrömmigkeit darstellt. Sie teilen sich die Kirche mit einer Reihe anderer christlicher Konfessionen, vor allem verschiedenen orthodoxen Kirchen. Weil die orthodoxen Christen das Osterfest anders berechnen als die Katholiken, finden die Feiern beider Konfessionen nur in jedem vierten Jahr gleichzeitig statt. Auch sonst gibt es zahlreiche Unterschiede. Orthodoxe Christen nennen den Tag vor Ostersonntag Sabta Nur – Samstag des heiligen Feuers. Die Ereignisse an diesem Samstag des heiligen Feuers sind so wichtig, daß orthodoxe Christen sogar aus Rußland, Griechenland, den Vereinigten Staaten und der Türkei anreisen, um sie mitzuerleben. Die orthodoxen Christen verbringen oft die ganze Nacht im Hof der Grabeskirche, um sich so die besten Plätze in der Kirche für die Feuerzeremonie zu sichern. Wenn die Türen am nächsten Tage geöffnet werden, drängen sich die Gläubigen in die kleine Kapelle im Inneren der Kirche, die über dem Grab Jesu errichtet ist. Um 11 Uhr morgens kommen die muslimischen Amtsträger, die das Grab bewachen, in die Kapelle, löschen Lampen und Kerzen, die dort brennen, beseitigen alles, mit dem sich ein Feuer entzünden läßt, und sichern dann die Türen zur Kapelle mit einem riesigen Siegel aus Wachs. Jetzt warten die orthodoxen Gläubigen auf die Ankunft des griechisch-orthodoxen Patriarchen und seines Gefolges.

Drei Stunden später betreten der Patriarch und sein Gefolge die Grabeskirche. Dreimal umrundet der Patriarch die Grabeskapelle entgegen dem Uhrzeigersinn, bis er schließlich vor der versiegelten Tür stehen bleibt. Jetzt wird jedes Licht gelöscht, so daß der Kirchenraum in fast vollständige Finsternis versinkt. Man ist dem Patriarchen dann behilflich, seine Obergewänder abzulegen. Seine Begleiter untersuchen ihn dann in aller Höflichkeit, um der Menge zu bezeugen, daß er weder Streichhölzer noch ein Feuerzeug bei sich trägt. Jetzt kommt der Patriarch der armenisch-orthodoxen Kirche dazu; zusammen mit dem griechisch-orthodoxen Patriarchen bricht er das Siegel an der Tür auf. Beide betreten die Kapelle und schließen die Tür hinter sich.

Die Menge fällt in tiefes Schweigen. Das Innere der Kapelle liegt einige Minuten in vollständiger Finsternis. Bald aber kann man einen schwachen Lichtschein erkennen, der aus den beiden kleinen Öffnungen an den beiden Seiten der Kapelle nach außen dringt. Unmittelbar darauf wirft der griechisch-orthodoxe Patriarch eine brennende Fackel aus einer der Öffnungen der Kapelle. Für die Gläubigen ist es Gott, der ein besonderes Feuer vom Himmel in die Kapelle herab sendet, ein Symbol dafür, daß Jesus wirklich von den Toten auferweckt wurde. Durch die Menge geht der Ruf: Kyrie, eleison! (Herr, erbarme dich!) Zunächst bewegt sich eine geordnete Prozession zu der Fackel hin, wobei viele Menschen Bündel von 33 weißen Kerzen entzünden, von denen jede ein Lebensjahr Jesu bezeichnet. Die übrige Menge strömt dann nach vorne, um ihre Kerzen am geweihten Feuer zu entzünden. Schnell geht das Licht von einer Kerze zur anderen, und das heilige Feuer wird aus der Kirche hinaus in den Hof getragen, der jetzt ebenfalls im Kerzenschein daliegt. Einige halten die Flammen dicht an ihr Gesicht, in der Überzeugung, daß das heilige Feuer keine Brandwunden verursacht. Andere entzünden kleine Laternen aus Metall, in denen sie die heilige Flamme in ihre Heimat bringen, nach Griechenland, Rußland, in die Vereinigten Staaten. Der griechisch-orthodoxe Patriarch bringt die heilige Flamme nach Bethlehem südlich von Jerusalem, um dort die Lampen zu entzünden, die über der Stelle hängen, an der Jesus der Überlieferung nach geboren wurde. Am folgenden Tag kommt der Patriarch noch einmal in die Grabeskirche, um dort den Ostergottesdienst zu feiern.

In der Zwischenzeit begeht hoch oben auf dem Dach der Kirche eine andere Gruppe orthodoxer Christen ihre österlichen Riten. Die Mönche des nahegelegenen äthiopisch-orthodoxen Klosters feiern auf dem Dach des Heiligen Grabes eine alte Zeremonie, die »Suche nach dem Leichnam Jesu«. Um eine kleine Dachkapelle herum, die sehr der Grabeskapelle in der Kirche ähnelt, schreitet die äthiopisch-orthodoxe Prozession am Anfang feierlich, mit Gesang, begleitet vom Klang von hölzernen Trommeln und von Sestras, einer alten Form von Rasseln. Je länger die Prozession andauert, wird sie mit jedem Weg um die Kapelle fröhlicher. Bald löst sich die getragene Feierlichkeit der Mön-

Samstag des heiligen Feuers: Der griechisch-orthodoxe Patriarch von Jerusalem hält eine brennende Fackel in der Hand – Symbol der Auferstehung Jesu.

che in Freude und Herzlichkeit auf, denn sie haben den Leichnam Jesu gesucht und jubeln jetzt vor Freude bei der Entdeckung, daß er nicht zu finden ist – für sie ein Beweis für die Auferweckung.

Orthodoxe und Katholiken sind nicht die einzigen Zweige der Christenheit, die in Jerusalem feiern. Manche Protestanten nehmen an den Riten von Katholiken und Orthodoxen teil, angezogen durch Feierlichkeit und Festlichkeit dieser Jahrhunderte alten Zeremonien. Andere Protestanten, die nach Jerusalem kommen, feiern bewußt nicht gemeinsam mit Katholiken oder Orthodoxen. Weil sie intensiv darum bemüht waren, die korrekten historischen Örtlichkeiten der biblischen Ereignisse ausfindig zu machen, und abgeschreckt durch den »unwürdigen Gottesdienst« in der Grabeskirche, suchten Anglikaner im späten 19. Jahrhundert einen alternativen Ort. Sie fanden ihn auf einem Hügel nahe bei der Altstadt. Hier erinnerte sie eine Felsengruppe an Golgotha, und die Tatsache, daß sich hier eine alte Grabstätte befand, bestärkte sie in der Überzeugung, daß sich Tod und Auferstehung Jesu in Wahrheit hier ereignet hätten. Obwohl die Echtheit dieser Stelle nach wie vor heiß diskutiert wird, finden viele Protestanten hier genau das, was sie suchen: Ein Jerusalem direkt aus den Evangelien, unbelastet von Jahrhunderte alten Riten und Ausschmückungen.

Es ist eine Ironie der Geschichte, daß die christlichen heiligen Stätten in Jerusalem, die so viel Freude und Friedenshoffnungen ausstrahlen, gleichzeitig auch Stätten unlösbarer Konflikte sind. Ob Orthodoxe, Katholiken oder Protestanten: Alle diese Pilger kommen nach Jerusalem, um die Auferstehung Jesu zu feiem. Jede einzelne Gruppe würde, wenn auch vielleicht mit einem gewissen Unbehagen, die anderen als Christen anerkennen. Insofern werden sie durch eine gemeinsame Tradition zusammengehalten. Und doch kann jeder Beobachter mühelos feststellen, daß keine wirkliche Einheit besteht. Alle diese Gruppen hüten ihre Unterschiedlichkeiten als wichtig und letztlich ausschlaggebend, als eine Frage der Wahrheit und nicht der beliebigen Auswahl. Und man ist davon überzeugt, daß die Wahrheit einen Kampf wert ist, sei er physisch oder symbolisch.

So muß beispielsweise der armenische Patriarch jedes Jahr um das Recht kämpfen, den griechischen Patriarchen während Sabta Nur in die Kapelle im Inneren der Grabeskirche begleiten zu dürfen, und vor langer Zeit verloren die äthiopischen Christen den Kampf um ihr Recht, ihre Riten in der Kirche selbst durchführen zu dürfen. Solche Spannungen belegen, wie eifersüchtig der Raum in der Grabeskirche kontrolliert wird. Der Konflikt zwischen Katholiken und Orthodoxen erweist sich sogar als noch stürmischer. Alle vier Jahre fällt die Karwoche für Ost- und Westchristen zusammen, so daß Katholiken und Orthodoxe gezwungen sind, sich die Grabeskirche für ihre Gottesdienste zu teilen.

In der Vergangenheit führte das sehr häufig zu Gewaltausbrüchen, so daß die Muslime und später die Israelis, die die Kontrolle über Jerusalem ausübten, eingreifen und für Frieden sorgen mußten. Die Spannungen bestehen nach wie vor, und heute herrscht nur ein sehr labiler Waffenstillstand. Nur äußerst strenge Regeln für den Umgang mit den Örtlichkeiten und der Zeit erlauben es den beiden Konfessionen, Seite an Seite Gottesdienst zu feiern. Gewalt und Konflikt sind als Möglichkeiten stets präsent.

Im Blick auf eine so labile Situation mag man geneigt sein, entweder für eine der beiden Seiten Partei zu ergreifen oder die offensichtliche Absurdität der ganzen Angelegenheit zu beklagen. Für die weltlichen Autoritäten, die die Kontrolle über Jerusalem ausüben, hat sich allerdings im Lauf der Jahre erwiesen, daß keine dieser Möglichkeiten sachgemäß ist. Wer für eine Seite Partei ergreift, mißachtet die reale Situation; wer den Streit für absurd erklärt, ignoriert seine sehr handfesten Implikationen. Als einzige pragmatische Möglichkeit, mit dem Christentum in Jerusalem zurechtzukommen, hat sich für die weltlichen Autoritäten die Lösung herauskristallisiert, die widerstreitenden Ansprüche auf eine exklusive Kontrolle der christlichen Heiligtümer der Stadt zu neutralisieren und das Problem durch die ehrliche Anerkennung bleibender Verschiedenheit anzugehen. Nur auf diese Weise konnte man Wege zur gegenseitigen Toleranz und Zusammenarbeit bahnen und, jedenfalls in den meisten Fällen, Konflikte und Gewalt vermeiden.

Das Christentum in Jerusalem, Metapher für das weltweite Christentum

In mancher Beziehung ist die Situation des Christentums in Jerusalem symbolisch für die Situation der weltweiten Christenheit. Wie die Stadt Jerusalem beherbergt die Welt eine große Anzahl unterschiedlicher christlicher Gruppen, die auf konkurrierende Weise die Mitte der christlichen Tradition zu bestimmen versuchen. Natürlich ist die Situation weltweit in qualitativer Hinsicht anders und weit komplexer: Während es in Jerusalem vielleicht ein Dutzend christlicher Gruppierungen gibt, bestehen in der ganzen Welt schätzungsweise 21 000 unterschiedliche christliche Gruppen. Wer die Wirklichkeit des weltweiten Christentums ernsthaft begreifen will, muß allerdings ähnlich vorgehen, wie man es in Jerusalem tut. Mit anderen Worten: Man muß die Ansprüche einzelner Gruppen, die Mitte des Christlichen zu repräsentieren, einklammern und ehrlich die unübersichtliche und dauerhafte Vielfalt des Christentums anerkennen. Genau darum geht es in diesem Beitrag.

Anstatt sich ausschließlich auf die Entwicklung einer Mehrheitsausprägung des Christentums zu konzentrieren, möchte dieser Beitrag die Entwicklung der christlichen Tradition so umfassend und so global wie möglich verstehen. Natürlich wäre es ganz und gar unmöglich, die christliche Tradition in allen ihren Varianten im begrenzten Rahmen eines solchen Beitrags zu behandeln. Würde man wirklich über alles schreiben, bräuchte es dafür eine Enzyklopädie. Aber darum soll es in diesem Buch nicht gehen. Vielmehr möchte ich versuchen, das Spektrum christlicher Vielfalt dadurch aufzuweisen, daß ich typische Wandlungsprozesse in der christlichen Tradition von den Anfängen bis zur Gegenwart darstelle. So kann das Christentum als das erscheinen, was es in der Geschichte war und auch heute weiterhin ist: eine lebendige Religion in beständigem Wandel, die wie jede andere Religion ihre Lebendigkeit gerade ihrer Vielfalt verdankt.

Wandlungsprozesse innerhalb einer religiösen Tradition vollziehen sich oft unbewußt und weithin unbemerkt. Wenn man auf solche Prozesse aufmerksam wird, ist das nicht immer gern gesehen. Es entstehen Konflikte zwischen denjenigen, die an den Formen der Vergangenheit festhalten, und denjenigen, die bewußt die Veränderungen der Gegenwart aufnehmen möchten. Das führt zu Trennungen, so daß eine einzige religiöse Tradition in einer einzigen Gesellschaft eine erstaunliche Zahl von Varianten hervorbringen kann. Natürlich sind auch Gesellschaften sehr unterschiedlich, da sie ja aus sehr verschiedenen Konfigurationen philosophischer, politischer und wirtschaftlicher Strukturen bestehen. Wo eine Tradition in eine neue Gesellschaft eintritt, wird sie sich unvermeidlicherweise der neuen Konstellation dieser sozialen Strukturen anpassen und in diesem Prozeß neue und unterschiedliche Formen hervorbringen. Auch dadurch können Trennungen innerhalb der Tradition entstehen, und schon deshalb muß eine religiöse Tradition verschiedene Gestalten annehmen, sobald sie wächst und sich in neue Gebiete ausbreitet.

Nach diesem Muster hat sich weithin die Geschichte des Christentums vollzogen. Dieser Beitrag möchte den Leser in diese Geschichte einführen, indem er die Entwicklung des Christentums in fünf großen Epochen verfolgt: Der Spätantike, dem Mittelalter, der Reformation, der *Moderne,* und schließlich der Epoche, in die wir jetzt eintreten und die manche die *»Postmoderne«* nennen. In jeder dieser Epochen gab es Wachstum und Ausbreitung des Christentums, gleichzeitig war aber jede dieser Epochen durch ganz bestimmte Veränderungen in den Strukturen und der Dynamik der Gesellschaften gekennzeichnet, in denen christliche Gemeinschaften lebten. Die Verbindung dieser beiden Faktoren führte dazu, daß in jeder dieser Epochen »Christentümer« von ganz eigener Art entstanden. Natürlich haben nicht alle diese neuen christlichen Gruppen und Bewegungen ihre Entstehungszeit überlebt, aber dieses Kriterium war für ihre Aufnahme in unsere Darstellung nicht ausschlaggebend. Die Gruppen und Bewegungen, die dieser Beitrag darstellt, wurden eher deshalb ausgewählt, weil sie entscheidende Aspekte der fortschreitenden Ausdifferenzierung des Christentums in jeder dieser Epochen verdeutlichen.

In der Geschichte der christlichen Tradition brachte der Wandel meist Konflikte mit sich, die sich auf vier religiöse Grunddimensionen bezogen: heilige Geschichten oder Mythen; religiöse Glaubenssätze oder Lehren; religiöse Vollzüge oder Rituale; die institutionelle Struktur der Kirche. Die, ganze Geschichte hindurch versuchten christliche Gruppen, sich durch eine unverwechselbare Bestimmung dieser vier Dimensionen zu definieren. Deshalb werde ich mich in den folgenden Kapiteln auf den Wandel innerhalb dieser vier Dimensionen konzentrieren. In jeder Epoche werde ich Beispiele dafür erörtern, wie Konflikte in bezug auf christliche Mythen, Lehren, Rituale und Institutionen zur Entstehung neuer christlicher Gruppen geführt haben.

Noch einmal Jerusalem

Die Stadt Jerusalem war der richtige Ort, um diese Einführung zu beginnen; mit Jerusalem läßt sich diese Einführung auch gut beenden. Wie wir im nächsten Kapitel sehen werden, beginnt die Geschichte des Christentums im antiken Jerusalem, und die Stadt spielte auch weiterhin eine herausragende Rolle in der Entwicklung der christlichen Tradition während der ersten Jahrhunderte und darüber hinaus. Am Beginn unserer Darstellung des Christentums geht es uns aber wirklich um die heutige Stadt Jerusalem. Denn Jerusalem ist heute nicht nur ein Symbol christlicher Vielfalt mit allen ihren Möglichkeiten und Gefahren, sondern auch Symbol für einen anderen Sachverhalt, den man nicht übersehen darf: Die Christen sind in Jerusalem nicht allein, sondem teilen sich die Stadt mit Anhängern zweier anderer Weltreligionen, Judentum und Islam. So ist also die christliche Vielfalt nur ein Element der religiösen Vielfalt dieser Stadt überhaupt.

Und so wie Christen in Jerusalem Seite an Seite mit Juden und Muslimen leben, so teilen Christen auf der ganzen Welt den Planeten mit einer Vielzahl anderer Glaubensrichtungen. Nicht nur für die Beschäftigung mit der Entwicklung des Christentums ist deswegen das Verständnis christlicher Vielfalt wichtig, sondern es bildet auch einen guten Ausgangspunkt für das Verständnis religiöser Vielfalt im allgemeinen. Daher rührt die Hoffnung, daß dieser Beitrag dadurch, daß er einen Sinn für die Unvermeidlichkeit und Selbstverständlichkeit der Vielfalt in einer religiösen Tradition vermittelt, den Leser letztlich auch zu einem größeren Verständnis für die Selbstverständlichkeit religiöser Vielfalt weltweit hinführt.

2. Von Jesus zum Messias und zu Christus: Die Entwicklung des Christentums in der Spätantike

Einleitung

Das Christentum stellt heute mit etwa 1,8 Milliarden Anhängern die größte religiöse Tradition auf der Welt dar. Betrachtet man seine Anfänge, dann ist das alles andere als selbstverständlich.[1] Es begann im 1. Jahrhundert n. Chr. mit einem unbekannten charismatischen Prediger aus der jüdischen Provinz namens Jesus von Nazareth. Aber das Christentum wuchs schnell über die Grenzen des Landes Israel hinaus und wurde im 4. Jahrhundert n. Chr. Staatsreligion des Imperium Romanum. Aus diesem Reich und seinen Nachfolgestaaten strömten eineinhalb Jahrtausende lang christliche Missionare und verbreiteten die Botschaft des Christentums über die ganze Welt.

Von Anfang an war das Christentum keine einheitliche Überlieferung. Wie wir noch sehen werden, entstand das Christentum durch Verschmelzung von Elementen aus vielen Traditionen. Jesus war Jude, deshalb stammten viele wichtige Themen und Vorstellungen aus dem jüdischen Erbe. Darüber hinaus war Jesus nicht selbst der Gründer der christlichen Kirche. Am Anfang standen viele Kirchen mit einer Vielzahl von Gründern. Einige davon waren Juden und teilten deshalb die hebräische Weltsicht Jesu. Andere wiederum waren Griechen. So war Paulus von Tarsus, eine der wichtigsten Gestalten in der frühen Geschichte des Christentums, ein von griechischen Ideen beeinflußter Jude. Nach der Zeit des Paulus spielte die griechische beziehungsweise hellenistische Weltsicht eine zunehmend wichtige Rolle bei der Herausbildung der christlichen Überlieferung. So, wie das Christentum in den letzten Jahrhunderten der Spätantike in Erscheinung trat, bestand es schon aus einer Vielzahl kultureller und

1. Vgl. John Taylor: Die Future of Christianity, in: John McManners (Hrsg.): The Oxford Illustrated History of Christianity, Oxford 1992, 634 (deutsch: Geschichte des Christentums, Frankfurt/M. 1993).

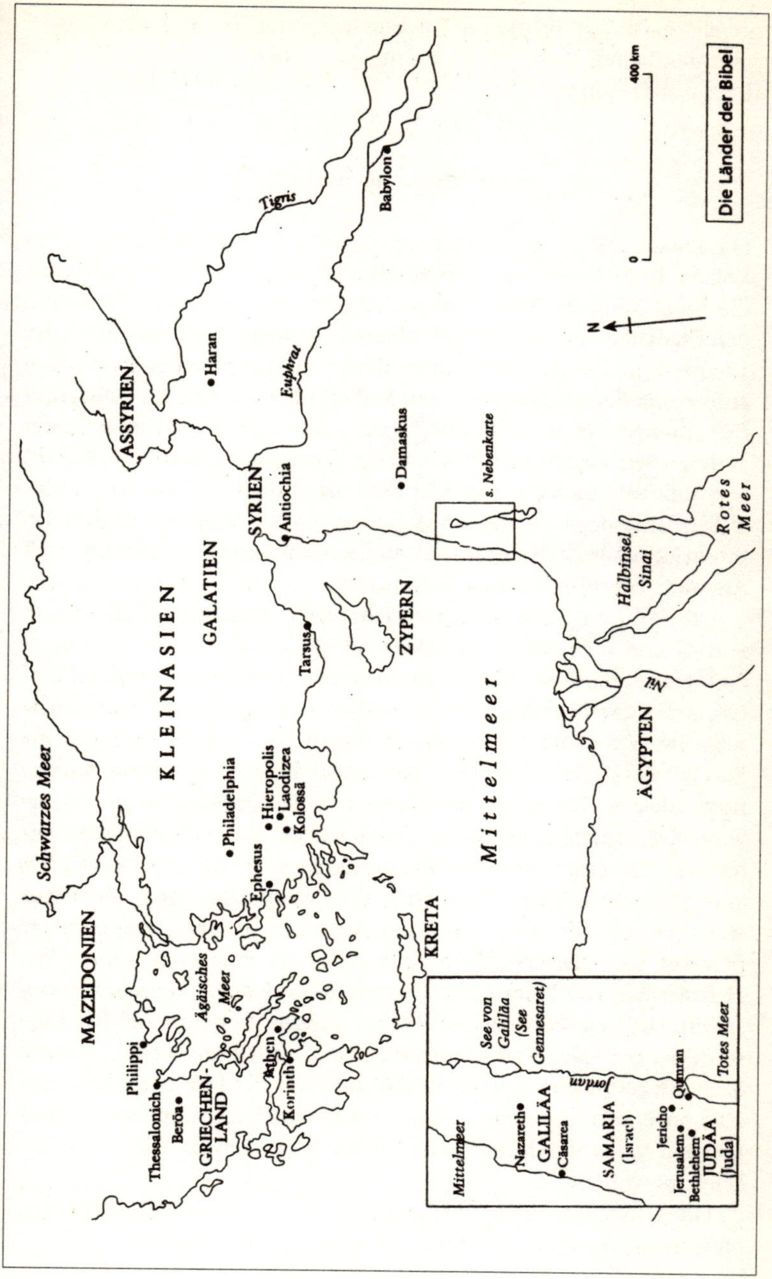
Die Länder der Bibel
0
400 km
N
MAZEDONIEN
Schwarzes Meer
ASSYRIEN
Tigris
Babylon
Haran
Euphrat
KLEINASIEN
GALATIEN
SYRIEN
Antiochia
Damaskus
s. Nebenkarte
Tarsus
ZYPERN
Philadelphia
Hieropolis
Laodizea
Kolossä
Ephesus
Ägäisches Meer
Philippi
Thessalonich
Beröa
GRIECHEN-LAND
Athen
Korinth
KRETA
Mittelmeer
ÄGYPTEN
Nil
Halbinsel Sinai
Rotes Meer
See von Galiläa (See Gennesaret)
Jordan
Totes Meer
Mittelmeer
Nazareth
GALILÄA
Cäsarea
SAMARIA (Israel)
Jericho
Qumran
Jerusalem
Bethlehem
JUDÄA (Juda)

gesellschaftlicher Elemente. In diesem Kapitel möchte ich das Zusammenfließen dieser Elemente nachzeichnen und dabei mit dem Judentum beginnen.

Der jüdische Kontext

Die Forschung ist der Auffassung, daß die Vorfahren des jüdischen Volkes, die Hebräer, ihrerseits von semitischen Völkern abstammten, die im 3. Jahrtausend v. Chr. nach Mesopotamien vordrangen und den Stadtstaat von Akkad gründeten. Irgendwann, vermutlich etwa 1700 v. Chr., kehrte eine Gruppe dieser Semiten aus Mesopotamien zum Nomadenleben zurück und verließ Mesopotamien in südlicher Richtung. Später ließen diese Nomaden sich möglicherweise bei einer anderen semitischsprachigen Volksgruppe, den Kanaanäern, nieder. Die Mehrzahl dieser Auswanderer wurde seßhaft und übernahm viele Elemente der kanaanäischen Kultur. Andere dagegen blieben bei ihrem nomadischen Lebensstil und wanderten weiter südlich nach Ägypten. Das waren die alten Hebräer.

Um 1200 v. Chr. kehrten die Hebräer in das Land der Kanaanäer zurück und versuchten sich wieder in die kanaanäische Gesellschaft zu integrieren. Aber diese Integration ging nur sehr schwer vonstatten, weil sie während ihres Aufenthaltes in Ägypten eine erstaunliche religiöse Wandlung durchgemacht hatten. Die Hebräer waren keine Polytheisten, keine Verehrer vieler Götter mehr, sondern waren Monotheisten geworden, glaubten also an einen einzigen Gott. Sie verwarfen dementsprechend den Polytheismus der einheimischen Kanaanäer. Außerdem war die Gottheit der Hebräer nicht der Gott eines einzigen Ortes, sondern eine Gottheit, die mit ihrem Volk unterwegs war und sich dem Volk durch ein Versprechen (einen »*Bund*«) verpflichtet hatte. Dieser Gott wurde Jahwe genannt, er versprach den Hebräern, er werde ihnen zu Erfolg und Wohlstand verhelfen, wenn sie ihm treu blieben: Sie sollten ein strenges System ethischer Vorschriften befolgen und bestimmte Riten vollziehen. Diese religiöse Wandlung war von solcher Bedeutung, daß die Hebräer den neuen Namen Israeliten annahmen, nach Jakob Israel, einem früheren Stammesführer, der durch eine unmittelbare Begegnung mit Jahwe ausgezeichnet worden war.

Die religiösen Unterschiede zwischen den Israeliten und ihren entfernten Verwandten, den Kanaanäern, waren also erheblich geworden. Daher folgte auf das Eindringen der Israeliten in das Land Kanaan eine Zeit ausgedehnter Konflikte, bei denen die Israeliten nach und nach den Kanaanäern die Herrschaft über das Land entrissen. Gleichzeitig übernahmen die Israeliten unter dem Einfluß der Kanaanäer und aus militärischen Notwendigkeiten die Institution des Königtums. Davor hatten »Richter« über die Israeliten geherrscht, also auf Zeit und zu einem bestimmten Zweck gewählte Generäle oder Heerführer. Schon kurz nach der Schaffung der israelitischen Monarchie im Jahr 1000 v. Chr. gelang es König David, die Stämme zu einigen. Er gründete eine neue Hauptstadt in der alten kanaanäischen Stadt Jerusalem. So entwickelten die Israeliten ein reich ausgestaltetes Zentrum der Gottesverehrung mit einem prächtigen Tempel, einer hauptamtlichen Priesterschaft, einer komplexen *Liturgie,* umfangreichen Tieropfern und im Jahreskreis vollzogenen Festen, zu denen die ganze Bevölkerung des Landes Wallfahrten nach Jerusalem unternahm. Zu dieser Zeit nahm die Sammlung von Schriften Gestalt an, die später zur *hebräischen Bibel* wurde (und die die Christen das Alte Testament nennen). David und sein Sohn Salomon errichteten ein israelitisches Reich, das sich von Mesopotamien bis Ägypten erstreckte.

Die Theologie der Wiederherstellung Israels

Die Monarchie Davids und Salomons stellte die Wasserscheide der israelitischen Kultur und Gesellschaft dar. Von Salomons Tod an erlitten die Israeliten eine Folge von politischen und militärischen Rückschlägen, die schließlich zum vollständigen Verlust der Autonomie des Staates Israel führten. Über weite Strecken des ersten Jahrtausends v. Chr. beherrschten verschiedene Kolonialmächte das Land: Zunächst die Assyrer, später die Babylonier und Perser, dann die Griechen und schließlich ab 63 v. Chr. die Römer, die das Land in das entstehende Römische Reich eingliederten. Die Römer bezeichneten das Land Israel als Provinz Judäa und die dort lebende Bevölkerung als Juden.

Die äußeren Mißerfolge in diesem Zeitraum führten zu einer inneren Neubesinnung im Sinne einer umfassenden Neuformulierung der israelitischen Theologie; sie geschah oft durch Männer, die Propheten genannt wurden. Jesaja, ein religiöser Lehrer und mit dem Jerusalemer Tempel verbundener Prophet aus dem 8. Jahrhundert, überzeugte seine Zuhörer davon, daß diese Mißerfolge ein Zeichen dafür waren, daß Gott den Israeliten seine Huld entzogen hatte und sich diese auf dem Weg in den Untergang befanden. Er glich allerdings diese Vorhersage eines drohenden Untergangs durch die Verkündung einer großen Hoffnung aus: Jesaja kündigte nämlich an, es werde eine Frau aus der Nachkommenschaft Davids erscheinen, deren Sohn Israel erlösen werde. Man weiß nicht, auf wen sich Jesaja damit bezog; aber die Vorstellung von einem zukünftigen König aus der Nachkommenschaft Davids, der mit dem königlichen Öl gesalbt werden würde, also eines Messias, wurde von da an fester Bestandteil des jüdischen Glaubens.

In dieser Zeit emigrierten mehr und mehr Juden aus dem Land Israel, entweder aus politischen oder aus wirtschaftlichen Gründen. Das führte zur Entstehung großer jüdischer Gemeinschaften im Ausland, die man zusammen als die Diaspora bezeichnete. Um den religiösen Bedürfnissen dieser Juden außerhalb Israels nachkommen zu können, entwickelten sich örtliche Zentren religiöser Praxis und Unterweisung, aus denen sich die Institution der Synagoge (grch.: »Versammlung«) entwickelte. Später wurden Synagogen auch im Land Israel selber zu einer selbstverständlichen Einrichtung.

Viele Juden außerhalb Israels übernahmen damals große Teile der griechischen und römischen Kultur, und dieser Einfluß machte sich auch im Land Israel bemerkbar. Der Reichen und Gebildeten unter den Juden wurden zweisprachig, man sprach neben Hebräisch auch Griechisch; die hebräische Bibel wurde ins Griechische übersetzt (die sog. Septuaginta). Allerdings waren längst nicht alle Juden in Judäa glücklich über dieses Einströmen griechischer und römischer Kultur, und nur wenige konnten sich mit der römischen Herrschaft anfreunden. Die Sadduzäer zum Beispiel waren die Familien der Priesteraristokratie, denen die Pflege des Tempelrituals besonders am Herzen lag; deshalb waren sie mißtrauisch gegenüber fremden kulturellen Einflüssen in Israel. Eine weitere religiöse Gruppierung, die sich vor allem aus den Rabbis (d. h. Lehrern) in den Synagogen zusammensetzte, waren die Pharisäer. Wie die Sadduzäer machten sich auch die Pharisäer Sorgen über die fremden kulturellen Einflüsse, wenn sie auch weniger als jene am Tempelritual interessiert waren. Ihnen ging es weit mehr um die individuelle rituelle Reinheit, eine Reinheit, die nur durch die strikte Befolgung der Speisevorschriften und anderer Vorschriften für die Lebensführung aus der hebräischen Bibel aufrechtzuerhalten war. Die Pharisäer betrachteten deswegen die Großzügigkeit der griechisch-römischen Kultur als Bedrohung für diese

Reinheit. Darüber hinaus entstand in den Reihen der Pharisäer eine kleine nationalistische Gruppe, die sich zum Ziel gesetzt hatte, die römische Herrschaft mit Gewalt zu beseitigen, sie waren als Zeloten (»Eiferer«) bekannt. Die Zeloten waren der Auffassung, ihr bewaffneter Widerstand gegen die Römer sei ein notwendiger Schritt, um die Ankunft des Messias vorzubereiten, des Königs aus dem Geschlecht David, der das Land Israel von allen fremden Einflüssen befreien und das israelitische Königtum für immer wiederherstellen würde.

Nicht alle derartigen Bewegungen hatten ein so klares Profil wie die drei genannten, vor allem nicht in den ländlichen Regionen Israels. Diese beherbergten ganze Schwärme von herumziehenden Wundertätern und Zauberern, Heilern und heiligen Männern, spirituellen Scharlatanen und charismatischen Aufwieglern. So trieb beispielsweise zu Beginn des 1. Jahrhunderts n. Chr. ein Mann namens Eleazar Dämonen aus besessenen Menschen aus; ein anderer mit dem Namen Onias erhob den Anspruch, mit seinem Willen den Kräften der Natur befehlen zu können; ein dritter, Hanina Ben Dosa aus Galiläa, praktizierte Heilungen auf große Entfernung; ein vierter namens Theudas erhob den Anspruch, im Namen Gottes Wunder zu vollbringen. Einige dieser Männer und Frauen beanspruchten sogar, der Messias oder der Vorbote des Messias zu sein, und während sie durch die kleinen Städte und Dörfer von Juda wanderten, zogen sie manchmal auch kleine Gruppen von Gefolgsleuten an – und sie zogen die wachsamen Augen der Behörden auf sich. Nur wenige dieser Bewegungen waren von Dauer, aber sie trugen dazu bei, eine ausgeplünderte bäuerliche Bevölkerung zu ermutigen, die sowohl nach spiritueller wie nach politischer Hoffnung Ausschau hielt; aus diesem Grund tauchten solche Bewegungen auch immer wieder auf. In diese Welt wurde Jesus hineingeboren, in ihr wuchs er auf.

Der historische Jesus

Jesus hinterließ keine schriftlichen Aufzeichnungen und keine Autobiographie, und von dem, was er wirklich sagte, kann nur sehr wenig mit historischer Sicherheit rekonstruiert werden. Die christlichen Schriften, einschließlich der vier Biographien Jesu, die man Evangelien nennt, wurden einige Zeit nach Jesu Tod verfaßt. Unser modernes Bild Jesu ist deswegen ein Konstrukt, das sich auf eine kritische Analyse dieser Dokumente gründet; ebenso beruht es auf einer sorgfältigen Einbettung dieser Analyse in die Welt des Judentums im 1. Jahrhundert.

Die heutige Forschung vermutet, daß Jesus wahrscheinlich zwischen 6 und 4 v. Chr. im unteren Galiläa zur Welt kam.[2] Seine Familie, die arm, aber nicht gänzlich verarmt war, fristete ihr Leben als Dorfhandwerker wie viele andere Familien auf dem Lande im Mittelmeerraum jener Tage. Vermutlich erlernte Jesus das Handwerk seines Vaters, die Zimmerei, aber er gehörte, soweit wir wissen, nach zeitgenössischen Maßstäben sicher nicht zu den Gebildeten. Dennoch besuchte er wahrscheinlich die örtliche Synagoge und gewann dort zumindest eine mündliche Vertrautheit mit den hebräischen Schriften und den Forderungen des pharisäischen Judentums. Darüber hinaus war Jesus wohl, wie seine Nachbarn, vertraut mit der bunten Welt der herumziehenden Heiler, Exorzisten und unbedeutenden Propheten, wie es sie damals auf dem Land in Galiläa gab.

Zu einem bestimmten Zeitpunkt seines Lebens wurde Jesus durch die Lehren eines solchen Predigers namens Johannes angezogen. Den überlieferten Berichten läßt sich weder entnehmen, woher Johannes stammte, noch, welches sein geistiger Hintergrund war. Als Jesus mit ihm zusammentraf, predigte er an den Ufern des Jordan, eine Tagereise von Jesu Heimatstadt Nazareth entfernt. Dort verkündete Johannes die alte Botschaft der Propheten, wobei er besonders das unmittelbar bevorstehende Ende der gegenwärtigen sündigen Welt und die Aufrichtung von Gottes Herrschaft in einer Neuen Welt betonte. Nach der Lehre des Johannes mußten Menschen, die den Übergang von dieser verdorbenen Welt zum *Reich Gottes* überleben wollten, sich dem alten jüdischen Reinigungsritual der *Taufe* unterziehen. Es scheint, daß Jesus die Botschaft des Johannes und seine Taufe annahm.

Wie so viele andere wandernde Charismatiker jener Zeit erregte auch Johannes die Aufmerksamkeit der römischen Autoritäten, die solche Verkündigung als politisch subversiv betrachteten. Johannes

2. Die folgende Darstellung des historischen Jesus und des Problems des gekreuzigten Messias folgt weithin John Dominic Crossan: The Historical Jesus. The Life of a Mediterranean Peasant, San Francisco 1992 (deutsch: Der historische Jesus, München 1994) und Paula Fredriksen: From Jesus to Christ. The Origins of the New Testament Images of Jesus, New Haven 1988. Andere, traditionellere Sichtweisen zu diesem kontroversen Thema finden sich zum Beispiel bei Burton L. Mack: A Myth of Innocence. Mark and Christian Origins, Philadelphia 1988 oder Luke Timothy Johnson: The Real Jesus. The Misguided Quest for the Historical Jesus and the Truth of the Traditional Gospels, San Francisco 1996.

Auf diesem Sarkophag aus dem 3. Jahrhundert ist Christus dargestellt, wie er Lazarus von den Toten auferweckt. Dieses Wunder bringt den Glauben an die Macht Jesu zum Ausdruck, die menschliche Todesfurcht zu überwinden.

der Täufer wurde bald eingekerkert und hingerichtet. Unmittelbar nach dem Tod des Johannes begann Jesus seine eigene Laufbahn als Verkündiger. Er scheint allerdings die Botschaft des Johannes leicht verändert zu haben, indem er davon sprach, das Reich Gottes sei jetzt schon auf Erden angebrochen. Als Beweis für den Anbruch des Gottesreiches wirkte Jesus Heilungswunder und Exorzismen. Als Konsequenz des heranbrechenden Gottesreiches ermahnte Jesus seine Zuhörer zu einem radikalen Gleichheitsdenken, zum Niederbrechen der gesellschaftlichen und religiösen Hierarchien, die die Menschen voneinander trennten. Obwohl diese Botschaft gerade in der patriarchalischen und streng gegliederten Kultur des alten Israel »gegen den Strom« ging, konnte Jesus eine Gruppe von Nachfolgern gewinnen, die ihn während seiner Wanderungen von Dorf zu Dorf begleiteten, bei denen er seine Botschaft verkündete.

Man weiß nicht, ob zu diesem Zeitpunkt die politischen Autoritäten schon auf Jesus aufmerksam geworden waren wie seinerzeit auf Johannes. Jesus besiegelte aber sein Schicksal, als er sich entschloß, seine Botschaft nach Jerusalem, ins religiös-politische Herz des Landes Israel, zu tragen. Jerusalem war während der Festzeiten voller Menschen, und der Tempel dort war ein Ort, wo Jesus eine weit größere Zuhörerschaft finden konnte als irgendwo auf dem Land. So gingen irgendwann vor dem Passahfest Jesus und seine Begleiter nach Jerusalem, und Jesus begann in den Vorhöfen des Tempels zu predigen. Durch die Art seiner Verkündigung oder auch wegen eines bestimmten Vorfalls im Tempel, vielleicht auch aus beiden Gründen, erregte Jesus sehr schnell die Aufmerksamkeit der religiösen und politischen Autoritäten der Stadt. Genauso schnell und vermutlich eher zufällig wurde Jesus von den Römern hingerichtet, und zwar in der damals üblichen Weise der Kreuzigung. Das geschah um das Jahr 33 n. Chr.

Das Problem des gekreuzigten Messias

Es läßt sich nicht historisch sicher herausfinden, was genau unmittelbar nach dem Tod Jesu geschah. Vielleicht war die erste Reaktion der Jünger Jesu der Unglaube und die kopflose Flucht aus Jerusalem. Trotz des abrupten Untergangs der Jesusbewegung blieb aber zumindest eine kleine Gruppe seiner Jünger untereinander in Kontakt. Mehr noch: Das Charisma Jesu prägte auch weiterhin die Vorstellungen seiner Jünger, während sie mit seinem gewaltsamen und schändlichen Tod am Kreuz fertig zu werden versuchten. Für einige war Jesus zweifelsfrei der Messias. Aber: Wenn Jesus der Messias war, wie konnte er sterben? Die einzig mögliche Antwort auf diese Frage war, daß er nie gestorben war, oder, falls er gestorben war, Gott ihn von den Toten auferweckt hatte. Jesus lebte also und würde bald wiederkehren, um das Reich Gottes herbeizuführen, von dem er gesprochen hatte. Der Tod Jesu war die eine große Sühne für die Sünden Israels, ein umfassendes großes Opfer. Aber Jesus diente nicht nur als Symbol für die Erlösung Israels, er war auch ein Individuum: Dadurch lag in seinem Tod und seiner Auferstehung gleichzeitig die Verheißung einer Rettung jedes Einzelnen vom Tod.

Mit der Zuversicht, die aus dieser Überzeugung erwuchs, kehrten einige der Jünger Jesu nach Jerusalem zurück und begannen, wenn auch mit mehr Vorsicht, die Botschaft Jesu und auch die Nachricht über seine Auferstehung zu verkündigen. Für diese *Apostel* war die gute Nachricht über Jesus ausschließlich für die Juden bestimmt, da sie ja die Erlösung Israels betraf. Darüber hinaus betrachteten sich die ersten Anhänger der Bewegung natürlicherweise zu allererst als Juden, und hielten sich daher weiterhin an die Gesetze, wie sie in der hebräischen Bibel niedergelegt waren, einschließlich des Tempelkultes. Zu diesem Zeitpunkt konnte die »Jesusbewegung« durchaus als eine Sekte innerhalb des Judentums betrachtet werden.

Vom Messias zu Christus

Von Jerusalem und von Galiläa aus begann die Jesusbewegung, Kundschafter auszusenden, die die gute Nachricht in die Synagogen sowohl in Israel wie in der Diaspora bringen sollten. Sehr wahrscheinlich überbrachten diese Kundschafter ihren Zuhörern in den Synagogen sowohl mündliche Versionen des Lebens Jesu wie auch Beispiele seiner Verkündigung. Das hatte vor allem zwei Konsequenzen für die Entwicklung der Tradition. Zum einen galt die Botschaft von Jesus als dem Messias immer noch als wesentlich politisch, und obwohl sie bei manchen Juden auf Interesse stieß, verfolgten viele Autoritäten der Synagogen diese Missionare, weil sie römische Vergeltungsmaßnahmen fürchteten. Bei den neuen Missionaren führte das sehr schnell zu einer ablehnenden Haltung gegenüber den Autoritäten der Synagogen und möglicherweise gegenüber dem traditionellen Judentum selbst.

Die zweite wichtige Folge der Mission in den Synagogen beruhte darauf, daß sie der Kanal war, durch den die Botschaft über Jesus die hellenistische beziehungsweise griechischsprachige Welt zu erreichen und nichtjüdische (»heidnische«) Anhänger anzusprechen begann. Solche heidnische Anhänger Jesu nannte man Christen, nach dem Wort Christos (griechisch für »Gesalbter« oder »Messias«). Die Heidenmission nahm allerdings erst mit dem Auftreten des Paulus von Tarsus (gest. um 65 n. Chr.) größere Ausmaße an. Paulus war Jesus nie begegnet, war aber dennoch der erfolgreichste Missionar der frühen Jesusbewegung. Berücksichtigt man sein früheres Leben, erscheint seine Unterstützung der Bewegung in höchstem Maße überraschend. Obwohl in der Diaspora geboren und erzogen, war Paulus nämlich auch als strenger Pharisäer aufgewachsen, dessen Sympathien zunächst auf seiten der Autoritäten in den Synagogen lagen. Paulus war nach seinem eigenen Eingeständnis wohl einer der energischsten Verfolger der Missionare der Jesusbewegung. Dennoch hatte er nach eigenen Worten auf dem Weg nach Damaskus eine überwältigende Bekehrungserfahrung gemacht. Von da an wurde er ein glühender Verfechter der Messianität Jesu in der ganzen Diaspora.

Als Mann aus der Diaspora und aufgrund seiner Vertrautheit mit der hellenistischen Kultur war Paulus begeistert angesichts des wachsenden Anteils von Heiden in den neu organisierten christlichen Gemeinden in Kleinasien. Er war darum bemüht, den Heiden den Zugang zur Bewegung zu erleichtern. Paulus kam zu dem Schluß, daß Heiden nicht zuerst zum Judentum konvertieren mußten. Das beunruhigte die Kirche von Jerusalem, deren Missionare eine solche Bekehrung als Voraussetzung für das Christwerden verlangten. So kam es zu Spannungen zwischen der Kirche von Jerusalem und der Mission des Paulus. Im Jahr 48 n. Chr. kam ein Apostelkonzil zusammen. Dort beschloß man, daß die Judenchristen die Bekehrung von Heiden akzeptieren würden, wenn die Diasporagemeinden des Paulus den Vorrang der Kirche von Jerusalem akzeptierten und sie finanziell unterstützten. Paulus war mit dieser Vereinbarung zufrieden, kehrte in sein Missionsgebiet nach Kleinasien zurück und dehnte seine Tätigkeit später auf das griechische Mutterland aus.

Schon bald allerdings wurde Paulus klar, daß die judenchristliche Mission aus Jerusalem auch weiterhin seine eigene Mission hinderte, weil sie darauf bestand, die Heidenchristen müßten die Ritualvorschriften der hebräischen Bibel einhalten. Als Reaktion darauf war Paulus gezwungen, diese Ritualvorschriften ausdrücklich zu verwerfen, in der Überzeugung, daß ein neuer Bund mit den Heiden den Bund abgelöst hatte, den Gott zuvor mit Israel geschlossen hatte. Für Paulus waren es gerade die Heiden, die einmal Israel zu Gott zurückführen würden. Paulus formulierte eine »heidenfreundliche« Theologie, wonach die Erlösung (Paulus nannte sie *Rechtfertigung*) nicht an den Ritualvorschriften der hebräischen Bibel hing, sondern freies Geschenk der *Gnade* Gottes war. Für Paulus war Gnade nicht durch rituelle Anstrengungen zu verdienen, sondern beruhte ausschließlich auf dem Glauben an die Wahrheit über Gott und Jesus.

Die Rivalität zwischen der heidenchristlichen Kirche des Paulus und den Judenchristen in Jerusalem wurde letztlich nicht durch theologische Argumente entschieden, sondern im Sturm der politischen Ereignisse. Im Jahr 66 n. Chr. erhoben sich die Juden von Jerusalem gegen die römische Herrschaft und konnten sogar den römischen Prokurator aus der Stadt vertreiben. Die Römer nahmen diese Erhebung zunächst nicht allzu ernst; bald aber breitete sie sich auf das übrige Judäa aus. Im Jahr darauf zwang der römische General Titus die ländlichen Regionen brutal zur Unterwerfung und belagerte Jerusalem. Die Stadt fiel ein Jahr später. Alle Juden wurden unterschiedslos aus der Stadt vertrieben, der Tempel wurde ein zweites Mal zerstört, und Judäa erhielt wieder den Namen Palästina. Die judenchristliche Gemeinde von Jerusalem floh aufs Land in den Norden, wo sie mehrere Generationen lang überlebte. Sie war allerdings der Stadt Jerusalem als des Symbols für ihren Vorrang beraubt, und so verschwand die judenchristliche Kirche allmählich aus dem Zentrum der Geschichte. Das Schicksal der christlichen Tradition lag jetzt weitgehend in der Hand der heidenchristlichen Gemeinden.

Die synoptischen Evangelien

In welchem Maße während des letzten Drittels des 1. Jahrhunderts das Christentum zu einem griechischen Phänomen geworden war, verdeutlichen am besten die geschriebenen Evangelien. Die Geschichte von Leben und Tod Jesu hatte sich in den christlichen Gemeinden seit den Anfangsjahren der Bewegung mündlich verbreitet, aber die ersten ausführlichen schriftlichen Fassungen, die auf die 70er Jahre des 1. Jahrhunderts n. Chr. zurückgehen, wurden ausschließlich auf Griechisch verfaßt. Darüber hinaus dienten diese Biographien Jesu vor allem dem Zweck, ein heidenchristliches Publikum anzusprechen. So parallelisiert etwa das Markusevangelium (etwa 70 n. Chr.) den Tod Jesu mit der Zerstörung des Jerusalemer Tempels, um so zum Ausdruck zu bringen, daß die mit dem Tod Jesu begonnene Ära das Ende des Judentums und die Ausweitung von Gottes Bund auf die heidnische Welt bedeutete. Im Kern war das die Botschaft des Paulus, auch wenn sie jetzt auf dramatischere und damit effektivere Art durch ihre symbolische Integration in die Geschichte Jesu überliefert wurde.

Die wenig später entstandenen Evangelien nach Matthäus und Lukas (beide etwa 79 n. Chr.) setzten diese antijüdische Polemik fort. Tatsächlich wurden die Evangelien nach Matthäus und Lukas wahrscheinlich durch das Markusevangelium und vielleicht eine andere, nicht als solche überlieferte Version des Evangeliums beeinflußt. Aufgrund dieser Abhängigkeit werden die Evangelien nach Markus, Matthäus und Lukas oft als die synoptischen (»ähnlich aussehenden«) Evangelien bezeichnet. Matthäus und Lukas legten allerdings großen Wert darauf, daß das Christentum die Erfüllung des Judentums und nicht eine völlig neue Tradition war. Das hatte zwei Gründe. Zum einen konstruierten Matthäus und Lukas ihre Erzählungen mit großer Sorgfalt so, daß Ereignisse im Leben Jesu als Erfüllungen der in der hebräischen Bibel berichteten messianischen Prophetenweissagungen erscheinen konnten. Hätten sie das Judentum vollständig verworfen, wären sie gezwungen gewesen, auch die Gültigkeit der jüdischen Schriften und damit die Belegtexte für die Messianität Jesu zurückzuweisen.

Der zweite Grund für die Inanspruchnahme der jüdischen Tradition hatte mit dem Status der christlichen Gemeinden in der römischen Gesellschaft zu tun. Zur Zeit der Abfassung dieser beiden Evangelien bestanden viele christlichen Gemeinden schon einige Jahrzehnte und hatten eine gewisse Stabilität erreicht. Dennoch galten für das Christentum als »Neue Religion« im Römischen Reich die gesetzlichen Schutzvorschriften nicht, die von den Römern denjenigen Traditionen (beispielsweise auch dem Judentum) zuerkannt wurden, die sie als »Alte Traditionen« anerkannten. Der römische Staat gründete auf dem Glauben an die alten römischen Götter und Göttinnen. Neue Religionen galten als solche nicht als Bedrohung für den Staat, wohl aber neue Religionen, die eine ausschließliche Zugehörigkeit verlangten. Das Christentum war eine solche Religion, und deswegen waren christliche Gemeinden häufig Objekt von Behinderungen und Verfolgungen durch die römischen Autoritäten. Durch die Aufrechterhaltung der Verbindung zum Judentum und vor allem durch den Anspruch, daß das Christentum die einzig legitime Form des Judentums sei, hofften die Verfasser der Evangelien das Christentum in den legalen Mantel einer »Alten Tradition« hüllen zu können. Im Endeffekt war diese Strategie nur von begrenztem Wert; vor allem das dynamische Wachstum des Christentums führte dazu, daß die Tradition sich in das zweite Jahrhundert n. Chr. retten konnte.

Frühe Kirchenordnung und Gottesdienste

Im zweiten und dritten Jahrhundert n. Chr. wuchs das Christentum schnell und verbreitete sich vom östlichen Ende des Mittelmeerraumes (Palästina und Kleinasien) bis zum Westen (Spanien und Nordafrika). Wichtige christliche Zentren waren in fast allen größeren Städten des Römischen Reiches anzutreffen. Rom selber beherbergte in der Mitte des zweiten Jahrhunderts drei verschiedene Gemeinden. Das Wachstum des Christentums verdankte sich natürlich verschiedenen Faktoren; ein wichtiger Faktor war jedenfalls, daß im Unterschied zu den anderen neuen Religionen des Imperiums die christlichen Gemeinden eine Ethik auf der Basis der Gleichheit pflegten, sich also nicht nur an die Elite, sondern auch an gesellschaftlich marginalisierte Gruppen wie Frauen und Sklaven wandten. Mehr noch: Die christlichen Heilsversprechen boten Sicherheit für das kommende Leben, während gleichzeitig die kirchliche Praxis der Nächstenliebe ein gewisses Maß an sozialer Sicherheit in diesem Leben verbürgte, ein entscheidender Antrieb in einem Imperium, in dem die Mehrheit der Menschen unter der Armutsgrenze lebte.

Ungeachtet ihres schnellen Wachstums wiesen die christlichen Kirchen bald eine mehr oder weniger gleichförmige institutionelle Struktur auf. Als zunehmend deutlich wurde, daß die zweite Ankunft Jesu als Messias sich erst in einer fernen Zukunft ereignen würde, ersetzte ein Ethos des geduldigen Wartens die gespannte Endzeitstimmung der ersten Jahrzehnte. Einzelne und Gemeinden entwickelten zunehmend Strategien, um auf Dauer zu überleben und die christliche Tradition von einer Generation zur anderen weiterzugeben. Die einzelnen Kirchen formierten sich oft um eine dreistufige Hierarchie von Ämtern. Das höchste Amt war das des *Bischofs* (vom griechischen Wort Episkopos, d. h. »Aufseher«). Der Bischof war moralischer Mittelpunkt der Gemeinde und wichtigster Mittler zwischen Gott und dem Volk. In der frühesten Zeit konnte nur der Bischof die *Taufe* spenden und die *Eucharistie* feiern. Den Bischof unterstützte ein Kollegium von Ältesten (oder grch. »*Presbytern*« aus diesem Wort ist unser Wort *Priester* entstanden). Zusätzlich zur Unterstützung des Bischofs bei seinen rituellen Aufgaben waren die Presbyter auch an den Entscheidungen beteiligt und mit den finanziellen Angelegenheiten der Gemeinden betraut. Ihre Stimme war auch von Gewicht in der Frage, wer zur Gemeinschaft der Kirche zugelassen werden konnte. Schließlich entwickelte sich das Amt des *Diakons* (grch. »Diener«),

Die Diakone hatten mehrere wichtige Funktionen. Sie unterrichteten Menschen, die sich der Gemeinde anschließen wollten und klärten, ob diese für den Zutritt zur Kirche bereit waren. Die Diakone kümmerten sich auch um die Armen, Witwen und Waisen der Gemeinde.

Während des ersten und zweiten Jahrhunderts blieb der Gottesdienst in der Kirche sehr einfach. Da das Christentum noch keine staatlich anerkannte Religion war, mußten seine Riten ohne großen Aufwand gefeiert werden. Deshalb waren die frühen Christen gezwungen, ihre Gottesdienste auf Privathäuser oder manchmal auch Friedhöfe und Gräber zu beschränken. Die Gottesdienste fanden meistens am Sonntag statt, nicht nur um an die *Auferstehung* Jesu an diesem Tag zu erinnern, sondern auch um die christlichen Gottesdienste von denen der Synagoge abzusetzen. Charakteristisch für den frühen christlichen Gottesdienst waren zwei Teile: Im ersten Teil las der Bischof Abschnitte aus einer der traditionellen Lebensbeschreibungen Jesu, die damals im Umlauf waren und hielt eine erläuternde Predigt dazu. Danach wurden alle Teilnehmer, die noch nicht getauft waren, hinausgeschickt, damit der zweite Teil des Gottesdienstes gefeiert werden konnte. In der frühen Kirche war die Gemeinde nämlich in ungetaufte *Katechumenen* und getaufte Vollmitglieder aufgeteilt. Nur den Vollmitgliedern war es gestattet, am folgenden Ritual, der *Eucharistie* (grch. »Danksagung«), teilzunehmen.

Die Eucharistie war damals das zentrale Symbol des Christentums und ist es für viele Christen noch immer; sie setzt das letzte Mahl, vielleicht ein *Pessach*mahl, gegenwärtig, das Jesus und seine Jünger vor seiner Kreuzigung begangen haben. Um dieses Mahl gegenwärtig zu setzen, brachten die Diakone dem Bischof einen Leib Brot und einen Becher mit Wein, die die Elemente dieses letzten Mahles symbolisierten. Der Bischof sprach den Segen über Brot und Wein und reichte sie dann den Getauften, damit diese davon aßen und tranken. Auch in dieser einfachen Form vermittelte die Eucharistie getauften Christen eine mächtige Erfahrung der Gegenwart Jesu, eine Erfahrung voll Ehrfurcht erweckender Feierlichkeit. Man schirmte sie deshalb streng ab gegenüber den Unvorbereiteten, den nicht Eingeweihten oder Unwürdigen. Nach der Feier der Eucharistie folgte ein wirkliches Mahl, eine vollständige Mahlzeit, die *Agape* (»Liebesmahl«), zu der sowohl Getaufte wie Katechumenen willkommen waren. Im Unterschied zu den ehrfürchtigen Gefühlen, die die Eucharistie hervor rief, betonte dieses Mahl die herzliche Gemeinschaft und war von fröhlicher Stimmung geprägt. Im Lauf der Zeit erschien die Fröhlichkeit der Agape allerdings als unziemlich und mit der Feierlichkeit der Eucharistie unvereinbar. Langsam kam sie außer Gebrauch, so daß nur die Eucharistie im eigentlichen Sinn übrigblieb.

Die Taufe stellte das zweite wichtige Ritual der frühen Kirche dar. Sie wurde in Nachahmung der Taufe Jesu durch Johannes im Jordan vollzogen, wie sie die Evangelien beschreiben. In den frühen Gemeinden wurde die Taufe nur Erwachsenen gespendet; ihr Empfang setzte außerdem eine Zeit der Unterweisung in der christlichen Lehre, das Katechumenat, voraus. Die Entscheidung, einen Katechumenen zur Taufe zuzulassen, fiel nicht automatisch, sondern hing von der Zustimmung der gesamten Gemeinde ab. Wenn alle ihre Zustimmung gegeben hatten, wartete der Katechumene normalerweise bis zur Osterzeit, um die Taufe zu empfangen, weil in dieser Zeit der Bischof, der als einziger die Taufe spenden konnte, alle Gemeinden besuchte. Als später die Zahl der Gemeinden wuchs, war klar, daß es dem Bischof nicht mehr zuzumuten war, alle seine Gemeinden aufzusuchen. Daraufhin fiel die Aufgabe, die Eucharistie zu feiern und Taufen zu spenden, den Presbytern (Priestern) zu, die für diese Aufgaben durch ein drittes Ritual, die *Ordination*, geweiht wurden.

Anzeichen für die wachsende Institutionalisierung des Christentums im zweiten und dritten Jahrhundert war nicht zuletzt die Entwicklung der Rolle der Frau in der spätantiken Kirche. Anfangs konnten Frauen eine aktive Rolle bei der Entstehung von Gemeinden spielen. Nach den Berichten der Evangelien folgten Jesus sowohl Männer wie Frauen nach, und Frauen trugen am meisten zur finanziellen Unterstützung Jesu bei. In den Briefen des Paulus finden sich Frauen als aktive Missionare, einige erhielten von Paulus sogar die Bezeichnung »Apostel«. Viele der Hauskirchen, in denen sich die frühen christlichen Gruppen trafen, gehörten Frauen, und sie waren oft auch die finanziellen Förderer der frühen Gemeinden. Ein offizielles Amt übernahmen Frauen, die als Diakoninnen tätig waren; sie unterrichteten weibliche Taufbewerber und engagierten sich in der Armenfürsorge. Andere Frauen waren in ihren Gemeinden als Propheten anerkannt, während es kaum Hinweise dafür gibt, daß Frauen in größerem Umfang zu Priestern geweiht worden wären.

Zwei Gründe waren dafür ausschlaggebend, daß mit der Zeit die Aufgaben der Frauen im Christentum nach und nach eingeschränkt wurden: Als das Christentum im Römischen Reich besser etabliert war, wurde es damit auch konservativer. Die Kirchenführer waren darum bemüht, den Glauben nicht als revolutionäre Kraft erscheinen zu lassen, sondern als Faktor der Stabilisierung für die Familienwerte und die häusliche Ordnung, die für die römische Kultur so wichtig waren. Das hieß natürlich, daß die Frauen in eine stärker untergeordnete Stellung und in die traditionellen Rollen der Frau und Mutter zurückgedrängt wurden. Der zweite Grund, aus dem die Rolle der Frau eingeschränkt wurde, lag darin, daß sie wichtige Führungsämter (einschließlich der Ordination) in Gemeinschaften übernahmen, die von der Mehrheit der Kirche als *häretisch* angesehen wurden. Um sich von diesen Gruppen abzugrenzen, machte die Kirche aus der vollständigen Unterordnung der Frauen ein Erkennungsmerkmal der *Orthodoxie*, also des »richtigen Glaubens«. In dem sie Scheidung und Wiederverheiratung verwarf und Empfängnisverhütung wie Abtreibung untersagte, legte die entstehende rechtgläubige Kirche den Frauen weit größere Beschränkungen auf als die sie umgebende römische Kultur.

Christliche Volksfrömmigkeit in der Spätantike

In Ergänzung zum offiziellen Gottesdienst entwickelten die frühen Christen auch eine Vielzahl von informellen oder »volkstümlichen« Frömmigkeitsformen. Viele dieser Formen waren in hohem Maß *synkretistisch*, verbanden also Elemente heidnischer religiöser Praxis mit der christlichen. Das läßt sich nirgendwo besser ablesen als an der Entwicklung der Verehrung von *Heiligen* und *Märtyrern*. Durch die Verfolgungen im zweiten und dritten Jahrhundert reicherte sich die Geschichte des Christentums mit Berichten über heldenhafte Menschen an, die aus freiem Entschluß für ihren Glauben in den Tod gingen. Solche Menschen nannte man Märtyrer, ein vom griechischen Wort Martys (»Zeuge«) abgeleiteter Begriff. Ähnlich wie bei den heidnischen Heroen wurden auch die Gräber und Begräbnisstätten der Märtyrer bald Orte volkstümlicher Verehrung. Man feierte besondere Feste an den Gräbern örtlicher Märtyrer und glaubte, der Kontakt mit dem Grab eines Märtyrers bringe Heilung und treibe Dämonen aus.[3]

Als Reaktion auf diesen Volksglauben entwickelten die christlichen Kirchen nach und nach eine ausgearbeitete Theologie, die die besondere Kraft der Märtyrer begründete. Nach dieser Lehre war das

3. Diese Theorie der Entstehung der Heiligenverehrung im Westen stammt aus Peter Brown: The Cult of the Saints. Its Rise and Function in Latin Christianity, Chicago 1981 (deutsch: Die Heiligenverehrung. Ihre Entstehung und Funktion in der lateinischen Christenheit, Leipzig 1991).

Martyrium ein vollkommener Beweis des Glaubens an die Erlösungskraft Jesu und wurden die Märtyrer deshalb mit dem unmittelbaren Einzug in den Himmel belohnt. Sie mußten nicht wie die gewöhnlichen Christen bis zur allgemeinen Auferstehung am Ende der Tage warten, um in den Genuß der unmittelbaren Gegenwart Gottes zu kommen. Deshalb glaubte man, die Märtyrer könnten zwischen Gott und den noch auf Erden lebenden Menschen vermitteln. Gebete zu den Märtyrern galten als die wirksamsten Mittel, um den Willen Gottes zu beeinflussen, und die irdischen Überreste eines Märtyrers, *Reliquien* genannt, betrachtete man als Gegenstände, die eine überwältigende Fülle himmlischer Kraft enthielten.

Im Lauf der Jahrhunderte weitete sich die theologische Überzeugung bezüglich der Fürbitte der Märtyrer auf Menschen aus, von denen man glaubte, daß sie ein heiliges Leben geführt hätten, die aber nicht unbedingt den Märtyrertod erlitten haben mußten. Man nannte solche Menschen Heilige und schrieb ihnen nach ihrem Tod die gleichen fürbittenden Kräfte wie den Märtyrern zu. Auch ihren Gräbern galt kultische Verehrung, aus den gleichen Gründen wie bei den Gräbern der Märtyrer. Die Reliquien von Heiligen betrachtete man als ebenso wirksam wie die von Märtyrern; vielfach betrieb man Handel mit ihnen oder stahl sie. Die Verehrung von Heiligen und Märtyrern wurde für das Leben der Kirche so wichtig, daß die Auffindung der Begräbnisstätten »vergessener« Heiliger und Märtyrer in kleineren und größeren Städten, die bislang ohne Heiligengrab gewesen waren, weithin üblich wurde. Normalerweise wurde die Stelle durch einen Traum oder eine Vision offenbart, und nach ihrer Entdeckung brachte man die Überreste an einen dafür angemesseneren Ort, oft eine für den christlichen Gebrauch übernommene heidnische Kultstätte. So traten nicht selten christliche Heilige an die Stelle der alten heidnischen Götter.

Hebräische gegen griechische Weltsicht in der christlichen Apologetik

In der Zwischenzeit vollzog sich in der christlichen Welt eine andere, wenngleich viel reflektiertere Form des *Synkretismus.* Als das Christentum ein deutlicheres Profil gewann, forderte diese Tatsache christliche Denker dazu heraus, dem Christentum eine der griechischen Philosophie ähnliche intellektuelle Legitimität zu geben. Diese christlichen Denker nannte man *Apologeten,* ein vom griechischen Wort für »Verteidigung« abgeleiteter Begriff. Ihre Arbeit bestand hauptsächlich darin, die christliche Botschaft im Licht der davon sehr verschiedenen theologischen und kosmologischen Grundannahmen der griechischen Welt neu zu interpretieren, vor allem derer, die auf die Schriften Platons (427–347 v. Chr.) zurückgingen und als »Neuplatonismus« bezeichnet werden. Diese Aufgabe war nicht so leicht zu bewältigen, wie sie klingt, und dieser Versuch einer philosophischen Synthese veränderte das Christentum und seine ganze weitere Geschichte.

Als das Christentum in die griechische Welt eintrat, fand es sich in einem philosophischen Kontext vor, in dem diese beiden Vorstellungen in ihr Gegenteil verkehrt wurden. Viele Griechen waren der Auffassung, menschliche Wesen seien aus Geistigem und Materiellem zusammen gesetzt. Die Seele des Menschen war geistig und dadurch in gewisser Weise unmittelbar verbunden mit dem transzendenten Ursprung aller Seelen, den manche »das Eine«, andere »Gott« nannten. Aufgrund dieser Verbindung hatte die menschliche Seele eine natürliche Sehnsucht nach der Wiedervereinigung mit Gott, auch wenn sich viele Seelen aufgrund ihrer Gefangenschaft in einem materiellen Körper der wahren Natur dieser Sehnsucht nicht bewußt waren. Für die Neuplatoniker war die materielle Welt etwas, von dem man sich lösen mußte; sie betrachteten die Welt deshalb entweder mit Gleichgültigkeit oder mit ausgesprochener Feindseligkeit. Eigentlich sollte man nach neuplatonischer Auffassung das Leben in strenger Askese verbringen, um so der Seele eine bessere Konzentration auf ihre *mystischen* Bemühungen um die Wiedervereinigung mit Gott zu ermöglichen.

Die griechische Weltsicht beherrschte die antike Welt, und einige ihrer Vorstellungen fanden sehr schnell ihren Weg in das christliche Denken. So verwendet beispielsweise Paulus in einigen seiner Briefe die Sprache der griechischen Philosophie. Mehr noch: Das irgendwann nach dem Jahre 96 n. Chr. verfaßte Johannesevangelium verrät ausdrücklich hellenistischen Einfluß und gebraucht neuplatonisches Vokabular. Manche christlichen Apologeten, so etwa Tertullian (ca. 160–225) widersetzten sich der Hinwendung zum Neuplatonismus, während sich andere, beispielsweise Justin der Märtyrer (ca. 100–165), intensiv darum bemühten, die beiden Weltsichten in einem christlichen Horizont miteinander zu verbinden. Sie waren jedoch letztlich unvereinbar. Auf der einen Seite betrachtete die hebräische

Deutung des Christentums die Überzeugung von der ewigen Kluft zwischen Gott und dem Menschen, zwischen dem Materiellen und dem Geistigen als entscheidend zur Aufrechterhaltung des Bundes mit Gott; denn schließlich war für sie Erlösung nur möglich durch die Anerkennung von Gottes Transzendenz beim Handeln in der materiellen Welt. Auf der anderen Seite löschte das neuplatonische Christentum den Abstand zwischen Gott und den Menschen aus, indem es Gott als der Seele immanent betrachtete und die materielle Welt als gefährliches Hindernis ansah.

Beide Deutungen des Christentums hatten ihre Anhänger und sehr bald traten schismatische Bewegungen auf. Eine dieser Bewegungen, die eine Zeit lang sehr erfolgreich zum orthodoxen Christentum in Konkurrenz trat, war die christliche *Gnosis.* »Gnosis« bedeutet auf griechisch Erkenntnis, in diesem Fall eine besondere Erkenntnis, die sehr wenigen Menschen enthüllt wird. Die Gnosis entstand vermutlich vor dem Christentum und war eine Mischung aus jüdischen, persischen und griechischen Vorstellungen. Wie die Neuplatoniker trennten auch die Gnostiker scharf die materielle von der geistigen Welt. Nach gnostischer Lehre war die Materie böse, und deshalb war die Schöpfung nicht das Werk Gottes, sondern das einer niedrigeren Gottheit, des Demiurgen. Für die christlichen Gnostiker lag die Bedeutung Jesu darin, daß er geheimes Wissen brachte, das die menschliche Seele aus der materiellen Welt befreien und ihr den Weg zur Unsterblichkeit öffnen konnte. Nach Meinung der christlichen Gnostiker war dieses geheime Wissen durch eine Folge von besonderen gnostischen Lehrern vom einen zum anderen weitergegeben worden und ließ sich nur einer exklusiven spirituellen Elite mitteilen. Nach gnostischer Lehre war Jesus nicht als Opfer für alle Menschen gekommen, sondern um ein besonderes Wissen für eine kleine Elite zu bringen. Angesichts der Popularität der christlichen Gnosis dürfte sie wohl nur deswegen das orthodoxe Christentum nicht beerbt haben, weil dem ihre Exklusivität im Weg stand.

Mit der Zeit war das rechtgläubige Christentum gezwungen, sich gegenüber der griechischen Weltsicht kreativer und anpassungsfähiger zu verhalten. Das läßt sich deutlich an der Antwort des Christentums auf die Entstehung des *Mönchtums* ablesen. *Mönche* waren Menschen, die ein reineres christliches Leben führen wollten, durch Rückzug aus der Gesellschaft und durch Abwendung von der Sinnenwelt zu einem Leben der Kontemplation. Das Mönchtum, deutlich von einer neuplatonischen asketischen Ethik beeinflußt, verbreitete sich im 4. Jahrhundert sehr schnell von Ägypten aus, wo es im 3. Jahrhundert n. Chr. entstand, nach Palästina und Kleinasien. Die rechtgläubigen Christen betrachteten die Bewegung mit einer gewissen Besorgnis, weil die Mönche im Zuge ihrer umfassenden Ablehnung der Welt üblicherweise auch die Autorität und Praxis der Kirche verwarfen. Anstatt diese Bewegung ebenso wie die Gnosis zu bekämpfen, bemühten sich die rechtgläubigen christlichen Autoritäten darum, sie einzugliedern. So schrieb beispielsweise der rechtgläubige Bischof Athanasius (etwa 296–373) eine Biographie des Antonius von Ägypten (gest. ca. 356), eines der berühmtesten frühen Mönche. In dieser Biographie wurde die Gestalt des Antonius im streng rechtgläubigen Sinne umgedeutet, trotz seiner Askese. Die Lebensbeschreibung des Antonius lieferte so ein Modell für den idealen rechtgläubigen Mönch. Später faßte ein anderer Bischof, Basilius der Große (330–379), die Lebensform der rechtgläubigen, gemeinsam in einem *Kloster* lebenden Mönche in einem festen Regelwerk zusammen. Die Regel des Basilius schuf eine ausgewogene Mischung von Askese einerseits und Dienst an Kirche und Gemeinschaft andererseits. Teilweise begannen Klöster damit, medizinische Hilfeleistungen und Armenfürsorge zu erbringen; später wurden sie Zentren der Gelehrsamkeit und Ausbildungsstätten für Bischöfe und Missionare des rechtgläubigen Christentums.

Die Festlegung des christlichen Kanons

Der Konflikt zwischen hebräischer und griechischer Weltsicht hatte eine weitere wichtige Auswirkung auf die Entwicklung der Tradition, insofern er schließlich zur Fixierung einer Liste (eines »*Kanons*«) von Schriften durch das rechtgläubige Christentum führte. Die Diskussion darüber, welche Schriften Christen lesen sollten, war eine Reaktion auf die Entstehung einer häretischen christlichen Bewegung im frühen 2. Jahrhundert, des sogenannten Markionismus. Markion (gest. um 160) war ein wohlhabender Schiffsbauer aus Kleinasien, der eigens nach Rom kam, um sich dort der christlichen Kirche anzuschließen. Um 140 n. Chr. trennte sich Markion von Rest der Gemeinde und gründete eine eigene Gemeinschaft. Die Spannungen entstanden dadurch, daß für Markion der Gott der hebräischen Bibel und der Gott der Evangelien nicht der gleiche Gott waren. Für Markion war der Gott der hebräischen Bibel ein rachsüchtiger, zorniger

Gott, der Gott Jesu dagegen ein Gott des Lichts und der Liebe. Von den Gnostikern beeinflußt, deutete Markion den Gott der hebräischen Bibel als den Demiurgen und den Gott Jesu als das Eine der Platoniker. Aus diesem Grund lehrte Markion seine Anhänger, man müsse die hebräische Bibel als maßgeblichen Text ebenso aufgeben wie alle Schriften der christlichen Tradition, für die die hebräische Bibel eine Autorität war. Deshalb bestand der Kanon des Markion nur aus dem Lukasevangelium und den Paulusbriefen, und selbst in diesen Schriften strich Markion Abschnitte, in denen die hebräische Bibel positiv erwähnt wurde.

Für die rechtgläubige Kirche war das unannehmbar. Schließlich bewies man die Messianität Jesu nicht zuletzt dadurch, daß er in seinem Leben die *prophetischen* Weissagungen der hebräischen Heiligen Schrift erfüllt hatte. Diese Kontinuität verschaffte der Tradition ihr Gewicht. Teilweise als Reaktion auf Markion kam die rechtgläubige Kirche zu dem Schluß, sie müsse festlegen, welche Schriften für alle Zeiten maßgeblich sein sollten. Dieser Prozeß war nicht leicht, denn damals gab es zahlreiche christlichen Schriften, die allesamt Legitimität beanspruchten. Neben den vier Evangelien und der Apostelgeschichte, die wir heute kennen, fanden andere Schriften weite Verbreitung: Das Thomasevangelium, das »Evangelium der Wahrheit«, das zweite Evangelium des Matthäus, die Petrusakten, die Johannesakten usw. Die meisten dieser Texte waren ausdrücklich gnostisch geprägt und wurden deswegen sehr bald verworfen; bei anderen Texten dagegen war die Lage nicht so einfach. Erst nach einer Auseinandersetzung, die bis 387 n. Chr. dauerte, wurde der rechtgläubige Kanon schließlich festgelegt. Er bestand nicht nur aus dem »Alten Testament« (der hebräischen Bibel), sondern auch aus 27 weiteren Büchern und Briefen, die ein »Neues« Testament bildeten. Das Neue Testament enthielt die synoptischen Evangelien (Markus, Matthäus und Lukas), die Apostelgeschichte des Lukas, außerdem die Paulusbriefe und ausgewählte Briefe anderer früher Missionare. Zunächst ließen die deutlichen neuplatonischen Akzente im Johannesevangelium dieses Buch verdächtig erscheinen, schließlich wurde es aber als rechtgläubig akzeptiert, ebenso die Offenbarung des Johannes, eine Schrift mit prophetischen Weissagungen über die zweite Ankunft Jesu.

Einige Jahrzehnte nach dem Tod Jesu war aus dem Christentum eine wahrhaft internationale religiöse Tradition geworden, spiegelte die Pluralität der Christentümer die kulturelle Vielfalt des Römischen Reiches in der Spätantike wieder. Sowohl bei der Elite wie beim einfachen Volk war Synkretismus weit verbreitet und bildete einen selbstverständlichen Bestandteil der sich herausbildenden Tradition. Gleichzeitig konnten wir feststellen, wie sich angesichts dieser Vielfalt ein mächtiger Wunsch zur Vereinheitlichung und Homogenisierung der Tradition Bahn brach. Die Festlegung des Kanons, die Integration des Mönchtums und die Einschränkung der Rolle der Frau waren nur einige der Instrumente, mit denen eine einzige rechtgläubige Tradition geschaffen wurde. Im nächsten Kapitel werden wir uns mit der Entwicklung eines noch mächtigeren Instruments zur Verteidigung der Grenzen der Rechtgläubigkeit gegen konkurrierende Ausdrucksformen des Christentums beschäftigen. Es geht um das religiös-politische Konzept der Christenheit.

3. Das Modell der Christenheit: Christentum von der Spätantike bis zum Mittelalter

Einleitung

Am 14. Juni 1964 flog Papst Paul VI. nach Jerusalem, um dort Athenagoras I., den Patriarchen von Konstantinopel, zu treffen. Die Begegnung zwischen dem Oberhaupt der römisch-katholischen Kirche und dem Ehrenoberhaupt der orthodoxen Christenheit war ein herausragendes Ereignis. Mehr als 1000 Jahre lang hatte zwischen diesen beiden Zweigen des Christentums eine feindliche Trennung bestanden, gab es kaum eine offizielle Kommunikation zwischen ihnen. An jenem Tag in Jerusalem jedoch kamen die beiden Kirchenführer erstmals in der Neuzeit überein, einen offiziellen Dialog über die Möglichkeit der Wiedervereinigung dieser beiden Zweige der Kirche aufzunehmen. Bald danach wurde eine Kommission für den orthodox-katholischen Dialog eingesetzt. Sie hat sich in den letzten Jahren intensiv um gegenseitige Verständigung bemüht, auch wenn sich die Fortschritte auf dem Weg zur Einheit bisher als langsam und mühevoll erwiesen haben.

Die Begegnung zwischen dem Papst und dem Patriarchen im Jahr 1964 war ein neuer Beleg für einen Wunsch, der die ganze Geschichte des Christentums, wenn nicht alle religiösen Traditionen der Welt durchzieht, den Wunsch nach Einheit. Dem Verlangen des Menschen nach Ordnung sprechen im Bereich der Religion eine »*Orthodoxie*« (Rechtgläubigkeit) und eine »*Orthopraxie*« (rechtes Handeln), und Menschen bemühen sich verständlicherweise darum, diese Elemente durch institutionelle Einheit und andere Mittel zu bewahren. Auf lange Sicht wird natürlich die Verschiedenheit die Oberhand behalten, weil ja die ständige Entwicklung der Vorstellungen der Menschen, ihrer Weltsicht, der politischen Macht und der sozialen und wirtschaftlichen Strukturen sowie die dynamische Wechselwirkung zwischen diesen Faktoren zwangsläufig zu Wandel und Trennung führen werden. Dennoch wird die Hoffnung auf religiöse Einheit immer lebendig und stark bleiben.

Im Christentum ist der Traum von der umfassenden Einheit besonders stark. Das hat mit verschiedenen Ursachen zu tun, wobei sich allerdings ein historischer Faktor als der vielleicht wichtigste heraus arbeiten läßt. Am Ende der Antike – also in der Phase seiner Entwicklung, die es wohl entscheidend geprägt hat – wurde das Christentum zur Staatsreligion des Römischen Reiches. Von da an stand hinter dem Bemühen um christliche Einheit das ganze politische Gewicht des Imperiums, während sich dieses Bemühen bis dahin nur sporadisch auf örtlicher Ebene abgespielt hatte. Zwar zeigt sich im historischen Rückblick mehr als deutlich, daß der römische Staat nie die Einheit im ganzen Imperium herstellen konnte; wohl aber entwickelte sich in dieser Zeit die gewichtige Überzeugung, daß dem so sei. Man kann diese Überzeugung als die Ideologie der »Christenheit« bezeichnen. Sie hielt Jahrhunderte lang die alte römische Vorstellung aufrecht, daß alle Christen in einem weltumfassenden Staat vereinigt sein sollten. Wie sich in diesem und dem nächsten Kapitel zeigt, erwies sich diese Ideologie der Christenheit als unglaublich zählebig. Dennoch läßt sich auch feststellen, daß trotz aller gegenläufigen Bemühungen die natürliche Tendenz der Tradition auf Vielfalt und nicht auf Einigung zielte.

Die Romanisierung des Christentums

Den ersten christlichen Missionare ging es vor allem um die Bekehrung der Stadtbevölkerung, eine Tatsache, die von erheblichem Einfluß auf die folgende »Romanisierung« der Kirche war. Tatsächlich konzentrierten sich Missionare wie Paulus auf die regionalen Hauptstädte der römischen Provinzen. Wenn sich dort die Gemeinden etabliert hatten, schickte der Bischof der Provinzhauptstadt Diakone in die umliegenden Dörfer, die dort örtliche Gemeinden organisieren sollten. Die Gemeinden auf dem Land wählten dann ihre eigenen Presbyter, auch wenn diese Wahlen immer der Zustimmung durch den Bischof bedurften. So kontrollierte der Bischof nicht nur seine eigene Gemeinde, sondern wurde auch zum Bezugspunkt für alle Gemeinden in den Dörfern im Umland der Provinzhauptstadt. Bald einigten sich die Bischöfe de facto darauf, die Verwaltungsgrenzen innerhalb des Römischen Reiches als Grenzen zwischen ihren Gebieten zu respektieren. Im Ostteil des Römischen Reiches bezeichnete man diese territorialen Einheiten als Diözesen (grch. für »Provinzen«), und deswegen bürgerte sich der Name »Diözese« ein für die territoriale Einheit, für die ein Bischof zuständig war. Das griechische Wort für die Nachbarschaft, für die Umgebung eines Dorfes, lautete Paroikia; davon leitet sich das deutsche Wort Pfarrei ab. Bestimmte Großstädte im Römischen Reich wurden aufgrund ihrer Bevölkerungszahl und ihrer politischen wie wirtschaftlichen Bedeutung als Hauptstädte ihrer Regionen anerkannt. Antiochia war eine solche Stadt, Ephesus eine zweite, Alexandria eine dritte. Natürlich gehörte auch Rom als Hauptstadt des Imperiums dazu. Die Bischöfe dieser Städte übten zunehmend Einfluß auf andere Bischöfe in ihrer Region aus, indem sie ihnen Rat gaben und Streitigkeiten unter ihnen schlichteten. Mit einer Bezeichnung, die in die biblische Vergangenheit zurückreichte, nannte man solche Bischöfe im Osten *Patriarchen,* nach den Patriarchen der Bibel. In Rom dagegen hieß dieser »Superbischof« Papst, abgeleitet vom lateinischen Wort Pater (»Vater«).

Die römischen Päpste waren mit besonderer Energie bemüht, ihre Autorität über andere Bischöfe auszuweiten. Die römische Gemeinde war im frühen 1. Jahrhundert kurz nach der Gründung der Kirche in Jerusalem gegründet worden. Über Jahre hinweg wirkten in Rom nacheinander etliche fähige Bischöfe, die nicht nur die dortige Gemeinde immer weiter vergrößerten, sondern auch erreichten, daß viele Mitglieder der römischen Oberschicht der Kirche beitraten und ihr freigebig Geld und anderes Vermögen stifteten. Der römische Bischofssitz entfaltete außerdem eine intensive missionarische Tätigkeit in ganz Mittelitalien, so daß im zweiten Jahrhundert Dutzende, wenn nicht Hunderte von Gemeinden mit ihm in Verbindung standen. Möglicherweise war es wegen ihrer starken Position in Rom nicht zu vermeiden, daß die Bischöfe dieser Stadt zunehmend die Entscheidungsgewalt bei Streitigkeiten zwischen Bischöfen nicht nur in ihrer unmittelbaren Nachbarschaft, sondern überall im Römischen Reich beanspruchten. Darüber hinaus hatte sich der römische Bischofssitz auch das ehrgeizige Programm zu eigen gemacht, Gemeinden überall im Reich finanziell zu unterstützen. Wegen des beträchtlichen Wohlstands einiger Mitglieder der römischen Gemeinde konnten sich die Bischöfe von Rom diese Praxis längere Zeit hindurch leisten. Im Lauf der Zeit erhoben sie den Anspruch, sie hätten die besondere Aufgabe, alle einzelnen Gemeinden zu einer einen (oder »katholischen«) Kirche zusammenzuschließen. Man kann sich vorstellen, daß die Patriarchen des Ostens nicht geneigt waren, diese Einschränkung ihrer Autorität hinzunehmen, sondern ihre Herde auch weiterhin mit einem hohen Maß an Unabhängigkeit leiteten. Die Spannungen zwischen dem römischen Papsttum und den Patriarchaten des Ostens nahmen zu.

Die Bekehrung Konstantins und die Entstehung der Christenheit

Wir können nur darüber spekulieren, wie der Machtkampf zwischen dem Papst in Rom und den Patriarchen des Ostens ausgegangen wäre. Aber bevor die Dinge soweit waren, kam es zu einem anderen Ereignis, das die Entwicklung des Christentums erheblich veränderte: Im Jahr 312 kämpfte ein römischer General namens Konstantin (gest. 337) gegen mehrere Rivalen um die Macht im Römischen Reich. Vor den Toren Roms griff Konstantin die Armee des Maxentius, eines dieser Gegner, an und besiegte sie. Einer Legende zufolge hatte in der Nacht vor der Schlacht ein Engel Konstantin, dessen Mutter Helena Christin war, den Sieg prophezeit, falls er das griechische Christuszeichen auf den Schilden seiner Soldaten anbringen ließ. Konstantin befolgte diesen Rat, gewann die Schlacht und daraufhin das Römische Reich.

Das ist nur eine Legende; tatsächlich hat sich Konstantin selbst wohl nie taufen lassen. Dennoch wissen wir, daß er zur Konsolidierung seiner Machtstellung 313 das Mailänder Edikt unterzeichnete, das der Verfolgung der Christen im Imperium offiziell ein Ende setzte. Als Konstantin 324 Alleinherrscher wurde, verlieh er dem Christentum den Status einer gesetzlich anerkannten Religion im Reich. Gleichzeitig setzte er sich aktiv für die Förderung des Christentums ein. Er spendete erhebliche Geldsummen, um damit prächtige Kirchen sowohl in Rom wie später in seiner neuen Hauptstadt in Kleinasien, in Konstantinopel, erbauen zu lassen. Konstantin war auch darum bemüht, Jerusalem der Vergessenheit zu entreißen, in dem er die erste Grabeskirche erbaute.

Konstantin wollte eine aktivere Rolle in der Leitung der Kirche übernehmen. Es war sein erklärtes Ziel, alle Gemeinden im Reich in einer zentral verwalteten Organisation zu vereinigen. Diesem ehrgeizigen Plan stand unter anderem die Tatsache entgegen, daß es kein einheitliches Gefüge christlicher Lehraussagen gab, das von allen christlichen Gemeinden akzeptiert wurde. Als im Jahr 324 eine große theologische Kontroverse entstand, nutzte der Kaiser diese Gelegenheit und rief alle Bischöfe des Reiches zu einem Konzil zusammen, das eine einheitliche Lehraussage oder ein »*Glaubensbekenntnis*« erarbeiten sollte, das für alle Christen verpflichtend wäre. Das war das erste *ökumenische Konzil* in Nizäa in Kleinasien. »Ökumenisch« ist das griechische Wort für »universal«. Dieser Begriff wurde für das

Konzil verwendet, weil man unterstellte, daß auf ihm alle Bischöfe des Römischen Reiches anwesend waren. De facto kamen zum Konzil in erster Linie Bischöfe aus dem Osten, obwohl seine Ergebnisse Konsequenzen für das ganze Reich haben sollten.

Die spezielle theologische Auseinandersetzung, mit der sich das Konzil zu befassen hatte, betraf die Göttlichkeit Jesu. Seit seiner ersten Identifizierung als der Messias stand für die Mehrheit der Christen die göttliche Natur Jesu fest. Allerdings war nie genau festgelegt worden, wie diese Göttlichkeit beschaffen sei. In den Jahren vor 325 begann ein Priester namens Arius (ca. 250–336) aus Alexandria zu lehren, Jesus sei kein ewiges Wesen, sondern Gott habe ihn zu einem bestimmten Zeitpunkt geschaffen. Dieser Auffassung nach war Jesus von göttlicher Art, stand aber doch unter Gott. Alexander (gest. 328), der Bischof des Arius, stimmte dem nicht zu: Für ihn war Jesus Gott und hatte immer existiert. Arius wiederum fand starke Unterstützung bei der kirchlichen Basis, und die Kontroverse drohte die Kirche zu spalten. Das war der Zeitpunkt, an dem Konstantin die Initiative übernahm und ein Konzil in Nizäa einberief. Dort erlebte er eine heftige Debatte zwischen Vertretern der Position des Arius und der des Alexander. Am Ende trug die Partei des Alexander den Sieg davon. Das Verhältnis Jesu zu Gott wurde mit dem Begriff »homousios« bestimmt, demzufolge Jesus und Gott gleichewige Wesenheiten von ein und derselben Substanz sind. Diese Aussage wurde von einem zweiten Konzil 60 Jahre später auch auf den *Heiligen Geist* ausgeweitet, so daß der christliche Glaube nun von einem Gott in drei Personen sprach, den man im Westen manchmal als die »*Trinität*« bezeichnete. Konkretes Ergebnis des Konzils von Nizäa war die Formulierung eines Glaubensbekenntnisses, das diese trinitarische Lehre verbindlich machte und den Arianismus ausdrücklich ausschloß. Es waren schließlich drei weitere Konzilien nötig, bis das Glaubensbekenntnis von Nizäa seine endgültige Gestalt fand; aber Konstantin war mit den Ergebnissen des ersten Konzils zufrieden, und die Einigung der Kirche schien eine praktikable Möglichkeit. Es war ein ebenso wichtiges Ergebnis, daß man den Kaiser als den Angelpunkt anerkannt hatte, um den sich die christliche Kirche jetzt bewegte: Kirche und Staat waren in der Vorstellung vieler ein einheitliches Ganzes geworden. Natürlich entsprachen beide Vorstellungen nicht der Wirklichkeit. Das Christentum mußte bis 380 warten, bis ein Kaiser die christliche Religion zur offiziellen Religion des Römischen Reiches erklärte. Konstantins unmittelbarer Nachfolger, sein Sohn Konstantius, war überdies Arianer, und der Nachfolger des Konstantius versuchte sogar, das Heidentum neu zu beleben, so daß das Reich bald in ein religiöses Chaos gestürzt wurde. Dennoch war die Idee der Christenheit – eines einheitlichen christlichen Staates – geboren, und selbst die spektakuläre Auflösung des Römischen Reiches im vierten und fünften Jahrhundert konnte sie nicht zerstören.

Die Entwicklung des liturgischen Jahres

Als das Christentum zur führenden Religion in vielen Teilen des Römischen Reiches wurde, wurde der ganze Kalender mehr und mehr auf das Christentum ausgerichtet. In der Übergangszeit zwischen Spätantike und Mittelalter entwickelte sich ein reich gegliedertes christliches liturgisches Jahr, aus dem sechs wichtige Feste hervorragten: Weihnachten, Epiphanias, Karfreitag, Ostern, Himmelfahrt, und Pfingsten. Die ersten fünf dieser Feste erinnern an Ereignisse im Leben Jesu. An Weihnachten wird Jesu Geburt gefeiert, an Epiphanias die Taufe Jesu (in der östlichen Orthodoxie) oder die Anbetung der drei Weisen (im lateinischen Westen), am Karfreitag Jesu Tod, am Ostersonntag die Auferstehung Jesu, und Himmelfahrt erinnert an Jesu Auffahrt in den Himmel. Pfingsten wiederum feiert die Ausgießung des Heiligen Geistes auf die ersten Christen in Jerusalem, ein Ereignis, das in der Tradition als Gründung der ersten christlichen Kirche betrachtet wird.

Die Einzelheiten in der Entwicklung dieser Struktur sind schwer nachzuzeichnen und immer noch Gegenstand wissenschaftlicher Kontroversen. Tatsächlich hat es den Anschein, daß in den frühen christlichen Kirchen die Praxis von Ort zu Ort unterschiedlich war, während offenbar im 4. Jahrhundert eine einigermaßen einheitliche Strukturierung des christlichen Jahres entstand. Vier der sechs genannten Feste können bis zu den jüdischen Wurzeln des Christentums zurückverfolgt werden: Karfreitag und Ostern, die mit dem Passah-Fest, und Pfingsten und Himmelfahrt, die mit dem jüdischen Wochenfest zusammenfielen. Die jüdischen Feste sind beweglich, sie werden jedes Jahr an einem anderen Datum gefeiert und in Beziehung zum ersten Vollmond, nach der Frühjahrs-Tagundnachtgleiche berechnet. Mit der Zeit führte das zu beträchtlichen Meinungsverschiedenheiten in der Kirche. Weil die beiden Hälften des Reiches praktisch unterschiedliche Kalender gebrauchten, bestand keine Einigkeit über das genaue Osterdatum, eine Kontroverse, die zum Symbol für die wachsenden Differenzen zwischen dem lateinischen Westen und dem griechischen Osten wurde. Weihnachten und Epiphanias wiederum hatten sich unabhängig voneinander aus der christlichen Tradition entwickelt und liegen vom Datum her auf dem 25. Dezember beziehungsweise 6. Januar fest.

Der Anstoß für eine bewußte Einordnung dieser Feste in ein umfassendes christliches Jahr kam wohl aus Jerusalem, das sich nach dem 4. Jahrhundert zum wichtigsten Ziel für Pilgerfahrten entwickelt hatte. Eine der wichtigsten Neuerungen der Jerusalemer Liturgie war die Ausdehnung der Osterfeierlichkeiten auf eine ganze Woche, die »Karwoche«, so daß der Palmsonntag (Jesu Einzug in Jerusalem) und der Gründonnerstag (das letzte Abendmahl) einbezogen waren. Pilger, die aus Jerusalem zurückkehrten, gaben oft in ihren örtlichen Gemeinden weiter, was sie dort sahen und taten. Weil Jerusalem die Stadt war, in der Jesus gelebt hatte, gestorben und auferstanden war, hatte ihre liturgische Praxis, wie etwa die Feier der Karwoche, oft erheblichen Einfluß in der ganzen christlichen Welt.

Mit der Herausbildung der Christenheit erlebten auch andere kirchliche Rituale größere Veränderungen. Da Kirchenmitgliedschaft und Zugehörigkeit zum Römischen Reich jetzt zusammenfielen, wurde es bald allgemeine Praxis, Kinder zu taufen. Die Taufe symbolisierte so nicht nur die Zugehörigkeit zur Kirche, sondern auch die zur römischen Gesellschaft insgesamt. Religiöse Unterweisung geschah nach wie vor dann, wenn die Kinder das Alter der Vernunft erreichten; aber jetzt dauerte das Katechumenat die ganze Kindheit über und endete in der Pubertät mit einem neuen Ritual, der *Firmung*. Die Taufe gliederte den Menschen in die Kirche ein, aber erst nach der Firmung durfte er Brot und Wein in der Eucharistie empfangen.

Die Anfänge des Mittelalters

Die Plünderung Roms durch die Armeen der germanischen Stämme in Jahr 410 entzog dem Kaiser in Konstantinopel praktisch die Kontrolle über die westliche Hälfte seines Reiches. Aber schon Jahrzehnte vor diesem Ereignis hatten sich West- und Osthälfte des Reiches auseinander entwickelt. Die Geographie erschwerte es, das Imperium von einer Hauptstadt aus zu regieren, und die Tatsache, daß sich der lateinisch sprechende Westen und der griechisch sprechende Osten kulturell deutlich unterschieden, verschärfte nochmals dieses Problem. Das Christentum war gegenüber den zentrifugalen Tendenzen, die in dieser Trennung lagen, nicht immun. Die Patriarchen von Konstantinopel, Alexandria, Antiochia und Jerusalem achteten eifersüchtig auf ihre Unabhängigkeit und hatten den römischen Primat nie wirklich akzeptiert. Obwohl das ökumenische Konzil dazu veranlaßt worden war, die kirchliche Vorrangstellung Roms anzuerkennen, war die Unterordnung Konstantinopels unter Rom schon deswegen bloße Fiktion, weil die römischen Kaiser seit 325 in Konstantinopel residierten. Dazu kamen theologische Fragen, die Ost und West trennten. Viele Christen im Westen waren unglücklich über die Vorstellung, Gott und Jesus seien wesensgleich homousios); so fügten sie in das Wort den griechischen Buchstaben Jota ein, so daß es »homoiusios« (»wesensähnlich«) lautete. Dieser Unterschied mag trivial erscheinen, dennoch wurde er zu einem der beherrschenden Streitthemen zwischen den Bischöfen, die Rom folgten, und den Bischöfen des Ostens. Mit dem Fall Roms spitzten sich die religiösen Differenzen zu, und die Bischöfe des Ostens erkannten durchweg die Vorrangstellung des Patriarchen von Konstantinopel an. Von diesem Zeitpunkt an kann man von zwei unterschiedlichen Zweigen des Christentums sprechen: dem römischen Katholizismus mit seinem Zentrum in Rom und der Orthodoxie mit ihrem Zentrum in Konstantinopel, dem heutigen Istanbul.

Im Ostreich, das jetzt als Byzantinisches Reich bezeichnet wurde, blieb das Kaisertum bis zum 15. Jahrhundert bestehen. Die ganzen Jahrhunderte hindurch waren die Kaiser faktisch Oberhaupt der orthodoxen Kirche: Sie beriefen häufig Konzilien ein und mischten sich in kirchlich-religiöse Angelegenheiten ein. In gewisser Weise hatte sich der Traum Konstantins in der byzantinischen Kirche, die tatsächlich mit dem Staat deckungsgleich war, erfüllt. Das verhinderte allerdings Spaltungen innerhalb der orthodoxen Welt nicht. Im fünften und sechsten Jahrhundert hatten sich aus politischen wie aus theologischen Gründen die äthiopische, armenische, syrische und nestorianische Kirche von Konstantinopel getrennt, ebenso die koptischen Christen Ägyptens. Solche Trennungen wurden durch den Aufstieg des Islam im späten 7. Jahrhundert vertieft. In einem Zeitraum von 100 Jahren hatten die muslimischen Armeen große Teile des alten christlichen Kernlandes zwischen Nordafrika und Kleinasien erobert. Teilweise wurde die muslimische Eroberung von den ortsansässigen Christen begrüßt und gefördert, die nur zu gern die

Kontrolle durch Konstantinopel loswurden. Dennoch konnte erstaunlicherweise das Byzantinische Reich das islamische Vordringen beinahe sieben Jahrhunderte aufhalten, bis die muslimischen Türken schließlich im Jahre 1453 Konstantinopel eroberten.

Die russische orthodoxe Kirche

Ein Teil der Einbußen, die die byzantinische Kirche durch den Islam erlitt, wurden während des Mittelalters durch missionarische Erfolge im Norden, in den russischen Steppen, sowie im Westen, in den Balkanländern, kompensiert. Pioniere der Mission bei den slawischsprachigen Völkern waren Kyrill (826–869) und Methodius (ca. 815–885), die zusammen eine Schrift für die slawischen Sprachen schufen (das kyrillische bzw. glagolitische Alphabet). Anfang des 9. Jahrhunderts übernahmen Bulgaren und Serben die Religion Konstantinopels. Um 860 wurden die Russen zum orthodoxen Christentum bekehrt und erhielten einen byzantinischen Bischof, der in Kiew residierte. Hundert Jahre später wurde das orthodoxe Christentum offizielle Religion des russischen Staates. Mit der Verlagerung des politischen Zentrums Rußlands von Kiew nach Moskau verlagerte sich auch das religiöse Zentrum; seit 1328 residierte das Oberhaupt der russischen Kirche in Moskau.

Nach und nach kamen alle slawischen Kirchen außer der russischen unter islamische Herrschaft. Daraufhin nahm der Bischof von Moskau 1589 den Patriarchentitel an. Nach dem Fall von Konstantinopel verstand sich nun Moskau als das dritte Rom und als Mittelpunkt der ganzen Christenheit. Interessanterweise spaltete diese Entwicklung die russische Kirche in zwei Gruppen, von denen jede das eine Christentum zu verkörpern beanspruchte. Wie die byzantinischen Kaiser versuchte auch der russische Zar, die Unterordnung der russischen Kirche unter den Staat zu festigen. Der Moskauer Patriarch Nikon (1605–1681) stellte sich jedoch aktiv gegen diese Tendenz und bekräftigte die moralische Autorität der Kirche über den Staat. Darüber hinaus hoffte Nikon, die russische Kirche könne einmal eine beherrschende Rolle innerhalb der gesamten Orthodoxie ausüben; um das zu erleichtern, veränderte der Patriarch die russische Liturgie tiefgreifend, um sie in Übereinstimmung mit der weiter verbreiteten griechischen Praxis zu bringen. Nicht nur der Zar verweigerte Nikon allerdings darin die Gefolgschaft, sondern auch die Konservativen in seiner eigenen Kirche, die Veränderungen in der russischen Liturgie als Sakrileg betrachteten. Schließlich blieben die liturgischen Veränderungen Nikons aber in Gültigkeit, was eine kleine, aber energische Gruppe von sog. Altgläubigen dazu veranlaßte, mit der Kirche zu brechen. Nikon wurde abgesetzt, und der Einfluß des Staates auf die russische Kirche wurde von Jahrzehnt zu Jahrzehnt stärker. Schließlich schaffte Zar Peter der Große 1721 das Moskauer Patriarchat ab und machte aus der russischen Kirche faktisch eine Abteilung der staatlichen Bürokratie.

Das Mittelalter im Westen

Eine vergleichbare Konfrontation, bei der sich König und Patriarch gegenüberstanden, spielte sich auch während des europäischen Mittelalters ab, obwohl dort die Umstände weitgehend die römischen Päpste gegenüber den Königen begünstigten. Der Untergang des römischen Westreiches hinterließ ein Machtvakuum, das nur das Papsttum füllen konnte. Nach dem Zusammenbruch des römischen Verwaltungssystems wurde das Leben in Europa kleinräumiger und ländlicher, wobei örtliche Stammesrivalitäten eine Machtkonsolidierung auf regionaler Ebene behinderten. Gleichzeitig verfügte das Papsttum über eine klar umrissene Machtstellung, die von Rom bis in die ländlichen Bistümer ausstrahlte. Rom unternahm darüber hinaus energische missionarische Anstrengungen auf den britischen Inseln und im nördlichen Europa und konnte so bisher heidnische Völker in die Welt der katholischen Christenheit einbeziehen. Daher konnte Rom einen weit stärkeren Einfluß auf weite Teile Europas ausüben als die staatlichen Autoritäten. Außerdem war die katholische Kirche auch einer der wichtigsten Grundbesitzer in Europa.

Der Gipfel und Wendepunkt päpstlicher Macht lag im 13. Jahrhundert. Damals gab es in Frankreich, Deutschland und England starke Herrscherpersönlichkeiten. Aber das Papsttum behielt sie unter Kontrolle. Für kurze Zeit wurde Europa unter Papst Innozenz III. (1198–1216) unter päpstlicher Oberherrschaft geeint, und am Ende des Jahrhunderts verkündete Papst Bonifaz VIII. (1294–1303) in der Bulle »Unam Sanctam«, alle weltliche Gewalt müsse sich dem Papst unterwerfen. Auch wenn man damals einem geeinten Christentum nahe war, hielt diese Einheit nicht lange an. Ende des 13. Jahrhunderts hatte der schrittweise Wechsel von einer agrarischen zu einer

Geldwirtschaft in Europa das Papsttum in eine immer schwierigere finanzielle Lage gebracht. Gleichzeitig wandte sich das entstehende Nationalgefühl gegen eine zentrale Kontrolle, ein besonders wichtiger Faktor für den Niedergang des Papsttums während des 14. Jahrhunderts. Als sich der Papst in die langen Auseinandersetzungen zwischen Engländern und Franzosen einzuschalten versuchte, die später der 100jährige Krieg genannt wurden, reagierten die Herrscher beider Nationen, indem sie die Kirche und den Klerus als ausländische Agenten behandelten und bekämpften. Der harte Machtkampf führte zur Aufspaltung des Papsttums; es wurden gleichzeitig zwei Päpste gewählt, von denen der eine zu Frankreich und der andere zu England hielt. Auch wenn das »große abendländische Schisma« (1309–1377) schließlich überwunden wurde, hatte doch das Papsttum durch diese Ereignisse seine politische Vormachtstellung in Europa für immer eingebüßt.

Kathedralen und Universitäten

Während die Aktien des Papsttums stiegen und fielen, erfuhr Europa in der zweiten Hälfte des Mittelalters eine erstaunliche Veränderung. Das regionale Wirtschaftsleben florierte, der Handel weitete sich aus, und Städte wurden wieder zu einem prägenden Merkmal Europas. In ihnen entwickelte sich eine glänzende städtische Kultur, blühten Künste und Wissenschaften immer schneller auf. Symptomatisch für diese Veränderung war nicht nur der Bau der großen gotischen Kathedralen, sondern auch die Entstehung einer neuen Institution höherer Bildung, der Universität.

Kathedrale bedeutet zunächst einfach Bischofskirche; sie hat ihren Namen von der Kathedra, dem Bischofsstuhl, dem Symbol für dieses Amt. Deshalb gab es Kathedralen seit den römischen Zeiten des Christentums. Vom 12. Jahrhundert an verbanden sich allerdings neue Ingenieurtechniken mit einer neuen architektonischen Formensprache, woraus ein völlig neuer Baustil für Kathedralen entstand. Weil er seine Ursprünge in Nordeuropa, dem Heimatland der antiken Goten hatte, wurde dieser neue Baustil als »gotisch« bezeichnet. Im Vergleich mit ihren Vorgängerbauten waren gotische Kathedralen höher, größer und viel reicher ausgeschmückt. Spitzbogen traten an die Stelle von Rundbögen, und in die Wände wurden riesige Glasfenster eingelassen, die die neuen Gebäude in glänzendes farbiges Licht tauch-

Eine typische gotische Kathedrale, die von Laon (Frankreich).

ten. Damals wetteiferten Städte wie Paris, Chartres und Amiens um den Bau der größten und prächtigsten gotischen Kathedrale. Weil diese Arbeit ganze Heerscharen geschickter Handwerker Jahre, wenn nicht Jahrzehnte beschäftigte, waren die gotischen Kadiedralen nicht nur Ausdruck christlicher Frömmigkeit, sondern auch des wachsenden Bürgerstolzes.

Für die verschiedenen Gruppen von Menschen hatten die großen Kathedralen jeweils eine andere Bedeutung. Dem durchschnittlichen Europäer mußten sie als Tor in eine andere Welt erscheinen. Die Besucher, die meist vom Land kamen, dürften schon durch die gewaltigen Ausmaße des Gebäudes, seine Höhe, beeindruckt gewesen sein, die Ehrfurcht und Staunen weckte, Das Mauerwerk, das mit unglaublich wenig Abstützung auskam und dennoch weit in den Himmel hineinragte, muß ihnen geradezu als Verkörperung des Wunderbaren schlechthin erschienen sein. Zu der emotionalen Bewegung durch die gotische Kathedrale kam für den normalen Europäer auch eine geistige Anregung. Beinahe die gesamte Oberfläche der Kathedrale war innen wie außen verziert. Wo man sich auch hinwandte, sah man ein Fresko, ein Mosaik, eine Skulptur oder ein Glasfenster, die biblische Szenen, biblische Symbole oder manchmal sogar Veranschaulichungen kirchlicher Lehraussagen zeigten. Tatsächlich waren die meisten gotischen Kathedralen als »Bibel der Armen« konzipiert. Die Erbauer der Kathedralen waren bemüht, christliche Motive und Symbole zu verwenden, die jedermann unabhängig von seiner sozialen Klasse oder seinem Bildungsgrad sofort identifizieren konnte. So konnte der durchschnittliche Bewohner Europas trotz seiner Armut und fehlenden Bildung die gotische Kathedrale »lesen«, und die Menschen nahmen von ihren Besuchen in der Kathedrale nicht nur eine stärkere Hinwendung zum christlichen Glauben, sondern auch ein größeres Verständnis dieses Glaubens mit.

Die großen Kathedralen Europas waren nicht nur wichtig für die Entwicklung der volkstümlichen Religiosität, sondern gleichermaßen für die Herausbildung von Formen des Christentums im Westen, die sich an der Elite orientierten. So entstanden beispielsweise die ersten Universitäten im Umkreis der großen Kathedralen. Während des Frühmittelalters war institutionalisierte höhere Bildung Sache der Klöster auf dem Land. Mit dem Aufstieg der Städte wurden die Kathedralschulen eine beliebte Alternative, da sie für die städtischen Eliten besser erreichbar waren. Wie die Klosterschulen boten auch die Kathedralschulen einen Bildungsgang, der sich an den sieben freien Künsten der klassischen Antike orientierte: Grammatik, Logik, Rhetorik, Arithmetik, Geometrie, Astronomie und Musik. In den Städten mit mehreren Kathedralschulen schlossen sich Professoren und Studenten oft zusammen, um ihre Rechte und Privilegien zu sichern. Die daraus entstehende »Gelehrtenzunft« nannte man eine »Universitas«. In den meisten Städten blieb die Universitas eng mit den Kathedralschulen verbunden, aber in größeren Städten wie Paris oder Bologna verliehen ihr die örtlichen Behörden den Status einer eigenen Institution mit entsprechenden Einrichtungen und Gebäuden. Solche unabhängigen Universitäten lehrten auch weiterhin die traditionellen sieben freien Künste, aber erweiterten ihr Angebot bald um

Rechtswissenschaft, Medizin und Theologie. Sie waren die Vorläufer der modernen westlichen Universität.

Die neuen Universitäten brachten Europa ein höheres Maß an intellektueller Schärfe und Differenziertheit. Aus diesen Institutionen der höheren Bildung ging ein ganzes Spektrum philosophischer und theologischer Systeme hervor. Das bei weitem einflußreichste dieser Systeme war die Scholastik. Den scholastischen Theologen ging es in erster Linie um die Versöhnung von Glauben und Vernunft sowie um die Bestimmung der Grenzen zwischen beiden. Seit dem 12. Jahrhundert waren die Fragen zum Verhältnis von Glauben und Vernunft immer bedrängender geworden, weil damals die Schriften des griechischen Philosophen Aristoteles (384–322 v. Chr.) erstmals in Europa allgemein zugänglich wurden. Im Unterschied zu seinem Lehrer Platon lehrte Aristoteles, daß man zuverlässige Erkenntnis geistiger Gegenstände durch den Gebrauch der Vernunft erlangen könne. Dadurch wurde die Offenbarung relativ unwichtig, weil für Aristoteles die menschliche Vernunft induktiv von der materiellen Welt zur Wirklichkeit Gottes gelangen konnte. Das Ansehen des Aristoteles war so überwältigend, daß man seinen Rationalismus nur schwer ignorieren konnte. So widmeten große scholastische Theologen wie Anselm von Canterbury (1033–1109) und Petrus Lombardus (ca. 1100–1160) ihr Leben der intensiven Auseinandersetzung mit den Implikationen der aristotelischen Philosophie.

Von allen Scholastikern jener Zeit schuf Thomas von Aquin (1224–1274) die ausgewogenste und einfiußreichste Synthese von Glaube und Vernunft. In Werken wie der »Summa contra gentiles« und der »Summa theologiae« (ein Werk, das gelegentlich in seiner Ausdehnung und Komplexität mit einer großen gotischen Kathedrale verglichen wurde) versuchte Thomas zu zeigen, daß die Offenbarung zwar die menschliche Vernunft überstieg, die Vernunft aber dennoch die Offenbarung ergänzen konnte, indem sie ihren Wahrheitsanspruch stützte. Dadurch konnte die Vernunft das Verständnis der Heilswahrheiten des Glaubens vertiefen, ohne jemals diese Glaubensaussagen erreichen zu können, wie es Aristoteles gelehrt hatte. Zwar wurde im 19. Jahrhundert die kraftvolle »thomistische« Synthese zur offiziellen Theologie der katholischen Kirche erklärt; die scholastischen Debatten ihrer Zeit brachte sie allerdings nicht zum Verstummen. Theologen wie Duns Scotus (etwa 1264–1308) und Wilhelm von Ockham (etwa 1285–1347) wandten sich gegen die thomistische Synthese mit dem Argument, sie traue der menschlichen Vernunft zu viel zu. Wie nicht anders zu erwarten, griffen andere diese Synthese aus der entgegengesetzten Richtung an. Manchmal holten die scholastischen Theologen aller Fraktionen ungeheuer weit aus, um ihre Positionen zu begründen. Trotz solcher Auswüchse nahmen jedoch die scholastischen Diskussionen jener Zeit viele Debatten über Vernunft und Offenbarung vorweg, die das westliche Christentum bis heute in Atem halten.

Die Entwicklung der Religiösitat im mittelalterlichen Westen

Im Lauf des Mittelalters vollzogen sich tiefgreifende Veränderungen in Lehre und Ritualen des Katholizismus. Für viele Menschen dieser Epoche waren Taufe und Eucharistie mehr als nur Erinnerung an vergangene Heilstaten. Man verstand sie vielmehr als *Sakramente,* also materielle Vollzüge, die für die Gläubigen zu einer direkten und unmittelbaren Kommunikation mit der göttlichen Gnade wurden. Ein solches Verständnis, das man im Westen Sakramentalismus nannte, beruhte auf der Annahme, bestimmte Rituale würden allein schon durch ihren Vollzug Gnade vermitteln. Die Schwierigkeit bei einer solchen Definition bestand darin, daß man sich nicht darüber einig war, welche Rituale Sakramente und welche rein symbolisch waren. Noch bis ins 12. Jahrhundert kannte man in der katholischen Kirche etwa 30 Sakramente. Gegen Ende jenes Jahrhunderts beschränkte der Theologe Petrus Lombardus die Zahl der Sakramente dann auf sieben, die jeweils ihre bestimmte Stelle im Lebenslauf hatten: *Taufe, Firmung, Eucharistie, Buße, Ehe, Priesterweihe, Krankensalbung.* Diese sieben Sakramente wurden als Bestandteil des verpflichtenden Glaubensgutes durch mittelalterliche Konzilien anerkannt und sind bis heute für die katholische Kirche verbindlich.

Besonders weit reichende Auswirkungen auf die Spiritualität im Westen hatte die Entwicklung des Bußsakraments. Die Buße ist das Sakrament der Vergebung von Sünden, die nach der Taufe begangen wurden. Vor der Entstehung des Bußsakraments führte die Sünde nach der Taufe zur Exkommunikation, zum Ausschluß des Sünders von der Eucharistie. Mit der Zeit entwickelten sich jedoch Mittel, um einen Sünder mit der Kirche durch einen Bußakt zu versöhnen, gewöhnlich durch das Sündenbekenntnis. Im Westen erhielt dieses Sakrament einen rechtlichen Akzent: Buße als Wiedergutmachung zwischen dem

Sünder und Gott als der durch die Sünden beleidigten Partei. Zwischen dem vierten und sechsten Jahrhundert wurde das Bußritual in der katholischen Kirche in feste Formen gegossen, mit wöchentlicher Möglichkeit zur Beichte und zwei ganz der öffentlichen Buße gewidmeten Abschnitten im Kirchenjahr: dem Advent, den Wochen vor Weihnachten, und der Fastenzeit, den Wochen vor Ostern. Die Bußpraxis erhielt ein solches Gewicht, daß die Beichte am Ende des Mittelalters zur Voraussetzung für den Empfang der Eucharistie wurde.

Man könnte meinen, das Jenseits hätte für die mittelalterlichen Christen angesichts der Vergebung ihrer Sünden durch das Bußsakrament seine Schrecken verlieren müssen. Dem war aber nicht so. Die Bestrafung im Jenseits blieb nach wie vor eine reale Möglichkeit, weil nach der Lehre der Kirche die Buße nach dem Tod weiterging. Der Ort dieser Buße nach dem Tod war das *Fegefeuer;* zwar waren die Qualen des Fegefeuers nicht ewig, machten aber dennoch Angst. Deshalb waren die mittelalterlichen Christen darum bemüht, die Zeit, die sie im Fegefeuer verbringen mußten, durch Teilnahme an verschiedenen »paraliturgischen« Frömmigkeitsformen abzukürzen, für die der Papst *Ablässe* gewährte. Durch solche Ablässe erhielten die Gläubigen die Gewißheit, daß ihnen bei Erfüllung der entsprechenden Frömmigkeitsübung ein bestimmter Zeitraum ihres zukünftigen Aufenthaltes im Fegefeuer, den man normalerweise in Tagen oder Jahren maß, erlassen und ihr Eintritt in den Himmel beschleunigt würde. Ablässe verschiedener Abstufung wurden für alle Arten religiöser Praxis gewährt, von der Stiftung von Kirchen bis zum Sprechen bestimmter Gebete, von der Teilnahme an Prozessionen bis zu gefährlichen Reisen zu weit entfernten Wallfahrtsorten wie etwa Santiago de Compostela. Sogar durch Kriegszüge konnten die Beteiligten Ablässe erwerben, sofern diese vom Papst als *Kreuzzüge* anerkannt waren. Unter den Kreuzzügen des 11. bis 13. Jahrhunderts ragten diejenigen heraus, die auf die militärische Rückeroberung Jerusalems und des Heiligen Landes von der muslimischen Herrschaft zielten.

Die Verhärtung der Trennung zwischen Ost und West

Die meisten Christen des Mittelalters, ob im Westen oder im Osten, ersehnten sehr den Tag, an dem die Kirche wieder geeint sein würde. Mit der Zeit wurde eine kirchliche Wiedervereinigung von Ost und West allerdings immer unwahrscheinlicher. Wie wir feststellen konnten, hatten Ost und West seit dem Ende des Römischen Reiches unterschiedliche religiöse Wege eingeschlagen. Als ein natürliches Ergebnis dieser Trennung hatten östliche und westliche Kirchen zwei unterschiedliche Traditionen ausgebildet, und damit auch zwei unterschiedliche Stile des Christseins. So entwickelten sich beispielsweise die Sakramente in Ost und West unterschiedlich. Während im Katholizismus die Zahl der Sakramente ausgeweitet wurde, sprachen orthodoxe Theologen noch im 8. Jahrhundert von nur zwei Sakramenten, Taufe und Eucharistie. Erst im 17. Jahrhundert übernahm die orthodoxe Kirche die westliche Lehre über die sieben Sakramente, und auch danach blieben noch wichtige Unterschiede. So wird beispielsweise die Firmung im Osten unmittelbar nach der Taufe gespendet, und die Kinder empfangen schon von klein an die Heilige Kommunion.

Einer der wichtigsten Unterschiede zwischen Ost und West in der Sakramentenpraxis betraf die Voraussetzungen für die Priesterweihe. Völlige Enthaltsamkeit war ein christliches Ideal seit den Zeiten der Apostel, erwies sich allerdings mit dem Anwachsen des Christentums als schwer umzusetzen. Die frühen Kirchenväter nahmen darauf Rücksicht und schrieben vor, daß mindestens der Klerus zölibatär sein sollte. Aber auch das war schwer durchzusetzen, und deshalb entwickelte sich bald die Praxis, Priestern die Heirat vor der Weihe zu erlauben, während Verheiratung beziehungsweise Wiederverheiratung im Fall des Todes der Ehefrau nach der Weihe verboten war. Zu Bischöfen wurden nach wie vor nur Männer aus dem zölibatär lebenden Klerus gewählt, was praktisch bedeutete, daß die meisten Bischöfe dem Mönchtum entstammten. Dieses Zweiklassensystem wurde von Kaiser Justinian im 6. Jahrhundert offiziell gut geheißen und bildet die Grundlage der orthodoxen Praxis bis heute. Eine Zeit lang bestand in der katholischen Kirche ein vergleichbares System. Allerdings zeigte der Klerus im Westen bald die ausgeprägte Tendenz, örtliche Dynastien zu bilden, in denen Pfarreien vom Vater auf den Sohn übergingen. Diese Praxis unterminierte die umfassende Kontrolle der Kirche durch das Papsttum, und deshalb gab man das Zweiklassensystem im Westen allmählich auf. Schließlich schrieb Papst Gregor VII. im 11. Jahrhundert den Zölibat für den gesamten Klerus gesetzlich vor.

Natürlich könnte man noch weit mehr Unterschiede in Glaubenslehre und Glaubenspraxis zwischen Orthodoxie und Katholizismus aufzählen. Wichtig ist hier aber vor allem: Trotz der mächtigen Ideo-

Exkurs: Ikonen

Die Verehrung von *Ikonen* reicht in der Orthodoxie sehr weit zurück. Die frühen Christen glaubten, bildliche Darstellungen Jesu, der Gottesmutter Maria, der Engel, Heiligen und Märtyrer gewährten in besonderer Weise Fürbitte und Schutz. Normalerweise schuf man Ikonen als farbenprächtige Mosaiken oder als Malereien auf Holztafeln, wobei das Material jeweils von einem Priester gesegnet wurde. Die Ikonenverehrung im christlichen Osten nahm solche Ausmaße an, daß der oströmische Kaiser Leo III. aus Angst vor einem Abgleiten in die Vergötzung der Bilder im 8. Jahrhundert einen massiven Angriff gegen diese Praxis unternahm. Das führte zu einer Polarisierung der Orthodoxie in zwei Lager: die »Ikonoklasten« (die die Ikonen ablehnten) und die »Ikonodulen« (die die Ikonen akzeptierten). Schließlich behielten die Ikonodulen die Oberhand, für sie bedeutete die Absage an die Ikonen auch eine Absage an die Fleischwerdung Jesu, weil es sich in beiden Fällen um eine materielle Wiedergabe geistiger Wesenheiten handle. Seit jener Zeit gibt es keine orthodoxe Kirche ohne ihre Ikonen, und Ikonen sind nach wie vor auch als Hilfe für die private Frömmigkeit beliebt.

Jungfrau von Wladimir; Ikone aus dem frühen 12. Jh., Staatliche Tretjakow-Galerie, Moskau.

logie der einen Christenheit konnte die Einheit nicht lange gewahrt werden, vor allem dann nicht, wenn eine politische Macht fehlte, die sie hätte erzwingen können. Ein Jahrhundert nach dem Tod Konstantins hatte sich das Christentum in zwei große Hälften aufgespalten. Und im Mittelalter hatten sich diese beiden Hälften zu zwei unterschiedlichen Stilen des Christseins verhärtet. Das war allerdings nur eine Episode im Prozeß christlicher Diversifizierung; im nächsten Kapitel werden wir sehen, daß Europa am Ende des Mittelalters eine Phase beschleunigten religiösen Wandels erlebte, die das, was im Westen von der mittelalterlichen Christenheit geblieben war, vollständig erschütterte.

4. Reformationen im Westen

Einleitung

Während der Traum von einer unter dem Papsttum geeinten westlichen Christenheit im Mittelalter annähernd politische Wirklichkeit wurde, war er zu keinem Zeitpunkt religiöse Wirklichkeit. Auch wenn manche Kirchengeschichtler das europäische Mittelalter als »Zeitalter des Glaubens« romantisch verklärt haben, war Europa zu keinem Zeitpunkt während dieser Epoche vollständig religiös geeint. Abgesehen von den in großer Zahl in Europa lebenden Juden und Muslimen war das Papsttum auch mit der Tatsache konfrontiert, daß in Europa mehr als eine Spielart des Christentums anzutreffen war. Als das Papsttum seinen Einfluß durch die Mission im nördlichen Europa während des fünften und sechsten Jahrhunderts ausdehnte, mußten sich seine Missionare nicht nur mit dem einheimischen Heidentum, sondern auch mit dem arianischen Christentum auseinandersetzen. Viele germanische Völkerschaften waren durch Missionare aus dem Osten Jahrzehnte zuvor zum arianischen Christentum bekehrt worden, und es dauerte weitere Jahrzehnte, bevor sie sich zum Katholizismus bekehrten. Erst um die Mitte des 7. Jahrhunderts verschwand das arianische Christentum aus Europa.

Nun machten sich neue Bedrohungen für das katholische Christentum bemerkbar. Im 10. Jahrhundert entstand in Bulgarien eine Bewegung, die den Lehren eines christlichen Priesters namens Bogomil folgte. Wenn er auch eine andere, neue Mythologie vertrat – die Theologie des Bogomil ähnelte doch sehr derjenigen, die die gnostischen Christen der Antike vertreten hatten. In einem strengen Dualismus lehrte Bogomil, daß ein böser Demiurg die Welt geschaffen und daß Gott Jesus gesandt habe, um die Menschen aus dem Sumpf des Materiellen zu befreien. Das Denken des Bogomil übte offenbar einen tiefgreifenden Einfluß auf eine christliche Bewegung aus, die man Katharer (»die Reinen«) oder Albigenser nennt und die im 12. Jahrhundert in Südfrankreich am stärksten in Erscheinung trat. Diese neue Ausprägung der Gnosis wurde so mächtig und ihre Anhänger wurden so zahlreich, daß das Papsttum einen Heiligen

Krieg gegen sie ausrief, der in einem gewaltigen Blutbad endete. Schließlich wurde die katharische Tradition in den Untergrund gezwungen und verschwand aus dem Blick.

Religiöse Reformbewegungen in Europa

Nicht alle religiösen Bedrohungen der christlichen Einheit kamen als Importe nach Westeuropa: Einige, beispielsweise die Waldenser, entstanden in Westeuropa selber. Inspiriert durch die Predigten eines Laien namens Peter Waldes (um 1218), forderten die Waldenser eine Reform der Kirche. Ihre Lehren beruhten auf einem wörtlichen Verständnis des Neuen Testaments. Für sie waren nur Taufe und Eucharistie legitime Sakramente, und sie versuchten, ein Leben in Friedfertigkeit und Armut nach dem Vorbild Jesu zu führen. Zeitweise gab es waldensische Gemeinden in ganz Norditalien, in Teilen der heutigen Schweiz und in Deutschland. Peter Waldes hatte sich beim Papst um eine offizielle Anerkennung seiner Bewegung bemüht, aber man betrachtete seine Verkündigung als zu radikal und wies deshalb sein Ansinnen zurück. Die Waldenser überlebten trotz der Verfolgung, schlossen sich später der Reformation an und bestehen in Italien bis heute als eigenständige christliche Gruppe.

Seit dieser Zeit gab es zahlreiche religiöse Reformbewegungen, die durchaus nicht alle von der Kirche verfolgt wurden. Manche Bewegungen fanden kirchliche Anerkennung und wurden in das Gefüge der Kirche eingegliedert. Der Abgeschiedenheit ihres monastischen Lebensstils überdrüssig, verließen im 12. und 13. Jahrhundert viele Mönche ihre Klöster, damit ihr Dienst breitere Kreise erreichen konnte. Diese sogenannten Bettelmönche entwickelten einen Lebensstil, der Lehre und Verkündigung in der Welt mit der Bindung an eine veränderte Ordensregel kombinierte. Mit der Zeit bildeten sich um diese neuen Regeln neue Orden heraus. Aus zwei solchen Gruppen, die sich fast gleichzeitig im 13. Jahrhundert bildeten, entstanden der Franziskaner- und der Dominikanerorden. Auf der Grundlage der Lehren des Franz von Assisi (1182–1226) legte der Franziskanerorden besonderen Wert auf eine einfache Verkündigung. Die Kirche sollten an der Gesellschaft im Geist apostolischer Armut einen Dienst leisten. Der Papst erkannte diesen Reformorden im Jahr 1210 an. Mit der Zeit wurde er zwar genauso weltlich wie der Rest der Kirche, aber in den Tagen der ersten Franziskaner lebten die

Minderbrüder, wie man sie nannte, das Leben von Nomaden, die um ihr Essen bettelten und keinerlei Besitz anhäuften.

Auch die Dominikaner verlangten von ihren Mitgliedern einen genügsamen Lebensstil, entwickelten aber gleichzeitig ein geregelteres Ordensleben. Anders als bei den Franziskanern galt ihr besonderes Interesse Bildung und Wissenschaft, und sie spielten eine maßgebliche Rolle bei der Entstehung von Schulen und Universitäten in ganz Europa. Die offizielle Anerkennung durch den Papst erfolgte 1216; einige Jahre vorher hatte ein Spanier namens Dominikus (Domingo de Guzmán, 1170–1221) den Orden gegründet. Als junger Mann war Dominikus nach Südfrankreich geschickt worden, um dort die Albigenser zum Katholizismus zu bekehren; er widmete sich dieser Tätigkeit mit Begeisterung. Von Anfang an wurden Aufdekkung und Unterdrückung häretischer und abweichender Glaubensrichtungen ein Hauptanliegen der Dominikaner. Später wurde der Dominikanerorden einer der Haupttträger der *Inquisition,* einer speziellen Instanz, die die Päpste zum Kampf gegen die *Häresien* überall in Europa errichteten.

Zwar ließ sich das Aufblühen von Häresien schon im 13. Jahrhundert beobachten, aber die Zersplitterung des christlichen Europa beschleunigte sich erst wirklich im 14. und 15. Jahrhundert. Um 1360 vertrat ein englischer Kleriker namens John Wyclif (1328–1384) bestimmte Vorstellungen über eine Reform der Kirche, die in den darauffolgenden Jahrzehnten immer populärer wurden. Auf dem europäischen Festland waren vergleichbare Forderungen nach Reform zu hören, diesmal in Böhmen. Dort vertrat ein charismatischer Führer namens Jan Hus (1373–1415) auf seiner Kanzel in Prag weitgehend die gleichen Vorstellungen wie Wyclif. Auf Geheiß des Papstes endete Hus 1415 trotz der Unterstützung durch den König von Böhmen auf dem Scheiterhaufen. Sein Tod führte in Böhmen zu einer religiösen Revolution. Es entstanden Dutzende religiöser Splittergruppen mit Namen wie Hussiten, Horebiten und Taboriten, die alle Unabhängigkeit von Rom forderten. Später fand der größere Teil der böhmischen Kirche zu Rom zurück, während ein Teil unabhängig blieb. Zu diesen Unabhängigen gehört auch die *Unitas Fratrum* (»Böhmische Brüder«).

Die protestantische Reformation

Trotz der immer wieder kehrenden Rufe nach einer Reform der römischen Kirche dauerte es bis zum 16. Jahrhundert, als das zufällige Zusammentreffen einer politischen Notwendigkeit und der starken Persönlichkeit eines Einzelnen die gewaltige Explosion auslöste, die als die *protestantische Reformation* bekannt ist. Martin Luther (1483–1546) war Augustinermönch und Theologieprofessor an der Universität Wittenberg in Kursachsen. Als aufmerksamer Kleriker verfolgte Luther engagiert die Auswirkungen der römischen Politik, besonders der Praktiken der Spendeneintreibung, auf die Menschen seiner Gemeinde. Im Jahre 1517 suchte Papst Leo X. (1513–1521) nach Möglichkeiten, um seine ehrgeizigen Neubauprojekte in Rom zu finanzieren, insbesondere den Neubau der alten Peterskirche aus der Zeit Konstantins.

Eine der Methoden, die normalerweise für solche Projekte angewandt wurden, war der Verkauf von Ablässen. Obwohl es sich dabei um eine gebräuchliche Praxis handelte, lag nach Luthers Ansicht hier ein Mißbrauch durch die Kirche vor. Um die Diskussion über dieses Thema anzuregen, brachte er an der Tür der Wittenberger Schloßkirche eine Liste von 95 Thesen an, die die Vollmacht des Papstes, solche Ablässe zu gewähren, in Frage stellten. Das Echo war ungeheuer. Die Thesen wurden durch das Medium der Druckerpresse verbreitet, die vor kurzem erfunden worden war, und zirkulierten bald in ganz Europa. Obwohl es eigentlich um ein unbedeutendes Thema ging, schien die Theologie, die hinter dem Ablaßhandel stand, alles das zu symbolisieren, was an der Kirche falsch war, und wurde so zu einem Kristallisationspunkt für die kirchliche Opposition. Die Thesen Luthers wurden Gegenstand der Diskussion zwischen verschiedenen Orden, und manche der politischen Führer witterten die Chance, sich diese Spaltungen zunutzezumachen. Luther mußte sich sowohl vor der Kirche wie vor dem Kaiser des Heiligen Römischen Reiches verantworten, der nominell die oberste politische Autorität in Deutschland war. Luther ließ sich jedoch nicht von seiner Kritik abbringen, und der Druck, den man auf ihn ausübte, veranlaßte ihn, immer radikalere Positionen zu vertreten. Schließlich ging er so weit, öffentlich die Lehren von Jan Hus zu unterstützen.

Trotz der überall in Europa und vor allem in Deutschland verbreiteten Auffassung, daß es in der Kirche große Mißstände gebe, wollte Luther offenbar zunächst nicht mit der Kirche brechen. Aber wie seinerzeit schon der Apostel Paulus wurde Luther von seinen Gegnern gezwungen, eine Theologie zu entwickeln, die als Begründung für seine Position dienen konnte. Dabei übernahm er Auffassungen von Hus, etwa über den Primat der Heiligen Schrift, ging aber gleichzeitig weiter als jener. Zu Beginn seiner theologischen Laufbahn hatte Luther Zweifel daran, ob er gerettet werden würde. Er hatte sie dadurch besänftigt, daß er auf die Schriften des Paulus zurückgriff: Paulus betonte ja die Bedeutung des Glaubens an Jesus gegenüber dem früheren judenchristlichen Akzent auf den gesetzlichen Vorschriften, wie sie auch in der hebräischen Bibel enthalten waren. Luther sah eine Parallele zwischen seiner Situation und der des Paulus. Er argumentierte, die römisch-katholische Kirche habe wie die früheren Judenchristen fälschlicherweise gelehrt, Werke seien ebenso wichtig wie der Glaube. Paulus dagegen hatte gelehrt, daß nur der Glaube einen Sünder rechtfertige und dieser Glaube Geschenk der göttlichen Gnade sei, einer Gnade, die Gott frei den Gläubigen gewährte, nicht als Gegenleistung für gute Werke. Diese Position übernahm Luther und stellte damit das ganze sakramentale System der katholischen Kirche in Frage.

Solche Auffassungen betrachteten die Kirchenführer als häretisch. Luther wurde vom Papst exkommuniziert (1519) und vom Kaiser des Heiligen Römischen Reiches für vogelfrei erklärt (1521). In der damaligen politischen Situation in Deutschland brachten die von der lutherischen Bewegung ausgehenden Spaltungen manchen Territorialfürsten politische Vorteile. Diese gewährten Luther ihren Schutz, und die Bewegung konnte in vielen der kleinen Territorien des Reiches Fuß fassen. Schließlich versuchte der Kaiser, die religiöse Einheit mit Gewalt wieder herzustellen; dieser Versuch schlug letztlich fehl. Der Kaiser sah sich genötigt, ein Edikt zu erlassen, das die Entscheidung über ihre Haltung gegenüber Luther den Reichsständen überließ. Als der Kaiser 1529 dieses Edikt zurückzunehmen versuchte, protestierten die lutherischen Reichsstände; daraus entstand die Bezeichnung »*protestantisch*«. Deutschland verfiel daraufhin in eine Art ständigen Kriegszustand, bis der Augsburger Religionsfrieden 1555 den Zustand des alten Edikts wiederherstellte. Aber auch das war nur ein Friede auf Zeit. Wenig später würden die Kriege zwischen Katholiken und Protestanten ganz Europa heimsuchen und beinahe ein weiteres Jahrhundert andauern.

Die reformierten Traditionen

Inzwischen traten andere reformorientierte Männer in die Fußstapfen Luthers. So kam beispielsweise der Schweizer Ulrich Zwingli (1484–1531) unabhängig von Luther zu sehr ähnlichen Schlußfolgerungen. Zwingli akzeptierte nur die Heilige Schrift als Autorität für die Kirche, lehrte die Rechtfertigung allein aus dem Glauben und erkannte wie Luther nur Taufe und Eucharistie als in der Bibel begründete Sakramente an. Zürich übernahm die Reformen Zwinglis, und sie verbreiteten sich über weitere Gebiete in der Schweiz, in Deutschland und Frankreich. Zum Zeitpunkt von Zwinglis Tod in der Schlacht von Kappel (1531) hatte die reformierte Bewegung schon eine beträchtliche Stärke erreicht.

Zum nächsten großen Führer der reformierten Bewegung wurde der französische Jurist Johannes Calvin (1509–1564). Calvin nahm sich ein Beispiel an Zwingli und machte aus einer anderen Schweizer Stadt ein Modell für seine Weise der Kirchenreform. Das von Calvin geprägte Genf wurde später zum internationalen Zentrum der reformierten Tradition, das Missionare in alle Teile des europäischen Festlandes sowie nach England und Schottland schickte. Auch Calvin war ein theologischer Erneuerer. Er führte Luthers Betonung der Transzendenz Gottes zu ihrer logischen Schlußfolgerung. Wenn Gott wirklich die absolute Souveränität über seine Schöpfung besaß, so Calvin, dann mußte Gott alles, auch die Erlösung oder Verdammnis einzelner Menschen, wollen. Mehr noch: Absolute Souveränität bedeutet logischerweise, daß Gott vom Anfang der Zeiten an gewußt haben muß, wer gerettet und wer verdammt wird. Diese Lehre nennt man *Prädestination.* Nachdem Calvin diese Lehre in seinem umfangreichen Werk »Unterricht in der christlichen Religion« dargelegt hatte, wurde sie ein Kennzeichen der auch als Calvinismus bezeichneten reformierten Bewegung.

Die radikale Reformation

Die lutherischen und reformierten Kirchen teilten mit der katholischen Kirche das Verlangen nach einem geeinten Christentum, geeint natürlich entweder unter lutherischer oder reformierter Flagge. Aus diesem Grund hielten die Führer der lutherischen wie der reformierten Bewegung an der Vorstellung einer Territorialkirche fest, also einer Kirche, der alle Einwohner eines Territorium angehören mußten. Manche Protestanten allerdings hielten ein solches Kirchenverständnis für nicht weniger repressiv als das der katholischen Kirche. Für sie sollte die Zugehörigkeit zur Kirche freiwillig sein und sollten der Kirche nur wahrhaft Gläubige angehören. Eine solche Bewegung bildete sich in den 20er Jahren des 16. Jahrhunderts in der Schweiz, vielleicht unter dem Einfluß der früheren Katharer und Waldenser. Als Symbol für die Freiwilligkeit ihrer Kirche verwarf diese Gruppe die Kindertaufe, weil ihrer Auffassung nach die Taufe nur gültig war, wenn sie einem Erwachsenen gespendet wurde, der sich freiwillig dafür entschied. Für die Kindertaufe fanden sie nirgendwo in der Bibel Belege. Von ihren Gegnern wurden sie Anabaptisten (»Wiedertäufer«) genannt; sie wurden gleichermaßen von Katholiken, Lutheranern und reformierten Protestanten grausam verfolgt, weil man ihre auf Freiwilligkeit beruhende Kirchengemeinschaft als Bedrohung der gesellschaftlichen Ordnung betrachtete. Ungeachtet dieser Verfolgung, die durch ihre pazifistischen Überzeugungen noch verschärft wurde, verbreiteten sich die Wiedertäufer von der Schweiz über den ganzen Kontinent. Eine berühmte Gruppe von Wiedertäufern gründete Menno Simons (1496–1561) in den Niederlanden. Später zwang die Verfolgung die Mennoniten dazu, zunächst nach Polen, dann nach Rußland und schließlich in die Neue Welt zu emigrieren, wo ihre Nachfahren immer noch leben. Die Amish sind ein Zweig der Mennoniten in Amerika, der noch heute besteht.

Die Reformation in England

Die britischen Inseln waren gegen die Kräfte, die die Christenheit im 16. Jahrhundert zerrissen, nicht immun. Tatsächlich fand jenseits des Kanals, in England und Schottland, jeder kontinentaleuropäische Zweig des Protestantismus seine Entsprechung. Im Jahr 1534 zwang König Heinrich VIII. (1509–1547) weitgehend aus politischen Gründen das Parlament dazu, eine Reihe von Gesetzen zu erlassen, die die Kirche faktisch zur Nationalkirche machten, als »Kirche von England« mit Heinrich als ihrem Oberhaupt. Die Kirche von England, die auch die anglikanische genannt wird, behielt viel von der Struktur des römischen Katholizismus bei, so z. B. das Bischofsamt und viele Elemente des Gottesdienstes. Mit der Zeit geriet die anglikanische Lehre sowohl unter den Einfluß lutherischer wie reformierter Vorstellungen, aber letztlich blieb der Anglikanismus vielleicht die konservativste Bewegung, die sich aus der protestantischen Reformation entwickelte.

Schottland dagegen geriet unter den direkten Einfluß der reformierten, genauer calvinistischen Tradition. Der schottische Calvinismus ersetzte konsequent die alte bischöfliche Struktur und schloß die Ortsgemeinden in Presbyterien zusammen, die von zentralisierter Kontrolle relativ unabhängig waren. Später übte der Presbyterianismus starken Einfluß in England aus und war teilweise maßgeblich für die Entstehung einer radikalen Reformbewegung im Anglikanismus des 17. Jahrhunderts. Diese »Puritaner«, wie man sie nannte, versuchten die anglikanische Kirche dazu zu bewegen, radikalere Reformen nach dem Vorbild der kontinentaleuropäischen Calvinisten zu übernehmen. Letztlich scheiterte dieser Versuch. Dennoch überlebten Elemente des Puritanismus unabhängig von der anglikanischen Kirche, vor allem in Amerika, wo sich die Bewegung in den Kongregationalismus verwandelte. Auch England hatte Vertreter einer radikalen Reformation. So wurden beispielsweise die englischen Baptisten von den Wiedertäufern auf dem Kontinent beeinflußt, obwohl der englische Baptismus auch deutliche calvinistische Züge aufwies.

Unterschiedliche Ausprägungen der protestantischen Frömmigkeit

Zum Erbe der Reformation gehörte auch die Veränderung der mittelalterlichen religiösen Praxis. So behielten beispielsweise nur wenige der Kirchen, die aus der Reformation entstanden, den katholischen liturgischen Kalender als ganzen bei. Einige wie die lutherischen und anglikanischen Kirchen blieben bei der Struktur des Kirchenjahres, werteten allerdings die Heiligenfeste ab. Die Reformierten auf dem Kontinent wie auch die schottischen Presbyterianer gingen etwas weiter, in dem sie nur die Hochfeste Weihnachten, Ostern und Pfingsten beibehielten oder in manchen Fällen sogar diese ablehnten. Grundsätzlich wollten die Reformatoren dem bisherigen Kirchenjahr weniger Gewicht geben, weil es in ihren Augen oft als Vorwand für unwürdige und ungeordnete Feierlichkeiten gedient hatte.

Im Gegensatz dazu war es ein Anliegen der reformatorischen Traditionen, die Heiligkeit des Sabbat wieder mehr zu betonen. Zu diesem Zweck änderten die Reformatoren die Sonntagsgottesdienste auf unterschiedliche Art und Weise, auch wenn vieles von der Grundstruktur der alten katholischen Messe bewahrt blieb. Wichtig war jedoch, daß man in allen protestantischen Kirchen die Sonntagsgottesdienste in der Nationalsprache und nicht in Latein hielt, so daß die Laien verstehen konnten, was im Gottesdienst gesprochen wurde. Anders als in der katholischen Messe wurde auch ein gewisses Maß an Beteiligung der Laien gefördert. Das gemeinsame Singen nahm einen wichtigen Platz ein, und oft wurden die Melodien von Volksliedern für Kirchenlieder verwendet und im Gottesdienst gesungen. In den Gegenden, in denen sich die Reformation durchsetzte, wurden Gottesdienste in den bisherigen, früher katholischen Kirchengebäuden gefeiert. Gleichzeitig wurde die Inneneinrichtung solcher Kirchen oft verändert, so daß Altar und Kanzel gleichen Rang bekamen. Solche Umgestaltungen zeigten das Bemühen, die Gleichwertigkeit der Gnadenwirkung von Predigt und biblischer Lesung mit derjenigen der Eucharistie deutlich zu machen.

Bei den radikalen Reformatoren waren auch die liturgischen Veränderungen besonders einschneidend. Die Wiedertäufer vereinfachten den Sonntagsgottesdienst noch viel mehr als die lutherischen und reformierten Kirchen. Man förderte die Predigt ohne feste Vorlage und das spontane Gebet der Laien und drängte den Stellenwert der Eucharistie noch weiter zurück. Teilweise wurde, z. B. bei den Baptisten, die Eucharistie nur viermal im Jahr gefeiert. In einigen wenigen Fällen gingen die radikalen Reformatoren sogar so weit, auch die alten Formen der Sabbatheiligung aufzugeben. So verwarfen beispielsweise die englischen Quäker alle äußeren Rituale, überzeugt davon, daß der Heilige Geist im Menschen die ständige Verbindung zu Gott herstellt. Bis heute haben manche Versammlungen der Quäker weder einen Vorsteher noch eine feste Ordnung. Bei solchen Gottesdiensten sitzen die Gläubigen ruhig in ihren Bänken, bis einer von ihnen durch den Heiligen Geist zum Sprechen bewegt wird. Was jemand unter dem Einfluß des Heiligen Geistes sagt, ist die Predigt dieses Tages. Manchmal spricht auch niemand, und die Versammlung am Sonntag endet ohne irgendeine sichtbare Handlung; es bleibt beim stillen Gebet. Die Schlichtheit dieser Art Gottesdienst ist natürlich sehr weit von der Komplexität und Pracht der katholischen Messe entfernt.

Die katholische Reform

Als die Christenheit durch die Wucht der protestantischen Reformation zu zerbrechen begann, legten die Führer der katholischen Kirche nicht die Hände in den Schoß, sondern eröffneten eine Periode tiefgreifender Selbstreflektion und wirkungsvoller innerer Reform. Die daraus resultierende katholische Reform (gelegentlich als die »Gegenreformation« bezeichnet) konnte nur wenig gegen die religiöse Aufspaltung Europas ausrichten, gab aber der katholischen Kirche neue geistige Kraft. Die katholische Reform spielte sich auf vielen Ebenen und in vielen Formen ab. So berief die Kirche, nachdem zusehends deutlich geworden war, daß es sich bei der protestantischen Revolte nicht um eine kurzzeitige Verirrung handelte, ein allgemeines Konzil ein, um ein eigenes Reformprogramm zu verabschieden und eine Strategie mit dem Ziel der Rückkehr Europas in den »Schafstall« des römischen Oberhirten zu entwerfen. Erklärte Absicht des Trienter Konzils, das von 1545 bis 1563 tagte, war es, den Übeln zu begegnen, »die die christliche Gemeinschaft lange bedrückt und fast ganz überwältigt haben«. Solche Übel sah man sowohl im Bereich der Lehre wie der Institution. Während der Sitzungsperioden des Konzils wurde die katholische Position zur Erbsünde und Rechtfertigung, zur Rolle der Schrift, zum Verhältnis von Glauben und Werken sowie zu Zahl und Wesen der Sakramente diskutiert und geklärt. Es war nicht weniger wichtig, daß sich das Konzil auch um die Abschaffung von Mißbräuchen im Klerus bemühte, die sowohl institutioneller (Ämterhäufung, Kauf von Kirchenämtern, Vernachlässigung der Laien) wie persönlicher Art (beispielsweise unmoralische Lebensführung, mangelnde Bildung, allgemeine Unwissenheit bezüglich der Lehre der Kirche) waren. Zwar bekräftigte das Konzil von Trient weitgehend traditionelle Positionen; aber gleichzeitig klärte es Fragen des Dogmas, verbesserte die Effizienz der kirchlichen Organisation, legte für den Klerus bestimmte Standards fest und betonte insgesamt die Notwendigkeit geistlicher Disziplin auf allen Ebenen als Antwort auf die protestantische Herausforderung.

Vielleicht hatte die katholische Reform im Bereich der christlichen Spiritualität das größte Gewicht, da sie zusätzlich zu den institutionellen Veränderungen auch eine intensive christliche Frömmigkeit förderte, die alle Ebenen der katholischen Gesellschaft durchdrang. Diese Frömmigkeit läßt sich vielleicht am besten an den Schriften der großen spanischen *Mystiker,* nämlich der Heiligen Teresa von Avila

Berninis Ekstase der hl. Theresia ist vielleicht die vollkommenste künstlerische Umsetzung einer unmittelbaren, tiefen religiösen Erfahrung, die der Westen hervorgebracht hat.

(1515–1582) und des Heiligen Johannes vom Kreuz (1542–1591), verdeutlichen. Beide waren aktiv an der Reform des Mönchtums in Spanien beteiligt, aber man kennt sie heute weit eher als die Verfasser von spirituellen Klassikern wie dem Werk »Die innere Burg« (etwa 1577) der Heiligen Teresa und dem Werk »Die dunkle Nacht der Seele« (etwa 1578) des Heiligen Johannes. Mit »Die innere Burg« liefert Teresa dem Leser eine Art mystisches Handbuch, in dem sie systematisch die Stadien des mystischen Aufstiegs erläutert und dabei das Bild der Seele als eines Kristallschlosses mit sieben konzentrischen Räumen verwendet. In einer einfachen, aber kraftvollen Sprache behandelt Teresa dann die Auswirkungen von Gebet, Askese und spiritueller Reinheit beim tieferen Vordringen in diese Burg, in deren Mittelpunkt eine überwältigende Erfahrung der Gottheit steht. Tatsächlich: erreicht die »Innere Burg« ihren Höhepunkt in einer der lebendigsten und mitreißendsten Beschreibungen einer Gottesbegegnung, die sich in der gesamten mystischen Literatur finden.

Dagegen sah Johannes vom Kreuz die mystische Suche nach Gott in weit dunkleren Farben, indem er sie dichterisch mit der Angst eines Liebhabers bei der Suche nach der Geliebten verglich. Solche Angst war für ihn notwendig, um die Seele über die Selbstliebe hinauszuführen und sie für die »dunkle Nacht der Seele« bereit zu machen, einen Zustand, in dem Gott die Seele spirituell reinigt und sie für die *visio beatifica* zurüstet. Ungeachtet der Unterschiede zwischen beiden Ansätzen verfügten doch sowohl Teresa wie Johannes vom Kreuz über eine tiefgehende intuitive Kenntnis der menschlichen Psychologie und waren Meister darin, ihren Lesern eine leidenschaftliche und faszinierende Vision der mystischen Suche zu vermitteln. Später wurden diese Bücher nicht nur für Katholiken, sondern für Mystiker aller Richtungen zum Prüfstein und Bezugspunkt ihrer eigenen mystischen Erfahrung.

Die Religionskriege und das Ende der Christenheit

Obwohl es für den heutigen Betrachter den Anschein hat, die Christenheit in Europa sei am Ende des 16. Jahrhunderts unheilbar zersplittert gewesen, handelten viele der großen katholischen Mächte wie Frankreich und Spanien so, als ob sie unter ihrer Führung nochmals wieder geeint werden könnte. So versuchte beispielsweise der König von Spanien den Katholizismus in den Niederlanden wieder einzuführen, war dabei aber wegen der Gegnerschaft Englands nur zum Teil erfolgreich. Mehrere französische Könige versuchten, die Hugenotten, wie die Anhänger der reformierten Tradition dort genannt wurden, aus ihrem Herrschaftsgebiet zu vertreiben. Auch sie hatten nur begrenzten Erfolg. Solche Konflikte heizten jedoch die Spannungen zwischen Katholiken und Protestanten nur noch weiter an, und kurz nach Beginn des 17. Jahrhunderts stand Europa am Rande eines großen religiösen Konflikts, der sich drei Jahrzehnte hinzog.

Die Religionskriege überzogen fast alle europäischen Staaten, sie verbreiteten Tod und überall wirtschaftliches Chaos. Erreicht wurde jedoch wenig, und der Konflikt entartete zu einem endlosen Zermürbungskrieg. Aus Erschöpfung kamen die Kriegsparteien 1648 schließlich an den Verhandlungstisch. Der Westfälische Friede, mit dem der 30jährige Krieg sein Ende fand, bestätigte weitgehend die religiöse Situation, wie sie durch den Augsburger Religionsfrieden fast ein Jahrhundert zuvor geregelt worden war. Dennoch hatte sich viel verändert. Das Vertrauen in die Ideologie der Christenheit, die so hartnäckig seit den Tagen Konstantins überlebt hatte, war weitgehend geschwunden. Wie wir sahen, verschwand das Konzept der Christenheit niemals vollständig, obwohl viele Europäer zu Beginn des Zeitalters der Moderne aller religiösen Dinge überdrüssig waren.

5. Das Christentum und die Herausforderung der Moderne

Einleitung

Mit dem 17. Jahrhundert begann für Europa eine Zeit des tiefgreifenden und andauernden Wandels, der den Westen revolutionierte und weitreichende Folgen für den Rest der Welt hatte. Kennzeichnend für diese Periode, die die Historiker heute die Moderne nennen, war die Entstehung des Rationalismus, der Naturwissenschaft, des politischen Liberalismus und Säkularismus, von Industrialisierung und Imperialismus. Die Ursprünge dieser neuen Ideologien und Institutionen waren komplex und liegen teilweise im Dunkeln; aber ihre Auswirkungen lassen sich in einem einzigen Wort bündeln: Moderne. Die Moderne stellt eine ausgesprochen neue Weltsicht in der Geschichte der Menschen dar. In ihrem Zugang zur Welt legte die Moderne den Akzent auf Skepsis und kritisches Denken und befürwortete gleichzeitig den gesellschaftlichen und intellektuellen Wandel. Die Moderne neigte dazu, die Bedeutung der göttlichen Offenbarung als Quelle des Wissens abzuwerten und bestand auf der maßgeblichen Rolle des Individuums bei der Gestaltung der Zukunft. Manche modernen Ideologien – wie z. B. der Kommunismus, der auf dem Denken von Karl Marx (1818–1883) beruhte – waren auch kämpferisch religionsfeindlich und rigoros materialistisch. So konfrontierte die Moderne das Christentum mit einer Weltsicht, die sich mit den alten, aus der Antike überkommenen Weltsichten in einem fundamentalen Konflikt befand.

Wie wir in diesem Kapitel sehen werden, hat die Geschichte dieser Konfrontation auch ein paradoxes Element. Zwar beherrschte die Modernität diese Periode, aber ohne daß sie jemals über die vormodernen christlichen Weltsichten triumphiert oder sie völlig ersetzt hätte, auch nicht im Westen. Vielmehr kam es in dieser Epoche zu einem beispiellosen Wachstum und einer globalen Ausbreitung des Christentums. Darüber hinaus führte das Bemühen der christlichen Kirchen, auf die Moderne einzugehen und sich ihr in manchen Fällen auch anzupassen, zu einer Fülle neuer Ausprägungen der christlichen Tradition. Dieses Kapitel wird einige dieser neuen Formen darstellen und die Geschichte der noch immer unentschiedenen Auseinandersetzung zwischen Moderne und Christentum (die bis zum heutigen Tag andauert) in den Grundzügen nachzeichnen.

Religion und Aufklärung

Die Reformation erschütterte definitiv den Bestand von eineinhalb Jahrtausenden katholischer Tradition, die Europa den rechten christlichen Glauben vorgeschrieben hatte. Ohne die Abstützung durch die Tradition wurde aber die der biblischen Offenbarung eigene Mehrdeutigkeit für alle sichtbar, das zeigte sich deutlich durch die innerreformatorischen Aufspaltungen. Mehr noch: Die darauffolgenden Religionskriege bewiesen das Scheitern aller Versuche, mit Gewalt eine einzige Auslegung des christlichen Glaubens zu erzwingen. Die Machthaber im damaligen Europa konnten kaum mehr tun, als die faktische Vielfalt der christlichen Kirchen und Konfessionen zu tolerieren und sich im übrigen ihren politischen Aufgaben zu widmen. Eine solche Haltung begünstigte einen pragmatischeren Zugang zur Regelung menschlicher Beziehungen. Der offensichtliche Erfolg dieser Einstellung, eineinhalb Jahrhunderte eines relativen Friedenszustandes im Europa nach 1648, trug wesentlich zu einer weiteren Erosion der Bedeutung der christlichen Offenbarung für das politische Geschäft bei. Als der »Große Kurfürst« 1640 in Brandenburg-Preußen an die Regierung kam, nahm er die Tatsache, daß es in seinen Territorien Lutheraner, Calvinisten und Katholiken gab, einfach hin und machte sich ihre einander widerstreitenden Interessen zunutze für seine Absicht, den Staat zu stärken; diese politische Maxime galt während der ganzen Herrschaft der Hohenzollern. Als Friedrich der Große, nominell Reformierter, im Jahr 1742 Schlesien eroberte, ließ er die dort lebenden Katholiken weitgehend in Ruhe, und am Ende des 18. Jahrhunderts schwächten sowohl der österreichische Kaiser wie der französische König Gesetze gegen die Protestanten in ihren Territorien ab. Schließlich setzte sich bei liberalen Politikern die Überzeugung durch, der Staat sei ein Ergebnis menschlicher Bemühungen und kein Ausfluß des göttlichen Willens, und so betrachtete man den Wunsch nach religiöser Einheit als zweitrangig für die politischen Prozesse in Europa.

Zusätzlich zur religiösen Toleranz beschleunigten die Ereignisse des 16. und 17. Jahrhunderts auch eine weitere, noch fundamentalere intellektuelle Kontroverse, die jahrhundertelang anhielt: Welche Rolle spielt die menschliche Vernunft bei der Erzeugung von Wissen? Mit der Reformation und den auf sie folgenden Religionskriegen wurde der Status der Offenbarung schwächer. Europäische Philosophen und Theologen gingen wieder daran, die Grenzen der Vernunft zu erkunden, wobei sie jetzt, bis zu einem bestimmten Grad von den Diktaten religiöser Institutionen befreit, radikalere Folgerungen zogen als ihr mittelalterliches Pendant, die Scholastiker. So entwickelte beispielsweise der französische Philosoph René Descartes (1596–1650) ein System, das alles außer der Existenz des eigenen Verstandes in Zweifel zog. Alle unbezweifelbaren Tatsachen konnten Descartes zufolge nur dem menschlichen Geist entstammen, und so konnte nur der menschliche Verstand sicheres Wissen hervorbringen. Demgegenüber setzte der englische Philosoph John Locke (1632–1704) bei ganz anderen Voraussetzungen an. Für Locke kam Wissen ausschließlich durch Vermittlung der fünf Sinne und der empirischen Naturbeobachtung zustande. Dennoch kam Locke zum gleichen Endergebnis wie Descartes: Das so hervorgebrachte Wissen war letztlich das Produkt der menschlichen Vernunft. Die neue Betonung der Vernunft und der Fähigkeit des Menschen, zuverlässige Erkenntnisse zu erreichen, bedeutete für viele das Ende der sogenannten »finsteren Zeiten« des Mittelalters und den Beginn eines neuen »Zeitalters der Aufklärung«.

Trotz ihrer Betonung des Rationalismus war die Aufklärung nicht notwendigerweise antireligiös oder antichristlich. Für Descartes sollte sein neues philosophisches System sogar ein neuer und besserer Weg des Zugangs zu Gott sein. John Locke schrieb Bücher mit Titeln wie »Die Vernünftigkeit des Christentums« (1695), um mit den Mitteln der Vernunft die Gottheit Jesu und die Historizität seiner Wunder zu beweisen. Allerdings konnte die Aufklärung durchaus antiklerikal und antiinstitutionell sein. Vielfach bezeichneten Denker der Aufklärung die katholische Kirche als Bannerträgerin des mittelalterlichen Irrationalismus und Supranaturalismus, und das Motto des Philosophen Voltaire (1694–1778) »Löscht die Schändliche aus!« ist ein guter Beleg für die Vehemenz solcher Einstellungen gegenüber der Kirche in Frankreich. Dennoch würdigte auch Voltaire die Bedeutung der Religion für das menschliche Leben, besonders im Blick auf das Ethos und den Zusammenhalt der Gesellschaft. Während man einerseits der Meinung war, ein »natürliches« Ethos lasse sich vernünftig ableiten, waren manche Denker der Aufklärung wie Immanuel

Kant (1724–1804) andererseits der festen Überzeugung, die besondere Kraft des ethischen Bewußtseins der Menschen lasse sich nur durch einen göttlichen Ursprung garantieren. Und wiederum: Solange Christen aller Gruppen und Konfessionen ihren gemeinsamen ethischen Kern anerkannten, gab es keinen Grund für gewalttätige Streitigkeiten über das Verständnis der Offenbarung oder für die gewaltsame Durchsetzung einer einheitlichen Deutung. Einheit im Ethos, so meinten die Aufklärer, erlaube Unterschiede in der Religion. Letztlich war Religion einfach eine Sache der persönlichen Wahl, die nach dem Urteil des jeweiligen Gewissens erfolgen sollte, weil, wie die jüdische Hauptperson von Lessings Drama *Nathan der Weise* (1779) argumentierte, alle Religionen Wege zur moralischen Vervollkommnung darstellten.

Vor allem aus Gründen pragmatischer Notwendigkeit fand die Ideologie religiöser Toleranz ihren ersten und einflußreichsten Ausdruck in den englischen Kolonien Nordamerikas. Seit Beginn der englischen Kolonialisierung im 17. Jahrhundert zog Amerika Anhänger sehr unterschiedlicher christlicher Traditionen an, von Anglikanern und Katholiken bis zu Lutheranern und Reformierten, dazu die verschiedenen Bewegungen der radikalen Reformation. Obwohl die Kirche von England in vielen Kolonien formell Staatskirche blieb, bedeutete das wenig, da keine Kirche eine deutliche Mehrheit ausmachte. Die Tolerierung anderer protestantischer Strömungen und schließlich auch von Katholiken und Juden wurde zur gesellschaftlichen Notwendigkeit. Zur Zeit der amerikanischen Revolution, die 1781 zu Ende ging, war religiöse Toleranz zur Norm geworden, obwohl man immer noch heftig darüber stritt, ob sie auch zur offiziellen Politik der neuen Bundesregierung werden sollte. Dennoch standen viele Gründungsväter der USA wie etwa Thomas Jefferson unter dem Einfluß des Geistes der europäischen Aufklärung und befürworteten deshalb die Aufnahme des Toleranzgebotes unter die Grundüberzeugungen der Nation. Auch die verschiedenen Kirchen der radikalen Reformation, die in Europa Opfer von Unterdrückung waren, forderten in den Vereinigten Staaten vollständige Freiheit gegenüber den Territorialkirchen. Vor allem Baptisten machten sich während der Verhandlungen über die Verfassung zu Fürsprechern der Religionsfreiheit. Der erste Zusatz zur amerikanischen Verfassung (1791) hielt dann ausdrücklich fest, daß die Bundesregierung im Blick auf die Religion völlig neutral sein müsse und anders als in Europa keine Kirche Anrecht auf staatliche Privilegien haben solle.

Das führte zu dem, was man später Denominationalismus nannte, einer Konzeption, wonach alle religiösen Gruppen in den Vereinigten Staaten vor dem Gesetz gleich waren.

Es soll allerdings auch nicht verschwiegen werden, daß das aufgeklärte Denken ebenso leicht religiöser Intoleranz wie Toleranz Vorschub leisten konnte. So führte die zweite große Revolution des Zeitalters, die Französische Revolution, zu einem gewalttätigen Versuch, ein Volk zugunsten einer »vernünftigen Religion« zu »entchristianisieren«. Bei ihrem Beginn im Jahre 1789 fand die Revolution zunächst die Unterstützung zahlreicher katholischer Geistlicher, die sie als Chance für eine Reform der Kirche in Frankreich und für mehr soziale Verantwortung der Kirche betrachteten. In den folgenden Jahren kam es allerdings zu einer Reihe von repressiven Gesetzen, die faktisch die Kirche zu einem Teil der staatlichen Verwaltung machten und sie zunehmend den Angriffen der radikalen antiklerikalen Elemente im Revolutionskonvent aussetzten. Schließlich wurde 1793 die Kirche offiziell verboten und an Stelle des Christentums ein Kult der Vernunft und der Freiheit eingeführt, der »Altäre des Vaterlandes« und die Verehrung des »Höchsten Wesens« kannte. Katholische Geistliche wurden aus ihren Stellungen verjagt und oft getötet; man schuf eine revolutionäre Woche mit 10 Tagen, um so Sonn- und Feiertage abzuschaffen, und der revolutionäre Kalender begann nicht mit der Geburt Jesu, sondern mit der Geburt der Revolution im Jahre 1792. Letztlich erwies sich die Verehrung von Freiheit und Vernunft allerdings als eine kurzlebige Erscheinung, und die katholische Kirche konnte unter Napoleon Bonaparte (1769–1821) wieder einiges von ihrer Stellung in Frankreich zurückgewinnen. Dennoch betrachteten Christen in Europa wie in Amerika die heftige antichristliche Wendung der Französischen Revolution als eine der schrecklichsten Hinterlassenschaften des Zeitalters der Vernunft.

Der protestantische Pietismus

Die Aufklärung war eine Zeit der Gegensätze und Widersprüche. In ihr blühte nicht nur der Rationalismus auf, sondern auch dessen Gegenbewegungen, vor allem im religiösen Bereich. Während die Aufklärung einerseits das Bemühen um ein rationaleres Christentum förderte, erwies sie sich auf der anderen Seite als Katalysator für neue christliche Bewegungen, die nichtrationale, erfahrungsbezogene Elemente der christlichen Tradition höher stellten als eine überrationalisierte Lehre. Eine solche Bewegung war der *Pietismus.* Die Wurzeln des Pietismus liegen in der Zeit vor der Aufklärung, im frühen 17. Jahrhundert. Damals waren viele Protestanten auf dem europäischen Kontinent nicht nur entsetzt über die Religionskriege, sondern auch besorgt angesichts der nach dem Ende der Kriege deutlich nachlassenden religiösen Begeisterung. Ihre Pastoren erschienen ihnen glanzlos und trocken, und sie fürchteten, der Protestantismus könne in eine Art verknöcherte Scholastik abgleiten. Als Reaktion darauf betonten einige Protestanten in den lutherischen und reformierten Kirchen Deutschlands einen stärker persönlich geprägten Glauben auf der Grundlage des Konzepts einer wahren Frömmigkeit.

Nach der Definition eines der Gründer der pietistischen Bewegung, Philipp Jakob Spener (1636–1705), meinte Frömmigkeit sowohl religiöses Erleben wie rechten Glauben. Unter rechtem religiösem Erleben verstand man die Pflege einer intensiven persönlichen Gotteserfahrung, und Pietisten betonten in besonderer Weise die grundlegende Gotteserfahrung des Menschen, die oft als überwältigendes Gefühl einer spirituellen Wiedergeburt beschrieben wurde. Zur Förderung solcher Erfahrungen bildete Spener sogenannte »Collegia Pietatis«, kleine Gruppen von Frommen, denen es vor allem um Bibelstudium und die genaue Erforschung des Wegs zur individuellen geistlichen Wiedergeburt ging. Durch solche Gruppen wie durch die Schriften Speners und seiner Nachfolger verbreitete sich die pietistische Bewegung über ganz Deutschland und beeinflußte später lutherische und reformierte Kirchen in den Niederlanden, Dänemark, in der Schweiz und England. Im Jahr 1691 machte August Hermann Franke (1663–1727), ein Schüler Speners, aus der Universität Halle ein Zentrum der pietistischen Bewegung. Hier wurden Generationen pietistischer Prediger ausgebildet, von denen viele später als Missionare nicht nur nach Süd- und Osteuropa, sondern auch nach Amerika und Südasien gingen.

Neben Spener und Franke war Graf Nikolaus Ludwig von Zinzendorf (1700–1760) bei weitem die wichtigste und sicher die faszinierendste Persönlichkeit der pietistischen Bewegung. Der in Dresden geborene und teilweise in Halle ausgebildete Graf Zinzendorf hatte starke Neigung zum Pietismus und wollte lutherischer Geistlicher werden. Dennoch setzte sich seine Familie durch, die ihn zum sächsischen kurfürstlichen Rat machen wollte. Der Staatsdienst behagte Zinzendorf aber nicht, und er erwarb 1722 ein Anwesen, das er als

Zufluchtsstätte für Böhmische Brüder zur Verfügung stellte, die damals vor der Verfolgung in ihrem Heimatland flohen. Unter Einfluß und Führung von Zinzendorf übernahmen diese böhmischen Protestanten den Pietismus, und gemeinsam gründeten sie eine streng durchstrukturierte religiöse Gemeinschaft mit Namen Herrnhut. Die Mitglieder der Herrnhuter Brüdergemeine waren nach Lebensstand, Geschlecht und Alter in »Chöre« und »Banden« aufgegliedert, von denen jede ihre eigenen liturgischen und missionarischen Aufgaben hatte. Das Gemeinschaftsleben in Herrnhut wurde nach dem Urteil eines Beobachters zu einem »protestantischen Mönchtum«. Später wurde Herrnhut zum Ausgangspunkt für mehr als 20 solcher Siedlungen, die im darauffolgenden halben Jahrhundert in so unterschiedlichen Regionen wie Grönland und Pennsylvania gegründet wurden.

Es ist eine Ironie der Geschichte, daß das 18. Jahrhundert, das sogenannte »Zeitalter der Vernunft«, gleichzeitig die hohe Zeit des protestantischen Pietismus war. Zur Ausbreitung der pietistischen Bewegung in Europa und der Entstehung der Herrenhuter kam noch das Aufblühen des von John Wesley (1703–1793) gegründeten Methodismus in England. In jungen Jahren bemühte sich Wesley, der in der anglikanischen Kirche aufwuchs, um eine tiefere religiöse Erfahrung. Zu diesem Zweck rief er zusammen mit seinem Bruder Charles an seinem College eine Art »Collegium Pietatis«, einen Club für regelmäßiges Bibelstudium ins Leben. Das methodische Vorgehen dieses Clubs führte zu der spöttischen Bezeichnung »Methodisten«. Im Jahr 1738 kam Wesley bei einer Reise nach Amerika in Kontakt mit der Brüdergemeinde von Zinzendorf. Unter dem Eindruck ihrer schlichten Frömmigkeit und nach einer eigenen mystischen Erfahrung machte Wesley die Pflege wahrer Frömmigkeit zum Ziel des Methodismus. Wesley selbst wollte sich nie von der Kirche von England trennen; aber die methodistische Bewegung spaltete sich nach seinem Tod von der anglikanischen Kirche ab und wurde mit der Zeit eine der am schnellsten wachsenden protestantischen Denominationen sowohl in England wie in Nordamerika.

Ein vielleicht noch deutlicherer Beleg für die Kraft des protestantischen Pietismus im 18. Jahrhundert war die Tatsache, daß dieses Jahrhundert zwei intensive Wellen religiöser Erneuerung in Europa und Amerika erlebte, die beide deutlich pietistisch geprägt waren. Die erste Welle, als »Große Erweckung« bezeichnet, begann etwa um 1720 und erreichte 1740 ihren Höhepunkt. Die Ursprünge der Großen Erweckung liegen im Dunkeln, aber man vermutet, daß sie aus einer Verbindung der pietistischen Botschaft mit einem neuen Interesse am *Millenarismus* entstanden ist. Millenarismus ist die frühchristliche Vorstellung, daß die zweite Ankunft Jesu Christi kurz bevor stehe. In seiner Verbindung mit dem Pietismus schuf der Millenarismus einen starken Antrieb, durch intensive Missionsarbeit und Massenpredigten so viele Menschen wie möglich vor dem Ende der Welt zu bekehren. Mit der Zeit wurde aus diesem millenaristischen Pietismus mit seiner Betonung der Notwendigkeit der Bekehrung eine starke, die verschiedenen Denominationen übergreifende Bewegung, die spätere Generationen *evangelikalen Protestantismus* nannten.

Das Problem des religiösen Modernismus

In der Moderne gab es für das Christentum verschiedene Wendepunkte. Ein solcher Punkt, den man als »Wasserscheide« bezeichnen könnte, lag dort, wo sich die Christen mit den Konsequenzen des aufklärerischen Rationalismus im 18. Jahrhundert auseinandersetzen mußten. Insbesondere im Vorfeld der Französischen Revolution war dies der Fall. Ein weiterer Wendepunkt lag in der zweiten Hälfte des 19. Jahrhunderts. Charakteristisch dafür war die Wechselwirkung zweier Phänomene, die eigentlich nichts miteinander zu tun haben: die Evolutionstheorie von Charles Darwin und die *historisch-kritische* Erforschung der Bibel. Im Jahr 1859 veröffentlichte Charles Darwin (1809–1882) sein Buch »Der Ursprung der Arten«, und zwölf Jahre danach folgte sein Buch »Die Abstammung des Menschen«. Beide Bücher lösten eine heftige Debatte über die Gültigkeit der Evolutionstheorie aus. Sicher hatte man schon jahrhundertelang über die Vorstellung diskutiert, höhere Lebensformen wie der Mensch seien aus niederen Formen entstanden. Aber Darwins wissenschaftlicher Zugang zu dem Problem und seine sorgfältige Anhäufung von Beweisen führten dazu, daß man die Theorie nicht mehr so leicht zurückweisen konnte. Deshalb mußten die Christen mit den Implikationen dieser Theorie zurechtkommen. Das war keine einfache Aufgabe. Darwins Evolutionstheorie behauptete nicht nur, der Mensch habe sich aus dem Affen entwickelt, sondern – und das war vielleicht noch wichtiger – nach Darwins Auffassung war dies durch einen vollständig selbstgesteuerten Prozeß der natürlichen Selektion geschehen.

Für die Hand Gottes blieb in diesem Prozeß nur ganz wenig Raum. Darüber hinaus gehörte zu der Theorie auch die Annahme, daß der Prozeß der natürlichen Auslese Millionen von Jahren gebraucht habe. Demgegenüber sprach der biblische Schöpfungsbericht davon, daß die Erde nur wenige tausend Jahre alt und das Leben in all seiner Vielfalt in einigen wenigen Tagen geschaffen worden sei. Wenn die Theorie der natürlichen Selektion stimmte, mußte die Genesis lügen.

Es war nicht zum ersten Mal in der Moderne, daß die Bibel Gegenstand ernsthafter wissenschaftlicher Untersuchung war. Seit dem frühen 19. Jahrhundert hatten Literaturwissenschaftler und Historiker versucht, Fakten in der Bibel von Mythen zu unterscheiden, indem sie dieses Buch der gleichen wissenschaftlichen Analyse unterwarfen wie jedes andere historische Dokument. Solche Analyse nannte man »historische Kritik«. Für die historische Kritik waren die Bibeltexte nicht göttlich inspiriert, sondern menschliche Hervorbringungen einer bestimmten Zeit und einer bestimmten Region, die für damalige Zwekke geschrieben und für jeweils unterschiedliche Hörer bestimmt waren. Die ernstzunehmende historische Bibelkritik hatte ihren Ursprung in den protestantischen Fakultäten in Deutschland, besonders der Tübinger Fakultät, wo in den 30er und 40er Jahren des 19. Jahrhunderts von der Philosophie Hegels geprägte Theologen die Auffassung vertraten, daß vieles im Neuen Testament lange nach den dort berichteten Ereignissen geschrieben wurde. Für David Friedrich Strauß (1808–1874), den Verfasser des aufsehenerregenden Buches »Das Leben Jesu« (1835/36), bedeutete das, daß die Erzählungen der Evangelien nicht als historische Quellen gelten konnten, sondern als mythologische Aussagen über moralische Vollkommenheit gedeutet werden mußten. Plötzlich schien die historische Kritik durch ihre Absage an die göttliche Inspiration notwendigerweise sogar die Autorität der Bibel insgesamt in Frage zu stellen.

Nicht alle Christen betrachteten die Evolutionstheorie und die historische Bibelkritik als Bedrohung. Für manche Protestanten und Katholiken waren diese beiden Ergebnisse der Wissenschaft sogar neue und Erfolg versprechende Möglichkeiten zum Verständnis des christlichen Glaubens. Die Vertreter einer solchen Position nannte man *Modernisten.* Ihrer Meinung nach zeigte die historische Bibelkritik, daß das frühe Christentum ungeachtet seiner Vorrangstellung gegenüber den anderen Religionen der alten Welt dennoch ein Produkt seiner Zeit war. Daher hatte das Christentum in seinen traditionellen Formen in der modernen Welt keinen Platz mehr. Unter Berufung auf Vorstellungen aus der biologischen Evolution waren Modernisten auch der Meinung, das Christentum sei zum produktiven Wandel fähig und müsse deshalb in eine der Moderne angemessenere Form überführt werden.

Die überwiegende Mehrheit der Christen lehnte den Modernismus allerdings ab. So betrachteten beispielsweise in Amerika viele Protestanten die Konsequenzen der Evolution und der historischen Kritik als Bedrohung und reagierten darauf, indem sie zunehmend konservativere Glaubenshaltungen annahmen. Vor allem in der lutherischen und reformierten Tradition gab es bedeutende Lehrer und Theologen, die sich um Argumente für die Irrtumslosigkeit der Heiligen Schrift und gegen Häresien wie die natürliche Selektion bemühten. Auf einer volkstümlicheren Ebene sammelte sich das konservative Christentum im Amerika des späten 19. Jahrhunderts in dem, was man später *Fundamentalismus* nannte. Es handelt sich dabei nicht um eine einzelne Denomination, sondern wie beim evangelikalen Protestantismus um eine Reihe von Glaubensüberzeugungen und Verhaltensweisen, die über die Grenzen zwischen den Denominationen hinausreichen. Im Jahr 1910 wurden die Grundüberzeugungen dieser Bewegung in einer Buchreihe veröffentlicht, die den Gesamttitel »The Fundamentals« trug. Diese Veröffentlichungen stellten fünf Grundlagen des fundamentalistischen Christentums heraus: die Irrtumslosigkeit der Heiligen Schrift; die Jungfrauengeburt; Erlösung nur für die Auserwählten; die wirkliche leibliche Auferstehung Jesu; die Wiederkunft Jesu im wörtlichen Sinn. Damit war das evangelikale Christentum in den Vereinigten Staaten faktisch in drei unterschiedliche Lager aufgespalten: Modernisten auf der Linken, Fundamentalisten auf der Rechten, und eine starke Gruppe in der Mitte, die weder mit den liberalen noch mit den konservativen Extremen sympathisierte und zur Vermittlung zwischen ihnen gezwungen war. Die Spannungen zwischen Fundamentalisten und Modernisten drohten viele Denominationen zu spalten, so auch die Baptisten, die Presbyterianer und die Methodisten.

Auch die römisch-katholische Kirche blieb vom Streit um den Modernismus im späten 19. Jahrhundert nicht unberührt, obwohl sie vielleicht besser als die protestantische Christenheit darauf vorbereitet war, seiner vollen Wucht zu entgehen. Seit dem Zeitalter der Aufklärung hatte sich die katholische Kirche der rationalistischen Welle, die sich über Europa und Amerika ergoß, heftig widersetzt, und diese Position hatte sich nach dem Desaster der Französischen Revolution nochmals verhärtet. Im Jahr 1864 veröffentliche Papst Pius IX. ein Dokument mit dem Titel »Syllabus der Irrtümer«, eine umfassende Zusammenstellung neuerer Glaubensirrtümer, die sich nach Meinung der Kirche allesamt aus der modernen Tendenz ergaben, der Vernunft gegenüber dem Glauben den Vorrang zu geben. Darüber hinaus deuteten manche auch die Lehre des 1. Vatikanischen Konzils über die päpstliche Unfehlbarkeit als Reaktion gegen Rationalismus und Modernismus. Und schließlich veröffentlichte Leo XIII. im Jahr 1893 die Enzyklika »Providentissimus Deus«, die speziell die Praxis der historisch-kritischen Erforschung der Bibel verurteilte. Diese Enzyklika bekräftigte uneingeschränkt die katholische Position, wonach die Bibel ein inspiriertes, durch das Wirken des Heiligen Geistes verfaßtes Dokument und durchgehend irrtumsfrei sei.

Während die meisten katholischen Laien wie Kleriker diese Maßnahmen gegen den Modernismus unterstützen, waren sie für manche prominenten Katholiken ein Rückschritt. Einige wenige bekannten sich sogar offen als Modernisten. Kurz nach der Jahrhundertwende schrieb der französische Priester Alfred Loisy, die Bibel sei wesentlich ein menschliches Dokument und bezeuge das sich entwikkelnde menschliche Verständnis von Gott. Unter dem Einfluß der Argumente des Darwinismus und der biologischen Evolutionslehre vertrat Loisy außerdem die Auffassung, zwar sei die Katholische Kirche bisher die höchste Stufe in der religiösen Entwicklung der Menschheit, aber es seien noch höhere Stufen zu erwarten. Deshalb sei die Kirche moralisch dazu verpflichtet, sich dem evolutionären Verständnis des Glaubens gegenüber zu öffnen, das sowohl die historische Kritik wie die wissenschaftlichen Erkenntnisse über die Evolution nahe legten. Das Papsttum hielt von solchen Auffassungen nichts. Wegen seiner Positionen verlor Loisy später seine Stellung als Bibelwissenschaftler am Institut Catholique in Paris. Darüber hinaus veröffentlichte Pius X., der Nachfolger Leos XIII., 1907 eine sehr streng gehaltene Enzyklika mit dem Titel »Pascendi«, die nicht nur die früheren päpstlichen Verurteilungen der historischen Bibelkritik wiederholte, sondern auch den Modernismus in allen seinen Aspekten ablehnte. Für Pius X. war der Modernismus »nicht eine Häresie, sondern die wesensmäßige Summe jeder Häresie«. Zwar meldeten sich modernistische Tendenzen in der katholischen Theologie in der ersten Hälfte des 20. Jahrhunderts gelegentlich wieder zu Wort, aber die Kirche bemühte sich mit aller Kraft, modernistische Kompromisse zu vermeiden.

Die protestantische Christenheit und die Krisen der Moderne im 20. Jahrhundert

Viele Ereignisse in der ersten Hälfte des 20. Jahrhunderts erschütterten das westliche Vertrauen in die Moderne. Technik und Fortschritt führten augenscheinlich zu massenhaften Verlusten an Menschenleben und Eigentum. Schon am Ende des Ersten Weltkrieges (1914–1918) war an die Stelle des aufklärerischen Optimismus und der modernen Begeisterung über Rationalismus und Technik eine tief pessimistische Stimmung getreten. Am Ende des Zweiten Weltkrieges (1939–1945) steigerte sich dieser Pessimismus fast bis zur Verzweiflung, vor allem nachdem das Ausmaß des Holocaust weithin bekannt geworden war. Zwar blieben die meisten Europäer in der Nachkriegszeit nominell Christen, aber es kam nicht auf breiter Front zu religiösen Aufbrüchen, und die Zahl der Kirchenmitglieder begann abzunehmen. Tatsächlich hielten viele das Christentum angesichts der Schrecken der Moderne für erschöpft und kraftlos und wandten sich statt dessen neuen säkularen Philosophien wie dem Existentialismus und der Psychoanalyse als Gegenmitteln zur Moderne zu.

Jenseits des Atlantik entwickelten sich viele protestantische Denominationen in Amerika stärker zu einem konservativen evangelikalen Christentum hin, das an jenes im frühen 19. Jahrhunderts erinnerte. Nach dem Zweiten Weltkrieg erlebten die Vereinigten Staaten eine Periode von Wohlstand und Wirtschaftswachstum, die bis in die 60er Jahre hinein andauerte, und die meisten Amerikaner bevorzugten einfache und verläßliche Glaubensüberzeugungen, die den Lebensstil der Mittelklasse religiös ergänzen, aber nicht herausfordern sollten. Auch der sogenannte »Kalte Krieg« zwischen den westlichen Demokratien und den marxistischen Regimen in Rußland und China führte zu einem Anstieg der Kirchenmitgliedschaft, weil regelmäßiger Gottesdienstbesuch zu einem Erkennungszeichen für »Amerikanisch-sein« und für patriotische Begeisterung wurde.

Allerdings stieß dieses Wachstum an Grenzen. Nach einem schnellen Aufschwung über ein Jahrzehnt hinweg erreichte die Mitgliederzahl der traditionellen protestantischen Denominationen 1957 ihren Höhepunkt und nahm danach wieder ab. Offenbar bestand eine enge Verbindung zwischen dem zunehmenden Konservatismus der Kirchen nach dem Zweiten Weltkrieg und dem der amerikanischen Kultur insgesamt. Aber schon in den späten 50er Jahren kam es in der amerikanischen Kultur, begünstigt durch den Wohlstand und das

Nachlassen der Erinnerungen an die beiden Weltkriege, zu einer Verschiebung hin zum Liberalismus, der sich die Kirchen nur langsam anschlossen. In den 60er Jahren waren viele aus der jüngeren Generation dabei, dem Christentum insgesamt den Rücken zu kehren. Während dieser Zeit wuchs das Interesse an okkulten Praktiken und Zauberei, ebenso das an neuen religiösen Bewegungen wie etwa Scientology. Viele wurden von der Exotik östlicher Bewegungen wie dem Zen-Buddhismus, der transzendentalen Meditation und »Hare Krishna« angezogen. Wieder andere übernahmen »säkulare« psychologische und andere therapeutische Methoden, um mit ihren existentiellen Problemen fertig zu werden. Später kehrten manche aus diesen Generationen zum Christentum zurück, aber insgesamt erfuhr der Protestantismus in Amerika damals eine umfassende und dauerhafte Schwächung.

Als Reaktion auf das von ihnen unterstellte kulturelle und religiöse Chaos der 60er Jahre versuchten viele gemäßigt konservative Protestanten in den Vereinigten Staaten, Brücken zu den verschiedenen Spielarten des konservativen Christentums zu schlagen. In den frühen 70er Jahren entstand so eine lockere Koalition von Evangelikalen rechts von der Mitte, Fundamentalisten und anderen konservativen christlichen Gruppen. Angesichts der Herausforderung durch die kulturelle Umwälzung wurden sich die Mitglieder der »evangelikalen Allianz« zunehmend dessen bewußt, daß sie trotz der aus der Geschichte überkommenen historischen und theologischen Unterschiede doch bestimmte Grundwerte gemeinsam hatten. Zusätzlich zu einer auf die Heilige Schrift konzentrierten Spiritualität verständigte sich die evangelikale Allianz auf ein soziales und politisches Programm, in dem es vor allem um den Schutz der Familie und eine starke Abwehr gegen den weltweiten Kommunismus ging. Die evangelikale Allianz war besonders erfolgreich bei der Verbreitung ihrer Auffassungen durch den professionellen Einsatz der elektronischen Medien, vor allem des Fernsehens. Fernsehevangelisten wie Pat Robinsen, Jerry Falwell, Jimmy Swaggert und Jim Bakker waren in den späten 70er und den 80er Jahren in aller Munde. Die Botschaft der Evangelikalen gewann so stark an Boden, daß es Politikern während dieser Zeit nötig erschien, zumindest Lippenbekenntnisse für die evangelikalen Anliegen zu leisten. Ungeachtet seines Einflusses konnte sich das konservative Christentum aber nie auf mehr als 16 % der amerikanischen Bevölkerung stützen, ein Anteil, der in den 80er und frühen 90er Jahren unverändert blieb.

Der römische Katholizismus nach dem 2. Weltkrieg

Der Katholizismus folgte in der Nachkriegszeit ungefähr dem gleichen Trend. Ungeachtet eines spektakulären Wachstums im Weltmaßstab nahm die Kirchenbindung in Europa und den Vereinigten Staaten langsam ab. Anders als bei den protestantischen Kirchen ermöglichte die zentrale Stellung des Papsttums der Katholischen Kirche allerdings eine gemeinsame Reaktion. 1959 kündigte Papst Johannes XXIII. (1958–1963) ein Konzil an, das ein »neues Pfingsten zur Erneuerung der Kräfte der Kirche« sein sollte. Es ist eine Ironie der Geschichte, daß das 2. Vatikanische Konzil zu diesem Zweck viele Elemente des Modernismus aufnahm und *Aggiornamento* (»Verheutigung«) zum Leitwort des Konzils wurde. Das Konzil, das von 1962 bis 1965 tagte, bemühte sich um eine Aufwertung der Laien in der Kirche. Es beschloß eine Liturgiereform, durch die unter anderem der Gebrauch der modernen Sprachen gegenüber dem Latein ausgeweitet wurde; es erlaubte auch vorsichtig den Gebrauch der historisch-kritischen Methode und plädierte für eine Förderung der Bibellektüre in der katholischen Kirche.

Das 2. Vatikanum ermunterte vielleicht unbeabsichtigt eine Haltung neuer Offenheit in der Kirche und eine neue Bereitschaft unter Laien und Priestern, ihre Bischöfe und die Kirchenhierarchie insgesamt kritisch zu hinterfragen.

Die »modernistische« Prägung vieler vom 2. Vatikanum verabschiedeten Dokumente stieß sich mit dem Konservatismus der meisten Bischöfe, die die Reformen nur zögerlich umsetzten. Mehr noch: Durch das 2. Vatikanum dazu ermutigt, forderten viele Katholiken noch radikalere Reformen, indem sie vom Vatikan eine Veränderung des bisherigen Positionen zur künstlichen Geburtenkontrolle, zum Zölibat der Priester, zur Homosexualität und zur Priesterweihe von Frauen forderten. Die Toleranz des Vatikans gegenüber solchen Reformforderungen war allerdings sehr kurzlebig. In den späten 60er Jahren ergriff die Kirche unter Papst Paul VI. Maßnahmen, um dem modernistischen Trend entgegenzuwirken. So bekräftigte beispielsweise die Enzyklika »Humanae Vitae« (1968) das kirchliche Verbot künstlicher Mittel zur Geburtenkontrolle. Darüber hinaus war der Vatikan in den 70er und 80er Jahren aktiv darum bemüht, liberale katholische Theologen und Kirchenführer, die sich gegen die Hierarchie wandten, unter Kontrolle oder zum Schweigen zu bringen. Auch Ordensfrauen, die sich für das Recht auf Abtreibung und die Priesterweihe von Frauen einsetzten, wurden in scharfer Form zurückgewiesen. Solche unbeugsamen konservativen Positionen provozierten zunehmend kritische Stimmen von enttäuschten Katholiken, die die autoritären Methoden der Kirche beklagten. Zwar bleiben viele Katholiken ihrer Kirche gegenüber loyal; gleichzeitig hat aber sowohl in den Vereinigten Staaten wie in Europa die Zahl der Menschen deutlich zugenommen, die der Katholischen Kirche den Rücken kehren.

Orthodoxes Christentum in Rußland

Überraschenderweise ist Rußland derzeit in Europa die einzige Region, in der das Christentum ein anhaltendes Wachstum erlebt. Trotz des Triumphs des atheistischen Marxismus im Jahre 1917 und der darauf folgenden beinahe 70 Jahre religiöser Verfolgung konnte die russische orthodoxe Kirche überleben. Als Michail Gorbatschow 1985 an die Macht kam, brachte seine Politik der Perestroika und der Glasnost auch eine stufenweise Lockerung des politisch-ideologischen Drucks auf die Kirche mit sich. Als die Sowjetunion nach 1989 endgültig auseinanderbrach, war die orthodoxe Kirche auf den Beginn einer christlichen Renaissance in Rußland vorbereitet. In mancher Hinsicht erzielte sie spektakuläre Erfolge. Schätzungen zufolge wandte sich zwischen 1988 und 1993 mehr als ein Drittel der russischen Bevölkerung im Alter von bis zu 30 Jahren der Kirche zu, und man geht von 40 bis 60 % Gläubigen unter der russischen Bevölkerung aus. Immer mehr frühere kirchliche Ausbildungsstätten werden wiedereröffnet, und die Zahl der Seminaristen hat stark zugenommen. In Moskau gab es 1997 370 Kirchen, verglichen mit 47 im Jahr 1991; für 300 Millionen Dollar wurde in Moskau die 1931 von Josef Stalin zerstörte Erlöserkathedrale wieder aufgebaut. Die Wiedergeburt der russischen Orthodoxie hatte allerdings auch einige besorgniserregende Aspekte. Manche Kritiker der Kirche halten ihr vor, daß sie schnell ihre Unabhängigkeit gegenüber dem Staat verlieren und ebenso wie unter dem früheren Zarenregime zum politischen Werkzeug werden könnte. Darüber hinaus ist die wieder erstehende Kirche nach den Jahrzehnten der kommunistischen Verfolgung jetzt auf aggressive Art konservativ. Kirchenführer zögern nicht, Dissidenten in den eigenen Rängen zu unterdrücken, und manche bemühen sich intensiv darum, die Orthodoxie zum einzig legitimen religiösen Weg in Rußland zu machen. So verabschiedete das russische Parlament vor

Vater Borisow bei der Feier der Sonntagsmesse in der Kirche St. Kosmas und Damian in Moskau. Seit dem Zusammenbruch des Kommunismus 1989 hat die orthodoxe Kirche in Rußland eine geistliche Renaissance erlebt.

einigen Jahren ein neues Religionsgesetz, das nicht nur die Sonderstellung der russischen orthodoxen Kirche wieder herstellen, sondern auch die sogenannten »gottlosen Sekten« des Protestantismus von Rußland fernhalten möchte. Bei vielen einfachen Russen war dieses Unterfangen überraschend populär. Sogar die frühere kommunistische Partei suchte die Unterstützung der Orthodoxie, indem sie im Fall einer Rückkehr zur Macht versprach, den Strom ausländischer, nichtorthodoxer Missionare nach Rußland zu stoppen. Es läßt sich noch nicht zuverlässig voraussagen, wie weit dieser religiöse Chauvinismus gehen wird oder ob die Wiedergeburt der russischen Orthodoxie überhaupt das Nachlassen der Euphorie überleben kann, die mit dem Untergang des sowjetischen Systems verbunden war.

Christentum und Moderne

Wie in diesem Kapitel gezeigt wurde, erfuhr die christliche Tradition in der Moderne gewaltige Veränderungen. Auf verschiedenste Art und Weise stieß die Moderne mit den alten, vormodernen christlichen Weltsichten zusammen, und viele durch diesen Konflikt entstandene Schwierigkeiten führten dazu, daß sich die christliche Tradition noch stärker aufspaltete. Seit nun die Moderne selbst in Frage gestellt wird und der Westen sich im Übergang zu einer Epoche befindet, die man besser »postmodern« nennen sollte, ist dieser Prozeß in eine neue Phase getreten und gleichzeitig komplexer geworden. Im letzten Kapitel werden wir einige Aspekte der »Postmoderne« untersuchen, die Auswirkungen auf das Christentum haben, besonders im Hinblick auf seine überlieferten Glaubensaussagen und seine Glaubenspraxis. Zuvor aber müssen wir einen anderen Aspekt der Geschichte des Christentums in der Moderne behandeln. Wir haben ihn als solchen bisher nur gestreift, aber es wird sich zeigen, daß er für die zukünftige Entwicklung der christlichen Tradition ebenso wichtig ist wie der Zusammenstoß mit der Moderne. Gemeint ist die Globalisierung des Christentums.

6. Die Globalisierung des Christentums

Einleitung

In den Außenbezirken der Stadt Yamoussoukro, der Verwaltungshauptstadt des westafrikanischen Staates Elfenbeinküste, stößt man auf etwas Außerordentliches. In einer Waldlichtung nahe den Vororten der Stadt erhebt sich majestätisch die größte Kirche der Welt, die katholische Basilika Unserer lieben Frau vom Frieden. Die Basilika, erbaut im Stil der Neorenaissance, ist über 200 m lang und ihre Kuppel erhebt sich 170 m über die Erdoberfläche, sie ist also etwa 30 m höher ist als die Peterskirche in Rom. Dem gesamten Basilikakomplex ist ein Platz von mehr als 30 000 qm vorgelagert, mit italienischem Marmor gepflastert und zum Teil durch Reihen von 128 dorischen Säulen umschlossen, von denen jede 28 m hoch und 3 m breit ist. Etwa 300 000 Menschen könnten sich auf dem Vorplatz versammeln, und die Basilika selbst bietet 7000 Gläubigen Raum. Die Basilika wurde in weniger als vier Jahren von einer Heerschar von 1500 Handwerkern erbaut und soll zwischen 200 und 400 Millionen Mark gekostet haben. Der verstorbene Felix Houphouët-Boigny, der Präsident der Elfenbeinküste und Initiator des Projekts, ließ die Basilika als Geschenk für den Vatikan erbauen und gab der Hoffnung Ausdruck, sie solle eine Pilgerstätte nicht nur für afrikanische Katholiken, sondern für Christen aus der ganzen Welt werden.[4]

Auch wenn es überraschend scheinen mag, daß man die größte Kirche der Welt in Afrika findet, ist diese Tatsache doch ein Symbol für einen grundlegenden Wandel, der sich an der Schwelle zum 3. Jahrtausend für die Christenheit abzeichnet: Zum ersten Mal seit über tausend Jahren stammt die Mehrheit der Christen auf der Welt nicht aus Europa. Das Christentum hat sein Kernland nicht mehr im Westen. Ein Beobachter stellte unlängst fest: »In der Mitte des 21. Jahrhunderts wird das Christentum als Weltreligion sein Gravitationszentrum vermutlich am Äquator und südlich davon haben, und

4. Dazu: World's Largest Church, The Christian Century, 1.–8. 2. 1989, 106; Hugh Dellios: Journey of Faith, Catholicism Confronts the Doubts and Demands of a New Age. Day Three: Africa, Parishes Struggle to Gain Converts, Chicago Tribune, 10. 12. 1996; Richard Ni Ostling: The Basilica in the Bush, Time, 3. 7. 1989, 38 f.

Die römisch-katholische Basilika Unserer Lieben Frau in der Hauptstadt der Elfenbeinküste ist die größte Kirche der Welt. Obwohl sie in Afrika steht, wird sie finanziell und personell vom Westen unterhalten.

jede größere Konfession, vielleicht ausgenommen die orthodoxe Kirche, wird Veranlassung haben, diese Gebiete als ihr Kernland zu betrachten«.[5] Heute wohnen sechs von zehn Christen außerhalb Europas und der Vereinigten Staaten. Es paßt also durchaus, daß die größte Kirche der Welt nicht länger im Westen steht, weil auch die Mehrheit der Christen nicht länger im Westen anzutreffen ist.

Die Basilika Unserer Lieben Frau ist jedoch ein ambivalentes Symbol. Denn sie spiegelt trotz ihrer Lage in Afrika und trotz der Nationalität ihres Erbauers die immer noch andauernde Kontrolle des Westens über die nichtwestliche Christenheit wider. So wirken beispielsweise an der Basilika ausschließlich Kleriker aus Polen, und der größte Teil der laufenden Kosten wird aus westlichen Quellen gedeckt. Es ist vielleicht noch aufschlußreicher, daß sich die Architektur der Basilika ganz und gar der westlichen Tradition verdankt, daß die in ihr gefeierte Liturgie sehr wenig afrikanische Formen aufweist und von den zahlreichen Figuren, die auf den 36 gewaltigen Glasfenstern der Basilika dargestellt sind, nur eine schwarz ist.

5. Taylor (vgl. Anm. 1), 636.

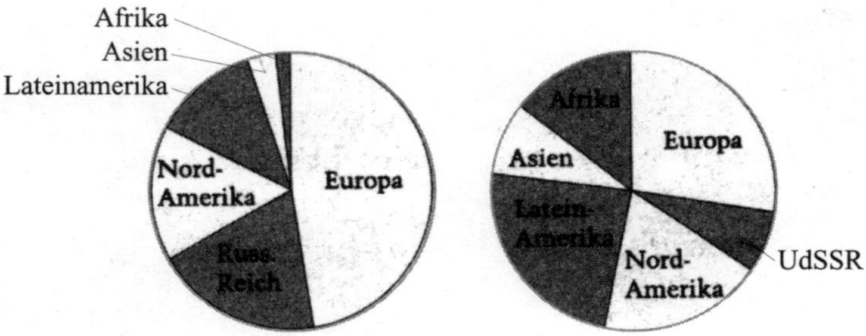

1900
Gesamt 558 Mio.

1970
Gesamt 1216 Mio.

Veränderungen in der Verteilung der Christen

Natürlich war das Christentum schon lange außerhalb des Westens präsent. Seit den Tagen der ersten Apostel wurde die christliche Botschaft weit über die Grenzen des Mittelmeerbeckens hinaus getragen, und im Mittelalter gab es blühende christliche Gemeinschaften in Asien und Afrika. Dennoch begann die intensivste christliche Missionstätigkeit mit der Moderne. Mit der europäischen Entdekkung der Neuen Welt im 15. Jahrhundert verbreitete sich das katholische Christentum schnell nach Amerika. In den folgenden Jahrhunderten waren katholische Missionare unermüdlich tätig, nicht nur in Amerika, sondern ebenso in Asien und Afrika. Auch als die protestantische Reformation die Einheit des westlichen Christentums im 16. und 17. Jahrhundert erschütterte, baute die katholische Kirche erfolgreiche Missionen in Südostasien und Afrika auf, in der Neuen Welt wurden große Teile Kanadas, Mexiko sowie Mittel- und Südamerika zum Katholizismus bekehrt. Seit dem 18. Jahrhundert entfalteten erst europäische und dann amerikanische Protestanten, durch aufeinanderfolgende Erweckungsbewegungen angeregt, eine ausgedehnte Missionstätigkeit. Zahlreiche protestantische Gruppen gründeten gut organisierte Missionsgesellschaften, oft auch so, daß sich dazu verschiedene Glaubensrichtungen zusammenschlossen. Gestützt auf effiziente Bürokratien und massive finanzielle Unterstützung konnten die protestantischen Missionsgesellschaften das protestantische Christentum im 19. Jahrhundert in die meisten Regionen der nichtwestlichen Welt ausdehnen. Am Ende des 20. Jahrhunderts hatte die christliche Mission praktisch jeden Winkel des Erdballs erreicht.

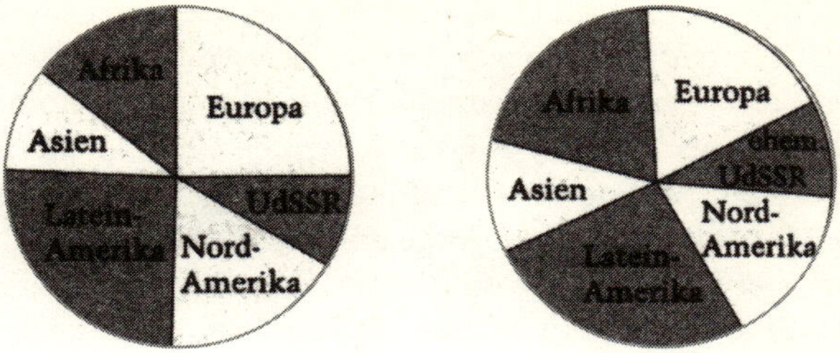

1985
Gesamt 1548 Mio.

2000
Gesamt 2020 Mio.

auf die verschiedenen Kontinente 1900–2000.

Es war kein Zufall, daß die christliche Missionierung der nichtwestlichen Welt Hand in Hand mit der Entstehung der überseeischen Kolonialreiche ging. Tatsächlich betrachteten westliche Regierungen oft die Christianisierung als den schnellsten Weg zur politischen und wirtschaftlichen Beherrschung der nichtchristlichen Völker. Die Missionare arbeiteten oft sehr eng mit der kolonialen Verwaltung zusammen, um deren Herrschaft in der Überzeugung zu etablieren, daß Kontrolle durch den Westen den »rückständigen« Völkern letztendlich nutzen würde. Christianisierung setzte in den meisten Fällen Verwestlichung voraus, und das war auch die ausdrückliche Haltung des meisten Missionare. Im Gefolge des Zweiten Weltkrieges jedoch begannen sich die alten europäischen Kolonialreiche aufzulösen, und in den späten 60er Jahren war der Prozeß der Entkolonialisierung grundsätzlich abgeschlossen. In manchen Fällen handelte es sich um einen geordneten Prozeß; in anderen gingen ihm blutige Unabhängigkeitskriege voraus.

Ob die Entkolonialisierung auf die eine oder andere Weise verlief, der Prozeß als solcher beschleunigte bei den jetzt unabhängig gewordenen Völkern überall eine gründliche Neubewertung aller Aspekte der westlichen Kultur einschließlich des Christentums. Die fortdauernde Verbindung des Christentums mit dem westlichen Kolonialismus wurde zum Stein des Anstoßes in der nichtwestlichen Welt, und in manchen Fällen lehnte man die missionarische Praxis des Christentums offiziell als unaufhebbar fremd und als Hindernis für eine vollständige Entkolonialisierung ab.

Dennoch haben die meisten nichtwestlichen Christen die Tradition nicht verworfen, und tatsächlich war das nachkoloniale Wachstum des Christentums explosiv. Das hat teilweise damit zu tun, daß nichtwestliche Christen ernsthafte Anstrengungen unternahmen, um eigene, ihnen gemäße Ausdrucksformen des Christentums zu schaffen. Dazu gehörte die Schaffung neuer, stärker ortsbezogener kirchlicher Institutionen, die Sorge um die Ausbildung eines einheimischen Klerus ebenso wie die Herausbildung neuer Symbole und Rituale, die die örtlichen kulturellen Kontexte widerspiegeln. Die Schaffung neuer Formen des Christentums war natürlich keine leichte Aufgabe. Wie die Basilika Unserer Lieben Frau an der Elfenbeinküste zeigt, läßt sich der westliche kulturelle Kontext, aus dem das Christentum entstand, schwer abschütteln. Außerdem befindet sich die Leitung der wichtigsten christlichen Denominationen nach wie vor im Westen und steht örtlicher Selbstverwaltung höchst kritisch gegenüber. Dennoch schreitet der Prozeß der Entstehung neuer, nichtwestlicher Formen des Christentums schnell voran. In einigen Fällen vollzieht er sich innerhalb der traditionellen Strukturen einzelner Denominationen; in anderen Fällen entstehen durch Abspaltung neue Formen des Christentums, vielfach synkretistische Mischungen mit einheimischen Glaubensvorstellungen und religiösen Praktiken. In jedem Fall hat sich der Jahrhunderte alte Prozeß der Diversifizierung des Christentums noch mehr beschleunigt. In diesem Kapitel werden wir der Geschichte der christlichen Kirche bei den einheimischen Völkern Amerikas, Asiens und Afrikas nachgehen.

Christentum in Lateinamerika

Die katholische Mission in Amerika kam im Kielwasser der spanischen und portugiesischen Eroberungen im 16. Jahrhundert zunächst in die Karibik und kurz danach auf das lateinamerikanische Festland. Die Spanier stießen auf eine große Vielfalt einheimischer Völker, die gesellschaftlich sehr unterschiedlich entwickelt und strukturiert waren. Im Kernland von Mexiko, Guatemala und Peru verfügten Azteken, Maya und Inka über hochentwickelte städtische Zivilisationen, die sich mit jenen Europas messen konnten. Ein ausgedehntes Netz von Handelswegen breitete den Einfluß dieser Hochkulturen in das jeweilige Hinterland aus. Den Kulturen lag eine ebenso große

Vielfalt religiöser Vorstellungen und Institutionen zugrunde, die sich Jahrhunderte hindurch ohne Führung von außen entwickelt hatten. Weder die Konquistadoren noch die katholischen Missionare hatten großes Interesse daran, die Komplexität der ihnen begegnenden Kulturen zu verstehen. Für die ersteren hatte die politische und wirtschaftliche Kontrolle Priorität; für die letzteren ging es primär darum, Seelen aus den »Klauen Satans« zu retten. Beide arbeiteten eng zusammen und bewirkten gemeinsam die schnelle Zerstörung der einheimischen Kulturen.

Allerdings gingen einheimische Glaubensvorstellungen, Konzepte und Symbole trotz der heftigen Anstrengungen katholischer Missionare, sie auszurotten, nie völlig verloren. Vieles davon wurde stufenweise in die örtliche katholische Glaubenspraxis eingeschmolzen. Im Fall von Mexiko läßt sich dies beispielsweise an der Wallfahrt zum Tepeyac-Hügel in Mexico City zeigen. Nach einer Legende erschien dort 1534 einem Indianer mit Namen Juan Diego die Jungfrau Maria. Nach dieser Erscheinung fand sich auf den Kleidern von Juan Diego auf wunderbare Weise das Bild einer dunkelhäutigen Jungfrau eingeprägt. Bis zum heutigen Tag kommen Millionen Katholiken, um in Tepeyac das Gnadenbild zu sehen, wo es jetzt in einer riesigen, zu diesem Zweck erbauten Basilika hängt. Die Legende von Juan Diego verschweigt, daß lange vor der Ankunft der Spanier der Hügel Tepeyac von den Azteken als Heiligtum der Göttin Tonantzin (»unsere Mutter«) verehrt wurde. Viele moderne Wissenschaftler haben belegt und damit den Verdacht vieler früher katholischer Missionare bekräftigt, daß die Verehrung der Jungfrau von Guadalupe in Tepeyac teilweise einer früheren aztekischen Gottheit zu verdanken ist, die so in einem neuen Bezugssystem weiter lebt. Das geschah überall in Lateinamerika, wo die einheimischen Völker bewußt oder unbewußt Elemente ihrer Religion durch die kreative Aneignung und Neuinterpretation katholischer Symbole bewahren wollten.

Jahrhundertelang genoß der Katholizismus ein geistliches Monopol in der lateinischen Neuen Welt. Mit der Lösung von den Kolonialmächten im frühen 19. Jahrhundert zerfiel Lateinamerika in zahlreiche Republiken, von denen viele die Macht der Kirche einschränken wollten. Die kreolischen Eliten dieser Republiken wollten die Kirche ebenso kontrollieren wie früher der spanische König. Nach 400 Jahren fragloser Hegemonie kam die katholische Kirche in Lateinamerika ins Taumeln.

Im 20. Jahrhundert gelang es der katholischen Kirche allerdings, ihre Position in Lateinamerika langsam wieder zu stärken. Das 2. Vatikanische Konzil hatte besonders intensive Auswirkungen auf die Kirche in Lateinamerika. Jahrhundertelang (sowohl in der Kolonialzeit wie in den unabhängigen Republiken) war die katholische Kirche Lateinamerikas im Grunde eine konservative Organisation, die die Rechte und Privilegien der Elite schützte. Das 2.Vatikanum rief jedoch zu stärkerem Engagement für soziale Gerechtigkeit überall in der Welt und zu einem intensiveren Einsatz von Klerus und Laien für die Armen auf. In Lateinamerika entstand aus diesem Ruf nach mehr sozialer Gerechtigkeit die *Befreiungstheologie.* Für Befreiungstheologen wie Leonardo Boff und Jon Sobrino ist Sünde nicht nur das Ergebnis persönlicher Verfehlungen, sondern auch von sozialer Ungleichheit. Demnach waren die Katholiken ebenso zum Kampf für soziale Gerechtigkeit wie zum Kampf gegen persönliche Sünden verpflichtet. In manchen Fällen beteiligten sich einzelne Priester und Nonnen an gewaltsamen revolutionären Bewegungen. Zum größeren Teil engagierte sich die Kirche in Lateinamerika jedoch auf weniger radikale Weise für die Durchsetzung sozialer Gerechtigkeit. So entwickelten beispielsweise bei Bischofsversammlungen in den 70er und 80er Jahren lateinamerikanische Kirchenführer Langzeitstrategien, um die Akzente in der Pastoral mehr zugunsten der wirtschaftlich und politisch Unterdrückten in Amerika zu verschieben. Letztlich gewann die Befreiungstheologie erheblichen Einfluß nicht nur in Lateinamerika, sondern ebenso auf den Philippinen und in Südafrika.

Nach 500 Jahren katholischen Einflusses überrascht es nicht, daß heute über 90 % der Bevölkerung Lateinamerikas zumindest nominell katholisch ist.[6] Allerdings geht dieser Anteil schrittweise zurück, da sich immer mehr Lateinamerikaner dem Protestantismus zugewandt haben. Das vermutlich spektakulärste Wachstum unter den Protestanten hat die *Pfingstbewegung* aufzuweisen, die die Bedeutung einer individuellen Erfahrung des Heiligen Geistes betont. Die Pfingstbewegung entstand im ersten Jahrzehnt des 20. Jahrhunderts in den Vereinigten Staaten. Sie breitete sich schnell in ganz Nordamerika und der Karibik aus und erreichte in den letzten Jahrzehnten auch das übrige Lateinamerika. Heute gehören etwa 70 % der 18 Millionen Protestanten Lateinamerikas den verschiedenen Zweigen dieser charismatischen Bewegung an.

6. Ebd, 642.

Die meisten Anhänger der Pfingstbewegung in Lateinamerika gehören der Unterschicht an, sind Tagelöhner und Arbeitslose. Viele werden durch die spontane Beteiligung am Gottesdienst und die unmittelbare Erfahrung etwa beim Zungenreden angezogen. Eine der wichtigsten Ursachen für das Wachstum der Pfingstkirchen liegt darin, daß sie weitgehend Laien als Amtsträger einsetzen: Jeder vom Geist Bekehrte kann ein Amt ausüben. So ergibt sich von selbst, daß die Pfingstbewegung einen einheimischen Klerus hat. Außerdem sind die Pfingstgruppen meist klein, genügsam und unterhalten sich weitgehend selbst, auch wenn sie in gewissem Umfang finanzielle Unterstützung von außen, primär aus den Vereinigten Staaten, erhalten.[7]

Manchmal wird auch als Grund für die Popularität der Pfingstbewegung angeführt, daß sie für synkretistische Elemente offen sei. Für manche Religionswissenschaftler scheint die Tatsache, daß die Pfingstbewegung den Geistbesitz, die Heilung durch den Glauben und den Glauben an böse Geister betont, eine Kontinuität mit einheimischen indianischen und afrikanischen Traditionen Amerikas nahezulegen. Dies mag durchaus so sein, aber die Pfingstler verstehen sich im Blick auf ihre rituelle Praxis und ihr Symbolsystem als ausgesprochen rechtgläubige Christen. Demgegenüber gibt es in Lateinamerika alteingesessene christliche Traditionen, die offen synkretistisch sind. In der Karibik finden sich vielfältige Beispiele für Traditionen, die katholisches Christentum mit herkömmlichen afrikanischen religiösen Vorstellungen und Symbolen verbinden. So ist die kubanische Santería beispielsweise eine Mischung aus den religiösen Vorstellungen der westafrikanischen Joruba und dem Katholizismus. Der haitianische Voodookult vermischt den Kult von Gottheiten aus dem Niger, aus Benin und Zaïre mit der Heiligenverehrung des Katholizismus. Auch Schango (Trinidad), Winti (Surinam) und Umbanda (Brasilien) sind unverkennbar synkretistische Formen des Christentums. Alle diese Traditionen betonen Geistbesitz, Schamanismus und Heilung durch den Glauben, und alle haben Anhänger auch außerhalb ihres Ursprungslandes.

7. David Martin: Evangelical and Charismatic Christianity in Latin America, in: Karla Poewe (Hrsg.): Charismatic Christianity as a Global Culture, Columbia (South Carolina) 1994, 73–86.

Christliche Mission unter den einheimischen Völkern in Nordamerika

In Diskussionen über das nichtwestliche Christentum wird das Christentum bei den eingeborenen Völkern Nordamerikas oft übersehen. Während der ganzen Kolonialzeit galten spanische, französische und englische Missionsanstrengungen den eingeborenen Amerikanern. Seit der Gründung der Vereinigten Staaten benutzte die Bundesregierung oft christliche Missionare als Indianeragenten und räumte ihnen sehr viel Einfluß in Angelegenheiten der Indianer ein. Man zog dafür sowohl Katholiken wie Protestanten heran. Heute ist praktisch kein eingeborener amerikanischer Stamm vom Christentum unberührt geblieben, obwohl es verschiedene Grade der Zustimmung gegeben hat. Die Puebloindianer des Südwestens, die als eines der ersten Völker Nordamerikas missioniert wurden, leisteten dem Eindringen der Franziskanermissionare im 17. Jahrhundert Widerstand. Sie erhoben sich gegen die Kontrolle und erzwungene Missionierung durch die Spanier und konnten sich diese jahrzehntelang vom Leib halten. Auch nachdem die Spanier wieder die Kontrolle übernommen hatten, übten die Pueblos im Geheimen weiterhin ihre Stammesreligion aus, wenngleich sie in der Öffentlichkeit den Katholizismus praktizierten.

Dagegen haben andere eingeborene amerikanische Stämme das Christentum angenommen und praktizieren heute nur noch wenig von ihrer traditionellen Religion. Die Yaqui in Arizona und die Cherokee in Georgia übernahmen während der Kolonialzeit in Scharen das Christentum. Bei den meisten Stämmen allerdings verlief die Bekehrung zunächst über Einzelne, und der Stamm als solcher veränderte erst im Verlauf mehrerer Generationen seine prägende religiöse Identität. Vielleicht deshalb haben sich ungeachtet der heutigen Renaissance der traditionellen Religionen viele eingeborene Amerikaner dafür entschieden, Christen zu bleiben. So verbrachte der in religiöser Hinsicht bekannteste eingeborene Amerikaner, Black Elk (etwa 1862–1950), den größten Teil seines Lebens als katholischer Katechist. Heute versteht sich ein hoher Prozentsatz der eingeborenen Amerikaner in erster Linie als Christen.

Die eingeborenen Amerikaner haben auf die Herausforderung der Christianisierung nicht nur durch einfache Ablehnung oder Annahme, sondern auch wesentlich kreativer reagiert. Darum findet sich in vielen neuen religiösen Bewegungen unter eingeborenen Amerikanern ein hohes Maß an synkretistischer Vermischung christlicher Symbole mit Symbolen und Praktiken aus der einheimischen Tradition, von der Kolonialzeit bis zur Gegenwart. So entwickelte sich die sogenannte Long House Religion der Irokesen beispielsweise aus der Gaiwiio (»gute Nachricht«), die einem charismatischen Senekaindianer mit Namen Handsome Lake (1735–1815) enthüllt wurde. Die Geist-Tanz-Bewegung, die so tragische Folgen für die Sioux-Indianer am Wounded Knee 1890 hatte, begann ein Jahrzehnt davor mit einem Pajute-Indianer namens Wovoka, der sich darauf berief, daß ihm der Tanz durch eine sehr jesusähnliche Gestalt offenbart worden sei. Vielleicht die dynamischste neue Religion eingeborener Amerikaner ist aber die Native American Church, die sowohl christliche wie nichtchristliche Ausdrucksformen kennt. Ihren Mittelpunkt bildet das rituelle Rauchen von Pajote, einer Art stachellosem Kaktus, bei dessen Einnahme leicht halluzinogene Wirkungen entstehen. Jahrhundertelang verwendeten Indianer aus dem Norden Mexikos Pajote in ihren komplexen religiösen Riten. Im 19. Jahrhundert verbreitete sich der rituelle Gebrauch von Pajote in die Vereinigten Staaten, wo er in der Native American Church formell organisiert wurde. Trotz der intensiven Bemühungen der amerikanischen Regierung, die neue Bewegung zu unterdrücken, ist sie aufgeblüht und erwies sich als Mittel zur Einigung eingeborener Amerikaner über Stammesgrenzen hinweg. Interessanterweise haben es viele örtliche Gemeinschaften gewagt, christliche Elemente in ihre religiöse Praxis aufzunehmen. So wird der Gebrauch von Pajote oft mit dem christlichen Sakrament der Eucharistie verglichen und der Geist des Pajote oft mit Jesus identifiziert. Auch Lesungen aus der Bibel sind normaler Bestandteil von Pajote-Zeremonien, es ist bemerkenswert, daß die Native American Church solche synkretistischen Gemeinden voll und ganz akzeptiert. Die mit dem Christentum verbundenen Gemeinden betrachtet man einfach als eine Spielart unter anderen innerhalb der Bewegung.

Christentum in Asien

Von den drei Weltregionen, die wir in diesem Kapitel betrachten, wurde Asien am wenigsten vom Christentum beeinflußt; im Durchschnitt stellen die Christen nur 3,5 % der asiatischen Bevölkerung. Dennoch leben aufgrund der hohen Bevölkerungszahl dieses Kontinents 10 % der Christen der Welt in Asien. Nestorianische Christen kamen schon im 7. Jahrhundert nach China und ihre Kirche bestand dort etwa zwei Jahrhunderte lang. Im 14. Jahrhundert regte sich wieder christliches Interesse an China, als franziskanische Missionare nach Peking reisten, um Kublai Khan zu bekehren, was allerdings nicht gelang. Im 16. Jahrhundert übernahm Spanien die Herrschaft über die Philippinen, und dieser Archipel wurde zu einem ausgeprägt katholischen Land. Im 16. und 17. Jahrhundert missionierten Jesuiten sowohl in China wie in Japan und konnten durch die Gründung kleiner Gemeinschaften in beiden Ländern gewisse Erfolge erzielen. Das gilt etwa für die Arbeit des Franz Xaver (1506–1552) in Japan, wo erst die Verfolgung von 1597 das Wachstum des Christentums wieder verlangsamte.

Es dauerte wiederum bis zur massiven kolonialen Expansion des Westens im 19. Jahrhundert, daß das Christentum in Asien außerhalb der Philippinen bemerkenswerte Erfolge erzielen konnte. Nach dem Opiumkrieg von 1840 konnten sich die westlichen Mächte in China festsetzen; in ihrem Gefolge kamen auch katholische wie protestantische Missionare aus Europa und den Vereinigten Staaten in fast jede chinesische Provinz. Trotz der Ressourcen, die für China eingesetzt wurden, und trotz der langen Präsenz westlicher Missionare war das Wachstum schleppend. Nur wenige Gemeinschaften konnten sich dauerhaft auf chinesischem Boden verwurzeln. Die Bedingungen für die Ausbreitung des Christentums wurden erheblich erschwert, nachdem die chinesische Revolution 1949 die Kommunisten an die Macht gebracht hatte. Das offiziell atheistische Regime erlaubte ein Wirken der Kirchen nur mit äußerst rigorosen Einschränkungen, Verfolgungen von Klerikern und Kirchenmitgliedern halten bis heute an. Die Schätzungen über die Zahl der Christen im heutigen China gehen weit auseinander; es könnten aber bis zu 20 Millionen sein.[8]

In anderen Regionen Asiens waren die Erfolge der christlichen Mission bestenfalls marginal, wobei politische wie kulturelle Hindernisse im Spiel waren. Abgesehen vielleicht von den Philippinen hatte das ausgesprochen schleppende Wachstum des Christentums in Asien in allen Fällen mit seiner Fremdartigkeit und seiner unauflöslichen Bindung an den westlichen Imperialismus zu tun. In man-

8. Statistische Angaben zum Christentum in Asien bei Taylor (vgl. Anm. 1), 649–653; C. René Padilla: An Age of Liberation, in: Tim Dowley (Hrsg.): Introduction to the History of Christianity, Minneapolis 1995, 631–643.

chen Ländern Asiens allerdings diente das Christentum gerade wegen seines fremden Ursprungs als Protestreligion. Dafür ist Korea ein interessantes Beispiel. In der Frühzeit der Moderne widerstand Korea gleichermaßen westlichen wie christlichen Einflüssen. Schließlich wurde das Land aber Kolonie einer nichtwestlichen Macht, nämlich Japans. Während der japanischen Besetzung (1910–1945) hatten presbyterianische und methodistische Missionare erhebliche Erfolge und konnten Millionen von Koreanern zum Christentum bekehren. Warum? Vielleicht war der Buddhismus zu eng mit den japanischen Kolonialherren Koreas verbunden. Demgegenüber diente das Christentum, obwohl eine ausländische Tradition, als Protestreligion gegen den japanischen Einfluß. Heute stellen die Christen, zum größeren Teil Protestanten, etwa ein Drittel der koreanischen Bevölkerung.

Auch beim Wachstum des Christentums in Asien war Synkretismus im Spiel. Für den Taiping-Aufstand in China Mitte des 19. Jahrhunderts spielte z.B. eine Mischung aus christlichen, taoistischen und buddhistischen Elementen eine wesentliche Rolle. Jüngeren Ursprungs ist die Kaodai-Religion in Vietnam, eine Verbindung von Buddhismus, Taoismus und Katholizismus. Vielleicht die interessanteste und zweifellos die erfolgreichste synkretistische religiöse Bewegung der Gegenwart ist die aus Korea stammende Vereinigungskirche. Sie wurde 1954 von dem protestantischen Geistlichen Sun Myung Moon (geboren 1920) gegründet. Moon behauptete, ihm sei an Ostern des Jahres 1936 Jesus erschienen und habe ihn beauftragt, Verantwortung für die Errichtung des Reiches Gottes auf Erden zu übernehmen. In den darauf folgenden Jahrzehnten trat Moon angeblich auch mit anderen Religionsstiftern wie Buddha oder Moses in Kontakt, und einmal sogar mit Gott selbst. Auf der Grundlage dieser Begegnungen entwickelte Moon ein Gefüge religiöser Lehraussagen, das als die »göttlichen Prinzipien« veröffentlicht wurde. Darin entwarf ein Moon eine messianische, endzeitorientierte Religion, die die Vereinigung der Welt in Vorbereitung auf die Errichtung des Gottesreichs anstrebt. Die Botschaft Moons wurde so populär und er konnte sie so effizient vermitteln, daß ihr Begründer am Ende der 60er Jahre eine weltumspannende religiöse Bewegung leitete, die in Korea unter dem Namen Tong Il und im Westen als Vereinigungskirche bekannt ist. In den 70er Jahren hatten die »Moonies« nach eigenen Angaben allein in den Vereinigten Staaten zwischen 30 000 und 50 000 Anhänger.

Christentum in Afrika

Eine der frühesten christlichen Nationalkirchen der Welt war eine afrikanische. Legenden zufolge wurde die äthiopische Kirche von syrischen Missionaren im frühen 4. Jahrhundert gegründet; sie besteht heute noch. Dennoch spielte das Christentum in der afrikanischen Geschichte nur eine begrenzte Rolle. Der Siegeszug des Islam im 7. Jahrhundert überrannte die traditionellen christlichen Kirchen Nordafrikas. Schnell wurde der Islam Mehrheitsreligion im größten Teil Nordafrikas, und heute bezeichnen sich 42,5 % der gesamten afrikanischen Bevölkerung als Muslime.[9] Dagegen missionierten in Afrika südlich der Sahara weder der Islam noch das Christentum. Das hing teilweise mit der Stärke der einheimischen religiösen Traditionen zusammen, die sich bis heute bemerkbar macht. Wichtig war auch die Entstehung des Sklavenhandels, der teilweise sowohl von islamischen wie christlichen Händlern betrieben wurde. Hätte man große Teile von Afrika südlich der Sahara zum Christentum bekehrt, wären entsprechend viele Menschen keine potentiellen Objekte der Sklaverei mehr gewesen. Es war wirtschaftlich attraktiver und führte zu weniger ethischen Bedenken bei Muslimen wie Christen, wenn nur »Heiden« versklavt wurden. Nur portugiesische Katholiken unternahmen größere Anstrengungen zur Evangelisierung von Afrikanern. Sie unterhielten an der Westküste Afrikas vom 16. bis zum 18. Jahrhundert Missionsstationen, hatten dabei aber nur wenig dauerhaften Erfolg.

Mit dem Ende des groß angelegten Sklavenhandels im 18. und 19. Jahrhundert änderte sich die Situation in Afrika südlich der Sahara schrittweise. Damals hatten die Führer des Islam weder das politische Interesse noch die Ressourcen, diesen Teil Afrikas zu missionieren. Der Islam hatte angesichts des Drucks durch den westlichen Kolonialismus Mühe genug, seine Stellung in seinen Kernländern zu behaupten. Demgegenüber hatte der Westen sowohl den politischen Willen wie die Ressourcen zur Unterstützung der Christianisierung Afrikas, und im frühen 19. Jahrhundert begann die Missionierung im großen Stil. Sie wurde zunächst weitgehend von Protestanten getragen. So gründeten beispielsweise Anglikaner und Methodisten 1827 ein College in Sierra Leone als Seminar für Schwarzafrikaner. Im Lauf der Jahre gingen daraus etliche Kleriker und Missionare hervor, die in

9. Taylor (vgl. Anm. 1), 645–649; Padilla (vgl. Anm. 8), 634 f.

dieser Gegend hohes Ansehen genossen und ein festes Netzwerk christlicher Gemeinschaften an der afrikanischen Westküste aufbauten. Dennoch lag die christliche Missionierung weiterhin in den Händen weißer Missionare. Hunderte, wenn nicht Tausende solche Missionare kamen um 1890 nach Afrika; die meisten von ihnen arbeiteten unermüdlich, bauten Kirchen, Schulen und Krankenhäuser und übersetzten die Bibel in eine Vielzahl örtlicher Sprachen. Seinerzeit erhielt auch die katholische Mission in Afrika neuen Schwung: Waren das 19. und frühe 20. Jahrhundert das goldene Zeitalter der protestantischen, so war die 2. Hälfte des 20. Jahrhunderts das goldene Zeitalter für die katholische Mission in Afrika. Heute ist die katholische Kirche in den meisten Ländern Afrikas diejenige mit den meisten Anhängern. Insgesamt leben in Afrika heute mehr als 150 Millionen Christen, wobei diese in so unterschiedlichen Ländern wie in Zaïre, Ghana, Togo, Uganda, Simbabwe, Namibia, Angola und Südafrika die Mehrheit stellen.

Das erstaunliche Wachstum des Christentums in Afrika hat zum Teil mit der Existenz der unabhängigen afrikanischen Kirchen zu tun, deren Wurzeln in das 19. Jahrhundert zurückreichen. Die meisten dieser Gruppen entstanden teilweise in dem Bemühen, die an den westlichen Kolonialismus verlorene politische, wirtschaftliche und psychologische Kontrolle wieder zu gewinnen. Einige Gemeinschaften innerhalb der Bewegung der unabhängigen Kirchen sind als Abspaltungen von den Missionen der Anglikaner, Methodisten, Presbyterianer und Baptisten entstanden. Solche unabhängigen Kirchen haben meist die Liturgie und Kirchenstruktur ihrer Herkunftskirchen beibehalten. Entscheidender Grund für diese Abspaltungen war die Tatsache, daß die Führung der Mutterkirchen zu wenig afrikanische Kontrolle erlaubte und afrikanische Anliegen förderte; auch die Frage der Inkulturation spielte eine Rolle. Die Führer dieser Bewegungen wählten für ihre Gemeinschaften die Bezeichnungen »afrikanisch« oder »äthiopisch«, um damit symbolisch zum Ausdruck zu bringen, daß sie selbstbewußt eine den afrikanischen Verhältnissen angepaßte Form des protestantischen Christentums schaffen wollten.

Eine solche Bewegung war die ungeheuer populäre ostafrikanische Erweckungsbewegung, die auch Balokole (»die Erlösten«) genannt wurde. Nach ihrer Abspaltung von der anglikanischen Mission in Ruanda in den 30er Jahren des 20. Jahrhunderts entwickelte diese Erweckungsbewegung später eine modifizierte anglikanische Liturgie und eine am Dorf orientierte Organisationsstruktur. Auch die katholische Kirche war gegenüber dieser Tendenz zu mehr afrikanischer Kontrolle durch Abspaltung nicht völlig immun. Der 1906 geborene Franziskaner Placidus Tempels gründete in Zaire eine Bewegung namens *Jamaa* (Suaheli »Familie«). 1953 wurde sie weitgehend von der katholischen Kirche unabhängig. Obwohl nach katholischem Verständnis rechtgläubig, betont Jamaa dennoch die Bedeutung örtlicher Selbstorganisation. Ähnliche katholische Abspaltungen bildeten sich in Kenia (die Legion Mariens) und in Sambia (die Katholische Kirche des Heiligsten Herzens).

Zu den unabhängigen Kirchen, die sich von bestehenden Denominationen abgespalten haben, kommen andere Kirchen, die unter dem Einfluß kleiner christlicher Sekten vor allem aus den Vereinigten Staaten entstanden sind. Eine ganze Reihe unabhängiger »Zionskirchen« in Südafrika haben beispielsweise ihre Wurzeln in der von John Alexander Dowie 1896 in Illinois gegründeten »Evangelikalen christlich katholischen Kirche«. Die am weitesten verbreitete Bewegung in Afrika südlich der Sahara, die »Kirche des Wachturms« oder Kitawala, geht auf die ersten Missionare der Zeugen Jehovas zurück, die zu

Exkurs: Nichtwestliche Ausdrucksformen christlicher Kunst

In seiner Geschichte lebte das Christentum in verschiedenen Kulturen, von denen jede darum bemüht war, Mythologie und begriffliche Vorstellungen des Christentums in ihren spezifischen Formen auszudrücken. Jedesmal bestand natürlich die Tendenz, den örtlichen Kunststil und das jeweilige künstlerische Medium als für christliche Kunst normativ zu betrachten. Als beispielsweise im 5. Jahrhundert das Christentum in die keltische Welt vordrang, lehnten die lateinischen Christen die sehr komplexe und stilisierte religiöse Welt der Kelten als zum Ausdruck des Glaubens ungeeignet ab. Die lombardischen Christen des Mittelalters bezeichneten nichtromanische Kirchenarchitektur nördlich der Alpen als »gotisch«, was abwertend gemeint war. Auch die frühen christlichen Missionare in Lateinamerika, Asien und Afrika waren skeptisch gegenüber dem örtlichen Kunstschaffen, das einheimische Motive, Techniken und Materialien verwandte, und versuchten stattdessen, im Bereich der religiösen Kunst die ästhetischen Vorstellungen des Westens durchzusetzen. Wie wir bei der Basilika Unserer Lieben Frau an der Elfenbeinküste gesehen

Beginn des 20. Jahrhunderts nach Afrika kamen. Das ausgeprägte Endzeitbewußtsein der Kitawala hat großen Widerhall gefunden, und heute gibt es Wachturmgruppen überall in Zentral- und Südafrika.

Die Bewegung der unabhängigen afrikanischen Kirchen kennt auch Erscheinungsformen, die unmittelbar einheimische Wurzeln haben. Solche Bewegungen sind meist durch örtliche charismatische Propheten als Führergestalten geprägt und betonen besonders die Heilung durch den Glauben. Das vielleicht berühmteste Beispiel einer unabhängigen Kirche dieses Typs war diejenige, die aus der prophetischen Tätigkeit von William Wade Harris (1865–1929), eines Lehrers aus Liberia, hervorging. Harris, nominell Methodist, erlebte mehrere Visionen, in denen ihm der Erzengel Gabriel den Auftrag gab, die Westküste Afrikas zu bekehren. Harris nahm einen asketischen Lebensstil an und zog als Heiler und Evangelist umher, der einen schlichten christlichen Monotheismus predigte und seinen Zuhörern ein besseres Leben versprach, wenn sie ihre »heidnischen Götzen« und ihre traditionellen religiösen Praktiken aufgaben. Nach einem Jahr Predigttätigkeit hatte Harris schon Tausende getauft, und

haben, ist diese Haltung bis heute nicht ausgestorben. Je mehr man sich allerdings dessen bewußt wurde, daß subjektive Vorlieben und ethnozentrische Vorurteile in ästhetische Wertungen einfließen, desto mehr wuchs bei den westlichen Christen die Bereitschaft, kulturell andersgeartete Darstellungen christlicher Symbole zu akzeptieren und auch die Wertschätzung für die eigene Schönheit dieser – nach ihren eigenen Maßstäben zu beurteilenden – religiösen Kunst.

Dieses Relief aus rotem Holz, das das Abendmahl darstellt, wurde von Tutsi aus Ostafrika angefertigt.

obwohl er selbst keine Kirche gründete, entstand doch spontan eine nach ihm benannte Kirche, die noch heute besteht. Ebenso wichtig ist, daß die prophetische Tätigkeit von Harris zum Modell für zahllose andere prophetische Bewegungen wurde, die dann im 20. Jahrhundert überall in Afrika entstanden, etwa die Kimbanguistische Kirche in Zaire, die Aladurakirche (»Menschen des Gebets«) in Nigeria und die Lumpakirche in Sambia. Man könnte noch weitere unabhängige Kirchen dieses Typs nennen; in vielen davon gilt der prophetische Gründer als neuer Messias und Bote des Reiches Gottes auf Erden. Bis heute entstehen weitere unabhängige Kirchen, die die Vielfalt der in Afrika entstandenen Formen des Christenturns weiter vergrößern.

In vielen Fällen lag die Schwierigkeit mit dem westlichen Missionschristentum weniger im Fehlen einheimischer Leitung als im mangelnden Respekt der Missionen gegenüber den traditionellen Glaubensauffassungen und Praktiken. So gibt es eine Reihe unabhängiger Kirchen, die sich um einen charismatischen Führer herum gebildet haben und sich gleichzeitig um eine harmonische Verbindung einheimischer religiöser Symbole und christlicher Symbole bemühen. In diesen wieder mehr an der afrikanischen Tradition orientierten Kirchen wurden Vorstellungen und Praktiken wie die Ahnenverehrung, Speisetabus, der Glaube an Zauberei und in manchen Fällen die Polygamie bewahrt und in einen christlichen Kontext integriert. Zu den erfolgreichsten Kirchen dieses Typs gehört die »Kirche Gottes unserer Ahnen« in Zaïre und die »Kirche der Banzie« (Kirche der Initiierten) in Gabun. Zahlreiche weitere Kirchen dieses neotraditionalistischen Typs sind spontan in Dörfern und Städten überall in Afrika entstanden; aber da die von ihnen gepflegten Glaubensvorstellungen und Rituale in hohem Maß regional geprägt sind, bleiben sie auf ihre Ursprungsregion begrenzt.

Paradoxerweise wurde in vielen Fällen der synkretistische Prozeß bei der Entstehung dieser neotraditionalistischen Gruppen dadurch erleichtert, daß die Heilige Schrift in Übersetzungen leicht verfügbar war. Der durchschnittliche Afrikaner aus ländlichen Regionen verstand die Bibel, deren kulturelles Ursprungsmilieu dem seinen näher stand als dem des westlichen Missionars, wörtlicher als die Europäer. Die Visionen, Träume, Wunder, magischen Handlungen und dämonischen Kräfte, von denen das Alte wie das Neue Testament voll sind, mußten in Afrika nicht allegorisch wegerklärt werden, sondern wurden als Entsprechungen zu örtlichen Glaubensvorstellungen und Praktiken akzeptiert. Sogar eine Praxis wie die Polygamie, die westlichen Menschen so sehr widerstrebt, hat ihre ansehnlichen Vorläufer in den alttestamentlichen Beispielen von David und Salomon. Obwohl jahrzehntelang durch westliche Mission entmutigt, brauchen sich die neotraditionalistischen unabhängigen Kirchen nur auf die Autorität der Bibel zu berufen, um westliche Synkretismusvorwurfe abzuweisen. Tatsächlich steht die vormoderne Welt nichtwestlicher Völker der der biblischen Verfasser weit näher als der der westlichen Missionare, deren Weltsicht auf einem Kompromiß zwischen Moderne und Christentum beruht.

Die Zukunft des globalen Christentums

Am Beginn seines 3. Jahrtausends ist das Christentum eine wahrhaft globale Religion. Was könnte das für die Tradition als ganze bedeuten? Natürlich sind Vorhersagen schwierig; aber die nächsten Jahrzehnte werden über den zukünftigen Weg der christlichen Tradition entscheiden. Wie in diesem Kapitel ausgeführt, besteht die wichtigste Herausforderung für die Tradition vielleicht in der Gestaltung des Verhältnisses von westlichen und nichtwestlichen Christen. Wie wir feststellen konnten, beeinflußt der Westen nach wie vor das Geschick des nichtwestlichen Christentums und kontrolliert es auch bis zu einem gewissen Grad. Viele nachkoloniale Kirchen verwenden nach wie vor die europäischen Sprachen ihrer früheren Kolonialherren, und Theologie wie Liturgie leben noch weithin vom theologischen und philosophischen Vokabular des Westens. Dazu kommt, daß die führenden Persönlichkeiten in diesen Kirchen oft noch aus dem Westen stammen. Daran wird sich aus verschiedenen Gründen vermutlich nichts ändern. Die meisten Kirchenmitglieder außerhalb des Westens sind arm, jung und ohne ausreichende Ausbildungsmöglichkeiten.[10]

Die traditionellen Denominationen müssen allerdings zunehmend erkennen, daß ihnen durch die westliche Vorherrschaft Mitglieder verloren gehen. In Lateinamerika sind die katholischen Kirchenführer damit konfrontiert, daß jedes Jahr Tausende ihrer Gläubigen der Kirche den Rücken kehren und sich Alternativen wie der Pfingstbewegung anschließen, in der das Schwergewicht stärker auf der örtlichen Gemeinschaft liegt. Man schätzt, daß in Afrika jedes

10. Taylor (vgl. Anm. 1), 641.

Jahr 450 000 Menschen sowohl die katholische wie die protestantischen Kirchen verlassen und sich den wachsenden unabhängigen Kirchen anschließen, deren Zahl jedes Jahr um etwa 100 zunimmt. Als Reaktion darauf haben die traditionellen Denominationen große Anstrengungen unternommen, einen einheimischen Klerus heranzubilden und ihm auch die jeweiligen Hierachien zu öffnen. So ist in der katholischen Kirche die Zahl der asiatischen und afrikanischen Bischöfe von nur 33 im Jahr 1951 auf heute über 700 angestiegen. Ähnliche Zahlen ließen sich auch für viele der traditionellen protestantischen Denominationen anführen.

Dennoch war das Wachstum der neuen Kirchen außerhalb des Westens nicht nur Ausdruck des Verlangens nach mehr organisatorischer Eigenständigkeit, sondern auch des Wunsches nach Inkulturation. In diesem Kapitel wurde deutlich, wie stark oft der Wunsch nach einer Harmonisierung des Christentums mit den lokalen Glaubensrichtungen und Ritualen war. Da das Christentum in seiner Geschichte immer dazu tendierte, Orthodoxie und Orthopraxie einzufordern, wandte es sich entsprechend heftig gegen eine Diversifizierung, sei es durch die Lehrentwicklung oder durch Synkretismus. Auch heute zeigt die Führung der westlichen Kirchen nur begrenzte Toleranz für die Inkulturation, weil man befürchtet, daß sie schließlich zum Synkretismus führt. Ungeachtet der größeren Offenheit des 2. Vatikanums für ein stärkeres Einheimischwerden des Katholizismus mußte beispielsweise Emanuel Milingo, der katholische Erzbischof von Lusaka in Sambia, 1982 zurücktreten, weil man ihm Synkretismus vorwarf. Angesichts zweier Jahrtausende, in denen sie die strenge Rechtgläubigkeit auf ihre Fahnen geschrieben haben, ist nicht zu erwarten, daß die westlichen Denominationen ihre konservative Grundhaltung bald aufgeben werden.

Führt das dazu, daß ein dauernder Riß zwischen westlicher und nichtwestlicher Christenheit entsteht, ähnlich dem, der die Beziehungen zwischen der katholischen Kirche und den orthodoxen Kirchen vergiftete? Vermutlich nicht, auch wenn das überraschend klingt. Wie in Kapitel 3 ausgeführt wurde, gab es immer den ausgeprägten Wunsch nach einer umfassenden Einheit des Christentums. Niemals war dieser Wunsch nach Einheit stärker als heute. Vom Anfang des 20. Jahrhunderts an führte die Erkenntnis, daß die westliche Gesellschaft zunehmend säkularisiert und materialistisch wurde, zu Bemühungen um eine verstärkte Zusammenarbeit und vielleicht sogar Wiedervereinigung der westlichen Konfessionen. Dieser Geist des

Ökumenismus regte in den letzten Jahren viele hoffnungsvolle Dialoge an. Die ständig zunehmende Säkularität nicht nur des Westens, sondern auch der anderen Regionen unseres Planeten wird eines Tages die westlichen Christen vermutlich dazu zwingen, sich nicht nur mit anderen Christen im Westen, sondern mit den Christen überall auf der Welt ungeachtet ihres kulturellen Hintergrundes zu verständigen.[11] Angesichts der Konkurrenz einer anderen sich immer schneller globalisierenden Weltsicht, nämlich der Moderne, wird die christliche Tradition letztlich Verschiedenheit akzeptieren müssen und nicht vor ihr fliehen können.

11. In der letzten Zeit hat zu den wichtigsten kontroversen Themen innerhalb der christlichen Theologie die Frage gehört, was die angemessene christliche Antwort auf den Synkretismus und den religiösen Pluralismus im allgemeinen sei. Ein großer Teil der Diskussion ist zwar stark mit philosophischen Fachbegriffen durchsetzt; wer eine einigermaßen zugängliche Darstellung der Debatte sucht, kann jedoch zu Lohn Hick: The Myth of Christian Uniqueness. Toward a Pluralistic Theology of Religions, Maryknoll (New York) 1987 oder Lohn Cobb: The Emptying God: A Buddhist Jewish Christian Conversation, Maryknoll (New York) 1990 greifen.

7. Christliche Glaubensinhalte und Glaubenspraxis in der Postmoderne

Einleitung

Am Anfang des 20. Jahrhunderts glaubten manche Wissenschaftler voraussagen zu können, angesichts der Moderne würden die meisten Menschen im Westen die Religion nach und nach aufgeben und immer stärker säkular geprägte Gesellschaften schaffen. Mit anderen Worten: Die moderne Weltsicht würde einmal völlig die im Christentum enthaltenen vormodernen Auffassungen ersetzen. Am Beginn des 21. Jahrhunderts läßt sich allerdings feststellen, daß sich der Säkularisierungsprozeß nicht dieser Voraussage gemäß entwickelt hat. Zweifellos ist das institutionalisierte Christentum im Westen schwächer geworden. Die Zahl der Kirchenmitglieder und Gottesdienstbesucher ist zurückgegangen, weniger Menschen entscheiden sich für eine kirchliche Heirat, die Zahl der Geistlichen sinkt und die elementaren religiösen Kenntnisse von Kindern bewegen sich auf einem historischen Tiefstand. Das kommt aber nicht daher, daß die Menschen im Westen vormoderne Vorstellungen aufgegeben hätten. Tatsächlich deuten die Meinungsumfragen darauf hin, daß die Menschen im Westen so spirituell sind wie eh und je. Mehr noch: Während die christlichen Institutionen schwächer werden, durchdringen christliche Vorstellungen und Symbole nach wie vor in großem Ausmaß die westliche Kultur. Wie läßt sich das erklären?

Das Schicksal des Christentums im Westen hat offensichtlich damit zu tun, daß sich große Teile der Gesellschaft nicht mehr gezwungen sehen, klar und deutlich zwischen moderner und vormoderner Weltsicht zu wählen. Auf der einen Seite stehen die Menschen den Defiziten der Moderne kritisch gegenüber, auf der anderen sind sie sich der Begrenztheit einer vormodernen Weltsicht bewußt, so daß sie jetzt in ihrer Lebensführung Elemente beider Weltsichten im Gleichgewicht halten wollen. Natürlich benötigt ein solcher Balanceakt ein hohes Maß an intellektueller Flexibilität, Spontaneität und die Bereitschaft zum Kompromiß. Da aber Flexibilität und Spontaneität nicht die vorrangigen Werte der kirchlichen Institutionen sind, vor allem nicht derjenigen, die auf eine eng gefaßte Rechtgläubigkeit

Wert legen, haben sich viele Menschen von den Kirchen abgewandt. Immer mehr wird Religion im Westen als Privatsache betrachtet. Daß die christlichen Institutionen ständig Mitglieder einbüßen, bedeutet nicht, daß der Westen säkularer oder weniger christlich würde. Es bedeutet schlicht und einfach, daß das Christentum privatisiert und entinstitutionalisiert wird.

Wissenschaftler haben den allgemeinen Trend hin zu einer bewußten Mischung von vormoderner und moderner Weltsicht »postmodern« genannt, und deshalb können wir auch den religiösen Balanceakt, dessen Zeugen wir in der heutigen Gesellschaft sind, angemessen als »postmodernes« Christentum bezeichnen. In mancher Hinsicht ist das postmoderne Christentum einfach eine neue Spielart christlicher Volksreligiosität: Jede »offizielle« Religion hat ihre »volkstümlichen« Varianten. Im allgemeinen wird Volksreligiosität von Menschen hervorgebracht, die über wenig Kontakt zu den kirchlichen Institutionen und wenig religiöse Bildung verfügen und ihre Informationen über Religion aus informellen Kanälen beziehen. Die Forschung hat festgestellt, daß Menschen sogar ganz ohne ausdrückliche religiöse Erziehung in den meisten Fällen rudimentäre religiöse Systeme entwickeln, indem sie da und dort Vorstellungen und Praktiken aufnehmen und sie dazu verwenden, mit den existentiellen Problemen des Alltagslebens zurecht zu kommen. Ein solches »volkstümliches« religiöses System mag intellektuell nicht völlig kohärent sein; aber wenn Menschen glauben, daß es zu Nahrung oder Wohlstand verhilft, physische oder psychische Krankheiten heilt, wird es vermutlich aufblühen.

So war es mit den volkstümlichen Formen des Christentums die ganze Geschichte hindurch. Jahrhundertelang erhielten die meisten Menschen in den christlichen Ländern wenig oder keine ausdrückliche religiöse Erziehung und hatten kaum Verbindung mit der Institution Kirche. Und doch schufen solche Menschen für ihre eigenen Zwecke brauchbare, wenn auch in hohem Maß eigengeprägte Formen des Christentums. In vielen Fällen waren solche volkstümlichen Formen des Christentums, die nicht vom offiziellen Bemühen um lehrmäßige Reinheit behindert wurden, in hohem Maß synkretistisch und kombinierten volkstümliche Glaubensvorstellungen und Praktiken mit denen des rechtgläubigen Christentums. Teilweise haben, wie in früheren Kapiteln gezeigt wurde, die Kirchen solche synkretistischen Glaubensvorstellungen und Praktiken toleriert oder übernommen, so etwa die Heiligenverehrung und das Wallfahrtswesen. Aber meistens bestand die typische Reaktion der Kirchen einfach darin, die Existenz des volkstümlichen Christentums zu ignorieren, das ja ganz überwiegend bei armen und ungebildeten Menschen anzutreffen war.

Heute nimmt sich die Situation im Westen allerdings völlig anders aus. Obwohl es wichtige Gemeinsamkeiten zwischen dem postmodernen Christentum und dem volkstümlichen Christentum der Vergangenheit gibt, bestehen doch auch einige entscheidende Unterschiede. Wie das volkstümliche Christentum neigt auch das postmoderne Christentum in einem hohen Maß zu Individualisierung, Pragmatismus und absichtlichem Synkretismus bis hin zur offenen Absage an die Einmaligkeit des Christlichen. Allerdings ist das postmoderne Christentum anders als das volkstümliche früherer Zeiten eine Sache aller Bereiche der Gesellschaft, nicht nur der Armen und Marginalisierten. Die Herausforderung durch die Moderne wie deren späterer Zusammenbruch nötigten jeden Menschen in der westlichen Gesellschaft zu einer Neubewertung seiner Glaubensvorstellungen. Sogar die Reichen und Mächtigen, die herkömmlicherweise durch Unterstützung der institutionellen Kirchen am meisten zu gewinnen hatten, sahen sich veranlaßt, die enge, vormoderne Weltsicht des institutionalisierten Christentums zu kritisieren. Selbst sie begannen, unabhängige religiöse Wege einzuschlagen. Das bedeutet, daß sich heute postmodernes Christentum bei allen gesellschaftlichen Schichten und in städtischen ebenso wie in ländlichen Regionen findet. Deshalb übt das postmoderne Christentum zunehmend einen Einfluß auf das institutionelle Christentum aus, über den das volkstümliche Christentum der Vergangenheit nie verfügte.

Man sollte allerdings nicht übersehen, daß das postmoderne Christentum seinem Wesen nach kein einheitliches Phänomen darstellt: Es gibt nicht eine einzige postmoderne christliche Tradition. In diesem Kapitel möchten wir versuchen, das postmoderne Christentum im Westen durch den Vergleich postmoderner Glaubensauffassungen und religiöser Praxis mit den »offiziellen« Glaubensvorstellungen und Praktiken der institutionalisierten Kirchen zu umreißen. Dabei werden wir auch zeigen, wie die Spannungen zwischen den postmodernen und den offiziellen Glaubensvorstellungen und Praktiken langsam die christliche Tradition als ganze verändern.

Christliche Glaubensvorstellungen im postmodernen Westen

Neuere Meinungsumfragen in den Vereinigten Staaten haben wiederholt gezeigt, daß für eine große Mehrheit der Amerikaner Religion ein wichtiger Faktor im Leben ist. Dieses Ergebnis war nicht überraschend, da die Bevölkerung der USA immer ein hohes Maß an religiösem Engagement aufwies. Ungewöhnlich war allerdings das Ergebnis der Umfrage, daß eine fast genau gleich große Mehrheit fand, man solle die eigenen religiösen Glaubensvorstellungen unabhängig von organisierter Religion festlegen. Tatsächlich kannten viele der Befragten, die religiös organisiert waren, die Auffassungen ihrer Glaubensgemeinschaft in vielen Punkten nicht oder konnten nicht angeben, in welchen Lehrfragen sich ihre Glaubensgemeinschaft von anderen unterscheidet.[12] Anfang der 90er Jahr des 20. Jahrhunderts gaben 94 % aller Amerikaner an, an Gott zu glauben. Mehrheitlich gaben diese Menschen an, sie würden sich gelegentlich sehr intensiv der Gegenwart Gottes in ihrem Leben bewußt, würden göttlichen Beistand erfahren und sich aktiv um eine engere Verbindung zu Gott bemühen. Auch der übrige Westen ist noch primär theistisch orientiert, wenn auch nicht so ausdrücklich wie die USA. Im westlichen Europa geben im Durchschnitt über zwei Drittel der Menschan an, an Gott zu glauben. Der Prozentsatz der Gläubigen liegt dabei in den katholisch geprägten Ländern Südeuropas höher als in den protestantisch geprägten Skandinaviens. Westdeutschland nimmt einen Mittelwert ein. Angesichts der Herausforderungen der Moderne ist der Glaube an Gott in den westlichen Ländern in den vergangenen Jahrzehnten zeitweise erodiert; heute werden überall im Westen Agnostizismus und Atheismus ausdrücklich toleriert. Sogar in Amerika sind sechs von sieben Befragten der Meinung, Menschen hätten das Recht, nicht an Gott zu glauben, sofern sie es wollten.[13]

---

12. George Gallup und Sarah Jones: 100 Questions and Answers: Religion in America, Princeton 1989, 66; 176; Kenneth L. Woodward: Dead End for the Mainline? The Mightiest Protestants Are Running Out Of Money, Members and Meaning, Newsweek, 9. 8. 1993, 46–48.

13. Gallup und Jones (vgl. Anm. 12), l62; 170; 178; vgl. auch Jeffrey L. Sheler, Spiritual America. This Nation ›Under God‹ Is Deeply Conflicted Over The Role Of Religion In Society, U. S. News & World Report, 4. 4. 1994, 48–59; George Gallup und Jim Castelli, The People's Religion. American Faith in the 90's, New York 1989, 47; James Patterson und Peter Kim, The Day America Told the Truth: What People Really Believe About Everything That Really Matters, New York 1991, 201.

Vielleicht ebenso bemerkenswert wie die Erosion des Gottesglaubens ist auch die Erosion bezüglich der Gottesvorstellung bei den Gläubigen. Die maßgebliche Definition des Wesens der Gottheit war für das offizielle Christentum im Westen die Lehre von der Dreifaltigkeit (Trinität), die Gott Vater, Jesus Christus und den Heiligen Geist als Personen eines einzigen göttlichen Wesens verstand. Darunter konnte man sich allerdings immer nur schwer etwas vorstellen. Im christlichen Volksglauben gab es die Tendenz, diese Synthese aufzubrechen, um zu einer logischeren und einfacheren Gottesvorstellung zu kommen, wie etwa die vom graubärtigen alten Mann aus dem Gemälde Michelangelos an der Decke der Sixtinischen Kapelle. Auch das postmoderne Christentum hat sich weitgehend von der Lehre über die Dreifaltigkeit verabschiedet, ohne allerdings ein alternatives Gottesbild an deren Stelle zu setzen, das ähnlich breite Zustimmung gefunden hätte. In Westeuropa stellt sich nur die Hälfte der Menschen, die an Gott glauben, diesen anthropomorph vor. Für die andere Hälfte ist Gott einfach das Gute oder eine Macht hinter den Naturgesetzen. Manche greifen für ihr Gottesbild sogar auf Gottesvorstellungen anderer Religionen zurück. So wird Gott das unpersönliche Tao des Taoismus, oder das eigenschaftslose Brahman des vedischen Hinduismus. Heute läßt sich keine allgemein gültige Feststellung über die Gottesvorstellung im Westen treffen.[14]

Sogar in den Vereinigten Staaten, wo der Prozentsatz der Menschen, die an einen persönlichen Gott glauben, höher liegt als sonst irgendwo im Westen, besteht keine übereinstimmende Vorstellung darüber, was es mit diesem persönlichen Gott genauer auf sich hat. Besonders heikel ist die Frage nach der Geschlechtszugehörigkeit Gottes. Früher war sowohl für das offizielle wie das volkstümliche Christentum Gott ausschließlich männlich, auch wenn einige Stellen in der Bibel ein eher androgynes Gottesbild nahelegten. Heute nimmt sogar das institutionalisierte Christentum das androgyne Wesen Gottes ernster. So legte beispielsweise 1983 der Rat der Kirchen in den USA eine geschlechtsneutrale Fassung der Bibel vor. In dieser Übersetzung wird alles vermieden, was Gott ausschließlich männliche Züge zuschreiben würde. Eine neuere Übersetzung der Bibel in »inklu-

14. Gallup und Castelli (vgl. Anm. 13), 47 f.; Patterson und Kim (vgl, Anm. 13), 201; Sheler (vgl. Anm. 13), 54; Kenneth L. Woodward: Hallowed Be Thy Name. But That's About All. These Days God The Father Figure Just Doesn't Get Any Respect, Newsweek, 17. 6. 1996, 75.

siver« Sprache macht sogar aus dem vertrauten Anfang des Vaterunser (»Vater unser, der du bist im Himmel«) den Satz »Gott, unser Vater und unsere Mutter, der im Himmel ist«.[15]

Allerdings sind längst nicht alle mit solchen Bemühungen einverstanden, man befürchtet, solche Übersetzungen würden »die durch Gott geschaffene Einzigartigkeit von Männern und Frauen« gefährden. Auf Druck konservativer Evangelikaler ließ die internationale Bibelgesellschaft, der wichtigste Bibelverlag in den Vereinigten Staaten, seine Pläne für eine »geschlechtsadäquate« Bibelübersetzung fallen. Das wiederum stieß bei liberaleren Christen auf Kritik. So haben feministische Theologen beispielsweise jahrzehntelang argumentiert, der Sexismus der Bibel sei ein Produkt der Zeit, in der sie verfaßt wurde, gehöre aber nicht bindend zur biblischen Botschaft. Für sie ist die sexistische Sprache der Bibel der Ausgangspunkt für eine umfassende Kritik des traditionellen christlichen Patriarchats. So betrachten also beide Seiten Veränderungen in der Sprache der Bibel als möglichen Katalysator umfassender Veränderungen in der christlichen Tradition.

Der Glaube an die Historizität Jesu ist im Westen offenbar fest verankert. Die überwältigende Mehrheit der Amerikaner (93 %) zog 1996 die Geschichtlichkeit Jesu nicht in Zweifel; das gilt auch für die Mehrheit der Westeuropäer. Im Blick auf die Bedeutung Jesu herrscht allerdings nicht die gleiche Einmütigkeit. Nach dem offiziellen christlichen Verständnis wurde Jesus von Gott gesandt, um die Menschen von ihren Sünden zu erlösen, sie so mit Gott zu versöhnen und vor dem ewigen Tod beim Jüngsten Gericht zu retten. Für den christlichen Glauben hat Jesus das auf zwei Weisen vollbracht. Zunächst war Jesus ein Mensch, der der Menschheit durch sein Leben und seinen Einsatz ein Modell des vollkommenen Lebens vor Augen stellte, das es jedem Menschen ermöglichte, Erlösung zu erlangen. Zum zweiten lehrt der Glaube, daß Jesus Gott war, daß sein Leiden und Kreuzestod ein göttliches Opfer waren, das die der Welt innewohnende Sünde überwand und die Erlösung der ganzen Menschheit möglich machte. In früheren Jahrhunderten pflegte das volkstümliche Christentum die göttliche Natur Jesu über seine Menschlichkeit zu erheben, während sich in der Moderne dieser

15. Paul Gray: The Power of Babel. The New Living Translation Hit Bookstores Last Month. Another Simplified Bible In A $ 400 Million Yearly Market. What Hath They Wrought?, Time, 9. 9. 1996, 56–59; Pamela H. Long: Bible Society Scraps ›Gender Accurate‹ Version of Scripture, Religion News Service, 31. 5. 1997.

Trend umgekehrt zu haben scheint: Man feierte eher Jesu Menschlichkeit und seine Rolle als Lehrer der Sittlichkeit. Mehr noch fällt ins Gewicht, daß immer weniger Menschen, die Jesus nur als einen großen Lehrer der Sittlichkeit betrachten, ihn für den größten dieser Lehrer halten. Viele Europäer stellen Jesus heute in eine Reihe mit Mohammed oder Buddha und schwächen so jeden Anspruch auf Einzigartigkeit des christlichen Ethos oder auf die moralische Überlegenheit des Westens insgesamt ab.

Wesen und Bestimmung des Menschen

Wie auch in anderen Weltreligionen bedeutet Erlösung für das Christentum letztlich die Aussicht auf ein Leben nach dem Tod. Die christlichen Kirchen lehren, daß die menschliche Seele unsterblich ist und ursprünglich dazu bestimmt war, ewig im Himmel die Anschauung Gottes zu genießen. Der christlichen Lehre zufolge lehnten sich allerdings Adam und Eva, die ersten Menschen, gegen den Willen Gottes auf und verspielten so ihr Leben ewigen Glücks. Aufgrund dieser »Erbsünde«, die auf alle Menschen übergegangen ist, haben diese die natürliche Neigung, sich dem Willen Gottes zu widersetzen. Jesu Kreuzestod beseitigte die Folgen der Erbsünde, nicht aber die sündige Natur des Menschen, und deshalb sind auch Christen ständig in der Gefahr, in Sünde zu fallen und ihre Aussicht auf das ewige Leben zu verspielen. Eine Möglichkeit, diese Gefahr zu vermeiden, besteht darin, den ethischen Weisungen Jesu zu folgen. Der einzig sichere Weg zur Rettung aus den Flammen der Hölle und dem ewigen Verderben ist allerdings das ehrliche Eingeständnis der eigenen sündigen Natur und die Reue über die Sünden durch die Qualen von Schuld und Scham.

Es versteht sich von selbst, daß der Westen vieles von diesem christlichen Menschenbild verworfen oder verändert hat. Der Glaube an ein Leben nach dem Tod steht in Westeuropa wie in den Vereinigten Staaten immer noch recht hoch im Kurs. Allerdings glauben die Europäer weit weniger an Himmel oder Hölle als die Amerikaner. Etwa 47 % der Europäer glauben an den Himmel und 24 % an die Hölle. Nach der gleichen Untersuchung glauben demgegenüber in den Vereinigten Staaten 78 % an die Existenz des Himmels und 48 % an die Hölle. Die relativ hohe Zustimmung zum Höllenglauben bedeutet allerdings nicht, daß viele Amerikaner damit rechnen, selbst in die Hölle zu kommen. Bei einer 1991 durchgeführten Umfrage gaben nur 4 % an, sie fürchteten, in der Hölle zu landen.[16]

Obwohl die Himmelsvorstellung im Westen auch heute noch viel Zustimmung findet, bestehen nur sehr unklare Vorstellungen darüber, wie dieser Himmel aussehen könnte. Im Neuen Testament beschreiben Jesus wie Paulus den Himmel als einen Ort, an dem die Gerechten die Ewigkeit in der Anschauung Gottes verbringen. Paulus sprach sogar davon, er sei in den »Dritten Himmel« entrückt worden, auch wenn er nichts darüber sagen durfte, wie der Himmel wirklich aussah. Nur in der Offenbarung des Johannes findet sich ein konkretes Bild vom Himmel. Der Himmel erscheint dort im Bild des himmlischen Jerusalem aus Kristall, Edelsteinen und wertvollem Metall, mit den aus grünem Jaspis gearbeiteten Thronen Gottes und Jesu in der Mitte. Diese Stadt bevölkern Tausende Engel, die unaufhörlich das Lob Gottes singen. Andere Vorstellungen versetzten den Himmel von der Stadt auf das Land, indem sie ihn als den Garten Eden schilderten. Dort kommen die unlängst Verstorbenen mit ihren toten Angehörigen zusammen und führen ein Leben, das weithin einem irdischen Festmahl ähnelt.

Zwar blieb das Interesse am Himmel bei den Amerikanern in den 80er und 90er Jahren des 20. Jahrhunderts hoch; das bedeutet aber nicht, daß die Menschen ihn gern ausmalen wollten. Sie stellten ihn sich vielmehr oft als dauerhaften Zustand und gerade nicht als einen Ort vor. Manche Wissenschaftler vermuten, die Moderne habe mit der Entwicklung der wissenschaftlichen Kosmologie solche konkreten Visionen vom Leben nach dem Tod unglaubwürdig gemacht. Andere verweisen auf die steigende Zahl von Menschen, die an die Reinkarnation glauben, als weiteren Grund für den Rückgang der Spekulationen über den Himmel. Gegenwärtig glaubt beinahe ein Viertel der Menschen im Westen an die Reinkarnation. Für sie ist der Himmel nur nach einer anscheinend endlosen Reihe von Wiedergeburten zu erreichen und ist als solcher zu weit entfernt, als daß man sich ihn vorstellen könnte.

Von allen Grundannahmen des Christentums über Wesen und Schicksal des Menschen hat vielleicht die Lehre von der Sünde im Westen die radikalste Umwandlung erlebt. Ein Beobachter hat festgestellt, der stark ausgeprägte Sinn für die persönliche Sünde sei im

16. Gallup Poll on European and American Beliefs and Practices, National and International Religion Report, 8. 2. 1992; Patterson und Kim (vgl. Anm. 13), 204.

gegenwärtigen Mainstream der amerikanischen Religion so gut wie verschwunden. Immer weniger Menschen glauben an die Lehre von der Erbsünde, und die Vorstellung, daß Kinder in Sünde geboren werden, widerstrebt den meisten Menschen im Westen immer stärker. Für sie ist unannehmbares Verhalten nicht das Ergebnis einer sündigen menschlichen Natur, sondern rührt aus psychologischen, soziologischen oder sogar biologischen Problemen her. Diese Tendenz zur Reduktion von Sünde auf möglicherweise »heilbare« Aspekte des menschlichen Wesens führt dazu, daß Sünde nicht mehr wie früher Schuldgefühle und Scham hervorruft. Tatsächlich betrachten Psychologen heute die Erfahrung von Schuld nicht als ein von Gott gegebenes Mittel zur Besserung des Menschen, sondern als ein hinderliches Gefühl, das der menschlichen Psyche ausgetrieben werden muß. Der Klerus der großen Kirchen im Westen legt vielleicht deswegen in Predigten und Ansprachen den Akzent nicht mehr auf Sünde und Verdammnis. Für die Mehrzahl seiner Zuhörer haben solche Begriffe kaum Bedeutung; man betrachtet sie als Ausdruck einer altmodischen und vielleicht sogar schädlichen Sicht der Natur des Menschen.

Engel und Teufel

Es ist eine der großen Paradoxien des postmodernen Christentums: Während der Westen mit abstrakten Vorstellungen vom Himmel zufrieden ist und die Wirklichkeit der Sünde verneint, glauben überraschend viele Menschen an die konkreten Repräsentanten beider Größen, an Engel und Teufel. Natürlich haben Engel und Teufel im Christentum eine lange Geschichte. Das Christentum erbte vom Judentum eine ausgeprägte Tradition bezüglich solcher Wesen, und im Neuen Testament tauchen häufig Engel und Teufel auf. So überbringt beispielsweise der Erzengel Gabriel Maria die Nachricht von der wunderbaren Empfängnis Jesu, und Jesu Widersacher bei der Erfüllung seines Auftrags war immer wieder Satan, das Oberhaupt aller Teufel. Die mythologischen Vorstellungen über Engel und Teufel waren dementsprechend im Westen ungemein populär. Allerdings wurde seit der Aufklärung des 18. Jahrhunderts die Wirklichkeit von Engeln und Teufeln in den meisten offiziellen Zusammenhängen heruntergespielt; in Einklang mit dem Rationalismus jener Epoche wurden aus Engeln und Teufeln Bilder für Gut und Böse.

Für das institutionalisierte Christentum waren sie keine konkreten Wesen mehr. Auch der Volksglaube an solche Wesen begann zu schwinden.

Am Ende des 20. Jahrhunderts erlebte der Glaube an Engel und Teufel als konkrete Wesenheiten allerdings ein erstaunliches Comeback. In den Vereinigten Staaten nimmt der Glaube an Engel und an persönliche Begegnungen mit Engeln zu. Auch in Europa sprechen Beobachter der religiösen Szene seit Jahren von einer »Rückkehr der Engel«. Populäre Bücher über Engel hielten sich in den USA monatelang auf den Bestsellerlisten und wurden ein Phänomen des religiösen Massenmarktes. Die Zahl der Zeitschriften über Engel ist ebenso schnell angestiegen wie die der einschlägigen Webseiten im Internet. In den meisten Supermarktzeitschriften tauchten Geschichten und angebliche Fotografien von Engeln sogar häufiger auf als Geschichten über Ufos. Auch in Fernsehsendungen und Hollywoodfilmen sind Engel an der Tagesordnung. »Experten« in Angelogie oder Menschen, die angeblich Engeln begegnet sind, sind heute gesuchte Gäste für Talkshows im Fernsehen und Radio. Viele Menschen bezahlen hohe Summen für die Teilnahme an »psychotherapeutischen« Workshops, deren Veranstalter versprechen, sie mit ihrem Schutzengel in Kontakt zu bringen, um so ihre persönliche Entwicklung zu fördern. Viele haben sich über die Wurzeln dieser Engel-Manie Gedanken gemacht und weisen darauf hin, daß sie sich keiner Konfession zuordnen läßt und diese Offenheit gerade ihre Eigenart ausmacht. Obwohl die meisten Einzelheiten der modernen Engellehre aus dem Katholizismus stammen, sind die Engel für die Mehrzahl der an ihnen interessierten Menschen einfach geistige Wesen ohne eindeutige Zuordnung zu irgendeiner christlichen Konfession. Viele führen die Tatsache, daß Engel auch in anderen Weltreligionen vorkommen, als Beleg dafür an, daß es sich im Kern um nichtchristliche Vorstellungen handelt.[17]

Der Run auf die guten Engel begann in den frühen 90er Jahren. Eineinhalb Jahrzehnte davor erfaßte den Westen eine andere Welle der Faszination, der es nicht um Engel, sondern um den Teufel zu tun war. Bis zu diesem Zeitpunkt hatte der Glaube an den Teufel als ein personales böses Wesen im modernen Westen abgenommen. Das altvertraute christliche Bild vom Satan als einem gehörnten Ungeheuer war

17. Gallup und Castelli (vgl. Anm. 13), 75, Kenneth L. Woodward: Angels. Hark! America's Latest Search For Spiritual Meaning Has A Halo Effect, Newsweek, 27. 12. 1993, 52–57.

in einer Welt optimistischer Rationalität nicht mehr am Platz. Nach zwei Weltkriegen, zahlreichen industriell durchgeführten Massakern und unzähligen anderen Übeln der modernen Welt schien Satan allerdings nicht mehr so weit her geholt. Das galt vor allem in Amerika, wo die Faszination durch Satan neue Höhen erreichte. Vielleicht als Reaktion auf diesen Anstieg des Teufelsglaubens wurden Satansthemen in den Massenmedien populär. Angefangen mit »Der Exorzist« aus dem Jahr 1973 wurde satanische Besessenheit zu einem Hauptthema des amerikanischen Films. In den 80er Jahren des 20. Jahrhunderts erfaßte die Vereinigten Staaten eine Art »satanischer Panik«, so daß man sogar spezielle Polizeieinheiten zur Untersuchung der zahlreichen Berichte über gewalttätige Satanskulte überall im Land bildete. Zwar stieß man in Amerika kaum auf wirklichen Satanismus, und auch der Glaube an Satan nahm später wieder ab, das Interesse an Satansthemen in der populären Kultur ist allerdings immer noch stark.[18]

Postmoderne christliche Praxis

In diesem Beitrag haben wir die Entwicklung der christlichen Praxis von den sehr einfachen Ritualen der Taufe und der Eucharistie in der frühen Kirche bis zu den komplexen Liturgien der Kirchen des Mittelalters und der Reformation nachgezeichnet. Damals war das gesamte christliche Leben so gegliedert, daß jeder Tag, jede Woche, jedes Jahr und sogar der menschliche Lebenslauf insgesamt (Geburt, Heirat, Tod) durch regelmäßige Abschnitte heiliger Zeit gegliedert war. Heute geht die Entwicklung der christlichen Praxis weiter, allerdings sehr viel rascher. Im postmodernen Christentum werden viele der wichtigsten christlichen Rituale verworfen oder schlicht ignoriert, manche werden verändert oder mit nichtchristlichen Elementen gemischt, während man teilweise lange ignorierte Rituale aus der christlichen Vergangenheit in manchen Spielarten des Christentums wiederentdeckt und erneuert.

Im Westen haben Beteiligung an den Sonntagsgottesdiensten und Inanspruchnahme der Sakramente in vielen Ländern dramatisch ab-

18. Gallup und Jones (vgl. Anm. 12), 24 f., Kenneth L. Woodward, Do We Need Satan? Evil Is Alive, But Our Culture Has Lost The Power To Explain It. Rethinking The Devil's Realm, Newsweek, 13. 11. 1995, 63–68.

genommen. Die Feststellung ist nicht übertrieben, daß für die meisten Christen im Westen die Eucharistie nicht mehr der sakramentale Mittelpunkt ihres Lebens ist und daß angesichts des Rückgangs des Sündenbewußtseins im Westen Beichte und Buße weitgehend der Vergangenheit angehören. Beides gilt für Katholiken wie Protestanten. Dennoch greifen Amerikaner wie Europäer mehrheitlich noch auf die Kirchen zurück, wenn es um herausragende Stationen im Lebenslauf geht: Geburt (Taufe), Erwachsenwerden (Eheschließung) und Tod (Begräbnisriten). In der katholischen und anglikanischen Kirche ist so eine Art kirchlicher »Service-Betrieb« entstanden, bei dem die Mehrheit der Gläubigen zum Ärger der Geistlichen nur die verschiedenen Übergangsriten in Anspruch nimmt. In manchen Fällen haben Gemeindepfarrer damit gedroht, Menschen, die nicht regelmäßig zum Gottesdienst kommen, solche Riten zu verweigern; das führte allerdings nur dazu, die Menschen auch von den kirchenbezogenen Ritualen im Lebenslauf zu entfremden.[19]

Während der Besuch der Sonntagsgottesdienste zurückgeht, nimmt die individuelle Frömmigkeit zu. Als bei neueren Umfragen gefragt wurde, wie man erklären könne, daß sich die meisten Amerikaner zwar als sehr religiös einstufen, aber nicht zum Gottesdienst gehen, gaben viele zu Protokoll, daß sie die private Frömmigkeit dem öffentlichen Gottesdienst vorzögen. Vielleicht erlebt aus diesem Grund das Gebet im Westen ein Comeback. Das Gebet ist die demokratischste aller christlichen Frömmigkeitsformen; man betrachtet es als Möglichkeit für den Einzelnen, einen direkten Kontakt mit Gott herzustellen, um zu danken, eine Gunst zu erbitten oder einfach nur Gottes Gegenwart zu erfahren. Den meisten Christen gibt das Gebet deshalb ein Gefühl von Sicherheit und Trost, und für manche Christen ist es die Quelle der intensivsten und befriedigensten Erfahrungen ihres religiösen Lebens. Als Erbe aus der jüdischen Frömmigkeitstradition wird das Gebet gerade in den Evangelien empfohlen. Im Matthäus- und Lukasevangelium lehrte Jesus seine Jünger ein kurzes Gebet (»das Herrengebet«), das die Herrschaft Gottes anerkannte, um seine Vergebung bat und seine beständige Zuwendung in den Wechselfällen des Lebens erflehte. Gerade Schlichtheit und Privatheit des Gebets sind offenbar für zahlreiche Christen im Westen heute anziehend.

---

19. Patterson und Kim (vgl. Anm. 13), 25, 200; Gallup Poll (vgl. Anm. 16); Kenneth L. Woodward, What Ever Happened To Sin?, Newsweek, 6. 2. 1995, 23.

Die Rückkehr zum Gebet hatte gewichtige Auswirkungen auch auf die populäre Kultur Amerikas. Im Verzeichnis der lieferbaren Bücher finden sich heute mehr als 2000 Titel über das Gebet, und quer durch die Vereinigten Staaten sind über 1000 ökumenische Gebetszentren entstanden. Viele werden von Laien organisiert und geleitet, und manche dieser Gebetszentren werben damit, daß sich dort einzelne ihr persönliches »Gebetsprogramm« zusammen stellen können, wofür Elemente aus der christlichen Mystik, dem hinduistischen Yoga und buddhistischen Meditationstechniken Verwendung finden.[20]

In Westeuropa ist das Gebet weniger verbreitet als in Amerika; weniger als ein Viertel aller Europäer betet regelmäßig. In den letzten Jahrzehnten wurde jedoch eine aus Frankreich stammende ökumenische Gebetsbewegung nicht nur im übrigen Europa, sondern auch in Japan, Indien und auch in den Vereinigten Staaten zunehmend populär. Diese Bewegung, die nach dem kleinen Dorf Taizé in Ostfrankreich benannt ist, wo sie in den 40er Jahren des 20. Jahrhunderts entstand, möchte Gebetsgruppen quer durch die Konfessionen fördern, um so der christlichen Spiritualität insgesamt neue Impulse zu geben. Taizé-Gebete umfassen stille Meditation, improvisiertes Singen und gregorianische Gesänge, verwenden Kerzen und Weihrauch und greifen in manchen Fällen auch auf Mantras im hinduistischen Stil zurück. Den Kern der Bewegung bildet eine derzeit aus über 100 Mitgliedern verschiedener christlicher Konfessionen bestehende Mönchsgemeinschaft; Taizé fördert die Entstehung von Gruppen, in denen das Taizé-Gebet vor Ort gepflegt werden kann. Dazu kommt, daß jedes Jahr Zehntausende Menschen aus der ganzen Welt nach Taizé pilgern, um sich dort eine Woche dem gemeinsamen Gebet zu widmen. Seit einigen Jahren finden internationale Taizé-Treffen in verschiedenen Städten der ganzen Welt statt; das Treffen in Paris 1994 versammelte etwa 110 000 Menschen zu fünf Tagen des Gebets. Zwar ist die Bewegung ausdrücklich überkonfessionell, findet aber die Unterstützung von religiösen Führungspersönlichkeiten wie Papst Johannes Paul II. und dem Erzbischof von Canterbury.

Ähnlich ambivalent wie gegenüber der institutionalisierten Frömmigkeit verhält sich der Westen auch gegenüber dem christlichen Kirchenjahr. Manche christlichen Feste sind nach wie vor sehr populär

20. Wade Clark Roof: A Generation of Seekers. The Spiritual Journeys of the Baby Boom Generation, San Francisco 1994, 199; Kenneth L. Woodward, Talking To God, Newsweek, 6. 1. 1992, 39–44.

Christen unterschiedlichster Herkunft beim gemeinsamen Gottesdienst in der Kirche St Mary of the Angels in London.

(beispielsweise Weihnachten und teilweise auch Ostern), während andere weithin in Vergessenheit geraten sind (beispielsweise Karfreitag). So feierten beispielsweise 1997 96 % aller Amerikaner in der ein oder anderen Form Weihnachten, und die Mehrheit der Amerikaner begeht auch noch das Osterfest. Für die meisten handelt es sich dabei allerdings um Familienfeste; an Ostern, dem eindeutig wichtigsten Fest im Kalender, kommt nur jeder zweite Amerikaner zum Gottesdienst. Für viele protestantische wie katholische Kirchenmitglieder im westlichen Europa ist der Weihnachtsgottesdienst heute der einzige Kontakt mit dem christlichen Kirchenjahr. Ostern ist demgegenüber Sache einer Minderheit; die allermeisten Katholiken wie Protestanten bleiben am wichtigsten christlichen Fest dem Gottesdienst fern. Allerdings haben Umfragen gezeigt, daß das wenige, was die Menschen über die Bibel und den christlichen Glauben wissen, sich weitgehend mit diesen beiden Festen verbindet. Es besteht auch nach wie vor die Bereitschaft des Staates beziehungsweise der Gemeinden in den Vereinigten Staaten, den offiziellen Status dieser Feiertage aufrecht zu erhalten, was angesichts des wachsenden religiösen Pluralismus nicht selbstverständlich ist. Das gilt nicht für alle christlichen Feiertage: Kürzlich wurde als Reaktion auf die gerichtliche Klage einer Klasse der Karfreitag als staatlich geschützter Feiertag im Schulsystem des Bundesstaates Illinois als nicht mit der Verfassung vereinbar verworfen, weil, wie einer der Richter formulierte, die offizielle Feier des Karfreitags »die unannehmbare Botschaft übermittelt, daß das Christentum eine begünstigte Religion sei«. Bisher sind vergleichbare Angriffe auf die populäreren Feiertage Weihnachten und Ostern gescheitert.

Angesichts des abnehmenden Interesses an den christlichen Feiertagen haben sich manche Kirchen nach neuen Festen umgesehen, die ihre Mitglieder mehr ansprechen könnten. So haben beispielsweise einige afroamerikanische Kirchen Kwanzaa als christlichen Feiertag übernommen. Kwanzaa, ein Suaheliwort, das »erste Früchte der Ernte« bedeutet, wird vom 26. Dezember bis zum 1. Januar begangen und feiert die sieben Grundwerte Einheit, Selbstbestimmung, gemeinsame Arbeit und Verantwortung, gemeinsames Wirtschaften, Zielstrebigkeit, Kreativität und Glauben. Kwanzaa wurde 1966 von einem schwarzen Sozialaktivisten namens Maulana Ron Karenga eingeführt. Für Karenga sollte Kwanzaa eine Möglichkeit sein, wie Schwarze ihre kulturellen Wurzeln wieder entdecken könnten. Als das Fest zunehmend populär wurde, versuchten es einige afroamerikanischen Kirchen in ihre Liturgien zu integrieren. Eine methodistische Kirche in Los Angelas feiert jetzt während dieser Feiertage besondere Gottesdienste unter dem Motto »Findet Christus in Kwanzaa«, und ihr Pfarrer fordert seine Gemeinde auf, die besondere, an sieben Nächten vollzogene Kerzenzeremonie des Kwanzaa zu Hause mit ihren Familien zu begehen. Viele andere afroamerikanische Denominationen haben sich dem angeschlossen.

Wallfahrten und spirituelle Heilung im postmodernen Westen

Zwar ist die Teilnahme an den Sakramenten zurückgegangen, aber das Bedürfnis nach dem Sakramentalen ist im Westen deshalb nicht vollständig verschwunden. So hat beispielsweise in Europa der Zustrom zu den Wallfahrtsorten zugenommen. Allein im Jahr 1992 kam nach Lourdes die Rekordzahl von 51,5 Millionen Besuchern, was einen Zuwachs von 11,5 Millionen innerhalb von 10 Jahren bedeutet.

Andere Wallfahrtsorte wie Santiago de Compostela in Spanien und Fatima in Portugal verzeichnen ähnliche Zuwächse. Viele Menschen kommen wegen der Heilungswunder, die mit diesen Orten verbunden sind, andere wiederum kommen einfach um der Gegenwart des Göttlichen willen, die sie nach eigener Aussage in ihren jeweiligen Gemeinden nicht mehr erfahren.

Es ist ausgesprochen interessant, daß längst nicht nur Katholiken zu diesen Wallfahrtsorten strömen. Auch zahlreiche Protestanten mischen sich unter die Pilger und besuchen katholische Gottesdienste an den Wallfahrtsorten. Trotz der auf die Reformation zurückgehende Absage an Wallfahrten finden europäische Protestanten in katholischen Wallfahrten eine Erfüllung ihres Bedürfnisses, die Gegenwart des Heiligen zu erleben. Einige protestantische Kirchen, besonders die anglikanische Kirche, reagieren darauf. Zum ersten Mal seit dem 16. Jahrhundert wurden jetzt die Reliquien des heiligen Thomas Becket (gest. 1179) in der Kathedrale von Canterbury zur Schau gestellt. Canterbury war einer der populärsten Wallfahrtsorte in Europa und zog Tausende an, bevor die Wallfahrt durch Heinrich VIII. unterdrückt wurde. Für manche Anglikaner war das Zeigen der Reliquien ein Verstoß gegen den Geist der Reformation, aber die kirchlichen Autoritäten verwiesen darauf, daß sie damit einfach dem überwältigenden Interesse der Menschen an der Wiederherstellung einer historischen Wallfahrt entsprachen.

Weil die Vereinigten Staaten in ihrer Geschichte überwiegend protestantisch geprägt waren, entwickelte sich dort keine Wallfahrtstradition. Die katholische Kirche fördert einige Wallfahrtsorte in den Vereinigten Staaten, und es gibt immer mehr Marienwallfahrtsorte; dennoch ziehen diese Stätten meist nicht im selben Umfang auch Protestanten an wie vergleichbare Wallfahrtsorte in Europa. Dagegen werden immer mehr Menschen, Protestanten wie Katholiken, Kirchenmitglieder und andere, von pfingstlerischen Gottesdiensten angezogen. In mancher Hinsicht geht es auch hier um eine sakramentale Anziehungskraft: Die Zusage einer direkten Gotteserfahrung durch den Heiligen Geist.

Tatsächlich wurde eine solche Pfingstkirche praktisch zu einem Wallfahrtsort. Fast zwei Jahre lang kamen seit 1995 zwischen 3000 und 6000 Menschen pro Nacht zur Brownsville Assembly of God in Pensacola (Florida). Manche kommen sogar aus Australien, der Ukraine, Japan und Simbabwe; sie alle möchten an den Abendgottesdiensten teilnehmen, die von dem charismatischen Pfingstprediger Steve Hill geleitet werden. Schon mittags stellen sich Hunderte Menschen in die Schlange, die schon einen Häuserblock vor der Kirchentüre beginnt. Warum warten die Menschen stundenlang, um in die Kirche hineinzukommen? Viele sind felsenfest davon überzeugt, daß in dieser Kirche trotz ihres eher weltlichen Aussehens eine Begegnung mit dem Heiligen Geist möglich ist. Ein Pilger sagte: »Das ist der Ort, den Gott erwählt hat; hier ist er anwesend«. Wie zur Bestätigung dieser Überzeugung weinen, schreien, fallen in Zuckungen, tanzen jede Nacht Hunderte Menschen in den Kirchenschiffen oder fallen in Ohnmacht, wenn die Hand des Predigers ihre Stirn berührt. Bis Mai 1997 gaben über 100 000 Menschen an, in der Brownsville Church Gott erfahren zu haben; die sogenannte »Pensacola-Ausgießung« wurde so nicht nur zur am längsten anhaltenden Erweckung in der amerikanischen Geschichte, sondern auch zu einer der erfolgreichsten.

Eine andere Möglichkeit, im postmodernen Westen sakramentale Bedürfnisse zu stillen, ist die spirituelle Heilung, eingeschlossen die christliche Heilung. Die ganze Geschichte des Christentums hindurch gab es den Glauben, man könne mit Hilfe göttlicher Macht Gebrechen oder Krankheiten des Leibes heilen. Die Evangelien sind voller Beispiele, wie Jesus physische und psychische Krankheiten heilt, und ein Erweis seiner Göttlichkeit war immer seine Kraft zur Heilung. Tatsächlich war Heilung immer eine wichtige Aufgabe der christlichen Kirchen. Für den Apostel Paulus hatten Menschen mit der Fähigkeit zu heilen den gleichen Rang wie jene, die predigen, prophetisch oder in Zungen reden konnten. Sogar Nichtchristen nahmen zunehmend die Hilfe der Kirchen für Heilungen in Anspruch, und es gibt Belege dafür, daß »freie« Heiler die griechisch-römische Welt durchzogen, die allein durch Anrufung des Namen Jesu Krankheiten heilen zu können beanspruchten. Die mittelalterliche Kirche institutionalisierte die geistliche Heilung durch das Sakrament der Krankensalbung, beziehungsweise der Letzten Ölung. Mit der Entwicklung der Moderne und ihrer medizinischen Wissenschaft ging der Glaube an Geistheilung im Westen zurück. Einige christliche Gruppen machten aus der spirituellen Heilung ein Markenzeichen ihrer Theologie (beispielsweise die Christian Science), aber für die meisten Christen spielte dieses Element ihres Glaubens eine immer geringere Rolle.

In den letzten Jahrzehnten des 20. Jahrhunderts kam es allerdings zu einer kleinen Renaissance der spirituellen Heilung sowohl in christlichen wie in nichtchristlichen Formen. Aus Unzufriedenheit mit herkömmlichen Therapien wenden sich viele Menschen »alternativen« Behandlungsmethoden zu, um psychische Leiden und organische Krankheiten zu lindern. In begrenztem Umfang hat sogar die Schulmedizin inzwischen die Wirksamkeit spiritueller Heilung als eine Form von Alternativtherapie aufgewertet. Krebsbehandlungszentren überall im Land greifen auf therapeutische Formen des New Age, auf Yoga, Akkupressur oder sogar die japanische Teezeremonie zurück. Wie nicht anders zu erwarten, nimmt in diesem Umfeld auch die Zahl der Menschen zu, die gerade durch den christlichen Glauben Heilung suchen. Als Reaktion darauf kam es in der katholischen Kirche zu einer Neubetonung der Letzten Ölung, die trotz ihres traditionellen Namens heute ein umfassendes Sakrament körperlicher Heilung ist, das jeder ernsthaft Kranke empfangen kann. Deshalb nennt man dieses Sakrament seit dem 2. Vatikanum auch einfach Krankensalbung. Verschiedene Denominationen haben auch Systeme der Gesundheitssorge entwickelt, die christliche Rituale und moderne medizinische Methoden miteinander zu verbinden suchen. Dennoch gibt es Grenzen für die Akzeptanz von spiritueller Heilung. Immer mehr Eltern, die für ihre Kinder ausschließlich auf spirituelle Heilung zurückgreifen, wurden wegen Vernachlässigung ihrer Sorgepflicht gerichtlich verfolgt, und in den Fällen, in denen Kinder während der Behandlung durch Glaubensheiler gestorben sind, wurden die Eltern zu Gefängnisstrafen verurteilt. In einem Fall in Minnesota verhängte ein Gericht eine Strafe von 27 Millionen DM gegen die Christian Science, verbunden mit der Feststellung, man hoffe, die Höhe der Buße werde eine klare Botschaft an die Anhänger von Christian Science und andere Anhänger von spiritueller Heilung sein.

Schlußbemerkung

Die ambivalente Haltung des Westens gegenüber der spirituellen Heilung ist ein hervorragendes Beispiel für das postmoderne Bestreben, moderne und vormoderne Glaubensauffassungen bzw. Rituale im Gleichgewicht zu halten. Auf der einen Seite ist der Westen weit davon entfernt, seinen Glauben an Wissenschaft und Rationalismus aufzugeben, wie das eben genannte Urteil gegen Christian Science zeigt. Auf der anderen Seite ist den meisten Menschen im Westen klar geworden, daß nicht alle Antworten von Wissenschaft und Rationalismus zu erwarten sind. Bis zu einem bestimmten Grad führte das zu einer Rückwendung zum Christentum, wenn auch nicht zum institutionalisierten Christentum. Glaube ist heute im Westen bestimmt durch ein dynamisches Gleichgewicht moderner und vormoderner Elemente, das die kirchlichen Institutionen mit ihrer traditionellen Sorge um eine klar umrissene Rechtgläubigkeit nicht herstellen können. Das führte zur Entstehung dessen, was wir postmodernes Christentum genannt haben: Eine in hohem Maß private Angelegenheit, wobei jeder Gläubige für sich den Anspruch erhebt, diejenige Verbindung zwischen Moderne und christlicher Vormoderne zu entwickeln und neu schaffen zu können, die seinen spirituellen Bedürfnissen am besten entspricht.

Ein weiteres Kennzeichen des postmodernen Christentums ist sein offener Synkretismus. Wie in diesem Buch aufgewiesen wurde, läßt sich die Geschichte des Christentums weithin als eine Geschichte des Synkretismus betrachten. Anders als früher praktizieren viele westliche Christen heute den Synkretismus, jedoch offen und ohne sich dafür zu entschuldigen. Für die Mehrzahl der Menschen im Westen sind die Kirchen nicht mehr in der Lage, angemessene Antworten auf alle spirituellen Fragen des Menschen zu geben. Daraus ist die Überzeugung entstanden, man müsse religiöse Wege außerhalb des Christentums erkunden. Bei Christen im Westen gibt es so ein ausgeprägtes Interesse für andere Weltreligionen wie z. B. den Hinduismus, den Buddhismus oder den Islam. Tatsächlich haben viele Christen Probleme mit dem Absolutheitsanspruch des Christentums, und noch mehr Christen sind der Überzeugung, alle Religionen seien gleichrangig. Die Entdeckung von Analogien in anderen Weltreligionen war angesichts der Herausforderungen der Moderne ein Weg, auf dem Menschen im Westen christliche Glaubensvorstellungen und Lehraussagen »getestet« haben. Es herrscht die Überzeugung, je mehr christliche Glaubensvorstellungen in die Glaubensvorstellungen und Symbole anderer Traditionen übersetzt werden könnten, desto höher sei die Wahrscheinlichkeit, daß sie wahr seien.[21]

Wie sieht also die Zukunft des Christentums im Westen aus? Die großen christlichen Institutionen zögern verständlicherweise, eine solche von der Postmoderne angeregte »Übertragung« oder den entsprechenden Synkretismus gutzuheißen. Sie können sich aber auch

21. Dieser Trend zum Synkretismus ist ausführlich dokumentiert bei Roof (vgl. Anm. 20) sowie Wade Clark Roof/Jackson W. Carroll/David A. Roozen (Hrsg.): The Post War Generation and Establishment Religion: Cross Cultural Perspectives, Boulder (Colorado) 1995.

nicht mit der Art von schneller Anpassung, ständiger Vermischung und Verbindung abfinden, auf den postmoderne Christen Wert legen. Bedeutet das den dauerhaften Niedergang des institutionalisierten Christentums im Westen? Vielleicht. Das Christentum ist schließlich eine lebendige Tradition. Seine ganze Geschichte hindurch hat es sich ständig verändert und verwandelt, um mit den Herausforderungen neuer Epochen fertig zu werden. Und wie die frühen Christen kaum die Gestalt des mittelalterlichen oder modernen Christentums hätten voraussehen können, so ist es auch für uns unmöglich, einigermaßen verläßlich die Gestalt vorauszusagen, die das Christentum in einem postmodernen Zeitalter letztlich annehmen könnte.

Anhang

Zeittafel

Antike

ca. 1200 v. Chr.	Israelitische Invasion in Kanaan
1000	David errichtet das Königreich Israel.
63	Römische Besetzung des Landes Israel
ca. 64 v. Chr. bis ca. 33 n. Chr.	Leben Jesu
48	Apostelkonzil in Jerusalem
ca. 65	Tod des Apostels Paulus
70	Zerstörung Jerusalems durch die Römer
ca. 70–80	Abfassung des Markusevangeliums, des ersten überlieferten Evangeliums
ca. 140	Der Streit über die Ablehnung der hebräischen Bibel durch Markion führt zu einer Debatte über den christlichen Kanon.
313	Das Mailänder Edikt Kaiser Konstantins gewährt den Christen Duldung im Römischen Reich.
325	Die arianische Kontroverse führt zum Konzil von Nizäa.
356	Tod des Antonius von Ägypten, des Vaters des christlichen Mönchtums
380	Das Christentum wird Staatsreligion des Römischen Reichs.
387	Festschreibung des christlichen Kanons

Mittelalter

410	Plünderung Roms durch die Germanen
570 ff.	Aufstieg des Islam
988	Rußland nimmt das orthodoxe Christentum an.
1096–1270	Zeit der Kreuzzüge, der vom Papst sanktionierten militärischen Expeditionen zur Wiedereroberung Jerusalems und des Heiligen Landes von den Muslimen
ca. 1100	Baubeginn für die großen gotischen Kathedralen in Europa

1210 Päpstliche Anerkennung des Franziskanerordens
1216 Päpstliche Anerkennung des Dominikanerordens
1274 Tod des Thomas von Aquin, eines großen scholastischen Theologen
1302 Die päpstliche Bulle »Unam Sanctam« erhebt in zugespitzter Form den Autoritätsanspruch des Papsttums.
1309–1377 Großes Abendländisches Schisma: konkurrierende Päpste in Rom und Avignon
1415 Der Reformator Jan Hus wird in Konstanz auf dem Scheiterhaufen verbrannt.
1492 Entdeckung Amerikas durch die Europäer

Europäische Reformationen

1500 ff. Beginn breitangelegter katholischer Missionstätigkeit in der nichtwestlichen Welt
1517 Die 95 Thesen Martin Luthers geben das Signal für den Beginn der Reformation in Europa.
1531 Tod von Ulrich Zwingli, eines der Begründer der reformierten Tradition
1534 England bricht mit Rom; dadurch entsteht die Anglikanische Kirche.
Legendäre Begegnung des Juan Diego mit der Jungfrau Maria in Mexiko
1545–1563 Das Konzil von Trient propagiert die katholische Reform.
1555 Der Augsburger Religionsfriede schafft einen zeitweiligen Friedenszustand zwischen Katholiken und Lutheranern in Deutschland.
1564 Tod von Johannes Calvin, eines der Begründer der reformierten Tradition
1589 Errichtung des Moskauer Patriarchats

Moderne (Neuzeit)

1600 ff. Beginn der englischen Kolonisation Amerikas
1648 Ende des Dreißigjährigen Krieges
1650 Tod des französischen Philosophen René Descartes, eines Hauptvertreters des Rationalismus
1681 Tod des Patriarchen Nikon von Moskau
1700 ff. Beginn der breitangelegten protestantischen Missionsanstrengungen in der nichtwestlichen Welt

1795	Tod von Philipp Jakob Spener, des Begründers der pietistischen Bewegung in Europa
ca. 1720	Beginn der ersten großen Erweckungsbewegung in Europa und Nordamerika
1721	Zar Peter der Große schafft das Moskauer Patriarchat ab.
1789	Beginn der Französischen Revolution
1791	Der erste Zusatz zur amerikanischen Verfassung garantiert religiöse Toleranz.
1830	Gründung der Mormonen.
1859	Charles Darwins »Ursprung der Arten« entfacht die Diskussion über die Evolutionstheorie.
1870	Das Erste Vatikanische Konzil dogmatisiert die Unfehlbarkeit des Papstes.
1910	Erscheinen der Buchreihe »The Fundamentals«; sie umreißt das Lehrgebäude des protestantischen Fundamentalismus.
1914–1918	Erster Weltkrieg
1929	Tod von William Harris, des Propheten einer unabhängigen christlichen Bewegung in Westafrika
1939–1945	Zweiter Weltkrieg
1948	Gründung des Ökumenischen Rates der Kirchen (ÖRK)
1962–1965	Zweites Vatikanisches Konzil
1970 ff.	Entstehung der Befreiungstheologie in Lateinamerika; Entstehung der konservativen »evangelikalen Allianz« in den USA
1978	Beginn des Pontifikats von Papst Johannes Paul II.
1989	Wiedererstarken der russischen Orthodoxie nach dem Zusammenbruch der Sowjetunion

Glossar

Ablässe: In der katholischen Theologie versteht man unter Ablaß den durch Teilnahme an bestimmten Frömmigkeitsübungen erworbenen Erlaß von zeitlichen Sündenstrafen. Ablässe können auch Verstorbenen im Fegefeuer zugewandt werden.

Agape: Gemeinschaftliches Mahl, das die frühen Christen als Teil der Eucharistie begingen.

Apokalyptik: Glaube an das unmittelbar bevorstehende Ende der Welt; im Christentum verbunden mit der Erwartung einer zweiten Ankunft Jesu (vgl. auch Millenarismus).

Apologeten: Die christlichen Apologeten waren die ersten Theologen der Alten Kirche, die sich um eine Deutung der christlichen Botschaft im Licht der griechischen Philosophie bemühten.

Apostel: Im engeren Sinne meint »Apostel« einen der Jünger Jesu, die dazu bestimmt wurden, das Evangelium zu verkünden; im weiteren Sinne ist damit jeder gemeint, der sich für die Verbreitung des Christentums einsetzt.

Auferstehung: Wiederbelebung des Leibes nach dem Tod.

Befreiungstheologie: Eine Strömung in der katholischen Theologie des 20. Jahrhunderts. Für die Befreiungstheologie ist Sünde nicht nur Folge persönlichen Fehlverhaltens, sondern auch gesellschaftlicher Ungleichheit. Deshalb sollen Katholiken ebenso für soziale Gerechtigkeit kämpfen wie gegen individuelle Sünden.

Bischof: In der katholischen, der anglikanischen, der orthodoxen und in anderen bischöflich verfaßten Kirchen sind Bischöfe hochgestellte Amtsträger, die für eine Diözese Verantwortung tragen.

Bund: Ein Bündnis zwischen Gott und dem Volk Israel, das diesem Gottes Huld zusagte, falls es ihm die Treue halten würde. Die Christen glauben, daß sie aufgrund des Opfers Jesu Christi dem Volk Israel in diesem Bund nachgefolgt sind.

Denominationalismus: Aufspaltung der christlichen Tradition in verschiedene unabhängige, auf freiwilliger Mitgliedschaft beruhende Organisationen.

Diakon: Eines der frühesten kirchlichen Ämter. Diakone hatten die Aufgabe, dem Priester bei der Eucharistiefeier zu assistieren, Katechumenen zu unterrichten und sich um die Wohltätigkeit der Gemeinde zu kümmern.

Ehe: Das Sakrament, durch das die christlichen Kirchen die Verbindung von Mann und Frau segnen.

Eucharistie: Das Sakrament der konsekrierten Gaben von Brot und Wein, das das letzte Mahl Jesu mit seinen Jüngern vor seinem Kreuzestod gegenwärtig setzt.

Evangelien: Übersetzt: »Gute Nachricht«; Evangelien sind Erzählungen über Leben und Botschaft Jesu.

Evangelikaler Protestantismus: Eine starke Bewegung, die sich im Protestantismus des 18. Jahrhunderts entwickelte; kennzeichnend sind eine Demokratisierung der Verkündigung, Millenarismus und pietistische Frömmigkeit.

Fegefeuer: In der katholischen Theologie ein Ort, an dem die Verstorbenen von ihren irdischen Sünden gereinigt werden, um sich so auf den Eintritt in den Himmel vorzubereiten.

Firmung: Durch einen Bischof gespendetes Sakrament, durch das Getaufte in Traditionen wie der katholischen und der orthodoxen die volle Kirchenmitgliedschaft erhalten. Zum Ritus gehören Handauflegung und Salbung mit Öl. In der orthodoxen Kirche wird die Firmung unmittelbar nach der Kindertaufe gespendet, in der katholischen Kirche Kindern, die das »Alter der Vernunft« erreicht haben.

Fundamentalismus: Fundamentalismus ist keine Konfession, sondern eine Verbindung von Glaubensüberzeugungen und Verhaltensweisen, die über konfessionelle Grenzen hinwegreicht. Für Fundamentalisten sind fünf Dinge besonders wichtig: Irrtumslosigkeit der Heiligen Schrift; Jungfrauengeburt; Heil nur für die von Gott Erwählten; leibliche Auferstehung Jesu; zweite Ankunft Jesu.

Glaubensbekenntnis: Eine Zusammenstellung von Lehraussagen, die den christlichen Glauben zusammenfassen und rechtgläubiges Christentum festlegen möchte.

Gnade: In der christlichen Theologie Liebe und Hilfe Gottes, die den Gläubigen ohne Vorleistung gewährt wird und ohne die Erlösung nicht möglich wäre.

Gnosis: Eine spätantike Spielart des Christentums. Die Gnostiker glaubten, Jesus habe das für die Erlösung notwendige geheime Wissen (Gnosis) gebracht. Bestandteil dieser Gnosis war die scharfe Trennung zwischen der (bösen) Materie und dem (guten) Geist.

Häresien: Lehren und Glaubensüberzeugungen, die von der rechtgläubigen Lehre abweichen.

Hebräische Bibel: Die Heiligen Schriften der Juden (von den Christen als Altes Testament bezeichnet).

Heilige: In der katholischen und orthodoxen Theologie besondere Christen, die nach ihrem Tod Verehrung verdienen und für die Gläubigen auf Erden fürbittend eintreten können.

Heiliger Geist: Dritte Person der Trinität; oft als Gottes Gegenwart in der Kirche verstanden.

Historisch-kritische Methode: Strömung der Bibelwissenschaft, die sich um die Unterscheidung von Tatsachen und Mythen in der Bibel bemüht, indem sie die Heilige Schrift der gleichen Art wissenschaftlicher Analyse unterwirft wie andere historische Dokumente.

Ikonen: In der Orthodoxen Kirche besondere Darstellungen Jesu, der Gottesmutter Maria, der Engel, Heiligen und Märtyrer, denen eine besondere Kraft zu Fürbitte und Schutz zugeschrieben wird.

Inquisition: Ein kirchlicher Gerichtshof, den die katholische Kirche im Mittelalter zur Bekämpfung von Häresien errichtete.

Kanon: Eine festgelegte Liste von Dokumenten, die als von Gott inspiriert betrachtet werden.

Katechumenen: In der Alten Kirche waren Katechumenen Menschen, die sich auf die Aufnahme in die Kirche vorbereiteten, Als Ungetaufte waren Katechumenen nur zum ersten Teil der Eucharistiefeier zugelassen.

Kloster: Ort, an dem Mönche oder Nonnen gemäß einer Ordensregel leben.

Krankensalbung (auch als Letzte Ölung bezeichnet): In der katholischen Kirche ein Sakrament, das zur körperlichen Heilung beitragen oder kranken bzw. sterbenden Menschen die Vorbereitung auf den Tod erleichtern möchte.

Kreuzzug: Wörtlich »Kriegszug um des Kreuzes willen«; die Kreuzzüge waren vom Papsttum sanktionierte militärische Expeditionen.

Liturgie: Form und Inhalt des öffentlichen Gottesdienstes in den christlichen Kirchen.

Märtyrer: Christ, der für den Glauben stirbt.

Messe: Das wöchentliche (in der katholischen Kirche vielfach auch tägliche) Ritual, in dem die Eucharistie gefeiert wird.

Messias: Der Messias ist der zukünftige König aus dem Hause Davids, von dem die Juden glauben, daß er einst kommen und Israel wiederherstellen wird. Die Christen glauben, daß Jesus der Messias war; in griechischer Übersetzung heißt Messias »Christos« (der Gesalbte).

Millenarismus: Die christliche Glaubensüberzeugung, daß dem Jüngsten Gericht die Zweite Ankunft Jesu auf der Erde und die Errichtung eines tausendjährigen Reiches des Friedens und Wohlergehens vorausgehen wird.

Moderne: Eine neue Weltsicht in der geschichtlichen Entwicklung. Die Moderne betonte Skepsis und kritisches Denken, ebenso nahm sie eine positive Haltung gegenüber dem gesellschaftlichen und geistigen Wandel ein. Die Moderne neigte auch dazu, die Bedeutung des Transzendenten in der Welt zurückzunehmen und bestand auf der herausragenden Rolle des Individuums bei der Gestaltung der Zukunft.

Modernisten: Christen, für die die Fortschritte der Wissenschaft neue und erfolgversprechende Möglichkeiten des Zugangs zum christlichen Glauben eröffnen.

Mönch, Mönchtum: Mönche sind Menschen, die ein ausgeprägteres christliches Leben führen möchten, indem sie sich von der Gesellschaft und der Sinnenwelt zurückziehen, um ein geordnetes Leben der Kontemplation zu führen. Dieses nennt man Mönchtum.

Mystik: Praktiken, die Menschen zur Erfahrung einer unmittelbaren Begegnung mit Gott anleiten.

Ökumenismus: Eine Bewegung, die zur weltweiten Wiedervereinigung und Zusammenarbeit der christlichen Kirchen aufruft.

Ordination: Rituale, durch die Menschen zum Priestertum bzw. zum kirchlichen Amt zugelassen werden.

Orthodoxie: Rechtgläubigkeit, wie sie von der offiziellen Kirche festgelegt wird.

Orthopraxie: Richtiges christliches Verhalten, wie es von der offiziellen Kirche festgelegt wird.

Patriarch: Stammesoberhaupt in der Zeit vor Mose; ebenso Titel der Oberhäupter der orthodoxen Nationalkirchen.

Pessach: Im Judentum die jährliche Feier der Befreiung des Alten Israel aus der ägyptischen Sklaverei.

Pfingstbewegung: Eine religiöse Bewegung innerhalb des Protestantismus, die im frühen 20. Jahrhundert in den USA ihren Anfang nahm. Sie betont die spontane Beteiligung am Gottesdienst und die unmittelbare Erfahrung des Heiligen Geistes.

Pietismus: Protestantische Strömungen bzw. Bewegungen, die die nichtrationalen und erfahrungsbezogenen Elemente der christlichen Tradition höher bewerteten als die übermäßig rationalisierten lehrmäßigen Elemente.

Postmoderne: Gegenwärtige Periode der Geschichte des Westens, für die eine Mischung vormoderner und moderner Weltsichten charakteristisch ist.

Prädestination: Die theologische Lehre, wonach Gott von Anbeginn der Zeit an Erlösung oder Verdammnis der einzelnen Menschen festgelegt hat.

Presbyter: In der frühen Kirche waren die Presbyter eine Körperschaft von Ältesten, die den Bischof unterstützten.

Priester: In der katholischen, der anglikanischen, der orthodoxen und in anderen bischöflich verfaßten Kirchen sind die Priester die mittlere Rangstufe im Klerus; sie sind für eine Pfarrei verantwortlich.

Propheten: Religiöse Reformer, die ihre Ziele durch die Berufung auf eine Beauftragung durch Gott rechtfertigen.

Protestanten: Christliche Kirchen, die aus der Reformation entstanden sind.

Rechtfertigung: In der christlichen Theologie die Versöhnung von Mensch und Gott durch göttliche Initiative, die zur Erlösung führt.

Reich Gottes: Herrschaft Gottes auf Erden, die für die Christen jetzt anfanghaft in der Kirche sichtbar wird, aber am Ende der Zeit endgültig und für alle gelten wird.

Reliquien: Irdische Überreste und andere Gegenstande, die mit christlichen Märtyrern und Heiligen in Verbindung gebracht werden; sie sollen einen besonders reichen Schatz spiritueller Kraft enthalten.

Sakrament: Eine physische Handlung, die einen direkten und unmittelbaren Kontakt mit der göttlichen Gnade bewirkt.

Scholastik: Mittelalterliche intellektuelle Bewegung, die sich im 12. Jahrhundert an den europäischen Universitäten entwickelte. Charakteristisch für die Scholastik war der konsequente Gebrauch der Logik zur Versöhnung von Vernunft und Glaube wie zur Festlegung der Grenzen beider.

Synkretismus: Die bewußte oder unbewußte Vermischung von Elementen aus verschiedenen religiösen Traditionen.

Taufe: Die Taufe ist das Ritual der Initiation ins Christentum, bei dem ein Mensch durch Berührung mit dem Wasser spirituell gereinigt wird.

Dieses Ritual übernahmen die Christen in Nachahmung der in den Evangelien beschriebenen Taufe Jesu durch Johannes im Jordan.

Trinität: Christliche Lehre, wonach Gott als Einheit aus den drei Personen Vater, Sohn und Geist bestimmt wird.

Heilige Tage und Feste

Jahreszeiten – Tage

Advent (vier Sonntage vor Weihnachten): Zeit der Vorbereitung auf die Geburt Jesu und Vorwegnahme der zweiten Ankunft Jesu

Weihnachten (25. Dezember): Feier der Geburt Jesu

Erscheinung/Epiphanias (12 Tage nach Weihnachten): Erinnerung an die Ankunft der Weisen und die Taufe Jesu

Fastenzeit (vierzig Tage vor Ostern): Erinnert an die vierzig Tage Jesu in der Wüste und ist eine Vorbereitungszeit für die Heilige Woche

Aschermittwoch: Erster Tag der Fastenzeit

Karwoche (Heilige Woche): Woche vor Ostern

Palmsonntag (eine Woche vor Ostersonntag): Begeht Jesu triumphalen Einzug in Jerusalem und markiert den Beginn der Karwoche

Gründonnerstag (Donnerstag vor Ostersonntag): Feier des Letzten Abendmahls

Karfreitag (Freitag vor Ostersonntag): Gedenken des Kreuzestodes Jesu

Ostersonntag (erster Sonntag nach dem jüdischen Pessach): Feier der Auferstehung Jesu vom Tod

Himmelfahrt (vierzig Tage nach dem Ostersonntag): Gedenkt des Weggangs Jesu in den Himmel

Pfingsten (fünfzig Tage nach Ostersonntag): Feier der Herabkunft des Heiligen Geistes auf die erste Gemeinde in Jerusalem

Heiligenfeste

Im katholischen und orthodoxen Kirchenjahr gilt der Rest des Jahres bis zum Beginn des Advents der Feier der Gedenktage einzelner Heiliger.

Register

HINDUISMUS

ॐ

1. Ein Gesamtblick auf den Hinduismus und die Hindus

1987 und 1988 liefen im indischen Fernsehen jeden Sonntagmorgen Serienfassungen der großen indischen Epen *Ramayana* und *Mahabharata.* Während der Ausstrahlung dieser Sendungen versammelten sich die Hindus in hellen Scharen um die Fernsehgeräte. Wer kein eigenes besaß, ging zu Bekannten oder begab sich an einen der öffentlichen Plätze, auf denen Bildschirme für die Allgemeinheit aufgestellt waren. Obwohl die Fernsehreihen auf Hindi gesendet wurden, schauten auch die Hindus zu, die diese Sprache nicht verstanden. Sie behandelten die Ausstrahlung als religiöses Ereignis, als Möglichkeit zum *darshan,* also einer »Schau« des Göttlichen, mittels des *dur-darshan,* der »Schau aus der Ferne«, also des Fernsehens. Vielerorts vollzogen die Zuschauer vor Beginn der Sendung Riten, wie sie der Tradition gemäß zur Ehrung von Bildern der Gottheiten veranstaltet werden. Sie schmückten die Fernsehgeräte mit Girlanden und brachten ihnen Opfergaben dar. Laut den Zeitungsberichten ruhte in ganz Indien die Arbeit, solange die Bevölkerung sich zum Anschauen der göttlichen Geschichten versammelte.

Bei diesen Epen handelt es sich um komplizierte Erzählungen, in denen es um den Kampf um die Weltordnung geht. Im *Mahabharata* wetteifern zwei Zweige einer Königsfamilie um die Herrschaft über Indien (Bharat). Das *Ramayana* ist die Geschichte vom Gott Rama, der den Dämon Ravana besiegen muß, um den Frieden in der Welt wiederherzustellen. In beiden Epen hängt der Erhalt der Ordnung von den Göttern ab, die physische Gestalt annehmen und in die Welt der Sterblichen eintreten; die Geschichten erzählen also die Taten Gottes in der Menschheitsgeschichte. Sie liefern auch göttliche Anweisungen dafür, wie die Menschen ihr Leben in der richtigen Weise gestalten sollen. Material aus diesen Epen taucht in heutigen Diskussionen über die hinduistische Identität, über Religionsreformen, Sozialreformen und den indischen Nationalismus auf. Obwohl diese Erzählungen schon rund zweitausend Jahre alt sind, spielen sie also im heutigen Denken und Sorgen der hinduistischen Welt immer noch eine wichtige Rolle.

Für das Skript der Fernsehfassung des *Ramayana* schöpfte man aus der reichen Vielfalt der hinduistischen Traditionen, um eine moderne, all-indische Fassung des Epos zu schaffen. Die älteste Wiedergabe dieser Geschichte ist das klassische Sanskrit-Gedicht, das ungefähr zwischen 200 v. Chr. und 200 n. Chr. verfaßt worden sein muß.[1] Später wurden volkssprachliche Versionen verfaßt, wie etwa die tamilische von Kampan (9.–12. Jh. n. Chr.) und eine Version auf Hindi namens *Ramcharitmanas*, deren Autor Tulsi Das im 16. Jahrhundert lebte. Taschenbuchausgaben dieses mittelalterlichen Textes gehörten in Indien während des größten Teils des 20. Jahrhunderts zu den Bestsellern. Das Werk von Tulsi Das liefert auch das Skript für die Ramnagar Ram Lila, eine große *lila*, das heißt Aufführung, die alljährlich in der Stadt Benares stattfindet. In ganz Indien gibt es Vorführungen von Straßentheatern und Vorträge von professionellen Geschichtenerzählern, die das Epos allen zugänglich machen, auch denen, die des Lesens unkundig sind.

Festliche Dramen, die auf dem *Ramayana* oder *Mahabharata* beruhen, sind religiöse Ereignisse; für die hinduistische Frömmigkeit erschließt die Theatervorstellung ein Stück von der höheren Realität der Götter. Wenn die Ram Lila aufgeführt wird, wird die Gottheit während der Dauer der Aufführung in der Welt gegenwärtig, genau wie im Nachspielen der Geschichte. Alle, die am Drama teilnehmen, sei es als Schauspieler oder Zuschauer, erleben eine direkte Interaktion mit dem Göttlichen. Genauso wurden die Schauspieler, die an der Fernsehserie beteiligt waren, als Verkörperungen der Götter verehrt, und der Regisseur hielt es für unerläßlich, daß die Filmcrew streng darauf achtete, sich keine religiöse Unreinheit zuzuziehen. Er selbst gab das Rauchen und den Alkohol auf, und er verpflichtete die gesamte Crew zu vegetarischer Ernährung. Einmal wurde die Schauspielerin, die die Sita spielte, im *Ramayana* die Frau des Rama, öffentlich beim Zigarettenrauchen gesehen. Mehrere Leute, die sie aus dem Fernsehfilm kannten, wiesen sie streng zurecht und hielten ihr vor, Sita, der Inbegriff des geziemenden Verhaltens der Frau, dürfe nicht rauchen. Derart wurden in den Köpfen der Zuschauer die Darsteller mit ihren Rollen gleichgesetzt: Die Götter der Epen waren noch einmal in der Welt erschienen, um zum Heil aller Menschen ihr Drama noch einmal zu spielen.

Die ungeheure Popularität der Fernsehepen zeigt, wie vital der Hinduismus ist. Kein moderner Roman oder Film hat eine auch an-

1. Es ist sehr schwierig, genauere Daten für die Epen (wie auch für viele andere südasiatische Texte) anzugeben. Eine vollständige Sanskrit-Fassung wurde im 1. Jahrhundert n. Chr. geschaffen, aber die Kernerzählung des *Ramayana* dürfte bis ins 4. Jahrhundert v. Chr. oder noch weiter zurückreichen.

Illustration in einem Manuskript des Ramayana aus dem 19. Jahrhundert: Rama und Lakshmana schießen dem Dämon Ravana, König von Lanka, Pfeile in die Brust.

nähernd vergleichbare Reaktion ausgelöst. Aber auch die neuartige Vermittlung der Mythologie durch das elektronische Medium sagt viel über den Platz des Hinduismus in der heutigen Welt. Er paßt alte Traditionen neuen Zeiten und Medien an. Menschen aus verschiedenen kulturellen Regionen konnten alle miteinander ein und dieselbe Aufführung eines Dramas anschauen. Und diese Vorführung brauchte sich nicht auf eine einzige Version dieser Erzählung zu beschränken, sondern konnte aus der bunten Vielfalt aller verfügbaren Traditionen schöpfen, um so ein all-indisches *Ramayana* zu schaffen. Die neue Technologie sowie Fragen um Einheit und Pluralismus sind im heutigen Hinduismus aktiv wirksame Kräfte. Das Vorhandensein dieser Kräfte wird noch deutlicher, wenn man bedenkt, daß die Fernsehfassungen des *Ramayana* und *Mahabharata* nicht nur in Südasien gesehen wurden, wo der Hinduismus entstanden und immer noch die vorherrschende Tradition ist, sondern auch in anderen Teilen Asiens, in Afrika, der Karibik, in Nord- und Südamerika und in

Europa. Heute leben überall auf der Welt Hindus, und die heutige Tradition des Hinduismus wird von den Erfahrungen der Hindus außerhalb Südasiens genauso geprägt wie von denjenigen der Menschen, die immer noch auf dem gleichen Grund und Boden leben, auf dem die großen hinduistischen Gottheiten sterbliche Gestalt annahmen, um ihre epischen Taten zu vollbringen.

Der Hinduismus und die Hindus

Der Begriff »Hinduismus« ist neueren Ursprungs. Er wurde vorwiegend von Abendländern zur Bezeichnung der mehrheitlich in Indien herrschenden Religion verwendet. In diese Hauptgattung »Hindus« wurden nur eindeutig nicht-hinduistische Gruppen, wie etwa die Jain, Buddhisten, Parsen, Muslime, Juden und Christen nicht mit einbezogen. Daß heute diese aus dem Ausland stammende Bezeichnung verwendet wird, erklärt sich aus dem Umstand, daß es kein entsprechendes ursprünglich aus der Region stammendes Wort dafür gibt. In Südasien definieren sich die Menschen gewöhnlich von ihrer am Ort geltenden Kaste und Gemeinde her; sie verfügen nicht über eine einheitliche gemeinsame heilige Schrift oder eine gemeinsame Gottheit oder einen religiösen Lehrer, die man als Kern des Hinduismus bezeichnen könnte. Doch gerade die Unbestimmtheit des Begriffs »Hinduismus« macht ihn tauglich. Das Wort »Hinduismus« ist von der Bezeichnung »Hindu« abgeleitet, die im Mittelalter von den Muslimen zur Bezeichnung der im Gebiet des Flusses Sindu (Indus) lebenden Bevölkerung verwendet wurde. Daraus wurde schließlich der Oberbegriff für alle auf dem indischen Subkontinent lebenden Völker. So umfaßt der Hinduismus als der einheimische religiöse Glaube der Inder den größten Teil der regionalen Traditionen, die sich in Indien entwickelten. Indische Religionen, die sich selbst eindeutig als nicht hinduistisch verstehen, wie der Buddhismus und Jainismus, mußten sich ganz klar von den Hindus abgrenzen. Aber der Hinduismus seinerseits zog nie so klare Grenzen, so daß die auf dem ganzen Subkontinent verbreiteten religiösen Praktiken von beträchtlicher regionaler Vielfalt sind. Die Verschwommenheit des Begriffs »Hinduismus« macht ihn tauglich, als Bezeichnung für die vielgestaltigen Traditionen von ungefähr 80 Prozent der Bevölkerung Indiens und der mit ihnen verwandten Gruppen auf der ganzen Welt zu dienen. Allerdings darf man nicht vergessen, daß das Wort eine neuzeitliche Erfindung ist und man eine künstliche Kategorie anwenden würde, wollte man den Begriff in die Vergangenheit zurückprojizieren, um damit die Wurzeln des heutigen Hinduismus von anderen indischen Religionen zu unterscheiden.

Der Dharma

Genau wie es kein angestammtes Wort als Gesamtbezeichnung für die Religion Indiens gibt, fehlt auch ein solches Wort, das dem abendländischen Begriff der »Religion« entsprechen vzürde. Am nächsten kommt diesem vielleicht das Wort *dharma. Dharma* bedeutet Gesetz, Pflicht, Gerechtigkeit, Tugendhaftigkeit. Wie das westliche »Moral« bezieht es sich sowohl auf religiöse wie soziale Verhaltenspflichten. Der Begriff als solcher legt das Schwergewicht auf die *Praxis*, also das richtige Verhalten, das für die hinduistische Weltsicht von zentraler Bedeutung ist. Es gibt eine große Vielfalt an Glaubensüberzeugungen, die unterschiedlichsten Gottheiten, Philosophien und Wege, aber diese alle verlangen, daß man sich an bestimmte Verhaltensmaßregeln hält.

Um genauer zu verstehen, was das dharmische Verhalten ausmacht, muß man zunächst die hinduistische Weitsicht kennen. Grundlegend für diese Weltsicht ist der Glaube, daß das Heilige der Welt immanent sei. Die natürliche Welt, die Sozialordnung und das Familienleben – das alles habe Entsprechungen in der göttlichen Ordnung. Aus diesem Grund seien alle Handlungen, ganz gleich, ob sie scheinbar rein weltlicher oder ausdrücklich religiöser Natur sind, von religiöser Bedeutung. Das bedeutet, daß der Platz, an dem man in der Weltordnung steht, ganz wesentlich mit dem eigenen *dharma* zu tun hat. Die Immanenz des Heiligen verleiht auch Dingen religiöse Bedeutung, die in den Augen der westlichen Tradition gar nichts Religiöses an sich haben, etwa Orten, Gegenständen, Menschen und bestimmten Zeitpunkten.

Vielfalt und Einheit

Der Hinduismus ist heute weltweit verbreitet. In Südasien ist er die vorherrschende Religion von Indien und Nepal, in Sri Lanka ist er eine Minderheitenreligion und in Pakistan und Bangladesh hat er kleine Gruppen von Anhängern. In Südostasien gibt es einige wenige hinduistische Enklaven; die nennenswerteste findet sich auf der indonesischen Insel Bali, bei der es sich um den Rest großer Bevölkerungsgruppen handelt, die sich im Mittelalter dort angesiedelt hatten. Neue, im Zunehmen begriffene hinduistische Gruppen gibt es in städtischen Zentren wie Singapur und Kuala Lumpur. Außerhalb Asiens existieren ansehnliche hinduistische Gemeinschaften im östlichen und südlichen Afrika, in den Staaten am Persischen Golf, auf den Fidschi-Inseln, an der Nordostküste Südamerikas, in der Karibik, in Nordamerika und in Europa. Doch trotz seiner Ausbreitung über die ganze Erde bleibt der Hinduismus untrennbar mit der Kultur Südasiens verknüpft, und jeder Versuch, die hinduistische Tradition zu verstehen, muß in Indien ansetzen.

Das Gesamt der mit dem Sammelbegriff »Hinduismus« bezeichneten religiösen Überzeugungen und Praktiken umfaßt eine der vielfältigsten Religionen der Menschheitsgeschichte. Das ist im Grunde leicht verständlich, handelt es sich doch um eine Tradition, die sich über Tausende von Jahren aus dem Zusammenwirken der zahlreichen in Südasien eingewanderten Völker organisch entwickelt hat. Die ungemein reiche Vielfalt zeigt sich schon in den Sprachen des Subkontinents. Es gibt vier unterschiedliche Sprachfamilien: die indoeuropäische, drawidische, tibetisch-burmanische und die austroasiatische. Von diesen leiten sich die siebzehn in Indien als offiziell anerkannten Sprachen ab, die jede über zahllose Dialekte verfügt; hinzu kommen die kleineren, nicht offiziellen Sprachen, die im heutigen Südasien gesprochen werden. Die dem Sanskrit entstammenden indoeuropäischen Sprachen werden in Nordindien und Nepal gesprochen; zu ihnen gehören Hindi, Marathi, Bengali und Nepali. Vier drawidische Sprachen, Tamilisch, Telegu, Malayalam und Kannada, werden in den vier südindischen Bundesstaaten gesprochen. Die beiden anderen Sprachfamilien umfassen kleinere Bevölkerungsgruppen. Die tibetisch-burmanischen Sprachen werden in den Gebieten des Himalaya-Gebirges und im Nordosten gesprochen, wie etwa im Tal von Katmandu. Die austro-asiatischen Sprachen sind noch bei Stämmen in Mittel-, Ost- und Nordostindien üblich.

Die meisten dieser Sprachen sind an bestimmte Regionen gebunden. Dieser Regionalismus, eines der Kennzeichen des Hinduismus, hat sich aus der Geographie Südasiens ergeben. Der Subkontinent besteht aus geographisch spezifischen Regionen, die ihre eigenen ausgeprägten Kulturen entwickelt haben. Seine Nordgrenze bildet die Bergkette des Himalaya. Diese Berge haben die Einwanderung, na-

mentlich aus dem Nordwesten, nicht verhindern können. Die aus dieser Richtung eindringenden Völker siedelten in den Flußtälern des Nordens, wo sie sich mit den bereits ansässigen Einwohnern vermischten. Mit ihrem zunehmenden allmählichen Vordringen in die östlichen und südlichen Gebiete veränderten diese Einwanderer auch immer wieder ihre Kulturen. So hatten zum Beispiel die Nachkommen eines indoeuropäischen Stammes, der von Nordwesten her nach

Indien eingewandert war, ihre Kultur beträchtlich verändert, als sie schließlich bis an die Ostküste gelangten. Die Folge war, daß im Nordwesten und Nordosten unterschiedliche Kulturen ausgebildet wurden, selbst wenn die Einflüsse, die in jeder Region im Spiel waren, aus ganz ähnlichen Quellen stammten.

Die je nach Region unterschiedlichen Kulturen innerhalb des Subkontinents ergaben sich auch aus der Notwendigkeit, sich den jeweiligen klimatischen Bedingungen anzupassen. In den nördlichen Ebenen konzentrierte sich die Bevölkerung längs der Flüsse, die den Akkerbau begünstigten. Eine dieser Regionen hat ihr Zentrum in den Flüssen des Pandschab im Nordwesten, eine weitere umfaßt die Gebiete in den nördlichen Ebenen längs der Flüsse Ganges und Yamuna. Die meisten der großen urbanen Zentren des heutigen Indien in diesen Gebieten sind zugleich die heiligen Zentren der Geschichte des Hinduismus. Davon getrennte regionale Kulturen existieren in den Himalayabergen, wo das Leben an eine karge Umgebung angepaßt werden muß, sowie an den Küsten, wo der Fischfang eine zusätzliche Ernährungsgrundlage liefert. Der Subkontinent wird in Nord-Süd-Richtung durch das Vindhya-Gebirge geteilt. Im Südteil gibt es jeweils ganz eigene regionale Kulturen auf dem Dekhan-Plateau und in den Bergen längs beider Meeresküsten. Das Klima des Südens eignet sich für ganz andere landwirtschaftliche Produkte und Formen der Tierhaltung, als sie auf den Ebenen des Nordens möglich sind. Schließlich finden sich noch weitere kulturelle Eigenformen bei den kleinen »Stammesgruppen«, von denen viele in Randzonen leben, vor allem im Gebirge.

Innerhalb jeder kulturellen Region gibt es noch einmal starke gesellschaftlich bedingte Unterschiede. Drei Viertel Indiens sind immer noch ländlich geprägt, also vom Leben in Dörfern und vom Vorherrschen des Ackerbaus. Aber die städtischen Zentren wachsen rasant und wirken sich ungemein stark auf die Traditionen aus. Inzwischen gibt es eine Mittelschicht, die zahlenmäßig fast so groß ist wie die gesamte Bevölkerung der USA. Diese städtische, gebildete Mittelschicht verändert den Charakter des Hinduismus ganz spürbar. Zudem beeinflußt sie unverhältnismäßig stark den überall sonst auf der Welt verbreiteten Hinduismus, weil die Mehrzahl der ausgewanderten Hindus dieser städtischen Schicht entstammt.

Jede der südasiatischen regionalen Kulturen besitzt ihre eigenen Sprachen, Speisen, Künste, Musik- und Architekturformen, Gottheiten und Rituale. Die sozialen Hierarchien und die Heirats- und Ehetraditionen sind von Gegend zu Gegend unterschiedlich. Innerhalb jeder Region verfügen die Ortsgemeinden über ihre eigenen Gottheiten, Mythen und Traditionen. Die Götter und Feste eines bestimmten Dorfes kennt man vielleicht in einer anderen Gegend überhaupt nicht. Darum ist es so schwierig, den Hinduismus genau zu definieren, außer man sagt (was das Wort ja impliziert), es handle sich bei ihm um die Religion, die sich in Indien entwickelt hat und von der Mehrheit der Inder und Nepalesen praktiziert wird.

Aber trotz dieser ungemeinen Vielfalt gibt es eine gemeinsame hinduistische Weltsicht. Die Namen der Gottheiten und die Erklärungen für die Rituale mögen ganz unterschiedlich sein, aber jemand aus dem Punjab im Nordwesten kann miterleben, wie jemand aus Tamil Nadu im Südosten ein ihm unbekanntes Fest einer ihm unbekannten Gottheit feiert, und dennoch ein Gefühl der Gemeinsamkeit empfinden. Auf den folgenden Seiten will ich einige der Glaubensüberzeugungen und Praktiken beschreiben, die den verschiedenen Traditionen unter dem Schatten des großen »Schirms« Hinduismus gemeinsam sind.

2. Philosophische Grundlagen

Die Wurzeln der hinduistischen Tradition lassen sich bis zu den frühesten Zivilisationen in Indien zurückverfolgen. Im Lauf der Zeit vermengten sich die Glaubensvorstellungen und Praktiken der unterschiedlichen in den Subkontinent eingewanderten und dort angesiedelten Völker, so daß die heutige Tradition ein Gemisch aus Einflüssen darstellt, die im Lauf von Tausenden von Jahren zusammengekommen sind. Die beiden grundlegenden Einflußquellen, über die wir etwas wissen, waren die Kulturen der Zivilisation des Industals und die indoeuropäische Kultur. Beide trugen maßgeblich zur Ausbildung jener religiösen Traditionen bei, aus denen der Hinduismus entstand.

Die Zivilisation des Industals

Die früheste uns bekannte Zivilisation Indiens wird als diejenige des Industals bezeichnet, weil die Archäologen im Tal des Flusses Indus größere Städte ausgegraben haben. Die beiden größten dieser ausgegrabenen Städte sind unter den Namen Mohenjo Daro und Harappa bekannt. Die Induskultur entwickelte sich ab ungefähr 2500 v. Chr. – ihre Ursprünge reichen allerdings bis in die Jungsteinzeit (7000–6000 v. Chr.) zurück – und erreichte ihren Höhepunkt gegen 2300–2000 v. Chr. Während dieser Zeit bestanden Handelsverbindungen mit Mesopotamien. Diese Kultur umfaßte in ihrer Blütezeit ein sehr umfangreiches Gebiet. Archäologische Belege für die reife Induskultur wurden an über 1500 Stätten gefunden, die sich über das Gebiet vom oberen Flußtal des Ganga-Yamuna im Osten bis an die iranische Grenze im Westen und bis hinunter zur Küste von Gujarat erstrekken. Der Verfall dieser Kultur setzte gegen 1900 v. Chr. ein; um 1500 v. Chr. war sie verschwunden.

Die Städte des Industales waren bemerkenswert gut organisiert. Mohenjo Daro und Harappa beherbergten je ungefähr 40 000 Menschen. Sie waren in regelmäßigen Gittermustern angelegt, und die Wohnbezirke scheinen nach Berufsgruppen aufgeteilt gewesen zu sein. Ein kompliziertes System von Wasserleitungen sorgte für Brunnen und Abflüsse für die meisten Häuser; große Wasserbehälter könnten als zentrale Badeanstalten gedient haben. Geräumige Lagerhäuser in den Indus-Städten lassen vermuten, daß die Wirtschaft wie im alten Mesopotamien auf der Getreideproduktion beruhte. Das Volk des Industals verfügte über eine Schreibschrift, für die sich Beispiele auf kleinen Tonsiegeln finden; diese Schrift konnte aber nicht entziffert werden, so daß sich die meisten Theorien über diese frühe Zivilisation auf archäologische Belege stützen.

Etliche erhaltene Kunsterzeugnisse lassen vermuten, daß die religiösen Praktiken ähnlich denjenigen waren, wie sie sich in den späteren südasiatischen Traditionen finden. Zunächst gibt es zahlreiche Terrakottafigürchen einer Frau mit breiten Hüften, stark abstehenden Brüsten und einem kunstvollen Kopfschmuck. Die Fachleute vermuten, es könne sich dabei um eine Göttin handeln, die mit der Fruchtbarkeit von Mensch und Boden zu tun hat. Zweitens finden sich auf kleinen Tonsiegeln Bilder von Tieren, zum Teil von in der Natur vorkommenden, zum Teil in mythologischer Gestalt. Auf einem Siegel ist eine Menschengestalt abgebildet, die in einem heiligen Bobaum steht, darunter eine Reihe von Gestalten, die wie Anbeter aussehen. Das könnten Vorläufer jener Verehrung für bestimmte Bäume und Tiere sein, die man in späteren Zeiten findet. Es gibt auch einige Siegel mit einer Gestalt in einer Sitzhaltung, die man als *yoga*-Haltung deuten könnte. Schließlich könnten die großen Wasserbehälter darauf hinweisen, daß schon früh Bäder und rituelle Reinheit eine große Rolle spielten.

Das Zeitalter des frühen Vedismus

Zwischen 2000 und 1500 v. Chr. setzte in der Bevölkerung Zentralasiens eine starke Migrationsbewegung ein. Manche Bevölkerungsgruppen ließen sich in Gebieten West- und Nordeuropas nieder, andere zogen nach Süden und Osten in den heutigen Iran und dann in das heutige Indien. Die letzteren Gruppen nannten sich »Arier«. Mit diesem Begriff (»Aryans«) sollten in Indien später bestimmte soziale Klassen bezeichnet werden. Infolge dieser uralten Verbindungen zwischen diesen weitverstreuten Einwanderern gehören die Völker Indiens, des Iran und Europas alle zur indoeuropäischen Sprachfamilie. Sanskrit, Persisch, Latein und dessen spätere Abkömmlinge sind miteinander verwandt. Die indoeuropäischen Einwanderer drangen von Nordwesten her in Indien ein und zogen bis ins Gebiet um den Fluß

Ganges weiter, das bereits von den Nachfahren der Zivilisation des Industals bewohnt war. Die Arier wurden in Nordindien zur dominierenden Kraft und breiteten ihren Einfluß immer weiter in Richtung Süden aus. Im Lauf der Zeit vermischten sich die Sozialordnungen der eingeborenen Ackerbaugesellschaft mit der Kultur der Einwanderer, um schließlich zu jenem Gemisch zu führen, aus dem die klassische indische Zivilisation hervorging.[2]

Die Indoeuropäer waren ein nomadisches Hirtenvolk; ihre religiösen Traditionen trugen sie mit sich. Als sie sich in Indien niederließen, brachten sie ihre heilige Sprache mit, das Sanskrit, sowie ihren Glauben an ein Pantheon voller Gottheiten, religiöse Praktiken, die sich um ein Feueropfer konzentrierten, und eine hierarchische Sozialstruktur.

Die Veden

Die frühesten religiösen Textschöpfungen in Indien sind die indoeuropäischen Sanskrit-Texte der *Veden*. Das Wort *veda* bedeutet Wissen, und diese Texte enthalten die zum Vollzug der heiligen Feuerrituale nötigen Angaben. Es ist schwierig, diese Texte genau zu datieren, aber die Gelehrten vermuten, daß sie zwischen 1500 und 600 v. Chr. verfaßt wurden. Diese *Veden* wurden mündlich überliefert. Priesterfamilien gaben sie von einer Generation an die nächste mündlich weiter und verwendeten ausgeklügelte Gedächtnistechniken, um sie genau zu bewahren.

Im engsten Sinn handelt es sich bei den Veden um vier »Sammlungen« *(samhitas)* von Material, das sich auf die Riten bezieht. Die *Rig Veda Samhita* enthält zehn Bücher mit Hymnen an verschiedene Gottheiten. Jedes dieser Bücher wurde von Weisen verfaßt, die den für die Erhaltung der Hymnenüberlieferung verantwortlichen Priesterfamilien angehörten. Diese Hymnen wurden von den Priestern während der Feuerrituale rezitiert. Die *Sama Veda Samhita* ist ein Buch mit Liedern, die auf dem *Rig Veda* beruhen, samt Anweisungen für deren Vortrag. Der *Yajur Veda* enthält kurze Prosaformeln und

---

2. Über das genaue Verhältnis zwischen der Zivilisation des Industals und der Zivilisa-tion der Arier sind sich die Fachleute nicht einig. Manche sind der Auffassung, beide Volksgruppen hätten sich kulturell vermischt, und vermuten, die vedische Sprache und Zivilisation seien Produkte dieses Austauschs. Vgl. Subhash C. Kak: On the Chronology of Ancient India, Indian Journal of History of Science 22 (1987), 222–234. David Frawley vertritt dagegen die Theorie, die Zivilisation des Industals habe bereits die religiösen Eigenheiten besessen, die gewöhnlich den Indoeuropäern zugeschrieben werden. Vgl. sein Buch: Gods, Sages, and Kings. Vedic Secrets of Ancient Civilisation, Salt Lake City 1991.

Verse, sogenannte *Mantren,* die beim Ritual verwendet wurden. Der *Atharva Veda* ist eine Sammlung von Hymnen und Zauberformeln, von denen sich viele nicht auf das Opferritual beziehen, sondern auf Situationen des Alltagslebens. Dieser Text stellt die jüngste Schicht dar und erhielt nicht den gleichen Rang wie die ersten drei Sammlungen, ein Umstand, der manche Fachleute hat vermuten lassen, daß er volkstümliche, nichtarische Überlieferungen und nicht solche der Priesterschaft enthalten könnte. Viele der Formeln im *Atharva Veda* sind für alltägliche Anliegen bestimmt, wie etwa die Heilung bestimmter Krankheiten, die Abwehr schädlicher Geister und die Vorbeugung gegen Schlangenbisse.

Zu jeder dieser »Sammlungen« der *Veden* gehören drei Typen zusätzlichen Materials, und das Wort »Veden« wird im weiteren Sinn für alle diese Texte verwendet. Bei der ersten Art von Zusätzen, den sogenannten *Brahmanas,* handelt es sich um Auslegungen der Riten. Die *Brahmanas* beschreiben Regeln für die Rituale und liefern Erklärungen über deren Zweck und Sinn. Die zweite Art von Zusätzen werden als »Sammlungen aus dem Wald« *(aranyakas)* bezeichnet, weil sie laut der Überlieferung von weisen Waldeinsiedlern verfaßt wurden. Im wesentlichen ergänzen die *Aranyakas* die *Brahmanas* und konzentrieren sich auf Riten, die in den früheren Texten nicht ausführlich behandelt wurden. Sie betonen zudem, wie wichtig es sei, den Sinn der Rituale zu kennen, indem sie die zusätzlichen Verdienste beschreiben, die dem Vollzieher des Rituals winken, wenn er darum genau weiß. Die *Upanishaden* schließlich, die dritte Art von zusätzlichem Material, entwickeln die Vorstellungen der *Aranyakas* weiter, indem sie die wahre Natur und den Sinn der Rituale für eine Zeit erklären, in der man sich stärker auf das Wissen als auf den Vollzug der Rituale konzentrierte. Die *Upanishaden* sind der letzte Zusatz; sie wurden vermutlich zwischen 600 und 300 v. Chr. verfaßt.

Obwohl die *Veden* als heilige Texte verehrt werden, kennen sie nur sehr wenige heutige Hindus genauer. Einige wenige Hymnen daraus werden regelmäßig im Tempel oder bei den häuslichen Liturgien rezitiert, aber bei diesen Texten handelt es sich in erster Linie um Anleitungen für Rituale, und der größte Teil ihres Inhalts wird nur von Priestern und Wissenschaftlern studiert. Trotzdem verfügen sie in der hinduistischen Tradition über eine ungemeine Autorität. Die *Veden* werden als *shruti* bezeichnet, das heißt als das, »was (von den Weisen der Vorzeit) gehört wurde«. Von diesen Texten glaubt man, sie enthielten ein Wissen, das übermenschlich und ewig sei. Es sei weisen

Menschen im Zustand meditativer Versenkung offenbart worden. In manchen theistischen Schulrichtungen heißt es von den *Veden*, sie seien von Gott autorisiert; andere glauben, diese Texte hätten überhaupt keinen Autor, sondern existierten schon immer als ewiges Wissen. Die vedischen *rishis* (»Seher«) seien imstande, dieses Wissen zu »sehen« und an die anderen Menschen weiterzugeben.

Das Pantheon

Die in den *Veden* mit Hymnen besungenen Götter bilden ein Pantheon, das eng mit den Kräften der Natur und Kultur verknüpft ist. So gibt es dann zum Beispiel Gottheiten, die mit der Sonne, dem Mond, der Erde, dem Himmel, dem Wind und der Nacht gleichgesetzt werden. Es gibt auch Götter und Göttinnen bestimmter Bereiche der Kultur, etwa Götter des Krieges, der Heilung und des Rituals. Diese als *devas* bezeichneten Gottheiten lassen sich entsprechend ihrer Stellung innerhalb der drei Stufen des Kosmos grob einordnen: in den himmlischen, atmosphärischen und irdischen Bereich.

Im himmlischen Bereich ist von besonderer Bedeutung der Gott Varuna, der Herr der Ordnung *(rita)*. *Rita* ist das Gegenteil von Chaos. Varuna wird angerufen, um die rechte Ordnung zu wahren und den Kosmos vor der Auflösung im Chaos zu bewahren. Diese Spannung zwischen Ordnung und Chaos ist ein wichtiges Thema in den *Veden* und den nachfolgenden indischen Religionen. Varuna wird oft von Mitra begleitet, dem Gott der Nacht, der zugleich der Herr von sozialen Verträgen ist. Gemeinsam stellen sie die kosmische und soziale Ordnung dar.

Unter den Göttern des atmosphärischen Bereichs ist der bemerkenswerteste Indra, die Kriegsgottheit, die mit dem Gewitter gleichgesetzt wird. Vor allem in den früheren vedischen Hymnen ist Indra der Anführer der Götter, wie es sich für eine Kriegerkultur geziemt. Indra wird das Verdienst zugeschrieben, die Länder erobert zu haben, in denen die Arier leben, und ihnen ihre Feinde unterworfen zu haben. Der berühmteste ihn betreffende Mythos handelt davon, daß er eine Schlange vernichtet habe, die das Chaos symbolisiert; außerdem habe er die Schleusen des Himmels geöffnet. Als die Arier sich allmählich angesiedelt hatten und einigermaßen friedlich lebten, verlor die Kriegsgottheit an Bedeutung.

Im irdischen Bereich sind die wichtigsten Gottheiten Agni, der Feuergott, Soma, der Gott des während des Feueropfers genossenen Trankes, und Brihaspati, der Patron der Priester. Alle diese Gottheiten ha-

Die Flußgöttin Ganga, eine Gottheit aus dem vedischen Pantheon. In der hinduistischen Kunst und im Ritual spielt die Weiblichkeit als Symbol der Fülle, der heiligen Bäume und der reinigenden Flüsse immer noch eine große Rolle.

ben direkt mit dem Feueropfer zu tun. Sie wirken als Vermittler zwischen den Menschen und den Göttern der oberen Bereiche. Brihaspati ist der Schiedsrichter beim Ritual und Soma der unverzichtbare Teilnehmer. Agni hingegen, der sowohl der Gott des Feuers als auch das Feuer selbst ist, ist das Medium, mittels dessen das Opfer stattfindet. Agni trägt die Opfergaben in seinem Rauch in die Himmel empor. Er trägt auch die Toten ins Reich von Yama, des Herrn des Todes.

Ein merkwürdiger Zug der vedischen Hymnen ist ihre Neigung, alle Gottheiten auf ganz ähnliche Weise anzusprechen. So wird etwa in einem Hymnus an Agni gesagt, er sei der Größte von allen, und in einem anderen Hymnus wird Indra das gleiche zugesprochen. In manchen Hymnen wird sogar der eine Gott mit dem anderen gleichgesetzt und etwa gesagt: »Du, o Agni, bist Indra.« Diese Stellen scheinen als Lobpreisungen gemeint zu sein. Aber sie verflüssigen zugleich die spezifischen Rollen und Identitäten der Gottheiten und erlauben es, relativ leicht an die Stelle älterer Gottheiten andere Götter zu setzen, deren Beliebtheit allmählich zugenommen hat. Daher sind die Mitgliedschaft im vedischen Pantheon und die Hierarchie darin ständiger Veränderung unterworfen.

Das Feueropfer

Das Feueropfer war das Mittel der Kommunikation zwischen Menschen und Göttern. Dieses Ritual könnte als einfacher Ritus der Gastlichkeit begonnen haben, bei dem die Gottheiten zu einer Feier eingeladen wurden. Dazu wurden ins Feuer Opfergaben gestellt, die von Agni, dem Herrn des Feuers, den Göttern übermittelt werden sollten. Im Lauf der Zeit wurde das Ritual ausgefeilter und gewann größere Bedeutung, bis es so wichtig wurde, daß man zur Überzeugung kam, ein Fehler bei seiner Durchführung könne die Ordnung des Kosmos erschüttern und das Universum ins Chaos stürzen.

Es gab zwei verschiedene Arten von Feueropfern: *shrauta,* »auf *shruti* (d.h. den *Veden*) beruhend« – die öffentlichen Riten – und *grihya* (»häusliche«) Riten für den Haushalt. Die häuslichen Riten erforderten nur Feuer und konnten von den Mitgliedern des Haushalts selbst vollzogen werden. Bei diesen Riten ging es darum, materielle irdische Vorzüge zu erlangen wie Gesundheit, langes Leben, die Geburt von Söhnen und Reichtum in Form von möglichst viel Vieh. Zu diesem Zweck wurden täglich am häuslichen Feuer der Gottheit Agni aus gekochter Speise bestehende Opfergaben dargebracht sowie am Morgen dem Sonnengott Surya und am Abend dem Gott Prajapati. Mit häuslichen Ritualen wurden auch der Neumond und der Vollmond, die Jahreszeiten, die ersten Erntefrüchte sowie besondere familiäre Ereignisse gefeiert wie etwa der Bau eines neuen Hauses, die Geburt eines Sohnes und die wichtigen Lebensabschnitte eines Kindes. Selbst bei Ritualen, die ein Priester vollzog, wie etwa der Heirat, spielte die Familie eine wichtige Rolle und hielt dazu Zeremonien am häuslichen Feuer ab.

Die *shrauta*-Riten waren natürlich komplizierter. Statt des häuslichen Feuers brauchte man dazu drei besondere Feuer und mehrere Priester, von denen jeder seine ganz spezielle Pflicht hatte. Zunächst mußten die Feueraltäre errichtet werden. Für diese Rituale gab es keine ständige heilige Stätte, was zweifellos ein Erbe des früheren Nomadenlebens der indoeuropäischen Einwanderer war. Die Altäre wurden nach den vier Himmelsrichtungen ausgelegt und in ganz bestimmten Umrissen angelegt, entweder rund, halbkreisförmig oder viereckig. Gewöhnlich bestanden sie aus erhöhten Aufschüttungen aus Sand, Erde, Kies und Holzstücken. Die Umrisse bezeichneten die Eigenart jedes Feuers. Der runde Altar stellte die Erde dar, der vierekkige den sich über alle Richtungen erstreckenden Himmel, der Halbkreis die Atmosphäre zwischen der Erde und den Himmeln. Als die Rituale komplizierter wurden, betraute man mehrere Priester mit ihrem Vollzug. Ein Priester war für the Rezitation der Hymnen aus dem *Rig Veda* zuständig, ein anderer sang Lieder aus dem *Sama Veda*, ein dritter vollzog die praktischen Tätigkeiten, brachte also die Opfergaben dar und goß the Trankopfer aus, während ein vierter die gesamte Prozedur beaufsichtigte, um zu gewährleisten, daß ja kein Fehler gemacht wurde. Diese Opfer wurden oft Agni und Soma gewidmet, für die man dazu Gaben in Form von Milch, geklärter Butter, Gemüsekuchen, Tiere oder Stengel der Soma-Pflanze ins Feuer stellte.

Die Schöpfung und das Opfer

Im Lauf der Zeit gewann das Opferritual immer mehr an Bedeutung, was zur Folge hatte, daß die mit dem Ritual verbundenen Götter die Gottheiten der alten vedischen Hymnen in den Hintergrund drängten. Das ist besonders deutlich im Fall von Agni zu beobachten. In einem Hymnus wird Agni als Indra, Vishnu, Brahmanaspati, Varuna, Mitra usw. angesprochen; es wird von ihm gesagt, er sei alle Götter. Als Botschafter der Götter, der den Kontakt der Menschen mit den Gottheiten herstellt, verkörperte Agni die Kraft des Opfers. Eine andere in Verbindung mit dem Opfer aufgewertete Gottheit war Vach, die als Göttin personifizierte Sprache. In den *Brahmanas* wird sie mit der Schöpfung und dem Ritual in Verbindung gebracht. In einer Erzählung wird geschildert, wie die *devas,* the Gottheiten, nur mit ihrer Hilfe in der Lage waren, Rituale einzurichten, die die Welt erhalten und zugleich für die Götter Fülle, Leben und Unsterblichkeit gewährleisten. Ohne die Sprache gäbe es keine rituellen Hymnen oder *Mantras* und folglich keine Kraft des Ritus.

Die Kraft des Opfers sah man in den das Opfer begleitenden Klängen verkörpert, den von den Priestern rezitierten vedischen Hymnen. Diese Kraft wurde *brahman* genannt, und die Priester, die mit ihr umgingen, *brahmanas* oder *brahmins* (»die mit dem *brahman* zu tun haben«). Dieser Ausdruck bezog sich auf ihre Kenntnis und ihre Verwendung der Kraft des in den Klängen und der Sprache des Ritus steckenden *brahman.* Nach und nach kam es so weit, daß die rituelle Sprache, vergöttlicht in der Gottheit Vach, als Grundlage des gesamten Kosmos angesehen wurde. Die Kraft des rituellen Klangs galt als derart gewaltig, daß man sich vorstellte, selbst die Götter hätten Opfer dargebracht, um an ihren Platz im Himmel zu gelangen. Die Götter kennen wie die Seher den wahren Grund der Dinge, die Kraft des *brahman.* Das bedeutet aber auch, daß die Götter nicht länger erhaben sind; sie verfügen über keine endgültige Macht, sind nicht die Urerschaffer, sondern Bestandteil des offenbarten Kosmos. Diese Veränderung im Status und der Rolle der Götter war Teil einer Wandlung der Vorstellung, die man sich vom Kosmos machte.

Der Kraft der Sprache waren die Formen des sichtbaren Kosmos zu verdanken, aber nicht dessen Ursprung. Es war nicht länger möglich, irgendeinem der Götter die Rolle des Schöpfers zuzuschreiben, da die Gottheiten jetzt als Teil der Schöpfung betrachtet wurden. Die Folge war, daß spätere Hymnen über der Frage rätselten, wie die Schöpfung vor sich gegangen sei. Ein berühmter Text, *Rig Veda* X, 129, spricht die Frage, woher die Schöpfung stamme, direkt an. Zunächst wird festgestellt, die Götter könnten die Wahrheit darüber nicht kennen, da sie erst nach der Erschaffung der Welt entstanden seien; dann stellt der Hymnus die Frage: »Wer dann weiß denn, woraus (diese Schöpfung) entstanden ist?« Im Schlußvers heißt es, nur der, welcher vom höchsten Himmel herabschaue, könne das wissen und vielleicht wisse sogar er es nicht.

Obwohl die Weisen sich nicht sicher waren, wer oder was die Schöpfung in Gang gesetzt habe, wußten sie, wie sie erschaffen worden sei. Einige Hymnen schrieben die Schöpfung entweder einem göttlichen Handwerker (*RV* X, 81) oder Schmied (*RV* X, 72) oder einem kosmischen Embryo (*RV* X, 121) zu, aber bei allen diesen Vorstellungen diente das Feueropfer als Grundmodell des Schöpfungsprozesses. Das Ritual des Opfers wurde als Grundlage des gesamten Kosmos betrachtet, da der Kosmos aus dem Opfer stamme. Diese Vorstellung wurde ganz ausdrücklich in dem berühmten *Purusha Sukta* (*RV* X, 90) beschrieben, dem »Hymnus an die Person«. Der Hymnus ist zweiteilig. Im ersten Teil wird die kosmische Person oder *Purusha* beschrieben und gesagt, der *Purusha* und das Universum seien identisch.

> Der *Purusha* hat tausend Köpfe und tausend Augen und tausend Füße. Er hat die Welt von allen Seiten durchdrungen und reichte über sie zehn Finger weit hinaus.
> Einzig der *Purusha* ist dieses Universum, was war und was sein wird. Ebenso herrscht er über (die Welt der) Unsterblichkeit (bzw. die Götter), die er mittels Speisen ins Jenseits sprießen läßt.
> Derart ist die Reichweite seiner Größe; und der *Purusha* ist noch größer als all dies. Ein Viertel von ihm sind alle Wesen, drei Viertel sind (die Welt) der Unsterblichen im Himmel. (RV X, 90, 1–3)

In diesem Abschnitt wird der *Purusha* als das gesamte Universum bezeichnet. Ein Viertel der Person besteht aus der sichtbaren Welt der erschaffenen Geschöpfe, die anderen drei Viertel bilden the unsterblichen oberen Regionen.

Im zweiten Teil des Hymnus wird das Opfer des *Purusha* beschrieben und eine ausführliche Darstellung der Entsprechungen zwischen dem geopferten Körper und den Eigenschaften des Universums geboten. Auf diese Weise ist das Opfer sowohl die bewegende Kraft als auch die Substanz des Kosmos. Der Mond entstammt seinem Geist, die Sonne seinem Auge, der Windgott seinem Atem, die Atmosphäre seinem Bauchnabel, die Erde seinen Füßen, die Himmelsrichtungen entstammen seinem Ohr. Die Korrelationen zwischen dem *Purusha* und dem Kosmos bestehen auch auf dem Gebiet der menschlichen Gesellschaft. Die brahmanischen Priester sollen *Purushas* Mund entstammen, die Herrscherklasse (*rajanya,* später *kshatriya* genannt) seinen Armen. Seinen Schenkeln entstammen die *vaishyas,* ein Wort, das wörtlich »Leute« meint und die Handwerker, Kaufleute und Bauern bezeichnet. Den Füßen schließlich entstammen die *shudras,* die dienende Klasse. Dieser Hymnus enthält die erste Aufzählung der vier sozialen Klassen, die später zur Grundlage der sozialen und religiösen Vorschriften wurde. Die konkreten Verknüpfungen mögen willkürlich erscheinen, aber die Vorstellung, daß der Kosmos, die Welt der Natur, die menschliche Gesellschaft und das Opfer parallele Ordnungen der Wirklichkeit darstellen, ist auch für spätere religiöse Traditionen in Indien grundlegend.

Philosophische Spekulation in den Upanishaden

Nach und nach wurde das mit dem Opfer verbundene heilige Wissen verinnerlicht. In das Ritual wurde auch die geistige Betätigung einbezogen, wobei allmählich das Denken an die Stelle der physischen Handlungen trat. Schließlich lehrten die Weisen, das Wichtigste sei das Wissen, nicht das äußere Ritual. Die *Aranyakas*, die Bücher »aus dem Wald«, geben die Lehren von Weisen wieder, die zurückgezogen im Wald lebten und die Opfertradition allegorisch deuteten. Bei dieser Verinnerlichung des Rituals wurde jetzt das Schwergewicht auf den individuellen Menschen gelegt, der als Medium des sich im Geist vollziehenden Ritus angesehen wurde. Der Mensch, der über den Sinn des Opfers meditierte und das heilige Wissen erlangte, kam dem brahmanischen Priester gleich. Dieser Prozeß der Neuinterpretation der religiösen Praktiken und des damit verbundenen Wissens wurden in den *Upanishaden* weitergeführt. Die *Upanishaden* sind das Ergebnis eines Zeitalters intensiver philosophischer Spekulation; es ist das gleiche Zeitalter, in dem der Buddhismus und der Jainismus entstanden. Diese Spekulation wurde in Schulen gepflegt, in denen Lehrer ihre Gedanken an ihre Schüler weitergaben und an großen öffentlichen Diskussionen teilnahmen. Bei den dazu veranstalteten öffentlichen Versammlungen konnten große Weise, Männer wie Frauen, ihre Ideen austauschen und über deren Für und Wider diskutieren. Der größte Teil des Materials der *Upanishaden* ist in der Form von gelehrten Debatten und Lehrer-Schüler-Dialogen gehalten.

Brahman und atman

Eines der wichtigsten Themen dieser Epoche war die Frage nach der Natur des Kosmos. In den späteren *Veden* äußerten die Weisen die Ansicht, es gebe ein einziges Absolutes, das allem Dasein zugrunde liege. Die Spekulationen über die Natur dieses Einen konzentrierten sich auf Speise, Rede, Atem oder den Schöpfergott Prajapati. Aber im Lauf der Zeit setzte sich gegenüber all diesem die Vorstellung des *brahman* durch. Schon in der *Atharva Veda* waren einige Hymnen darüber hinausgegangen, das *brahman* lediglich als die Kraft der heiligen Sprache und des Opfers zu definieren, und hatten von ihm als von einem kosmischen Prinzip gesprochen. So hieß es zum Beispiel, *brahman* sei »der Schoß sowohl des Existierenden wie des Nichtexistierenden« (1.4.1); und in einem anderen Hymnus wurde gesagt, alles, Erde, Himmel und Atmosphäre, sei vom *brahman* eingerichtet

(10.2.25). An diesen Stellen wird die alte vedische Definition des *brahman* als der Kraft der heiligen Sprache und des Opfers ersetzt durch die Vorstellung, das *brahman* sei das letzte, allem zugrunde liegende Wesen des Universums. Dieses Absolute wird dann auf den universalen Begriff des *Brahman* gebracht.

In den *Upanishaden* tritt das *Brahman* an die Stelle aller vedischen *devas*. Bereits frühere Texte hatten den Göttern ihre Eigenschaft abgesprochen, alles zu überragen, indem sie gesagt hatten, auch die Götter seien geschaffene Wesen. Die Götter seien nach der Schöpfung entstanden und hätten ihre Macht und Unsterblichkeit nur durch das Opferritual erlangt. Der oberste Platz gehörte jetzt also dem *Brahman*, das man sich in manchen Texten als Höchste Gottheit vorstellte, in anderen als nichtpersonales Absolutes. An einer Stelle in der *Brihadaranyaka Upanishad* (III. 9. 1, 9) scheinen die *devas* als die verschiedenen Kräfte des *Brahman* bezeichnet zu werden. Hier wird der Weise Yajnavalkya gefragt, wie viele Götter es gebe. Er sagt, es gebe 3306 Götter. Als er noch einmal gefragt wird, wie viele Götter es tatsächlich gebe, sagt er, 33. Dieser Reduktionsprozeß geht weiter, bis der Weise schließlich sagt, es gebe nur einen Gott. Später definiert er diesen Einen als das *Brahman*.

Der in dieser Stelle für das *Brahman* verwendete Begriff lautet *sutra-atman* es ist das »Faden-Selbst«, »das Selbst, das sich wie ein Faden durch das Universum zieht«. Dieser Name für das *Brahman* betont seine Eigenschaft, dem Gesamt des Universums zugrunde zu liegen. Aber das *Brahman* wird auch als der *antaryamin* bezeichnet, der »innere Aufseher«, der in jedem Wesen existiere. In den *Upanishaden* wird große Mühe darauf verwendet, das Verhältnis zwischen dem äußeren, kosmischen Aspekt des *Brahman* und seinem inneren, gewöhnlich als *atman* bezeichneten Aspekt zu klären. Der *atman* ist das wahre Selbst im einzelnen Menschen, die unsterbliche reine Wesenheit jedes Lebewesens. Eine der berühmtesten Stellen, an denen die Beziehung zwischen *Brahman* und *atman* beschrieben wird, ist ein Gespräch zwischen Shvetaketu und seinem Vater in der *Chandogya Upanishad* (6.12–13). Shvetaketu wird angewiesen, das Samenkorn eines Baums aufzuspalten und zu beschreiben, was er sieht. Er sieht nichts. Sein Vater macht ihn darauf aufmerksam, daß aus der fernen Substanz des Samens, die er nicht sehen könne, ein großer Baum zu sprossen vermöge. Genauso verfüge die ganze Welt über diese gleiche feine Essenz, die ihr Selbst ausmache. Hierauf fordert der Vater seinen Sohn auf, Salz in Wasser aufzulösen, und er lehrt ihn, daß, genau wie das Salz unsichtbar sei, das Wasser ganz durchdringe und nicht von ihm getrennt werden könne, auch das *Brahman* den einzelnen Menschen durchdringe. Das *Brahman* im Einzelmenschen wird *atman* genannt. Diese Lehre wird auf die Formel *tat tvam asi,* »Das bist Du« gebracht. In dieser Gleichung ist mit »Das« das *Brahman,* mit »Du« der *atman* gemeint.

Samsara und karman

Der Begriff eines individuellen, ewigen *atman,* der mit dem universalen *Brahman* gleichgesetzt wurde, veränderte den gesamten Kontext und die Ziele der religiösen Praktiken. In den frühen vedischen Hymnen diente das Opfer dazu, das Wohlwollen der Götter und damit ein erfülltes Leben auf Erden und nach dem Tod eine sichere Reise zum Himmel zu gewährleisten. Aber in den *Upanishaden* sind die Götter nicht mehr hoch erhaben, und ihr himmlischer Aufenthaltsort ist kein immerwährendes endgültiges Ziel mehr. In dieser Zeit trat an die Stelle des Glaubens an eine einzige Lebensspanne die Vorstellung von einem Kreislauf von Wiedergeburten. Dieses System der Reinkarnation wurde als *samsara* bezeichnet. Laut dieser Vorstellung lebt der Einzelne nach seinem Tod im Himmel oder in der Hölle weiter, je nachdem, was er in seinem Erdenleben getan hatte. Nach einer gewissen Zeit werde dann das Individuum auf der Erde wiedergeboren.

Die Gesetzmäßigkeit, nach der sich diese Wiedergeburten vollzogen, wurde als *karman* bezeichnet, was wörtlich »Handeln« bedeutet. Jede Handlung, so lehrte man, führe unvermeidlich zu einer Wirkung. Die Summe der Wirkungen aller Handlungen im Leben führe zu dem, was der Einzelne nach seinem Tod erfahre, und sei entscheidend dafür, welche Art Leben er nach seiner nächsten Geburt auf Erden führen werde. Auf diese Weise wird auch dann, wenn jemand offensichtlich nicht im Rahmen eines bestimmten Lebens das ihm gebührende Maß an Belohnungen oder Strafen erhält, der Ausgleich in künftigen weiteren Leben schließlich doch herbeigeführt.

Die einzige Möglichkeit, diesen Kreislauf der Wiedergeburten zu beenden, besteht darin, *moksha,* »Befreiung« vom *samsara,* zu erlangen. Diese Befreiung erlangt man durch Wissen. Wenn man wirklich die Natur des *Brahman* erfaßt und folglich auch die Natur des eigenen Selbst (also sein *atman*), wird kein weiteres *karman* mehr angesammelt, und das Individuum wird nicht noch einmal wiedergeboren. Die *Upanishaden* betonen ausdrücklich, dieses befreiende Wissen um das *Brahman* sei etwas ganz anderes als die alte Weisheit der *Veden,* die jetzt als »niederes Wissen« bezeichnet wird, das lediglich zur Vorbereitung auf das »höhere« Wissen um das *Brahman* dienen könne.

Der Erwerb dieses höheren Wissens, mittels dessen man den *moksha* erlangt, erforderte große Mühe. Als Mittel zur Erlangung des *moksha* wurde die als *yoga* bekanntgewordene Disziplin entwickelt. Das Wort *yoga* stammt aus der Sanskrit-Wurzel *yui,* aus der auch der deutsche Begriff »Joch« abgeleitet ist. Tatsächlich bedeutet *Yoga* das »Joch«, unter dem man seine Kräfte zusammenbindet, eint und beherrscht, und zwar mit Hilfe asketischer und meditativer Übungen, die zu einem Wissen führen, das dem gewöhnlichen menschlichen Bewußtsein unzugänglich ist. Zum *Yoga* gehört moralische, körperliche und mentale Disziplin, denn man muß seinen Körper beherrschen, bevor es möglich wird, den Geist zu beherrschen und derart zu konzentrieren, daß er das höhere Wissen erlangt. Das Wort *yoga* taucht zum ersten Mal in der *Katha Upanishad* auf, wo damit die Beherrschung der Sinneskräfte bezeichnet wird. Es heißt von diesem *yoga,* wenn er mit der Beherrschung der mentalen Tätigkeiten verbunden werde, führe er zum höchsten Zustand.[3] Zur Beschreibung der Verfassung des Menschen verwendet in der *Katha-Upanishad* 1.3. 3–9 der Todesgott Yama den Vergleich mit einem Wagen: Der Körper ist der Wagen, die Sinneskräfte sind die Pferde, und das Selbst *(atman)* ist der Wagenlenker. Wie der Wagenlenker seine Pferde zügeln muß, so sollte der Mensch seine Sinneskräfte beherrschen.

Das Thema – die Beherrschung des Leibes und die Bändigung des Geistes durch das Joch der Disziplin, um dadurch die Befreiung von der Wiedergeburt zu erlangen – taucht fast überall in den religiösen Traditionen Indiens auf. Die Asketengruppen, die die entsprechenden Techniken der Selbstdisziplin entwickelten, werden *shramanas,* »Strebende«, genannt, weil sie durch asketische Übungen und Meditation nach der Befreiung streben. Sie lebten in extremer Einfachheit und verließen ihre Heimat und ihren Besitz, um die Loslösung von allem zu üben. Aus diesen Traditionen der Entsagenden entstanden die Mönchsbewegungen im Buddhismus, im Jainismus und im Hinduismus selbst.

Die klassische Form der hinduistischen *Yoga*-Disziplin wird im *Yoga Sutra* beschrieben, das von Patanjali stammen soll; das Entstehen dieser Disziplin wird im Zeitraum zwischen 400 v. Chr. und 500 n. Chr. vermutet. Patanjali definiert *yoga* als das Aufhören der unab-

3. *Katha Upanishad* 2.3. 10–11.

lässigen Aktivitäten des Geistes. Erreicht könne das werden, wenn man in bestimmten Schritten vorgehe. Beim ersten Schritt handelt es sich um ethisches Verhalten im persönlichen und sozialen Bereich; es geht um Übungen wie Gewaltlosigkeit *(ahimsa)*, Wahrhaftigkeit, sexuelle Enthaltsamkeit, Sauberkeit, Askese und Studium. Beim zweiten Schritt lernt man nach und nach, seinen Körper zu beherrschen, so daß die äußere Welt und der Körper den *yogin* nicht länger ablenken. Dazu gehören das Sitzen in bestimmten Haltungen, die Kontrolle des Atems und das Abziehen der Sinne von der Außenwelt. Hat er Körper und Sinne unter Kontrolle, so kann der *yogin* in immer tiefere Zustände der Meditation vordringen, bis er jenen transzendenten Zustand der Achtsamkeit erreicht, der die Freiheit vom Wiedergeborenwerden gewährt.

Im wesentlichen handelt es sich beim Erreichen dieses letzten Zieles um die Umkehr des Schöpfungsprozesses, wie er im metaphysischen System der mit Patanjalis *Yoga* verknüpften Philosophie von Samkhya beschrieben wird. Nach Samkhya gibt es zwei Grundprinzipien: das inaktive Bewußtsein, den *purusha*, und die Urmaterialität, die *prakriti*. Diese beiden Prinzipien sind vollständig voneinander getrennt. Die *prakriti* besitzt drei Eigenschaften, die drei *gunas: sattva*, »Reinheit«, *rajas*, »Tätigsein«, und *tamas*, »Trägheit«. Kommt die *prakriti* zu eng mit dem *purusha* in Berührung, so wird das Gleichgewicht dieser drei Eigenschaften gestört. Die Folge ist, daß die *prakriti* die verschiedenen Elemente entwickelt, aus denen die sichtbare Welt besteht. Dieses Modell, wie die Schöpfung sich entfaltet, gilt genauso, wenn es darum geht, diesen Prozeß wieder umzukehren. Wenn der *yogin* seinen Körper so weit zu beherrschen gelernt hat, daß sein Geist den Zugang zum höheren, verborgenen Wissen finden kann, ist er auch imstande zu begreifen, daß die vielfältigen Formen der Menschenwelt nur Manifestationen der *prakriti* sind und der *purusha*, die reine Bewußtheit, von der materiellen Existenz völlig getrennt existiert. Mit diesem Wissen um den radikalen Unterschied zwischen dem *purusha* und der *prakriti* ist der *yogin* befreit vom Einfluß der *gunas*. Können sich jedoch die *gunas* nicht mehr auf ihn auswirken, so kehrt die *prakriti* in ihren ursprünglichen Gleichgewichtszustand zurück, und *purusha* und *prakriti* sind wieder ganz voneinander getrennt.

Dieses System der Erschaffung mittels des Zusammenwirkens zweier Prinzipien taucht auch in anderen indischen Traditionen auf. Die Beschreibungen der Prinzipien und ihrer Beziehungen zueinander sind unterschiedlich, aber die Vorstellung eines Paares, dessen

Wechselspiel im Schöpfungsprozeß die maßgebliche Rolle spielt, taucht immer wieder auf; auch die Vorstellung, daß das Universum von den drei Eigenschaften der Reinheit, des Tätigseins und der Trägheit beherrscht sei, geht in fast alle indischen Philosophien ein. Spätere Traditionen arbeiten die älteren Kosmogonien deutlicher aus und verbessern sie, um ganz unterschiedliche Glaubensvorstellungen einzufügen, aber die Auffassung, daß zur Erleuchtung gehöre, sich das persönliche Wissen um die wahre Natur des Selbst und des Kosmos zu erwerben, zieht sich konstant durch alle Spielarten. Der *Yoga* als System der Disziplin, mittels deren man den Prozeß der Schöpfung umkehren und höheres Wissen erlangen kann, spielt in den südasiatischen Traditionen eine wichtige Rolle.

Varnashrama-dharma

Wer das Wissen aufbringen will, das zur Befreiung führt, muß dafür viel Zeit und Energie aufwenden. Dazu ist natürlich nicht jeder imstande. In Wirklichkeit sind es sogar nur wenige, die den Impuls und die Disziplin aufbringen, ihr Leben ganz dem Streben nach Befreiung zu widmen. Für die anderen kommt es darauf an, in ihrem Tun tadellos zu sein, was ihnen im Gegenzug Vorteile für das gegenwärtige Leben und eine vorteilhafte Wiedergeburt verschafft. Die genaue Umschreibung dessen, worin ein tadelloses Verhalten und Tun besteht, wurde sorgfältig ausgearbeitet in einem System namens *varnashrama-dharma,* was heißt: »Pflichten gemäß der Kaste *(varna)* und Lebensstufe *(ashrama)*«.

Die Grundidee des Kastensystems war bereits zur Zeit der vedischen Hymnen ausgebildet, die die vier gesellschaftlichen Klassen oder *varnas* beschrieben. Aber dieses System von vier Hauptklassen – Priestern, Herrschern/Kriegern, Handwerkern/Kaufleuten/Bauern und Dienenden – gab nur den ideologischen Rahmen für eine viel kompliziertere soziale Hierarchie ab. Innerhalb der vier Kasten *(varnas)* bildete sich eine Vielzahl von *jatis,* »Geburtsgruppen«, heraus. Dabei handelte es sich um Gruppen, deren Mitglieder sich nicht mit Mitgliedern anderer Gruppen verheirateten; meistens wurden sie durch die gemeinsame Beschäftigung definiert. Es gab *jatis* für Weber, Zimmerleute, Ölpresser, Goldschmiede, Silberschmiede, Blechschmiede, Tempelpriester, Priester, die vedische Rituale vollzogen, Priester, die lehrten. Die Hierarchie dieser Gruppen variierte von einem Dorf zum andern. Es konnte sein, daß die Weber in einer Stadt einen hohen Rang einnahmen, in einer anderen einen niedrigen. Im allgemeinen wurde der Rang eines *jati* von der Art der Arbeit bestimmt, die seine Mitglieder ausübten. Rituell unreine Arbeiten, wie etwa solche, bei denen man mit Totem umging, sei es bei Bestattungsdiensten oder bei der Verarbeitung von Tierhäuten, besaßen ganz niedrigen Rang. Es gab auch eine wirtschaftliche Komponente: Eine reiche Familie konnte in ihrer Gemeinde angesehener sein als ärmere Familien mit der gleichen Beschäftigung in einer anderen Gegend. Aber die Zugehörigkeit zu einer hohen Kaste garantierte nicht einen höheren wirtschaftlichen Status. In manchen Dörfern sind die reichsten Landbesitzer *shudras,* und oft sind *Brahmanen,* die als Tempelpriester in kleinen Gemeinden angestellt sind, ziemlich arm. Das Kastensystem organisierte die Gesellschaft nach Klasse und Tätigkeit, und der Platz, den man in diesem System einnahm, bestimmte, welches Verhalten in der Gesellschaft von einem erwartet wurde.

Für die Männer der oberen drei Kasten wurde das Verhalten zudem noch je nach dem Lebensabschnitt geregelt, in dem man sich befand. Es gibt im Leben vier *ashramas,* vier Stufen.

Die erste ist die des Schülers. Zunächst sind die Eltern die Lehrer des Schülers; seine formelle Erziehung beginnt dann damit, daß das Kind zu einem professionellen Lehrer geschickt wird, der seinen Unterricht so gestaltet, daß er dem sozialen Status der Familie entspricht.

Die zweite Stufe ist die des Hausvaters. Man ist jetzt erwachsen, heiratet, unterhält eine Familie und arbeitet für den Unterhalt seiner Familie und zur Erhaltung der eigenen Stellung in der Gemeinschaft.

Wenn die Kinder groß sind und selbst anfangen, Kinder zu bekommen, erreicht man die dritte Stufe und wird »Waldbewohner«. Der »Waldbewohner« übergibt seinen Kindern die Geschäfte der Familie und beginnt, mehr Energie in spirituelle Dinge zu stecken.

Schließlich kommt noch die vierte Stufe, die des *sannyasa,* der vollständigen Entsagung. Das ist nicht für jedermann, aber wenn man den starken Wunsch verspürt, nach der Befreiung von der Wiedergeburt zu streben, kann man von seiner Familie fortgehen, alle sozialen Bande durchtrennen und Asket werden. Der *sannyasin* vollzieht seinen eigenen Begräbnisritus und nimmt einen neuen Namen an, um sein bisheriges Leben vollständig hinter sich zu lassen. Er kann dann allein als Einsiedler oder in einem Kloster leben und dort seine gesamte Energie auf die Meditation und religiöse Aktivitäten verwenden.

Das Leben der Frauen wurde nicht in die gleichen vier Stufen eingeteilt. Es sind zwar Erzählungen über Frauen überliefert, die an den in den *Upanishaden* geschilderten Debatten unter Weisen teilnahmen, und das weist darauf hin, daß im vedischen Zeitalter wohl auch Mädchen das Schülerstadium durchliefen – aber seit dem 1. Jahrhundert war Frauen das Studium der *Veden* untersagt. Als Hauptaufgabe der Frauen wird das Leben als Hausfrauen betrachtet, weshalb sich die Ausbildung der Mädchen auf die Unterweisung in der Kunst der Haushaltsführung beschränkte. Es heißt, für die Frau entspreche die Hochzeitszeremonie dem Ritual, das beim Jungen den Eintritt in das Stadium des formellen Schülerseins bezeichne; ihr Dienst für ihren Mann sei wie der Dienst am *guru* (dem spirituellen Lehrer) und ihre Tätigkeiten im Haushalt seien ihre Feuerrituale.[4] Von den Frauen wurde erwartet, daß sie ihre Männer begleiteten, wenn diese auf die Stufe des »Waldbewohners« kamen, hingegen fehlen Textbelege, daß Frauen dazu ermutigt worden seien, selbst Entsagende zu werden oder für sich selbst spirituelles Wissen zu erlangen.

Die meisten Gelehrten glauben, die Einordnung des Daseins als *sannyasin* als der vierten Lebensstufe habe den Versuch dargestellt, die Leute davon abzuhalten, ihre sozialen Verpflichtungen aufzugeben, um das Asketenleben anzunehmen. Indem man die Entsagung zum Schlußstadium des Lebens erklärte, also in die Zeit verlegte, in der jeder alle seine sozialen Pflichten erfüllt hatte, wollte man die asketische Tradition in die allgemeine Sozialordnung integrieren. Aber es fällt auf, daß dieses Vorhaben nur wenig Erfolg hatte. Die meisten Menschen, die die Berufung zum Leben der Entsagung verspüren, warten nicht ihre letzten Lebensjahre ab, um mit dem Asketenleben zu beginnen.

Von jeder Kaste werden in jedem Lebensabschnitt ganz bestimmte Verhaltensweisen erwartet. Um diese Erwartungen genauer zu umschreiben und das Verhalten der Menschen zu regeln, wurde eine umfangreiche Gesetzessammlung entwickelt. Diese Texte gelten nicht wie die *Veden* als göttlich inspiriert, sondern sie werden als die *smriti*, »das, was erinnert wird«, betrachtet. Mit anderen Worten, sie gelten als Berichte über das Althergebrachte. In diesen Gesetzestexten verschränken sich die philosophischen Ideale mit dem Alltagsleben. Diese Texte definieren, wie man genau nach dem *dharma* lebt; sie er-

4. *Manu Smriti* 2. 67.

klären, wie man korrekt die für seine Kaste und seinen Lebensabschnitt geltenden Pflichten erfüllt. So geben diese Texte zum Beispiel an, in welchem Alter ein Kind zum Lehrer geschickt werden und welche Dinge es lernen sollte. Der Lernstoff sollte der jeweiligen Kastenzugehörigkeit entsprechen. Ein *brahmin* beschäftigte sich mit den *Veden* und erlernte die rituellen Vollzüge. War der junge Bursche ein *kshatriya*, so sollte er nach einer kurzen Einführung in die *Veden* das Waffenhandwerk und die Staatskunst erlernen. Frauen und *shudras* durften die *Veden* nicht einmal anhören, so daß sie vom Unterrichtssystem ausgeschlossen waren. Das bedeutete zugleich, daß die *shudras* auch vom brahmanischen Religionssystem ausgeschlossen waren, weil sie in dessen Sprache und Ritualen gar nicht unterwiesen wurden.

Weil die Texte von den *Brahmanen* verfaßt waren, wurden darin am ausführlichsten die Belange der Priester behandelt. Spätere Texte erörterten auch Themen der Staatsführung und besprachen, wie die Gesetze auf die unterschiedlichen Gesellschaftsschichten anzuwenden seien. In dem sich daraus ergebenden System waren manche Strafen für die niederen Kasten wesentlich härter als für die Eliten. Wenn ein Diener einen Priester tötete, war das ein größeres Verbrechen, als wenn ein Priester einen Diener tötete. Umgekehrt wurden jedoch die höheren Kasten für Diebstahl viel härter bestraft. Ein *shudra* mußte den 8fachen Betrag des Wertes des Gestohlenen bezahlen, ein *vaishya* den 16fachen, ein *kshatriya* den 32fachen und ein *brahmin* den 64fachen. In einem Gesetzestext heißt es, von den Gebildeten werde ein wesentlich korrekteres Verhalten als von den Ungebildeten erwartet.

Das in diesen Texten vorliegende Rechtssystem sollte allerdings nicht zu wörtlich genommen werden. Obwohl es angeblich für alle galt, stellte es im wesentlichen eine Rechtsordnung für die oberen drei *varnas* dar. Die meisten Fachleute glauben, daß sich die unteren Schichten der Gesellschaft an eigene Rechtsordnungen hielten. Erst als in der Neuzeit die Briten diese alten Texte zum für ganz Indien geltenden Rechtssystem erklärten, wurde diese Rechtsordnung der oberen Kasten auf alle Hindus angewandt. Die Gesetzestexte spiegeln zwar eher brahmanische Ideale, als daß sie Schilderungen der Wirklichkeit bieten, aber sie zeigen doch, wie sich das Anliegen entwickelte, man solle sich gemäß seiner Kaste und seines Lebensabschnitts tugendhaft verhalten.

Die gleiche kritische Unterscheidung, die uns davon abhält, die Rechtsordnung als Tatsachenschilderung zu nehmen, muß man auch auf das gesamte übrige Textmaterial aus dem Zeitalter der *Veden* und *Upanishaden* anwenden. Das alles sind Texte einer elitären Klasse, die uns nicht sagen, wie das religiöse Leben der Mehrheit der Bevölkerung tatsächlich aussah. Dieses einseitige Bild beginnt sich im nächsten Zeitabschnitt zu ändern. Die großen Epen, das *Ramayana* und das *Mahabharata,* scheinen enger mit Volkstraditionen zusammenzuhängen und zeigen, wie das brahmanische System ausgeweitet wurde, um auch die Glaubensvorstellungen und Praktiken der Masse des Volkes mit einzubeziehen. Noch eindeutiger begegnen wir volkstümlichen Überzeugungen und Praktiken in den *Puranas,* der umfangreichen Literatur, die sich nach den Epen entwickelte, sowie in den Gedicht- und Liedersammlungen aus der mittelalterlichen Frömmigkeitsbewegung. Im folgenden Kapitel soll genauer dargestellt werden, wie die Priestertradition, die asketischen Praktiken und die Volksfrömmigkeit zu dem verwoben wurden, was schließlich der klassische Hinduismus wurde.

3. Der klassische und mittelalterliche Hinduismus

In den letzten Jahrhunderten vor Beginn der modernen Zeitrechnung trat der Hinduismus in Indien gegenüber dem Buddhismus und Jainismus in den Hintergrund. Die Herrscher der Maurya-Dynastie (ca. 324–185 v. Chr.) hatten den Buddhismus gefördert. Auch die Könige der nachfolgenden Dynastien begünstigten vor allem die buddhistischen und jainistischen Mönche. Aus dieser Epoche sind umfangreiche Berichte über Schenkungen von Mitgliedern der Oberschicht an buddhistische und jainistische Klöster überliefert, hingegen gibt es wenig Belege für die Unterstützung der *Brahmanen.* Schließlich begannen die *Brahmanen* während des 1. Jahrhunderts vor der Zeitrechnung als Priester einer abgewandelten Tradition wieder stärker in den Vordergrund zu treten. In dieser neuen Tradition waren die Fäden der priesterlichen Ritualpraktiken, der volkstümlichen Verehrung von Göttern und Göttinnen und der meditativen Praxis asketischer Entsagung ineinander verwoben. Das Wissen um diese Traditionsstränge stammt aus vier bemerkenswerten Literaturgattungen: den großen Epen, den *Puranas,* den *Tantras* und den Liedern der Dichterheiligen. Das Ergebnis dieses Verschmelzungsprozesses war der bunte Teppich des klassischen und mittelalterlichen Hinduismus.

Die Epen

In den Epen und *Puranas* ist die Verschmelzung von Priester- und Volkstraditionen besonders augenfällig. Bei den Epen handelt es sich um die beiden großen Gedichtwerke des *Ramayana* und des *Mahabharata.* Das *Ramayana* entstand zwischen 200 v. Chr. und 200 n. Chr., das *Mahabharata* zwischen 400 v. Chr. und 300 n. Chr. Bei beiden handelt es sich um komplexe Texte; dabei werden die vielfältigsten Mythen, Legenden und Philosophien in den Rahmen einer umfangreichen Erzählung eingebunden. Ein großer Teil dieses Materials stammt zweifellos aus volkstümlichen Traditionen. Die Fachleute gehen von der Theorie aus, daß die Kernerzählung des *Ramayana* ursprünglich eine Ballade war, die von wandernden Barden an den Königshöfen zur Unterhaltung vorgetragen wurde. Diese Geschichten erwarben mit der Zeit die Autorität religiöser Texte, von denen man glaubte, sie schilderten die Taten der Götter selbst, die Menschengestalt angenommen hätten.

Das Mahabharata und das Ramayana

Das *Mahabharata* umfaßt rund 100 000 Verse und ist das längste epische Gedicht der Welt. Es enthält eine Fülle von Legenden und Überlieferungen, die alle in eine durchgängige Erzählung über einen Krieg um die Vorherrschaft über Nordindien eingefügt sind. Die Hauptfiguren dieser Kernerzählung sind die Nachkommen zweier Brüder. Der ältere Bruder, Dhritarashtra, war blind und war deshalb bei der Übernahme der Herrschaft über das väterliche Königreich übergangen worden, aber als sein jüngerer Bruder Pandu starb, wurde er doch noch König. Weil beide Brüder Herrscher gewesen waren, erhoben die Nachfahren beider den Anspruch auf die rechtmäßige Nachfolge. Der Machtkampf zwischen diesen beiden Verwandtengruppen ist der Kern der Handlung des *Mahabharata.* Die Geschichte wird aus der Sicht der Pandavas, der fünf Söhne des Pandu, erzählt; sie heißen Yudhishtira, Bhima, Arjuna, Nakula und Sahadeva. Ihre Gegner sind die hundert Kauravas, die Duryodhana anführt. Als die Pandavas das Recht Duryodhanas bestreiten, Herrscher zu sein, versucht der alte Dhritarashtra Frieden zu schlichten, indem er das Königreich zweiteilt. Die Herrschaft über den Nordteil verleiht er Duryodhana, die über den Südteil Yudhishtira. Der Friede hält, bis Duryodhana einen Besuch im Süden macht, in einen Palastteich fällt und deshalb von Yudhishtira ausgelacht wird. Duryodhana fühlt sich beleidigt und fordert seinen Vetter zu einem Würfelspiel heraus. Yudhishtira hat eine Schwäche für das Glücksspiel und verliert sein ganzes Königreich und damit zugleich Draupadi, die gemeinsame Frau der Pandavas. Die Kauravas versuchen Draupadi zu demütigen, indem sie ihr den Sari wegziehen, aber sie betet zum Gott Krishna um Hilfe, und der Stoff des Gewandes wird endlos lang. Daraufhin spielen die Männer eine letzte und entscheidende Runde im Würfelspiel und vereinbaren, die Verlierer müßten zwölf Jahre lang ins Exil gehen und ein dreizehntes Jahr inkognito irgendwo leben; wer das nicht erfülle, gehe seines Königreichs verlustig. Yudhishtira verliert wieder, und die Pandavas ziehen mit Draupadi in den Wald.

Die zwölf Jahre im Wald bringen zahlreiche Abenteuer mit sich und bieten reichlich Gelegenheit, andere Geschichten in den weitgespannten Erzählrahmen einzufügen. Während ihres Exils empfangen die Pandavas von Heiligen und Gottheiten besondere Unterweisungen und erwerben besondere Kräfte, darunter die, magische Waffen zu gebrauchen, sowie yogische Fähigkeiten. Sie erlernen diese durch asketische Praktiken, Unterricht bei Weisen und Gunsterweise von Göttern. Am Ende des dreizehnten Jahres kehren sie zurück und erheben wieder Anspruch auf ihr Reich, aber Duryodhana weigert sich, es ihnen zurückzugeben. Hierauf lösen die Vettern einen großen Bürgerkrieg aus. Die Pandavas siegen, sind jedoch erschüttert über das Blutvergießen und den Verlust zahlreicher Verwandter und Freunde. Schließlich waren beide Familienzweige im selben Palast aufgewachsen und die Menschen beider Kriegsparteien waren alle gute Bekannte gewesen. Yudhishtira übergibt die Herrschaft über das Königreich einem jungen Verwandten, und die fünf Brüder machen sich mit ihrer Frau zu Indras Himmel in den Himalayabergen auf.

Das *Ramayana* hat nur ungefähr ein Viertel des Umfangs des *Mahabharata.* Auch darin geht es um den Kampf um ein irdisches Königreich, aber dieses Mal spielt sich der Konflikt zwischen Menschen und Dämonen ab. Dasharatha, der König von Ayodhya, hat drei Frauen, die ihm vier Söhne gebären, Rama, Lakshmana, Shatrughana und Bharata. Rama ist der Älteste und ist als Erbe seines Vaters vorgesehen, aber die jüngste Frau schmiedet Ränke, damit ihr Sohn König wird, Sie erinnert Dasharatha, er habe ihr einmal, als sie ihm das Leben gerettet habe, eine Gunst versprochen, und verlangt jetzt von ihm, dieses Versprechen solle er damit erfüllen, daß er ihren Sohn zum König mache und Rama für 14 Jahre in die Verbannung schicke. Der König muß sein Wort halten, und Rama ermutigt ihn sogar dazu, weil dies das Richtige und Rechte sei. Rama, seine Frau Sita und sein Bruder Lakshmana ziehen unverzüglich in den Wald, um dort ihr Leben zu fristen, und der alte König stirbt vor Gram. Bharata, der Bruder, der auf diese Weise den Thron erhält, ist ein Mensch, der solche Spiele nicht mitspielen will; als er heimkommt und erfährt, was geschehen ist, wird er todunglücklich. Er sucht Rama im Wald auf und fleht ihn an, wieder heimzukommen, aber Rama besteht darauf, im Wald zu bleiben, um so das Gelübde seines Vaters zu erfüllen. Bharata geht hierauf nach Ayodhya heim, stellt die Sandalen Ramas auf den Thron und übt die Funktion eines Regenten aus, bis sein Bruder wieder heimkommen kann.

Derweil gelingt es Ravana, dem zehnköpfigen Dämonenkönig von Lanka, Ramas Frau Sita aus der Hütte im Wald zu entführen und sie in sein Lager zu verschleppen. Rama sammelt ein Heer von Bären und Affen, um damit gegen die Dämonen in den Krieg zu ziehen. Seine tüchtigste Hilfe ist Hanuman, der Befehlshaber der Affen und Sohn des Windgottes. Hanuman ist es, der herausfindet, wo Sita gefangengehalten wird. Ramas Heer baut eine Brücke über das Meer bis Lanka und besiegt in einer Schlacht die Dämonen. Sita wird befreit, aber ehe Rama sie wieder mit heimnimmt, muß sie beweisen, daß sie während ihrer Gefangenschaft keusch geblieben ist. Sie tut das, indem sie unversehrt durch ein Feuer schreitet. Hierauf kehren Rama und seine Familie nach Ayodhya zurück, wo der König seinem Volk ein Goldenes Zeitalter heraufführt, weil er sich strikt an den *dharma* hält.

Der *dharma* ist in beiden Epen ein ganz wichtiges Thema. Im *Ramayana* stellt Rama Ehre und Pflicht über alle anderen Gesichtspunkte, als er darauf besteht, sein Vater müsse sein Gelübde erfüllen, und freiwillig ins Exil geht. Sita ist ein Vorbild des weiblichen *dharma,* weil sie mit ihm ins Exil geht und während ihrer ganzen Gefangenschaft ständig das Denken an ihn als Schutzschild für ihre Keuschheit mit sich trägt. Das *Mahabharata* veranschaulicht die Schwierigkeiten, die sich ergeben, wenn der *dharma* in Konflikt mit den üblichen Vorstellungen über gutes und schlechtes Verhalten zu geraten scheint. Was Draupadi dazu bringt, die Frau aller fünf Pandavas zu werden, ist ihr Pflichtbewußtsein als Tochter. Dazu war es gekommen, weil Arjuna eines Tages heimgekehrt war und seine Mutter Kunti gerufen hatte, sie solle kommen und sich anschauen, was er in einem Wettbewerb gewonnen habe. Seine Mutter kehrte ihm den Rücken zu und verlangte von ihm, seinen Preis mit seinen Brüdern zu teilen. Der Preis aber war Draupadi. Kunti konnte ihre Anordnung nicht zurücknehmen, und daher erklärten sich ihre Söhne einverstanden, sich zu fünft Draupadi zu teilen, falls sie mit dieser Regelung zufrieden sei. Eine noch schwierigere Lektion über den *dharma* findet sich gegen Ende des *Mahabharata,* als Yudhishtira im Himmel ankommt. Dort findet er seinen Erzfeind Duryodhana vor, der sich reichen himmlischen Lohns erfreut, weil er seinen *dharma* als Krieger erfüllt hat. Noch schlimmer: Während Duryodhana seinen Pflichten im Bereich der Sterblichen vollkommen entsprochen hat, wird Yudhishtira vom Schicksal dazu bestimmt, noch ein letztes Mal wiedergeboren zu werden, um die letzten Spuren der Anhänglichkeit, die ihn noch festhalten, zu tilgen. Diese Anhänglichkeit hatte sich gezeigt, als er sich geweigert hatte, in den Himmel einzugehen, wenn nicht sein Hund, der sein treuer Gefährte geworden war, ebenfalls hineingelassen werde. Es stellte sich heraus, daß der Hund der Gott Dharma persönlich war.

Die Bhagavad Gita

In der *Bhagavad Gita* geht es genau um die Frage, wie man offensichtliche Widersprüche im *dharma* miteinander versöhnen und das auf das Alltagsleben anwenden könne. Die *Bhagavad Gita* ist Bestandteil des *Mahabharata.* Der Text stellt einen Dialog zwischen Arjuna, dem größten Krieger unter den Pandavas, und dem Gott Krishna dar, der ebenfalls wegen seiner kriegerischen Fähigkeiten verehrt wird. Krishna hat die Rolle von Arjunas Wagenlenker angenommen. Unmittelbar vor Beginn der Schlacht fahren Arjuna und Krishna auf die Kampfstätte hinaus und überschauen die gegeneinander aufgestellten Heere. Arjuna sieht sich beide Heere an und erkennt auf beiden Seiten sehr viele seiner Verwandten und Freunde. Ihm geht auf, daß er gezwungen sein wird, Menschen zu töten, die er liebt; voller Verzweiflung schleudert er seinen Bogen von sich. Krishna versucht ihn davon zu überzeugen, es sei seine Pflicht, jetzt zu kämpfen, aber Arjuna sieht keine Möglichkeit, die beiden Erfordernisse miteinander zu vereinbaren, seine Pflicht als Krieger zu erfüllen und sich zugleich der Sünde zu enthalten, Verwandte und verehrte Lehrer zu töten. Hierauf beginnt Krishna Arjuna in der Kunst des Lebens nach dem *dharma* zu unterweisen.

Zunächst bringt ihm Krishna bei, der Körper sei nicht das Selbst, so daß das, was getötet werde, nicht wirklich der betreffende Mensch sei. Das wahre Selbst sei der ewige *atman,* den man nicht töten könne. Er bewohne den Körper lediglich und stecke darin wie in einem Kleid. Beim Tod werfe er den Körper ab und nehme zur Zeit seines Wiedergeborenwerdens einen neuen Körper an. Das setze sich ständig so fort, eine Lebenszeit um die andere, bis das Selbst vom Kreislauf der Wiedergeburten freikomme. In der *Bhagavad Gita* beschreibt Krishna drei Wege, die zu dieser Befreiung führen: 1. den Weg des Wissens, den *jnana-yoga,* 2. den Weg der Tätigkeit, den *karma-yoga,* und 3. den Weg der Frömmigkeit, den *bhakti-yoga.*

Bei der Kultivierung des Wissens handelt es sich im wesentlichen um die Tradition der *Upanishaden.* Das zu erlangende Wissen besteht darin, die wahre Natur des Selbst als des *atman* zu erkennen, der die gleichen Eigenschaften wie das *Brahman* hat. Der weise Mensch, der um den *atman* weiß, ist heiter und gelassen, weil er von allem Begehren frei ist. Er ist alle Anhänglichkeiten und Ängste losgeworden, weder Genüsse noch Schmerzen beeindrucken ihn, da beides nur Aspekte ein und derselben Wirklichkeit sind.

Der Weg der disziplinierten Tätigkeit verlangt, daß man seine Pflichten gemäß dem *varnashrama-dharma* erfüllt, jedoch ohne sich in irgendeiner Weise an die Ergebnisse seiner Tätigkeiten zu hängen. Mit anderen Worten: Alles, was man tut, sollte man ohne Angst vor Strafe und ohne Hoffnung auf Belohnung tun, sondern schlicht aus Pflichtgefühl. Arjunas Versuch, die ihm vorgeschriebenen Tätigkeiten zu unterlassen, also nicht seine Pflicht als Krieger zu erfüllen und zu kämpfen, ist nicht die angemessene Lösung für das Problem, daß man durch sein Tun *karman* ansammelt. Man darf sich nicht einfach weigern, seine Pflicht zu tun. Krishna weist darauf hin, er selbst sei die höchste Gottheit, die den gesamten Kosmos erschaffe und erhalte. Würde er seine Tätigkeit abbrechen, so würde das Universum mit einem Schlag aufhören. Genauso müßten auch alle Menschen die ihrem *dharma* gemäße Tätigkeit beharrlich ausüben. Doch sollten sie das tun, ohne dabei deren Früchte zu begehren. Wenn man alle Tätigkeiten ausübe, ohne davon etwas zu erwarten, führten sie zu keinem den Menschen weiterhin bindenden *karman.* Der leichteste Weg, diese Loslösung zu erreichen, bestehe darin, sein gesamtes Tun Krishna aufzuopfern. Dann bestehe die Aussicht, daß man zum vollkommenen Menschen werde, der für den *lokasangraha,* »das Wohl der ganzen Welt«, arbeite.

Überall in dem ganzen Buch gibt Krishna immer wieder auch Anweisungen, wie man religiöse Übungen mit dem Alltagsleben verbinden kann. Nicht nur Opferrituale sind Tätigkeiten, die zur Befreiung beitragen, sondern man kann jedes alltägliche Tun Krishna aufopfern. Was zählt, ist die innere Einstellung, mit der man seinen Tätigkeiten nachgeht, nicht die Art der Tätigkeiten. Auf diese Weise ist es auch Nicht-*Brahmanen* möglich, für sich die Verdienste zu sammeln, die andere mit religiösen Übungen erwerben. Um die Befreiung zu erlangen, muß man nicht Opferrituale vollziehen oder sich jahrelang der Meditation widmen. Wenn man statt dessen sein ganzes Tun Gott zum Opfer bringt, wird das Alltagsgeschäft zum Opferritual. Der Vollzug des Rituals wird also verinnerlicht und kann in allen Alltagstätigkeiten verwirklicht werden.

Der dritte Weg, den die *Bhagavad Gita* schließlich noch angibt, ist der *bhakti-yoga,* der Weg der Frömmigkeit. Für den Weg des Wissens bedarf es der Zeit und der intensiven Übung; man kann ihn nur unter Aufsicht eines erfahrenen Lehrers gehen. Für ungeschulte Nicht-

Brahmanen ist er zu schwierig, selbst wenn sie sich ihn leisten könnten. Der Weg der Frömmigkeit dagegen ist der Weg des Hausvaters; er ist allen Menschen zugänglich, sogar den von der Teilnahme an der vedischen Religion ausgeschlossenen Frauen und *shudras.* Die aufrichtige Verehrung Krishnas übersteigt alles Wissen und sogar alle Tätigkeit. Es heißt, sogar ein Übeltäter könne die Befreiung erlangen, sofern er Krishna mit ungeteilter Hingabe verehre, denn diese fromme Hingabe werden ihn in einen tugendhaften Menschen umwandeln und folglich zum ewigen Frieden führen. Wenn der Fromme in jedem Augenblick Krishna zum Mittelpunkt seines Lebens macht, wird er aus den Fesseln des *karman* gelöst.

Der *bhakti-yoga* gleicht sehr dem *karma-yoga:* Beide beschreiben Möglichkeiten, wie man aus dem Alltagsleben einen Weg zur Befreiung macht. Zudem ist der zu erlangende Zustand der Befreiung ein Zustand des Wissens, so daß sich alle drei Wege schließlich decken. Die unterschiedlichen Lehren schließen einander nicht aus, sondern es sind verschiedene Wege zum Erreichen ein und desselben gemeinsamen Ziels. Die Lehren Krishnas in der *Bhagavad Gita* fügen die jeweiligen Lebensweisen ganz unterschiedlicher Gesellschaftsschichten in den größeren Gesamtrahmen des *dharma* ein. An einer Stelle sagt Krishna zu Arjuna, es sei besser, die eigene Pflicht unvollkommen zu erfüllen, als die Pflicht eines anderen vollkommen (18.47). Der Text beschreibt die Grundzüge des *dharma* der verschiedenen Kasten, aber es fällt auf, daß die Pflichten der *Brahmanen* und *kshatriyas* ausführlich geschildert werden, während weniger über die *vaishyas* gesagt wird und den *shudras* nur eine einzige Pflicht zugewiesen wird, die Pflicht zu dienen (18.41–44). Dennoch bietet der Text ein Modell dafür, wie man ganz unterschiedliche Gruppen in ein einziges System integrieren kann, was schon ganz im Sinne des inklusiven Denkens ist, das den späteren Hinduismus auszeichnet.

Das Merkmal, das den *bhakti-yoga* vom *jnana-yoga* und *karma-yoga* abhebt, ist die Beziehung des Frommen zu Gott. Bei dem Weg der Frömmigkeit übernimmt Krishna die Rolle des Erlösers. Der Fromme macht zwar aus eigenem Bemühen Fortschritte, aber Krishna hilft ihm auch dabei. Er befreit die Menschen aus göttlicher Gnade von ihren Fesseln und versichert sie des ewigen Friedens. Krishna ist eine persönliche Erlösergottheit und wird zugleich mit dem nichtpersönlichen *Brahman* gleichgesetzt. So geht in der *Bhagavad Gita* das nichtpersonale Absolute der upanishadischen Philosophen mit dem Götterglauben der volksreligiösen Praxis eine Verbindung ein.

Der klassische und mittelalterliche Theismus

Die auf die Periode der Epen folgende Ära gilt als das klassische Zeitalter der indischen Zivilisation. In diesem Zeitraum errichtete die Gupta-Dynastie ein Reich, das den größten Teil Nordindiens beherrschte und auch die südlichen Königreiche kulturell beeinflußte. Das Zeitalter der Gupta-Herrscher, das von ungefähr 320 bis 500 n. Chr. reichte, zeichnete sich auch dadurch aus, daß in seinem Verlauf der Hinduismus als vorherrschende Tradition Südasiens wiedererstand. Die staatliche Förderung des Hinduismus führte dazu, daß in den städtischen Zentren riesige Tempel entstanden und die religiöse Gelehrsamkeit blühte. Für die genaue Berechnung des rituellen Kalenders wurden in der Astrologie und Astronomie komplizierte Systeme entwickelt. Die Erfordernis, die *shruti*-Texte genau zu überliefern und zu rezitieren, führte zur Schaffung einer reichen Literatur auf den Gebieten der Grammatik, Etymologie, Phonetik und Metrik. Philosophische Schulen theoretisierten über Fragen der Kosmologie, die Natur von Mensch und Gott und das Verhältnis beider, die Erkenntnisformen, die zu Unwissen und Versklavung führen, und die Wege zur Erlangung höheren Wissens und zur Befreiung. Im Zusammenhang mit der Religion entwickelten sich auch andere kulturelle Bereiche. Die medizinische Überlieferung stützte sich auf Vorstellungen aus den heiligen Schriften über die Entsprechungen zwischen dem menschlichen Körper und dem Kosmos. Kunst, Musik, Tanz und Drama waren auf Mythos und Ritual ausgerichtet. Die Tempelarchitektur nahm neue Formen und Symbole auf.

Der hervorstechendste Charakterzug dieses klassischen Hinduismus ist sein Theismus, ein Götterglaube, der das öffentliche Ritual und die asketischen Praktiken durchdrang. Bei den öffentlichen Ritualen wurden die großen Tempel zu Zentren für die Verehrung der Gottheiten, die in die Vorstellung vom *Brahman* mit einbezogen worden waren. Es handelte sich um lokale Gottheiten, die man mit dem *Brahman* gleichgesetzt und dadurch in den Rang universaler Götter erhoben hatte. Die asketische Tradition des *yoga* wurde mit dem Theismus verschmolzen, woraus die als Tantrismus bekannten esoterischen Systeme entstanden. Vorstellungen aus dem Tantrismus wurden später wieder popularisiert und gelangten so erneut in den Hauptstrom der Frömmigkeitstraditionen. Zur Harmonisierung der upanishadischen Philosophie mit der mittelalterlichen Frömmigkeit und dem *yoga* wurden neue theologische Systeme entwickelt. Als

Nordindien dann in spätmittelalterlicher Zeit unter muslimische Herrschaft geraten war, wurden Dichterheilige zur Avantgarde des lebendigen Hinduismus, indem sie eine Frömmigkeitsbewegung inspirierten, in der der überlieferte Ritualismus überschritten wurde und die persönliche Erfahrung des Göttlichen in den Vordergrund rückte.

Der Theismus in den Puranas

Bei den *Puranas,* den »uralten« Büchern der klassischen und mittelalterlichen Zeit, handelt es sich um Kompendien von Mythen, Legenden und Geschichtserzählungen, die die volkstümlichen theistischen Traditionen widerspiegeln. Es gibt 18 umfangreiche *Puranas,* die von den meisten Hindus als Heilige Schrift betrachtet werden, dazu noch zahlreiche kleinere *Puranas* von nur regionaler Bedeutung. Manche Schulen des Hinduismus werten sie als *shruti,* Offenbarung, genau wie die *Veden.* Die *Puranas* werden zusammen mit den Epen oft als der Fünfte *Veda* bezeichnet, und weil diese Texte unabhängig von der Kastenzugehörigkeit allen Menschen zugänglich sind, üben sie tatsächlich mehr Einfluß aus als die ursprünglichen vier *Veden.* Anders als die *Veden* wurden diese Texte nie für den Gebrauch bei Ritualen kodifiziert. Sie wurden als mündliche Tradition in zahlreichen lokalen Varianten weitergegeben und an ganz unterschiedlichen Orten und zu ganz verschiedenen Zeiten aufgeschrieben, sowohl auf Sanskrit als auch in volkssprachlichen Fassungen. Das Material, das die einzelnen *Puranas* enthalten, weist deutlich Einschübe und Zusätze auf, die es fast unmöglich machen, den Texten genaue Datierungen zuzuweisen. Die Hauptmasse des Materials entstand vermutlich gegen Ende der Gupta-Periode (ca. 500 n. Chr.), aber noch lange Zeit danach wurden Zusätze eingefügt. Grob lassen sich die 18 großen *Puranas* wohl im Zeitraum zwischen 400 und 1000 n. Chr. ansetzen.

Gemäß der Überlieferung behandeln die *Puranas* fünf Themen: die Erschaffung der Welt, die Auflösung der Welt, die Weltzeitalter, Genealogien und Geschichten über die späteren Generationen der in den Genealogien beschriebenen Dynastien. Tatsächlich machen diese Themen nur einen Bruchteil des Materials der *Puranas* aus. Zu den weiteren Themen, die ausführlicher behandelt werden, gehören die vier Ziele des Lebens (Reichtum, Genuß, soziale Pflicht und Befreiung von der Wiedergeburt), religiöse Verhaltensmaßregeln *(vratas),* Riten für verstorbene Vorfahren *(shradda),* Beschreibungen von Pilgerstätten *(tirthas),* Geschenke/Liebesgaben *(dana),* Mittel zum Lebensunterhalt, Offenbarungen höherer Wesen, Befreiung von der

Wiedergeburt und das *Brahman* als das, was den gesamten Kosmos trägt. Diese Texte eröffnen einen Einblick in das religiöse Leben des Hinduismus in seiner ganzen komplexen Vielfalt und mit seinen unzähligen Ausdrucksformen.

Jede *Purana* konzentriert sich vorwiegend auf eine bestimmte Gottheit als das Höchste Wesen, das die Welt erschaffen habe und in ihrer Ordnung erhalte. Mythen über die Götter erklären die Ursprünge heiliger Orte und Rituale. Philosophische Beschreibungen angemessener Verhaltensweisen und der richtigen Lebensziele werden in Form von Gesprächen zwischen Weisen und Gottheiten oder sogar zwischen den Göttern selbst dargeboten. Götter und Göttinnen diskutieren miteinander über den richtigen Vollzug von Gottesdienstritualen und über die Geisteshaltungen, die zu den spirituellen Zielen wie der Befreiung von der Wiedergeburt führen.

Der in den *Puranas* vorherrschende Theismus war nicht neu. Schon manche der *Upanishaden* hatten das *Brahman* mit bestimmten Gottheiten gleichgesetzt. Doch in der *Bhagavad Gita* ist Krishna sowohl eine Erlösergottheit als auch der Gott, der den Kosmos erschafft und lenkt. Krishnas Rolle als Erlöser wird ausdrücklich benannt, als er erklärt, er komme zum Heil derer, die ihn verehren, in die Welt:

> Sooft die Rechtschaffenheit abnimmt, Arjuna,
> und das Unrecht erstarkt, offenbare ich Mich.
> Zum Schutz der Guten und zur Vernichtung der Übeltäter,
> um die Rechtschaffenheit wieder aufzurichten, werde ich in jedem Zeitalter geboren. (BhG. 4, 7–8)

In dieser Textstelle erklärt Krishna das, was später als die *avatara*-Lehre bezeichnet werden sollte. Das Wort *avatara* bedeutet »ein Abstieg, eine Inkarnation«. Sooft die Welt in Unordnung gerät, nimmt Gott physische Gestalt an und steigt auf die Welt herunter, um die Ordnung wiederherzustellen. So ist Krishna nicht nur Arjunas Wagenlenker, sondern eine Gestalt des das Universum erschaffenden, erhaltenden und vernichtenden Höchsten Gottes. In der *Bhagavad Gita* wird es Arjuna gestattet, einen Blick auf Krishnas kosmische Form zu werfen. Er schaut im Körper des Krishna das gesamte Universum, die Sonne, die Sterne und die Planeten sowie alle auf dem Schlachtfeld versammelten Menschen. Krishna erklärt ihm, alles Existierende sei Teil seiner selbst, jedoch sei er nicht auf alles, was existiere, beschränkt. Mit anderen Worten, genau wie der vedische *Purusha* sich zehn Fingerlängen über das erschaffene Universum hinaus erstreckte, so ist auch Krishna der gesamte Kosmos und noch mehr. Als *avatara* des Höchsten ist die Gottheit zugleich das transzendente *Brahman* und der immanente Krishna. Das führt die brahmanische Philosophie mit dem volkstümlichen Theismus zusammen.

Wenn man eine Gottheit mit dem *Brahman* gleichsetzt, verleiht das dieser Gottheit natürlich allerhöchsten Rang. Aber in Südasien gab es viele Götter und Göttinnen, und die Menschen gaben mit dem Glauben an ein höchstes Prinzip nicht einfach ihre lokalen Traditionen auf. Statt dessen entwickelte der Hinduismus Möglichkeiten, in den Rahmen der brahmanischen Philosophie eine Vielzahl von Gottheiten einzubeziehen. Auf diese Weise ließen sich die unterschiedlichsten Gottheiten als Manifestationen des einen Höchsten betrachten. Das eine *Brahman* nahm alle die vielfältigen Formen des manifesten Universums an, zu dem auch die verschiedenen Götter und Göttinnen der regionalen Überlieferungen gehören. Dieses System vielfältigster Gestaltwerdung des Göttlichen wurde über die Götter hinaus auch auf heilige Bilder und Schriften und auf heilige Menschen ausgedehnt.

Daraus entstanden schließlich drei Grundtraditionen, die jeweils mit der Gottheit bezeichnet werden, die bei ihnen als die allerhöchste gilt, von der alle anderen Götter und Göttinnen abstammen. Diejenigen, die Vishnu als den höchsten Gott betrachten, sind die *Vaishnavas.* Die Shiva als Höchsten verehren, sind die *Shaivas.* Die Anhänger der Göttin Devi werden *Shaktas* genannt, weil ihrer Überzeugung nach die Energie, die sich als der Kosmos manifestiert, die weibliche *Shakti* ist. Das sind die drei großen Gottheiten, die in der *Purana*-Literatur vorherrschen und seit dem klassischen Zeitalter bis heute im Mittelpunkt des Hinduismus stehen.

Vishnu

Von den drei großen Gottheiten paßt Vishnu am leichtesten in die brahmanische Philosophie. Vishnu wird als ein königlicher Gott beschrieben, dem es hauptsächlich um den *dharma* geht. Er ist untrennbar mit der *avatara*-Lehre verknüpft. Vishnu ist es, der in die Welt eintritt, um die Ordnung zu gewährleisten, wenn das Unrecht überhand zu nehmen droht. Die Vorstellung einer ganzen Reihe von Inkarnationen gestattete es Vishnu, etliche andere Gottheiten in sich aufzunehmen, womit verschiedene religiöse Traditionen zu einem einzigen System zusammengefaßt werden. So inkarnierte sich Vishnu zum Beispiel in den *Veden* als Zwerg, um das Universum von den Dämonen zurückzufordern, die die Götter um ihren Besitz gebracht hatten. Die Zahl seiner Inkarnationen ist je nach *Purana* verschieden, aber die volkstümlichste Tradition schreibt ihm zehn *avataras* zu. Von diesen sind Krishna und Rama, die Helden, die den Sieg des *dharma* im *Mahabharata* und *Ramayana* gewährleisten, die am meisten verehrten.

Doch Vishnus Manifestation ist nicht auf die *avataras* beschränkt. Laut der Schöpfungsgeschichte der *Vaishnavas* stammen alle Gottheiten von Vishnu ab. Vishnu ist das *Brahman,* die Ursache und Substanz des Kosmos. Er ist sowohl der bewußte *purusha* als auch die materielle *prakriti,* also die beiden Urprinzipien der Samkhya-Philosophie, und er ist auch die Zeit *(kala),* die *purusha* und *prakriti* miteinander verknüpft und wieder trennt. Nach der alten Samkhya-Theorie waren die Urprinzipien letztlich zwei voneinander völlig getrennte Elemente, jedoch in den *Puranas* sind sie beide Teil des grenzenlosen Vishnu. Die Schöpfung setzt ein, wenn Vishnu das Gleichgewicht der drei Eigenschaften *(gunas)* der *prakriti* stört und dadurch die *prakriti* veranlaßt, die Elemente der existierenden Welt hervorzubringen. Diese Elemente fügen sich zusammen und bilden ein riesiges Ei, das über den kosmischen Wassern schwebt. Vishnu geht in dieses Weltenei als der Schöpfergott Brahma ein und bringt die Schöpfung zustande. Dann übernimmt er die Rolle des Erhalters Vishnu und erhält die Ordnung im Kosmos aufrecht. Schließlich wird er zum Zerstörer Shiva und läßt seine Schöpfung in einem unermeßlichen Meer aufgehen.

Hierauf schläft Vishnu auf den Fluten, bis es an der Zeit ist, eine neue Schöpfung hervorzubringen. Das Bild des Gottes, wie er auf einer auf dem Wasser schwimmenden Schlange schläft, wird in der hinduistischen Kunst oft dargestellt. Die Schöpfung beginnt wieder, wenn aus Vishnus Nabel ein Lotus wächst und aus dessen Blüte Brahma ersteht, um die Welten wiederzuschaffen. Es handelt sich dabei um eine sekundäre Form der Erschaffung, denn die Vernichtung des (vorigen) Kosmos ging nicht so weit, daß alles vollständig vergangen und die ganz und gar einheitliche *prakriti* wiederhergestellt worden wäre. Innerhalb dieser Perioden des Tätigseins und Ruhens gibt es kleinere Schöpfungszyklen. Der kleinste dieser Zyklen besteht aus vier Zeitaltern. Das erste Zeitalter umfaßt eine idyllische Zeit, in der der *dharma* stark ist, während er in den folgenden Zeitaltern immer schwächer wird. Das vierte Zeitalter wird als *kaliyuga,* das Finstere Zeitalter, bezeichnet, weil darin der *dharma* am schwächsten ist und die Menschen nicht mehr ihre Pflichten erfüllen und gar nicht mehr nach der Tugend streben. Derzeit ist unsere Welt in einem *kaliyuga*, das im Jahre 3102 v. Chr. begann. Wenn der *dharma* schließlich ganz darniederliegt, wird die Welt vernichtet und neu erschaffen, womit wieder ein Goldenes Zeitalter einsetzt. Die vier Zeitalter zusammen werden als *manvantara* oder »Leben des Manu« bezeichnet und dauern 4 320 000 Jahre. Tausend dieser *manvantaras* machen einen Tag des Brahma aus, während dessen Vishnu schläft. Ein Tag und eine Nacht bilden einen *kalpa*. Hierauf erwacht Vishnu, und es setzt ein neuer *kalpa* ein. Nach 100 Jahren mit je 360 Tagen und Nächten kehrt sich der gesamte Schöpfungsprozeß um, bis Vishnu wieder *purusha*, *prakriti* und die Zeit ganz in sich selbst aufgesogen hat. So wird also das zyklische System, das die im Kreislauf der Wiedergeburt befangenen Menschen erfahren, auch im unermeßlichen kosmischen Maßstab gedacht.

Von den verschiedenen *avataras*, die erscheinen, glaubt man, daß sie den Bedürfnissen bestimmter Zeitalter entsprechen. Im vorigen Zeitalter inkarnierte sich Vishnu als Rama, weil es damals noch so viel *dharma* gab, daß er zur Errichtung seiner gerechten Herrschaft ausreichte. Doch als das Finstere Zeitalter begann, mußten die religiösen Praktiken abgewandelt werden, weshalb Vishnu zu diesem Zweck die Form von Krishna annahm. Er half nicht nur den Pandavas im großen Krieg, sondern lehrte auch den Weg der Frömmigkeit, der der Weg zum Heil ist, wenn es in der Welt nur noch so wenig *dharma* gibt, daß das eigene Bemühen nicht mehr ausreicht.

Der Krishna der *Puranas* hat wenig Ähnlichkeit mit dem göttlichen Ratgeber der *Bhagavad Gita*. Die Geschichten der *Puranas* konzentrieren sich auf das Krishna-Kind, das auf wunderbare Weise alle tötet, die zu seiner Ermordung losgeschickt werden. Krishna ist auch das listige Kind, das die Kinder der Stadt in Nöte bringt und aus diesen wieder befreit sowie der jugendliche Gott, der mit seinen Flötenklängen und Tänzen im Wald die *gopis* (Milchmädchen) betört.

Shiva

Die *Shaivas* schreiben Shiva den obersten Rang zu und betrachten Vishnu und alle anderen Gottheiten als Gestalten ihres großen Gottes. Shiva wurde als die Gottheit der Paradoxa beschrieben, denn er ist zugleich Entsagender und Hausvater, zölibatärer *yogin* und Ehemann. Doch für das hinduistische Glaubenssystem sind das keine Widersprüche, weil ihm zufolge die Askese innere Energie erzeugt, die sehr eng mit der sexuellen Energie zusammenhängt. Die Kraft dieser Energie kann sowohl schöpferisch wie zerstörerisch sein, und der Shaivismus betont die numinose Kraft und Andersheit Gottes, indem er Shiva sowohl als Schöpfer wie auch Zerstörer beschreibt. Mehrere Sekten der *Shaivas* üben Praktiken, die aus dem brahmanischen System herausfallen. Wenn man dazu noch Hinweise aus den Mythen der *Shaivas* aufgreift, legt sich die Vermutung nahe, daß Shiva eine nicht arische Gottheit sein könnte.

Shiva spielte in den vedischen Hymnen keine Rolle, obwohl er später mit der vedischen Gottheit Rudra gleichgesetzt wurde. In einigen der *Upanishaden* wird Shiva erwähnt; so wird er in der *Shvetashvatara Upanishad* als die höchste Gottheit beschrieben und mit dem *Brahman* als der Quelle des Universums gleichgesetzt. In den Epen taucht er mehrmals auf und lehrt, verleiht Wissen und belohnt diejenigen, die sich strengen yogischen Übungen widmen. Die Anzeichen sind ziemlich deutlich, daß diese Gottheit eine lange Vorgeschichte im Rahmen nicht brahmanischer asketischer Traditionen besaß und nur widerstrebend in den Hauptstrom der hinduistischen Überlieferung aufgenommen wurde. Das Zögern, Shiva in den Brahmanismus einzubeziehen, kann man an der Geschichte von Sati veranschaulichen.

Sati war Shivas Frau und die Tochter von Daksha. Eines Tages erfuhr sie, ihr Vater wolle ein Opferritual vollziehen und habe alle Götter außer Shiva dazu eingeladen. Sie fühlte sich durch den Ausschluß ihres Gatten derart erniedrigt, daß sie mittels des Feuers ihrer yogischen Kraft Selbstmord beging. Shiva geriet in Wut und nahm eine schreckenerregende Gestalt an, vernichtete das Opfer und tötete Daksha. Hierauf ließ der Gott Daksha und das Opfer wieder erstehen, und das Ritual konnte vollzogen werden, dieses Mal mit Shiva als Teilnehmer.

In den *Puranas* der *Shaivas* ist Shiva der Absolute, der für die Schöpfung, Erhaltung und Vernichtung des Kosmos Verantwortliche. Parama Shiva, »der Höchste Shiva«, bringt die Schöpfung zuwege, indem er sich in zwei Aspekte aufteilt, den männlichen Shiva und die weibliche Shakti. Shakti, die aktive Kraft des Göttlichen, ist die Instanz, die die Schöpfung bewirkt. Sie äußert sich in allen Namen und Formen des Kosmos. Das Zusammen dieser beiden Aspekte wird anschaulich in einer Abbildung des Shiva vor Augen geführt, bei der die rechte Hälfte der Gottheit männlich, die linke weiblich ist. Shiva und Shakti sind auch im Shiva-*lingam* vereint, einem Phallus, der in einer kreisförmigen *yoni* steckt, die die weibliche Shakti darstellt.

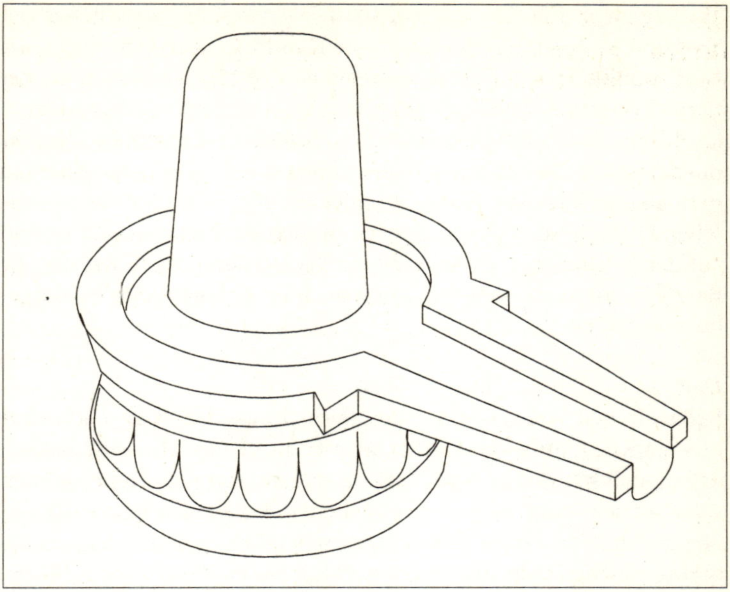

Lingam des Shiva mit yoni der Devi auf einem Lotus-Ständer.

Obwohl Shiva als der Vernichter bekannt ist und seine asketischen Tendenzen mit gewalttätigen Formen verbunden sind, gibt es auch Geschichten über sein Mitempfinden und seinen Schutz. Als die Götter und Dämonen auf der Suche nach dem Nektar der Unsterblichkeit das Meer aufwühlten, setzten sie ein Gift frei, das alles Leben zu zerstören drohte. Shiva schluckte dieses Gift, das so stark war, daß es seine Kehle blau färbte. Die Bilder des Gottes zeigen gewöhnlich diese Verfärbung. Andere Bilder zeigen, wie aus Shivas geflochtenem Haar ein Fluß rinnt. Das ist der Fluß Ganges, der sich aus den Himmeln in die Welt der Sterblichen hinab ergießt. Diese Wasser hätten die Erde vernichtet, wenn sie mit ihrer vollen Wucht herniedergestürzt wären, aber Shiva fing sie mit seinem Haar auf und mäßigte so ihre gewaltige Wucht.

Shiva ist auch als Nataraj, der Herr des Tanzes, bekannt. Das Bild des tanzenden Gottes, wie es wunderschön in den Bronzefiguren der südlichen Chola-Königreiche dargestellt wird, enthält in kompakter Form die Theologie der *Shaivas.* Shiva verkörpert zugleich die Schöpfung und die Vernichtung, die Kontrolle und das Loslassen, die

Transzendenz und die Immanenz. Die Schöpfung ersteht aus der Trommel in einer Hand; eine zweite Hand macht eine beruhigende Geste und verspricht Schutz, während eine dritte Hand das Feuer der Vernichtung hält. Zu Füßen des Gottes ist ein Zwerg zu sehen, der das kosmische Böse und die menschliche Schwäche darstellt, was beides durch die Gnade des Shiva überwunden wird. Den Tanz selbst hat man als den Tanz der Vernichtung bezeichnet. Aber auf der kosmischen Ebene ist die Vernichtung der Auftakt zur Neuerschaffung, und auf der persönlichen Ebene stellt die Vernichtung das Mittel dar, die Bande zu lösen, die den Frommen noch im Kreislauf der Wiedergeburt festhalten.

Devi

Bereits in den *Veden,* also vor den *Puranas,* werden zwar schon einige weibliche Gottheiten verehrt, aber es gibt kaum Hinweise darauf, daß damals schon eine Göttin als die oberste Gottheit verehrt worden wäre. Jedoch findet man in verschiedenen Texten viele lokale Göttinnen erwähnt, und diese wurden wahrscheinlich nach und nach in die brahmanische Tradition integriert. Das früheste Werk, das eine höchste Göttin preist, ist das zwischen dem 5. und 7. Jahrhundert n. Chr. entstandene *Devi Mahatmya.* In diesem Text wird geschildert, wie die Göttin dreimal einschreitet, um Dämonen zu vernichten, die die Welt bedrohen. Zunächst hält sie zwei Dämonen davon ab, den Ablauf der Schöpfung zu unterbrechen. Auf ihrem zweiten Erscheinen beruht eine der beliebtesten Abbildungen der Göttin, diejenige der weiblichen Kriegerin Durga. Ein Dämon namens Mahisha besiegt die Götter in der Schlacht, und so wenden sich die Götter hilfesuchend an Shiva, Brahma und Vishnu. Als diese Gottheiten erfahren, was geschehen ist, geraten sie in Wut. Aus ihren wütenden Gesichtern blitzen drei Lichter auf, die sich verschmelzen, und daraus wird die wunderschöne Göttin. Das ist Durga, die, von allen drei Gottheiten mit Waffen ausgerüstet, auszieht, um Mahisha zu schlagen. Die Göttin verfügt auch über die Fähigkeit, aus sich selbst weitere Göttinnen hervorgehen zu lassen. Wenn Durga etwa wütend wird, nimmt ihre Wut die Form der dunklen Göttin Kali an, die einen anderen Dämon niederwirft. Auch ihr drittes Einschreiten erfolgt bei einer Schlacht. Hier vereinigt die Göttin unter dem Namen Ambika alle ihre vielfältigen göttlichen Gestalten (einschließlich derjenigen der Kali) in sich selbst, um die Dämonen Shumbha und Nishumbha vernichtend zu schlagen. Am Schluß des Textes preisen die Götter die Gottheit als

Die große Göttin Durga, hier auf einem Tiger reitend, gilt als das aktive Prinzip, das über die dämonischen Kräfte zu siegen vermag.

Mutter des Universums, und sie verspricht, ihre Schöpfung, wann immer es notwendig sei, zu beschützen.

Als erst einmal die Vorstellung einer höchsten Göttin Anerkennung gefunden hatte, wurden schließlich alle anderen Göttinnen zu Erscheinungsformen der Einen, Devi. Devi ist die aktive Kraft, die *shakti,* die sich in Gestalt des Universums manifestiert. Sie ist die Mutter von allem, jedoch nicht nur ein weiches, mütterliches Wesen. Vielmehr ist sie die Verkörperung der schöpferischen wie auch der zerstörerischen Kraft. Sie läßt sich als Lakshmi darstellen, die wonnenbringende Göttin des Glücks, oder auch als Kali, die dunkle Göttin des Schlachtfelds, die das Blut ihrer Feinde trinkt. Diese Ausformungen sind nicht widersprüchlich, sondern zwei verschiedene Anschauungsweisen der Kraft Devis, sowohl des gütigen wie auch des grimmigen Aspekts ihrer Sorge um die Welt. Als gütige Lakshmi sorgt die Göttin für ihre Anhänger, indem sie ihnen weltliche Gunst erweist. Als grimmige Kali vernichtet sie die Feinde, die die Welt bedrohen. Den Zusammenklang beider Aspekte führt besonders deutlich die Art vor Augen, wie diejenigen, die sich an Kali als »Mutter« wenden, symbolisch ihre grimmige Form darstellen. Die dunkle Göttin trägt einen Gürtel aus abgeschnittenen Armen; er stellt das *karman* dar, von dem sie ihre treuen Kinder befreit. Um ihren Hals trägt sie eine Kette aus abgehackten Köpfen, die die Laster der Menschen darstellen, wie z. B. Habgier und Wollust; sie vernichtet sie, damit ihre Anhänger die Befreiung erlangen.

Obwohl Devi theoretisch alle anderen Göttinnen in sich begreift, werden dennoch auch diese individuellen Ausprägungen einzeln für sich verehrt. Zwei der beliebtesten Göttinnen sind Sarasvati und Lakshmi. Sarasvati gilt als die Göttin des Lernens und ist auch die Patronin der Musik. Sie ist in Weiß gekleidet und reitet auf einem Schwan, spielt ein Saiteninstrument namens *vina* und hält ein Manuskript und eine Perlenschnur in der Hand. Das Manuskript bringt sie mit der Schrift in Verbindung, und einigen Überlieferungen zufolge soll sie die *devanagari,* die »göttliche Schrift«, geschaffen haben, in der das Sanskrit geschrieben wird. Lakshmi wird oft auf einem von Elefanten eingerahmten Lotus stehend abgebildet, und aus ihren Händen rieseln Goldmünzen. Sie ist die Glücksgöttin, die ihren Anhängern Wohlstand verschafft. Ihr Bild schmückt heutige indische Münzen. Alljährlich wird Divali, das Lichterfest, gefeiert, um die Hilfe der Göttin herabzurufen.

Ein Mythos liefert die Möglichkeit, die Göttinnen Südasiens alle miteinander zu verknüpfen, indem er allen ihren Heiligtümern einen gemeinsamen Ursprung zuschreibt. Dieser Mythos beginnt mit dem Tode Satis, der Frau des Shiva (vgl. die oben erzählte Geschichte von Shiva und Daksha). Außer sich vor Trauer, ergreift Shiva ihren Leichnam und rast damit um die ganze Welt (d. h. Indien). Sein Toben führt zu Tumult im ganzen Kosmos; schließlich verfolgt ihn Vishnu und schneidet Stück um Stück von Satis Leichnam ab, bis Shiva am Ende mit leeren Händen dasteht und fähig ist, seine Trauer abzulegen und in sein Versteck in den Bergen zurückzukehren, wo er sich in die Meditation versenkt. Alle die Orte, an denen Stücke des Leichnams von Sati zur Erde fielen, wurden zu Heiligtümern verschiedener Göttinnen. Diese Geschichte zeigt auch die geradezu physische Verbindung zwischen der Göttin und dem Land Indien, das in der heutigen Zeit zur Gottheit Bharat Mata personifiziert wurde, zur »Mutter Indien«.

Untergeordnete Gottheiten

Es gibt zahlreiche Gottheiten, die nur in loser Verbindung mit Shiva, Vishnu und Devi stehen und tatsächlich ihre ganz eigene Identität bewahren. Eine davon ist Ganesha, der elefantenköpfige Gott, der Sohn von Parvati und Stiefsohn von Shiva. Ganesha ist in Indien einer der meistverehrten Götter; kleine Abbildungen von ihm finden sich über den Türen vieler Häuser. Er gilt als der Beseitiger von Hindernissen, so daß die Leute ihm Opfer darbringen, bevor sie etwas Neues unternehmen. Eine weitere mit Shiva verbundene Gottheit ist Murukan, die beliebteste Gottheit der südlichen tamilischen Tradition. Murukan hat zwar eine lange Vorgeschichte als nicht brahmanischer Kriegsgott, wurde aber schließlich mit Shivas Sohn Skanda gleichgesetzt. Die größten Feste Südindiens werden zu Ehren dieses

1995 ereignete sich eines Tages ein offensichtliches Wunder: Aus einem Löffel, der an den Rüssel einer Ganesha-Statue gehalten wurde, flossen langsam Milchtropfen. Der elefantenköpfige Gott wird als der Erschaffer und der Beseitiger von Hindernissen betrachtet.

Gottes veranstaltet. Auch Hanuman, der Affe, der Rama im *Ramayana* beistand, entwickelte sich in der Folge zur Göttergestalt. Hanuman wird als das vollkommene Beispiel der Frömmigkeit verehrt.

Darüber hinaus gibt es unzählige Gottheiten von Regionen und Dörfern. Viele davon sind Göttinnen, die als Beschützerinnen bestimmter Dörfer fungieren. Die Dorfgöttinnen werden gewöhnlich nicht direkt im Bild dargestellt, sondern in Form eines Wasserkessels, eines Baums oder eines rotbemalten Felsens oder eines Dornbuschs, an dem Stoffstreifen befestigt sind. Die Dorfleute stellen sich diese Gottheiten manchmal als lokale Manifestationen der großen Götter vor, deren Bilder in den Tempeln stehen, aber meistens behandelt man sie als eigenständige Mächte. Eine zweite Kategorie lokaler Götter stellen bestimmte Menschen dar, die man vergöttlicht hat. Sie unterteilen sich in zwei Arten, die Helden und die unglücklichen Geister. Die Helden sind Menschen, die ein außergewöhnliches Leben geführt haben, vor allem ein Leben des vollkommenen *dharma*. Die unglücklichen Geister sind Menschen, die unter schlimmen Umständen verstorben sind. Solche Menschen wurden zu gefährlichen Geistern, die in der Nähe der Lebenden lauern und ihnen Schaden zufügen. Diese Geister muß man mit Opfergaben beschwichtigen, damit sie von ihrem bösen Tun abstehen.

Theismus und Tantra

Die große Macht, die Geistern und Helden zugeschrieben wird, zeigt, wie stark alles im Hinduismus von der engen Verknüpfung von Menschlichem und Göttlichem geprägt ist. Aus dieser Verknüpfung, die in ihren Wurzeln mindestens bis in das *Purusha Sukta* des *Rig Veda* zurückgeht, wurden in den als *Tantra* bezeichneten Texten weitere Konsequenzen gezogen. Die meisten dieser Texte stammen aus dem 8. Jahrhundert n. Chr. oder sind noch jüngeren Datums. Darin wird die esoterische yogische Philosophie mit dem volkstümlichen Theismus verschmolzen, woraus sich ein neues Gefüge von Praktiken ergibt, die wiederum in andere, ältere Traditionen übernommen werden.[5]

---

5. Die tantrischen Theorien geben Ideen wieder, die während einer bestimmten Epoche in vielen südasiatischen Traditionen entwickelt wurden. Die Tatsache, daß diese Theorien sowohl in buddhistischen Sekten als auch hinduistischen Schulen verwendet werden, läßt vermuten, daß die Ideen und Praktiken großräumig ausgetauscht wurden.

Das yantra ist ein Diagramm, das symbolisch die Beziehung zwischen Shiva und Shakti darstellt und bei der Meditation als Mittel der Konzentration verwendet wird.

Grundsätzlich entwickelt der Tantrismus bereits aus der Samkhya-Philosophie bekannte Vorstellungen darüber weiter, wie man mittels yogischer Praktiken, die dazu dienen, den Schöpfungsprozeß rückgängig zu machen, das befreiende Wissen erlangen kann; doch wird die Deutung dieses Prozesses auf die Kosmologie der *Puranas* abgestimmt. Dieser zufolge wird die Schöpfung durch die Aufteilung des *Brahman* in die zwei Aspekte des Männlichen und des Weiblichen verursacht. Von den *Shaiva-* oder *Shakta-*Tantrikern werden diese mit Shiva und Shakti gleichgesetzt, im Shri-Vaishnavismus werden sie als Vishnu und Shri Lakshmi bezeichnet, im Gaudiya-Vaishnavismus als Krishna und Radha. Shakti, der weibliche Aspekt, entfaltet sich dabei in alle Formen des Kosmos. Der Schöpfungsprozeß vollzieht sich als Übergang aus einem unsichtbaren Zustand zur feinstofflichen Form und schließlich zur materiellen Sichtbarkeit. Im Tantrismus wird das unsichtbare Ganze oft *Shabdabrahman,* d.h. *Brahman* als das Wort, genannt, und der Prozeß der weiteren Ausfaltung Shaktis ist der Prozeß der Entwicklung vom unhörbaren Klang zum hörbaren.

Der menschliche Körper ist ein Produkt dieses Prozesses der materiellen Gestaltwerdung, genau wie auch der gesamte Kosmos. Da die zum Universum werdende Shakti auch zum Einzelwesen wird, ist der Körper ein Mikrokosmos des Universums, der über unsichtbare und materielle Ebenen verfügt. Dadurch ist es möglich, im menschlichen Körper den Schöpfungsprozeß zurückzuverfolgen. Mittels dieser Rückgängigmachung der Schöpfung wird Shakti wieder mit Shiva vereint, und der Einzelne erlangt die Befreiung von der Wiedergeburt.

Im Tantrismus wurden präzise Beschreibungen dieses Prozesses entwickelt. Shakti wohnt schlafend im Körper als die Kundalini-Energie an der Wurzel der Wirbelsäule. Wird das Kundalini geweckt, so steigt es in der Wirbelsäule hoch und wandert dabei durch bestimmte Körperzentren, die als *Chakren* bezeichnet werden. Die Zahl der *Chakren* variiert in den Texten, aber in der klassischen Beschreibung werden sechs aufgezählt, von denen jedes mit bestimmten Buchstaben des Alphabets und Gottheiten in Verbindung gebracht wird. Schließlich gelangt die Kundalini-Shakti bis zur Scheitelkrone hinauf, dem Wohnort von Shiva, und die beiden verschmelzen wieder als das *Brahman,* das neutrale, unsichtbare Ganze. Im Verlauf dieses Prozesses erlangt der Schüler spezielle Kräfte der Beherrschung von Körper und Geist. Er soll auch magische Fähigkeiten erwerben, wie etwa diejenige der Levitation.

Dieser Prozeß erfordert sorgfältige Disziplin unter der Anleitung eines qualifizierten spirituellen Lehrers, eines *guru,* der die Übungen genau auf den jeweiligen Schüler abstimmt. Der *guru* bezieht seine (oder ihre) Autorität daraus, daß er bzw. sie das spirituelle Ziel bereits erreicht hat und jetzt anderen helfen kann, ebenfalls die Erleuchtung zu erlangen. Man sagt, es komme einem Wunder gleich, wenn man einen qualifizierten Lehrer finde, der einen zur Verwirklichung führen könne, denn unter den wenigen, die über das Wissen verfügten, sei nur eine Handvoll zum Unterrichten befähigt. Ein solcher Mensch solle sogar noch höher als Gott verehrt werden, denn dank dieses *guru* erlange der Fromme das Wissen um Gott. Die tantrischen *Gurus* gehörten zu eigenen Stammlinien von Lehrern und mußten keine *Brahmanen* sein. Der Tantrismus war für Männer und Frauen aller

Kasten offen; was man zum Beschreiten dieses Weges brauchte, war einzig der aufrichtige Wunsch nach der Befreiung und die Initiation durch einen *Guru.*

Der Tantrismus entwickelte sich zu zwei unterschiedlichen Schulen, der des *Linkshändigen Tantra* und des *Rechtshändigen Tantra.* Das *Linkshändige Tantra* lag vollständig außerhalb der brahmanischen Tradition. In dieser Schule wurden Praktiken verwendet, die gegen die üblichen Regeln verstießen, um den Schülern dabei zu helfen, über ihre begrenzte Wahrnehmung der Natur des Selbst und der Welt hinauszukommen. Das Ziel bestand darin, dem in den *Upanishaden* und der *Bhagavad Gita* als Ideal vorgestellten weisen Menschen gleich zu werden, der alles als *Brahman* sieht und keinen Unterschied mehr zwischen Wonne und Schmerz macht. Ein solcher Mensch wäre von den Banden der gesellschaftlichen Normen frei. Daher wurden zur Läuterung des Schülers von diesen Normen systematisch die üblichen religiösen Normen gebrochen. Dazu gehörte es, rituell die verbotenen Speisen zu verzehren, also Fleisch, Fisch, Alkohol und gedörrtes Getreide; außerdem wurde rituell der Geschlechtsakt vollzogen. Normalerweise glaubte man, all dies stehe der religiösen Vollendung im Weg; also verwendeten die Tantriker es dazu, die echte innere Loslösung zu erlernen. Die Rechtshändige Schule ließ sich auf diese in der Tradition als unrein erachteten Handlungen nicht ein und wies statt äußerer Rituale den Weg geistiger Gottesverehrung.

Im Tantrismus wurde die Verwendung von *yantras* und *mantras* als Werkzeuge der Disziplin entwickelt. *Mantras* gibt es schon in den *Veden.* Ein *mantra* ist ein heiliger Spruch – ein Vers, ein Satz oder Wort –, der mit Kraft geladen ist. In früheren Zeiten wurde der Wortlaut dieser *Mantren* aus den *Veden* bezogen, aber jetzt standen sie im Zusammenhang mit den Gottheiten der *Puranas.* So lautet zum Beispiel das große *Shaiva-Mantra Om namah shivaya,* »Gehorsam gebührt Shiva«. Die *Mantren* wurden Schülern bei der Initiation von ihren *Gurus* anvertraut. Ein Schüler mochte sein *Mantra* bereits vor diesem Ritual gehört haben, aber das Vorsprechen der Worte durch den Lehrer lud diese mit Kraft auf und machte sie zum wirksamen Mittel für das Voranschreiten auf dem spirituellen Weg. Das *yantra* ist ein Diagramm, das die Beziehung zwischen Shiva und Shakti symbolisiert. In seinem Zentrum liegt ein Punkt, der als *bindu* bezeichnet wird und die unsichtbare Einheit darstellt. Er ist von einander überschneidenden Dreiecken umgeben, wobei die mit der Spitze nach unten zeigenden Shakti bedeuten, die nach oben zeigenden Shiva. Bei Variationen dieses Musters werden die Buchstaben des Alphabets und zahlreiche Gottheiten hinzugefügt, die man alle als Manifestationen von Aspekten von Shiva-Shakti betrachtet. Das *yantra* soll zur

Exkurs: Die Kraft des Klangs

Dem Klang wird im Hinduismus große Kraft zugeschrieben. In der frühen vedischen Zeit traten die Priester in erster Linie mittels der heiligen Hymnen mit den Göttern in Verbindung. Später wurde der Klang an sich mit dem *Brahman* gleichgesetzt und als Verkörperung der göttlichen Kraft und der dem Universum zugrunde liegenden Substanz betrachtet. Manche *Puranas* beschreiben den Klang als das Medium, durch das das unsichtbare *Brahman* zum Kosmos wird. Der Klang spielt auch insofern eine wesentliche Rolle bei den religiösen Übungen, als dabei *Mantren* Verwendung finden. Im *Tantra* werden bestimmte *Mantren* mit den *Chakren* des feinstofflichen Körpers in Beziehung gesetzt. Infolge solcher Beziehungen baut der Klang als *Mantra* den Körper des Menschen, den Körper der Gottheit und den Kosmos mit auf. Die kosmische Bedeutung des Klangs läßt sich am *Mantra* ॐ (Om oder Aum) aufzeigen. Om wird sowohl als der Klang, der den Kosmos selbst bedeutet, als auch als Medium der Erschaffung des Kosmos verstanden. Om ist *Brahman* in Form von Klang. Dadurch wird Om zum Mittel der Befreiung, denn die Erkenntnis, daß allem als innerstes Wesen Om zugrunde liegt, ist zugleich die Erkenntnis der wahren Natur des *atman* und des *Brahman.* Die Bestandteile des *Mantra* führen das Fortschreiten der Bewußtheit vom Nichtwissen bis zur Erleuchtung vor Augen. Der Klang A steht für das Normalbewußtsein im Wachzustand, U für den nach innen konzentrierten Traumzustand, M für den Zustand im Tiefschlaf, und das nachfolgende Schweigen ist die reine Stille der Erkenntnis.

In den Traditionen der Volksfrömmigkeit sind die wichtigsten *Mantren* Götternamen. Die ständige Wiederholung des göttlichen Namens hilft dem Frommen, unablässig an Gott zu denken. Diese Wiederholung läutert Körper und Geist und zieht die göttliche Gnade an. Auch die *Bhaktas* singen *Mantren.* In ästhetischen Theorien werden bestimmte Tonleitern und Melodien mit unterschiedlichen Stimmungen in Beziehung gesetzt. Die Melodien können Gefühle der Andacht, der Gelassenheit oder des ekstatischen Glücks hervorrufen. Wenn der Name Gottes nach einer bestimmten Melodie gesungen wird, führt der Klang selbst die Menschen zur göttlichen Bewußtheit.

Konzentration bei der Meditation dienen und den Geist zur geeinten Mitte hinziehen.

In Südasien gibt es derzeit nur sehr wenige tantrische Gruppen, und sie sind zahlenmäßig sehr klein, aber tantrische Vorstellungen sind in den Hauptstrom der Tradition eingegangen. Vor allem die Verwendung von *Mantren* ist weit verbreitet. Die Namen der Götter sind zu *Mantren* geworden und mit der ganzen Kraft der Götter aufgeladen, die sie bezeichnen. Die Anhänger Krishnas, die *Hare Rama Hare Krishna,* »Heil Rama, Heil Krishna«, singen, rezitieren ein *Mantra,* das zugleich ein Gebet ist. *Yantras,* auch *mandalas* genannt, werden oft bei der Meditation verwendet, man findet sie in der Kunst, und sie liegen den Gartenanlagen von Tempeln zugrunde.

Die Überzeugung, daß sich aus den tantrischen Übungen als Nebenwirkungen besondere Kräfte ergeben, ist nur ein Beispiel für den Glauben, daß das Erreichen des religiösen Ziels besondere Fähigkeiten verleihe. Sogar in den *Veden* wurde der über das vedische Wissen verfügende Mensch als Träger göttlicher Attribute beschrieben. In den *Yoga Sutras* verfügt der im *Yoga* Bewanderte über die gleichen Kräfte wie der Tantriker. Im dörflichen Milieu wendet man sich oft mit seinen Alltagsproblemen an die *yogins.* Sie werden gebeten, den Frauen zu helfen, Kinder zu bekommen, Krankheiten zu heilen und sogar in Trockenzeiten Regen zu bringen. So werden also dem noch lebenden *yogin* oder Tantriker die gleichen Kräfte zugeschrieben wie dem vergöttlichten Helden.

Die Synthese von Philosophie und Frömmigkeit

Die einflußreichste Philosophie aus der Zeit des Mittelalters wird als der *Vedanta,* »das Ende der Veden«, bezeichnet. Innerhalb des *Vedanta* gibt es allerdings mehrere unterschiedliche Schulen, jede mit ihren eigenen großen Lehrern und Lehren. Im wesentlichen konzentrieren sich alle diese Schulen auf das Verständnis des Verhältnisses zwischen *Brahman* und *atman,* wobei man sich auf die Auslegung von drei Werken stützt: der *Upanishaden,* der *Bhagavad Gita* und der *Brahma Sutras.* Die *Brahma Sutras* (ca. 1. Jahrhundert n. Chr.) enthalten rund 500 Aphorismen, von denen es heißt, sie faßten die ganze Weisheit der *Upanishaden* zusammen; jedoch sind diese knappen Formulierungen so schwierig zu verstehen, daß die *Vedanta*-Lehrer sie von den beiden anderen Texten her auslegen.

Der Advaita Vedanta

Die im Abendland bekannteste Tradition des *Vedanta* geht auf Shankara (ca. 788–820 n. Chr.) zurück, den Philosophen, der als erster eine zusammenhängende Interpretation der Texte lieferte, die zur Grundlage des *Vedanta* werden sollten. Shankaras Philosophie wird als *Advaita Vedanta,* »nicht dualer *Vedanta*«, bezeichnet, weil er *Brahman* als nicht dual beschrieben hat. Es gebe nur eine Wirklichkeit, und das sei *Brahman.* Der individuelle *atman* sei identisch mit dem *Brahman* (wie auch die *Upanishaden* lehren), jedoch betrachteten sich die Menschen infolge der *maya,* der »Illusion«, des »trügerischen Scheins« in der Welt der unterschiedlichen Formen als voneinander getrennte Wesen. Wenn diese Illusion durchbrochen werde, gehe einem auf, daß außer *Brahman* nichts existiere. Dann höre der Kreislauf der Wiedergeburten auf, und beim Sterben sinke der individuelle *atman* ins *Brahman* zurück.

Shankaras Weg zur Befreiung ist im wesentlichen ein *yoga* des Wissens. Der trügerische Schein wird durch das Wissen um das *Brahman* überwunden, und dadurch wird die erlösende Erkenntnis erlangt. Das *Brahman,* das einem aufgeht, ist wie in den *Upanishaden* grenzen- und eigenschaftslos. Aber es gibt auch theistische *Upanishaden;* Shankara verschmolz sie mit seiner Philosophie, indem er von zwei Ebenen des *Brahman* sprach, *saguna* und *nirguna. Saguna Brahman* ist *Brahman* mit Eigenschaften, der persönliche Herr, der erschafft, erhält und vernichtet, der Gott, der Opfergaben entgegennimmt und Gegenstand der Verehrung ist. Dieser Herr ist der angemessene Mittelpunkt, auf den sich alle die konzentrieren können, die noch nicht die höhere Wahrheit vom eigenschaftslosen Höchsten zufassen vermögen, vom *nirguna Brahman.* Auf diese Weise werden *karma-yoga* und *bhakti-yoga* als vorbereitende Stufen in den *Advaita Vedanta* integriert, die den Frommen in den *jnana-yoga* einüben.

Shankara gründete für seine Anhänger den Mönchsorden der Dashanami und richtete Klöster (*maths* genannt) ein, in denen die Schüler sich seine Lehren aneignen konnten. Seine Anhänger durchwanderten ganz Südasien, um ihre Philosophie zu verbreiten. Die Vorsteher der *maths* von Shankara zählen in Indien noch heute zu den angesehensten religiösen Autoritäten.

Der Vishishta-advajta Vedanta

Shankaras System war nicht für das Hausvater-Leben und die theistische Frömmigkeit der unteren Stufen bestimmt; so ist es für den Hinduismus der großen Mehrheit weit weniger repräsentativ als die Lehren von Ramanuja. Ramanuja (ca. 1025–1137 n. Chr.) verwendete bei seiner Auslegung der Texte des *Vedanta* den Theismus der mittelalterlichen Literatur und schuf damit eine Schultradition, die als *Vishishta-advaita*, »Nicht-Dualismus mit Eigenschaften«, bezeichnet wurde. Hier ist das höchste *Brahman* der persönliche Herr, mit anderen Worten, *Brahman* verfügt hier über Eigenschaften. *Brahman* ist der Daseinsgrund, aber die Einzelseelen und die Materie sind in Ewigkeit unterschiedene Teile von *Brahman*. So ist *Brahman* zwar alles und daher nicht dual, aber dieser Nicht-Dualismus verfügt infolge der unterschiedenen Existenz von Seelen und Materie über Eigenschaften.

Weil die Seelen und die Materie im *Brahman* ewig existieren, ist die Welt wirklich, und die Seelen behalten selbst im Zustand der Befreiung ihre Individualität. Infolge ihrer Unwissenheit und ihres *karman* sind die individuellen Seelen im *samsara* gefangen. Dieser Gefangenschaft kann man mittels dreier unterschiedlicher Übungen entkommen. 1. durch Handeln aus der Haltung innerer Loslösung; 2. durch Studium des *Vedanta*, um die Natur von Gott, Seele und Materie zu begreifen; 3. durch Frömmigkeit *(bhakti)*. Ramanuja beschreibt diese Frömmigkeit als Selbsthingabe und ständige Kontemplation (Beschauung) Gottes. Diese drei Übungen führen zur höchsten *bhakti*, zum unmittelbaren, intuitiven Wissen von *Brahman*.

Dieses *Brahman* ist ein persönlicher Gott mit vollkommenen Eigenschaften wie denjenigen der Allwissenheit und der Allmacht. Die befreite, aller Unwissenheit und jedes negativen *karman* ledige Seele wird dem Brahman ähnlich und wohnt in ewiger, seliger Kommunion mit ihrem Gott. Damit diese Gemeinschaft möglich wird, muß es eine Unterscheidung zwischen Seele und Gott geben. Dazu wird in Ramanujas Schule die Hierarchie von *saguna* und *nirguna* auf den Kopf gestellt. Hier wird die Erfahrung des Aufgehens des *atman* im eigenschaftslosen *Brahman* (was im *Advaita Vedanta* als das höchste zu erreichende Ziel gilt) als läuternde Vorstufe betrachtet, bevor das Selbst wieder neu das Bewußtsein seiner eigenen Identität gewinnt und auf die höhere Stufe der andauernden Gemeinschaft mit dem persönlichen Gott gelangt. Dieser Nicht-Dualismus mit Eigenschaften steht dem Hinduismus der Hausväter und der Tempelfrömmigkeit viel näher als die Mönchsphilosophie von Shankara. In Ramanujas Theologie wurde eine Synthese aus der Philosophie der *Upanishaden* einerseits und der erfahrungsbezogenen Verehrung eines persönlichen Gottes andererseits geschaffen, welch letzterem die Dichterheiligen Südindiens zu großer Beliebtheit verholfen hatten.

Die Bhakti-Bewegung

Ramanujas Philosophie spiegelt den mächtigen Einfluß der praktischen Frömmigkeit bei der Entwicklung des mittelalterlichen und heutigen Hinduismus. Die *bhakti*-(Frömmigkeits-)Bewegung begann im 6. Jahrhundert n. Chr. in Südindien und breitete sich von dort nach Norden aus. Angestoßen wurde sie von den religiösen Erfahrungen von Dichterheiligen, die von einer Pilgerstätte zur andern wanderten und dabei den Göttern Hymnen sangen. Diese Heiligen entstammten allen Gesellschaftsschichten, konnten Frauen ebenso wie Männer sein und drückten ihre Frömmigkeit in den Volkssprachen statt im Sanskrit aus. Sie bewegten sich also im Milieu der Volksfrömmigkeit und nicht des elitären Priestertums. Jedoch wurde ihr Einfluß so stark, daß die brahmanischen Theologen sie als Inbegriff heiliger Menschen achteten und Lieder von ihnen sogar in die Tempelliturgien aufnahmen. Auf diese Weise wurden diese religiösen Gedichte mit den Priestertraditionen vermischt, so daß die Erfahrungen der Dichterheiligen auch die theologischen Entwürfe wie denjenigen des Ramanuja beeinflußten.

Die frühe Bhakti-Bewegung

Der erste frühe Impuls für die *Bhakti*-Bewegung kam aus der tamilischen Region Südindiens. Dort gab es früh zwei Gruppen von Dichterheiligen, nämlich die zwölf Alvars, die vom 6. bis zum 9. Jahrhundert Vishnu und seine *avatars* besangen und die 63 Nayanars, die im 6. bis 12. Jahrhundert den Lobpreis Shivas sangen. Beide Gruppen waren in Südindien unterwegs, aber ihr Einfluß breitete sich über den gesamten Subkontinent aus.

Ein Hauptthema in den Werken der Alvars war Gottes erlösende Gnade. Ihre Gesänge schildern, wie Vishnu sich bemüht, den Menschen zu helfen, indem er als *avatara* in die Welt eintritt oder in einem Tempelbild Wohnung nimmt. Oft sangen sie von Vishnu als Krishna, jedoch schilderten sie Krishna vorzugsweise als den von allen geliebten jungen Kuhhirten und weniger als den ehrfurchtgebietenden Lehrer der *Bhagavad Gita*. Oft beschrieben die Alvars sich selbst in der Rolle der *gopis*, der Milchmädchen, die sich nach Krishnas Anwesenheit sehnten. Ihre ganze Dichtung ist durchzogen von einer starken Sehnsucht nach der Schau Gottes. Diese Gedichte wurden im 11. Jahrhundert zusammengestellt und gelten in der Shri-Vaishnava-Tradition als Offenbarungstexte.

Die Nayanars gingen einen ähnlichen Weg. Sie entstammten allen Gesellschaftsschichten vom *shudra* bis zum *brahmin,* und es gab darunter Männer und Frauen; ihre Frömmigkeit brachten sie in der tamilischen Sprache zum Ausdruck, die alle verstehen und singen konnten. Wie die Lieder der Alvars handelten auch ihre Lieder von der emotionalen Beziehung zu einem persönlichen Gott, nicht von einem abstrakten, eigenschaftslosen *Brahman.* Auch diese Hymnen wurden gesammelt und schließlich zum Bestandteil der theologischen Grundlage späterer *Shaiva*-Sekten, vor allem der *Shaiva* Siddhanta.

Die spätmittelalterliche Bhakti

Im 13. Jahrhundert setzte in Nordindien eine zweite große Welle der Gottesverehrung ein. Die beiden großen Einflußquellen für den nordindischen Hinduismus im späteren Mittelalter waren der Islam und die *Bhakti*-Bewegung. Seit Anfang des 11. Jahrhunderts kam es immer wieder zu Einfällen islamischer Krieger. Die Errichtung des Sultanats von Delhi im Jahre 1211 markierte dann den Anfang der islamischen Herrschaft über weite Gebiete Nordindiens. Islam und Hinduismus eigneten sich nicht sehr für eine friedliche Wechselwirkung, aber die Muslime waren in der Minderzahl und unternahmen keine ernsthaften Versuche, die angestammte Religion zu bekämpfen. Mit dieser relativen Toleranz war es allerdings während der Herrschaftszeit der Moguln von 1526 bis 1757 vorbei. In diesem Zeitraum wurden viele hinduistische Tempel im nördlichen und westlichen Indien zerstört. Mitten in dieser Ära sozialer und politischer Spannungen feierten volkstümliche Hinduheilige die Wichtigkeit der persönlichen religiösen Erfahrung für den Gottesglauben in hinreißender volkssprachlicher Prosa und Dichtung.

Die meisten dieser Dichterheiligen lebten zwischen dem 13. und 17. Jahrhundert in Nord- und Westindien. Manche von ihnen scharten viele Anhänger um sich; einige der Gruppen, die sich damals bildeten, leben bis heute noch als eigene hinduistische Sekten fort. Wie die früheren tamilischen Heiligen stammten auch die im Norden aus allen sozialen Klassen und beiden Geschlechtern, gehörten unterschiedlichen Sekten an und verehrten unterschiedliche Gottheiten, doch allen gemeinsam war die persönliche Erfahrung der Gegenwart des Göttlichen in der Welt. In den Liedern der Heiligen wurde diese Gegenwart auf zweierlei Weise beschrieben. Manche der Dichter hoben die Personalität Gottes hervor und beschrieben ausführlich die Eigenschaften dieses Gottes, während andere Gott als das formlose

Absolute besangen. Die ersteren werden als *saguna bhaktas* bezeichnet, also »die Gott mit Eigenschaften lieben«, letztere als *nirguna bhaktas,* »die einen eigenschaftslosen Gott lieben«. Oft schwankte ein und derselbe Dichterheilige zwischen diesen beiden Vorstellungen vom Göttlichen hin und her.

War von der Gottheit als personalem Wesen die Rede, so wurde ihm oft das Aussehen zugeschrieben, das das Bild im örtlichen Tempel zeigte. Die Heiligen erfuhren die Gegenwart Gottes in der *murti,* der Tempelikone, und sie propagierten eine Religion der persönlichen Frömmigkeit. In ihren Liedern beschreiben sie ihre Gotteserfahrungen, ihre örtlichen Tempel und die Wichtigkeit des Wallfahrens. In den Geschichten über diese Heiligen wird die *murti* oft lebendig und tritt mit ihrem Verehrer in Kontakt, sucht ihn vielleicht auf, wenn er nicht zum Tempel kommen kann, oder erlaubt dem Heiligen, in ihrem Bild aufzugehen und so aus der Welt der Sterblichen zu verschwinden.

Manchmal brachten die Heiligen ihre Gottesverehrung auch auf philosophische Weise zum Ausdruck, wie das etwa im Werk von Jnaneshwar Maharaj (13. Jh.) geschieht, der die *Bhagavad Gita* ins Marathi übersetzte und einen ausführlichen Kommentar hinzufügte, in dem er den Text von seiner *bhakti*-Erfahrung her auslegte. Die Gottesverehrung konnte sich aber auch in emotionaler Sprache äußern, mit der die persönliche Beziehung eines Heiligen zu Gott beschrieben wird. Mirabai, eine Prinzessin von Rajput im 16. Jahrhundert, betrachtete Krishna als ihren Ehegemahl. In vielen ihrer Gedichte beschreibt sie ihre Verehrung für den dunkelhäutigen Krishna, den Herrn von Braj, der einmal einen Berg schützend vor seine Verehrer hielt, um sie vor einem schrecklichen Sturm zu bewahren.

Schwester, im Traum feierte ich Hochzeit
mit dem Gebieter aller, die in Not.
Fünfhundertsechzigtausend Menschen kamen,
Brautführer war der Herr von Braj.
Im Traum erstellten sie den Hochzeitsbogen;
im Traum ergriff er meine Hand;
im Traum führte er mich rings um das Hochzeitsfeuer,
und ich ward unzertrennlich seine Braut.
Mira ward ihr bergversetzender Herr angetraut,
ein Preis für viele früher schon bestandne Leben.[6]

---

6. Englische Fassung bei John Stratton Hawley und Mark Juergensmeyer: Sons of the Saints of India, New York 1988, 137; daraus übersetzt von Schellenberger.

Die Bhaktas gaben den Lehren Krishnas über den *bhakti-yoga* in der *Bhagavad Gita* einen neuen Sinn. Manche vertraten die Ansicht, Krishna sei zu Beginn des *kaliyuga* inder Welt erschienen, um die Menschen deshalb die *bhakti* zu lehren, weil dieser Weg am besten in ein Zeitalter passe, in dem nicht mehr genügend Rechtschaffenheit vorhanden sei, um die Erlösung mittels eigener Anstrengung des Menschen zustande zu bringen. Sie greifen auf den alten *yoga*-Vergleich vom Körper als dem Wagen und den Sinnen als den zu zügelnden Pferden zurück, aber jetzt ist es nicht mehr das individuelle Selbst, sondern Krishna, der den Wagen lenkt. In diesem dunklen Zeitalter müssen sich die Menschen auf die Gnade Gottes verlassen und die Frömmigkeit üben, um aus dem Kreislauf der Wiedergeburten freizukommen. Ein Dichterheiliger, Chaitanya (16. Jh.), wurde von seinen Anhängern als neue Inkarnation Krishnas betrachtet. Chaitanya tanzte häufig in der Ekstase und sang den Namen Krishnas. Solches Tanzen und Singen wurde eine beliebte Frömmigkeitsübung.

Im Unterschied zu den *saguna bhaktas,* die Gott in personalen Begriffen beschreiben und die heiligen Statuen im Tempel verehren, lehnen die *nirguna bhaktas* alle Bilder von Gott ab und verschmähen die Vorstellung, der Unendliche lasse sich in einer endlichen Substanz darstellen oder das alldurchdringende *Brahman* sei an einem Ort mehr gegenwärtig als an einem anderen. Kabir, der poetisch gewaltigste dieser *nirguna bhaktas,* spottete sogar über diese Vorstellung, wie sie in vielen Religionen vertreten wird:

Haust Khuda denn in der Moschee?
Wer wohnt denn dann allüberall?
Steckt Ram in Götterbildern und heiligen Orten?
Hast du denn nachgeschaut und ihn gefunden dort?
Han soll im Osten sein, Allah soll im Westen wohnen –
so malst du dir das aus in deinem Traum.
Such lieber tief in deinem Herzen und nur dort:
dort leben Ram und Karim wirklich![7]

Er kritisierte gleichermaßen Muslime wie Hindus, weil sie leere Rituale übten, statt je echte Gottesliebe zu empfinden oder wahrzuhaben, daß Gott im Inneren des Menschen wohne. Oft machte er seine Scherze über bestimmte religiöse Praktiken; so meinte er einmal,

7. Englische Fassung bei Linda Hess und Shukdev Singh; The Bijak of Kabir, Delhi 1983, 50; daraus übersetzt von Schellenberger.

wenn das Mittel zum Erlangen der Erleuchtung darin bestehen würde, nackt wie ein Asket durch die Gegend zu laufen, dann müßten alle Tiere im Wald längst erleuchtet sein. Die Heiligen des *nirguna bhakta* verkündeten unermüdlich, daß das Göttliche in jedem Menschen stecke und nicht in der Moschee oder dem Tempel wohne und daß nur echte Gottesliebe den Menschen zu Gott führen könne, es dagegen fruchtlos sei, dauernd wie ein *Brahmane* Sanskrit Texte zu rezitieren oder wie ein Muslim fünfmal am Tag zu beten.

Diese Heiligen lehrten, die Gemeinschaft mit Gott lasse sich durch den *satsang* erlangen, das heißt die Gefährtenschaft mit anderen *bhaktas,* und durch das *kirtan,* das Singen von Lob und Preisliedern. Sie verwarfen die überlieferten Praktiken wie die priesterlichen Rituale, das Studium der Schriften und die gewissenhafte Pflichterfüllung. Wichtiger als jeder *dharma* sei es, sich selbst mit ganzem Herzen an Gott hinzugeben. Eine der Möglichkeiten, ständig auf Gott konzentriert zu bleiben, bestehe darin, den Namen Gottes zu singen, entweder laut oder leise für sich. Natürlich verwenden dafür die verschiedenen Sekten unterschiedliche Namen; manche singen von »Rama«, andere von »Shiva«, aber das Prinzip ist bei allen das gleiche.

Der Götterglaube, der den Hinduismus im Zeitalter der Klassik durchzog, ist auch in der heutigen Tradition noch lebendig und stark. Während des Mittelalters wurde dieser Theismus mit yogischen Praktiken angereichert, im *Tantra* außerdem mit einem komplizierten System von Entsprechungen zwischen dem menschlichen und dem göttlichen Wesen und in der vedantischen Theologie schließlich mit der Philosophie der *Upanishaden.* Die klarste Stimme des hinduistischen Theismus kam von den Dichterheiligen, deren Werke so einflußreich wurden, daß sie zum Bestandteil der Tempelliturgie wurden und die Philosophie prägten. Gegen Ende des Mittelalters waren alle diese Stränge so eng ineinander verflochten, daß in den Gedichten eines ungebildeten Webers Bilder aus dem *Tantra* von der Feinstofflichkeit des Körpers auftauchen konnten und ein *Brahmanen*-Poet Rituale und Kastenwesen ablehnen und jedermann verkünden konnte, die einzig notwendige religiöse Übung bestehe darin, in echter Gottesliebe ständig den Namen Gottes zu wiederholen. Die für das religiöse Leben der Hindus charakteristischen öffentlichen und privaten Übungen kristallisierten sich während des Mittelalters deutlich heraus und blieben bis in die heutige Zeit fast unverändert erhalten.

4. Die heutige Zeit I: Die Praxis des Hinduismus

Die religiöse Praxis im heutigen Hinduimus entspricht in den Grundzügen dem religiösen Leben, wie es in den *Puranas* beschrieben ist. Die Entsagenden meditieren und pflegen die Loslösung von der sozialen Welt, die Priester singen und bringen Opfergaben dar, die Hausväter verehren öffentlich und privat die Gottheiten. Letztere stellen die große Mehrheit dar; auf sie konzentrieren wir uns in diesem Kapitel. Ihr Gottesdienst findet in zwei Bereichen statt: im Tempel und daheim. Für die meisten religiösen Vollzüge in diesen beiden Bereichen sind sorgfältig bestimmte Zeitpunkte festgelegt. Auf der individuellen Ebene können bestimmte Rituale für bestimmte markante Einschnitte im Lauf des Lebens oder für bestimmte Ereignisse in der Familie vorgesehen sein. Auf der Ebene der Gemeinschaft sind zu bestimmten Zeiten am Tage, im Monat und im Jahr bestimmte Rituale fällig; sie werden nach dem Sonnen-Mond-Kalender des Hinduismus festgelegt.

Der Tempel

Architektur

Einer der großen Gegensätze zwischen der alten vedischen Tradition und dem späteren Hinduismus resultiert daraus, daß man die Religion an feste Orte band und auf Dauer errichtete Tempel als Zentren des Gottesdienstes baute. Die vedischen Rituale waren nicht ortsgebunden; sie konnten überall vollzogen werden, wo man in der erforderlichen Weise einen Feueraltar errichtete. Doch im klassischen Zeitalter (ca. 350–500 n. Chr.) waren Tempel zum Brennpunkt der Rituale geworden, und anstelle von Göttern, die in der Atmosphäre wohnten und über das Medium des Feuers verehrt werden wollten, das ihnen die Opfergaben in die himmlischen Sphären emportrug, gab es jetzt Götter, die in bestimmten Gebäuden seßhaft geworden waren. Heute gelten diese Tempel als Wohnsitze der Gottheiten, als Orte, an denen das Göttliche in der Welt der Sterblichen gegenwärtig ist. Jeder Tempel hat einen obersten Gott oder eine Göttin, die oft von ihnen beigeordneten Gottheiten umgeben sind. Gewöhnlich gibt es eine Gründungsgeschichte des Tempels, in der erzählt wird, wie die betreffende Gottheit dazu kam, sich an diesem Ort niederzulassen. Auf diese Weise ist das Land Indien das Land, in dem sich die Gottheiten offenbart haben.

Vor dem 20. Jahrhundert wurden die Tempel gewöhnlich von Königen und wohlhabenden Stiftern erbaut und unterhalten. Die Stifter gaben Geld, Juwelen, Bodenerträge und Land. Aus diesem Grund wurden beliebte Tempel oft sehr reichlich ausgestattet. Große Tempel verfügen immer noch über ausgedehnte Ländereien und erhalten von den Gläubigen viele Spenden. Heute werden die Tempeleinkünfte auch zur Unterstützung von Wohltätigkeitseinrichtungen, Schulen und Krankenhäusern verwendet. Manche Tempel Indiens betätigen sich auch als Sponsoren für den Bau von Tempeln im Ausland für Hindus, die außerhalb von Südasien leben.

Die hinduistische Tempelarchitektur ist von großer regionaler Verschiedenheit, doch lassen sich die Bauformen in zwei Hauptkategorien einteilen, einen südlichen und einen nördlichen Stil. Bei beiden ist der Tempel so angelegt, daß er Entsprechungen zum Kosmos und zum Körper der Gottheit aufweist. Im südlichen Stil ist ein zentrales Heiligtum in einen offenen Hof gesetzt. Dieser ist von einer Mauer mit vier Toren nach den vier Himmelsrichtungen umgeben; über den Toren erheben sich Türme, *gopurams* genannt. Der *gopuram* ist gewöhnlich in durch Treppen verbundene Stockwerke gegliedert, wobei jede Etage mit Bildern von Gottheiten verziert ist. Diese Türme können bis zu 70 Meter hoch sein. Die größeren Tempel sind wie kleine Städte. Der Fromme tritt durch das Tor in den Innenhof und findet dort zahlreiche Heiligtümer verschiedener Gottheiten, die alle das dem Hauptgott oder der Hauptgöttin des Tempels vorbehaltene Zentralheiligtum umgeben. Der Grundriß der Anlage entspricht dem weiter oben beschriebenen Muster des *yantra,* wobei die vier Himmelsrichtungen deutlich bezeichnet und die inneren Heiligtümer sorgfältig so angelegt sind, daß alles stufenweise auf das zentrale Bild der Gottheit ausgerichtet ist, das den *bindu,* den Punkt in der Mitte, darstellt. So ist der Tempel ein Spiegel des Kosmos.

Für die nördlichen Tempel ist es meistens typisch, daß sie eine konische Kuppel namens *shikara* tragen. Bei den frühen Tempeln gab es nur einen *shikara,* der sich über dem zentralen Bildnis erhob. Später wurde der *shikara* so erweitert, daß er den ganzen Tempel überwölb-

Der Rajarani-Tempel im nordindischen Bhunaveshnar, Orissa.

te; dann wurde der Tempel weiter ausgebaut, um Bereiche vor dem Heiligtum mit einzubeziehen, in denen sich die Beter versammeln konnten. Diese konnten mit einem Flachdach oder einem zweiten kleineren *shikara* bedeckt sein. Viele Tempel verfügten schließlich über zahlreiche *shikaras* von aufsteigender Größe, die sich wie eine Gebirgskette erhoben.

Zum Tempel kann auch ein davon abgesetzter Bereich für die traditionellen vedischen Feuerrituale gehören. Diese Rituale werden heutzutage nur noch bei seltenen Anlässen vollzogen. Viele von ihnen wurden früher von den Königen gestiftet und bei besonderen Anlässen vollzogen, die mit der Königsherrschaft zusammenhingen; als die Monarchien verschwanden, waren folglich auch die Rituale nicht mehr notwendig. Einige wenige *Brahmanen*-Familien wahren immer noch das alte Wissen. Heute versuchen Forschungsunternehmen, solche Feiern zu stiften, um sie mit Videoaufnahmen genau festhalten zu können, damit die alten Praktiken nicht ganz der Vergessenheit anheimfallen. Hinzu kommt ein neuerwachtes Interesse für den Reichtum der Tradition, das dazu geführt hat, daß Sponsoren versuchen, den häufigeren Vollzug der alten Rituale zu fördern.

Exkurs: Der Tempel

Der Tempel verbindet die Welt der Sterblichen mit dem Reich des Göttlichen. Diese Verbindung wird in mehrfacher Weise verstanden. Am grundlegendsten ist, daß der Tempel der Wohnort der Gottheit ist, also der Ort, an dem das Göttliche manifest wurde und den Menschen zugänglich ist. Aber auch die architektonische Bauform hat sakralen Charakter. Der Grund dafür ist, daß der Grundriß des Tempels eine leibhaftige Wiedergabe der Ordnung des Universums darstellt.
Die Vorstellung, der Tempel bilde die Ordnung des Kosmos ab, läßt sich gut veranschaulichen, wenn man sich die südliche Tempelarchitektur ansieht. Ihr Grundriß ist als *mandala* nach dem Muster des Universums angelegt, und zwar als gitterförmig unterteiltes Viereck. Der Zentralbereich, der Ort des inneren Heiligtums, wird mit der dort wohnenden Gottheit, etwa Brahma, dem Schöpfergott, gleichgesetzt. Brahma ist rings vom göttlichen Bereich umgeben, in dem niedrigere Gottheiten und lenkende und schützende Mächte wohnen. Um diesen Bereich herum schließt sich kreisförmig der Bereich der Menschen. Jenseits dieses Bereichs ist derjenige der Dämonen. Auf ihrem symbolischen Weg schreiten die Gläubigen also aus der äußeren Welt des sterblichen Lebens durch den Bereich der *devas* bis ins innere Heiligtum hinein, wo Gott thront. Die äußere physische Hinbewegung zum Gott ist ein Abbild des inneren Weges vom Beschäftigtsein mit dem weltlichen Leben bis zum Aufgehen im Gottesdienst.
Die Verbindung zwischen menschlichem und göttlichem Bereich kommt auch in Bildern vom Tempel als Berg und Leib des *Purusha* zum Ausdruck. Das Bild vom Berg ist im Norden am verbreitetsten, wo etliche Tempel nach den großen mythologischen Bergen Meru und Kailash benannt sind, von denen es heißt, auf ihren Gipfeln wohnten die Götter; so wird der Besuch des Tempels zum Ersatz für eine Reise zu diesen Bergen. Über dem *garbha-griha,* dem Ort des Hauptbildes und des Kraftzentrums im Tempel, erhebt sich der bergförmige *shikara.* Die Spitze des *shikara* und der heilige Mittelpunkt liegen auf einer Zentralachse, auf der göttliche Energie ausstrahlt. Der

Tempelbilder

Im nördlichen wie südlichen Stil ist das Herzstück jedes Tempels das *garbha-griha,* das »Schoß-Haus« oder »Ei-Haus«, in dem das zentrale Bild der Gottheit wohnt. Gott ist in Form der *murti,* der Tempelikone, physisch im *garbha-griha* anwesend. Shiva-Tempel besitzen gewöhnlich als zentrale *murti* Shiva-*lingams,* Vishnu-Tempel dage-

Aufstieg längs dieser Zentralachse wird mit dem Hineinschreiten in die Erleuchtung gleichgesetzt, wobei die Spitze das Endziel darstellt, die Befreiung von der Wiedergeburt. In der kosmischen Symbolik ist diese Achse der Stützpfeiler der Himmel. In der anthropomorphen Symbolik stellt er das Rückgrat *Purushas* dar, dessen Körper der Kosmos ist. Das entspricht wiederum der feinstofflichen Wirbelsäule der tantrischen Übungen, längs der die Kundalini-Shakti aufsteigt, um mit Shiva zu verschmelzen.

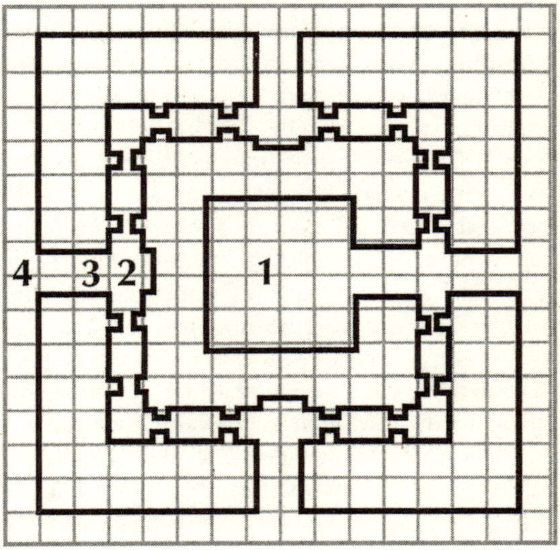

Grundriß des indischen Brhadeshvara-Tempels, angelegt in Form eines mandalas.
1. Heiligtum mit dem inneren Weg (Brahma)
2. Umgang (Bereich der Götter)
3. Umfassungsmauer (Bereich der Menschen)
4. Terrasse (Bereich der Dämonen)

gen Bilder von Vishnu oder seinen *avataras* in Menschengestalt, während Devi-Tempel entweder leibhaftige oder nicht leibhaftige Gestalten bergen. Wenn die Frommen zum Tempel kommen, suchen sie das *darshan*, die »Schau«; sie wollen die Gottheit anschauen und von ihr angeschaut werden. Der Umstand, daß das Göttliche in der *murti* anwesend ist, bedeutet nicht, daß Gott auf das Bild beschränkt wäre.

Das Göttliche ist grenzenlos und kann jede beliebige Zahl von Formen annehmen, ohne dadurch eine Minderung zu erfahren. Das physische Bild im Tempel ist eine Form, die es zum Wohl der Frommen annimmt.

Natürlich gibt es auch Hindus, die die Anbetung der *murti* ablehnen. Sie vertreten die Ansicht, das Göttliche sei unendlich und formlos, so daß kein physischer Gegenstand mehr als eine symbolische Abbildung davon sein könne. Shankara, der große Philosoph des *Vedanta*, vermittelte zwischen diesen beiden Auffassungen und lehrte, die Verehrung eines Bildes sei eine Möglichkeit, sich bei der Andacht zu konzentrieren und sich auf die höhere Form der Verehrung des formlosen Absoluten vorzubereiten. Doch ist es bemerkenswert, daß selbst die Anhänger des *Vedanta* dazu neigen, zum Gottesdienst Heiligtümer aufzusuchen.

Die Tempel überliefern Entstehungsgeschichten, in denen erzählt wird, wie die Gottheiten dazu kamen, sich gerade dort niederzulassen. Viele dieser Geschichten knüpfen an die Erzählungen in den Epen und *Puranas* an. Einer der beliebtesten Vishnu-Tempel ist derjenige in Tirupati. Hier wird der Gott Venkateshwara genannt, »der Herr des Hügels Venkata«. Laut der Überlieferung wurde dieser Hügel an seinen jetzigen Ort auf Vishnus Geheiß versetzt, als der Gott auszuruhen beschloß, nachdem er sich als Eber inkarniert hatte, um die Erde vor dem Versinken in den Urfluten zu bewahren. Manche Tempelgeschichten erzählen auch, daß sich der Gott oder die Göttin infolge der besonderen Frömmigkeit eines bestimmten Heiligen an diesem Ort offenbart habe. Ein Tempel konnte auch deshalb errichtet worden sein, weil ein König im Gebet Gott darum gebeten hatte, an einem bestimmten Ort ständig gegenwärtig zu sein, und Gott beschlossen hatte, ihm diese Bitte zu erfüllen. In Tempeln, die dem Shiva geweiht sind, wird öfter erzählt, wie Shiva in die Gegend kam und sich mit der lokalen Göttin vermählte. Das ist zum Beispiel im Minakshi-Tempel in Madurai der Fall. Shiva sei nach Madurai gekommen, um sich mit Minakshi, der Königin des Königreiches von Pandya, zu vermählen, und sei unter dem Namen Sundareshwara ihr Mitherrscher geworden. Die Hochzeit der Gottheiten wird alljährlich im Tempel gefeiert. Etliche der Devi geweihten Heiligtümer werden auf die bereits erwähnte Erzählung von der Zerstückelung Satis zurückgeführt. Tempel können auch gebaut werden, wenn eine lokale Gottheit den Wunsch nach einem neuen Heim äußert. Im Gebiet von Konku in Tamil Nadu besuchte die Göttin Kali eine Familie und verlangte, daß ihr ein Tempel gebaut werde. Sie hatte bis dahin in einem Kokosnußbaumhain gewohnt, wo ein *trishula* (Dreizack) die symbolische Verkörperung ihrer Anwesenheit gewesen war. Aber als die Stadt sich ausgedehnt hatte, wurde der Hain gerodet und besiedelt, und mit dem Verschwinden ihrer Wohnstatt war auch die Göttin fast in Vergessenheit geraten. So wurde ihr als neuer Wohnort ein Tempel errichtet.

Tempelrituale

Die Rituale in den Tempeln werden von Berufspriestern vollzogen. Der Kernritus ist die *puja*, die Verehrung der *murti*. Bei der *puja* wird die Gottheit als königlicher Gast behandelt. Sie wird gebadet und dann mit Kleidern und Blumengirlanden geschmückt, und man serviert ihr Speise und Trank. Werden besondere tragbare Bilder in Prozessionen umhergetragen, so schützt man sie mit Schirmen gegen die Sonne. Zu ihrer Unterhaltung werden Musik und Tänze aufgeführt. Die Priester bringen den Gottheiten Opfer aus Obst, Blumen oder Kokosnüssen dar. Der abschließende Teil des Ritus ist die *arati*, bei der die Priester brennende Lampen oder Kampferflammen vor den *murtis* schwenken. Während der *arati* halten viele Fromme als Grußgeste ihre Hände mit zusammengefalteten Handflächen vor die Stirn. Hierauf tragen die Priester die Kampferflamme zur Volksmenge, die Leute halten ihre Hände über die Flamme und berühren dann ihre Augen. Mittels dieser Geste werden die Kraft und schützende Gnade der Gottheit auf die Gläubigen übertragen. Nach der *puja* empfangen die Gläubigen den *prasada*, was wörtlich »Gnade« bedeutet. Der *prasada* kann aus einigen der Früchte oder Blumen bestehen, die der *murti* dargeboten wurden, oder aus Wasser oder anderen Flüssigkeiten, die beim rituellen Gebadetwerden der Gottheit verwendet wurden. In Shiva-Tempeln besteht der *prasada* oft aus weißer Asche, weil diese Substanz besonders mit dieser Gottheit in Verbindung gebracht wird. Die Früchte soll man essen, das Wasser sich über den Kopf sprengen oder auch etwas davon trinken, während man sich die Asche gewöhnlich auf die Stirn reibt oder auch etwas davon essen kann. Alle diese Substanzen sind während der *puja* mit der Gottheit in Berührung gekommen und dadurch mit göttlicher Kraft und Gnade aufgeladen worden, die sich dann auf den Frommen übertragen, der sie empfängt. Der *prasada* ist der Höhepunkt des *puja*-Rituals.

Was sich im Tempel während des Vollzugs dieser *puja* abspielt, unterscheidet sich ziemlich vom Gemeindegottesdienst in einer christlichen Kirche. Die Gläubigen nehmen nicht an einer einheitlichen gemeinsamen Gemeindeliturgie teil. Sie kommen zwar zusammen, um dem Priester bei der Darbringung der Gaben zuzuschauen, aber die Erfahrung im Tempel ist weithin privater Natur. Die Menschen nahen sich als Einzelpersonen der Gottheit, um ihr Gebete darzubringen und das *darshan* zu empfangen, den Rezitationen der Priester zuzuhören, dem Tempel Spenden zu machen und den *prasada* entgegenzunehmen. Das heißt nicht, daß die öffentlichen Rituale nicht auch eine soziale Komponente besäßen. Im Tempel herrscht ständig rege Aktivität. Nicht nur vollziehen die Priester mindestens dreimal täglich vor jedem Götterbild Rituale, sondern auf dem Tempelgelände kommt und geht ein ständiger Strom von Besuchern. Menschen werfen sich vor der Gottheit nieder und verrichten ihre Gebete, während andere still meditierend dasitzen. Vielleicht schart sich auch eine Gruppe zusammen und singt fromme Lieder. Kranke hocken im Tempel und warten geduldig auf Heilung durch die Götter. Kinder spielen, während Erwachsene in Nischen sitzen und in den heiligen Schriften lesen oder mit Bekannten plaudern. Der Tempel summt vor Leben wie ein Bienenkorb. Aber was sich zwischen dem einzelnen Gläubigen und der Gottheit abspielt, ist rein privater Natur.

Die *puja* wird im allgemeinen vollzogen, um den Göttern gefällig zu sein. Werden die Götter geziemend verehrt, sollte die Gemeinde unter ihrem Schutz gedeihen; werden sie dagegen erzürnt, kann es Unglück geben. Manche Priester behaupten, die schweren Probleme der heutigen Zeit seien eine Folge davon, daß man die Riten nicht korrekt vollzogen habe. Jedoch setzen sie unverzüglich hinzu, selbst ein exakter Vollzug der Riten zwinge die Gottheit nicht, sich auf eine bestimmte Weise zu verhalten. Die Götter lassen sich nicht von den Sterblichen manipulieren.

Im Idealfall geschieht die Gottesverehrung aus reiner Liebe zu Gott, aber tatsächlich suchen die meisten Menschen die Tempel auf, um sich von den Göttern Gunsterweise zu erbitten. In Zeiten der Dürre, Überschwemmung, Hungersnot oder Seuche wendet man sich um Hilfe für alle insgesamt an die Gottheiten. Doch ruft man sie auch um individuelle Hilfe an, wenn es um Krankheit, Fruchtbarkeit und die Finanzen des Haushalts geht. Jedoch wird häufig gesagt, derlei alltägliche Angelegenheiten seien unter der Würde der großen Götter, weshalb man sich mit ihnen lieber an die kleineren lokalen Gottheiten wendet. Das fällt dann meist in den Bereich des häuslichen Gottesdienstes.

Der häusliche Gottesdienst

Schreine

Der häusliche Gottesdienst weist in vielem die gleichen Bestandteile auf wie die Tempeltradition. In jeder Wohnung gibt es einen besonderen für die Haushaltsgottheiten vorgesehenen Bereich, entweder in einem speziellen Raum oder auf einer Konsole im Wohnraum selbst. Auf dem Hausaltar stehen gewöhnlich mehrere Bilder, weil die Familienmitglieder meistens unterschiedliche Gottheiten verehren. Jeder und jede hat eine *ishtadevata,* eine »auserwählte Gottheit«, zu der man eine besondere Beziehung unterhält. Eine Familie hat vielleicht Shiva als gemeinsame Schutzgottheit, aber es kann sein, daß die Frau eines Bruders aus einer der Göttin Durga geweihten Familie kommt und ein anderer Bruder zum Verehrer Krishnas geworden ist. So ist es möglich, daß auf dem Familienaltar alle drei Gottheiten in Form von Statuen oder Bildern aufgestellt werden. Zu den Hauptgottheiten können noch andere Gottheiten mit speziellen Funktionen hinzukommen, wie etwa Ganesha, der Beseitiger von Hindernissen, und Sarasvati, die Göttin des Wissens. Es können auch Bilder großer Heiliger dazugestellt werden. Häufig sind in den Wohnungen auch nichtfigürliche Bilder anzutreffen, etwa das Shiva-*lingam* oder der *shalagrama*-Stein, der den Abdruck eines versteinerten Fisches trägt. Der *shalagrama* wird auf ein kleines silbernes Schälchen in Form der großen Schlange gelegt, auf der laut der Mythologie der *Puranas* Vishnu schläft.

Im häuslichen Gottesdienst sind lokale Götter und Göttinnen oft wichtiger als Vishnu, Shiva und Devi, weil viele Hindus glauben, letztere kümmerten sich hauptsächlich um die Schöpfung, den Erhalt und die Vernichtung des Kosmos, während die regionalen Gottheiten für die Alltagssorgen der Menschen zuständig seien. Diese Götter und Göttinnen sind gewöhnlich ganz spezifisch an bestimmte Orte gebunden. Die meisten Dörfer besitzen eine Schutzgottheit, meistens eine Göttin. Es kann auch besondere Gottheiten für bestimmte Verwandtschaftsgruppen geben. Wegen ihrer engen Bindung an den Ort und die Menschen sind diese Gottheiten aktiv um das Wohl der Gemeinschaft besorgt. Sie werden um Hilfe beim Wetter und der Ernte angerufen und sind besonders hilfsbereit, wenn es um Krankheiten und Fruchtbarkeit geht.

Manche Ortsgöttinnen sind für bestimmte Krankheiten zuständig. Im Norden ist Sitala, im Süden Mariyamman die Göttin der (inzwischen ausgerotteten) Pocken. Die Verehrer dieser beiden Gottheiten sind nicht auf bestimmte Dörfer beschränkt, sondern regional verbreitet, allerdings nicht allgemein im Hinduismus. Bei der Erklärung von Seuchen spielt die Theorie von der »rituellen Temperatur« eine große Rolle. Die mit bestimmten Seuchen verbundenen Göttinnen können physisch und emotional überhitzt werden. Wenn sie zu heiß und emotional werden, kann sich ihre Raserei in Fieberkrankheiten äußern. Die davon angesteckten Menschen werden als von der Göttin besessen betrachtet; es heißt von ihnen, daß sie ihr helfen, indem sie die angestaute Hitze mittragen, die die Göttin allein nicht mehr zu ertragen vermag. Die Opfer werden mit kühlenden Ritualen verehrt, und man bringt zur Besänftigung und Abkühlung der Göttin Tieropfer dar.

Grundsätzlich kann man zwei Arten von Opfern unterscheiden, nämlich die Opfer in den von *Brahmanen* geleiteten Tempeln und die Opfer gemäß den Traditionen der dörflichen Bevölkerung. Die in großen Tempeln wohnenden Götter und Göttinnen erhalten normalerweise vegetarische Opfergaben, während die Dorfgottheiten auch Opfer von Alkohol und Blutopfer von Hühnern, Ziegen und manchmal Büffeln verlangen können. Gewinnt eine Dorfgottheit größere Anhängerschaft und wird schließlich in eine priesterliche Tempeltradition mit einbezogen, werden diese nichtvegetarischen Opfergaben durch Surrogate (z. B. gefärbtes Wasser statt Blut) ersetzt. Die Unterscheidung zwischen vegetarischen und nichtvegetarischen Gottheiten kennt Ausnahmen, namentlich im Fall einer Göttin, die gelegentlich beide Arten von Opfern erhält. Während eines Festes kann zum Beispiel Devi in zwei Formen dargestellt werden, in einer nichtfigürlichen, etwa einem Wasserkessel, und in einer figürlichen, etwa einer bronzenen *murti.* Dem Kessel werden Blutopfer dargebracht, während das Bronzebild nur vegetarische Opfergaben bekommt. So werden Volkstradition und priesterlicher Brauch Seite an Seite gepflegt.

Die größeren Götter können wie die örtlichen Krankheitsgottheiten ebenfalls eventuell überhitzt werden und dann die Hilfe der Menschen brauchen, um wieder ein gesundes Gleichgewicht der Temperatur zu erlangen. Im Bergtempel von Palani wird der tamilische Gott Murukan als Heiler verehrt. Aber die Heilfähigkeiten des Gottes können durch jahreszeitliche und Sterneneinwirkungen beeinträchtigt werden oder auch dadurch, daß der Gott von allzu großen Massen von Bittstellern bedrängt wird. Daher werden eigens zwei Feste abgehalten, eines auf dem Höhepunkt der kalten, das andere auf dem der heißen Jahreszeit, um dazu beizutragen, daß die Temperatur des Got-

Religiöse Schreine für lokale Gottheiten finden sich in den indischen Dörfern und Städten in jeder Ecke.

tes ausgeglichen bleibt. In der heißen Jahreszeit bringen die Pilger Wasserkessel aus dem Fluß Kaveri, von dem es heißt, es kühle genausogut wie Wasser aus dem Ganges selbst, um damit die *murti* zu übergießen. Während des Winterfestes bringen die Pilger Murukan als Opfergabe Rohzucker, der als heizende Substanz gilt.

Manche lokale Gottheiten sind vergöttlichte Menschen, entweder Helden oder besänftigte Totengeister. Bei den Helden kann es sich um Heilige handeln, die ein Leben der Frömmigkeit führten, um Krieger, die bei der Verteidigung der Gemeinschaft fielen, oder um Frauen, die den weiblichen *dharma* in Vollendung erfüllten und dadurch zur *sati* wurden, daß sie sich als Witwen auf dem Scheiterhaufen ihres Gatten verbrennen ließen. Solche Menschen erreichen dank der Reinheit ihres Tuns in ihrem irdischen Leben göttliche Qualität. Sie können denen, die sie verehren, helfen. Man glaubt von ihnen, daß diese Gottheiten infolge ihrer menschlichen Herkunft für die Sorgen der Sterblichen ganz besonderes Verständnis hätten, vor allem für die Menschen der Gemeinschaft, in der sie früher selbst lebten. Die Geister hingegen werden verehrt, um sie von schädlichem Tun abzuhalten. Übelwollende Geister sind die Geister von Menschen, die eines schlimmen oder verfrühten Todes gestorben sind, wie etwa durch Mord, Selbstmord, Unfall, Krankheit oder im Kindbett. Die Opfer solcher Ereignisse sterben, ohne ihr Leben erfüllt zu haben; sie sind daher unglücklich und neigen dazu, den Lebenden Schmerzen zuzufügen, die sich dessen erfreuen, was ihnen selbst versagt geblieben ist. So können zum Beispiel Frauen, die kinderlos sterben, zu Geistern werden, von denen Kindern Gefahr droht. Wenn man den Geist in einen Schrein bannt und verehrt, kann man ihn unter Kontrolle halten und vielleicht sogar wohltätig stimmen. Gewöhnlich wird der entsprechende Gottesdienst von Familienmitgliedern des bzw. der betreffenden Verstorbenen vollzogen, aber wenn dieser Geist in den Ruf kommt, den Menschen helfen zu können, kann er auch eine größere Anhängerschaft gewinnen.

Örtliche Gottheiten haben gelegentlich kleine ihnen geweihte Tempel, aber häufiger werden sie in einfachen Schreinen im Freien verehrt. Die *murtis* in diesen Schreinen sind oft nichtfigürlicher Art und bestehen vielleicht aus einem Wassertopf, einem Baum, einem Dreizack namens *trishula* oder einem rotbemalten Stein. Der Schrein der Dorfgöttin kann an der Gemeindegrenze stehen, von wo aus sie ihre Anhänger vor übelwollenden Eindringlingen schützen kann. Vergöttlichte Menschen werden oft an ihren Gräbern verehrt.

Religiöse Spezialisten
Neben den *Brahmanen*-Priestern gibt es zahlreiche andere religiöse Spezialisten, die in der Welt der häuslichen Religionspraxis eine Rolle spielen. Zu ihnen gehören Asketen, Volksheiler, Exorzisten und Medien, die von Gottheiten besessen sind. Die Asketen, *sadhus* genannt, treten in verschiedener Form auf. Manche gehören Mönchsorganisationen wie der von Shankara gegründeten an, andere sind Einsiedler, die ganz auf eigene Faust leben. Manche tragen orangefarbene Gewänder, andere gehen nackt, was zu ihrem Bestreben gehört, restlos alle Bande abzulegen. Manche widmen sich rigorosen asketischen Übungen, andere gehen den Weg des *jnana-yoga* und verbinden die Meditation mit dem Studium und der Kontemplation der heiligen Schriften. Trotz ihrer unterschiedlichen Wege werden alle *sadhus* als heilige Menschen verehrt, da sie die Sicherheit des weltlichen Lebens aufgegeben und sich ganz der religiösen Suche verschrieben haben. Solche *sadhus* können auf ihrem Pilgerweg durch ein Dorf kommen oder sich in der Nähe einer Stadt niederlassen, um sich dort ihren asketischen Übungen zu widmen. Die Gemeinde unterstützt diese Asketen mit Gaben von Nahrungsmitteln und Geschenken. Gelegentlich erteilen diese Asketen denen, die sich an sie wenden, Ratschläge oder religiöse Unterweisungen. Da die *sadhus* den *yoga* praktizieren, schreibt man ihnen außergewöhnliche Kräfte zu. Folglich kann es sein, daß die Leute sich um Hilfe in einem vor Ort bestehenden Problem an sie wenden, etwa im Fall einer schlimmen Dürre.

Wenn die Menschen Rat suchen, können sie sich auch an einen *guru* wenden. *Gurus* sind religiöse Lehrmeister, die einen kleinen Jüngerkreis um sich versammelt haben, den sie unterrichten; jedoch widmen sie sich auch einem größeren Kreis von Menschen, von denen sie wegen ihrer spirituellen Leistungen und ihrer besonderen Gabe, anderen auf dem Weg der Religion zu helfen, verehrt werden. Manche *gurus* sind *sadhus*, andere sind auch Hausväter. Bei Hausvätern, die *gurus* sind, kann es sich um Menschen handeln, die sich von der Sorge um das Materielle abgewandt haben, um sich geistlichen Zielen zu widmen, es aber nicht für notwendig hielten, Gelübde der Entsagung abzulegen. Oft sind Familienmitglieder unter ihren Schülern, und die Rolle der spirituellen Führergestalt kann eventuell auf einen der Nachkommen übergehen.

Neben diesen offensichtlich religiösen Persönlichkeiten gibt es Menschen wie etwa die Heiler, deren Wirken auf ihrer Kenntnis über

Dieser Mann aus Nepal gerät in tranceähnliche Zustände, während er bei Ritualen zum spirituellen Sprachrohr einer Gottheit wird.

den inneren Zusammenhang zwischen dem physischen Körper, den Geistern und den im Kosmos wirkenden Kräften beruht. Die Heiler wenden uralte medizinische Methoden an, die von der Vorstellung ausgehen, die Krankheit sei das Ergebnis von Unausgeglichenheiten im Körper. Solche können sich aus bestimmten Gründen ergeben, wie etwa durch ungeeignete Nahrung, übermäßige Anstrengung, böse Geister und allzu große Hitze oder Kälte. Zur Heilung der Krankheit werden Arzneien, Rituale und Änderungen bei der Ernährung verschrieben.

Im ländlichen Hinduismus ist die Besessenheit weit verbreitet, vor allem in Südindien. Es gibt verschiedene Arten von Besessenheit. Bei einer unerwünschten Besessenheit ergreifen Geister oder Dämonen von jemandem Besitz und müssen durch einen professionellen Exorzisten ausgetrieben werden. Es gibt jedoch auch formelle rituelle Verfahren, sich in den Zustand der Besessenheit zu versetzen. Sie werden zum Beispiel von den professionellen Wahrsagern angewandt, die als Medien handeln. Außerdem gibt es bestimmte Formen der Besessenheit, die sich aus der Erfüllung von Gelübden ergeben. Das ist bei Menschen der Fall, die göttliche Hilfe suchen, deshalb einer Gottheit geloben, sie dafür besonders zu verehren, an einer Wallfahrt oder

Prozession teilnehmen und dann während der Prozession oft von dem Gott oder der Göttin besessen werden. Es gibt auch Spezialisten, die regelmäßig im Rahmen von bestimmten Ritualen von einer Gottheit besessen werden. Ein Beispiel dafür ist der *camiyati,* der »Gottestänzer«, in Südindien. Der *camiyati* wird zu bestimmten Festtagen von einer Gottheit besessen und dient während dieser Zeit als deren Sprachrohr. Diese Tänzer sind für ihre asketischen Wunderleistungen bekannt, etwa ihr Schreiten über glühende Kohlen, was zum Beweis dafür dient, daß sie im Zustand der Besessenheit sind, und was die Macht der Gottheit bezeugt, sie vor Schmerz und Schaden zu bewahren. In der Zeit, während der der Gottestänzer im Zustand der Besessenheit ist, kann er um Rat und Ermutigung angegangen werden.

Oft verschmelzen die unterschiedlichen Rollen von Heiler, Ratgeber und Hellseher miteinander, da das alles Eigenschaften des Göttlichen sind und der besessene Mensch mit einer Gottheit gleichgesetzt wird. Das war zum Beispiel bei Valliyamma offensichtlich der Fall, einer Frau in Südindien, die die Berufung erfuhr, Murukan zu dienen. Valliyamma war das Kind einer Familie, die Murukan verehrte. Alljährlich unternahmen sie eine Wallfahrt zum Bergtempel von Palani. Als Valliyamma zwölf war, wurde sie während dieser Wallfahrt vom Gott besessen. Er wies sie an, zu fasten und sechs Monate lang zu schweigen. Nach Abschluß dieser Zeit hatte sie einen Traum, in dem ihr Murukan sagte, sie solle sich eine Nadel durch die Zunge stechen, damit sieben Tage lang durch die benachbarten Dörfer wandern und dann zum Tempel in Palani zurückkehren. Während dieses Umherwanderns wurde das Mädchen vom Gott besessen und tanzte über die Straßen der Dörfer, so daß die Leute begannen, sie eine *camiyati,* eine Gottestänzerin, zu nennen. Als sie zum Tempel kam, wurde sie wieder vom Gott besessen. Dieser vertraute ihr ein geheimes *mantra* an, das sie befähigte, Krankheiten zu heilen und die Zukunft vorauszusagen. Seit damals kamen Fromme zu ihr, um sich von ihr heilen und Ratschläge geben zu lassen. Sie vollzieht in ihrem Zimmer, das zum »Tempelraum« geworden ist, vor einem gerahmten Bild Murukans *pujas* und teilt nach dem Ritual an die Gläubigen heilige Asche und Wasser aus, ganz wie ein Tempelpriester.[8]

8. Geschildert nach Manuel Morenos Beitrag in: God's Forceful Call. Possession as a Divine Strategy, in: Gods of Flesh, Gods of Stone, Pennsylvania 1985.

Der Familien-Dharma

Der Haushalt ist der Bereich des familiären *dharma*, wo die Menschen ihre überlieferten Pflichten erfüllen, ihre täglichen Frömmigkeitsübungen vollziehen und besondere Feiern zur Auszeichnung wichtiger Ereignisse wie Geburten und Hochzeiten veranstalten. Im Idealfall sollte jedes Familienmitglied alle Pflichten seines *dharma* gewissenhaft erfüllen. Das männliche Oberhaupt des Haushalts sollte für den Lebensunterhalt seiner Familie arbeiten und seiner Stellung in der Gesellschaft gerecht werden. Er sollte sich darum kümmern, daß seine Söhne angemessen erzogen werden und die Fertigkeiten erwerben, dank deren die Familie sich ernähren kann. Seine Frau ist für die Haushaltsarbeiten zuständig und muß die Mahlzeiten zubereiten; diese Fertigkeiten soll sie auch ihren Töchtern beibringen. Zu einer traditionellen Großfamilie können auch noch jüngere Brüder mit ihren Familien gehören, die sich ebenfalls an Familiengewerbe und Hausarbeit beteiligen. Familienmitglieder mit Arbeitsstellen außerhalb der Familie tragen zum finanziellen Unterhalt der Familie bei. Auch die Großeltern leisten ihren Beitrag, vor allem als Betreuer der Kinder. Oft sind es die Großeltern, die den Kleinen die hinduistischen Mythen und Legenden erzählen und so die überlieferte Weisheit weitergeben. Von jüngeren Familienmitgliedern erwartet man, daß sie vor den Älteren Respekt haben und ihnen zu Diensten sind.

Jeder Haushalt verfügt über einen Altar, oft in der Küche, wo Reinheitsregeln für die Speisen für eine angemessene Umgebung sorgen. Die Hausgottheiten werden mit dem gleichen *puja*-Ritual wie das Tempelbild verehrt, jedoch in vereinfachter Form. Die Gottheit wird als Ehrengast des Hauses behandelt. Der Gläubige bietet ihr Wasser zum Trinken und Baden, Speisen und vielleicht auch Weihrauch an. Handelt es sich bei den häuslichen Götterbildern um Statuen, können sie auch in Seidengewänder gekleidet sein. Bilder wie Statuen werden mit Blumen geschmückt. Die häuslichen *pujas* sollten regelmäßig vollzogen werden, im Idealfall täglich, in manchen Fällen werden sie jedoch auch nur wöchentlich gehalten. Reiche Familien aus höheren Kasten stellen für das Abhalten ihrer *pujas* oft *Brahmanen* an, vor allem für größere Feste, aber die meisten häuslichen Rituale werden von Laien vollzogen. Bei besonderen Anlässen spielen meistens Männer die Hauptrolle, aber gewöhnlich ist der tägliche Gottesdienst eher Sache der Frauen. Die *puja* wird vor dem Frühstück und dann wieder vor dem Abendessen vollzogen. Dabei werden alle für die Familie bereiteten Speisen zuerst den Gottheiten dargebracht, bevor sie aufgetragen werden. Der Hauptzweck des häuslichen Gottesdienstes besteht im Erbitten von Schutz für die ganze Familie, aber die Rituale werden auch als Ausdruck der persönlichen Beziehung zwischen dem Gläubigen und seiner erwählten Gottheit vollzogen.

Die *puja* ist nicht die einzige Form des häuslichen Gottesdienstes; den ganzen Tag über gibt es weitere Möglichkeiten zur Ausübung der Frömmigkeit. Jeder Mensch sollte den Tag damit beginnen, daß er Gottes gedenkt und im Geist alle bevorstehende Arbeit des Tages Gott darbringt. Die Dorffrauen sprechen bei ihrem Gang zum Wasserholen und Baden am Fluß ihre Morgengebete. Auf ihrem Heimweg verweilen sie kurz hei den Gottheiten, die in Schreinen längs des Weges wohnen, um zu beten und ihnen ein wenig Reis, ein Räucherstäbchen oder eine Handvoll Wasser zu opfern. In den Städten besuchen die Menschen unterwegs zur Arbeit oder sonstigen Erledigungen kurz Schreine oder Tempel, an denen sie vorbeikommen, um dort Opfergaben darzubringen. Im Lauf des Tages spendet man vielleicht umherwandernden *sadhus,* die an die Tür kommen, etwas Nahrung. Dieses Almosengeben, *dana* genannt, hat im Hinduismus eine lange Geschichte. Es gewährleistet den Lebensunterhalt der *sadhus,* der heiligen Männer, die ihr ganzes Leben dem religiösen Streben widmen und auch dem Spender der Almosen Verdienste verschaffen. Zur religiösen Alltagspraxis gehören ferner noch das Studieren der religiösen Texte, das Singen frommer Lieder und das Wiederholen von *mantras.*

Die Frauen vollziehen an bestimmten, nach dem Mondkalender ermittelten Tagen häufig noch viele verschiedene andere Riten. Diese Riten oder Frömmigkeitsübungen, *vratas* genannt, werden mit dem *dharma* in Verbindung gebracht, denn damit erfüllt die Frau ihre religiösen Pflichten gegenüber ihrer Familie. Laut der Tradition verfügen die Frauen über die Macht, durch vorbildliches persönliches und rituelles Verhalten ihre Familien wirksam zu beschützen. Daher wird eine Frau, deren Mann und Kinder sich guter Gesundheit erfreuen, als tugendhaft und gesegnet angesehen, während eine Witwe als unheilbringend gilt. Die entsprechenden Frömmigkeitsübungen beginnen normalerweise damit, daß die Frau privat für sich oder ausdrücklich vor einem Priester den Vorsatz faßt, ein *vrata* zu vollziehen. In der Praxis handelt es sich dabei meist um *pujas* oder bestimmte Fastenübungen. Arten des Fastens gibt es viele, von einer nur aus Obst oder Milch bestehenden Diät bis zum Ganzfasten unter Verzicht auch auf Wasser. Diese Akte der Entsagung, verbunden mit der in der *puja* geäußerten Gottesverehrung, ziehen die Gnade der Gottheiten auf diejenigen, für die man sie auf sich nimmt. Oft heißt es, diese Übungen dienten grundsätzlich dem Wohl der ganzen Familie und Gemeinde, denn bei den meisten von ihnen geht es um das Finden eines Bräutigams, die Geburt und Gesundheit von Söhnen, das lange Leben des Ehegatten und die Vorbeugung gegen oder Abwendung von Dürrezeiten und Krankheiten.

Zugleich sind die *vratas* die hauptsächliche Form, in der Frauen sich religiös betätigen können. Zwar kann gelegentlich ein Priester für den Vollzug der *puja* eingeladen werden, aber meistens sind bei diesen Übungen die Frauen die Handelnden. Gewöhnlich halten sie ihre eigenen *pujas* und kommen zusammen, um gemeinsam zu essen, Geschichten zu erzählen und fromme Lieder zu singen. Sie veranstalten auch Wallfahrten zu Tempeln und zu den heiligen Flüssen. Auf diese Weise haben die Frauen eine reiche Tradition entwickelt, die es ihnen gestattet, trotz der vorherrschenden patriarchalen Struktur ihre Frömmigkeit aktiv zu betätigen und ihre persönliche Beziehung zum Göttlichen zu entwickeln.[9]

Ein weiteres wichtiges Ritual ist im Hinduismus das von Hausvätern wie *sadhus* geübte Wallfahren und Pilgern. Weil das Transzendente an bestimmten Orten immanent geworden ist, sind diese Orte zu *tirthas* geworden, zu »Furten« oder „Kreuzungspunkten«, an denen man auf die göttliche Gnade treffen kann. Der Pilger wandert zu solchen *tirthas,* um das Göttliche handgreiflich zu erfahren. Das Wallfahren wird von komplizierten Regeln bestimmt, zu denen das Fasten, die sexuelle Enthaltsamkeit und asketische Übungen gehören wie etwa das Schlafen auf dem nackten Boden statt im Bett zur Vorbereitung auf die Reise. Im Idealfall sollte der Pilger den ganzen Weg bis zu seinem Zielort zu Fuß gehen, aber die heutigen öffentlichen Verkehrsmittel und sogar eigene Autos sind zu akzeptablen Alternativen geworden. Das Ziel kann ein Tempel sein, in dem eine Gottheit wohnt, der man bei seiner Bitte um Hilfe ein Gelübde gemacht hat, oder auch einer der heiligen Flüsse. Gewöhnlich begibt sich der Pilger während einer der besonderen Festzeiten auf den Weg zu einem *tirtha.*

---

9. Diese Angaben nach Anne Mackenzie Pearsons Buch: Because It Gives Me Peace of Mind. Ritual Fasts in the Religious Lives of Hindu Women, Albany 1996.

Millionen von Pilgern, Laien wie *sadhus*, kommen zum Kumbha-Mela-Fest in Allahabad (Prayaga) zusammen. Allahabad ist einer der heiligsten Orte in Indien, denn hier fließen drei Flüsse zusammen, der Ganges, der Yamuna und der unsichtbare Sarasvati. Der Ganges ist der heiligste Fluß Indiens; das Baden in ihm reinigt den Pilger und seine ganze Familie bis auf sieben Generationen zurück. Ein Bad im Zusammenfiuß der drei Flüsse zur günstigen Stunde des Sonnenaufgangs an speziellen Tagen des Kalenders verschafft der Seele mit Sicherheit das Freikommen aus dem Kreislauf der Wiedergeburten. Dieses Freiwerden kann man auch weiter flußaufwärts des Ganges in Benares (auch Varanasi oder Kashi genannt) erlangen, einem der beliebtesten Wallfahrtsorte Indiens. Benares gilt als Mittelpunkt des Kosmos, als der Ort, an dem alle Götter versammelt und alle Wallfahrtsorte vereint sind. Wenn man dort stirbt, garantiert das die Befreiung von der Wiedergeburt, weshalb die Stadt über weitläufige Totenverbrennungsstätten für alle diejenigen verfügt, die sich diesen heiligen Ort zur Endstation für ihre letzte Pilgerreise erwählen.

Samskaras: Rituale für die Lebensstadien

Bei den *samskaras*, die oft als die Sakramente des Hinduismus bezeichnet werden, handelt es sich um Riten, die den Hindu auf dem Weg des *dharma*, des tugendhaften Lebens geleiten. Das Wort *samskara* bedeutet »vervollkommnen«. Bei diesen Zeremonien werden die Elemente der *puja*, des Gebets, des Vortrags alter Hymnen und des gemeinschaftlichen Feierns miteinander verbunden. Die am häufigsten vollzogenen Riten beziehen sich auf Geburt, Initiation, Hochzeit und Tod. Dazu gibt es noch zahlreiche von Frauen vollzogene regionale Rituale zur Feier des Eintritts in die Pubertät, für das Finden eines guten Ehemanns, für das Wohl der Familie und für die gegenseitige Ermutigung während der Schwangerschaft.

Geburt

Zu den mit der Geburt eines Kindes verbundenen Zeremonien gehören das Stiften von *pujas* am örtlichen Tempel und das Rezitieren von Bittgebeten um ein langes erfolgreiches Leben des Neugeborenen. Wichtig ist es, den genauen Zeitpunkt der Geburt festzuhalten, damit für das Kind ein Horoskop erstellt werden kann. Das Horoskop wird für das Kind besonders wichtig, wenn es erwachsen wird und eine passende Heirat arrangiert werden muß. Es kann auch spezielle Feiern anläßlich der Gelegenheiten geben, bei denen das Kind seinen Namen erhält, zum ersten Mal feste Nahrung zu sich nimmt oder zum ersten Mal die Haare geschnitten bekommt. Die Kinder sollen glückbringende Namen erhalten, so daß sie oft nach Gottheiten und Helden benannt werden.

Upanayana

Das *upanayana* genannte Ritual bezeichnet den Eintritt des Kindes in den Lebensabschnitt des Schülers. Ursprünglich wurde es für die Jungen der drei höheren Kasten gehalten, aber heute ist es nur noch bei den *Brahmanen* üblich. Der Junge wird rituell gebadet und in spezielle Kleider gehüllt und dann zu einem Lehrer der alten vedischen Überlieferung gebracht. Der Lehrer verleiht dem Knaben einen heiligen Faden, eine aus drei Fäden geflochtene Schnur, die auf der linken Schulter zu tragen ist, und erteilt ihm seine erste Unterrichtsstunde über die *Veden.* Diese erste Lektion besteht im Auswendiglernen des *Gayatri-mantra:* »Ich meditiere über den Glanz der Sonne; möge sie meinen Geist erleuchten«, das der Junge von da an bis an sein Lebensende täglich rezitieren sollte. In früherer Zeit pflegte der neu Initiierte hierauf bei einem Lehrer zu wohnen und zu lernen, aber heute hat das Ritual meist eine soziale Funktion. Nach der Zeremonie wird ein Fest veranstaltet, und der Junge erhält Geschenke.

Weibliche Pubertätsrituale

Die Riten der Frauen sind nicht Bestandteil der Textüberlieferung in Sanskrit, finden sich jedoch in allen regionalen Kulturen Südasiens. In den meisten Dorfgemeinden wird die erste Periode eines Mädchens gefeiert, eine Tradition, die im städtischen Milieu kaum mehr fortgeführt wird. Bei den Aiyar-Frauen in Tamil Nadu bleibt das Mädchen drei Tage lang in einem verdunkelten Raum. Am vierten Tag reinigt es sich mit einem rituellen Bad, und es wird ein Fest veranstaltet. Seine Mutter nimmt es in den Tempel mit, und danach besuchen sie gemeinsam andere Haushalte, wo ihm die älteren Frauen *arati*-Lichter zuschwenken. In anderen Gegenden gestaltet die Familie die Feier damit, daß das Mädchen in neue Kleider gehüllt und sein Haar mit Blumen geschmückt wird und daß es besondere Speisen erhält. Aus dem Fest kann eine Art »Kleine Hochzeitsfeier« werden, bei der das Mädchen von seiner Familie Geld oder Kleidungsstücke geschenkt bekommt.

Hochzeit
Die Hochzeit ist im Leben der meisten Menschen das wichtigste Ritual des Lebenszyklus. Wenn zwei Menschen heiraten, treten sie in den Lebensabschnitt ein, in dem sie ihre Pflichten gegenüber Familie und Gesellschaft erfüllen. So bedeutet die Hochzeit den Übergang in ein Leben voller Verantwortung.

Die Hochzeitsriten sind je nach Region ganz unterschiedlich. Zunächst müssen die Eltern eine passende Verbindung knüpfen. Sie bedienen sich ihres weiten Netzes familiärer Beziehungen, um mögliche Ehepartner zu finden; eventuell konsultieren sie auch eigens dafür aufgegebene Anzeigen in den Zeitungen, wo sie Informationen über mögliche Ehepartner in entfernteren Gegenden, vielleicht sogar in anderen Ländern finden können. Im Idealfall stammen Braut und Bräutigam aus der gleichen Gegend, sprechen dieselbe Sprache und entstammen der gleichen Kaste. Verantwortungsbewußte Eltern versuchen, für ihre Kinder Partner mit ähnlicher Bildung und von gutem Charakter zu finden. Die Familie des Mädchens wird auch besonders darauf achten, über welche Einkommensmöglichkeiten der Bräutigam verfügen wird, damit die Zukunft des Mädchens gesichert ist; außerdem gilt es zu prüfen, ob in seinem Haushalt nicht zu viele jüngere Geschwister mitleben werden, denn in diesem Fall könnte das Mädchen von der Pflicht, für sie alle zu sorgen, erdrückt werden.

Die Horoskope von Braut und Bräutigam müssen zusammenpassen. Im heutigen Technologiezeitalter läßt man sich die Horoskope immer öfter von Computern erstellen. Dabei müssen sich nicht nur die Sternzeichen ergänzen, sondern man glaubt auch, jeder Mensch habe in seinem Leben Phasen des Glücks und des Unglücks. Die für beide vorausgesagten Höhen und Tiefen müssen sich dabei gegenseitig die Waage halten, damit allzu schlimme Krisen vermieden werden. Ist ein passender Partner gefunden, treffen sich zunächst die Familien als ganze, und erst danach erhalten auch Braut und Bräutigam die Gelegenheit, sich kennenzulernen. Manchmal verlangt das Paar, einige Zeit eingeräumt zu bekommen, um sich besser kennenzulernen, bevor sie heiraten. Heute haben das städtische Leben und die Gemeinschaftsschule dazu geführt, daß die Zahl der »Liebesheiraten« zunimmt, aber die von der Familie arrangierten Heiraten sind immer noch ziemlich üblich.

Zum eigentlichen Hochzeitsritual gehören Gebete, das Umschreiten eines Feueraltars und das Rezitieren glückbringender *mantras* durch einen Priester. Die Hochzeitsgebete enthalten Bitten um Kraft in Widrigkeiten, um Gesundheit, Kinder, langes Leben und gegenseitige Treue. Das sind die Bestandteile eines glücklichen Lebens. Durch die Heirat werden Braut und Bräutigam Partner beim Haushalts-*dharma*. Sie erfüllen gemeinsam ihre Pflichten gegenüber den Ahnen ihrer Familien, indem sie Kinder (Söhne) zeugen, die gewährleisten, daß die Riten der Ahnen fortgeführt werden, und sie erfüllen ihre Pflichten gegenüber den Göttern, indem sie in ihrem Heim die häuslichen Riten vollziehen.

Die Hochzeit ist auch ein wichtiges soziales Fest mit Prozessionen, dem Austausch von Geschenken und ausgiebigem Feiern. Die Gäste werden mit Musik, Tanz und Feuerwerk unterhalten. Hochzeiten sind Ausdruck des sozialen Status, und die Familien bieten dafür auf, was sie können; in ihrem Ehrgeiz, ein eindrucksvolles Fest bieten zu können, stürzen sich manche sogar in große Schulden. Manchmal dauert das Feiern sieben Tage lang, obwohl das eigentliche Trauungsritual nur wenige Stunden dauert.

Tod

Ist jemand gestorben, so richten die Angehörigen den Leichnam des Verstorbenen her, tragen ihn in einer Prozession an die Verbrennungsstätte und verrichten spezielle Gebete, während er verbrannt wird. Dabei wird der Totengott angerufen, er solle dem Verstorbenen einen guten Platz unter den Ahnen verschaffen; auch andere Gottheiten werden angerufen, dem geliebten Verstorbenen beizustehen. Der Feuergott wird gebeten, den Toten sicher ins Reich der Ahnen zu tragen. Ist der Verstorbene ganz verbrannt, so werden seine Asche und Knochen entweder einem heiligen Fluß anvertraut oder im Boden bestattet. *Sadhus* und kleine Kinder werden gewöhnlich ohne Verbrennung bestattet.

Nach dem Begräbnis gehen die Angehörigen an einen Bach oder Fluß, um sich durch rituelle Bäder zu reinigen. Wegen des Todesfalls ist die Familie einen vorgeschriebenen Zeitraum lang im Zustand ritueller Unreinheit und muß ihren Verkehr mit anderen Menschen einschränken. Der Geist des Verstorbenen ist in den ersten Tagen nach seiner Bestattung noch anwesend und muß in einem Ritual namens *shradda* weiter mit Speisen versorgt werden, bis er sich ins Reich der Ahnen entfernt. Im Mittelpunkt dieses Ritus stehen Lebensmittelgaben und Gebete zum Wohl der verstorbenen Angehörigen. Der älteste Sohn opfert dem Geist Wasser und Reisbällchen, um ihn nach der Verbrennung abzukühlen und ihm Kraft für seine Reise zu geben. Ist der Geist dann in die nächste Welt fortgezogen, so muß der älteste Sohn während des ersten Jahres nach dem Tod eines Elternteils am Neumondtag jedes Monats weiterhin den *shradda*-Ritus für seine Ahnen vollziehen. Ist dieses Jahr vorüber, so wird der Ritus einmal jährlich gehalten. Weil die *shradda* die Pflicht des Sohnes ist, legen die Hindus großen Wert auf die Geburt eines männlichen Kindes. Gäbe es keinen Sohn zum Vollzug der *shradda*-Riten mehr, so würden die Verstorbenen für immer Geister bleiben müssen.

Feste

Im Hinduismus gibt es unzählige Feste; manche werden fast im gesamten Hinduismus gemeinsam begangen, andere nur in örtlichen Gemeinden gefeiert. Alle Tempel kennen besondere, mit ihren eigenen Gottheiten verbundene Feste; die großen von ihnen ziehen ungeheure Volksmengen an. Das Hauptereignis bei all diesen Feiern ist die Prozession, in der die *murti* durch die Stadt getragen wird. Die meisten Tempel verfügen über eigene Bilder ihrer Gottheiten, die für den

Fünfzehn Meter hohe Festwagen beherrschen diese Straßenszene in Pun in Indien während einer Prozession zu Ehren des hinduistischen Gottes Jagganath.

Gebrauch bei diesen Prozessionen vorgesehen sind. Manchmal werden diese Bilder von Gläubigen auf den Schultern getragen, aber bei den größeren Tempeln gibt es für die *murti* einen Festwagen, einen regelrechten Tempel auf Rädern. Zur Prozession der *murti* können Elefanten, Pferde, Musikanten und eigens zur Feier hergekommene *sadhus* gehören. Riesige Volksmengen folgen der Prozession; die Leute werfen Blumen, Obst und Münzen auf den Wagen. Eigentlich handelt es sich dabei um eine königliche Parade, bei der die Gottheit der Souverän ist.

Zu den Feierlichkeiten gehören auch häusliche Rituale. Es ist hier nicht möglich, alle hinduistischen Feste im einzelnen zu beschreiben, aber eine Reihe von Beispielen kann eine Ahnung des Grundmusters vermitteln. Als erstes soll das Ganesha-Fest beschrieben werden, das im Bundesstaat Maharashtra fast überall gefeiert wird. Bei dieser Beschreibung[10] soll die Natur der Gegenwart des Göttlichen in der Feier genauer beleuchtet werden. Das zweite Beispiel ist das Navaratri-Fest zu Ehren dieser Göttin. Die unterschiedlichen Interpretationen dieses Ereignisses zeigen, wie groß die Vielfalt selbst bei einem Fest sein kann, das der größte Teil Südasiens gemeinsam hat.

Ganeshas Vierter

Ganesha, der elefantenköpfige Gott, wird vor allen neuen Unternehmungen angerufen, weil er als der Erschaffer und Beseitiger von Hindernissen gilt. Er verschafft den Gläubigen auch Zugang zu anderen Gottheiten und führt Erfolg und Wohlbefinden herbei. Die Hindus geben Ganesha vor dem Beginn von Ritualen die Ehre, vor Antritt von Wallfahrten und anderen Reisen, vor Schulbeginn, vor dem Eröffnen eines Geschäfts oder auch vor dem Beginn jeglicher Tagesarbeit. Kinder schreiben das Ganesha-*mantra* oben auf ihre Prüfungsarbeit, und Dichter beginnen ihre Texte mit Anrufungen dieser Gottheit. Ganesha ist der Hüter des Haushalts und beschützt das Heim samt seinen Hausgottheiten vor unheilbringenden Einflüssen.

Ganeshas Fähigkeit, vor übelwollenden Kräften zu schützen und glückliche Anfänge zu ermöglichen, wird zu bestimmten Zeitpunkten des hinduistischen Kalenders für besonders stark gehalten. Das religiöse Jahr der Hindus hält sich an einen Mondzyklus, wobei jeder Monat in eine helle Hälfte während des zunehmenden Mondes und

---

10. Sie stützt sich auf die Darstellung von Paul Courtright: Ganesha: Lord of Obstacles, Lord of Beginnings, New York 1962.

eine dunkle Hälfte während des abnehmenden Mondes eingeteilt ist. Die helle Hälfte gilt als glückbringend und als eine günstige Zeit, um neue Unternehmungen anzufangen, während die in der dunklen Hälfte begonnenen Dinge eher vom Scheitern bedroht sind. Der vierte Tag der dunklen Hälfte gilt als der gefährlichste, so daß die Menschen Ganesha für diesen Tag Gelübde ablegen, in der Hoffnung, dadurch Unglück abzuwenden. Zu diesen Gelübden gehören gewöhnlich das Opfern von Süßigkeiten, die der Gott besonders schätzt, *pujas* und Fasten. Diese Kombination von Askese und Frömmigkeit ist eine Möglichkeit, um Schutz zu bitten und Ganeshas Macht, Hindernisse zu beseitigen, anzurufen. Der vierte Tag der hellen Monatshälfte ist als »Ganeshas Vierter« bekannt. Er gilt als der günstigste Tag, um etwas Neues zu beginnen.

Wenn Ganeshas Vierter in den Monat Bhadrapada (August–September) fällt, wird im Bundesstaat Maharashtra ein großes Fest zu Ehren des Gottes veranstaltet. Während dieses Festes stellen die Hausväter auf ihre Hausaltäre eine *murti* Ganeshas aus Lehm. Vor dieser Ankunft der Gottheit muß das Haus gründlich geputzt und dadurch rituell gereinigt werden, und die Familie muß ein rituelles Bad nehmen. Hierauf wird die Gottheit auf den Familienaltar gestellt und geweiht, so daß sie zur lebendigen Verkörperung des Gottes wird. Diese Weihe wird unter Leitung eines *Brahmanen* vollzogen, aber der Haupthandelnde im Ritual ist das Familienoberhaupt. Hierauf wird Ganesha als Ehrengast mit einer erlesenen *puja* verehrt. Zu diesem Gottesdienst gehört das Ritual des Badens einer Betelnuß, was stellvertretend für die Lehmfigur geschieht, weil diese sich im Wasser auflösen würde. Die *murti* bleibt einen bis zehn Tage auf dem Hausaltar, und während dieser Zeit wird sie jeden Morgen mit Rezitationen, frommen Liedern, Blumenopfern, Weihrauch und rituellen Lämpchen verehrt.

Ist die Zahl der Besuchstage der Gottheit abgelaufen, wird ein schlichter Ritus vollzogen, um das Bild wieder seines besonderen Status zu entkleiden. Noch einmal werden der Gottheit Speisen, Blumen und Gebete dargebracht. Hierauf drückt der Hausvater der Statue symbolisch die Augen zu, wonach der Lehm nicht länger die lebendige Anwesenheit Ganeshas enthält. Sodann geleitet die Familie das Bild zu einer nahe gelegenen Wasserstelle und versenkt es darin. Der Lehm löst sich auf und kehrt zu seinem formlosen Zustand zurück, genau wie sich die Gottheit wieder in ihren kosmischen Urzustand zurückzieht. Während des Festes wird also gefeiert, daß Ganesha in das Bild einzieht und gnädig eine Zeitlang im Haus wohnt, um seinen Bewohnern Gelegenheit zu geben, ihn zu verehren und mit ihm vertrauter zu werden, aber letztlich ist er form- und grenzenlos. Dieser Prozeß der Weihe eines Bildes zur lebendigen Verkörperung des Göttlichen für die Dauer eines Rituals ist ein fester Bestandteil vieler hinduistischer Feste. Dieselbe Vorstellung kehrt auch in der Weise wieder, wie die Menschen die ständigen Tempel-*murtis* verstehen.

Navaratri, Neun Nächte

Das Navaratri-Fest dauert neun Nächte und zehn Tage. Es fällt in die Erntezeit, und zwar auf den Neumond zwischen Mitte September und Mitte Oktober, und ist den Göttinnen Sarasvati, Lakshmi und Durga (oder Parvati) gewidmet. Das Navaratri-Fest mit seiner Ackerbau-Symbolik ist fast im gesamten Hinduismus verbreitet. Während der zehn Tage, die das Fest dauert, werden als Manifestation der Göttin Getreidekörner, vorzugsweise Gerstenkörner, zum Keimen gebracht. Aber das Fest hat auch noch zusätzliche Inhalte, die von einer Region zur anderen ziemlich unterschiedlich sind. In Bengalen wird das Fest als »Durga Puja« bezeichnet und als Feier des Sieges der Göttin Durga über den Büffeldämon Mahisha begangen. Entsprechend dem kriegerischen Aspekt dieser Göttin pflegten die Soldaten und Herrscher am zehnten Tag ihre Waffen zu verehren und Durga um Sieg im Kampf zu bitten. Die Bengalen stellen Statuen von Durga auf, die während dieser zehn Tage als Verkörperungen der anwesenden Göttin angesehen und als solche verehrt werden. Während ihrer Anwesenheit in dieser Festzeit empfängt die Göttin Tieropfer von Ziegen, Schafen und sogar Büffeln. Zum Schluß des Navaratri-Festes werden die Bilder ihres göttlichen Status entkleidet und im Wasser versenkt.

In manchen Gegenden werden die beiden letzten Tage des Navaratri »Ayudha Puja«, »Verehrung der Waffen und Geräte«, genannt. Mit der Ayudha Puja soll des Tages gedacht werden, an dem Arjuna, der gewaltige Krieger im *Mahabharata,* die Waffen wiederfand und verehrte, die er vor seinem Auszug in den Krieg versteckt hatte. Heute haben die Hindus die Waffen durch ihre modernen Geräte und Fahrzeuge ersetzt. Man schmückt die Autos und Omnibusse mit Girlanden, die Computer und Schreibmaschinen werden gesegnet und dürfen an diesem Tag ruhen. Am neunten Tag, der »Sarasvati Puja« heißt, wird die Göttin des Lernens und der Musik verehrt. Man stellt Musikinstrumente, Schreibgerät und Textbücher vor das Bild von Sarasvati, damit sie sie für den Rest des Jahres segne. Der zehnte Tag ist Lakshmi, der Göttin des Glücks, geweiht. An diesem Tag fängt man mit den Bilanz- und Kassenbüchern neu an, beginnt neue Vorhaben und macht den ersten Schritt eines neuen Studiums, nachdem man zuvor rituell das Wort *shri*, »wunderschön«, geschrieben hat, das als einer der Namen der Göttin gilt. Die guten Gaben der Göttinnen, die man am Navaratri-Fest verehrt, sind Wohlstand, Weisheit und Musik.

In Tamil Nadu ist Navaratri weithin ein Fest der Frauen. Dafür wird eigens ein Raum eingerichtet, in dem mit Puppen Szenen aus den Epen und *Puranas* nachgestellt werden. Jeden Abend putzen sich die Frauen und Kinder heraus und kommen zusammen, um die dargestellten Szenen zu bewundern und Loblieder auf die Göttinnen zu singen. Die beiden letzten Tage sind Sarasvati und Lakshmi geweiht. Dazu werden Bilder dieser beiden Göttinnen vor die Puppenszenen gestellt, mit Blumengirlanden geschmückt und verehrt.

In Gujarat wird das Navaratri-Fest mit Reigentänzen begangen. Eine heilige Lampe im Zentrum des Tanzkreises ist die Manifestation der Göttin. Manche Hindus bringen das Navaratri-Fest mit dem *Ramayana* in Verbindung und glauben, es bezeichne den Zeitraum, in dem Rama mit dem Dämon Ramana kämpfte. In Ramnagar bei Benares ist der letzte Teil des Navaratri die Dassera, ein Fest zur Feier des Sieges von Rama über die Dämonen. Es findet gegen Ende eines Ram Lila statt, das einen ganzen Monat dauert.

Der Festkalender und die rituellen Praktiken zeigen die Vielfalt und zugleich Einheit des Hinduismus. Ein in ganz Südasien gemeinsam gefeiertes Fest kann viele verschiedene Bedeutungsinhalte und Tätigkeiten umfassen. Zugleich werden in den regionalen Kulturen Feiern veranstaltet, die den Hindus in anderen Gegenden unbekannt sind. Aber das Grundmuster, wie man sich heilige Orte vorstellt und heilige Zeiten einhält, ist allen regionalen Gruppen und Sondersekten des Hinduismus gemeinsam.

5. Die heutige Zeit II: Kräfte der Veränderung

Die in den bisherigen Kapiteln geschilderten Überzeugungen und Praktiken prägen auch heute noch das Leben der Hindus; jedoch gab es im 19. und 20. Jahrhundert Entwicklungen im Hinduismus, die zu einigen Änderungen geführt haben. Im 19. Jahrhundert entstanden innerhalb dieser Religion Erneuerungs- und Reformbewegungen, und man bemühte sich, das Verhältnis zu anderen Weltreligionen zu klären und den hinduistischen *dharma* genauer zu definieren. Dieses Anliegen, ein klares Selbstverständnis zu finden, wurde auch im 20. Jahrhundert weiterverfolgt, als der Hinduismus in die Ausbildung des indischen Nationalismus einbezogen wurde. Heute ist die Definition dessen, worin der Hinduismus bestehe, eng mit Fragen um die indische Identität verknüpft, sowohl innerhalb der Grenzen des Subkontinents als auch in anderen Ländern überall auf der Welt. Infolge der Notwendigkeit, sich im jetzigen Zeitalter der Verstädterung und globalen Migrationsbewegungen an diese Phänomene anzupassen, muß der hinduistische *dharma* wiederum neu umschrieben werden.

Erneuerung und Reform

Das 19. Jahrhundert brachte dem hinduistischen Frömmigkeitsleben ein Zeitalter der Erneuerung und Reform. In dieser Zeit machten sich die Hindus bewußt daran, ihre religiösen Traditionen neu zu fassen. Eine klare Umschreibung ist sehr wichtig, um eine Tradition von der anderen unterscheiden zu können; tatsächlich hatten sich während der gesamten Geschichte Südasiens Religionen wie der Buddhismus und der Islam immer eindeutig von der brahmanischen Tradition unterschieden, so daß bislang kein Bedarf bestanden hatte, den Hinduismus grundsätzlich gegen andere Traditionen abzugrenzen. Aber unter der britischen Herrschaft im 19. Jahrhundert begannen manche Hindus das Bedürfnis nach einer bewußten Umschreibung ihrer Tradition zu verspüren. Sie standen dabei unter dem Einfluß mehrerer Faktoren. Dazu gehörten der Druck seitens christlicher Missionare und die Erfahrung, daß man nach England reiste und sich in einem Land befand, wo alle Grundlagen des eigenen Kultursystems fehlten;

hinzu kam die Ausbildung in englischen Schulen. Die westliche Erziehung führte dazu, daß man die Unterscheidung zwischen Religion und sozialen Gepflogenheiten übernahm; sie versetzte in den Stand, »soziale« Gepflogenheiten zu kritisieren, die unannehmbar waren, selbst wenn sie von der Religion sanktioniert sein mochten. Das schuf die Voraussetzungen für religiöse Reformen, deren Wortführer jedoch nicht den Hinduismus abschaffen und durch westliche Traditionen ersetzen, sondern nur Praktiken ausmerzen wollten, die sie als einer großen Weltreligion unwürdig erachteten. Die Anführer der Reformbewegungen waren von enormem Stolz auf das religiöse Erbe des Hinduismus erfüllt, vor allem auf die ausgefeilte Philosophie der *Veden* und der *Upanishaden.* So gingen die Reformen Hand in Hand mit einem neu erwachten Interesse für die alten Texte.

Der Brahmo Samaj

Die erste Reformbewegung war der 1828 von Ram Mohan Roy (1772–1833) gegründete Brahmo Samaj. Roy entstammte einer bengalischen *Brahmanen*-Familie, wurde an einer islamischen Universität ausgebildet und arbeitete in Kalkutta für die British East India Company. Im Lauf seiner Studien vertiefte er sich sowohl in östliche wie in westliche Philosophie, so daß er für seine Reformbewegungen gleichermaßen auf Anregungen aus den *Upanishaden,* Shankaras *Advaita Vedanta,* aus der islamischen Sufi-Theologie, dem Unitarismus und dem Deismus zurückgreifen konnte. Er glaubte an einen Gott im Sinn des Deismus, einen transzendenten Schöpfer, dessen Wesen unfaßbar sei und der deshalb nicht erkannt werden könne. Seiner Überzeugung nach vertraten das im Kern alle Religionen, trotz ihrer unterschiedlichen äußeren Praktiken. So befürwortete er die Toleranz und bekannte sich zum Glauben, daß alle Religionen im wesentlichen eins seien. Roy legte den Schwerpunkt auf die Vernunft und die Ethik. Mittels der Vernunft und der genauen Beobachtung der von Gott geschaffenen natürlichen Welt könne man Gott erkennen und allgemeingültige Moralgesetze erschließen.

Ram Mohan Roy hielt die Lehren der *Upanishaden* und der *Brahma Sutras* für den Gipfel der Weisheit und wollte den Hinduismus läutern, indem er dafür eintrat, man solle ethische Fehlentwicklungen beheben, die sich im Lauf der Jahrhunderte in der Überlieferung ergeben hätten. Er unternahm Kampagnen gegen Praktiken wie die Kinderheirat und *sati,* die Witwenverbrennung, was beides keine Grundlage in der Religion der *Upanishaden* hat. Er kritisierte scharf bestimmte puranische und tantrische Ritualpraktiken, vor allem den Bilderkult. Tatsächlich hatte er wenig Sympathie für die Volksreligion und ließ nur die upanishadische Vorstellung des Göttlichen als eines unpersönlichen Absoluten gelten. Die Praktiken des Brahmo Samaj waren an christliche Gottesdienstformen angelehnt. Zu den Gottesdiensten gehörten Lesungen aus den *Upanishaden,* Predigten und Lieder. Roy bemühte sich auch tatkräftig um die Einführung der westlichen wissenschaftlichen Ausbildung in Indien. Einige Zeit nach Roys Tod kam es zwischen den Mitgliedern seiner Bewegung zu einem Schisma, weil ein Teil von ihnen ihre heiligen Fäden nicht mehr tragen wollten, um dadurch ihre Überzeugung zu demonstrieren, es gebe keinen Unterschied zwischen niedrigeren und höheren Kasten, während ein anderer Teil an der Hierarchie der Kasten festhalten wollte.

Dieses Schisma und die Fragen, die diese Gruppe beschäftigte, zeigen deutlich, wo sie auf der sozialen Stufenleiter angesiedelt war. Kinderheirat und *sati* waren vor dem 20. Jahrhundert im wesentlichen Praktiken der höheren Kasten. Die Ablehnung des volkstümlichen Theismus zugunsten des Glaubens an ein unpersönliches *Brahman* ist die Einstellung einer gebildeten Elite, nicht des durchschnittlichen Dorfbewohners, für den eine persönliche Gottesbeziehung den wichtigsten Bestandteil seiner religiösen Erfahrung ausmacht. Der Brahmo Samaj richtete sich an nicht besonders orthodoxe *Brahmanen* und an die neu entstehende städtische Mittelschicht. Seine Mitgliederzahl war nicht besonders groß, aber diese Bewegung erwies sich als bahnbrechend in ihrer Unterscheidung zwischen sozialen Praktiken und eigentlicher Religion und ihrem davon ausgehenden Ruf nach einer Reform der sozialen Praktiken im Namen einer »richtigen« religiösen Ethik. Diese Kritik verlangte nach einer neuen Definition dessen, worin die hinduistische Orthodoxie bestehe.

Der Arya Samaj

Eine zweite Reformbewegung ging 1875 von Dayananda Sarasvati (1824–1883) aus, der sogenannte Arya Samaj. Anders als der Brahmo Samaj, der den Vorrang der westlichen Wissenschaft und etlicher Züge der westlichen Sozialethik anerkannte, glaubten die Vertreter des Arya Samaj, die *Veden* seien die wertvollste Quelle der Erkenntnis und Ethik überhaupt. Die wahre Offenbarung stecke in den Hymnen des *Rig Veda,* und selbst spätere Sanskrittexte seien von geringerem Wert. Daher förderte der Arya Samaj den Stolz auf das alte Erbe des

Hinduismus und leistete den Missionsbemühungen der Christen und Muslime aktiven Widerstand.

Unter Berufung auf die frühen vedischen Hymnen vertraten die Anhänger des Arya Samaj die Verehrung eines nichtpersonalen Gottes und lehnten »abergläubische« Praktiken wie die Bilderverehrung, den Glauben an Reinkarnationen, das Fürwahrhalten der Mythen der Epen und *Puranas* sowie puranische Übungen wie das Wallfahren ab. Nichts von alledem gehöre zu den reinen Lehren der *Veden.* Dayananda setzte sich aktiv für soziale Reformen wie die Abschaffung der Kinderheirat ein, um die Zahl der Witwen zu verringern, befürwortete die freie Wahl der Ehepartner statt des Ehearrangements durch die Familie und förderte die Schulbildung sowohl für Jungen wie für Mädchen. Er war der Überzeugung, die Schulbildung trage dazu bei, überzeugte Hindus heranzuziehen und die nationale Einheit zu fördern. Um wirksam auf diese Erziehungsziele hinzuarbeiten, richtete der Arya Samaj in ganz Indien Schulen ein, die *gurukulas* genannt wurden. In diesen Schulen wird das Sanskrit gelehrt, das sprachliche Symbol des indischen Erbes, und das Hindi, das Dayananda als Nationalsprache förderte.

Die Betonung des Hindi verrät den regionalen Schwerpunkt des Arya Samaj. Am erfolgreichsten war er in Nordindien, wo es ihm sogar gelang, Menschen vom Christentum und Islam zurückzubekehren. Seine Verherrlichung des vedischen Erbes fördert den Stolz auf die Identität als Inder, weshalb diese Bewegung im 19. Jahrhundert ganz besonders die Händlerklasse und die nach Südafrika und auf die Fidschi-Inseln ausgewanderten Inder ansprach. Aber genau wie der Brahmo Samaj fand auch diese Bewegung wenig Anklang bei den Massen der Bevölkerung, für die das religiöse Leben die Anbetung und das persönliche Erfahren des Göttlichen bedeutet. Doch trotz ihrer begrenzten Anhängerschaft übte diese Bewegung starken Einfluß dadurch aus, daß sie Hinduismus und nationale Identität miteinander verknüpfte, was bis in die heutige Politik nachwirkt.

Die Ramakrishna-Mission

Sowohl beim Arya Samaj wie beim Brahmo Samaj handelte es sich um sozialreformerische Bewegungen, die aus der westlich gebildeten Oberschicht hervorgegangen waren. Ein davon verschiedener Einfluß stammte aus der bengalischen Frömmigkeitstradition, genährt von den Erfahrungen eines Heiligen namens Ramakrishna und seines Schülers Vivekananda. Ramakrishna (1836–1886) wurde in einer

Brahmanen-Familie der *Vaishnava*-Richtung geboren und versah den Priesterdienst in einem der Göttin Kali geweihten Tempel in der Nähe von Kalkutta. Er verbrachte seine Zeit mit Frömmigkeitsübungen wie der Meditation und dem Singen von Hymnen zur Göttin und verfiel mit der Zeit immer öfter in tranceartige Zustände, in denen er Visionen der Kali empfing. Schließlich geriet er in derartige ständige Entrückungszustände, daß es notwendig wurde, für die Tempeldienste einen anderen Priester zu ernennen. Ramakrishna lebte weiterhin auf dem Tempelgelände und machte unter Anleitung von zwei *gurus* auf seinem spirituellen Weg weitere Fortschritte: Der eine *guru* war eine brahmanische Frau, die ihn tantrische Techniken lehrte, um seine Gefühle unter Kontrolle zu halten und seine Körperenergien zu kanalisieren. Der andere Lehrer war ein *sadhu,* der ihn in Meditationstechniken unterwies, um die Identität seines Selbst mit dem *Brahman* zu erfahren. Ramakrishna hatte Visionen zahlreicher Gottheiten, darunter auch Jesu Christi. Er vertiefte sich auch in das Christentum und den Islam und folgte deren Lehren so weit, bis er das Gefühl hatte, ans letzte Ziel jeder Tradition gelangt zu sein. In seiner Erfahrung war das Ende jedes Weges das gleiche, weshalb er zu dem Schluß kam, alle Religionen seien wahr; es handle sich nur um verschiedene Wege zum selben letzten Ziel.

Ramakrishna wurde schon zu seinen Lebzeiten als Heiliger anerkannt und fand viele Anhänger. Zu diesen gehörte Narendranath Datta, ein junges Mitglied des Brahmo Samaj, der nach einer Begegnung mit Ramakrishna *sannyasin* wurde und den Namen Vivekananda annahm. Der Einfluß von Swami Vivekananda (1863–1902) auf die Entwicklung des modernen hinduistischen Selbstverständnisses sowohl in Südasien wie im Westen war gewaltig. 1893 kam er in die USA, um dort am Weltparlament der Religionen in Chicago teilzunehmen. Die Beschreibung des Hinduismus, die er auf diesem Forum vortrug, wurde zur Grundlage der meisten westlichen Deutungen dieser Tradition im Lauf des 20. Jahrhunderts. Vivekananda rührte bei seiner westlichen Zuhörerschaft an eine bestimmte Saite und wurde in den USA über Nacht zur Berühmtheit. Die Menschen interessierten sich derart für seine Lehren, daß er 1895 in New York die Vedanta Society gründete, die seine Ideen an die Amerikaner weitergeben sollte. Das großartige Echo, das Vivekananda auslöste, brachte ihm Weltruhm ein und machte ihn daheim in Indien zum Nationalhelden. Sein Erfolg erfüllte die Hindus mit großem Stolz, weil sie zum ersten Mal erlebten, daß Abendländer öffentlich ihren Glauben bewunderten, statt ihnen wie bisher ständig zu sagen, er sei eine rückständige Überlieferung, die sie zugunsten der »moderneren« christlichen Religion aufgeben sollten. Dank der Bemühungen Vivekanandas erlangte der Hinduismus seine Wertschätzung als Weltreligion und wurde mit Judentum, Christentum, Islam und Buddhismus auf eine Ebene gestellt.

Vivekanandas Philosophie beruhte auf dem *Advaita Vedanta.* Er glaubte, das Göttliche sei alldurchdringend und das Ziel des Lebens solle darin bestehen, das eigene Identischsein mit diesem göttlichen Wesen zu erkennen. Aus diesem Lebensziel heraus entwickelte Vivekananda soziale Programme. Da das Göttliche in allen anwesend ist, kann es keine höheren oder niedrigeren Stände geben. Das Bemühen, das Göttliche in sich selbst und in den anderen zu erkennen, führt zum Mitempfinden mit allen Menschen. 1897 wurde die »Ramakrishna-Mission« errichtet, die dem Zweck dienen soll, den Menschen durch Unterricht, soziale Reformen und Krankenpflege zu helfen. Die Mission wird von einem Mönchsorden geleitet, der ihre Realschulen, Gymnasien und Krankenhäuser leitet. Zur Zeit seiner Einrichtung war dieser Mönchsorden in Indien etwas Einmaliges, da seine Mitglieder ein Leben des Dienstes an der Welt führen sollten, statt sich als Asketen von der Welt abzusondern. Der Orden lehrt Vivekanandas Hinduismus des »Neo-Vedanta«, in dem besonders der hinduistische Toleranzgedanke betont wird. Alle Sekten innerhalb des Hinduismus, ja alle anderen Religionen stellten unterschiedliche Wege zum gleichen Ziel dar. An dieser Ansicht wurde kritisiert, sie vereinfache die hinduistischen Traditionen allzusehr, aber sie fand bei der englisch gebildeten Schicht von Städtern großen Anklang, die eine Möglichkeit brauchen, ihr überliefertes Erbe mit der heutigen Welt, in der sie leben müssen, zu vereinbaren.

Der Anstoß zur religiösen Reform war im 19. Jahrhundert nicht neu. Schon viele der großen Dichterheiligen hatten die Kastenunterschiede kritisiert, die Herabsetzung der Frauen und den hohlen Ritualismus. Aber diese Dichter hatten ihre Beschwerden auf den Binnenraum des religiösen Lebens beschränkt. Sie versuchten darauf hinzuweisen, daß Kaste und Geschlecht bei der Frage nach der Gottesbeziehung keine Rolle spielten und echte Hingabe an Gott wertvoller sei als das priesterliche Ritual. Die Dichter versuchten nicht, über den Bereich des Frömmigkeitslebens hinaus auch die Sozialordnung zu reformieren. Doch im 19. Jahrhundert begannen die Reformer bestimmte soziale Praktiken zu kritisieren, die sie für nicht länger vertretbar hielten, selbst wenn sie im Volk für religiös begründet gehalten wurden. Diese Infragestellungen der Tradition wurden durch ein neu erwachtes Interesse für die in den *Veden* und *Upanishaden* enthaltenen Offenbarungen unterstützt. Die alten Texte wurden dadurch zur Quelle einer »reinen« Religion und Ethik, die dann dafür benutzt wurde, soziale Gewohnheiten zu verurteilen, die von den heiligen Schriften her nicht zu begründen waren und als unvereinbar mit den vedischen Idealen erschienen. Nach und nach erlangten die mittelalterlichen Dichterheiligen das Ansehen von Vorläufern der Reformer des 19. und 20. Jahrhunderts, und ihre Kritik der religiösen Institutionen wurde auf die Sozialordnung insgesamt ausgeweitet. Heute sind in den Augen der meisten Hindus Heilige wie Kabir, der die Tradition in Frage stellte, in erster Linie Sozialreformer.

Hinduismus und Nationalismus

Der Hinduismus spielte bei der Entwicklung des indischen Nationalbewußtseins eine entscheidende Rolle. Der Nationalismus erfordert eine Zentralverwaltung und das Gefühl der Zusammengehörigkeit als ein Organismus, der die persönliche und lokale Identität übergreift. Die britische Herrschaft über Indien lieferte die zentralisierte Verwaltung, die ein moderner Nationalismus unbedingt braucht, aber die Ideologie, die die Bevölkerung zusammenschweißte, nährte sich aus der gemeinsamen Weltsicht des Hinduismus. Trotz aller unterschiedlichen Sprachen und Kulturen, trotz der ganz verschiedenen Gottheiten und Sekten verfügte der Hinduismus über Symbole und Ideale, die all die vielfältigen Regionen und sozialen Klassen des Subkontinents miteinander verbanden. Diese Verknüpfung zwischen dem Selbstverständnis als Inder und demjenigen als Hindu hat sich auch im Indien seit der Unabhängigkeit bewährt und spielt in der Politik und den Sozialbewegungen eine große Rolle.

Die Unabhängigkeitsbewegung

Um die Bevölkerung für ihr Ideal zu mobilisieren, griffen die Anführer der Bewegung für die Unabhängigkeit Indiens von der britischen Herrschaft auf hinduistische Praktiken und Ideale zurück. Sie betonten das Anderssein der Engländer als Anhänger eines fremden Glaubens und brandmarkten Regierungsgesetze, die altehrwürdige Traditionen beeinträchtigten, als gezielte Angriffe gegen die hinduistische

Religion. Als die Regierung zum Beispiel das *sati*, die Witwenverbrennung, streng verbot und das Gesetz erließ, Witwen könnten wieder heiraten, betrachteten viele Inder diese neuen Gesetze als Teil der christlichen Verschwörung zur Zerstörung des Hinduismus, obwohl ja die Mitglieder des Brahmo Samaj und Arya Samaj genau die gleichen Reformen betrieben hatten. Das Gefühl, durch die Ausländer religiös verfolgt zu werden, trug stark dazu bei, daß sich alle hinduistischen Inder als zusammengehörig zu fühlen begannen.

Bei seinen Bemühungen, die Leute in nationalistischen Gruppen zu einen, nahm B. G. Tilak (1856–1920) auch den Hinduismus in Dienst (vor allem in seiner Heimatregion Maharashtra), weil dieser große Anziehungskraft im Volk besaß. Als Journalist rief er auf Marathi, also in der regionalen Sprache, zum Widerstand gegen alle britischen Erlasse auf, die kulturelle Traditionen berührten. Er nutzte die überlieferten religiösen Feste als Gelegenheiten zu patriotischen Reden und zur politischen Bewußtseinsbildung der Massen. Das Ganesha-Fest belebte er wieder, weil es die günstige Möglichkeit bot, einen vom Hinduismus genährten Nationalismus zu schüren. Er unterstützte auch energisch die »Gesellschaften zum Schutz der Kuh«, die an einen wichtigen Nerv der Inder rührten. Für viele Menschen ist die Kuh das Symbol des Hinduismus schlechthin. Als Verkörperung der Fruchtbarkeit und der Gunst der Natur ist die Kuh ein Muttersymbol, das über alle Grenzen der Sekten hinweg gemeinsam verehrt wird. Das hinduistische Ideal des Nicht-Tötens *(ahimsa)* bezieht sich vor allem auf den Glauben, man dürfe die Kühe nicht antasten, und so war das Anliegen, die Kuh vor ihren Feinden, den fleischessenden Briten und Muslimen zu schützen, ein mächtiger Anschub, sich geeint zu fühlen.

Tilak griff auch auf die Legende von Shivaji zurück, dem berühmten Häuptling aus Maharashtra, der im 17. Jahrhundert erfolgreich gegen die Mughals gekämpft hatte. Genau wie Shivaji die Mughals verjagt hatte, würden auch die Briten verjagt werden. Tilak führte ein Fest zu Ehren von Shivajis Geburt ein, um das Ideal der *svaraj*, der »Selbstregierung«, zu fördern. Tilak selbst wurde als Reinkarnation von Shivaji angesehen; manche betrachteten ihn sogar als *avatara* Vishnus, der wie Rama oder Krishna gekommen sei, um im Land wieder gerechte Verhältnisse herzustellen.

Eine gewollte Nebenwirkung der Verwendung von hinduistischen Helden der Vergangenheit als Allegorien war die Schaffung eines implizit anti-muslimischen und auch anti-britischen Nationalismus.

Etwas Ähnliches entstand zur gleichen Zeit in Gestalt der bengalischen Literaturbewegung. Die bengalische Literatur war von einem mystischen Nationalismus durchsetzt, der Indiens Vergangenheit verherrlichte, vor allem die Ruhmestaten der Krieger von Rajput beim Kampf gegen die islamischen Eindringlinge. In diesen literarischen Werken waren die Muslime das Symbol für alle ausländischen Beherrscher, die vor allem als Stellvertreter für die Briten herhalten mußten, aber im Lauf der Zeit wurden alle Muslime verteufelt.

Ein zweites großes Thema in der bengalischen Literatur war das Bild von Indien als heiligem Land, das als Göttin personifiziert wurde. Das Ideal der selbstlosen Hingabe an Kali wurde auf die »Mutter Indien«, Bharat Mata, übertragen. Die Mutter Indien war ein einheitstiftendes Symbol, war die Muttergottheit aller ihrer Hindu-Kinder. Aber auch hier war kein Platz für andere Religionen; das heilige Land war eine hinduistische Gottheit. Mohandas K. Gandhi (1869–1948) versuchte in seine Vision eines unabhängigen Indien andere Religionen, vor allem den Islam, mit einzuschließen, aber zur Verbreitung seiner nationalistischen Botschaft appellierte er zugleich auch an den Hinduismus.

Gandhi trat als eine Führergestalt auf, die das traditionelle Leben eines religiösen Heiligen mit den Bestrebungen eines Volkes verband, das von der ausländischen Herrschaft frei werden wollte. Er weckte in den Menschen das Gefühl, für das Geschick ihrer Nation mitverantwortlich zu sein, und lehrte die Einzelnen, sich selbst als Bestandteil der Nation zu verstehen. Seine Autorität bezog er aus seinem Status als *sadhu*, als heiliger Mann, der gemäß dem hinduistischen *dharma* lebte. Vom *yoga* glaubt man, er verleihe Macht über Körper, Geist und den Kosmos insgesamt. Als *yogin*, der sich an die traditionellen Übungen des Meditierens, Fastens, Schweigens, Zölibats und Nicht-Verletzens anderer Lebewesen hielt, verfügte Gandhi über die Macht und Autorität eines religiösen Lehrers; er wurde zum *guru* der Massen. Bei seinem Feldzug für die Unabhängigkeit berief er sich auch auf religiöse Vorbilder. Er ging auf Wallfahrten, um die Menschen zu unterweisen und gegen bestimmte Gesetze zu protestieren. Er vertrat das Prinzip des gewaltlosen Widerstands gemäß dem hinduistischen Glauben, man dürfe anderen Lebewesen kein Leid zufügen *(ahimsa)*. Das Ziel der Unabhängigkeit beschrieb er als die Errichtung des Ram Rajya, »des Königreichs von Rama«, also der Herrschaft, die im Ramayana als die Ordnung des *dharma* unter dem Gott Rama beschrieben wird. Gandhi verknüpfte den Hinduismus zugleich mittels des

Ideals des *sarvodaya*, der »Erhöhung aller«, mit sozialen Anliegen. Er weitete die überlieferte Vorstellung vom *dharma* als Pflicht gegenüber Familie und Gemeinde auf die Pflicht gegenüber der indischen Nation und allen ihren Einwohnern aus.

1947 erlangte der Subkontinent seine Unabhängigkeit, aber nicht als eine Nation. Die beiden Regionen mit mehrheitlich islamischer Bevölkerung wurden abgetrennt, um daraus das eigene islamische Land Pakistan zu schaffen. Später wurde aus dem östlichen Pakistan der Staat Bangladesh. Diese Teilung hatte zur Folge, daß Millionen von Hindus und Muslimen aus ihrer Heimat fortzogen und die ganze Entwicklung von entsetzlichem Blutvergießen begleitet war. Der Verlust an Menschenleben, angestammtem Familiengrund und Lebensgrundlagen führte zu Bitterkeit auf beiden Seiten der Grenze. In den nachfolgenden Jahren kam es in regelmäßigen Abständen immer wieder zu Gewaltausbrüchen zwischen den beiden Religionsgemeinschaften, weil das Gefühl, aufgrund der Religionszugehörigkeit zwei ganz verschiedenen Welten anzugehören, sogar immer noch stärker wird.

Die Spannung zwischen Hindus und Muslimen ist nur das eklatanteste Beispiel dafür, wie gefährlich es sein kann, wenn die soziale oder politische Zugehörigkeit primär auf dem Weg über die Religionszugehörigkeit definiert wird. Diese Spaltung nach religiösen Gesichtspunkten kann auch innerhalb einer Religion in Form von Sektenbildungen stattfinden. Dabei entwickelt die jeweilige Gruppe eine eigene Binnensprache und betrachtet dann allzuleicht alle anderen als »die da draußen«. Schon seit dem frühen 20. Jahrhundert wurde diese Spaltungstendenz durch den Umstand verstärkt, daß man Minderheitengruppen besondere Privilegien und das Recht einräumte, in der Regierung vertreten zu sein. Zudem werden die Schwachen dadurch ermutigt, schwach zu bleiben, um sich ihre Privilegien zu erhalten. Das verewigt die Aufspaltung in unterschiedliche Klassen und leitet die Menschen dazu an, in Begriffen von Interessengruppen zu denken und nicht als einheitliche Nation.

Hindutva

In der indischen Verfassung wird die Nation als weltlicher Staat definiert, jedoch räumt er verschiedenen Minderheitengruppen schützende Privilegien ein, damit sie trotz ihrer geringen Zahl vertreten sind und Mitsprache ausüben können. Bei manchen dieser Gruppen handelt es sich um Minderheitsreligionen wie den Islam, das Christentum, die Sikhs und die Jain. Andere sind Gruppen aus niedrigeren Kasten, die seit alters her in der sozialen Hierarchie ganz unten angesiedelt waren. So reserviert zum Beispiel die Regierung einen bestimmten Anteil von Beamtenstellen für die Angehörigen der Kaste der Unberührbaren, die jetzt als Dalits (»die Unterdrückten«) bezeichnet werden.

Dieses System der Reservierung von Arbeitsplätzen und der politischen Repräsentanz von Minderheitsgruppen hat zu Konflikten geführt. Viele Hindus vertreten die Auffassung, sie als die überwiegende Mehrheit sollten das Recht haben, ihren Staat ganz gemäß ihrer Überzeugungen zu organisieren, und die Minderheiten als kleine Gruppen innerhalb des Staats sollten keine Vorzugsbehandlung erfahren. Dieser Konflikt wird noch dadurch verschärft, daß die Arbeitsplätze für gelernte wie ungelernte Kräfte immer knapper werden. Im Lauf der Jahre sind mehrere Organisationen entstanden, die für die Rechte der Hindu-Mehrheit eintreten und für die Schaffung eines Hindu-Staats plädieren.

Eine der frühesten Organisationen dieser Art, die zum Schutz der hinduistischen Lebensart entstanden, war die 1906 gegründete Hindu Mahasabha. Ihre Mitglieder betrachteten das Bestreben, Minderheiten besonderen Schutz einzuräumen, als Verletzung der Interessen der Hindus. Sie waren der Auffassung, die Übernahme westlicher säkularer Ideen und die »exzessiven« Zugeständnisse an die Muslime, um während der Unabhängigkeitsbewegung die Einheit des Landes zu wahren, stellten einen Verrat am hinduistischen Erbe dar. Die Organisation wurde in den zwanziger Jahren wiederbelebt. In dieser Zeit prägte V. D. Savarkar, einer ihrer Führer, den Begriff der *Hindutva* zur Bezeichnung des inneren Zusammenhangs zwischen religiöser und nationaler Identität. *Hindutva* bedeutet »Hindu Sein«. Für Savarkar ist jemand Hindu, dessen Vorfahren in Indien gelebt haben und der Indien als heiliges Land und als Wiege der Religion betrachtet. Mit dieser Definition umschrieb er also einen kulturellen Hinduismus, der dem Volk Indiens gemeinsam ist. Diese Identität wird auf Sikhs, Buddhisten und Jain ausgeweitet, weil sich auch ihre Religionen in Indien entwickelten, schließt jedoch das Christentum und den Islam aus.

Die 1964 gegründete Vishva Hindu Parishad (VHP) ist die derzeit einflußreichste Organisation, die auf das Ideal der Schaffung eines Hindu-Staates hinarbeitet. Die VHP versammelt Religionsführer aus einem breiten Spektrum von Sekten und zählt in ihren Reihen auch Gefolgsleute von außerhalb Indiens. Sie arbeitet aktiv daran, den hinduistischen *dharma* über die ganze Welt zu verbreiten. Nach der Definition der VHP bezeichnet der Begriff »Hindu« »alle Menschen, die an die ewigen ethischen und spirituellen Werte des Lebens glauben, die sich in Bharat (Indien) entwickelt haben und die sie achten und befolgen«. Die Organisation setzt sich für die Stärkung und Einigung der hinduistischen Gemeinschaft ein. Sie arbeitet dafür, indem sie Tempel renoviert, Schulen baut, das Studium des Sanskrit fördert, für den Schutz der Kühe eintritt, sich um die Hebung des Lebensniveaus der zurückgebliebenen Kasten bemüht und aktiv die Konversion zu anderen Religionen bekämpft.

Die VHP ist jedoch keine rein konservative Bewegung. Zwar hält sie das Ideal einer hinduistischen Gesellschaft hoch, jedoch vertritt sie zugleich, der uralte dharmische Verhaltenskodex müsse neu umschrieben werden, um den Bedürfnissen gewandelter Zeitverhältnisse zu entsprechen. Die Anwendung dieser Grundsätze äußert sich augenfällig in den Bemühungen, auch die Kasten der Unterentwickelten und Unberührbaren zu erfassen. War deren Angehörigen bislang das Betreten der Tempel verboten, so ermutigt sie die VHP jetzt aktiv, an den hinduistischen Ritualen teilzunehmen.

In den 80er und 90er Jahren des 20. Jahrhunderts nahm die Popularität der VHP beträchtlich zu. Auf politischem Gebiet zeigt der sprunghafte Gewinn an Wählern, den die Kandidaten der Bharatiya Janata Party (BJP) verzeichnen konnten – einer Partei, die die hinduistische nationalistische Ideologie übernommen hat –, welch zunehmend großen Anklang sie findet. Diese immer größere Unterstützung und die sich daraus ergebende Anwendung der Ideale der VHP in der Politik waren das Ergebnis eines bemerkenswert erfolgreichen Werbefeldzugs. Dazu gehörte 1983 die Veranstaltung einer »Prozession als Opfer für die Einheit«. In der Praxis handelte es sich um drei große Prozessionen, die zahlreiche kleinere Abordnungen anderer Untergruppen enthielten und quer durch den ganzen Subkontinent zogen. Alle drei trafen sich in Nagpur, was mit dem Zusammenfluß der drei heiligen Flüsse in Allahabad verglichen wurde.

Diese Prozessionen folgten dem Muster der Festzüge bei den Tempelfesten. Zu jeder gehörte ein Festwagen (in diesem Fall statt eines Wagens, den man hätte tragen oder ziehen müssen, ein Lastkraftwagen) mit einem Bild der Bharat Mata, ein großer Wasserkrug mit Wasser aus dem Fluß Ganges und ein kleinerer Topf mit örtlichem heiligem Wasser. Bharat Mata wird mit allen lokalen Göttinnen, die man in Indien verehrt, gleichgesetzt, ja enthält als Verkörperung des gesamten Landes alle heiligen Stätten Indiens in sich. Ähnlich wird alles heilige Wasser in Indien letztlich auf den Ganges zurückgeführt. So sind die »Mutter Indien« und der Ganges zwei mächtige Symbole der Einheit Indiens. Diese Einheit wurde noch dadurch über den Subkontinent hinaus ausgeweitet, daß Abordnungen aus anderen Ländern an diesem »Opfer für die Einheit« teilnahmen. Eine kleine Prozession aus Bhutan zog bis nach Indien, um sich einer der drei Hauptprozessionen anzuschließen. Eine Delegation aus Burma brachte Wasser aus dem dortigen heiligen Fluß, andere brachten heiliges Wasser aus Mauritius, Pakistan und Bangladesh mit.

Die VHP versucht, einen modernen Hinduismus als Nationalreligion Indiens zu schaffen. Die Einheit wird als Quelle der Stärke gesehen, damit sich die Hindus mit Erfolg gegen Kräfte von außen wehren können, die sie in Gestalt der Konversion zu fremden Religionen und von internen Problemen bedrohen, die aus Konflikten der Hindus untereinander entstehen. Der Widerstand gegen ausländische Traditionen, das heißt das Christentum und den Islam, ist eines der erklärten Ziele der Organisation. Dieses Thema spielte eine maßgebliche Rolle, als im Dezember 1992 Hindus in Ayodhya eine islamische Moschee namens Babri Masjid zerstörten.

Die Babri Masjid wurde im Jahre 1528 von einem Gefolgsmann des Mughal-Herrschers namens Babur errichtet. Laut der Überlieferung wurde sie an der Stelle eines älteren Hindu-Tempels erbaut, der an der Geburtsstätte von Rama, dem Helden des *Ramayana*, stand. Vor der indischen Unabhängigkeit hielten die Muslime ihre Gottesdienste im Innern der Moschee, während die Hindus die ihren außerhalb der Moschee veranstalteten. 1949 stellte jemand heimlich bei Nacht ein Bild von Rama in die Moschee, und es wurde das Gerücht verbreitet, die Gottheit sei wieder erschienen und beanspruche ihren Tempel für sich. Es kam zu einem Aufruhr, der von der Polizei unterdrückt wurde; die Moschee blieb von da an geschlossen.

Im Jahre 1984 brachte die Vishva Hindu Parishad das Thema zur Sprache und erhob im Rahmen ihrer nationalistischen Initiativen Anspruch auf das Tempelgelände. Sie führte in einer Prozession Bilder von Rama und Sita nach Ayodhya und dann bis in die Hauptstadt Delhi und veranstaltete unterwegs überall große Versammlungen und Reden. Im Lauf der nächsten Jahre wurde die Kontroverse um diese Tempel-Moschee in allen politischen Parteien zum Gegenstand der Diskussion; für die Bharatiya Janata Party wurde sie zum zentralen Anliegen. Dazu muß man wissen, daß die Geschichte vom Gott Rama einen besonderen Beiklang im Sinne eines politischen Ideals hat. Rama war der Gottkönig, der Herr des *dharma*, der über ein Goldenes Zeitalter herrschte. Auch Gandhi hatte das Bild von Ram Rajya, der »Herrschaft des Rama« als Inbegriff der idealen Gesellschaft beschworen. Eine politische Partei, der es gelingt, zwischen sich und dem Bild des Gottes Rama (und seiner gerechten Herrschaft) eine Verbindung herzustellen, findet in ganz Indien großen Widerhall.

Die Macht des Bildes von Rama wurde 1987 und 1988 bei der eingangs geschilderten Fernsehserie über das *Ramayana* offenbar, die Millionen von Menschen in Indien und anderen Ländern jeden Sonntag mit großem Interesse mitverfolgten. Die Beliebtheit dieser Sendung dürfte die Politiker dazu inspiriert haben, wiederum energisch das Thema des Bildes und der Herrschaft von Rama in Ayodhya aufzugreifen. 1989 organisierte die VHP Prozessionen, in denen feierlich Ziegelsteine für den Bau eines neuen Tempels an Ramas Geburtsstätte nach Ayodhya getragen wurden. Diese Ziegelsteine kamen aus Dörfern von ganz Indien und von Spendern aus den USA, Kanada, der Karibik und Südafrika. Die Autoritäten genehmigten den Marschierern nicht die Abtragung der Babri Masjid, aber mit etlichen der Ziegel legte man in einer Baugrube direkt vor der Moschee neue Fundamente.

Die Bestrebungen, die Moschee abzureißen, erhielten 1990 nach zwei politischen Ereignissen neuen Anschub. Das erste waren die anhaltenden Auseinandersetzungen zwischen Pakistan und Indien um die Herrschaft über Kaschmir, die zu einer neuen Welle der Gewalt führten. Das zweite war der Versuch der indischen Regierung, die Zahl der für Angehörige der unteren Kasten reservierten Stellen in der Lehrer und Beamtenschaft zu erhöhen. Die VHP veranstaltete eine weitere rituelle Prozession nach Ayodhya mit dem erklärten Ziel, der Uneinigkeit entgegenzuwirken, die durch die massiven Proteste und den Widerstand gegen diese Maßnahme der Regierung hervorgerufen worden war. Bei dieser Prozession stellte L. K. Advani, der Führer der BJP, den Gott Rama dar. Die Nationalregierung erklärte hierauf, sie werde sich an den Grundsatz halten, daß Indien ein säkularer Staat sei, und verbot, die Prozession bis an den Ort der Moschee zu verlängern. Die Folge war, daß die BJP der Regierung im Parlament ihre Unterstützung entzog und diejenigen Politiker, die der Bewegung Widerstand entgegengesetzt hatten, ihre Macht verloren. Dank ihrer Märsche nach Ayodhya hatte die BJP so große Publizität erlangt, daß sie aus den Neuwahlen erheblich gestärkt hervorging. 1991 erlangte die BJP zudem die Regierungsmacht im Bundesstaat

Uttar Pradesh, in dem Ayodhya liegt. 1992 organisierten die VHP und die BJP schließlich einen Massenauflauf in Ayodhya, bei dem die Moschee zerstört wurde.

Die Nationalregierung verurteilte diese Zerstörung. Uttar Pradesh wurde vorübergehend der direkten Herrschaft der Nationalregierung unterstellt, in drei weiteren von der BJP beherrschten Bundesstaaten wurden die Regierungen entlassen. Hindu-Organisationen wie die VHP, die die Kampagnen in Ayodhya maßgeblich organisiert hatten, wurden verboten. Zudem erklärte die Regierung, sie werde die Moschee wieder aufbauen lassen. Aber die Unruhen waren nicht auf Ayodhya beschränkt. In größeren Städten wie Kalkutta und Mumbai (Bombay) kam es zu gewalttätigen Ausschreitungen, deren Opfer meistens Muslime waren. Es handelte sich um Reaktionen auf Ausschreitungen in Pakistan und Bangladesh, wo umgekehrt die Muslime indische Geschäfte und hinduistische Tempel angriffen. In England wurden Brandbomben in hinduistischen Tempeln und Kulturzentren, einer muslimischen Moschee und einer *gurudwara* der Sikhs gelegt. Vor dem Gebäude der Vereinten Nationen in New York veranstalteten deswegen die Black Muslims Protestkundgebungen.

Die Zerstörung der Moschee und das internationale Echo auf diese Aktion zeigen, wie stark die Verbindung von Religion und nationaler Identität geworden ist. Jedoch machen die nachfolgenden Reaktionen auch deutlich, daß die Überzeugungen, die manche Menschen zu Gewalttätigkeiten veranlaßten, in dieser Form von vielen nicht geteilt werden. Die meisten Hindus bedauern die Zerstörung und das Blutvergießen. Sie rufen das höhere Ideal Gandhis in Erinnerung, sich um Gewaltlosigkeit zu bemühen, und sehen darin ein echtes Qualitätsmerkmal, das die Größe des Hinduismus beweist. Die Gesamtreaktion auf die Zerstörung der Babri Masjid scheint den politischen Kampagnen dieser Art den Wind aus den Segeln genommen zu haben. Seit 1992 haben Politiker, die sich auf die Parole »Wir gegen die andern« stützen, deutlich an Anklang verloren.

Der Hinduismus weltweit

Die Echos auf den Konflikt von Ayodhya in London und New York zeigen, daß der heutige Hinduismus sich über den ganzen Globus ausgebreitet hat. Während des 19. und 20. Jahrhunderts wanderten unzählige Hindus aus ihrem Heimatland aus, so daß es jetzt überall auf der Welt Hindus gibt. Die Erfahrungen derer, die in der »Diaspora« leben, haben sich darauf ausgewirkt, wie sie heute den Hinduismus definieren. Überlieferungen, die als Bestandteil des Hauptstroms als selbstverständlich galten, haben neue Deutungen erfahren und wurden an neue äußere Umstände angepaßt. Zugleich sickern die Anpassungen und Akzentverlagerungen, die im Ausland stattgefunden haben, auch wieder in Südasien ein, wo sie Entwicklungen im Mutterland Indien beeinflussen.

In der Neuzeit kam es zu zwei Auswanderungsschüben von Hindus. Der erste fand während des 19. Jahrhunderts und im frühen 20. Jahrhundert statt. Im 19. Jahrhundert bewog die Suche nach Arbeit viele Inder zur Auswanderung nach Burma (Myanmar), Sri Lanka, Malaysia, Südafrika, auf die Fidschi-Inseln und in die Karibik. Bis zu den zwanziger Jahren des 20. Jahrhunderts lebten schätzungsweise zwei Millionen Inder im Ausland, die meisten in den britischen Kolonien und Dominions. Die meisten dieser Emigranten waren Vertragsarbeiter. Obwohl sie diskriminiert wurden, kaum Bildungsmöglichkeiten hatten und eine hohe Sterblichkeitsrate aufwiesen, entwickelten sie sich in ihrer neuen Umgebung gut. Gewöhnlich lebten sie in ethnischen Gemeinschaften, in deren Rahmen sie sich an die Überlieferungen ihres Mutterlands halten konnten. Sie richteten Tempel ein und stellten Priester (nicht unbedingt *Brahmanen*) an, um die traditionellen Rituale zu vollziehen. Dazu gehörte das gesamte Spektrum der weiter oben beschriebenen volkstümlichen Überlieferungen.

Die zweite Welle hat in den sechziger Jahren des 20. Jahrhunderts erstmals nennenswerten Umfang erreicht und geht bis heute weiter; sie wird vorwiegend von Angehörigen der gebildeten städtischen Mittelschicht getragen. Diese Stadtbürger wandern in die großstädtischen Zentren der USA, Englands und Kanadas und in die Wirtschaftszentren Asiens wie etwa Singapur aus. Gewöhnlich handelt es sich um Fachleute: Ärzte, Ingenieure und Computerprogrammierer, die sich nach Erwerbsmöglichkeiten umsehen, weil es in Indien für ihre Berufsstände nicht genügend Arbeitsplätze gibt. Anders als die Flüchtlinge aus Osteuropa und Südostasien lassen sich diese Hindus der Mittelschicht nicht in ethnischen Ghettos nieder. Sie ziehen in Vorstädte mit guten Schulen für ihre Kinder. Die meisten dieser Immigranten schaffen es auch rasch, in ihren neuen Ländern den Status der bürgerlichen Mittelschicht zu erlangen. Der Grund dafür ist ihre gute Ausbildung und ihr Englisch. Die in den USA lebenden Inder gelten als die erfolgreichste Immigrantengruppe der gesamten Geschichte der USA.

Während der ersten Jahre in ihrem neuen Land konzentrierten sich diese Immigranten auf ihren wirtschaftlichen Erfolg und kümmerten sich kaum um das Fehlen von Einrichtungen für die Praxis ihres religiösen Lebens. Jedoch empfanden sie das Bedürfnis nach ihrer eigenen kulturellen Identität, weshalb zahlreiche »Kulturzentren« gegründet wurden, in denen sich die Inder treffen konnten. In den 1960er Jahren empfanden sich alle immigrierten Inder als durch eine gemeinsame Identität miteinander verbunden, die alle regionalen kulturellen Unterschiede ihrer Herkunftsgebiete überspannte. Wenn etwa in einem Kulturzentrum ein bengalischer Film gezeigt wurde, freuten sich auch diejenigen, die die Sprache nicht verstanden, darüber, sich wieder einmal etwas »Indisches« anschauen zu können.

Als die Immigranten dann Familien gründeten und Kinder aufzogen, meldete sich ihr Bedürfnis nach religiösen Einrichtungen wieder. Die Religion ist ein wichtiges Medium dafür, die eigenen kulturellen Werte an die Kinder weiterzugeben. Zudem machten sich viele Inder Sorgen, ihre Kinder könnten in den westlichen Gesellschaften schlechte Gewohnheiten annehmen oder dazu verleitet werden, zum Christentum zu konvertieren. In Indien wird die religiöse Erziehung vor allem von den Großeltern gewährleistet. Sie nehmen schon die Kleinen zu den örtlichen Schreinen und Tempeln mit und erzählen ihnen die Geschichten über die Heiligen und die Gottheiten. Doch diese Generation der Großeltern fehlt in den Immigrantenhaushalten. Zudem ist es etwas ganz anderes, in einem Land in eine Religion eingeführt zu werden, in dem diese zum Alltagsleben gehört und ringsum von allen praktiziert wird, als in einem Land, wo ihr nur ein paar verstreute Mitglieder angehören. In den westlichen Ländern gibt es keine hinduistischen Nationalfeiertage, keine umherwandernden *sadhus,* die ihre spirituelle Weisheit weitergeben und keine reisenden Geschichtenerzähler, die die großen Epen lebendig halten. Daher mußten die Eltern selbst Mittel und Wege finden, wie sie eine Tradition, die sie selbst noch nie gründlich durchdacht und sich systematisch klargemacht hatten, ihren Kindern erklären sollten, die in einem ganz anderen kulturellen Umfeld aufwuchsen.

So kamen sie wieder auf die Tempel als Knotenpunkte zur Bewahrung ihrer Tradition. In den Auslandsgemeinden wurde Geld gesammelt, um Tempel einrichten zu können. Zugleich fand jedoch in vielen Dingen eine Anpassung an die neue Umgebung statt. Bei den ersten Tempeln handelte es sich meist um Gebäude, die vorher einem anderen Zweck gedient hatten, oft Kirchen. Später sammelten die Gemeinden genug Geld, um eigene Tempel im Stil der überlieferten Architektur zu bauen. Viele dieser Tempel sind teilweise bestimmten Tempeln in Indien nachgebaut, von denen aus sie mit Spenden unterstützt werden. Aber diese Tempel in der Diaspora sind auf einzigartige Weise Orte der Ökumene. Im Bemühen, den Bedürfnissen der ganz unterschiedlichen Immigrantengruppen zu entsprechen, wurden darin die Bilder zahlreicher Gottheiten aufgestellt, statt sie nur einer Hauptgottheit und ihrem Anhang zu weihen. So ist es ganz normal, darin Shiva und Vishnu nebeneinander stehen und von verschiedenen Göttinnen und regionalen Gottheiten umgeben zu sehen. Der Shri-Venkateshwara-Tempel in Südkalifornien verfügt über zwei Gottesdienstbereiche nebeneinander. Der Hauptkomplex ist Vishnu geweiht und beherbergt Bilder von mehreren Inkarnationen dieses Gottes, während Shiva, seine Frau Parvati und Ganesha einen zweiten Komplex direkt auf der anderen Seite der Tempelmauer beherrschen. Die Bilder für diese Tempel in der Diaspora werden von traditionellen Künstlern in Indien angefertigt und von *Brahmanen*-Priestern auf altehrwürdige Weise aufgestellt. In einigen wenigen Tempeln hat man sogar versucht, der Eigenart sowohl der Nordinder wie der Südinder Rechnung zu tragen, indem es dort Bilder aus weißem Marmor für die Nordinder und Bilder aus schwarzem Stein für die Südinder gibt.

Das Leben in einem nichthinduistischen Land hat auch zu Veränderungen in den Tempelkalendarien geführt. Die Feste werden oft an den Wochenenden statt an ihren genauen Daten (gemäß dem hinduistischen Mondkalender) gefeiert. Dadurch können die Gläubigen leichter teilnehmen, vor allem, wenn sie bis zum Tempel über weite Entfernungen anreisen müssen. In den meisten Tempeln finden die regelmäßigen Gottesdienste an den Wochenenden statt, weil die meisten Teilnehmer nur dann kommen können. Die Tempel organisieren auch Ferienlager und Unterricht für die Kinder, um sie im *dharma* und den Werten des Hinduismus zu unterrichten und ihnen die indischen Sprachen beizubringen. Die Kinder äußern oft, daß sie während dieser Ferienlager ein Gefühl der Erleichterung und der Zugehörigkeit hätten, weil sie hier nicht das Gefühl oder die Notwendigkeit verspüren, dauernd erklären zu müssen, was sie tun oder was sie glauben. Selbst in einem ganz »säkularen« westlichen Land prägt das Christentum den Schulkalender (mit freien Sonn- und Feiertagen,

Weihnachts- und Osterferien), und die Kinder aus anderen Glaubenstraditionen fühlen sich oft gegenüber ihren Klassenkameraden als Außenseiter. Das dringende Bedürfnis, die Überlieferung der eigenen Kultur an die nächste Generation weiterzugeben, hat ferner zur Einrichtung von Unterricht in indischer Musik und indischem Tanz geführt. Viele Tempel verfügen über Vortrags- und Aufführungssäle und Küchen zur Bereitung von Mahlzeiten an Gemeindefesten, so daß sie neben ihrer religiösen Funktion auch eine Gemeinschaftsaufgabe erfüllen.

Das Unternehmen, den Hinduismus genauer zu erklären, wird von einer wachsenden Produktion an Unterrichtsliteratur unterstützt, wovon vieles auf Initiative der Vishva Hindu Parishad veröffentlicht wird. Das ist nicht weiter erstaunlich für eine Organisation, die den hinduistischen *dharma* verbreiten und die Konversion zu anderen Religionen verhüten möchte; es bedeutet jedoch auch, daß von einer bestimmten Sondergruppe definiert wird, was der »orthodoxe« Hinduismus sei. Die VHP ist in Indien im wesentlichen von der städtischen Mittelschicht getragen, so daß in ihren Darstellungen die Volksfrömmigkeit zu kurz kommen dürfte. Da jedoch auch die Immigranten überwiegend dieser Schicht angehören, entspricht ihre Auslegung des Hinduismus ihren Bedürfnissen.

In der Diaspora fehlen viele der religiösen Elemente, die die Volksfrömmigkeit ausmachen. So werden in den westlichen Ländern den Tempelgottheiten nur vegetarische Gaben dargebracht. Es gibt keine Dorfgottheiten, die man mit Blutopfern besänftigen oder abkühlen muß; Überlieferungen des Besessenwerdens von bestimmten Gottheiten und volkstümliche Heilungspraktiken, wie es sie in Hindugemeinden der Arbeiter aus der ersten Auswanderungswelle gibt, fehlen gewöhnlich in den Gemeinden der zweiten Welle. Das spiegelt die Tatsache wider, daß diese beiden Arten von Einwanderern verschiedenen Gesellschaftsschichten angehören.

Die Einrichtung religiöser Zentren für Hindus im Ausland war von einigen weiteren Problemen begleitet. Eines davon ergab sich aus der mangelnden Kommunikation zwischen den Hindus und der Mehrheit der Gesellschaft. Kleiner waren die Probleme, die sich ergaben, wenn etwa der Lärm während ganznächtlicher Feiern zu groß war oder es Beschwerden gab, wenn ein Stadtteil mit zu vielen Autos zugeparkt war, weil viele Teilnehmer zu einem Fest angereist waren. Größere Probleme ergaben sich, wenn die christlichen Einwohner einer Gegend fürchteten, eine indische Gemeinde werde versuchen, mitten unter ihnen eine Art zweites Rajneeshpuram[11] einzurichten. Solche Probleme lassen sich gewöhnlich auf dem Weg der Aussprache lösen. Allmählich lernen es die Hindus, auf ihre Umgebung zuzugehen und über ihre Religion zu informieren, so daß ihre Nachbarn sie nicht mit bestimmten Kulten der New-Age-Bewegung gleichsetzen. Umgekehrt lernen die Abendländer, den Hinduismus als eine eigene Tradition ernst zu nehmen und die wenigen extremen Darstellungen in den Weltmedien nicht für repräsentativ zu halten.

Ein weiteres wichtiges Thema für die Diaspora ist der Unterhalt des Tempels. Es ist viel leichter, Spender für den Neubau eines Tempels zu finden, als die Leute dazu zu bringen, regelmäßig etwas zu dessen Unterhalt beizutragen. In Indien werden die Tempel aus den Einkünften der dazugehörigen Ländereien unterhalten, aber in anderen Ländern gibt es nur den Rückhalt durch die Spenden der Gemeindemitglieder. Hier taucht nun das Problem des Provinzialismus auf. Je größer die Immigrantengemeinden werden, desto deutlicher bilden sich darin wieder regional kulturelle Untergruppen aus. Die ökumenische Einstellung der frühen kleineren Gemeinden löst sich auf. Die Gujaratis fangen an, ihren eigenen Tempel mit ihren regionalen Gottheiten zu wollen und darin ihre eigenen religiösen Lieder auf Gujarati zu singen, während die Bengalis ihrerseits das gleiche wollen. Diese Tendenz zur Aufspaltung macht sich auf der ganzen Welt bemerkbar. In Toronto in Kanada herrscht Spannung zwischen den Tamilen aus Tamil Nadu und den Tamilen aus Sri Lanka. Diejenigen aus Sri Lanka sind später gekommen, aber inzwischen den Hindus aus Tamil Nadu zahlenmäßig überlegen und fangen an, manches am Gottesdienst, an dem beide Gruppen teilnehmen, in ihrem Sinn zu verändern. Ein derartiger Provinzialismus droht den Unterhalt der religiösen Zentren zu gefährden, denn wenn schließlich jede kleine Gruppe ihren eigenen Tempel baut, reichen die finanziellen Mittel für den Unterhalt so vieler Tempel nicht aus.

Ein weiteres Problem ergibt sich aus der Generationenkluft zwischen den Eltern und ihren Kindern. Die Kinder wachsen als Grenz-

11. Rajneeshpuram war eine religiöse Gemeinschaft, die in der Nähe der Stadt Antelope in Oregon von den Anhängern eines indischen *Guru* eingerichtet wurde. Die Gemeinschaft wurde zahlenmäßig so groß, daß sie bei städtischen Wahlen den Ausschlag geben und damit entscheidenden Einfluß nehmen konnte. Einige ihrer Leiter wurden schließlich krimineller Machenschaften bezichtigt, und die meisten Mitglieder verließen den Ort wieder.

gänger zwischen zwei Kulturen auf. Die meisten von ihnen sind sehr stolz auf ihr indisches Erbe, aber sie werden auch von dem kulturellen Milieu beeinflußt, in dem sie als Schüler den Großteil ihrer Zeit verbringen. Wenn sie in westlichen Gesellschaften aufwachsen, tun sie sich nach einiger Zeit mit einigen der Praktiken des traditionellen Hinduismus schwer, vor allem mit der Bilderverehrung. An den Wochenenden in den Tempel zu gehen und einige Zeit in einem hinduistischen Sommerferienlager zu verbringen ist etwas anderes, als in dem Land aufzuwachsen, das geheiligt ist durch die physische Anwesenheit der Götter, die darin ihre Mythen sichtbar darstellen. Die meisten in Amerika aufgewachsenen Inder bevorzugen einen Hinduismus im Stil des Neo-Vedanta mit ihrer Betonung eines nichtpersonalen *Brahman.*

Doch langsam wird vom Hinduismus auch Land außerhalb Indiens sakralisiert. In den USA kann man zum Gebet statt des Ganges und Yamuna die Flüsse Mississippi und Missouri aufsuchen, wodurch die Flüsse Nordamerikas heilig werden. Lehmbilder von Ganesha und anderen Gottheiten wurden schon in Prozessionen durch die Straßen europäischer und amerikanischer Ortschaften getragen und in örtlichen Wasserstellen versenkt. Die größeren Tempel in Europa und den USA mit ihrer traditionellen Architektur und ihren geweihten Bildern werden zu Wallfahrtsstätten. Und im Golden Gate Park in San Francisco offenbarte sich bereits ein Shiva-*lingam.* Dieser kuppelförmige Stein tauchte an der Kreuzung dreier Fußwege im Park auf, wo ihn einige Hindus bemerkten, die dort oft vorbeigingen. Sie wußten, daß der Stein bislang nicht dort gewesen war, und erkannten ihn unverzüglich als ein *lingam,* eine Manifestation des Gottes Shiva. Die Kunde verbreitete sich, und immer mehr Leute kamen in den Park, um Opfer von Blumen und Früchten darzubringen. Schon bald begannen Mitglieder des Shakti Mandir (eines Tempels) in San Francisco regelmäßige Gottesdienste im Park abzuhalten, und nach und nach wurde der Stein ganz mit Sandelpaste überzogen und mit Blumengirlanden bedeckt. Das *lingam* wurde zur Wallfahrtsstätte des ganzen Gebiets der Bucht von San Francisco. Wie sich herausstellte, handelte es sich bei diesem *lingam* ursprünglich um einen Poller, einen Straßen-Randstein, den Stadtarbeiter im Park liegengelassen hatten. Die Stadtverwaltung nahm jedoch auf seine religiöse Deutung Rücksicht und half, ihn auf ein privates Grundstück zu versetzen, da auf Stadteigentum keine religiösen Stätten erlaubt sind.

Der derzeitige Hinduismus, wie er in den Metropolen rund um die Welt heute gelebt wird, geht in seinen Wurzeln auf die Ideale der Reformer zurück, die ihre Religion im 19. Jahrhundert neu zu umschreiben begannen. Sie griffen aus dem Erbe der vedischen Philosophie religiöse Prinzipien auf, die sich auf die heutige Welt anwenden lassen. Eine neu belebte Wertschätzung der Weisheit der alten Schriften half, den Hinduismus als große Weltreligion zu etablieren, die eines Ranges mit dem Christentum und Islam ist. Das wiederum trug zur Entwicklung des Nationalismus bei, in deren Verlauf der Hinduismus eine gemeinsame Sprache lieferte, die dem indischen Volk das Gefühl gab, als Nation über eine gemeinsame Identität zu verfügen. Aber auch wenn diese nationale Identität geschaffen wurde, bleibt Südasien ein Gebiet von reicher kultureller Vielfalt, und es gibt zahlreiche Kräfte, die auf den heutigen Hinduismus einen Einfluß ausüben. So wollen wir als nächstes einige der vorherrschenden Strömungen betrachten, die die Zukunft dieser endlos wandelbaren Traditionen mitgestalten.

6. Der Weg in die Zukunft

Man hat oft gesagt, der Hinduismus lege nie etwas ganz ab; er behält alles, fügt neue Vorstellungen und Praktiken einfach den bisherigen hinzu, legt alte philosophische Vorstellungen neu aus. So ist der Hinduismus seinem Wesen nach eine Tradition, die ewig neu geboren wird, und die karmischen Einflüsse von Gegenwart und Vergangenheit prägen seine Zukunft. Dieser Prozeß wird zweifellos weitergehen. Inzwischen verfügt der Hinduismus über verschiedene Traditionen aus mehr als drei Jahrtausenden, aus denen er seine Ideen und seine Kraft schöpfen kann. Die Religion wird so angepaßt werden, daß sie den Bedürfnissen der Zukunft entspricht. Derzeit sind einige der neuen Umstände, die dem Hinduismus eine neue Gestalt geben, die Verstädterung, die Veränderung der Rolle der Frau, die moderne Technologie, der weiterhin starke Regionalismus und die Globalisierung.

Die Verstädterung

Zwar leben in Südasien noch fast drei Viertel der Bevölkerung in Dörfern, aber die Städte wachsen in rasantem Tempo. In den Städten lösen sich die überlieferten sozialen Muster auf; neue Formen des Lebensstils und der Religion entstehen. Unter den Stadtbewohnern gibt es gewaltige wirtschaftliche Unterschiede, denn die einen sind mittellose Arbeiter auf der Suche nach Beschäftigung, die anderen gehören zu einer rasch wachsenden Mittelschicht gebildeter, qualifizierter Fachkräfte, aber in vieler Hinsicht sind doch beide Schichten gleichermaßen von den sozialen Veränderungen betroffen. Überlieferte Tätigkeiten werden durch neue Formen der Beschäftigung ersetzt. Reichtum und sozialer Status beruhen nicht mehr auf Grundbesitz, Ernten und Vieh, sondern auf Geldeinkommen. Die Menschen in der Stadt leben immer weniger in großen Familienverbänden und können sich immer seltener auf ein enges Netz von Verwandten verlassen. In der Stadt spielen im allgemeinen Kastenunterschiede eine geringere Rolle, außer wenn es um die Heirat geht. Und Sektenzugehörigkeiten verschieben sich oft, weil die Gottheiten des Dorftempels in der Stadt nicht zu finden sind.

Das Anwachsen der städtischen Mittelschicht in Indien hat zur Ausbreitung eines »modernen« Hinduismus geführt, der in vieler Hinsicht dem Neo-Vedanta von Swami Vivekananda gleicht. Die meisten Vertreter dieses modernen Hinduismus verbinden mit der Religion soziale Anliegen. Sie lehnen die Vorstellung ab, bei der spirituellen Unterweisung könne es Kasten- und Geschlechterunterschiede geben, und sind deshalb der Ansicht, der Geist des Hinduismus bedürfe der Erneuerung. Auch sind sie der Auffassung, die Religion solle sich auf das Wohl der Gemeinschaft konzentrieren, statt nur auf die Meditation. Folglich engagieren sie sich in Bemühungen, die Unberührbaren »aufzuwerten« und Krankenhäuser der Hindu-Mission einzurichten. Außerdem ist ihnen das spirituelle Leben der Auslandsgemeinden ein Anliegen. Die Bedürfnisse der meist aus der Mittelschicht stammenden Emigranten sind weithin dieselben wie diejenigen ihrer Glaubensbrüder in Indien. Beide Gruppen von Hindus sind um individuelles Wachstum und die Lösung sozialer Fragen bemüht und betrachten die Religion als einen Verhaltenskodex. Ihr Hauptinteresse gilt dem Erfolg im Leben.

In weiten Kreisen der städtischen Bevölkerung erfreuen sich moderne *gurus* großer Beliebtheit. Diese *gurus* sind die lebendigen Interpreten der Tradition, die die alten Lehren an die Bedürfnisse des heutigen Lebens anpassen. Viele von ihnen übernehmen eine Art Neo-Vedanta, wobei die Weisheit der vor-puranischen Schriften und die mystische Schau der Dichterheiligen besondere Beachtung finden. Sie vertreten die Ansicht, die in den *Upanishaden* enthaltenen Philosophien stellten das Wesen aller Religionen dar, weshalb ihre Lehren jenseits alles Sektierertums stünden. Gott beschreiben sie als unpersönliches Alles, das alles durchdringe. Folglich könne es keine Kasten-Unreinheit geben. Sie betonen, wie wichtig persönliche religiöse Praktiken seien, die Geist und Körper schulen, wie etwa die Meditation, das Singen des Namens Gottes und der Vortrag religiöser Lieder. In ihren Lehren werden Unterweisungen für ein tugendhaftes Leben in der Welt verknüpft mit Anleitungen für das Erlangen eines höheren Wissens, das den Menschen aus den Fesseln der Wiedergeburt befreie. Aber diese Überlieferungen sind weniger an bestimmte Orte gebunden als die traditionelle dörfliche Religion. Weil die persönliche Praxis im Vordergrund steht, kommt es nicht mehr darauf an, daß man an einem bestimmten Ort wohnt oder einen bestimmten Tempel aufsucht. Diese Lehren passen recht gut für die Mobilität des Stadtlebens.

Frauen und der Hinduismus

Wenn man bedenkt, daß während des ganzen letzten Jahrtausends der Hinduismus stark patriarchal geprägt war, kommt es überraschend, daß sehr viele moderne *gurus* Frauen sind. Daß Frauen sehr viel häufiger als religiöse Anführerinnen auftreten, ist eine der wichtigen Veränderungen im heutigen Hinduismus. Diese Veränderung hat ihre Wurzeln auf mehreren Gebieten. Sie wurde vor allem von den hinduistischen Reformbewegungen des 19. und 20. Jahrhunderts ausgelöst sowie vom Nationalismus und der Unabhängigkeitsbewegung, die zusammen die Grundlagen für eine Wertschätzung der weiblichen Spiritualität und Möglichkeiten für deren Entfaltung schufen.

Die Reformbewegungen des 19. und 20. Jahrhunderts waren um eine Rückkehr zu den unverfälschten hinduistisehen Überlieferungen der Vergangenheit bemüht, wie sie in den *Veden* und den *Upanishaden* beschrieben wird. In diesen Texten wird berichtet, daß die Frauen genau wie die Männer in der vedischen Lehre unterrichtet wurden. Man liest darin von Frauen wie Gargi, die an gelehrten Disputationen teilnahmen und sich dabei bewundernswert hervortaten. Die Reformer beriefen sich auf diese Texte, um die Bildung für Männer wie Frauen gleichermaßen zu fordern, weil sie die notwendige Grundlage für eine ideale hinduistische Gesellschaft darstelle. Da zudem in den *Veden* Frauen öffentlich Reden halten und genauso viele Jahre in der Schule zubringen konnten wie die Männer, konnte man zu Recht für die Abschaffung sozialer Praktiken wie der *purdah* (des Einschließens der Frauen), der Verheiratung von Kindern, des *sati* (der Witwenverbrennung) und des Verbots der Wiederverheiratung eintreten. Wegen dieser aktiven Bestrebungen entstanden sowohl im Rahmen des Arya Samaj wie des Brahmo Samaj soziale Frauenorganisationen.

Die Verwendung weiblicher Bilder bei der nationalistischen Bewegung und in modernen Sekten hat dazu beigetragen, daß Frauen in weiten Kreisen der Bevölkerung als religiöse Anführerinnen anerkannt werden. Namentlich die bengalischen Literaten schrieben immer wieder über Bharat Mata, Mutter Indien, die vor den Ungläubigen, die sie beschmutzten, bewahrt werden müsse. Das Bild von Indien als Muttergottheit breitete sich stark aus und erfreut sich immer noch großer Beliebtheit; es erinnert die Hindus aller Sekten daran, daß das Absolute sich genausogut in weiblicher wie in männlicher Gestalt offenbaren kann. Nach und nach wurde die Vorstel-

Zwei Mädchen in Kalkutta halten an ihrem kleinen Hausschrein die puja, den Gottesdienst. Seit der Unabhängigkeit im Jahre 1947 haben sich in den indischen Städten die Ausbildung und die Rechte der Frauen deutlich gebessert, aber auf dem Land liegt die Gleichstellung noch in weiter Ferne.

lung geläufig, daß das Symbol der göttlichen Mutter in weiblichen Asketinnen greifbare Gestalt annehmen könne. Die stärkere Beachtung des weiblichen Aspekts Gottes wurde zudem im vorigen Jahrhundert von religiösen Führern gefördert, deren Lehren die tantrische Vorstellung von der Shakti als der weiblichen Kraft Gottes beinhalteten. Ramakrishna verstärkte diese Bewegung nachhaltig, als er seine Frau als die Verkörperung des göttlich Weiblichen verehrte. Von da an wurde die Vorstellung von der Shakti zur geläufigen Begründung dafür, daß ein weiblicher *guru* über große Kräfte verfügen könne.

Nicht zuletzt am indischen Unabhängigkeitskampf waren in hohem Maß Frauen beteiligt. Gandhi hielt die Frauen als die idealen Vorbilder der Moral hoch, weil sie die Selbstverleugnung und innere Stärke verkörperten. Gandhis Unabhängigkeitsbewegung fand bei Frauen der Mittel- und Oberschicht starken Anklang, denn bei ihrem Einsatz im Kampf um die Freiheit entdeckten sie die in ihnen schlummernden Fähigkeiten und wurden durch diese Erfahrung nachhaltig verändert. Die Bewegung bot ihnen die Möglichkeit, ihre Energien und Fähigkeiten zum Einsatz zu bringen. Sie übernahmen organisatorische Aufgaben, brachten Informationen in Umlauf, veranstalteten Protestmärsche und gingen für ihre Überzeugungen ins Gefängnis. Ihr Beitrag wurde innerhalb der Bewegung anerkannt, sie erreichten darin hohe Ämter und gelangten zu großem Einfluß.

Seit der Unabhängigkeit bemühten sich viele Frauen weiterhin aktiv um die Besserung der gesellschaftlichen Verhältnisse. Sie verfolgten dabei die Ideale des *sarvodaya,* der Hebung des Ansehens und Lebensstandards aller. Im ländlichen Milieu allerdings sind die Errungenschaften, zu denen es die Frauen der Bildungsschicht brachten, kaum verbreitet. Die Alphabetisierungsrate der Frauen ist wesentlich niedriger als die der Männer, weil sehr viel mehr Jungen Schulunterricht erhalten als Mädchen. Die indische Gesetzgebung bemüht sich um die Gleichberechtigung der Frauen, aber zwischen dem Buchstaben des Gesetzes und der tatsächlichen Praxis klafft eine große Lücke. Die ungebildeten Dorffrauen wissen gewöhnlich nichts von ihren gesetzlichen Rechten. Laut der indischen Verfassung sind Männer und Frauen gleichberechtigte Erben, jedoch bleibt der ländliche Grundbesitz fast ganz in den Händen der Männer. In vielen Bundesstaaten ist ein Sitz im Dorfrat für ein weibliches Mitglied reserviert, aber die Frauen des Orts wissen nur in seltenen Fällen von dieser Einrichtung, und selbst wenn sie sich bei einer Wahl um diesen Sitz bemühen und ihn einnehmen würden, stünden sie vor der riesigen Schwierigkeit, gegen alteingefleischte Überlieferungen angehen zu müssen. Da die Kluft zwischen Gesetz und Wirklichkeit inzwischen ins öffentliche Bewußtsein getreten ist, gibt es Bemühungen, die Dorffrauen über ihre Rechte aufzuklären. In Programmen, die meist von Frauen organisiert und geleitet werden, versucht man, die Frauen zu schulen und ihnen Hilfsquellen zu erschließen, damit sie ihre Rechte wahrnehmen wollen und können.

Die Erben der Reformbewegungen haben für Frauen auch neue Möglichkeiten des religiösen Lebens geschaffen. Aus Vivekanandas Ramakrishna-Mission erwuchs eine weibliche Mönchsgemeinschaft namens Sarada Math. Schon Vivekananda hatte gehofft, eine Frauenkommunität einrichten zu können, war aber zum Schluß gekommen, die Zeit dafür sei noch nicht reif. Seine Vision wurde 1954 wahr. Sarada bietet Frauen die Möglichkeit, in einer ausschließlich von Frauen geleiteten monastischen Gemeinschaft zu leben, in der spirituelle Praktiken mit sozialer Tätigkeit in eigenen Schulen und Krankenhäusern verbunden werden. Doch ist heute die Möglichkeit für Frauen, ein qualifiziert spirituelles Leben zu pflegen, nicht auf das Klosterleben beschränkt. Einzelne Frauen werden auch als *gurus* anerkannt. Eine Reihe männlicher *gurus* haben als ihre Nachfolgerinnen Frauen ernannt, also die Verantwortung, ihre Lehren weiterzugeben, weiblichen Schülerinnen übertragen. Einige Frauen sind sogar auf eigene Faust *gurus* geworden. So wurde zum Beispiel Jnanananda Ma vom Shankaracharya von Kanchipuram, einem der angesehensten Schiedsrichter über die hinduistische Orthodoxie, offiziell als *guru* anerkannt. Sie war bereits in ihrer Zeit als Familienmutter eine hochgeschätzte spirituelle Lehrerin, bis sie schließlich vor ihm die Gelübde der Entsagung ablegte.[12]

Eine weitere bemerkenswerte neue Möglichkeit für Frauen eröffnete sich im Bundesstaat Maharashtra, wo Frauen förmlich darin ausgebildet werden, die Pflichten von Tempelpriestern zu übernehmen. Die Vorstellung von Priesterinnen finden viele Angehörige der Bildungsschicht recht angemessen; oft äußern sie, Frauen seien schließlich aufrichtiger und frömmer als Männer. Orthodoxe männliche Priester haben dagegen eingewendet, die Erlaubnis für Frauen, die Rituale zu vollziehen, verstoße gegen das vedische Gesetz; jedoch gibt es in den *Veden* in Wirklichkeit kein Verbot von Priesterinnen. Dem Vormarsch der Frauen in dieser neuen Funktion kommt zugute, daß an männlichen Priestern Mangel besteht. Das ist besonders in hinduistischen Gemeinden außerhalb von Südasien der Fall, wo es an in der Tradition Erfahrenen fehlt und sich dadurch Frauen oft in ganz neuen Rollen betätigen können.

12. Die Angaben über die Entwicklung der Rolle der Frau im heutigen Hinduismus sind einer Arbeit von Nancy Falk entnommen: Shakti Ascending: Hindu Women, Politics, and Religious Leadership during the Nineteenth and Twentieth Centuries, in: Robert D. Baird (Hrsg.): Religion in Modern India, New Delhi 1995.

Die moderne Technologie

Auf ihre Weise verändert auch die moderne Technologie den Hinduismus. Die Leute können sich auf Kassetten und im Radio religiöse Musik anhören, statt dazu an Versammlungen teilnehmen zu müssen. Das Video wird zur Aufnahme von Ritualen eingesetzt, sowohl um Abwesende daran teilhaben lassen zu können, als auch um selten vollzogene Riten zu erhalten, damit das Wissen um sie nicht verlorengeht. Fernsehen und Film haben neue Foren geschaffen, auf denen die Geschichten der Götter erzählt werden können. Unlängst erlangte ein Film über eine kaum bekannte lokale Göttin namens Santoshi Ma große Beliebtheit; die Folge war, daß der Tempel dieser Gottheit plötzlich zum vielbesuchten Wallfahrtsort wurde.

Auch das Pilgerwesen hat starke Veränderungen erfahren. Begaben sich die Menschen früher meistens zu Fuß an nahe gelegene örtliche Heiligtümer, so suchen sie jetzt oft mit Hilfe der modernen Verkehrsmittel weit entfernte Wallfahrtsorte auf. Zudem haben Film und Fernsehen alle Hindus mit den wichtigen Wallfahrtsorten in ganz Südasien vertraut gemacht. Die Stätten, an denen sich die großen Gottheiten auf Erden offenbarten, wie Krishnas Vrindavan, Shivas Tempel in Benares und Devis Tempel in Madurai, erfreuen sich noch größeren Zuspruchs als früher, weil heute viel mehr Menschen die Möglichkeit haben, dorthin zu reisen. Zu den großen Festen kommen Menschen aus der ganzen Welt dorthin.

Manche haben die Sorge geäußert, die Massenmedien würden zur Uniformität führen und der Reichtum der regionalen Traditionen werde verlorengehen, wenn die Hindus fernsehen und allmählich zur Überzeugung kommen, die Version der Religion, die sie dort sehen, sei die »wahre« Tradition. Ein Beispiel war namentlich die Fernsehausstrahlung der großen Epen: es entstand der Eindruck, bei dieser Serie werde versucht, eine bestimmte Fassung des Texts als die »korrekte« Fassung allen aufzudrängen. Aber andere Beobachter der Gesellschaft meinen, diese Sorge sei übertrieben. Sie sind der Überzeugung, die Hindus, die an ihrer regionalen Tradition hängen, würden vermutlich eher ihrer vorhandenen Kultur neue Elemente hinzufügen, ohne dabei irgendeine der alten Vorstellungen preiszugeben. Wahrscheinlich haben beide recht; es geht ziemlich genau der gleiche Prozeß weiter, wie er seit den Tagen der Zivilisation des Industals im Gange war: Manche regionale Traditionen werden durch andere ersetzt, wieder andere werden abgewandelt.

Die Stärke des Regionalismus

Der Regionalismus ist sicher einer der Faktoren, der den Hinduismus auch in Zukunft prägen wird. Lokale Bewegungen waren immer die Hauptquelle, aus der sich die Dynamik der hinduistischen Traditionen speiste. Selbst im jetzigen Zeitalter des Nationalismus definiert der Einzelne seine Identität vorwiegend von seiner Zugehörigkeit zur Familie und Ortsgemeinschaft her. In einer geeinten Gruppe mit gemeinsamen Anliegen kann sich gewaltige Kraft entfalten. Wenn es um Probleme bezüglich des traditionellen Dorflebens oder auch des Lebens in der städtischen Diaspora geht, können sich die Menschen an die örtliche Gemeinschaft als Quelle der Kraft wenden. Ein Beispiel dafür, wie sich Regionen zusammenschließen, um Probleme auf Dorfebene anzugehen, ist die Chipko-Bewegung. Dagegen führt die Tradition des Swaminarayan anschaulich vor Augen, welche Kraft die regionale Identität weit fort von ihrem Ursprungsland entwickeln kann.

Die Chipko-Bewegung: Kraft von unten her
In der Chipko-Bewegung haben sich regionale Gemeinden zusammengeschlossen, um sich besser gegen starke Unternehmen und bestimmte Regierungsmaßnahmen wehren zu können, die vor Ort zu Problemen führen. Die Chipko-, wörtlich »Baum-Umarmungs«-Bewegung entstand aus der Problematik, daß der Himalaya immer stärker abgeholzt wurde. Die Bäume in den Bergen wurden für die Holzindustrie in den Ebenen gefällt. Aus dieser Abholzung zogen die Bergdörfer keinerlei Profit, sondern im Gegenteil, sie verloren ihre örtlichen Quellen für Feuerholz und Tierfutter. Zudem wurde infolge der Ausdünnung der Vegetation wertvoller Mutterboden weggeschwemmt, was zum Ruin des örtlichen Ackerbaus führte und die Männer zwang, auf der Suche nach Arbeit in die Ebenen abzuwandern. Die Frauen, die sie daheim zurückließen, sahen sich vor eine stark erhöhte Arbeitslast gestellt, denn jetzt mußten sie ohne ihre Männer den ganzen Haushalt bewältigen und auf der Suche nach Brennholz immer weitere Strecken zurücklegen. Der Kahlschlag führte auch dazu, daß das Wasser aus den Bergen gleich abfloß, was in den Ebenen abwechselnd zu Überschwemmungen und Dürreperioden führte.

Diese eskalierende Umweltkatastrophe, der man um des wirtschaftlichen Profits und des Holzbedarfs der Industrie willen ihren

Lauf ließ, führte zur Entstehung der Chipko-Bewegung. Der erste Impuls dazu kam von *sarvodaya*-Mitarbeitern aus der Tradition Gandhis, die die Probleme deutlich sahen, die sich für die Dorfbewohner aus der Abholzung ergaben. Sie begannen Informationen über den Wert der Bäume zu verbreiten und inspirierten die Menschen vor Ort zum gewaltlosen Widerstand gegen die Holzfällarbeiten. Bei den Methoden zum Aufbau der Bewegung griff man auf hinduistische Traditionen zurück. Das Hauptkommunikationsmittel war ein Fußmarsch nach dem Vorbild der religiösen Pilgerzüge, der die Sprecher der Chipko-Bewegung bis in die abgelegensten Dörfer führte, um dort Aufklärungsarbeit zu leisten. Als wirksames Medium zur Verbreitung von Botschaften über den Wert der Bäume erwiesen sich volkstümliche Lieder. Diese Botschaften fanden eine spontane Resonanz, da die Ehrfurcht vor den Bäumen im Hinduismus eine lange Geschichte hat, die bis auf den *Rig Veda* zurückreicht. Chipko organisierte auch Schulungslager, die sehr stark spirituellen Einkehrzeiten glichen. Aber eine der besten Möglichkeiten, ein großes Publikum zu erreichen, bot sich mit Geschichten über Volkshelden.

Eine der berühmtesten und inspirierendsten dieser Geschichten handelt von Amrita Devi, einer Frau des Bishnoi-Stamms in Rajasthan. Dieser Stamm hat das Baumfällen schon seit dem 15. Jahrhundert verboten, um die Ökologie vor Ort zu erhalten. Als ein König Holzfäller ausschickte, um Bäume für den Bau eines neuen Palasts zu schlagen, versuchte Amrita Devi einen Baum zu beschützen, indem sie ihn fest umarmte. Sie wurde niedergehauen, genau wie 362 weitere Dorfbewohner, die ihrem Beispiel gefolgt waren. Der König erfuhr von diesem Massaker und gelobte, nie mehr bei den Bishnoi einen Baum fällen zu lassen.

Auf die gleiche Weise setzten die Chipko-Mitarbeiter ihre Körper zum Schutz der Bäume ein. Ihr energischer Einsatz machte dem willkürlichen Holzeinschlag ein Ende. Jetzt ist das Holzfällen in Wasserschutzgebieten verboten; bei Wiederaufforstungsprogrammen verwendet man Bäume, die vor Ort für das Gewinnen von Feuerholz und Tierfutter notwendig sind, sowie Kiefern und Obstbäume, die Ernteerträge ermöglichen. Die Regierung hat erkannt, daß kurzfristige Profite nicht die Schaffung von Langzeitproblemen rechtfertigen, wie etwa die Vernichtung der Lebensgrundlage der Dörfer und der Verlust von Wasserspeichern, der zu Abfolgen von Überschwemmungen und Dürrezeiten führt. Der Erfolg dieser Bewegung wirkt in anderen Gegenden Südasiens inspirierend, wo die von der Regierung geförderte Entwicklung keine Rücksicht auf die Bedürfnisse vor Ort nimmt, sowie auch auf der ganzen Welt für Gemeinden mit ähnlichen Problemen.[13]

Swaminarayan: Eine regionale Tradition wird international

Wie stark eine Religion als Bestandteil einer regionalen kulturellen Identität werden kann, sieht man an der Tradition des Swaminarayan. Das Swaminarayan ist eine Form des *Vaishnava*-Hinduismus im indischen Bundesstaat Gujarat. Es verwendet hinduistische Texte, im Mittelpunkt steht die Verehrung des pan-hinduistischen Gottes Vishnu, und praktiziert werden hinduistische Rituale, die man in ganz Südasien als typisch hinduistisch einordnen würde. Jedoch ist diese gesamte Tradition eng an eine spezifische Ethnie im Bundesstaat Gujarat gebunden, denn Sprache, Kleidung, Küche, Architektur, Ikonographie, Musik und Tanz stammen ganz aus der dortigen regionalen Kultur. Außerdem sind die religiösen Führer und die heiligen Stätten alle im Bundesstaat Gujarat.

Diese Form des regional ethnischen Hinduismus wurde im 19. Jahrhundert von Sahajanand Swami (1781–1830) gegründet, einem Anhänger von Ramanujas modifiziertem Nicht-Dualismus. Der Gründer wurde unter dem Namen Swaminarayan bekannt und als *avatara* von Vishnu für die heutige Zeit betrachtet. Seine Lehren beruhen auf einer Verbindung von Frömmigkeit und Gottesdienst mit moralischen Anweisungen *(dharma)* je nach Alter, Geschlecht und sozialer Stellung. Die Anhänger sollen an religiösen Gesängen teilnehmen, die Tempelbilder verehren, religiöse Unterweisungen anhören und eine Form des mentalen Gebets pflegen, bei der man unablässig an Gott denkt.

Diese Tradition ist im Bundesstaat Gujarat weit verbreitet, jedoch noch stärker unter den Auswanderern aus Gujarat in Ostafrika, England und den USA. Die aus Gujarat Stammenden halten sich an die Weisungen von Swaminarayan, um ihre ethnische Kultur zu bewahren, und pflegen zugleich das hinduistische religiöse Leben. Sie bauen Tempel und organisieren Unterricht in ihrer Kultur, um ihre Traditionen an ihre Kinder weiterzugeben. Die Festkleidung und die Speisen sind wie in Gujarat, Gujarati ist die Sprache des Tempelri-

13. Einen guten Überblick über die Geschichte der Chipko-Bewegung gibt Thomas Weber: Hugging the Trees. The Story of the Chipko-Movement, New Delhi 1989.

tuals und auch der Freizeit, so daß sich die Anhänger dieser Tradition ziemlich deutlich von der übrigen Immigrantengemeinschaft abheben.

Dieser ethnische Hinduismus aus Gujarat hat inzwischen den Rang einer international gepflegten Tradition erlangt. Er veranstaltet Feste in Ostafrika, England und den USA. Die Menschen kommen aus der ganzen Welt zusammen, um daran teilzunehmen, wobei sich neben den religiösen Veranstaltungen auch die Gelegenheit zu globalen sozialen und geschäftlichen Kontakten bietet. Die moderne Technologie ermöglicht es dieser internationalen Tradition, enge Verbindungen zu ihrem ethnischen Stammland zu unterhalten. Der Luftreiseverkehr bringt die Pilger zum Besuch an die heiligen Stätten in Gujarat. Diese Pilger kehren dann wieder in ihre neuen Länder zurück und bringen aus Gujarat die neuesten Schriften mit, Audio- und Videokassetten mit religiösen Gesängen in der eigenen Sprache (Gujarati) sowie Videoaufzeichnungen religiöser Vorträge von *sadhus* auf Gujarati.[14]

Der Hinduismus als Weltreligion

Der Hinduismus ist genau wie das Judentum nicht durch Missionierung, sondern durch Migration zur Weltreligion geworden. Diese religiöse Tradition ist eng an die ethnischen Kulturen Südasiens geknüpft. Dennoch spricht der städtische Hinduismus der Mittelschicht oder des Neo-Vedanta, den die internationale Hindu-Gemeinschaft vorwiegend pflegt, weil er ihrem neuen Lebensstil besser entspricht, auch Abendländer an. Was ihnen daran besonders gefällt, ist die Betonung des Glaubens an ein nichtpersonales Absolutes, der Toleranz zwischen allen Religionen und die Möglichkeit, den Einzelnen zu vervollkommnen. Da die meisten Abendländer, die sich für den Hinduismus interessieren, ihn nur aus Texten kennen, neigen sie dazu, lediglich die philosophischen Gedanken zu übernehmen und die Volkskultur wegzulassen. Bestimmte Praktiken des *yoga* und der Meditation haben sich in der derzeitigen Phase der »Privatisierung« der Religion als besonders hilfreich erwiesen. Diese Praktiken lassen

---

14. Diese Beschreibung der Entwicklung der Swaminarayan-Richtung als internationaler Tradition beruht auf der Darstellung von Raymond Brady Wilhams: Religions of Immigrants from India and Pakistan. New Threads in the American Tapestry, Cambridge 1988.

sich vom Einzelnen für seinen privaten Gebrauch verwenden, um sich damit auf den Weg zu einem persönlichen spirituellen Ziel zu begeben. Dabei wird die Weisheit des Ostens als Alternative zur »verknöcherten Doktrin« des Westens benützt.

Allerdings vernachlässigt man bei diesem Zugang den Reichtum der volkstümlichen Tradition und Praxis. Abendländer, die den *yoga* verwenden, können ihn völlig aus jedem religiösen Kontext lösen und als mentale und körperliche Übung betrachten, die dazu dienen soll, dem Geist zur Ruhe zu verhelfen und den Körper zu ertüchtigen. Die meisten dieser *Yoga*-Übenden waren noch nie in einem hinduistischen Tempel, haben noch nie die Kunst und Architektur gesehen, die das Heilige auf Erden greifbar machen, haben noch nie ihre Gaben zum Dank dafür dargebracht, daß ein Kind von einer Krankheit genesen ist, haben noch nie den Namen einer Gottheit gesungen und dabei gehofft, einer Schauung der Gottheit teilhaftig zu werden, und sie richten ihren Kalender nicht nach den Feiertagen zu Ehren des Geburtstags von Krishna und des Triumphs Ramas über den Dämon Ravana aus.

Mitten zwischen den Abendländern, die mit der hinduistischen Philosophie sympathisieren, und den Immigranten, die die Tradition wahren, stehen deren Kinder, die in der Diaspora aufgewachsen sind. Diese zweite Generation mußte versuchen, ihr südasiatisches Erbe mit Idealen, die sie aus der westlichen Gesellschaft übernommen hatten, zu vereinbaren. Für diese zweite Generation ist der Hinduismus sowohl Bestandteil ihrer kulturellen Identität als auch Teil einer echten Spiritualität. In ihren persönlichen Überzeugungen neigen deren Vertreter dazu, dem Neo-Vedanta den Vorzug zu geben, denn die gleichen Eigenschaften, die ihn für Menschen außerhalb des traditionell hinduistischen Kulturraums anziehend machen, sprechen auch die in Amerika und Europa lebenden Hindus besonders an.

Die in westlichen Ländern aufgewachsenen Kinder beeinflussen ihrerseits wiederum die Traditionen. Trotz aller Unterrichtsbemühungen ihrer Eltern beherrschen die Angehörigen der zweiten Generation selten noch fließend indische Sprachen. Es kann sein, daß sie sie sprechen und verstehen können, aber sie können sie nicht gut genug lesen, um sich gründlich mit der maßgeblichen religiösen Literatur zu befassen. Die Folge ist, daß in den Texten und Ritualen das Englische auf dem Vormarsch ist. Der Verlust von Sprachen, die an bestimmte regionale Kulturen gebunden sind, wird ein Faktor sein, durch den sich in der zweiten Generation das Identitätsgefühl verändert. Wo sich die Eltern noch als Gujaraten oder Tamilen fühlen, betrachten sich die Kinder als »Inder« und haben kein großes Verständnis mehr für die Unterscheidungen nach Regionen und Kasten, die ihre Eltern noch machen. Manche Jugendliche haben ausdrücklich die Hoffnung geäußert, daß ihre Generation mit ihrer gemeinsamen Erfahrung, zwischen zwei Kulturen aufzuwachsen, solche Vorurteile ganz überwinden könne. Die neue einheitliche Identität der zweiten Generation wird zu weiteren Anpassungen des Hinduismus führen, vor allem, wenn diese jungen Menschen selbst wieder Familien gründen und sich dann angesichts der Erziehung ihrer Kinder wieder mehr Gedanken über ihre Religion machen.

Schluß

Während der beiden letzten Jahrhunderte ist der Hinduismus zur Weltreligion geworden. Im Verlauf dieses Prozesses haben sich die Hindus darum bemüht, ihre Traditionen nach außen, im Hinblick auf andere Religionen, genauer zu definieren, und auch nach innen, wo soziale und regionale Spaltungen zu einer ungeheuren Vielfalt führten. Fachleute, die sich mit dieser reichen Vielfalt befassen, vertreten die Meinung, eigentlich sollte man nicht von einem Hinduismus, sondern von vielen »Hinduismen« sprechen. Doch trotz aller dieser Unterschiede in der Tradition betrachten sich alle heutigen Hindus als einer einzigen gemeinsamen Religionsgemeinschaft zugehörig. Diese zunehmende gemeinschaftliche Identität, die alle lokalen und sektiererischen Schranken weit übergreift, wird ein Hauptfaktor bei der künftigen Ausgestaltung dieser Religion sein.

Der Prozeß der Anpassung und Neudefinition der Religion, der bereits seit Jahrtausenden im Gange ist, ist nämlich längst noch nicht zu Ende. Die hinduistische Gemeinschaft wird diesen Prozeß unter dem Einfluß von Spannungen zwischen Tradition und Neuerungen, zwischen den Erfordernissen des Land- und des Stadtlebens und zwischen Vielfalt und Einheit weiterführen. Der Hinduismus paßt sich an die Bedürfnisse einer Gemeinschaft an, die sich inzwischen rund um die Erde ausgebreitet hat, und er greift dabei auf den Reichtum der Vergangenheit und die Kraft eines erprobten Systems zurück und benutzt es dazu, neue Vorstellungen zu sichten und Abwandlungen vorzunehmen. Örtliche Traditionen bieten die Grundlage für die Entwicklung örtlicher Neuerungen, die dann viel passender sind als alle Veränderungen, die von außen auferlegt würden. Hinzu kommt, daß die moderne Technologie Kommunikation und Vernetzungen für den Aufbau einer weitgestreuten Gemeinschaft ermöglicht und zugleich neue Informationen und Ideen vermittelt, die vor Ort zu Änderungen inspirieren. Wenn sich die Umstände verändern, werden die Philosophien entsprechend angepaßt, die Rituale überarbeitet und neu interpretiert, wird das Göttliche in neuer Gestalt vorgestellt. Durch all das hindurch erlebt der Hinduismus insgesamt genau wie das Einzelwesen in ständigem Kreislauf immer und immer wieder neue Verkörperungen: Er ist eine Tradition, die ewig wiedergeboren wird.

Anhang

Zeittafel

Vorgeschichtliche Zeit und die Zivilisation im Industal

ca. 7000–6000 v. Chr.	Früher Ackerbau im Gebiet des Industals
ca. 2500	Auftauchen städtischer Zivilisation längs des Indusflusses
ca. 2300–2000	Blütezeit der Zivilisation des Industals
ca. 2000–1500	Indoeuropäische Wanderungsbewegungen nach Europa, in den Iran und nach Indien
ca. 1900–1500	Niedergang der Zivilisation des Industals

Epoche des Vedismus

ca. 1200–900 v. Chr.	Abfassung des *Rig Veda, Yajur Veda, Sama Veda* und *Atharva Veda*
ca. 1000–800	Abfassung der *Brahmanas*
ca. 900–600	Abfassung der *Aranyakas*
ca. 600–300	Abfassung der *Upanishaden*
ca. 563–483	Gautama Buddha, Begründer des Buddhismus
ca. 527	Tod des Vardhamana Mahavira, des letzten Weisen des Jainismus

Epik und Klassik

ca. 400 v. Chr. bis 300 n. Chr.	Zusammenstellung des *Mahabharata*
324–185 v. Chr.	Maurya-Dynastie
ca. 200 v. Chr. bis 200 n. Chr.	Zusammenstellung des *Ramayana*
ca. 200 v. Chr. bis 200 n. Chr.	Zusammenstellung der *Manu Smriti*
ca. 320–500	Gupta-Dynastie, klassisches Zeitalter Indiens
ca. 350–450	Samkhya Karika von Ishvarakrishna, klassische Darstellung der Samkhya-Philosophie
ca. 400–500	*Yoga Sutra* von Patajali, klassische Beschreibung des *Yoga*
ca. 400–1000	Abfassung der 18 großen *Puranas*

ca. 500–900	Alvars, tamilische Vaishnava-Dichter in Südindien
ca. 500–1200	Nayanars, tamilische Shaiva-Dichter in Südindien

Mittelalter

ca. 700	Frühe tantrische Lehren
ca. 788–820	Shankara, Begründer des *Advaita Vedanta*
ca. 1025–1137	Ramanuja, Begründer des *Vishishta-advaita Vedanta*
ca. 1150	*Iramavataram*, tamilische Version des *Ramayana* von Kampan
1211–1526	Sultanat von Delhi, islamische Herrschaft über Nordindien
1290	*Jnaneshwari*, Übertragung der *Bhagavad Gita* ins Marathi samt Kommentierung durch Jnaneshwar Maharaj
1440–1518	Kabir, Dichter und Heiliger
ca. 1485–1533	Chaitanya, bengalischer Dichter und Heiliger
1526–1757	Reich der Mughals, islamische Herrschaft über den größten Teil Indiens
1532–1623	Tulsi Das, Autor des *Ramcharitmanas*, einer Hindi-Version des *Ramayana*

Neuzeit

1772–1833	Ram Mohan Roy, gründete 1828 den Brahmo Samaj
1781–1830	Sahajanand Swami, Gründer von Swami Narayanan
1824–1883	Dayananda Sarasvati, gründete 1875 den Arya Samaj
1836–1886	Ramakrishna
1856–1920	B. G. Tilak
1863–1902	Swami Vivekananda, gründete 1897 die Ramakrishna-Mission
1869–1948	Mohandas K. Gandhi
1893	Weltparlament der Religionen in Chicago
1947	Unabhängigkeit Indiens von Großbritannien, Teilung von Indien und Pakistan
1964	Einrichtung der Vishva Hindu Parishad
1973	Chipko-Bewegung
1976	Einweihung des Tempels Shri Venkateshwara in Pittsburgh/Pennsylvania
1977	Einweihung des Tempels Ganesh in Flushing/New York
1983	Veranstaltung der Prozessionen zum »Opfer für die Einheit«
1987–1988	Fernsehreihen *Ramayana* und *Mahabharata*
1992	Zerstörung der Moschee in Ayodhya (Babri Masjid)

Zur Schreibweise und Aussprache der Sanskrit-Begriffe

Für die Schreibweise wurde die im Englischen gebräuchliche Form beibehalten. Einige Begriffe wurden zwar in der Literatur schon vor längerer Zeit eingedeutscht (etwa »Weden« für Veden, oder »Wischnu« für Vishnu), haben sich aber nicht durchgesetzt. Ausgesprochen werden:

ch	wie hartes (stimmloses) tsch	th	getrennt wie t-h
dh	getrennt wie d-h	v	wie w
j	wie ein weiches (stimmhaftes) dsch	y	wie j
sh	wie sch		

Glossar

Advaita: Nichtdualität; Name einer Schule des *Vedanta.*
ahimsa: Nicht-Verletzen.
Aranyaka: »Waldbuch«, Textsammlung mit Erläuterungen zu den vedischen Ritualen.
arati: Schwenken einer Flamme oder Lampe während des Gottesdienstes.
ashrama: Lebensstufe.
atman: das individuelle Selbst.
avatara: Inkarnation eines Gottes.
bhakti: Liebe, religiöse Hingabe, Frömmigkeit.
bhakti-yoga: der Weg der religiösen Hingabe.
bindu: der Punkt im Mittelpunkt eines *mandala.*
Brahma: der Schöpfergott.
brahman: göttliche Kraft; die Kraft der vedischen *Mantren.*
Brahman: das Absolute.
Brahmana: Text, der den Vollzug und Sinn der vedischen Rituale erklärt.
brahmin: die Kaste *(varna)* der Priester *(Brahmanen).*
camiyati: Gottestänzer in Südindien.
chakra: wörtlich »Kreis«; im *Tantra* Bezeichnung von Zentren längs des feinstofflichen Wirbelsäulenkanals.
darshan: religiöse Schau; in Anwesenheit einer Gottheit sein.
deva: Gottheit.
devanagari: Bezeichnung der üblichen Sanskritschrift.
Devi: die große Göttin.
dharma: Gesetz, Tugend, korrektes Verhalten, religiöse Praxis.
duhkha: Unglück, Sorge, Schwierigkeit, Kummer, Trauer.
garbha-griha: wörtlich »Schoßhaus«, innerstes Heiligtum eines Tempels.
Gayatri: ein vedisches *Mantra.*
gopi: Milchmädchen, die Verehrerinnen des Krishna.
gopuram: in Südindien Torturm des Tempels.
gunas: dem Universum innewohnende Eigenschaften.

guru: spiritueller Lehrmeister.
Hindutva: das Hindu-Sein,
ishtadevata: Gott in der vom Einzelnen bevorzugten Gestalt.
jati: Gruppe, der man aufgrund seiner Geburt zugehört, Kaste.
jnana: Wissen, Weisheit, Verständnis.
jnana-yoga: der Weg der wissensmäßigen, weisheitlichen Erkenntnis.
kaliyuga: das Finstere Zeitalter.
kalpa: Ritual, Ritus, Zeremonie, Verfahrensweise; auch Maß für die Weltzeitalter.
karman: Handeln; the Taten, die sich auf das Leben des Einzelnen nach seinem Tod und im nächsten Leben auswirken.
karma-yoga: der Weg des tätigen Lebens.
kirtan: Singen religiöser Texte und Lieder.
kshatriya: die Kaste *(varna)* der Krieger.
lila: Spiel, vor allem das göttliche Spiel.
lingam: das symbolische Bild von Shiva in Form eines Phallus.
lokasangraha: Tätigkeit für das Heil der Welt.
mandala: ein bei der Meditation verwendetes mystisches Diagramm in Form eines Kreises oder Vielecks.
mantra: heiliges Wort oder heilige Formel.
math: Kloster.
maya: göttliche Illusion.
moksha: Befreiung aus dem Kreislauf der Wiedergeburten.
murti: Verkörperung des Göttlichen, Götterbild.
nirguna Brahman: eigenschaftsloses *Brahman.*
prakriti: Materialität; die weibliche Materie, aus der der Kosmos geformt ist.
prasada: Gnade Gottes; rituelle Gaben, the an the Gläubigen ausgeteilt werden.
puja: Gottesdienst.
Purana: alte Bücher.
purusha: die Bewußtheit, die sich bei der Schöpfung mit der *prakriti* vermählt.
Purusha: die göttliche Person,
rishi: Seher.
rita: the kosmische Ordnung.
Sadhu: heiliger Mann, Entsagender.
saguna Brahman: *Brahman* mit Eigenschaften.
samaj(a): Gesellschaft, Vereinigung Gleichgesinnter.
samhita: »Sammlung«; the vedischen Sammlungen von Hymnen, Gesängen, Liedern und Zaubersprüchen.
samsara: der Kreislauf der Wiedergeburten.
samskara: »Vervollkommnung«; Bezeichnung der Riten beim Eintritt in neue Lebensabschnitte.

sannyasa: Entsagung.
sannyasin: Entsagender.
sarvodaya: »Emporheben aller«; Verbesserung des sozialen Status z. B. der niederen Kasten.
Sati: Frau des Shiva; Bezeichnung für Witwenselbstmord und Witwenverbrennung.
satsang: sich in der Gesellschaft von Gläubigen aufhalten; religiöse Versammlung.
Shaiva: ein Gläubiger des Gottes Shiva.
Shakta: ein Gläubiger der Göttin Devi.
Shakti: the weibliche göttliche Kraft.
shalagrama: symbolisches Bild des Gottes Vishnu.
shikara: in Nordindien kegelförmige Kuppel über dem Tempel.
Shiva: für viele Hindus die höchste Gottheit: Gott des *yoga,* als Gott der Schöpfung und der Vernichtung bekannt.
shradda: Riten für die Toten.
shruti: »was gehört wird«; Offenbarung.
shudra: Kaste *(varna)* der Bauern.
smitri: »was erinnert wird«; die Überlieferung, Tradition.
Tantra: System von Ubungen.
tirtha: »Knotenpunkt von Wegen«, Wallfahrtsort.
upanayana: Initiation, Zeremonie der Verleihung des »heiligen Fadens«, der als Zeichen der Kastenzugehörigkeit getragen wird.
Upanishaden: Sammlung der letzten zu den*Veden* hinzugefügten Texte.
Vaishnava: ein Gläubiger des Gottes Vishnu.
vaishya: die Kaste *(varna)* der Kaufleute/Handwerker/Bauern.
varna: the (vier) Kasten.
varnashrama-dharma: die der Kaste und dem Lebensabschnitt entsprechenden Pflichten.
Veda: Wissen, Weisheit.
vedanta: Ziel, Ende des *Veda.*
Veden: die frühen heiligen Schriften.
Vishishta-advaita: Name einer Schule des Vedanta, die the »Nichtdualität mit Eigenschaften« vertritt.
Vishnu: für viele Hindus die oberste Gottheit, bekannt als der Erhalter; er soll sich zehnmal inkarniert haben.
vrata: fromme Übung oder aus Frömmigkeit selbst auferlegte Disziplin,
yantra: Diagramm zur Unterstützung bei der Meditation. Sein Muster stellt den Kosmos und den Prozeß der Schöpfung dar.
yoga: »Joch«, Disziplin.
yogin: jemand, der *Yoga* übt.
yoni: symbolisches Bild der Devi in stilisierter Form der weiblichen Scheide.
yuga: Äon, Weltzeitalter.

Feiertage und Feste

Dipavali oder Divali, das Lichterfest: Divali, das am Neumondtag des Monats Kartik (zwischen dem 15. Oktober und 14. November) stattfindet, ist ein nahezu gesamthinduistisches Fest. Dazu werden die Häuser mit Lichtern geschmückt, man zieht neue Kleider an und veranstaltet ein Feuerwerk. In manchen Gegenden gilt das als Neujahrsfeier. Die Lichter und der Lärm sollen das Unglück vertreiben und Lakshmi, der Glücksgöttin, den Weg frei machen, damit sie im kommenden Jahr das Haus bewohnen kann. Die Kaufleute fangen an diesem Tag neue Kassenbücher an, und in den ländlichen Gegenden verehren die Bauern die frisch geernteten Früchte und bringen Ziegen und Schafe als Opfer dar.

Shivaratri, die Nacht des Shiva: Dieses Fest wird im Monat Marga (November–Dezember) von den *Shaivas* und denjenigen *Vaishnavas* gefeiert, die Shiva als den ersten Gläubigen Vishnus betrachten. In dieser Nacht wird das *lingam* in Honig und Milch gebadet.

Holi: Holi ist ein ausgelassenes Fest im Monat Phalguna (Februar–März). In einer Art Karneval bespritzen sich die Leute gegenseitig mit gefärbtem Wasser und bunten Pudern. Die Legende erklärt dieses Fest so, daß es einmal eine Dämonin namens Holika gab, die jeden Tag ein Kind fraß. Eines Tages schlug ein Mönch vor, das ganze Volk solle sich versammeln und der Dämonin gleichsam einen Damm aus Beleidigungen und Schmähungen entgegenstellen. Das Ergebnis war, daß Holika vor Scham und Wut starb. Am Holi-Fest ist es von alters her üblich, alle sozialen Rollen zu mißachten; die Leute können sich gegenseitig Beleidigungen und Vorwürfe an den Kopf werfen, ohne daß das böse Folgen hat.

Pankuni Uttiram: Dieses Fest wird im Süden zu Ehren des Gottes Murukan gefeiert. Im März-April finden die zehntägigen Hauptfeiern statt, bei denen die Gottheit vom Palani-Tempel auf dem Berg in einer Autoprozession um den ganzen Berg herum geleitet wird. Die Gläubigen, die dem Gott Gelübde gemacht haben, vor allem in Verbindung mit Heilungswünschen, schließen sich der Prozession an.

Krishna Jayanti, Krishnas Geburtstag: Krishnas Geburtstag wird in ganz Indien im Monat Shravana (Juli–August) gefeiert. Es wird ein Fasttag gehalten, und um Mitternacht wird die Geburt des Gottes gefeiert, denn um diese Stunde soll er im Gefängnis von Mathura zur Welt gekommen sein.

Rakhi Bandham, der Tag des Rakhi: Der Rakhi-Tag fällt auf den Vollmond im Monat Shravana (Juli–August). Die Mädchen und Frauen binden ihren Brüdern bunte Fäden ums Handgelenk. Durch dieses Ritual sollen die Brüder geschützt und die Männer daran erinnert werden, daß sie die Beschützer ihrer Schwestern sind.

Naga Panchami, der Fünfte der Schlangen: Dieses Fest wird vorwiegend in Südindien gefeiert, und zwar im Monat Savan (Juli–August). Es fällt in die Zeit der Monsunregen, in der die Schlangen sich in höher gelegene Regionen zurückziehen und die Zahl der Schlangenbisse zunimmt. Die Frauen zeichnen auf die Wände ihrer Häuser Schlangenbilder und opfern ihnen Milch und Blumen. Damit sollen die Schlangen gebeten werden, den Familienmitgliedern kein Leid zuzufügen.

Ganesha Chaturthi, Ganeshas Vierter: Im Monat Bhadrapada (August–September) wird einige Tage lang Ganesha angerufen und verehrt (vgl. Kapitel 4).

Navaratri, Neun Nächte: Erntefest für die Göttin, das im Monat Ashvina (September–Oktober) neun Nächte lang gefeiert wird (vgl. Kapitel 4).

Dassera: Das ist der zehnte Tag des Navaratri, der gewöhnlich zu Ehren von Ramas Sieg über den Dämon Ravana gefeiert wird, wie er im Ramayana beschrieben wird.

Register

ISLAM

1. Der Islam in Alltag und Gesellschaft

Wenn ich als muslimischer Immigrant in den Vereinigten Staaten an den Ort meiner Kindheit und Jugend zurückdenke, vermisse ich natürlich eine ganze Reihe von Dingen. Was mir in meinem Leben in Neu-England am schmerzlichsten fehlt, betrifft aber weder die Umgebung noch die Architektur, nicht das Essen und auch nicht das soziale Leben, wenngleich auch all diese Bereiche Wünsche offenlassen. Es ist der Klang des *adhan,* des islamischen Gebetsrufes, den ich am meisten vermisse! Als eine der charakteristischsten Erscheinungen in jeder muslimischen Region erhebt sich fünfmal am Tag eine menschliche Stimme, um die Zeit zum Gebet zu markieren. In den meisten Kulturen hat dieser Klang musikalischen Charakter, in Teilen Afrikas bewußt nicht, überall aber sind die arabischen Worte sogleich erkennbar:

»Gott ist groß! Gott ist groß!
Gott ist groß! Gott ist groß!
Ich bekenne, daß es keinen Gott gibt außer Gott!
Ich bekenne, daß es keinen Gott gibt außer Gott!
Ich bekenne, daß Mohammed der Gesandte Gottes ist!
Ich bekenne, daß Mohammed der Gesandte Gottes ist!
Kommt zum Gebet! Kommt zum Gebet!
Kommt zum Heil! Kommt zum Heil!
Gott ist groß! Gott ist groß!
Es gibt keinen Gott außer Gott!«

Der *adhan* erklingt kurz vor den Zeiten für die fünf täglichen Ritualgebete, die in einer Moschee – einem diesen Zwecken dienenden Gebäude – oder, wie häufiger praktiziert, zu Hause verrichtet werden können. Wie die Anhänger anderer Religionsgemeinschaften befolgen die meisten Muslime das religiöse Ritual nicht allzu streng und beten mehr oder weniger unregelmäßig. Aber selbst für diejenigen Muslime, die nur selten beten, prägt der *adhan* den Tagesablauf – ähnlich wie die Kirchenglocken das in vielen christlichen Gesellschaften tun – und erinnert sie beständig daran, daß sie in einer muslimischen Gemeinschaft leben. Ebenso bedeutsam ist, daß der arabische Wortlaut des *adhan* die Verbindung zum Koran herstellt, jener islamischen Schrift, die für die Muslime das reine Wort Gottes ist, und daß er so die ständige Präsenz Gottes im menschlichen Leben bestätigt. Diese Verbindung des *adhan* zur Schrift machten meine Eltern mir von klein auf bewußt. Sobald sie den Gebetsruf vernahmen, hörten sie auf zu essen und zu trinken und enthielten sich jeder banalen Konversation, bis er vorüber war. Als Kind respektierte ich den *adhan* aufgrund seiner religiösen Bedeutung und betrachtete ihn als Unterbrechung meiner Routine. So leiteten mich meine Eltern beispielsweise dazu an, die Musik abzustellen, wenn er ertönte, und gleichzeitig lernte ich, ihn insoweit zu ignorieren, daß ich den ersten des Tages kurz vor der Morgendämmerung überschlief. Wenn ich heute meine Heimat, eine bezaubernde Stadt, in der nicht einmal Kirchenglocken die Ruhe stören dürfen, verlasse und aus Forschungsgründen oder um Freunde und Verwandte zu besuchen, muslimische Städte bereise, weckt mich der morgendliche *adhan* jedesmal auf. Es ist eine willkommene Unterbrechung meiner Routine, denn für mich ist dieser Klang beruhigend und weckt angenehme Erinnerungen.

Die muslimische Welt heute

Der Islam ist eine Religion mit weltweit etwa einer Milliarde Anhängern und konnte in jedem bewohnten Kontinent unseres Planeten Einwohnerschaften für sich gewinnen. Hundert Jahre nach seiner Entstehung auf der Arabischen Halbinsel im 7. Jahrhundert n. Chr. lebten muslimische Gemeinschaften in Asien, Afrika und Europa. Durch islamische Zentren der Gelehrsamkeit und die Arbeit muslimischer Gelehrter erreichte ein Großteil des griechischen Gedankenguts das christliche Europa. Muslimische Wissenschaftler brachten bedeutende Erkenntnisse hervor, so das algebraische System, die Zahl Null und die elliptischen Umlaufbahnen in der Astronomie. Einige Wörter arabischen Ursprungs haben Eingang in europäische Sprachen gefunden und geben so einen Hinweis auf die Bedeutung der Muslime für die Entwicklung der westlichen mediterranen Kultur: Algebra, Reis, Admiral u. a.

Ein bemerkenswertes Phänomen der islamischen Geschichte ist, daß alle Länder, unter deren Einwohnern der Islam sich verbreiten konnte, bis in die heutige Zeit muslimisch geblieben sind. Die einzige bedeutende Ausnahme stellen Spanien und Portugal dar; hier rot-

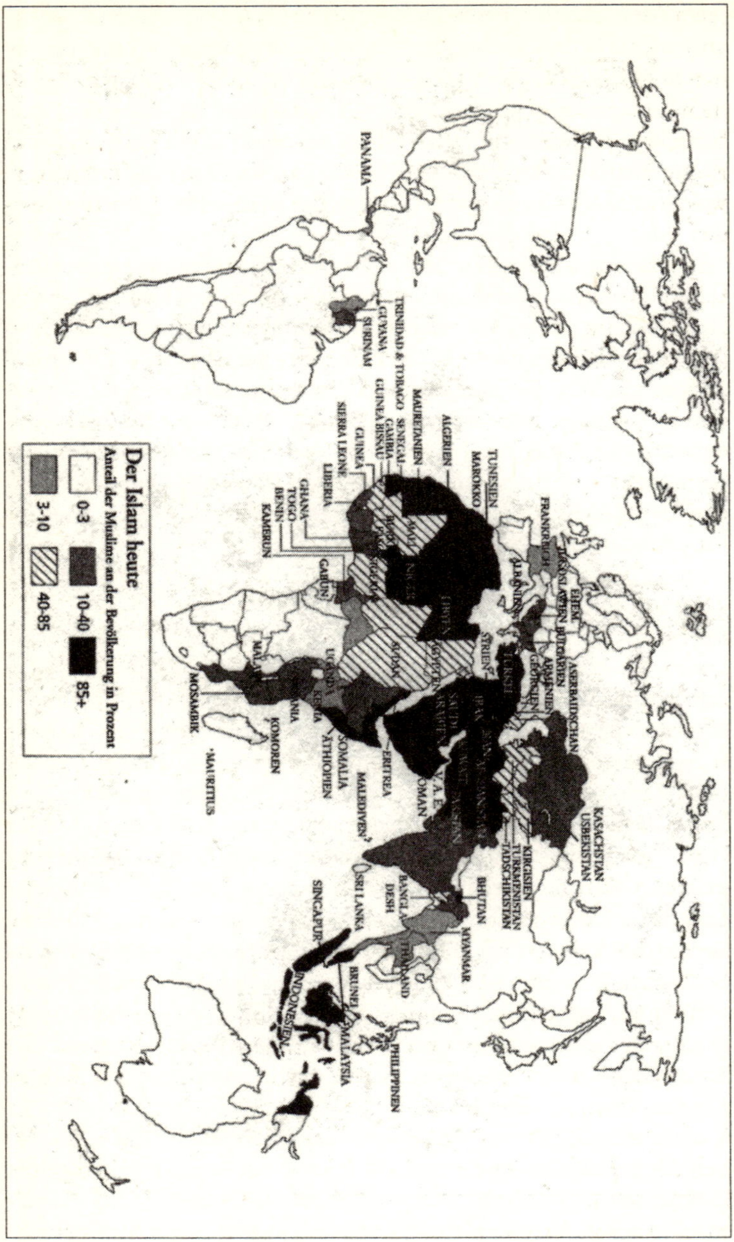
Der Islam heute
Anteil der Muslime an der Bevölkerung in Prozent
0-3
10-40
85+
3-10
40-85
PANAMA
TRINIDAD & TOBAGO
GUYANA
SURINAM
MAURETANIEN
SENEGAL
GAMBIA
GUINEA BISSAU
GUINEA
SIERRA LEONE
LIBERIA
ALGERIEN
TUNESIEN
MAROKKO
GHANA
TOGO
BENIN
KAMERUN
GABUN
FRANKREICH
JUGOSLAWIEN
BULGARIEN
GEORGIEN
ASERBAIDSCHAN
LIBYEN
SUDAN
TÜRKEI
IRAN
SAUDI-ARABIEN
KUWAIT
OMAN
ERITREA
SOMALIA
ÄTHIOPIEN
MALEDIVEN
MOSAMBIK
KOMOREN
MAURITIUS
KASACHSTAN
USBEKISTAN
KIRGISIEN
TURKMENISTAN
TADSCHIKISTAN
BHUTAN
BANGLADESH
SRI LANKA
SINGAPUR
MYANMAR
THAILAND
BRUNEI
INDONESIEN
MALAYSIA
PHILIPPINEN

teten die Reconquista genannte christliche Wiedereroberung und die anschließende spanische Inquisition die muslimische Bevölkerung der Region systematisch aus. Dennoch, als 1619 – 127 Jahre nach dem Ende der Reconquista 1492 – das Edikt zur endgültigen Vertreibung der Muslime und Juden erlassen wurde, flohen allein aus dem Königreich Kastilien etwa zwei Millionen Muslime, ein Zeichen, in welchem Maße der Islam Bestandteil des spanischen Lebens geworden war.

Bis heute ist der Islam in so unterschiedlichen Ländern wie Marokko im Westen und Indonesien im Osten, Senegal im Süden und Kasachstan im Norden die Religion der Bevölkerungsmehrheit. In jedem dieser Länder wird der Islam anders praktiziert, und die Unterschiede manifestieren sich vor allem in den Bekleidungsgewohnheiten der Menschen sowie in ihren Sitten und Gebräuchen rund um einschneidende Ereignisse des Lebens wie Geburt oder Heirat. So hat die Lebensweise bosnischer Muslime mehr gemein mit der ihrer christlichen Nachbarn als mit der pakistanischer Muslime, und die Muslime Indonesiens haben viele Elemente der hinduistischen Mythologie in ihr religiöses Leben integriert. Andernorts reflektieren lokale muslimische Gebräuche das Bedürfnis der Muslime, sich von ihren nicht muslimischen Nachbarn abzusetzen. Indische Muslime beispielsweise essen spezifische Gerichte und vermeiden bei ihren Hochzeitsfeierlichkeiten bestimmte Farben und Blumen, allein um ihre Andersartigkeit gegenüber der hinduistischen Mehrheit zu manifestieren. Man kann die Muslime insofern anhand verschiedener Identitätsmerkmale unterscheiden: Sprache, ethnische Zugehörigkeit, Rasse, Nationalität, Geschlecht, Haltung gegenüber der modernen Welt, Erfahrung mit dem Kolonialismus, Alter, wirtschaftliche und soziale Situation, Zugehörigkeit zu einer speziellen Glaubensrichtung usw. Jede Aussage über den muslimischen Glauben, die Anspruch auf universelle Gültigkeit erhebt, wird schließlich unweigerlich durch Ausnahmen irgendwo in der muslimischen Welt widerlegt.

Dennoch behalten die meisten Muslime bemerkenswert ähnliche Rituale bei, ein Umstand, den der nahezu universale Gebrauch des Arabischen als Sprache des Gebetes und der Liturgie unterstützt. Ebenso haben Muslime zwar einen ebenso entwickelten Sinn für Nationalismus und Patriotismus wie jeder andere, aber gleichzeitig haben doch die meisten von ihnen darüber hinaus das Gefühl, zu einer Gemeinschaft oder *umma* zu gehören. So grüßen beispielsweise die muslimischen Bürger einer Region oder eines Landes ihre Glaubensgenossen aus fernen, ihnen fremden Gesellschaften mit einer Wärme und Verbindlichkeit, die in den anderen Religionsgemeinschaften kaum zu finden sind. Ebenso mögen Muslime, insbesondere die Aktivisten mit einem extrem politischen Verständnis des Islams, andere Muslime kritisieren und sie gar als Ungläubige oder Abtrünnige betrachten, wenn diese dann aber – wie in Bosnien – einer externen Bedrohung ausgesetzt sind, werden sie ihre Kritik aussetzen und sich solidarisch und hilfsbereit vor diejenigen Muslime stellen, die ihrer Unterstützung bedürfen.

Zentrale Gemeinsamkeit aller Muslime ist ihr Glaube an einen Gott, der eine verbale Offenbarung, genannt Koran (Qur'an), gesandt hat durch einen menschlichen Propheten namens Mohammed, geboren um 570 n. Chr. in der arabischen Stadt Mekka, gestorben 632 n. Chr. in der nahe gelegenen Stadt Medina. Das spezifische Verständnis des Wesens Gottes, der Natur der Offenbarung und der Vorstellung vom Prophetentum haben im Laufe der Zeit und in verschiedenen Zusammenhängen unterschiedliche Ausprägungen gefunden, die zentrale Bedeutung dieser Elemente für die Definition islamischer Identität blieb aber unverändert.

Gott wird üblicherweise mit seinem arabischen Namen Allah benannt, höchstwahrscheinlich abgeleitet von *al-ilah* in der wörtlichen Bedeutung »der Gott«. Häufig wird er auch »*ar-Rabb*« genannt, was soviel bedeutet wie »der Herr«. Häufig werden aber auch die jeweiligen Gattungsbegriffe für Gott in den verschiedenen Muttersprachen der Muslime, so zum Beispiel »*Khuda*« in indo-iranischen Sprachen und »*Tanri*« oder »*Tengri*« in Turksprachen. Die westliche Islamwissenschaft hat den muslimischen Gott bisweilen als streng und zornig dargestellt und die Beziehung der Menschen zu ihm als eine dienende, die vor allem von der Furcht vor Bestrafung sowie darüber hinaus von dem Sehnen nach sinnlichem Lohn im Jenseits gelenkt wird. Für viele Muslime aber sind fürsorgliche Barmherzigkeit und Gnade die überragenden Eigenschaften Gottes. Die Haltung des Menschen ihm gegenüber sollte idealerweise nicht von ängstlichem Gehorsam, sondern von Dankbarkeit geprägt sein. Fromme Muslime sind darauf bedacht, jede Handlung vom Ritual bis zu ganz alltäglichen Dingen wie dem Antritt einer Fahrt zum Supermarkt mit der Formel »Im Namen des barmherzigen und gnädigen Gottes« einzuleiten. Diese Worte eröffnen auch die einzelnen Suren des Korans und wurden durch die ganze islamische Geschichte hindurch auch als Einleitung offizieller Korrespondenz gebraucht.

Für viele Muslime stellt alles von der wunderbaren Vielfalt des Universums bis zur Existenz des Menschen die Gnade und Barmherzigkeit Gottes unter Beweis. Eine der ausdrucksvollsten Suren des Korans trägt den Titel »Der Barmherzige« (Sure 55). Im Gebrauch von Reim und Versmaß benennt sie einige Wunder der Schöpfung Gottes und äußert sich dann im Sinne einer rhetorischen Frage erstaunt über die Fähigkeit des Menschen, die Großzügigkeit Gottes zu leugnen:

»Der Erbarmer hat den Koran gelehrt. Er hat den Menschen erschaffen. Er hat ihn deutliche Rede gelehrt. Die Sonne und der Mond laufen nach Berechnung. Der Stern und die Bäume werfen sich nieder. Den Himmel hat Er emporgehoben und die Waage aufgestellt. Ihr sollt beim Wägen nicht das Maß überschreiten, das Gewicht nach Gerechtigkeit messen und beim Wägen nicht weniger geben. Und die Erde hat Er für die Geschöpfe gelegt; auf ihr gibt es Früchte, Palmen mit Blütenscheiden, Korn auf Halmen und duftende Pflanzen. Welche der Wohltaten eures Herrn wollt ihr beide für Lüge erklären?« (55: 1–13)[1]

An zahlreichen anderen Stellen ist im Koran von der Gnade Gottes die Rede:

»Und Er ließ euch etwas zukommen von allem, worum ihr batet. Wenn ihr die Gnade Gottes aufzählen wolltet, könntet ihr sie nicht erfassen. Wahrlich, der Mensch neigt sehr zum Unrecht und ist sehr undankbar« (14: 34).

Angesichts der überwältigenden Freundlichkeit Gottes wird der Ungehorsam Gott gegenüber zum Synonym für die Leugnung Seines Großmutes, und das Böse wird gleichbedeutend mit Undankbarkeit. Der Koran sowie viele islamische theologische Schriften betrachten das ganze Universum in einem Zustand des Gehorsams gegenüber dem Gesetz Gottes; das Wort Islam bezeichnet wörtlich genau diesen Zustand der Unterwerfung. Die Menschen haben als einzige Geschöpfe die Möglichkeit zum Ungehorsam und nutzen diese in dem arroganten Denken, sich selbst zu genügen und Gottes Hilfe und Leitung nicht zu bedürfen.

Nach einer häufig zitierten islamischen Tradition ist Gott dem Menschen näher als seine oder ihre Halsschlagader, was gleichsam

1. Die Koranzitate stammen in der Übersetzung aus: Der Koran, Übersetzung von Adel Theodor Khoury, unter Mitwirkung von Muhammad Saum Abdullah, 2., durchgesehene Auflage, Gütersloh 1992. (Anm. d. Übers.)

bedeutet, daß Gott den Kosmos ganz und gar durchdringt. Die islamischen Regeln zur Einhaltung des Rituals unterstellen die Existenz eines wachen und aufmerksamen Gottes, der jedem Seiner Geschöpfe zuhört und sich um es sorgt. Überall in der islamischen Welt kann man ein gewisses Interesse an wunderbaren Geschichten beobachten, wie zum Beispiel der Name Gottes oder das islamische Glaubensbekenntnis im Schuppenkleid eines Fisches wiederzufinden waren oder wie das Blöken eines bestimmten Schafes so klingt, als würde es den Lobpreis Gottes singen. Das Gurren einer Taube klingt wie das arabische »Er! Er!«, und in Pakistan ruft ein Rehhuhn aus »Preis sei Deiner Schöpfung!« Diese Geschichten zeigen eine gewisse Ähnlichkeit zu solchen, denen man in der christlichen Welt einschließlich der Vereinigten Staaten begegnet, aber die islamischen unterstreichen den muslimischen Glauben, daß Gott das Universum durchdringt und ohne Unterlaß innigsten Anteil an ihm und damit an unserem Leben hat.

Viele Muslime betrachten den Islam als Unterordnung unter das göttliche Gesetz, und alles, was sich diesem Gesetz unterstellt hat, kann muslimisch *(muslim,* fem. *muslima)* genannt werden. Fromme und religiöse Menschen ziehen häufig die Begriffe *muhsin* und *mu'min* vor, wovon der erste jemanden bezeichnet, der gute Taten vollbringt, gerecht und wohltätig ist, und der zweite denjenigen, der Glaube und Vertrauen besitzt. Das Wort für Glauben *iman* ist eng verwandt mit den Wörtern für Sicherheit und Vertrauen. Für viele Muslime bedeutet so der Glaube, im Schutze Gottes zu stehen und innerhalb Seiner Prinzipien der Rechtleitung sicher zu sein.

Der Glaube an die Einheit Gottes wird *tauhid* genannt, was nicht nur die göttliche Einheit selbst, sondern auch das Bekenntnis des Menschen zu dieser Einheit bezeichnet. Das Wort für Frömmigkeit *taqwa* hat auch Konnotationen zu Macht und Stärke. Für die Muslime ist ihre Beziehung zu Gott sehr intim, und Seine Schöpfung des Menschen ist ein Segen. Seine Anweisungen und Gesetze sind nicht Beschwernis, sondern Gnade und geben Orientierung für dieses Leben. Für viele Muslime ist unser Leben in dieser Welt eine Prüfung für das ewige Leben. Gott hat uns durch die Schrift und die Propheten mit einer klaren Rechtleitung versehen; wenn wir Ihm dennoch nach freier Wahl den Gehorsam verweigern, haben wir alles Unerfreuliche, das uns im Jenseits erwarten mag, verdient.

Der Koran

Für viele Muslime ist der Koran das erhabenste Zeichen Gottes im physischen Universum. Tatsächlich heißen die einzelnen Verse des Korans *ayat,* in der wörtlichen Bedeutung »Wunderzeichen«. Der Text bezeichnet sich selbst als »Rechtleitung für die Welt« und als »ein klares Zeichen für die, die verstehen können«. Er enthält Anweisungen für die persönliche Lebensführung und dient als Quelle ethischer Orientierung für die Dinge, die nicht klar geregelt sind. Nach gemeiner muslimischer Überzeugung enthält der Koran als die letzte Offenbarung Gottes die Summe dessen, was Gott der Menschheit offenbaren wollte. So verbirgt sich hinter der begrenzten, wörtlichen Botschaft des Korans ein unendlicher Schatz göttlicher Weisheit. Das Wort Koran leitet sich von einem arabischen Verb in der Bedeutung »lesen« oder »rezitieren« her. Koran bedeutet insofern soviel wie »Rezitation« oder »Sammlung von Dingen, die zu rezitieren sind«. Die Muslime bezeichnen ihre Schrift häufig einfach als den Koran, fügen aber in der Regel noch einen Titel hinzu, der Respekt ausdrückt, zum Beispiel *»al-karim«* (der Edle) oder *»al-azim«* (der Großartige). Im Koran selbst taucht der Begriff *»al-kitab«* (das Buch) als alternative Bezeichnung auf.

Nach Ansicht des Propheten Mohammed sowie der Mehrheit der frommen Gläubigen kamen die koranischen Offenbarungen vom Himmel, wo sie auf einer »wohlbehüteten Tafel«, einem verborgenen übernatürlichen Buch in der Gegenwart Gottes bewahrt wurden. Mohammed wurde der Koran nicht auf einmal, sondern in einzelnen Abschnitten zuteil. Er enthält nur wenige obskure Hinweise auf die Art und Weise seiner Offenbarung an Mohammed. Aus späteren islamischen Schriften und dem *hadith*[2] erfahren wir, wie Mohammed von Zeit zu Zeit in Trance fiel und eine Offenbarung erhielt, die er dann gegenüber den Umstehenden rezitierte.

Mohammed glaubte daran, daß nicht nur seine prophetische Mission, sondern auch die Offenbarungen der früheren hebräischen Propheten und die heiligen Schriften der Juden und Christen auf der himmlischen Urschrift gründeten und so zum Teil mit seinen Lehren koinzidierten. Der Koran bestätigt insofern die früheren Offenbarungen: die Gesetze, die Mose übergeben wurden, das Evangelium Jesu und andere prophetische Texte.

---

2. Siehe S. 414 ff.

Die Geschichten, die im Koran enthalten sind, und die Vorstellung, daß Offenbarung über eine Reihe von Propheten geschieht, teilen auch die hebräische Bibel und das Neue Testament. Der Stil des Korans ist aber eher dem der Wahrsager ähnlich, die in vorislamischer Zeit die religiöse Tradition der Araber prägten. Der Text ist weder in Prosa noch in Gedichtform, sondern in einer Reimprosa geschrieben, die leichter zu behalten ist als normale Prosa, aber stilistisch nicht so beschränkt wie Poesie.

Der Text besteht aus 114 Kapiteln, genannt Suren, von unterschiedlicher Länge; einige erstrecken sich über mehrere Seiten, während andere nur aus wenigen Zeilen bestehen. Die Kapitel sind nicht nach der Reihenfolge der Offenbarung geordnet, sondern scheinen in etwa entgegen der Chronologie angeordnet zu sein, und zwar der Länge nach von der längsten bis zur kürzesten Sure.[3] Traditionell werden die Suren eher mit ihrem Namen als mit ihrer Nummer bezeichnet. Diese Überschriften sind in der Regel kennzeichnende oder ungewöhnliche Worte, die irgendwo am Anfang der Sure auftauchen, zum Beispiel »Die Kuh«, »Die Bienen«, »Der Feigenbaum«, »Die Morgenröte« und »Das Beben«. Die Suren sind weiter in Verse, genannt *ayat,* unterteilt. 29 Kapitel beginnen mit scheinbar unzusammenhängenden Buchstaben, die als die »Geheimnisvollen Buchstaben« bezeichnet werden und möglicherweise eine geheime religiöse Botschaft vermitteln oder einfach ein Ordnungssystem des Korans bedeuten.

Der Koran wurde nicht zur Lebzeit Mohammeds zusammengetragen, sondern auf allen möglichen Materialien, die zur Verfügung standen, festgehalten: auf Pergamentstückchen, auf Blättern von Pflanzen, auf Schulterblättern von Kamelen, sowie im Gedächtnis der Anhänger. Nach dem Tode Mohammeds beschloß man, sein Werk zu sammeln, doch erstreckte sich dieser Prozeß über mehrere Jahre. Manche behaupten, der Koran sei in seiner heutigen Form unter der Führung seines Freundes und Nachfolgers Abu Bakr (gest. 634) innerhalb von zwei Jahren nach seinem Tod gesammelt worden. Nach Meinung anderer war der Kalif Omar (gest. 644) der erste, der den Koran kompilierte. Seither hat es sowohl wegen theologischer Fragen als auch wegen solcher, die die frühe arabische Geschichte betreffen, große Auseinandersetzungen gegeben um die Frage, wer die erste Version gesammelt hat und woraus sie bestand. Heute sind sich die mei-

3. Einzige Ausnahme bildet die erste Sure, die sogenannte Fatiha, »Eröffnungssure«, die kurz ist, wegen ihres zentralen theologischen Gehaltes aber am Anfang steht. (Anm. d. Übers.)

Ein Muslim bei der Lektüre des Korans in einer ruhigen Moschee. Neben dem Gebet werden die Moscheen häufig zu Studien und zur Kontemplation genutzt.

sten dahingehend einig, daß der kanonisierte Koran, der geschriebene Text, den die Muslime heute verwenden, zwischen 650 und 656 in der Regierungszeit von Omars Nachfolger, dem Kalifen Osman, fertiggestellt wurde. Die von ihm eingesetzte Kommission entschied, was ein- und was ausgeschlossen werden sollte, und legte auch die Zahl und Anordnung der Suren fest, Inoffizielle Versionen des Korans waren damit nicht vollständig vergessen, sondern fanden in der späteren Geschichtsschreibung sowie den Korankommentaren Verwendung.

Die Verbreitung des offiziellen Korantextes unter Osman war ein wesentlicher Schritt zur Vereinheitlichung der verschiedenen Textversionen, dessen Bedeutung aber auch leicht überschätzt werden kann. So gründete die Kenntnis des Korans bei den Muslimen viel mehr auf dem Gedächtnis als auf dem geschriebenen Wort. Zum anderen war die frühe arabische Schreibweise des Korans eine Art Kurzschrift, in der nur die Konsonanten dargestellt wurden und dieselbe Buchstabenform verschiedene Lautwerte haben konnte. Diese Schrift war lediglich eine Stütze zum Auswendiglernen und setzte eine gewisse Vertrautheit des Lesers mit dem Text voraus. Erst zur Regierungszeit von Abd al Malik (685–705) wurde die moderne arabische Schrift mit Vokalen und dem Gebrauch von je einem Buchstaben für einen Klangwert geschaffen.

Die Zentralität des Korans in der islamischen Tradition

Der Glaube an den Koran als das reine Wort Gottes hatte weitreichende Konsequenzen. So gab es traditionell einigen Widerstand gegen die Übersetzung des Korans aus dem Arabischen in andere Sprachen. Diese Zurückhaltung ist heute weitgehend Vergangenheit, doch verlangt die traditionelle Etikette noch immer, gedruckte Bände des Korans als *masahif* (Sing. *mushaf*[4] in der wörtlichen Bedeutung »Band« oder »Exemplar«) zu bezeichnen, was impliziert, daß das göttliche Wort in seiner Einzigartigkeit nur bedingt in Papier und Tinte enthalten sein kann. In Buchhandlungen ist es bis heute unüblich, Koranexemplare mit einen Preisschild zu versehen, vielmehr wird der potentielle Käufer fragen, was die angemessene »Gabe« für den Band sei.

Der besondere Stellenwert des Korans geht weit über die semantischen Fragen nach seiner Bezeichnung hinaus. Bis heute ist mit dem Auswendiglernen des Textes großes Ansehen verbunden, und wer ihn ganz beherrscht, wird als *hafiz* (wörtlich: Bewahrer) bezeichnet, ein Ehrentitel, der in eine Zeit zurückreicht, in der der Koran mündlich tradiert wurde und das Auswendiglernen Anteil an der Bewahrung des Textes vor Verlust oder Verfälschung bedeutete. Überall in der islamischen Welt erhalten Kinder, ob sie nun Arabisch können oder nicht, Koranunterricht, in dem sie die arabische Schrift und die phonetische Aussprache der Wörter lernen. Fromme Muslime sind häufig bemüht, jeden Abend ein Dreißigstel des Buches zu lesen und auf diese Weise monatlich die Lektüre des ganzen Korans zu vollenden. Diejenigen, die nicht lesen können, lassen einfach ihre Finger an den Zeilen entlanglaufen in dem Glauben, durch diesen schlichten Akt der Verehrung Verdienste zu erwerben.

Der Koran wird so zugleich Quelle des Gebetes und selbst Gebet, Richtschnur für das Handeln und rituelles Objekt. Fromme Muslime behandeln Koranexemplare mit großer Verehrung. Zu Hause werden sie nicht mit anderen Büchern ins Regal gestellt, sondern erhalten ei-

4. Geläufig auch in der Vokalisation mashaf. (Anm. d. Übers.)

nen Ehrenplatz, und der Leser wird erst in einen Zustand ritueller Reinheit eintreten, bevor er sie berührt. Verbreitet sind spezielle Buchstützen, die den Text halten; die schönsten Exemplare zählen zu den Meisterwerken der islamischen Kunst. Der Koran selbst wurde sowohl Gegenstand als auch Quelle künstlerischen Ausdrucks. Reich verzierte Koranexemplare sind herausragende Beispiele der Buchkunst. Die Kalligraphie, die gemeinhin Wörter oder Verse aus dem Koran darstellt, hat sich als eine der am höchsten entwickelten Kunstformen in der islamischen Welt hervorgetan. Mit koranischer Kalligraphie werden zahlreiche Objekte verziert, von Gebäuden bis zu Keramik und Metallgefäßen und sogar Kleidungsstücken.

Mit dem fesselnden Klang der Koranrezitation werden die meisten religiösen und offiziellen Zeremonien in der islamischen Welt eröffnet, und begabte Koranrezitatoren genießen in der Gesellschaft hohes Ansehen. Angesichts der Bedeutung, die dem Koran so beigemessen wird, überrascht es nicht, daß der Prophet Mohammed als menschlicher Übermittler des Textes ähnliche Verehrung genießt. Der Koran bezeichnet Mohammed als Segen Gottes, als Gesandten, als Warner und Führer, als Überbringer einer guten Nachricht und als gute Nachricht in sich selbst. Im allgemeinen halten die Muslime Mohammed für einen ganz gewöhnlichen Menschen, den Gott als letzten Seiner Propheten und als Medium zur Offenbarung des Korans auserwählte. Der Koran selbst betont die Normalität Mohammeds, gebietet ihm, sich wie jeder andere als sterblicher Mensch zu bekennen, und tadelt ihn, weil er sein Vertrauen verlor und sich unsicher fühlte.

Dennoch bleibt festzuhalten, daß Mohammed allem voran von moralisch herausragendem Charakter gewesen sein muß, damit ein allwissender und allmächtiger Gott ihn als Propheten ausersah. Als er die Rolle des Gesandten Gottes und Beispiels für die Menschheit einmal übernommen hatte, wird Gott darüber hinaus kaum zugelassen haben, daß er im Widerspruch zur göttlichen Botschaft handelte. Nach dieser Auffassung müßte Mohammed frei von Sünde und vielleicht sogar frei von der Fähigkeit zur Sünde gewesen sein, und alle Schwächen oder Irrtümer, die er hervorbrachte, fügte Gott seinem Charakter bewußt hinzu, um Seinen göttlichen Ratschluß zu erfüllen. So wurde Mohammed für die meisten Muslime zur Richtschnur ihres Verhaltens und zum Vorbild, dem sie nachzueifern versuchen, Die *Sunna,* eine Sammlung von *hadith* genannten Berichten über sein Leben, stellt ein schriftliche Quelle dar, die in ihrer Bedeutung nur dem Koran untergeordnet ist.

Exkurs: Islamische Kunst

Neben Kalligraphie und Architektur werden in der islamischen Welt bis heute die unterschiedlichsten Künste praktiziert. Das Kunsthandwerk im Textilbereich, besonders die gewebten Teppiche, erfreuen sich weltweiter Wertschätzung; außerdem gibt es eine lange Tradition in der Herstellung feiner Keramik- und Glaswaren. In traditionellen islamischen Kulturen fehlt im Grunde nur eine künstlerische Disziplin gänzlich, nämlich die Skulptur, die eine zu enge Verbindung zur Herstellung religiöser Götzenbilder und Ikonen hat. Der Islam ist eine Religion mit einer ausgesprochenen Phobie vor Ikonen, das heißt, er verbietet die physische Darstellung Gottes, aber auch der großen religiösen Gestalten in jeder Form, die die Menschen zur Verehrung einer solchen Ikone verleiten könnte. Diese Intoleranz geht auf the religiöse Situation auf der Arabischen Halbinsel zur Zeit Mohammeds zurück und wird vermutlich weiter genährt durch den Kontakt zwischen Muslimen und Angehörigen anderer religiöser Gruppierungen in Ländern wie Indien und Nigeria, wo Ikonen zentrale Elemente des religiösen Alltags sind. Nicht nur die Skulpturen werden abgelehnt, auch ihren Herstellern wird vorgeworfen, in die Rolle Gottes als des einzigen Schöpfers einzugreifen.

Die Verurteilung von Skulpturen erstreckt sich häufig auf eine generelle Mißbilligung jeder Form der darstellenden religiösen Kunst. Dennoch gibt es in der islamischen Welt keinen Mangel an Kunstwerken, die Pflanzen, Tiere, Menschen und sogar übernatürliche Kreaturen darstellen. Die Miniaturmalerei, häufig für Bücher angefertigt, gehört zu den erlesensten Kunstwerken Irans, Zentralasiens, Indiens und der Türkei. Trotz der üblichen muslimischen Ambivalenz gegenüber der bildlichen Darstellung kann man den Reichtum der visuellen islamischen Kunst erfassen, indem man unterscheidet zwischen der sakralen Kunst, die so gut wie frei von der Darstellung von Menschen und Tieren ist, und der religiösen Kunst, die sich mit religiösen Themen befaßt, aber nicht in rituellen Zusammenhängen benutzt wird. Eine ähnliche Unterscheidung kann zwischen den figurativen und darstellenden Künsten getroffen werden: Islamische Künstler haben häufig andeutungsweise bildliche Darstellungen vorgenommen im Gegensatz zur unmittelbaren Darstellung ganz konkreter, lebender Menschen. (John Renard: Seven Doors to Islam, Berkeley 1977, 136.)

Solche Unterscheidungen werden ein wenig obskur, zum Beispiel in der aktuellen Praxis mancher Bürger Irans oder der Türkei, die Porträts von Mohammeds Cousin Ali, des ersten Führers der Schiiten, zur Schau stellen. Die Mehrheit der Muslime würde diese Praxis mißbilligen, wenngleich sie sich nicht allzu sehr von der Gewohnheit unterscheidet, ein Bild der Kaaba, des Zentrums der islamischen Pilgerfahrt und damit eines Objektes von großer religiöser Bedeutung an die Wand zu hängen. Auf einer wesentlich abstrakteren Ebene könnte man auch sagen, daß die in vielen islamischen Gemeinschaften verbreitete Literatur, die Mohammeds äußere Erscheinung im Detail beschreibt – so ein ganzes Genre von Literatur zum Lobe des Propheten –, dem Muslim ein genaues Bild von Mohammed vermittelt und daß sich dieses mentale Bild nicht von dem physischen Bild unterscheidet, das an der Wand hängt. Mit Sicherheit würden aber die meisten Muslime einen deutlichen Unterschied zwischen der physischen, visuellen Darstellung und einer mentalen Vorstellung sehen und die letztgenannte billigen.

Rechte Seite des doppelten Umschlagmotivs von Band VII des Korans des Ägypters Bai bars Jashnagir, 1304–1306, British Library, London.

Hadith und Sunna

Das Wort »*hadith*« bezeichnet zunächst ganz allgemein ein Gespräch oder eine Erzählung. Im islamischen Kontext meint es insbesondere einen Bericht über Taten oder Aussprüche des Propheten und seiner Gefährten. Im letzteren Sinne wird die Gesamtheit der geheiligten Tradition im Islam als »*hadith*« bezeichnet und die formale Untersuchung die »*hadith*-Wissenschaft«.

Bei den vorislamischen Arabern galt es als tugendhaft, dem Beispiel der Vorfahren zu folgen. In frühislamischer Zeit hingegen konnte man sich kaum am Beispiel der Vorfahren, die noch keine Muslime gewesen waren, orientieren, so daß eine neue Tradition oder Sunna gefunden werden mußte. Das war die Sunna Mohammeds. Nach seinen Tod begannen die Gelehrten mit der systematischen Entwicklung der Doktrin über Pflichten und Glaubenssätze in Übereinstimmung mit den neuen Gegebenheiten. Nach den frühen Eroberungen erstreckte sich der Islam über ein enormes Gebiet, und es wurden neue Ideen, aber auch Institutionen von den unterworfenen Völkern entlehnt. Im Islam konnte aber nur die Sunna des Propheten und der frühislamischen Gemeinde Regeln für das Verhalten der Gläubigen bereitstellen. Dies führte bald zur vorsätzlichen Fälschung von Traditionen, indem die Übermittler die Worte und Taten des Propheten in Übereinstimmung mit ihren eigenen Ansichten und Idealen brachten. Ein sehr großer Teil der Mohammed zugeschriebenen Aussprüche behandelt Rechtsvorschriften, religiöse Pflichten, Erlaubtes und Verbotenes, rituelle Reinheit sowie Umgangsformen und Höflichkeit.

Die Mehrzahl der *hadithe* kann insofern nicht als wirklich zuverlässige, historische Berichte über die Sunna des Propheten angesehen werden. Bereits im 8. Jahrhundert waren gewisse islamische Gelehrte äußerst besorgt über die große Anzahl gefälschter *hadithe*, die sich im Umlauf befanden, und erdachten ein differenziertes System, um mit dessen Hilfe einigen Aufschluß über die Richtigkeit eines *hadith* gewinnen zu können. Nach muslimischer Überzeugung kann ein *hadith* nur dann als glaubwürdig betrachtet werden, wenn seine Überliefererkette *(isnad)* aus einer lückenlosen Reihe zuverlässiger Gewährsmänner besteht. Die kritische Untersuchung der *isnade* hat die muslimischen Gelehrten zu Forschungen über die Namen und Lebensumstände der Übermittler eines *hadith* veranlaßt, sowie zu der Frage, wann und wo sie lebten und wer sich untereinander persönlich begegnet sein konnte. Die Gelehrten unterteilen die *hadithe* nach ihrer Zuverlässigkeit in drei Hauptkategorien: *sahih* (gesund) für diejenigen, die einwandfreie Überliefererketten aufweisen und bestätigen, was die islamische Gemeinschaft auf breiter Basis akzeptiert, *hasan* (schön) für die, die als zuverlässig gelten, deren Authentizität aber nicht über jeden Zweifel erhaben ist, und *da'if* (schwach) sind *hadithe*, die hinsichtlich ihres Inhaltes oder der Überliefererkette Mißtrauen erregen.

Die frühesten *hadith*-Sammlungen, von denen die bekannteste durch den verehrten Gelehrten Ibn Hanbal (gest. 855) zusammengestellt wurde, wurden nicht nach dem Inhalt, sondern nach den Überlieferern geordnet. Spätere Werke wurden thematisch geordnet. Zwei von ihnen, das von al-Muslim (gest. 875) und das von al-Bukhari (gest. 870), gelten als so vertrauenswürdig, daß sie für manche Sunniten als heilige Texte direkt hinter dem Koran selbst rangieren.

Die *hadithe* enthalten die Sunna oder Tradition Mohammeds, bestehend aus seinen Taten, seinen Aussprüchen und den Dingen, die er stillschweigend billigte. Die Sunna bezeichnete später die Praxis der ganzen islamischen Gemeinschaft und wird in dieser Eigenschaft häufig als die »lebendige Sunna« bezeichnet. Theoretisch unterscheiden sich die Konzepte von Sunna und *hadith*, aber in der Praxis koinzidieren sie häufig.

Mohammed löste viele Probleme, die an ihn herangetragen wurden, nicht durch Offenbarungen, sondern durch Entscheidungen im Einzelfall. Die Worte und Taten des Propheten wurden dabei bereits zu seinen Lebzeiten als nachahmenswert anerkannt. Aus diesem Grunde wurde die Sunna des Propheten schriftlich fixiert und neben dem Koran zum Verhaltensstandard. Religionsgelehrte haben versucht, die Frage nach dem Verhältnis zwischen beiden zu beantworten. In der frühesten islamischen Gemeinschaft war die Sunna dem Koran an Autorität offensichtlich gleich. Mit der Zeit und der Bekehrung nicht-arabischer Völker zum Islam rückte der Koran als Schrift ins Zentrum und übertraf die Sunna, insbesondere in ihrer schriftlichen Form des *hadith*, an Bedeutung.

In der aktuellen Praxis unterscheiden viele Muslime nicht klar zwischen *hadithen*, die von al-Bukhari oder al-Muslim gesammelt wurden, und solchen, die die Gelehrten als Fälschung eingestuft haben. Resultat ist ein ganzer Korpus an Weisheitsliteratur, durch die Muslime ihre hohe Wertschätzung Mohammeds betonen und etwas über Ethik und Moral lernen, das sie dann in ihrem Alltagsleben anwenden können.

Die Verehrung Mohammeds

Nach der religiösen Doktrin und der persönlichen Meinung vieler Muslime wird dem Koran im Islam ein höherer und zentralerer Stellenwert beigemessen als dem Propheten, doch scheint besonders im Bereich der Volksfrömmigkeit oft das Gegenteil der Fall zu sein. Die meisten Muslime betrachten alles in Verbindung mit Mohammed mit tiefer Verehrung und werden seinen Namen nur im Zusammenhang mit Respekts und Verehrungsbezeigungen wie der gebräuchlichen Formel »Friede sei mit ihm« aussprechen. Weithin wird er als der ideale Mensch und somit als Vorbild zur Nachahmung angesehen. Mohammed nachzueifern kann bedeuten, ihn in rechtlichen und ethischen Fragen als Beispiel anzusehen, die sich aber auch bis in scheinbar triviale Details des Alltags erstrecken, zum Beispiel, wie man sich die Zähne putzt und das Haar trägt oder was man ißt.

Im volksislamischen religiösen Leben ist Mohammed überall präsent. Es gibt eine lange Tradition, zur Verehrung des Propheten Gedichte zu schreiben. Das berühmteste unter ihnen, die *Burda* (das »Mantel-Gedicht«), wurde im 13. Jahrhundert von al-Busiri abgefaßt und häufig in verschiedenen Sprachen nachgeahmt. Andere Gedichte dieser Art entstanden in der großen Anzahl der von Muslimen gesprochenen Sprachen häufig im Zusammenspiel mit Musik. Einige, so die Qawwali aus Pakistan, Rai aus Algerien oder die Lieder der marokkanischen Gnawa oder der bengalischen Baul, haben im Westen beachtliche kommerzielle Erfolge erlangt.

Die Ehrfurcht vor dem Propheten reicht bis zur Verehrung seiner Reliquien. An verschiedenen Orten der Welt gibt es Schreine mit einem einzelnen Haar seines Bartes. Als in Kaschmir das Haar aus einem solchen Schrein für kurze Zeit verschwand, interpretierten aufgebrachte Muslime dies als Angriff der der Hindu-Mehrheit angehörigen indischen Regierung auf den Islam und randalierten in den Straßen. Die emotionalen Ausbrüche mancher Pilger an Mohammeds Grab in Medina können wahrhaft bewegend sein, ebenso die sichtbare Verehrung, die Besucher dem Reliquienschrein im Topkapi-Palast in Istanbul zollen, in dem sich der Mantel des Propheten, Haare seines Bartes und ein Guß seines Fußabdruckes befinden, den er irgendwo im Schlamm hinterlassen haben soll.

Manche Muslime, so die Wahhabiten in Saudi-Arabien, fühlen sich äußerst unwohl bei diesem Maß der Verehrung des Propheten, das für sie durch die Erhebung Mohammeds auf ein quasi göttliches

Niveau an Häresie grenzt. Dennoch gibt es keine klare Grenze zwischen denen, die Mohammed auf einen übernatürlichen Status erheben, und denen, für die er schlicht ein anderer Mensch ist. Die wirklichen Streitpunkte drehen sich um die Verehrung seiner physischen Reliquien, die für Kritiker nach Götzendienst riecht, sowie um seine Position zwischen Gott und den Menschen, die ihm die Macht gibt, im Sinne seiner Anhänger Fürbitte einzulegen.

Ein häufig erwähntes Charakteristikum der Religion des Islams ist der besondere Wert, der auf die direkte Verbindung zwischen den einzelnen Menschen und Gott gelegt wird. Die sogenannte orthodoxe Tradition der Rechtsgelehrten und Theologen anerkennt weder die Existenz eines Klerus noch irgendeine Form des Heiligenstandes, aus dem heraus lebende oder verstorbene Personen für andere Menschen Fürbitte einlegen könnten. Dennoch glauben viele Muslime fest daran, daß nicht nur Mohammed, sondern viele andere Heilige, darunter Familienangehörige Mohammeds, berühmte Mystiker und Sufis sowie andere Personen, denen Wunder zugeschrieben werden oder die als ungewöhnlich fromm gelten, ihre Mittler bei Gott sein können. Die Frage der Mittlerschaft wird in einem der berühmtesten Koranverse aufgebracht: »Wer ist es, der bei Ihm Fürsprache einlegen kann, es sei denn mit Seiner Erlaubnis?« (2:255)[5]

Die Fürsprache zählt zu einem der Hauptthemen durch die islamische Geschichte hindurch und impliziert nicht nur theologische Fragen sowie solche der Schriftauslegung, sondern auch soziale Schicht, Kultur, Geschlecht und Bildungsniveau. Die Anerkennung möglicher Fürsprache bei Gott ermöglicht die Existenz von Heiligen sowie eines Klerus und einer großen Bandbreite des religiösen Ausdrucks. Hier liegt eine der Hauptlinien, anhand deren man die Vielfalt religiöser Erfahrung im Islam unterscheiden kann.

5. Es handelt sich um den berühmten Thronvers, dem aufgrund seiner zentralen theologischen Aussagen besondere Verehrung zuteil wird. Vgl. S. 456 f. (Anm. d. Übers.)

2. Die Entstehung des Islams

Die historischen Ursprünge des Islams liegen im Leben eines Mannes mit dem Namen Mohammed, geboren um 570 n. Chr. in der Stadt Mekka im heutigen Saudi-Arabien und verstorben 632 n. Chr. in der nahe gelegenen Stadt Medina. Zur Lebzeit Mohammeds war Arabien im Vergleich zu den umliegenden großen und wohlhabenden Reichen kulturell, politisch und wirtschaftlich verarmt. Im Norden grenzte es an das griechisch-byzantinische und das persisch-sassanidische Reich, im Süden an die reiche Welt Abessiniens. Arabien selbst gliederte sich in das arabische Zentralplateau und eine Region, die man Südarabien nannte, dem heutigen Jemen, die einst Heimat einer aufstrebenden Agrargesellschaft war, dann aber verarmte. Das Plateau, von dem Mohammed stammte, war eine dürre Region, in der die Mehrzahl der Menschen als Nomaden lebten und auf der Suche nach gutem Weideland mit ihren Kamel-, Schaf- und Ziegenherden von einem Ort zum anderen zogen. Die wenigen Städte lagen in Oasen, die die einzig zuverlässigen Wasserquellen für die Landwirtschaft boten, und einige von ihnen fungierten als Handelszentren unter den Bewohnern Arabiens sowie mit den umliegenden Regionen.

Zur Zeit Mohammeds lebten die Araber in Stämmen, großen sozialen Verbänden, die von gemeinsamen Ahnen zusammengehalten wurden und sich jeweils aus einer Anzahl von Clans zusammensetzten, die wiederum aus mehreren Großfamilien bestanden. Ein älteres Mitglied der Familie wurde als Oberhaupt des Clans anerkannt, und die Oberhäupter der einzelnen Clans bildeten zusammen den herrschenden Stammesrat. Die Stammesräte versuchten, über Verhandlungen und Konsensbildung zu agieren, wobei mächtige Clans zweifellos größeren Einfluß auf die Stammesangelegenheiten hatten als schwächere. Die Mehrzahl der Stämme in Arabien war sowohl patriarchal als auch patrilinear, allerdings hat es offensichtlich auch einige Stämme gegeben, in denen die genealogische Abfolge über die Mutter lief, und selbst in sehr patriarchalischen Stämmen war es nicht unüblich, daß Frauen eigenen Besitz hatten, Ein gutes Beispiel dafür ist Mohammeds erste Frau Khadija, eine reiche Witwe, die selbst im Handel tätig war.

Die Arabische Halbinsel hatte weder eine Zentralregierung noch ein Staatsgefüge, sondern existierte in einer Art Balance zwischen den Stämmen auf der einen und den Handels- und Agrarstädten auf der anderen Seite. Nomaden, die zu denselben oder verbündeten Stämmen gehörten wie Städter, einigten sich häufig darauf, diese Orte und die Karawanen von dort her und dort hin nicht anzugreifen. Arabien befand sich am Knotenpunkt zahlreicher Handelsrouten; Waren, die mit dem Schiff die arabischen Häfen erreichten, wurden auf Kamelkarawanen geladen, um dann durch die Wüste hindurch zu weiter entfernten Märkten transportiert zu werden, Die Handelsstädte hingen in hohem Maße vom Ost-West-Handel zwischen dem Indischen Ozean und dem Mittelmeerraum sowie vom Nord-Süd-Handel zwischen Afrika und dem Byzantinischen und Sassanidischen Reich ab. Viele Nomadenstämme lebten von der Plünderung von Karawanen, so daß diese Praxis als eine akzeptable Lebensform betrachtet wurde und durch einen Verhaltenskodex gedeckt war.

Über die religiöse Situation Arabiens zur Zeit von Mohammeds Geburt ist sehr wenig bekannt. Die umliegenden Reiche hatten große christliche Bevölkerungsgruppen, Abessinien und das Byzantinische Reich waren jeweils christliche Königtümer. Das sassanidische Persien, heute Iran, folgte offiziell dem Zoroastrismus, einer der großen Religionen jener Zeit mit heute nur noch sehr wenigen Anhängern, hatte aber gleichzeitig eine große christliche Bevölkerungsgruppe. Außerdem verzeichneten alle umliegenden Reiche eine bedeutende Anzahl jüdischer Bewohner. Zweifellos gab es auch in Arabien einige Christen, deren Zahl aber offenbar recht gering war und die als einzelne Gläubige lebten, ohne daß sich ganze Clans oder Stämme als Christen betrachtet hätten. So gab es auch keine Kirche in Arabien. Die Zahl der arabischen Juden scheint wesentlich größer gewesen zu sein. Es gab rein jüdische Stämme, von denen einige möglicherweise nach der Zerstörung des Tempels von Jerusalem durch die Römer am Ende des ersten nachchristlichen Jahrhunderts von Palästina nach Arabien gewandert waren. Vermutlich gab es auch viele, die zwar formal keine Juden waren, sich aber als Israeliten fühlten und mit den Geschichten der hebräischen Propheten vertraut waren.

Die Mehrheit der Araber gehörte keiner formalen Religion an, sondern glaubte an eine Kombination aus übernatürlichen Kräften, die zum Teil als Geistwesen und zum anderen Teil als Gottheiten betrachtet wurden. Die Geistwesen bewohnten nach diesem Glauben Naturobjekte wie Felsen und Bäume und hatten Einfluß auf das menschliche Leben. Die Gottheiten wurden hingegen häufig mit Naturphänomenen wie Sonne, Mond und Regen identifiziert. Viele Araber betrachteten den Gott des Mondes und des Reisens mit dem Namen *Allah* in der wörtlichen Bedeutung »der Gott« als Urahn und Oberhaupt der anderen, unter denen auch die weiblichen Gottheiten *al-Lat* und *Manat* den volksreligiösen Kult inspirierten. Die vorislamischen Araber hatten keinen detaillierten moralischen und ethischen Kodex, wie er in der islamischen, christlichen und jüdischen Theologie entwickelt wurde, noch glaubten sie in der Regel an ein Leben nach dem Tod. Statt dessen waren sie Regeln unterworfen, die Ehre, Mut und Gastfreundschaft betreffen. Da man nicht an ein jenseitiges Leben glaubte, konnte man Unsterblichkeit am besten erlangen durch ein heroisches Leben voll außergewöhnlicher, tapferer Taten und Großzügigkeit, die dann von den Stammesdichtern in Verse gefaßt wurden. Die Araber hatten großen Respekt vor der Macht von Dichtung und Dichtern und sahen sie als übernatürliche Personen an, die gleichzeitig zu fürchten und zu verehren waren, nicht nur als Künstler, sondern als Geschichtsschreiber der Stämme.

Neben den Dichtern wurde zwei weiteren Personengruppen in der vorislamischen arabischen Gesellschaft großer Respekt zuteil. Zum einen waren das die Wahrsager, die die Zukunft vorhersahen und ganz unterschiedliche Probleme von der Behandlung der Unfruchtbarkeit bis zum Wiederfinden verlorener Tiere zu lösen versuchten. Die anderen waren die Richter, deren Aufgabe es war, in Konflikten innerhalb eines Stammes und wichtiger noch zwischen Stämmen zu vermitteln und so Gewalt zu verhindern. All diese Ämter sind für die frühislamische Geschichte wichtig, denn Mohammed entfaltete im Laufe seines Werdeganges als Prophet Qualitäten aller drei, was seine Kritiker in die Lage versetzte, ihn mit dem Etikett des Dichters oder Wahrsagers zu versehen, um seine religiösen Ambitionen zurückzuweisen.

Geburt und Kindheit Mohammeds

In diese Umgebung hinein wurde Mohammed geboren. Seine Familie gehörte zum Clan der Hashim im Stamme der Quraish (in der Bedeutung »Haifisch«), einem großen Händlerstamm mit erheblichem Einfluß in Mekka und der umliegenden Region. Der Clan der Hashim war innerhalb des Stammes zwar nicht der mächtigste, wurde aber als respektabel angesehen. Mekka beheimatete einen großen Schrein, der als Kaaba bezeichnet wurde und zu den wenigen religiösen Stätten gehörte, die von Leuten aus ganz Arabien verehrt wurden. In ihrer Eigenschaft als Hüter dieser Stätte profitierten die Quraish nicht nur finanziell vom Geschäft mit der Pilgerfahrt, sondern gewannen durch die ihnen vorbehaltene Kontrolle der entsprechenden Rituale auch an Ansehen. Verschiedene Elemente wurden später in die *hajj*-Pilgerfahrt integriert, die zu einem zentralen Ritus des Islams wurde.

Mohammeds Vater Abdallah starb kurz vor seiner Geburt, und die väterliche Vormundschaft wurde von seinem Großvater Abd al-Muttalib übernommen. Bei seiner Geburt nannte seine Mutter Amina ihn Ahmed, während sein Großvater ihm den Namen Mohammed gab. Der letztgenannte Name wurde der gebräuchliche, wenngleich er auch heute noch manchmal als Ahmed bezeichnet wird.

Über Mohammeds Kindheit und sein Leben vor dem Beginn seiner Prophetenschaft ist wenig bekannt. Die wenigen Dinge, die wir als sachlich wahr betrachten können, wurden von frommen Biographen ausgeschmückt. Sie fügten wahre oder erfundene Ereignisse in sein frühes Leben ein, um zu zeigen, daß Mohammed von Geburt an für etwas Großes bestimmt war. Als sehr kleines Kind wurde Mohammed in die Wüste geschickt, um dort bei einem Nomadenstamm zu leben, eine mekkanische Sitte, die möglicherweise aus dem Wunsch entstanden war, die Kinder aus der unhygienischen Umgebung der Städte fernzuhalten, sowie aus dem Glauben, daß die Nomaden ein kulturell »reineres« arabisches Leben führten. Mohammed lebte als Hirtenjunge bei einer Stieffamilie und zollte dieser, und ganz besonders seiner Amme Halima, in seinem späteren Leben große Zuneigung. Nach einer populären Legende wurde Mohammed eines Tages, als er Schafe hütete, von zwei Engeln heimgesucht, die ihn niederlegten und seine Brust öffneten. Dann nahmen sie sein Herz heraus, wuschen es in einem goldenen, mit Schnee gefüllten Becken, legten es zurück und schlossen die Brust wieder, wohl ein Sinnbild für die Entfernung aller Sünde aus seinem Körper. Dabei gibt es im Islam weder die Vorstellung von der Urschuld, noch daß man die Sünden seiner Eltern erben kann.

Nach dieser Heimsuchung fürchtete Mohammeds Stieffamilie um seine Sicherheit und beschloß, ihn zu seiner Mutter zurückzubringen, bevor ihm irgendein Unheil geschähe. Kurz nach seiner Rückkehr nach Mekka starben sowohl Mohammeds Mutter als auch sein Großvater, und sein Onkel väterlicherseits Abu Talib, ein Händler, der häufig quer durch Arabien reiste, übernahm die Vormundschaft. Mohammed begleitete seinen Onkel auf diesen Expeditionen, unter denen vermutlich auch eine Reise nach Syrien war, und lernte so nicht nur den Beruf des Händlers, sondern kam auch mit einer großen Vielfalt an Menschen in Berührung.

Als er das Erwachsenenalter erreicht hatte, wurde Mohammed selbst Händler und machte sich bald einen Ruf wegen seiner Ehrlichkeit und Vertrauenswürdigkeit. Eine wohlhabende Witwe namens Khadija nahm Notiz von ihm und machte ihm ein Heiratsangebot, das er annahm. Zur Zeit ihrer Hochzeit war Mohammed fünfundzwanzig Jahre alt, Khadija war vierzig. Im späteren Leben sprach Mohammed sehr liebevoll über seine Jahre mit Khadija, der einzigen Frau, mit der er Kinder hatte, die erwachsen wurden.

In reiferen Jahren pflegte Mohammed sich in eine Höhle außerhalb von Mekka zurückzuziehen und dort für sich zu meditieren. Bei einer solchen Gelegenheit schlief er ein und wurde dann von einem Engelwesen geweckt, das ihm befahl: »Lies!« Mohammed fragte, was er denn lesen solle, woraufhin der Engel lediglich seinen Befehl wiederholte. Nach dem dritten Mal befahl der Engel:

»Lies im Namen deines Herrn, der erschaffen hat, den Menschen erschaffen hat aus einem Embryo. Lies. Dein Herr ist der Edelmütigste, der durch das Schreibrohr gelehrt hat, den Menschen gelehrt hat, was er nicht wußte« (96: 1–5).

Als dies geschah, war Mohammed vierzig Jahre alt, und für den Rest seines Lebens erhielt er immer neue Offenbarungen, manchmal über dieses engelhafte Wesen, das er als Gabriel identifizierte, und manchmal direkt von Gott.

Zunächst suchte Mohammed Trost bei seiner Frau Khadija, doch überzeugte sie ihn im Laufe der Zeit davon, dem Engel zuzuhören. So gelangte Mohammed zu der Überzeugung, daß er als ein Prophet Gottes erwählt war, um der Menschheit eine göttliche Botschaft zu bringen über die Existenz eines einzigen und allmächtigen Gottes, eine Warnung vor dem drohenden Jüngsten Tag und Gericht und eine Ermutigung, ein tugendhaftes Leben zu führen.

Die große Auswanderung: Die hijra

Mohammeds Predigt stieß zunächst auf Toleranz und Neugier, doch als er begann, Konvertiten für sich zu gewinnen, empfanden die Führer von Mekka ihn zusehends als Bedrohung und verfolgten schließlich seine Anhänger. Mohammeds erste Anhänger waren mehrheitlich

Frauen, Sklaven und sehr Arme und somit ihren mächtigen Unterdrückern besonders schutzlos ausgeliefert. Aus Angst um ihre Sicherheit in Mekka begannen Mohammed und seine Gefährten mit der Suche nach einem neuen Lebensraum. Da begab es sich, daß die nahe gelegene Stadt Yathrib einen unparteiischen Schiedsrichter benötigte, um zwischen zwei mächtigen Stämmen zu vermitteln, und man lud Mohammed ein, nach Yathrib zu kommen und dort Recht zu sprechen. Mohammed willigte ein, stellte aber bestimmte Bedingungen, nämlich daß seine Familie und Anhänger mit ihm kommen könnten, daß sie Unterstützung finden würden, bis sie selbst in der Lage wären, ihren Lebensunterhalt zu bestreiten, und daß man sie als volle Bürger der Stadt anerkennen würde, so daß im Falle eines Angriffs der Mekkaner und ihrer Alliierten auf die Muslime alle Bewohner von Yathrib an ihrer Seite kämpfen würden. Die Delegation aus Yathrib stimmte diesen Bedingungen zu, und so begann eine geheime Wanderung von Muslimen aus Mekka nach Yathrib. Als bis auf zwei seiner Anhänger, nämlich seinen Freund Abu Bakr und seinen Cousin Ali, alle die Stadt erreicht hatten, entschloß sich Mohammed selbst zur Übersiedlung. Zu dieser Zeit hatten einige seiner Gegner ihn als schwere Bedrohung ihrer Interessen erkannt und einen Pakt geschlossen, um ihn zu töten. Als er von diesem Plan hörte, verließ Mohammed Mekka heimlich in Begleitung seines engsten Freundes und Beraters Abu Bakr und ließ Ali in seinem Haus zurück. Ali war der Sohn von Mohammeds Onkel Abu Talib, lebte dann mit Mohammed wie ein Adoptivsohn[6] und heiratete seine Tochter Fatima. So wurde er zu einer der wichtigsten und einflußreichsten Personen in der Entstehungszeit des Islams.

In jener Nacht umzingelten Mohammeds Feinde sein Haus. Ali schlief in Mohammeds Bett und diente so als Köder. Als die Mekkaner schließlich in Mohammeds Haus einbrachen und Ali fanden, merkten sie, daß Mohammed ihnen entwischt war, und sandten einen Suchtrupp aus, der ihn zur Strecke bringen sollte. Nach der Legende versteckten Mohammed und Abu Bakr sich in einer Höhle vor den Verfolgern, und eine Spinne webte ein Netz und verdeckte damit den Eingang. Beim Anblick des Spinnennetzes dachten die Mekkaner, daß seit langer Zeit niemand in der Höhle gewesen sein konnte, und wandten sich ab. Als der Suchtrupp mit leeren Händen zurück-

6. Mohammed nahm seinen Cousin Ali bereits im Kindesalter zu sich, nachdem sein Onkel, Alis Vater Abu Talib, nicht mehr in der Lage war, für den Jungen zu sorgen. Adoptiert im engeren Sinne des Wortes hatte er ihn sicher nicht, zumal der Islam die Adoption verbietet. (Anm. d. Übers.)

gekehrt war, setzten Mohammed und Abu Bakr ihren Weg nach Yathrib fort, und Ali folgte ihnen, nachdem er Mohammeds finanziellen und sozialen Verpflichtungen in Mekka nachgekommen war.

Die Auswanderung Mohammeds und der Muslime von Mekka nach Yathrib fand im Jahr 622 statt und kennzeichnet das wichtigste Datum in der islamischen Geschichte. Sie wird *hijra* oder »Große Auswanderung« genannt, und die Muslime, die auswanderten, werden als *muhajirs* bezeichnet und diejenigen, die ihnen halfen, als *ansar.* Beiden Gruppen wird große Ehre zuteil, und durch die islamische Geschichte hindurch wird jedes Ereignis, bei dem eine Gruppe von Muslimen vor Verfolgung an einen sicheren Ort fliehen mußte, als Wiederholung der *hijra* angesehen. Die *hijra* bestimmt auch den Beginn des islamischen Kalenders, der für alle religiösen Ereignisse benutzt wird und in vielen Ländern bis heute die offizielle Zeitrechnung ist.

Die *hijra* markiert den Anfang des Islams als sozialer Religion. In Mekka war Mohammed in erster Linie Warner und Prophet, der die Botschaft des Monotheismus, des Glaubens an den einen Gott, brachte und die Menschen zur Reue für ihren unmoralischen Lebenswandel drängte. In Yathrib entfaltete sich die Religion allmählich zu einem sozialen Phänomen und entwickelte ein bemerkenswertes und komplexes Gesetzesgefüge. Die Stadt erhielt den neuen Namen *Madinat an-nabi,* »Stadt des Propheten«, kurz Medina. In Medina legten die Offenbarungen, die Mohammed erhielt, den Akzent auf soziale Gesetze und einen Sinn für Geschichte, wodurch Mohammed und seine Religion sich als Fortsetzung der heiligen Tradition der hebräischen Propheten zeigten. Gleichzeitig stieg Mohammed schnell vom einfachen Propheten zum sozialen, religiösen und politischen Führer einer ganzen Gemeinschaft auf und ähnelte als solcher religiösen Gestalten wie Mose, David und Salomo weit mehr als Jesus oder Buddha.

Die Mekkaner nahmen die muslimische Gemeinschaft von Medina als wachsende Bedrohung wahr und führten drei Kriege gegen sie, aus denen die Sache Mohammeds jeweils gestärkt hervorging. Im Jahr 630 schließlich ergab sich die Stadt Mekka Mohammed, er zog in sie ein und garantierte Leben und Besitz ihrer Bewohner. Die einzigen größeren Ereignisse waren die Hinrichtungen einiger Dichter, die Mohammed und seine Religion lächerlich gemacht hatten, und die Entfernung aller Kultgegenstände aus der Kaaba. Mohammed vollzog die Pilgerfahrt zur Kaaba und kehrte dann nach Medina zurück, das er nunmehr als seine Heimat empfand. Vor seinem Tod unternahm er eine weitere Reise nach Mekka, die als die »Abschiedswallfahrt« bezeichnet wird und bis heute als Modell für eines der wichtigsten islamischen Rituale, den *hajj*, dient.

Kurz nach seiner Rückkehr von der Abschiedswallfahrt wurde Mohammed schwer krank und zog sich in das Haus seiner Frau A'isha zurück, die er in Mekka einige Jahre nach dem Tode Khadijas geehelicht hatte. Um die Mittagszeit des 8. Juni 632 verstarb er in ihrem Bett. Nach einer Tradition, die besagt, daß Propheten dort begraben werden sollen, wo sie gestorben sind, wurde Mohammed in A'ishas Kammer beigesetzt. Später wurde daraus ein Schrein, der bis heute als wichtiger Wallfahrtsort dient.

Die islamische Gemeinschaft nach Mohammed

Mohammed starb, ohne seine Nachfolge eindeutig geregelt zu haben. Wenngleich vollkommen klar war, daß es nach ihm keine Propheten mehr geben würde, war niemand sicher, was die Rolle des nächsten Führers sein sollte. Die Ältesten der islamischen Gemeinschaft beschlossen, daß Mohammeds engster männlicher Gefährte, Abu Bakr, der auch einer der ersten Konvertiten zum Islam war, die Gemeinde nach seinem Tode leiten sollte. Abu Bakr starb nur zwei Jahre nach Mohammed, und mit Omar wurde ein anderer angesehener Gefährte Mohammeds sein Nachfolger. Während der zehnjährigen Regierungszeit Omars und in den zwölf Jahren seines Nachfolgers Osman verbreitete sich die islamische Gemeinschaft über die Grenzen Arabiens hinaus und expandierte von der Mittelmeerküste Nordafrikas bis in die zentralasiatischen Steppen. Zu ihrer Zeit wurden auch die Offenbarungen, die Mohammed erhalten hatte, im Koran systematisiert.

Die Führer der islamischen Gemeinschaft nach Mohammed waren weder Propheten noch Könige, sondern bekannt als Kalifen (arabisch: *khalifa*), ein Wort in der Bedeutung »Repräsentant« oder »Stellvertreter«, was impliziert, daß sie nicht aufgrund ihrer eigenen Autorität, sondern als Stellvertreter Gottes und Seines Propheten regierten. Nach dem Tode Osmans gab es einige Verwirrung in der Frage, wer der nächste Kalif sein sollte. Viele waren der Ansicht, die Ehre gebühre Mohammeds Cousin und Schwiegersohn Ali. Andere hingegen favorisierten Osmans Vetter Mu'awiya. Ermutigt durch ihre jeweiligen Anhänger, wurden beide Männer als Kalifen ausgerufen, und es kam zum Bürgerkrieg. Im Laufe der Auseinandersetzungen wurde Ali durch einen Attentäter ermordet, und Mu'awiya konnte für sich und seine Familie die Macht ergreifen und so das Fundament der ersten islamischen Dynastie legen, die in Anspielung auf den Stamm Mu'awiyas als Umayyaden bekannt wurde. Die meisten frommen Muslime sind heute der Ansicht, daß die ursprüngliche Institution des Kalifates mit dem Aufstieg der umayyadischen Dynastie zum Ende kam; die ersten vier Kalifen betrachten sie demgegenüber als wahrlich tugendhaft, weshalb diese auch als die »Rechtgeleiteten« bezeichnet werden. Dennoch geschah es während der hundertjährigen Herrschaft der Umayyaden, daß die meisten Länder, die bis heute mit dem Islam identifiziert werden, erobert wurden und das islamische Reich sich von Spanien bis Pakistan ausdehnte.

Wenngleich die Umayyaden über nahezu vollständige Kontrolle verfügten, dauerte der Streit zwischen ihnen und den Anhängern Alis an. Eine noch ernstere Wende nahm die Angelegenheit, als Alis Sohn Husain und zahlreiche seiner Familienangehörigen 680 durch Truppen getötet wurden, die Mu'awiyas Sohn Yazid unterstanden.

Desillusioniert durch den politischen Konflikt, zogen sich viele Muslime in eine quietistische Betrachtung ihres Glaubens zurück, andere verschrieben sich der Predigt unter den Bewohnern der neu eroberten Länder und wieder andere widmeten ihr Leben dem Studium des Korans und der Traditionen Mohammeds und seiner Gefährten. Hauptsächlich durch die Bemühungen solcher Menschen entwickelte die islamische Welt eine reiche und kraftvolle Tradition der Theologie und Philosophie, und die Bewohner sehr unterschiedlicher Länder nahmen die neue Religion an.

Die Nachfolgestreitigkeiten nach Mohammeds Tod wurden aber auch zum Auslöser für das erste Schisma innerhalb des Islams, das bis heute fortbesteht. Die eine Gruppe hatte Ali für den rechtmäßigen Führer der islamischen Gemeinschaft gehalten und ist als *shi'at Ali* (»Gruppe des Ali«) oder Schiiten bekannt. Aus schiitischer Sicht waren die ersten drei Kalifen Usurpatoren, die Ali um sein Geburtsrecht brachten. Diese Überzeugung wird von zahlreichen *hadithen* gestützt, nach denen Mohammed während seiner Abwesenheiten Ali als vorübergehenden Leiter der islamischen Gemeinde einsetzte. Der berühmteste ist bekannt als *hadith* von Ghadir Khum, benannt nach einer Oase zwischen Mekka und Medina. Nach dieser Überlieferung hat Mohammed auf der Rückkehr von seinem letzten Besuch in Mekka Alis Hand ergriffen und vor der versammelten Menge erklärt: »Der, dessen Herr *(maula)* ich bin, dessen Herr ist auch Ali.«

Die Implikationen dieses *hadith* beziehen sich auf die vielfältigen Deutungsmöglichkeiten des Wortes *maula.* Gelehrte der sunnitischen Seite, von denen viele den *hadith* als zuverlässig betrachten, weil er im Kompendium des großen sunnitischen Gelehrten Ibn Hanbal in nicht weniger als zehn verschiedenen Lesarten erscheint, verstehen es in der Bedeutung »Beschützer« oder »Führer« in einem sehr engen Sinn des Wortes, was bedeutet, daß Ali nur in sehr spezifischen Zusammenhängen als Autorität gelten konnte. Die Schiiten aber sehen hierin eine öffentliche Erklärung Mohammeds, daß die Führung der Gemeinde für immer in den Händen der *ahl al-bayt* (»Leute des Hauses«)[7] bleiben sollte. Die schiitische Position wird nur von wenigen weiteren *hadithen* unterstützt, was sie darauf zurückführten, daß die Anhänger Abu Bakrs und später der Umayyaden die Aufzeichnungen fälschten. Die Schiiten haben ihre eigenen *hadith*-Sammlungen, die der sunnitischen Sicht der Dinge widersprechen. Die wichtigste unter ihnen, der *nahj al-balagha,* besteht aus Aussprüchen und Predigten, die Ali zugeschrieben werden. Verschiedene Berichte in dem Werk geben Einblick in die schiitische Haltung zur Führerschaft nach Mohammed:

»Die Familienangehörigen des Propheten (Gott segne ihn und schenke ihm Heil) sind der Ort göttlichen Mysteriums; in ihnen werden Seine Befehle bewahrt, sie sind die Gefäße Seines Wissens, die Zufluchtsorte Seiner Weisheit, Heiligtümer Seiner Bücher und berggleiche Feste Seiner Religion. Durch sie spannte Er den Bogen des Rückens der Religion, und durch sie verbannte Er das Zittern des Fleisches.«[8]

Eine besonders eloquente Lesart dieser Ereignisse, die zur politischen Marginalisierung Alis und der Familie des Propheten führten, findet sich in Alis *»al-khutba al-shaqshaqiya«* oder »Schreiender Predigt«. Sie wurde so genannt, weil Ali während des Sprechens unterbrochen wurde und sich weigerte fortzufahren, da die Predigt ebenso spontan gewesen sei wie das Schreien eines Kamels, das plötzlich anfängt und ebenso plötzlich wieder aufhört.[9] Nach diesem Bericht war die Familie des Propheten mit seinem Begräbnis beschäftigt, während Abu Bakr die Macht an sich riß, ohne Ali oder irgendeinen anderen

7. Übliche Bezeichnung für die Familie des Propheten. (Anm. d. Übers.)
8. Nahj al-balagha, hrsg. v. Subhi al-Salih, Beirut 1983, 47.
9. Eine englische Übersetzung dieser Predigt gibt es bei S. Mohammed Askari Jafery (Übers.): Nahjul Balagha: Sermons, Letters and Sayings of Hazrat Ali, Elmhurst 1978, Nachdruck 1981, 8–10.

engen Verwandten Mohammeds zu konsultieren. Kurz vor seinem Tod hatte Abu Bakr seinen Verbündeten Omar als Leiter der islamischen Gemeinde ernannt, wenngleich diese Form der Nachfolgeregelung eine totale Vergewaltigung der Vorstellungen Mohammeds bedeutete. Beim Tode Omars wurde ein Rat einberufen, der einen Nachfolger benennen sollte; neben Ali enthielt er eine Übermacht aus Anhängern Osmans. Dies leitete eine besonders düstere Periode der Unterdrückung und der Vetternwirtschaft ein, die aufrechte Mitglieder der islamischen Gemeinschaft nur still ertragen konnten.

Ali soll zu diesen ungerechten Machtverschiebungen geschwiegen haben, um in der jungen islamischen Gemeinschaft Blutvergießen und Spaltung zu vermeiden. Als aber Osman die Führerschaft an seinen liederlichen Vetter Mu'awiya weitergab, mußte Ali auf Geheiß tugendhafter Mitglieder der Gemeinde intervenieren, die ihn wiederholt bedrängt hatten, sie von der tyrannischen Herrschaft Mu'awiyas zu befreien.

Sunnitische Historiker und Theologen interpretieren diese Ereignisse etwas anders. Aus ihrer Perspektive hat Abu Bakr gezögert, die Führung zu übernehmen, tat es aber dann, um die islamische Gemeinschaft in der Krise, die der Tod ihres Propheten ausgelöst hatte, zusammenzuhalten. Sein Alter und seine Nähe zu Mohammed offenbarten ihn als die beste Person, um diese Rolle zu übernehmen. Seine Wahl Omars als Nachfolger gründete sich auf eine vergleichbare Nähe zum Propheten und sein Alter als Konvertit. Die Sunniten leugnen dabei nicht die Tatsache, daß auch Ali zu den ganz frühen Konvertiten gehörte, für sein religiöses Wissen geachtet war und dem Islam mit großem Eifer diente. Gleichzeitig vertreten sie traditionell die Position, daß Ali beim Tode Mohammeds und Abu Bakrs zu jung gewesen sei, um die Gemeindeleitung zu übernehmen.[10] Insofern leugnen sie bewußt das für Schiiten zentrale Konzept, den Herrschaftsanspruch von der Abstammung herzuleiten, und betrachten dies gar als Antithese zum Islam. Diese Haltung ist in gewissem Maße willkürlich, denn Abu Bakr, Omar und Osman waren alle durch Heirat mit Mohammed verwandt, ebenso wie Mu'awiyas Vater Abu Sufyan, der beim Tode Osmans blind war und daher als ungeeignet für die Gemeindeleitung angesehen wurde. Die Stärke der sunnitischen Positi-

10. Alis Geburtsjahr ist nicht genau bekannt, er soll aber unmittelbar nach der ersten Offenbarung um das Jahr 610 im Alter von 10 oder 11 Jahren konvertiert sein, könnte dann also beim Tod des Propheten Anfang Dreißig gewesen sein. (Anm. d. Übers.)

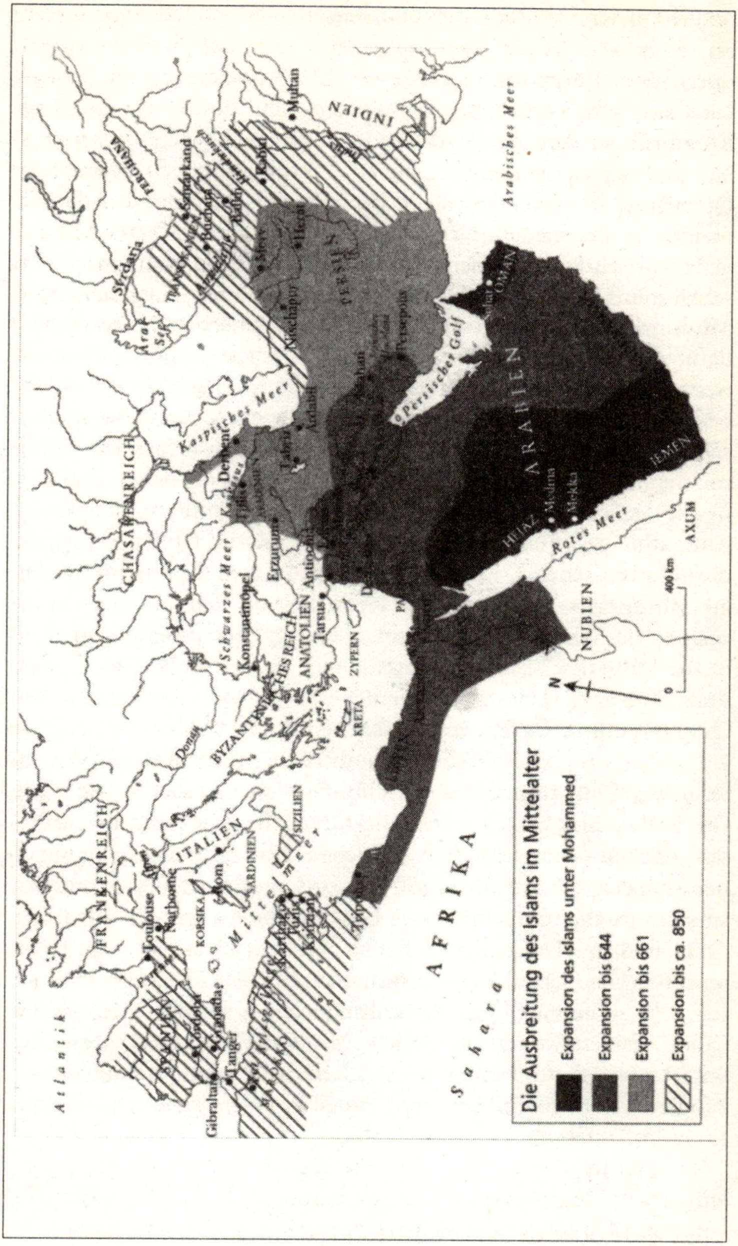
Die Ausbreitung des Islams im Mittelalter
Expansion des Islams unter Mohammed
Expansion bis 644
Expansion bis 661
Expansion bis ca. 850
Atlantik
FRANKENREICH
ITALIEN
KORSIKA
SARDINIEN
SIZILIEN
Mittelmeer
BYZANTINISCHES REICH
ANATOLIEN
Konstantinopel
Schwarzes Meer
CHASARENREICH
Kaspisches Meer
Aralsee
Syrdarja
FERGHANA
Samarkand
Buchara
Merw
Herat
Kabul
Multan
INDIEN
PERSIEN
Nischapur
Persepolis
Persischer Golf
Arabisches Meer
OMAN
ARABIEN
HEJAZ
Medina
Mekka
JEMEN
Rotes Meer
AXUM
NUBIEN
AFRIKA
Sahara
ZYPERN
KRETA
Tarsus
Antiochia
Erzurum
Tiflis
Derbent
Ardabil
Toulouse
Narbonne
Rom
Gibraltar
Tanger
Cordoba
400 km

on liegt in der Annahme, daß man besser einen weniger idealen Führer akzeptiert, als die Zerstörung der muslimischen Gemeinschaft durch einen Bürgerkrieg zu riskieren. Der Name dieser Gruppierung leitet sich vom Wort *Sunna* (»Tradition«) her und ist eigentlich die Kurzform der längeren Bezeichnung »Die Leute der Tradition *(sunna)* und der Gemeinschaft«, die eine Verpflichtung zu politischem Quietismus impliziert sowie den Wunsch, die Aufsplitterung der Gemeinde in verschiedene Gruppen mit allen Mitteln zu verhindern.

Historisch hat the sunnitische Glaubensgemeinschaft meist eine sehr vereinnahmende Haltung eingenommen und versucht, so viele Muslime wie eben möglich den Sunniten zuzurechnen, selbst wenn dafür das Verständnis akzeptablen sunnitischen Glaubens etwas erweitert werden mußte. Sunnit zu sein bedeutet gleichzeitig nicht unbedingt, daß man damit einverstanden ist, wie die sunnitisch-islamische Welt regiert wird, sondern daß man die Bewahrung der muslimischen Gemeinschaft für wichtiger erachtet als die Bekämpfung eines schlechten Herrschers. Dabei hegen die Sunniten eine gewisse Antipathie gegenüber den Schiiten, weil diese Personen verachten, die in sunnitischen Kreisen große Verehrung genießen. Vertreter einiger schiitischer Gruppierungen verfluchen bis heute in eigenen Ritualen Abu Bakr, Omar und Osman, und in Südwest-Iran wurde bis in the Mitte des 20. Jahrhunderts hinein als Gedächtnis der Ermordung Omars ein Feiertag mit dem Namen *Omar-kushi* (»Omar-Töten«) begangen. Zu den Festgebräuchen zählte es, kleine Skulpturen von Omar aus hohlem Gebäck herzustellen, die dann mit Granatapfelsirup gefüllt, aufgespießt, zerschnitten und verzehrt wurden. Solche Praktiken konnten durch die räumliche Trennung der unterschiedlichen Gemeinschaften überleben. Durch die Entwicklung einer globalen Infrastruktur und gemeinsamer nationaler Interessen sind schiitische und sunnitische Gesellschaften enger zusammengerückt, und friedfertige Führer beider Seiten bemühen sich, die Differenzen in Glaubensüberzeugungen und religiöser Praxis zu minimieren. Sehr ausgeprägt ist die Diskriminierung der Schiiten dennoch in Saudi-Arabien, wo die ansehnliche Minderheit nahezu ausgeschlossen ist vom öffentlichen Leben. Auch in den zivilen Auseinandersetzungen in Karachi und anderen Städten Pakistans spielen die konfessionellen Differenzen eine große Rolle.

In jüngster Zeit hat sich der Ruf des schiitischen Islams negativ entwickelt. Aufgrund der Ereignisse in Iran nach der Islamischen Revolution 1979 sowie dem langen Guerilla-Krieg, den schiitische Milizen im Süd-Libanon gegen Israel und gegen feindliche Milizen im Libanon selbst führten, unterstellte man ihm einen Hang zur Gewalt. Tatsächlich war ein Großteil der schiitischen Geschichte von politischem Rückzug und einer offenen Zurückweisung weltlicher Macht geprägt. Nach der Ermordung Alis 661 und dem Märtyrertod seines Sohnes Husain 680 haben die Schiiten geraume Zeit keine politische Macht ausgeübt und so weniger die politische Dimension des schiitischen Islams betont als vielmehr ein differenziertes theologisches Gedankengebäude entwickelt. Die frühen politischen Erfahrungen hatten aber unmittelbare Auswirkungen auf die Ausprägung schiitischen Glaubens, der Martyrium und Verfolgung als zentrale Elemente unterstreicht.

Konfessionelle Spaltung

Es gibt drei Hauptzweige des schiitischen Islams, die Zwölfer-Schiiten, die Ismailiten und die Zaiditen, die alle gemeinsam daran glauben, daß nur ein Nachfahre von Ali und dessen Frau, der Prophetentochter Fatima, legitimer Leiter der muslimischen Gemeinschaft sein kann. Dieser Führer wird als Imam bezeichnet und aufgrund seiner Abstammung als anderen Menschen überlegen angesehen. Die drei schiitischen Hauptgruppen sind sich bezüglich der Identität der ersten vier Imame einig. Uneinigkeit besteht über den fünften; die Mehrheit hält Husains Enkel Mohammed al-Baqir (gest. 731)[11] für den rechtmäßigen Imam, während eine Minderheit al-Baqirs Bruder Zaid (gest. 740) folgte und daher als Zaiditen bezeichnet wird.

Die Zaiditen

Nach der Ermordung Husains und seiner Familie versuchte Zaid als erster, den Umayyaden die politische Macht gewaltsam zu entreißen. Nach einem Jahr der Vorbereitung in der sehr schiitisch geprägten Stadt Kufa im Irak zog er mit einer Gruppe von Anhängern aus, wurde dann aber auf dem Schlachtfeld getötet.

Die zaiditischen Glaubenssätze sind denen der Zwölfer-Schiiten, der größten schiitischen Gruppierung, ähnlich. Wesentlicher Unterschied ist, daß nach zaiditischer Überzeugung jeder Nachfahre von

11. Nach verschiedenen Quellen starb Mohammed al-Baqir (um) 733. (Anm. d. Übers.)

Ali und Fatima Imam sein kann, unabhängig davon, ob er von Husain oder von dessen älterem Bruder Hasan abstammt. Um als Imam Anerkennung zu finden, muß die betreffende Person, wenn nötig, vom Schwert Gebrauch machen können. Im Unterschied zum zwölfer-schiitischen Islam kann so niemand, der sich verborgen hält, als rechtmäßiger Imam angesehen werden. Der zaiditische Imam muß darüber hinaus über hohe moralisch-charakterliche Eignung sowie religiöses Wissen verfügen. Wenn ein Mensch nicht all diese Anforderungen erfüllt, kann er nicht als ein vollgültiger Imam, sondern als ein zweitrangiger Imam angesehen werden, der entweder nur über die kriegerischen Fähigkeiten oder nur über die Gelehrsamkeit verfügt. Führer, deren politische und intellektuelle Fähigkeiten lediglich ausreichen, um den religiösen Anspruch der Zaiditen am Leben zu erhalten, werden *da'is* genannt, ein Begriff, den auch die dritte schiitische Gruppierung, die Ismailiten, benutzt. Die hohen Anforderungen an einen zaiditischen Imam sowie das Konzept des *da'i* machen es möglich, daß es eine Zeit ohne Imam geben kann, in der nur *da'is* die Gemeinde leiten.

Der zaiditisch-schiitische Islam hat nie eine große Anhängerschaft gewinnen können und ist heute fast vollständig auf den Jemen beschränkt.

Die Zwölfer-Schiiten

Die Mitglieder der schiitischen Gemeinschaft, die Zaid nicht als den rechtmäßigen Imam akzeptierten, blieben über zwei weitere Generationen einig. Der sechste Imam dieser Reihe, Ja'far as-Sadiq (gest. 765), ist als großer Gelehrter, der auch bei den Sunniten hohes Ansehen genießt, besonders wichtig. Die wichtigste schiitische Rechtsschule wird nach ihm »*Ja'fari*« genannt.

Nach dem Tod von Ja'far as-Sadiq spaltete sich diese schiitische Gruppe in die Ismailiten, die seinen älteren Sohn Isma'il (gest. 765) als rechtmäßigen Nachfolger ansahen, und diejenigen, die seinem jüngeren Sohn Musa (gest. 799) folgten. Letztere folgten einer Reihe von Imamen in der Nachfolge Alis, bis der zwölfte von ihnen, Mohammed al-Mahdi, 874 n. Chr. verschwand. Seine Anhänger, die dann als Zwölfer-Schiiten bezeichnet wurden, waren davon überzeugt, daß er in eine Art übernatürliche Verborgenheit gegangen war und am Ende der Welt als Messias wiederkommen würde.

Die Zwölfer-Schiiten haben eine komplexe Theorie über das Wesen des Imams, die sich in großen Teilen aus Ja'far as-Sadiq zugeschriebenen Schriften herleitet. Danach gibt es zu jeder Zeit einen Imam, der Gott auf Erden vertritt und der seinen Nachfolger designiert, indem er sein gesamtes Wissen über die innere und äußere Bedeutung des Korans an ihn weitergibt. Die Institution des Imams stellt gleichsam einen Bund zwischen Gott und den Menschen dar, und alle gläubigen Zwölfer-Schiiten sind aufgerufen, den Imam ihrer Zeit anzuerkennen und ihm zu folgen. Die Zwölfer-Schiiten betrachten die Imame als frei von Sünde; sie sind Zugang zu Gott und können Seine Botschaft direkt weitergeben.

Nachdem der zwölfte Imam verschwunden war, behaupteten zunächst Gesandte *(wakil)*, in direktem Kontakt mit ihm zu stehen und in seinem Auftrag zu handeln. Als der vierte von ihnen 939 verstarb, erhob kein weiterer mehr den Anspruch, *wakil* des verborgenen Imam zu sein. Die nun einsetzende Periode wurde unter dem Namen« Große Verborgenheit« bekannt in Abgrenzung zu der vorausgehenden mit dem Namen »Kleine Verborgenheit«. In dieser späteren, bis heute andauernden Periode haben die Zwölfer-Schiiten ein komplexes klerikales System entwickelt, das den religiösen Bedürfnissen der schiitischen Gemeinde Rechnung trägt. Der höchste Vertreter dieses Klerus soll vom Imam inspiriert sein und hat das Recht zur unabhängigen Rechtsfindung *(ijtihad)*. Tatsächlich waren die schiitischen Kleriker seit dem 16. Jahrhundert äußerst zurückhaltend in der Ausübung des *ijtihad* und verhalten sich in allen praktischen Angelegenheiten genau wie ein sunnitischer Gelehrter beim Studium des Gesetzes.

Die Ismailiten

Ein Teil der Schiiten betrachtete Ismail anstelle seines jüngeren Bruders Musa als den rechtmäßigen siebten Imam, obwohl Ismail bereits vor seinem Vater Ja'far as-Sadiq gestorben war. Nach der ismailitischen Doktrin setzte Ismail vor seinem Tod seinen Sohn Mohammed ibn Isma'il als Nachfolger ein, so daß sich die Reihe der Imame mit ihm fortsetzt. Ein grundlegendes Merkmal des ismailitischen Gedankenguts war die Aufteilung allen Wissens in zwei Ebenen, die äußere, exoterische *(zahir)* und die innere, esoterische *(batin)*. Die äußere Ebene des Wissens ändert sich mit jedem Propheten und jeder Schrift. Die esoterische Ebene hingegen liegt unter den Worten der Schriften und ihren Gesetzen verborgen und vermittelt eine unveränderliche Wahrheit, die nur durch einen Prozeß der Interpretation *(ta'wil)* offenkundig gemacht werden kann. Diese ist dem Imam oder seinen Stellvertretern vorbehalten.

Diese Moschee in Tenne, Mali, wurde im 14. Jahrhundert aus Lehmziegeln erbaut und ist die älteste Moschee Afrikas. Der Lehm wäscht sich bei Regenfällen aus und muß so kontinuierlich restauriert werden, daher das eingebaute »Gerüst«.

Zu den interessantesten Aspekten des ismailitischen Gedankenguts zählt das Konzept der zyklischen Zeit. Die Geschichte passiert einen Zyklus von sieben Zeitaltern, jeweils eingeleitet durch einen Propheten, der seine Botschaft öffentlich verkündet und sich dabei einer Schrift bedient. Die ersten sechs dieser Propheten waren Adam, Noah, Abraham, Mose, Jesus und Mohammed, jeweils in Begleitung eines stillen Gefährten, der die esoterische Dimension der Schrift bewahrte. Im Zyklus Mohammeds war Mohammed ibn Isma'il der siebte Imam, der in der Zukunft als öffentlicher Prophet seines eigenen – des siebten – prophetischen Zyklus wiederkehren wird und den gesamten Zyklus auf sieben bringt und damit mit unserer Welt dem Ende zuführt. Bis zu seiner Wiederkehr soll das verborgene *(batin)* Wissen nach ismailitischem Glauben geheimgehalten und nur eingeweihten Gläubigen offenbart werden.

Im 10. Jahrhundert wurden die Ismailiten in Nordafrika sehr mächtig und begründeten die Dynastie der Fatimiden, die für kurze Zeit die uneingeschränkte politische Macht des sunnitischen Kalifates der Abbasiden bedrohte. Die große Stadt Kairo und ihre berühmte Al-Azhar-Universität wurden von diesen Ismailiten gegründet. Später wurde die Universität zu einem der bedeutendsten Zentren sunnitischer Gelehrsamkeit, was sie bis heute geblieben ist.

Über die Jahrhunderte kam es zur Spaltung der Ismailiten in verschiedene Sekten, darunter die rivalisierenden Anhänger der beiden Brüder Nizar (gest. 1095) und al-Musta'li (gest. 1101). Die fatimidischen Herrscher unterstützten die religiösen Ambitionen al-Musta'lis und zwangen so die Anhänger Nizars, vom Territorium der Fatimiden zu fliehen oder sich aus Angst vor Verfolgung versteckt zu halten.

Durch den Aufstieg der sunnitischen Ayyubiden zur Macht wurde das fatimidische Reich zerstört, doch hinterließen die von den Fatimiden geförderten ismailitischen Gelehrten bleibende Spuren in der islamischen Philosophie und Mystik. Die Anhänger Nizars fanden in den syrischen und iranischen Bergen Zuflucht und lösten sich nach der Mongoleninvasion im 13. Jahrhundert auf. Im 19. Jahrhundert verlieh der iranische Herrscher dem Imam einer ihrer Untergruppen, der Qasimshahis, den bekannten Titel Aga Khan. Die Ismailiten sind bis heute zersplittert. Die Nizariden konzentrieren sich in Nord-Pakistan sowie Teilen von Afghanistan, Tadschikistan und Indien. Die Linie al-Musta'lis konzentriert sich um das Arabische Meer sowie an der Westküste Indiens, in Pakistan und Jemen. Das Institut für ismailitische Studien in Großbritannien ebnet derzeit den Weg für vergleichende Studien der ismailitischen Literatur und trägt mit anderen zur Aussöhnung der verschiedenen ismailitischen Untergruppen bei.

3. Theologie, Gesetz und Mystik

Seit der Zeit der umayyadischen Kalifen (661–750) hatten mit Ausnahme Irans ab dem 16. Jahrhundert praktisch alle muslimischen Regionen eine sunnitische Bevölkerungsmehrheit. Die meisten Gegenden, die sich nach der ersten schnellen Expansion des 7. und 8. Jahrhunderts zum Islam bekannten, nahmen die sunnitische Lesart der Religion an, so daß in der Folge die sunnitische Theologie und Gesetzeslehre weithin als die »orthodoxe« islamische Tradition angesehen wurden.

Die Umayyaden erwiesen sich ebenso wie nach ihnen die Abbasiden-Kalifen (750–1258) als große Staatengründer. Die Abbasiden bemühten sich gelegentlich um Versöhnung von Schiiten und Sunniten und waren darüber hinaus aktive Förderer von Gelehrsamkeit und Künsten. Ihre Dynastie leitete in der islamischen Welt eine Phase nie dagewesener Fruchtbarkeit ein, deren sagenhafter Ruhm in Werken wie »Tausendundeine Nacht« – auch bekannt als »Die Arabischen Nächte« – unsterblich wurde. Ihre Herrschaft wird häufig auch als die klassische islamische Periode bezeichnet, in der wesentliche Aspekte der religiösen Doktrin, des Gesetzes, der Theologie und der Philosophie in einer Weise angegangen wurden, die der Diskussion darüber bis heute ihren Rahmen gibt und Gedanken und Verhalten von Traditionalisten bis heute prägt.

In diesem Kapitel versuche ich, einen knappen Überblick über einige Schlüsselentwicklungen in der islamischen Theologie, im Recht und in der Mystik zu geben. Eine umfassende Darstellung dieser sehr umfangreichen Themen ist auf knappem Raum nicht möglich, doch sind ihre zentralen Aspekte, insbesondere die, die in der klassischen Periode formuliert wurden, leicht zu skizzieren. Man muß dabei bedenken, daß die spitzfindigen Details theologischer und rechtlicher Debatten wenig direkte Auswirkung auf das religiöse Leben der meisten Muslime haben. Dennoch haben theologische Ideen über einen gewissen Zeitraum Einfluß auf die Gesellschaft, ebenso wie soziale Gepflogenheiten Inhalt und Wesen der wissenschaftlichen Diskussion prägen. Wichtiger noch ist, daß Rechtsentwicklungen die Mitglieder einer Gesellschaft unmittelbar betreffen können, weil sie das islamische Recht als Leitlinie ihres Lebens ansehen und ihm durch die Rechtsprechung und die Ordnungskräfte unterstellt werden.

Theologie

Mohammed hatte als Prophet eher die Rolle eines Predigers als die eines Theologen. Der Koran thematisiert aber viele philosophische und theologische Fragen über das Wesen Gottes, sein Verhältnis zu unserer Welt, die Frage des Bösen und den Platz, den die Menschen im göttlichen Plan für das Universum einnehmen. Mit der Expansion der islamischen Welt und der Vereinleibung neuer Kulturen kamen viele neue philosophische Fragen auf. Ein Teil dieser Themen wurde bereits in den neubekehrten Regionen diskutiert, andere kamen durch die theologischen Debatten auf, die sich aus der Konkurrenzsituation des Islams mit Christentum und Zoroastrismus, den Hauptreligionen dieser Region, ergaben, und wieder andere resultierten aus der politischen und sozialen Krise, die die frühe islamische Gemeinde heimsuchte.

Die gebräuchlichste Bezeichnung für Theologie in der islamischen Welt ist *kalam* (in der wörtlichen Bedeutung »Rede« oder »Dialektik«). Hier zeigt sich deutlich, daß sich die islamische Theologie in einer Umgebung entwickelte, in der theologische Fragen öffentlich diskutiert wurden. *Kalam* unterscheidet sich insofern von der islamischer Philosophie, als sich die philosophische Tradition sehr bewußt und direkt aus der Welt des griechischen und in geringerem Ausmaße auch des persischen Denkens herleitet. Dies wird selbst in dem gebräuchlichen Wort für Philosophie, *falsafa,* deutlich, einer arabischen Adaptation des griechischen Wortes *philosophia.*

Viele der großen Fragen, die in den frühesten theologischen Zirkeln des Islams diskutiert wurden, entstanden aus der politischen Krise, die sich aus den Ermordungen der Kalifen Omar, Osman und Ali ergab, sowie aus den Bürgerkriegen, die schließlich zur Spaltung der Gemeinde in Sunniten und Schiiten führte. Wesentliche Fragen waren die nach dem rechtmäßigen Leiter der Gemeinde sowie nach dem Status eines Gläubigen, der eine schwere Sünde begangen hatte, dies vor dem Hintergrund, daß die Mörder der frühen Kalifen alle Muslime waren. Mit der Entwicklung theologischer Schulen in der islamischen Welt wurden die Fragen theoretischer und abstrakter. Die Hauptthemen betrafen das Verhältnis zwischen der Allmacht Gottes und der menschlichen Verantwortung, was zu abstrakteren Diskussionen führte über das Wesen Gottes und die Fähigkeit des Menschen, zwischen Richtig und Falsch zu unterscheiden und gute und böse Taten zu vollbringen.

Nach der Ermordung Osmans und der Entstehung sektiererischer Spaltungen in der islamischen Welt entfalteten sich vier große Denkschulen, die das Spektrum islamisch-theologischer Positionen repräsentierten. Die erste von ihnen, die *Qadariya*, opponierte am aktivsten gegen die Dynastie der Umayyaden. Die *Qadariya* glaubte, daß die Menschen so große Macht über ihr Handeln haben, daß sie über Ausführung und Resultat ihrer Taten entscheiden können. Aus ihrer Position zur Frage der menschlichen Entscheidungsfreiheit oder Vorherbestimmung *(qudra)* bezieht die *Qadariya* ihren Namen. Da die Menschen in ihrem Handeln völlig frei sind und ihre Taten ein vollkommener Spiegel ihres Glaubens sind, muß jeder, der eine schwere Sünde begeht, ein Ungläubiger sein.

Die zweite Gruppe, genannt *Jabriya*, vertrat eine diametral entgegengesetzte Position zur ursprünglichen *Qadariya*. Sie glaubte, daß göttlicher Zwang die menschlichen Taten erschaffe und die Menschen ihrerseits in keiner Weise frei sind, Gutes oder Böses zu tun. Da Gott als die unmittelbare Quelle allen Handelns galt, konnte ein Mensch für eine schwere Sünde nicht zur Verantwortung gezogen werden und so weiterhin als Muslim angesehen werden.

Die *Murji'a* vertrat eine Zwischenposition zwischen *Qadariya* und *Jabriya*. Nach ihrer Auffassung kann kein Mensch über den Glauben eines anderen Menschen urteilen. Statt dessen glaubten sie auf der Grundlage eines Koranverses, daß das Schicksal eines schweren Sünders ausgesetzt werden müsse bis zur Entscheidung Gottes.

Die letzte große Gruppe schließlich waren die *Khawarij*. Wie die *Qadariya* glaubten sie daran, daß die Taten einer Person untrüglicher Spiegel seines Glaubens sind, waren aber im Unterschied zu ihnen politisch sehr aktiv. So sahen sie es als Pflicht jedes wahren Muslims an, einen Herrscher, der vom rechten Weg abgekommen war, notfalls mit Gewalt zu entthronen. Für sie konnte jeder männliche Muslim, ganz unabhängig davon, ob er zum Stamme Mohammeds gehörte oder nicht, zum Kalifen erklärt werden, solange sein Charakter moralisch einwandfrei war. Die *Khawarij* hatten Ali zunächst in seinem Wettstreit mit Mu'awiya unterstützt, doch als Ali einem menschlichen Schiedsspruch zustimmte, anstatt Gott die Entscheidung auf dem Schlachtfeld zu überlassen, ließen sie ihn fallen und distanzierten sich dann sehr weit von seinen Anhängern, den Schiiten.

Ende des 8. Jahrhunderts waren diese frühen Entwicklungen so weit gediehen, daß sich in der islamischen Welt theologische Schulen im vollen Sinne des Wortes etabliert hatten. Die berühmteste von ihnen ist die *Mu'tazila*, die Mitte des 9. Jahrhunderts vierzig Jahre lang als offizielle theologische Schule der sunnitischen Welt herrschte. Viele Religionsgelehrte erfuhren Mißhandlungen, weil ihre Überzeugungen nicht mit denen der *Mu'tazila* in Einklang standen. Als die *Mu'tazila* aber ihre offizielle Vorrangstellung eingebüßt hatte, wurde sie selbst als häretisch angesehen und Opfer von Diskriminierung und Verfolgung. Diese Phase der »Inquisition« hatte trotz allem einen produktiven Aspekt – eine größere Formalisierung des islamischen Denkens. Die *Mu'tazila* wurde größtenteils durch die Schule der *Ash'ariya* ersetzt, benannt nach al-Ash'ari (gest. 935), einem ehemals mu'tazilitischen, aber tief enttäuschten Theologen.

Beide Schulen nahmen zu einer Reihe von Fragen recht unterschiedliche Standpunkte ein. So sah die *Mu'tazila* die Eigenschaften und Attribute Gottes – zum Beispiel Hinweise im Koran zu Seiner Barmherzigkeit und Gnade, ja sogar auf Seine Hände und Seinen Thron – als verschieden von seinem eigentlichen Wesen und damit nicht ewig an. Die *Ash'ariya* hält dem entgegen, daß Gott ewige Attribute hat, so zum Beispiel Wissen, Sehvermögen und Sprache. Solche anthropomorphen Eigenschaften sind für sie Realität, doch können wir Menschen deren wahre Bedeutung nicht erfassen. Parallel sieht die *Ash'ariya* den Koran als ewiges Wort Gottes an, während die *Mu'tazila* die Möglichkeit einräumt, daß Gott es nach Seinem Willen irgendwann in der Zukunft ersetzen könnte.

Im Unterschied zur *Mu'tazila* akzeptierte die *Ash'ariya* implizit die für das jenseitige Leben versprochene Anschauung Gottes. Sie glaubten ferner daran, daß die Existenz von Gut und Böse in der Welt dem Willen des allmächtigen Gottes entsprang. Gleichzeitig sprach die *Ash'ariya* den Menschen die Verantwortung für ihre Taten zu. Hieraus leiteten sie ab, daß die Sünder Muslime bleiben konnten, aber dennoch in der Hölle für ihre Vergehen zu bestrafen seien.

Die Unterschiede zwischen *Mu'tazila* und *Ash'ariya* resultierten aus ihrem unterschiedlichen Verständnis der Macht menschlicher Vernunft. Die *Ash'ariya* anerkennt, daß die Menschen über ein gewisses Maß an freiem Willen und Denkvermögen verfügen, daß ihre Fähigkeiten aber im Vergleich zum Allwissen und zur Allmacht Gottes äußerst begrenzt sind. Die *Mu'tazila* setzt dagegen großes Vertrauen in die Kräfte des menschlichen Verstandes und leugnete, daß gewisse Dinge das menschliche Verstehen übersteigen. Beide Positionen haben Grundlagen in der philosophischen Tradition des Islams, aus der die islamische Theologie viele ihrer Gedanken hergeleitet hat.

Das islamische Recht: Die Scharia

Das religiöse Recht des Islams ist ein differenziertes und dynamisches System, das sich seit der Zeit Mohammeds bis heute entwickelt hat. Viele Muslime nehmen es auch in der Gegenwart sehr ernst und nutzen seine Regeln und Werte als Richtschnur für ihr Leben. Sie betrachten das Recht als einen der bemerkenswertesten Aspekte ihrer Religion.

Quellen

Das islamische Recht (*shari'a*/Scharia) wird als Sammlung von Vorschriften angesehen, die Gott für den Lauf der Dinge erlassen hat. Im Koran gibt es sehr klare Regeln für ganz unterschiedliche Fragestellungen von der Ausführung religiöser Handlungen über Speiseverbote bis zur Erbteilung, doch enthält er keine klaren Anweisungen für all die zahllosen Situationen, die im Laufe eines menschlichen Lebens auftreten. Solange man dem lebenden Beispiel des Propheten folgen konnte, sah die islamische Gemeinde hierin kein Problem. Ebenso ging es auch noch den ersten Generationen nach dem Tode Mohammeds; die Erinnerung war in der Gemeinde äußerst lebendig, und die Menschen hatten das Gefühl, sich gut vorstellen zu können, was Mohammed in einer bestimmten Situation getan hätte. Doch ging diese Zeit vorbei, und die islamische Gemeinschaft verbreitete sich in neue Kulturkreise hinein und wurde mit neuen Situationen konfrontiert. Es wurde immer schwieriger, sich in allen Bereichen des Lebens am Vorbild Mohammeds zu orientieren. So mußte ein Rechtssystem entwickelt werden mit einer methodischen Vorgabe zur Entwicklung von Regeln im Umgang mit neuen Situationen. Dieses System wird *fiqh* genannt und hat vier Grundprinzipien, die *usul al-fiqh* (Prinzipien der Jurisprudenz): Koran, Sunna, Analogieschluß *(qiyas)* und Konsens der Gemeinde *(ijma)*.

Prinzipien der Rechtsfindung

Die erste Quelle des islamischen Rechts ist der Koran. Regeln und Vorschriften, die im Koran deutlichen Ausdruck finden, können nicht diskutiert werden, sondern sind wörtlich zu akzeptieren. Da beispielsweise der Koran explizit das Essen von Schweinefleisch verbietet, gibt es für Muslime, die die Scharia einhalten, keinen Grund, irgendeine andere Autorität in dieser Frage zu konsultieren.

In einer Rechtsfrage, die der Koran nicht eindeutig klärt, schaut man auf das Beispiel des Propheten oder auf seine Sunna, die – häufig mit »Tradition« übersetzt – die Lebensweise Mohammeds bezeichnet (s. S. 414). Sie ist bewahrt als »lebende Sunna« in den Traditionen einer rechtschaffenen islamischen Gemeinde und als »aufgezeichnete Sunna« in den Berichten über Mohammeds Handeln, die auch als *hadithe* bekannt sind. Das Konzept der Sunna bietet Interpretationsmöglichkeiten, da die zahlreichen einzelnen *hadithe* einander gelegentlich widersprechen. Das Konzept der »lebenden Tradition« kann darüber hinaus Konflikte mit sich bringen. In der Frage, welche Traditionen einer Gesellschaft in Einklang stehen mit dem, was Mohammed getan hätte, und wo es sich um abweichende Neuerungen handelt, sind nicht alle einer Meinung. Vom 9. Jahrhundert an waren muslimische Juristen bemüht, einen Ausgleich zwischen Koran und Sunna zu schaffen und aus diesen Quellen Gesetze herzuleiten, die auf neue Situationen anzuwenden sind. Dieser Prozeß schließt normalerweise einen Analogieschluß ein, das dritte Prinzip der Jurisprudenz, und den Konsens der Gemeinde, das vierte Prinzip. Das System unabhängiger Rechtsfindung zur Formulierung neuer Gesetze wird *ijtihad* genannt; wer hierfür qualifiziert ist, heißt *mujtahid.*

Die sunnitischen Juristen gehören vier verschiedenen Rechtsschulen an, die sich unterscheiden in der Gewichtung zwischen dem Vertrauen in die Textquellen von Koran und *hadith* auf der einen Seite und die menschliche Fähigkeit zur Problemlösung durch den Analogieschluß auf der anderen Seite. Bei diesen Schulen handelt es sich um die Malikiten, die Hanbaliten, die Hanafiten und die Schafiiten. Die malikitische Schule ist traditionell in Nordafrika besonders ausgeprägt und stützt sich mehr auf die »lebende Sunna« einer Gemeinschaft als auf die menschliche Vernunft. Die hanbalitische Schule ist in Saudi-Arabien am stärksten. Historisch hat sie viel Gewicht auf die wortgetreue Auslegung der schriftlichen Quellen gelegt und ging dabei so weit, daß einige hanbalitische Gelehrte einem unzuverlässigen *hadith* den Vorzug gegenüber einem überzeugenden Beispiel der Urteilsfindung durch Analogie gaben.

Die Schulen der Schafiiten und der Hanafiten vereinen die Mehrheit der Muslime in sich und sind weit verbreitet, die Schafiiten insbesondere unter den Arabern des Mittleren Ostens und in Indonesien, die Hanafiten dagegen eher in Süd- und Zentralasien sowie in der Türkei. Seit dem 16. Jahrhundert hat die hanafitische Schule als einflußreichste Rechtstradition in der islamischen Welt die schafiitische Schule weitgehend abgelöst. Hanafiten und Schafiiten nutzen das Konzept des *ijtihad* in wesentlich höherem Maße als Hanbaliten und Malikiten.

Am besten erklärt man die Anwendung der Rechtsgrundlagen anhand eines Beispiels, etwa der Frage, ob man für den islamischen Gebetsruf einen Lautsprecher verwenden darf. Natürlich erwähnen weder Koran noch *hadith* explizit Lautsprecher oder irgendein anderes elektrisches Gerät. Andererseits fordert der Koran an verschiedenen Stellen zum Gebet auf, und es gibt Traditionsberichte, nach denen der Prophet eine Person namens Bilal aufgrund seiner lauten und wohlklingenden Stimme zum Gebetsrufer ernannte. Dieser Mann stand nun auf einer Erhebung, damit der Ruf weiter reichen sollte. Nach dem Analogieschluß würde nun ein Rechtsgelehrter sagen, daß der Koran das Gebet als Handlung fördert und daß der Prophet Bilal auswählte, damit der Gebetsruf die größtmögliche Zuhörerschaft erreichen würde. Auch die Tatsache, daß Bilal auf einer Erhebung stand, zeigt, daß der Gebetsruf nach dem Willen des Propheten so weit wie möglich reichen sollte.

Da ein Lautsprecher den Gebetsruf in keiner Weise modifiziert, sondern ihn lediglich lauter und damit für mehr Leute vernehmbar macht, sollte er nach dem islamischen Recht also erlaubt sein. Wenn sich dann gegen diese Rechtsmeinung kein oder kaum Widerspruch regt und verschiedene andere Richter zu einer ähnlichen Entscheidung kommen, gibt es einen Konsens bezüglich der Benutzung von Lautsprechern für den Gebetsruf, und sie wären damit vom islamischen Recht akzeptiert, wie tatsächlich geschehen.

In der Praxis haben viele Teile der islamischen Welt etwa im 14. Jahrhundert spezielle Ämter für die Anwendung des islamischen Rechts entwickelt. Ein Gelehrter, der sich mit dem theoretischen Studium und der Interpretation des islamischen Rechts befaßte, wurde *faqih* genannt. Wer Fragen zum Gesetz hatte, konsultierte einen Mufti, der in der Regel durch den jeweiligen Herrscher ernannt war, um speziell Fragen im Zusammenhang mit der Scharia zu beantworten. Zu anderen Zeiten war der Mufti ein hoch angesehener *faqih,* der sich in der lokalen Bevölkerung den Ruf eines guten und zuverlässigen Gelehrten erworben hatte und nur deshalb zum Mufti geworden war. Die Antwort des Muftis auf Fragen nennt man *fatwa* – die beste Übersetzung dafür dürfte Rechtsmeinung oder Dekret sein.[12] Theoretisch ist die Meinung des Muftis für die Person, die die Rechtsfrage

12. Im Zusammenhang mit der Kontroverse um den Schriftsteller Salman Rushdie wurde eine *fatwa* fälschlich immer wieder mit einem Todesurteil gleichgesetzt. Tatsächlich handelt es sich um ein Rechtsgutachten, in dem jedes beliebige Thema auf der Basis der islamischen Rechtsliteratur behandelt werden kann. (Anm. d. Übers.)

aufgebracht hat, bindend. In der Praxis ignorieren die Leute gern die Ansicht des Muftis, wenn sie ihnen mißfällt, vor allem da es keine Institution zur Durchsetzung seiner Entscheidung gibt. Der Qadi nimmt das Amt eines Richters wahr, steht also einem Gericht vor und verfügt über die Gewalt von Staat und Ordnungskräften, um seine Meinung durchzusetzen. Qadis werden als Regierungsbeamte von den jeweiligen Herrschern ernannt. Viele *faqihs* hingegen halten den Regierungsdienst für einen Rechtsgelehrten für unpassend aufgrund der Versuchung, in Fragen von grundsätzlicher Bedeutung Kompromisse einzugehen.

Das System des islamischen Rechts, die Scharia, versucht, alle Bereiche des menschlichen Lebens zu regeln. Es unterscheidet zwischen rituellen, frommen Handlungen *(ibadat)*, durch die der Mensch mit Gott kommuniziert, und den unzähligen Einzelheiten in den Beziehungen der Menschen untereinander *(mu'amalat)*. In dem Versuch, zu allen Bereichen des menschlichen Lebens umfassend Stellung zu nehmen, haben die Rechtsgelehrten eine Skala entwickelt, nach der jede Handlung, sei sie rituell oder zwischenmenschlich, bewertet wird. An einem Ende befinden sich die Handlungen – meist rituelle Pflichten –, die alle Muslime nach der Scharia tun sollten; am andere Ende stehen die kategorisch verbotenen Handlungen wie die Verehrung einer anderen Gottheit außer Allah. Schlüsselpunkte auf der Skala zwischen diesen beiden Extremen sind empfohlene Handlungen wie die Gastfreundschaft Fremden gegenüber und verwerfliche Handlungen wie Gewalt gegenüber Tieren.

In der Frage, was die Scharia erlaubt und verbietet, gibt es insbesondere in den Speisevorschriften erhebliche regionale Unterschiede. Gelegentlich leiten sich diese Unterschiede von den verschiedenen Rechtstraditionen der einzelnen Schulen her, wenngleich deren Haltung zu Speisegeboten häufig von den Speisegewohnheiten und der Ernährungsgeschichte der jeweiligen Region bestimmt wird. Im übrigen ist nicht anzunehmen, daß der durchschnittliche Muslim einer bestimmten Lokalität zwischen den Normen ihrer oder seiner eigenen regionalen Rechtstradition und denen des Islams insgesamt unterscheidet. So halten viele sunnitische Muslime von der indischen Westküste ebenso wie die Zwölfer-Schiiten Hummer, Krabben und Weichtiere für verboten. Muslime aus der Türkei und dem Libanon dagegen gehören zwar ebenso wie die Inder der hanafitischen Rechtsschule an, betrachten aber alle Meeresfrüchte als erlaubt.

Vielen Muslimen ist nicht wirklich bewußt, wie sehr sich die Glaubenssätze und Praktiken des Islams von einem kulturellen Kontext zum nächsten unterscheiden, doch basiert die Rechtstradition der Scharia auf der bereitwilligen Anpassung an die Besonderheiten der jeweiligen Umgebung. Gelehrte vom Format des ash-Shafi'i (gest. 820), nach dem die schafiitische Rechtsschule benannt ist, oder des ash-Shaibani (gest. 805), der möglicherweise einflußreichsten Persönlichkeit in der hanafitischen Schule, bestanden darauf, daß die Rechtsgelehrten sich nie ausschließlich an Präzedenzfällen orientieren, sondern die Einzelheiten eines jeden ihnen vorgelegten Falles berücksichtigen sollten, weil die Lebensumstände jedes Individuums einzigartig sind. Diese Haltung dem Gesetz gegenüber hat verhindert, daß die Scharia sich zu einem kodifizierten Rechtssystem entwickelte. Einige moderne islamische Staaten haben den Versuch unternommen, die Scharia zu formalisieren, um sie als nationalen Rechtskodex nach europäischem Vorbild zu verwenden, hatten dabei aber nur begrenzten Erfolg.

Die Konzentration auf das Individuum gibt dem islamischen Recht einen vermittelnden Charakter im Gegensatz zum inquisitorischen Wesen des westlichen Rechtes. Im Unterschied zum westlichen System, in dem Individuen von einer juristischen Person wie Staat oder Gesellschaft angeklagt werden, deren Interessen die des Individuums übersteigen, vermitteln islamische Rechtsverfahren traditionell zwischen Individuen, von denen eine Seite oder auch beide Seiten die jeweils andere einer Rechtsübertretung bezichtigen. Diese Rolle des Richters erfordert gewisse zwischenmenschliche Fähigkeiten und bedeutet gleichzeitig, daß das erwünschte Ziel des Prozesses nicht ein Urteilsspruch, sondern eine Einigung ist. Das personenorientierte und kontextuelle Wesen des islamischen Rechts legt nahe, daß es gerechter ist als ein kodifiziertes Rechtssystem. In der Praxis bedeutet nach der Meinung von Kritikern die Realität überlasteter Rechtssysteme und wenig gewissenhafter Richter, daß Menschen, die selbst nicht mit dem Gesetz vertraut sind, weniger Schutz vor Willkür genießen, als wenn sie einem rigiden Rechtskodex unterständen.

Historisch gibt es eine gewisse Tendenz, die rechtlichen Aspekte des Islams als Herz der Tradition anzusehen. So wird der Islam gelegentlich als trockene, ritualistische Religion karikiert, die die Rechtskonformität des öffentlichen Verhaltens höher bewertet als das Glauben und Handeln im privaten Bereich. Diese verdrehte Perspektive rührt vermutlich daher, daß die rituellen und legalen Seiten des Islams natürlicherweise sichtbarer sind als persönliche Glaubensüberzeugungen und daß die enge Beziehung der angewandten Scharia zu den Organen des Staates dieser größeren Einfluß und öffentliche Wirkung verleiht.

In der Praxis haben selbst die glühendsten Verfechter der islamischen Jurisprudenz diese als nur eine Facette ihrer Religion angesehen. Andere Gelehrte haben explizit gesagt, daß blinde Verehrung der scholastischen Traditionen von Recht und Philosophie nicht den Kern erfüllten religiösen Lebens bedeutet und Glaube und Frömmigkeit wichtiger sind. Der wohl berühmteste Anwalt dieser Haltung ist al-Ghazzali (gest. 1111), der den größten Teil seiner Erwachsenenjahre als Professor für Theologie verbrachte. Auf dem Höhepunkt seiner wissenschaftlichen Karriere erlitt er 1095 eine ernsthafte persönliche Krise, in deren Verlauf er seine Position in Bagdad aufgab, um in seine Heimatstadt zurückzukehren und sich dort einem kontemplativen Leben zu widmen. Schließlich gelangte er zu der Einsicht, daß rationale und philosophische Forschung den Menschen nur bis zu diesem Punkt bringen können, das ganze Verstehen aber einen entscheidenden Schritt im Glauben erfordert, am besten zu erreichen über mystische Übungen und Erfahrung, auch als Sufismus bezeichnet.

Mystischer Islam: Der Sufismus

Sufismus ist ein Oberbegriff für eine große Bandbreite philosophischer, sozialer und literarischer Phänomene in der islamischen Welt. Im engsten Sinn des Wortes bezieht sich der Begriff auf einige Schulen der mystischen islamischen Philosophie und Theologie, auf religiöse Orden und Gilden, die die islamische Politik und Gesellschaft in hohem Maße beeinflußt haben, sowie auf verschiedene Ausdrucksformen der Volksfrömmigkeit und der Gräberkulte, die in der ganzen islamischen Welt zu finden sind. Hinter einem großen Teil der vormodernen Dichtung in der islamischen Welt wird im weiteren Sinne des Wortes der Sufismus häufig als spirituelle Muse gesehen, als Ausdrucksform eines wesentlichen Teils der Volksfrömmigkeit, als erster sozialer Schauplatz, der für die religiöse Teilhabe von Frauen offen war, und als wichtige Kraft bei der Konversion afrikanischer und asiatischer Völker zum Islam. Die Ordensgemeinschaften der Sufis fungierten als Bildungseinrichtungen, die nicht nur die religiösen Wissenschaften, sondern auch Musik und die dekorativen Künste förderten. Bisweilen dienten Sufi-Führer als Theologen und Richter und vereinten in sich scholastische und charismatische Formen der Führerschaft. Zu anderen Zeiten leiteten sie den Widerstand gegen das juristische und theologische Establishment. In jüngerer Zeit wurden die Ordensgemeinschaften der Sufis wie in anderen Perioden der Geschichte dafür gerühmt, daß sie als Kanäle für religiöse Reformen dienen konnten. Gleichzeitig wurden sie kritisiert für die mangelhafte Beachtung des islamischen Rechts und für die Förderung von Ignoranz und Aberglauben, durch die sie die Gemeinde unter Kontrolle zu halten suchten.

Die Ursprünge des Sufismus liegen in einer sehr wenig formalisierten Bewegung persönlicher Frömmigkeit, die im ersten Jahrhundert des Islams auftrat. Diese ersten Sufis betonten Gebet, Askese und Rückzug von der Gesellschaft. Der Begriff Sufismus – oder mit dem arabischen Namen dieser Tradition *tasawwuf* – geht möglicherweise auf das übliche Tragen von Wolle *(suf)* oder auf das arabische Wort für Reinheit *(safa)* zurück. Die ersten Sufis verbrachten nahezu die gesamte Zeit, in der sie nicht schliefen, beim Gebet und übten sich häufig in Formen der Selbstkasteiung wie Hungern oder Schlafverzicht die ganze Nacht hindurch als Form des Gebetes. Sie leugneten jede Verbindung zur Welt und besaßen kaum mehr als die Kleider, die sie auf dem Leib trugen. Ein großer Teil dieser frühen Sufis waren Frauen, von denen einige, darunter Rabi'a al-Adawiya (gest. 801), bis heute verehrt werden.

Es ist sehr wahrscheinlich, daß die Sufis das Asketentum und das Tragen von Wolle von den christlichen Asketen Syriens und Palästinas übernahmen. Die Sufis selbst sehen dagegen die Ursprünge ihrer Bewegung im Koran und im Leben Mohammeds. Eilfertig stellen sie fest, daß Mohammed ein sehr einfaches, nahezu asketisches Leben führte und daß er sich regelmäßig aus Mekka zurückzog in eine Höhle, um dort zu meditieren. Tatsächlich befand er sich in einer solchen Meditation, als er seine erste Offenbarung erhielt. So sehen die Sufis ihre Praktiken als Nachahmung Mohammeds an und hoffen, eine ebenso enge Beziehung zu Gott zu erreichen, wie er sie hatte.

Nach islamischer Überzeugung werden alle Muslime Gott nach ihrem Tod direkt begegnen, wenngleich es unterschiedliche Meinungen darüber gibt, was das genau bedeutet. Die Sufis aber wollen nicht so lange warten. Dieser Wunsch drückt sich aus in einem Ausspruch, der dem Propheten zugeschrieben wird und in Sufi-Kreisen äußerst beliebt ist. Er ermutigt die Muslime: »Stirb, bevor du stirbst.« Die direkte Erfahrung Gottes gilt als so überwältigend, daß man keinen Ausdruck dafür findet und nur in Metaphern darüber sprechen kann. Die häufigsten Metaphern sind dabei die des Verliebtseins und der Trunkenheit vom Wein. Diesen Bildern begegnet man häufig in der Sufi-Literatur, insbesondere in der Dichtung, die versucht, die unbeschreibliche Freude auszudrücken, die die Sufis durch ihre Beziehung zu Gott erfahren, aber auch den Schmerz, der mit der Trennung von Ihm verbunden ist. Das folgende Gedicht der osmanischen Dichterin Mihri Hatun (gest. 1512) ist nur ein Beispiel für eine große und reiche Literatur, die alle von Muslimen gesprochenen Sprachen umspannt:

> »Manchmal tötet mich meine Sehnsucht nach dem Geliebten
> Manchmal töten mich auch die Vereinigung mit ihm und das Verstreichen der Zeit
> Mein Feind lacht über mich, doch ich weine unaufhörlich
> Wie soll mein Geist diesen Kummer ertragen, der uns alle tötet,
> Du der Du das kranke Herz mit Deinem Bild heilst,
> Welche Plage, daß Medizin mich tötet wie Gift,
> Heute kommen meine Freunde und Feinde weinend,
> Noch habe ich nicht mein schicksalhaftes Ende erreicht, doch töten mich diese Verwirrungen
> Oh mein Rivale, warum sollte man sich grämen, wenn Mihri auf dem Dorn der Liebe stirbt?
> Du Hund! Der Grabwächter steinigt dich, doch the Rosenmundige tötet auch ihn.«[13]

Die sufische Vorstellung von der Einheit mit Gott hat ganz unterschiedliche Ausdrucksformen. Zentrales Problem ist dabei in philosophischen Kreisen der Sufis die Frage, wie sich ein sterblicher Mensch mit einem allmächtigen, allwissenden Gott, der sich in jeder Hinsicht von uns unterscheidet, vereinigen kann? Das Einswerden mit Gott wird üblicherweise als *fana* bezeichnet, was wörtlich »Zerstörung« oder »Vernichtung« bedeutet. Die Sufis glauben, daß das Individuum im Endstadium seiner spirituellen Entwicklung das Bewußtsein für die persönliche Identität verliert und nur noch die Identität Gottes wahrnimmt, bis schließlich die Identität Gottes an die Stelle der Identität des Sufis tritt.

13. Walter Andrews, Najaat Black und Mehmet Kalpakli (Hrsg. und Übers.): Ottoman Lyric Poetry. An Anthology, Austin 1997, 50.

Uneinig sind sie in der Frage, ob das vollständige Aufgehen der eigenen Identität in Gott das letzte spirituelle Ziel des Sufismus ist, oder ob es darum geht, ein Stadium zu erreichen, in dem uns unsere eigenen nichtigen Belange nicht mehr daran hindern, die Welt in ihrem wahren Wesen zu erkennen. Eine übliche Metapher für den ersten Ansatz ist die Umschreibung der Persönlichkeit des Sufis als Tropfen, der sich im Ozean verliert; er hört damit nicht wirklich auf zu existieren, da er nun Teil der Weite des Meeres ist, doch hört er auf, als ein einzelner Tropfen zu existieren. Der zweite Ansatz, nach dem man die Dinge klarer sieht, schildert das menschliche Herz, das im mittelalterlichen islamischen Denken als Sitz des Verstandes angesehen wurde, als einen Spiegel, der im Normalfall schmutzig und getrübt ist von unseren alltäglichen Sorgen und nichtigen Wünschen. Durch mystische Übungen können wir die Spiegel unserer Herzen polieren und so reinigen, daß sie das Licht Gottes in vollkommener Weise reflektieren können.

Der Pfad der Sufis

Die Sufis gehen davon aus, daß durchschnittliche Menschen aufgrund ihrer nichtigen Sorgen nicht in der Lage sind, das wahre Wesen der Spiritualität zu begreifen. Das Streben nach spiritueller Erkenntnis wird im Sufismus als ein Pfad angesehen, den jeder Sufi unter der Führung eines Lehrers oder Meisters beschreiten muß. Dieser Pfad hat viele Ebenen, deren Zahl und Bezeichnungen sich von einer sufischen Denkrichtung zur anderen unterscheiden. Meistens ist das erste Stadium des sufischen Pfades durch Reue gekennzeichnet. Der Sufi soll alle schlechten Taten, die er oder sie im Leben begangen hat, bereuen und geloben, alle irdischen Freuden zu meiden. Nach der Reue für die Vergangenheit soll der Sufi irdische Besitztümer ablegen, ja sogar die Beziehungen zu Freunden und der Familie. Nach diesem Schritt treten die Sufis traditionell in ein Kloster oder einen Konvent ein und widmen sich ganz der schwierigen Aufgabe, sich von den irdischen Belangen zu lösen. In der Praxis ist dies ein äußerst schwieriger Prozeß, der häufig lange Zeit in Anspruch nimmt und strikte Meditationsübungen unter der Leitung eines Meisters erfordert.

Der Pfad der Sufis soll über Meditation zum Ziel führen. Die verschiedenen Formen der Sufi-Meditation nennt man *dhikr. Dhikr* bedeutet wörtlich »Wiederholung«, »Erinnerung«, »Äußerung« oder »Erwähnung«; im Koran steht es in dem Zusammenhang, daß die

Muslime aufgefordert werden, sich häufig ihres Herrn zu erinnern. Der Sufi-*dhikr* besteht ganz grundlegend darin, einen Namen Gottes immer und immer wieder zu wiederholen. Nach islamischer Vorstellung hat Gott viele Namen, die einzelne Aspekte seines Wesens beschreiben. Neunundneunzig von diesen Namen gelten als besonders und werden »Die schönsten Namen« genannt. Im *dhikr* wird Allah als Name Gottes am häufigsten benutzt, für Sufis ist dies der herausragendste Name, aber auch andere wie *Rahim* (Barmherziger) oder *Wahid* (Einziger) finden Verwendung. Ziel der Rezitation dieser Namen ist es, sich ganz darauf zu konzentrieren und jedes Selbstbewußtsein zu verlieren. Das ganze Wesen wird durch diese Wiederholung von der Formel des *dhikr* durchdrungen, so daß sich der *dhikr* im Herzen fortsetzt, selbst wenn man aufgehört hat, ihn aktiv zu betreiben.

Einige *dhikr*-Übungen schließen die Wiederholung längerer Formeln ein, andere fordern schwierige Formen der Atemkontrolle. Beispiele für eine relativ einfache *dhikr*-Übung mit kontrollierter Atmung ist, daß der Sufi einen zweisilbigen Namen Gottes wie zum Beispiel »Wahid« in der Bedeutung »der Eine« laut aussprechen und dabei auf der ersten Silbe einatmen und auf der zweiten Silbe ausatmen soll. Diese Praxis wird auch als »Sägender *dhikr*« bezeichnet, denn der unterschiedliche Klang der Sprache beim Ein- und Ausatmen ähnelt dem Geräusch einer Säge beim Holzschneiden. Andere Formen des *dhikr* sind wesentlich komplizierter, zum Beispiel die, bei der die Formel »Es gibt keinen Gott außer Gott« in einem langen Atemzug, der sich in fünf Takte aufgliedert, rezitiert werden soll. So komplizierte Meditationsübungen waren sehr schwierig, allein zu lernen, und wurden erst populär, als sich die Meister-Schüler-Beziehung so weit entwickelt hatte, daß sich die Sufis in hierarchischen Sufi-Orden, genannt *tariqas*, organisierten.

Organisierter Sufismus: die Sufi-Orden

Im 13. Jahrhundert hatte eine Formalisierung der islamischen Bildungs- und Rechtsinstitutionen sowie der Beziehungen zwischen Regierung und Religions- und Rechtsgelehrten stattgefunden. So überrascht es nicht, daß auch der Sufismus eine organisierte Form annahm und mit anderen religiösen Bewegungen und Institutionen um soziale Legitimität und Autorität wetteiferte.

Die frühesten Sufi-Orden setzten sich aus den Schülern eines bestimmten Meisters zusammen; nachdem diese Schüler selbst zu vollendeten Sufis geworden waren, gaben sie die Lehren ihres Meisters an

Der Sufismus ist eine mystische, kontemplative Strömung des Islams eine Strömung, die der Mevlevi-Orden (im Westen als »tanzende Derwische« bekannt) in einer besonders lebhaften Form besetzt hat. Der langsame, kreisende Tanz ist ein Ritual, das zu höheren Bewußtseinsstufen verhelfen soll.

ihre eigenen Schüler weiter. So entstand die Tradition, daß Schüler in einer linearen Abfolge einem ursprünglichen Meister folgen und seiner tariqa (Pfad) nacheifern, einer Organisationsform, die im 15. Jahrhundert formalisiert wurde. Ein Aspirant wurde vor dem Ordenseintritt häufig mehrfach zurückgewiesen oder als Einstieg zum Verrichten niedriger Aufgaben gezwungen, um seine Ernsthaftigkeit zu prüfen. Die Aufnahme in einen Orden war in der Regel mit einer Zeremonie verbunden, in der die neuen Mitglieder ihre Gewänder als Zeichen ihres neuen Status erhielten.

Viele Sufi-Orden haben bei der Entwicklung der islamischen Gesellschaft eine äußerst wichtige Rolle gespielt. Sie hatten nicht nur namhafte Gelehrte und Philosophen, die ihr Gedankengut entwickelten, sondern häufig gehörten auch große Regierungspersönlichkeiten zu diesen Ordensgemeinschaften. Auf diesem Wege konnten die Sufi-Orden die offizielle Politik des Reiches beeinflussen. Drei von ihnen verdienen besondere Beachtung: die Chishtis, die Mevlevis und die Naqshbandis.

Der Chishti-Orden leitet seinen Namen von Khaja Mu'in ad-Din Chishti (gest. 1235) her. Er kam aus einer Stadt in Afghanistan und ließ sich in Indien in der Stadt Ajmer nieder, wo er eine große Zahl einflußreicher Schüler lehrte. Diese Anhänger von Khaja Chishti eröffneten in Provinzstädten in ganz Indien Chishti-Zentren. In ihren Reihen befanden sich viele Herrscher, Prinzen und Prinzessinnen, so daß sie schnell zum einflußreichsten Orden Indiens wurden. Der *dhikr* des Chishti-Ordens ist eine spezielle Form musikalischen Ausdrucks, genannt *qawwali,* bei der eine Gruppe von Musikern zu einem sehr rhythmischen Takt religiöse Lieder singt. Der verstorbene pakistanische Sänger Nusrat Fateh Ali Khan (gest. 1997), dessen Ruhm auch den Westen erreichte, war der bekannteste moderne Vertreter der *qawwali.*

Der Mevlevi-Orden ist weitgehend begrenzt auf die türkischen und zum Balkan gehörigen Gebiete des Osmanischen Reiches, das vom 13. bis ins frühe 20. Jahrhundert bestand. Seine Mitglieder wurden in Europa aufgrund ihres besonderen *dhikr*-Rituals vor allem als die »Tanzenden Derwische« bekannt. Der Orden bezieht seinen Namen von dem berühmten mystischen Dichter Jalal al-Din Rumi (gest. 1273), der im Türkischen Mevlana genannt wird. Rumi wurde in Zentralasien geboren und zog 1219 in die Türkei, wo sein Vater in Konya, dem Sitz der Seldschukenherrscher, eine Professur für Rechtslehre erhielt, die Rumi nach dem Tod seines Vaters erbte. 1244 geriet er in den Bann eines wandernden Mystikers namens Shams-e Tabrizi, und nachdem dieser auf mysteriöse Weise verschwunden war, verschrieb sich Rumi der Führung von Sufi-Anhängern und der Poesie.

Die Bedeutung von Musik und Tanz in ihren *dhikr*-Praktiken ist eine Besonderheit des Mevlevi-Ordens. Die *sema* genannte Meditationsübung der Mevlevis besteht aus der Rezitation von Gebeten und Hymnen, nach der die Teilnehmer in einem Tanz verschiedene Runden durch die Halle machen. Dabei halten sie die Arme seitlich ausgestreckt mit der rechten Handfläche nach oben und der linken nach unten und drehen sich entgegen dem Uhrzeigersinn, wobei der linke Fuß als Fixpunkt dient. Der *sema* symbolisiert, daß göttliche Gnade gleichzeitig empfangen und an die Menschheit weitergegeben wird. Seit der Zeit Rumis legte der Mevlevi-Orden Wert auf Kunst und Kultur und hat sowohl die Hofdichter der osmanischen Epoche als auch die jungen Musiker und Dichter der modernen Türkei beeinflußt.

Anders als die geographisch und ethnisch begrenzten Orden der Chishtis und Mevlevis haben die Naqshbandis weite Verbreitung in der islamischen Welt gefunden. Sie wurden benannt nach Baha al-Din Naqshbandi (gest. 1389), einem zentralasiatischen Sufi-Gelehrten aus der Stadt Buchara in Usbekistan. Die Naqshbandis sind der Ansicht, daß die Sufis sich nicht aus der Gesellschaft zurückziehen, sondern ihre spirituellen Ziele verfolgen und gleichzeitig ihren sozialen Verpflichtungen nachkommen sollen. Acht Prinzipien sind für ihre Gemeinschaft zentral: das Bewußtsein beim Atmen, das Überwachen der eigenen Schritte, die innere Reise, die Einsamkeit innerhalb der menschlichen Gesellschaft, die Sammlung, die Beherrschung der eigenen Gedanken, die Beobachtung der eigenen Gedanken und die Konzentration auf das Göttliche.

Naqshbandis waren in religiösen Reformbewegungen des 18. und 19. Jahrhunderts sehr wichtig, insbesondere in Indien und Zentralasien, wo die Muslime gegen den britischen beziehungsweise den russischen Kolonialismus kämpften. Im 20. Jahrhundert ermutigte eine große Zahl von Naqshbandi-Gruppierungen die Türkisch sprechenden Untertanen der Sowjetunion zum Widerstand gegen die russische Herrschaft. Heute stellen viele Naqshbandis in den zentralasiatischen und kaukasischen Ländern, die nach dem Kollaps der Sowjetunion entstanden, Bildung und soziale Dienste zur Verfügung. In jüngster Zeit wurde ein Zweig der Naqshbandis, nämlich der von Shaikh Nazim und seinem designierten Nachfolger Shaikh Hisham Kabbani, in muslimischen Kreisen in den Vereinigten Staaten aktiv. Ihre Anhänger begrüßen ihre unpolitische Betonung von Frömmigkeit und Ökumene, ihre Kritiker beklagen, daß sie sich auf den Kult um die Persönlichkeit des Sufi-Meisters konzentrieren und so den Akzent des Islams auf die Stärkung des Individuums unterminieren.

Heiligenverehrung
Einer der am häufigsten geäußerten Kritikpunkte am Sufismus ist, daß die meisten Sufi-Praktiken einzelne Shaikhs oder Pirs – eine häufige Bezeichnung von Sufi-Persönlichkeiten in nicht-arabischen Gesellschaften – auf ein übermenschliches Niveau erheben, ihnen wunderbare Kräfte zusprechen und einfache Leute dazu ermutigen, sich ganz diesen Meistern zu widmen. Obwohl viele strenge Interpretationen des Islams die Vorstellung zurückweisen, daß irgendeine Gruppe von Menschen die Macht hat, bei Gott für die einfachen Muslime Fürsprache einzulegen, glaubt die überwältigende Mehrheit der Muslime an Heilige und verehrt sie auf unterschiedlichste Weise. Es gibt zwei Hauptgruppen von Heiligen. Die erste besteht aus Familienangehörigen des Propheten, deren Gräber von Schiiten und Sunniten, die die Familie Mohammeds hoch verehren, besucht werden. Die zweite besteht aus wichtigen Persönlichkeiten des Sufismus, deren Gräber als Orte, an denen man in besonderer Weise auf Gebetserhörungen hoffen darf, lokal und regional berühmt wurden. Beispiel für einen Lokalheiligen wäre Telli Baba – wörtlich Goldfäden-Vater. Sein Grab liegt unmittelbar nördlich von Istanbul und wird von Frauen besucht, die nach einem Ehemann suchen. Der merkwürdige Name kommt von den Goldfasern, die das Grabmal bedecken. Die Besucher nehmen ein Stück davon mit, und wenn ihre Wünsche erfüllt wurden, kommen sie zurück und opfern Geld und eine Handvoll Goldfasern, die sie auf das Grabmal legen.

In der ganzen islamischen Welt gibt es unzählige lokale Heiligengräber dieser Art. Andere Sufi-Gräber sind international bekannt und werden insbesondere an Festtagen zum Gedenken an die Geburt oder den Tod des Heiligen von Millionen von Menschen besucht. Hierzu zählen der Schrein von Mu'in ad-Din Chishti in Ajmer, Indien, und der der Ururenkelin des Propheten Sayyida Zainab in Kairo.

Zentraler Bestandteil im Charisma eines Heiligen ist, daß er über eine Eigenschaft mit dem Namen *baraka* verfügt, einer wunderbaren Kraft, die Gott dem Menschen gewährt. *Baraka* verleiht denen, die sie besitzen, heilende und vermittelnde Kräfte und befähigt sie, nicht nur bei Gott Fürsprache für ihre Anhänger einzulegen, sondern auch soziale, ökonomische, physische und spirituelle Probleme zu lösen. Es funktioniert wie eine nahezu greifbare Ware und ist insofern übertragbar, als es normalerweise von einem Heiligen an seine oder ihre Nachkommen oder einen designierten Nachfolger weitergegeben wird. In der Regel aber wird *baraka* nur innerhalb von Familien übertragen, und vom Nachfolger eines Heiligen, der kein Blutsverwandter ist, nimmt man normalerweise an, daß er über »verborgene« *baraka* verfügte, die durch die Verbindung mit dem Heiligen zum Vorschein gebracht wurde. Anhänger oder Verehrer eines Heiligen verrichten Bittgebete und bringen Opfer, um ein wenig von seiner *baraka* zu erlangen, wenngleich die Art, über die sie dann verfügen können, nicht übertragbar ist. Anders ausgedrückt kann etwas *baraka* von einem Heiligen auf einzelne Anhänger übergehen, doch wird diese *baraka* nie deren eigene *baraka* und kann so auch nicht an andere weitergegeben werden.

Mystizismus und Magie

Magie ist für viele Muslime eine mißliche Angelegenheit, denn sie impliziert, daß es übernatürliche Kräfte gibt, die letztlich nicht von Gott herrühren – ein eindeutig häretischer Standpunkt. Dennoch ist die Magie eng verwoben mit dem Leben zahlreicher Muslime, die sich eine Welt ohne *jinn* (dämonische Wesen) und magische Kräfte nicht vorstellen können. Mit ungetrübter Sicht auf ein wohlhabendes Viertel der marokkanischen Hauptstadt Rabat beispielsweise stehen die Ruinen der phönizischen Stadt Sala. Zwischen der Brutstätte von Silberreihern und einer Gruppe von Bananenbäumen liegt hier ein viereckiger Teich vorislamischen Zuschnitts, in dem eine Kolonie von Aalen lebt. Frauen, die zu Besuch kommen, füttern sie mit Eiern und erhoffen, daraufhin ein Kind zu empfangen. In der Nähe des Teiches befinden sich mehrere islamische Gräber aus dem 14. merinidischen Jahrhundert, wodurch eine direkte Verbindung entsteht zwischen den Opfergaben, die an dem Teich dargebracht werden, und den heilenden Kräften der Heiligengräber.

In der mediterranen und westasiatischen Welt beziehen sich die meisten von Muslimen praktizierten magischen Handlungen auf die Abwehr des bösen Blicks.[14] Auch bei sehr gebildeten Türken sind Rituale und blaue Talismane üblich, um den bösen Blick abzuwehren. In Pakistan haben in den 1990er Jahren Investoren Widder durch die Wechseletage des Karachi-Aktienhauses laufen lassen und sie dann geopfert, um einen unerklärlichen Kurseinbruch rückgängig zu machen. Der Glaube an den bösen Blick ist eng damit verbunden, wie

14. Weitere Informationen zum Thema böser Blick bei Clarence Maloney (Hrsg.): The Evil Eye, New York 1976.

die Menschen den Koran verstehen. Die kurzen letzten drei Suren werden häufig direkt mit der Absicht rezitiert, den bösen Blick abzuwenden. Auch rezitieren die Menschen gerne andere Verse des Korans, tragen daraus hergestellte Talismane *(ta'widh)* oder verzehren oder verbrennen sie in einer Art Ritual. Herstellung und Erwerb von Talismanen sind eng mit den Heiligengräbern der Sufis verbunden. Zwischen der Kraft, die man einem Talisman zuspricht, und dem Ruf als Wundertäter oder der *baraka* der Person, die ihn anbietet, gibt es eine direkte Korrelation.

Schluß

Auf den ersten Blick erscheinen die rechtlichen, theologischen und mystischen Traditionen des Islams weit voneinander entfernt und ohne jegliche Überlappung zu sein. Tatsächlich entstanden sie aber in ständigem gegenseitigem Austausch und beeinflußten die Entwicklung des jeweils anderen. In der ganzen islamischen Geschichte gab es berühmte Gelehrte der Theologie, die auch als angesehene Mystiker Ruhm erlangten. Ebenso haben Meister von Sufi-Orden in ihren Gemeinschaften als Rechtsautoritäten fungiert. Diese nicht sehr rigide Abgrenzung zwischen den einzelnen religiösen Richtungen hat die Integration der geistigen Tradition ins Alltagsleben erleichtert.

4. Glaube, Rituale und religiöse Praxis

Die Muslime verfügen über eine Reihe hochentwickelter Rituale und Glaubenssätze, die alle in ihrem Fundament auf den Koran und das Leben Mohammeds zurückgeführt werden. Zu unterschiedlichen Zeiten und in verschiedenen kulturellen Zusammenhängen wurden sie von Rechtsgelehrten und Theologen weiterentwickelt, was die große Bandbreite in der Beachtung der Rituale und selbst im Verständnis der fundamentalen Glaubensquellen erklären mag. Die meisten in diesem Kapitel vorgestellten Rituale und Doktrinen beziehen sich auf die Sunniten, was der Tatsache Rechnung trägt, daß sie die überwältigende Mehrheit der Muslime stellen, wenngleich sich auch die Sunniten untereinander hier und da unterscheiden. Besonders augenfällig sind diese Differenzen bei Ritualen um die Geburt, die Eheschließung und andere Feste, die den Lebenslauf prägen, sie sind aber auch in der Praxis von Ritualen wie dem Gebet zu beobachten.

Die Pfeiler des Glaubens

Die Muslime sollen an fünf grundlegende Dinge glauben, die für die Religion von so zentraler Bedeutung sind, daß sie als »Pfeiler des Glaubens« bezeichnet werden. Dabei handelt es sich um die Einheit Gottes, das Prophetentum, die Offenbarung, die Macht der Engel und die Existenz des jenseitigen Lebens.

Die Einheit Gottes

Die Muslime glauben an die Einheit Gottes, ein Konzept, das im Arabischen als *tauhid* bezeichnet wird. Der Begriff *tauhid* bezieht sich dabei nicht nur auf die Einheit Gottes, sondern auch auf das Bekenntnis dieser Einheit durch die Menschen. Anders gesagt macht das Konzept des *tauhid* die Menschen zu aktiv Mitwirkenden an dem fortdauernden Verständnis Gottes als eines Wesens und damit zu zentralen Akteuren in der Beziehung Gottes zur Welt.

Der Koran bestätigt an vielen Stellen das einzigartige Wesen Gottes. Zwei kurze Abschnitte der Schrift eignen sich in besonderer Weise, um das allgemeine Verständnis Gottes durch die Mehrheit der

Muslime zu zeigen. Der erste ist eine sehr kurze, vollständige Sure mit dem Namen »Der aufrichtige Glaube« (*ikhlas,* Sure 112):

»Sprich: Er ist Gott, ein Einziger, Gott, der Undurchdringliche. Er hat nicht gezeugt, und Er ist nicht gezeugt worden, und niemand ist Ihm ebenbürtig,«

Beim zweiten handelt es sich um einen einzigen Vers in einem wesentlich längeren Kapitel (2:255):

»Gott, es gibt keinen Gott außer Ihm, dem Lebendigen, dem Beständigen. Nicht überkommt ihn Schlummer und nicht Schlaf. Ihm gehört, was in den Himmeln und was auf der Erde ist. Wer ist es, der bei Ihm Fürsprache einlegen kann, es sei denn mit Seiner Erlaubnis? Er weiß, was vor ihnen und was hinter ihnen liegt, während sie nichts von Seinem Wissen erfassen, außer was Er will. Sein Thron umfaßt die Himmel und die Erde, und es fällt ihm nicht schwer, sie zu bewahren. Er ist der Erhabene, der Majestätische.«

Diese ausgewählten Koranzitate zeigen deutlich, daß Gott einzig und ewig ist. Er existiert in sich selbst und aus sich selbst heraus und hat keine Bedürfnisse. Aus Gründen, die dem menschlichen Verstehen nicht zugänglich sind, hat Gott das Universum und alles, was darin existiert, erschaffen. Er schuf die Menschen und gab ihnen die Fähigkeit, sowohl Gutes als auch Böses zu tun, und die Möglichkeit, zwischen beidem zu wählen. Die Menschen können Gott über seine Eigenschaften wie Gnade, Gerechtigkeit, Erbarmen, Zorn und dergleichen begreifen, nicht aber sein Wesen letztlich erfassen. Nach islamischem Verständnis hat Gott keinen Körper und unterscheidet sich von allem in der geschaffenen Welt. Auch gilt es als sehr schwere Sünde, irgend etwas als Gott ebenbürtig oder als Teilhaber Gottes anzusehen. Dennoch gab es unter muslimischen Theologen und Philosophen eine grundlegende Debatte über die Frage, ob Gott den Menschen ähnlich genug ist, daß wir eine anthropomorphe Sprache benutzen dürften, um Ihn zu besehreiben.[15]

Das Prophetentum

Nach muslimischem Glauben will Gott mit den Menschen kommunizieren und bedient sich zu diesem Zweck der Propheten. Es gibt zwei Arten von Propheten: Die ersten haben von Gott den Auftrag,

15. Zur Frage des Anthropomorphismus im Islam vgl. Kapitel 3, S. 439.

ihre Gemeinschaften zu warnen und mit dem Willen Gottes vertraut zu machen; sie werden als *anbiya* (Sing. *nabi*) bezeichnet. Die zweite Kategorie hat über diese Funktionen hinaus eine Offenbarungsschrift erhalten, die sie an ihre Gemeinschaft weitergeben soll. Diese besondere Gruppe innerhalb der *anbiya* wird *rusul* (Sing. *rasul* in der Bedeutung Gesandter) genannt. Die Muslime glauben an eine Reihe von Propheten, darunter all diejenigen, die die hebräische Bibel erwähnt, sowie Jesus und Mohammed. Der Glaube an Mohammed als den letzten Propheten entwickelte sich dabei zu einem Schlüsselsatz islamischer Glaubenslehre und wird als wichtiger Maßstab zur Beurteilung islamischer Orthodoxie benutzt. So liegt beispielsweise der Hauptgrund dafür, daß viele Sunniten die Ahmadiya, die Anhänger des Mirza Ghulam Ahmad Qadian (gest. 1908), als Abtrünnige betrachten, darin, daß diese ihm den Status eines Propheten zusprechen. Bisweilen scheint sich diese extreme Position in erster Linie an den Worten festzumachen, denn schiitische Glaubensüberzeugungen gewähren dem Imam eine religiöse Rolle, die häufig wichtiger scheint als die irgendeines Propheten. Dennoch betrachtet die sunnitische Mehrheit sie weniger mißbilligend als die Ahmadiya, die aber andererseits in Ritual und Glaubenspraxis ganz und gar sunnitisch ist.[16]

Die Muslime sehen Jesus als den zweitletzten Propheten an, der das Kommen Mohammeds voraussagte. Die Mehrheit der Sunniten betrachtet Jesus auch als den Messias und glaubt an die Jungfrauengeburt, allerdings bedeutet das für sie nicht, daß Gott der Vater Jesu wäre, sondern eher daß Gott ein Wunder vollbrachte, indem er Maria ohne biologischen Vater ein Kind empfangen ließ.

Die Offenbarung

Nach muslimischer Überzeugung nutzt Gott Seine Propheten, um Schriften an die Menschheit zu offenbaren. Vier solcher Schriften sind anerkannt: die Thora als Offenbarung an Mose, die Psalmen Davids, das Neue Testament Jesu und der Koran Mohammeds. Die Botschaft Gottes ist ewig, die Substanz dieser Bücher daher ein und die-

16. Ein Großteil der religiösen Intoleranz gegenüber der Ahmadiya erklärt sich wohl aus der Antipathie großer religiöser Gruppen gegenüber Reformkräften, die sich aus diesem größeren Kontext lösen und dann daselbst aktiv um Konvertiten werben. Die sunnitische Haltung gegenüber der Ahmadiya hat im Zusammenhang mit der Identität pakistanischer Muslime und dem Aufbau des Staates Pakistan auch eine politische Dimension. Insofern stellt sich die Situation der Ahmadiya parallel zu der der Bahais in Iran dar. Weitere Informationen zu Ahmadiya und Bahais in Band 1 und 2 der »Encyclopedia of Religion«.

selbe. Differenzen erklären sich entweder aus der Tatsache, daß frühere Schriften nach ihrer Offenbarung von Menschen, die vorgaben, an sie zu glauben, verfälscht wurden oder indem man auf ein Konzept menschlicher Evolution zurückgreift. Nach dieser Theorie wußte Gott zu jeder Zeit, was Er die Menschheit lehren wollte, doch war die Menschheit nicht immer bereit für die ganze Botschaft. Aus diesem Grunde offenbarte Gott seine Botschaft in allmählich vollständiger werdenden Versionen, die im Koran ihren Höhepunkt erreichen, der endgültigen Fassung der Botschaft Gottes, gültig bis zum Ende der Zivilisation.

Die Schrift ist für das muslimische Verständnis von Religion zentral. So werden Juden und Christen als »Leute des Buches« *(ahl al-kitab)* bezeichnet und ihre Religionen gelten als göttlich sanktioniert, so daß Muslimen der soziale Umgang mit ihnen erlaubt ist.

Die Macht der Engel

Muslime glauben an die Existenz von Engeln, die Gott zur Ausführung Seines Willens einsetzt. Zu ihren Aufgaben gehört es, über einzelne Menschen zu wachen und all ihre Taten aufzuzeichnen. Der berühmteste Engel ist Gabriel; er diente bei der Offenbarung des Korans als Mittler zwischen Gott und Mohammed. Eine weitere wichtige Gestalt ist Iblis, der – einst Haupt der Engel – Gott den Gehorsam verweigerte und als Strafe dafür aus dem Himmel vertrieben wurde. Daraufhin wurde er zum Satan, herrscht nun über die Hölle und versucht, die Menschen vom rechten Weg abzubringen.

Für viele Muslime ist der Glaube an Engel der schwierigste Pfeiler des Glaubens. Sie sprechen lieber von natürlichen Kräften oder unterschiedlichen Aspekten der Macht Gottes. Andere hingegen glauben an ein komplexes System übernatürlicher Wesen, darunter Engel und Dämonen – meist, aber nicht ausschließlich als *jinn* bezeichnet –, die in unterschiedlicher Weise mit den Menschen umgehen und sich dabei als bösartig, aber auch als heilsam erweisen können.

Gericht und Jenseits

Nach muslimischem Glauben wird unsere Welt eines Tages an ihr Ende gelangen, und wir werden gerichtet und nach unseren Taten auf Erden im jenseitigen Leben belohnt oder bestraft. Gericht, Lohn und Strafe sind zentrale Punkte im Islam und gleichzeitig Grundlage für seine gesamte Ethik. So nimmt es nicht wunder, daß der Islam über ein hochentwickeltes System der Eschatologie, der Theorie über das

Ende der Welt, verfügt, die zum größeren Teil aus einigen sehr dramatischen Passagen des Korans entwickelt wurde.

> »Die Katastrophe! Was ist die Katastrophe? Und woher sollst du wissen, was die Katastrophe ist? Am Tag, da die Menschen wie verstreute Motten sein werden, und die Berge wie zerflockte bunte Wolle. Wer dann schwere Waagschalen hat, der wird ein zufriedenes Leben haben. Und wer leichte Waagschalen hat, der wird zur Mutter einen Abgrund haben. Und woher sollst du wissen, was das ist? Ein glühendes Feuer.« (Sure 101)

Nach dem Volksglauben gibt es eine Reihe von Zeichen, die den Jüngsten Tag ankündigen und denen ähneln, die in der Offenbarungsgeschichte erwähnt werden: ein Kampf zwischen Gut und Böse, der veränderte Sonnenaufgang, der Schall einer Trompete und das Erscheinen eines bedrohlichen Tieres. Wenn der finsterste Punkt erreicht ist, wird ein Messias wiederkehren und alle tugendhaften Menschen um sich versammeln, um den Jüngsten Tag und die Auferstehung zu erwarten. Wichtig ist dabei, daß die Welt nach dem Koran nicht einem vollständigen Ende entgegengeht, sondern vielmehr gänzlich verwandelt wird. So kann man leicht davon ausgehen, daß das jenseitige Leben hier und nirgendwo anders stattfinden wird, der Himmel also nicht notwendigerweise über uns liegen muß.

Nach dem Ende der Welt werden alle Menschen, die je gelebt haben, auferstehen und gerichtet werden. Einige Muslime verstehen diese Auferstehung rein spirituell und gehen nicht davon aus, daß wir wieder in unsere Körper eingehen werden. Beim Gericht werden wir Gott zum ersten Mal von Angesicht zu Angesicht gegenüberstehen und für unsere Taten Rechenschaft ablegen müssen. Wer frei von jeder Sünde ist, wird direkt in das Paradies eingehen. Andere werden einige Zeit in der Hölle für ihre Sünden büßen müssen, bevor sie dann zum ewigen Leben in das Paradies eingehen. Der Islam hat kein sehr strenges Konzept der ewigen Verdammnis, vielmehr hängt die Zeit, die die Menschen in der Hölle verbringen, vom Ausmaß ihrer Sünden ab. Nur Heuchler, die sich als Muslime ausgeben, ohne es wirklich zu sein, werden für immer in der Hölle verbleiben. Heuchelei gilt als so schwere Sünde, daß keine Strafe sie sühnen kann.

Der Koran zeichnet ein sehr lebendiges Bild des Paradieses: ein Garten mit Bächen und Obstbäumen, in dem wir bequem und im Überfluß leben werden. Viele Muslime verstehen dieses Bild vom Paradies wörtlich, andere sehen es als Metapher für einen Zustand geistiger Wonne an, in dem der größte Lohn die Nähe zu Gott ist.

Die Pfeiler der religiösen Praxis

Parallel zu den Pfeilern des Glaubens gibt es bestimmte Rituale, die allen frommen Muslimen abverlangt werden: die *shahada,* das Gebet, das Fasten, das Almosengeben und die Pilgerfahrt. Viele betrachten den *jihad,* das Streben auf dem Wege Gottes, als inoffiziellen sechsten Pfeiler. Viele Muslime anerkennen zwar die Bedeutung dieser Rituale, beachten sie aber nicht alle oder nicht vollständig. Das islamische Recht trifft genaue Vorkehrungen für Umstände, unter denen die Pflicht zur Erfüllung des Rituals entfällt, und sieht Möglichkeiten zur Kompensation des Versäumten vor. Von zentraler Bedeutung ist die formale Absichtserklärung vor der Durchführung des Rituals, ohne sie ist die Verpflichtung nicht erfüllt. So sind Muslime beispielsweise verpflichtet, einen Prozentsatz ihres Vermögens als Almosen, genannt *zakat,* zu geben. Wenn nun jemand Geld gibt, ohne zunächst bewußt die Absicht zur Erfüllung der *zakat*-Pflicht zu fassen, wäre es immer noch eine gute Tat, würde aber nicht als *zakat* zählen.

Die shahada

Shahada bedeutet wörtlich »Bezeugen« und ist eine Kurzform von *»kalimat ash-shahada«,* dem Zeugnis, das das Glaubensbekenntnis des Islams darstellt, Dieses Zeugnis bedeutet in der wörtlichen Übersetzung: »Ich bekenne, daß es keinen Gott gibt außer Gott, und ich bekenne, daß Mohammed der Gesandte Gottes ist!«

Diese Formel wird häufig in ihre Bestandteile aufgegliedert, um die zentralen Glaubensüberzeugungen des Islams deutlich zu machen, insbesondere das Wesen des islamischen Gottesbildes. Die ganze Formel ist als Bekenntnis oder Erklärung abgefaßt, anders gesagt, erscheint sie so als freiwilliges und bewußtes Bekenntnis des eigenen Glaubens. Das Aussprechen der ersten Hälfte der *shahada* macht den Menschen zum Monotheisten, aber nicht notwendigerweise zum Muslim; Christen und Juden könnten diese Worte mit derselben inneren Überzeugung sprechen. Die zweite Hälfte der Formel – »Mohammed ist der Gesandte Gottes« – unterscheidet den Muslim von anderen Monotheisten, denn der Glaube an die Endgültigkeit von Mohammeds Prophetentum grenzt die Muslime von den Anhängern anderer Religionen ab.

Die *shahada* faßt so in vollkommener Weise das Wesen des islamischen Glaubens zusammen und wird häufig als Grundstein für die Pfeiler des Glaubens und die Pfeiler der religiösen Praxis bezeichnet.

Es sind die ersten Worte, die bei der Geburt in das Ohr des Babys geflüstert werden, und die Muslime sind bemüht, im Moment des Todes dieselben Worte auf den Lippen zu haben. Gleichzeitig ist es die Formel, mit der man zum Islam konvertiert, so daß viele glauben, das einfache Aussprechen der *shahada* mache einen zum Muslim.[17]

Das Gebet

Sunniten und Zwölfer-Schiiten, die zusammen die überwältigende Mehrheit der Muslime stellen, sind fünfmal täglich zum Ritualgebet verpflichtet. Diese Art des Gebetes, im Arabischen *salat,* in vielen anderen Sprachen *namaz* genannt, ist sehr formal und ritualisiert und nicht zu verwechseln mit dem formlosen, persönlichen Gebet, das viele Muslime verrichten, wann immer sie Gott um etwas bitten oder einfach mit Ihm kommunizieren möchten.

Die *salat*-Gebete werden unmittelbar vor Sonnenaufgang verrichtet, gleich nachdem die Sonne ihren höchsten Stand erreicht hat, in der Mitte des Nachmittags, gleich nach Sonnenuntergang und nach Einbruch der Dunkelheit. Bemerkenswert ist, daß alle Gebete zwar mit der Sonne verbunden sind, keines aber exakt zu einem Zeitpunkt verrichtet wird, der sich auf die Sonne bezieht, beispielsweise Sonnenaufgang oder Sonnenuntergang. Auf diese Weise soll der Islam von jeder Form der Sonnenanbetung abgegrenzt werden.

Die Muslime sind nicht zum gemeinschaftlichen Gebet verpflichtet, wenngleich empfohlen wird, nach Möglichkeit mit anderen gemeinsam zu beten, um so soziale Bande zu stärken. Man kann zu Hause oder an einem beliebigen anderen Ort beten, vorausgesetzt, er ist nicht unrein. Reinheit ist in diesem Zusammenhang eher eine Frage der rituellen Reinheit als der Hygiene, wenngleich ein offensichtlich schmutziger Ort wie eine Kloake oder eine öffentliche Toilette für das Gebet nicht geeignet ist. Als rituell unrein gelten üblicherweise Orte, die mit dem Tod von Menschen oder Tieren in Verbindung stehen, beispielsweise ein Schlachthof.

Dem Gebet geht ein Ritual mit der Bezeichnung »*wudu*« voraus, bei dem Hände, Gesicht und Füße in einer vorgeschriebenen Weise gewaschen werden. Auch hier geht es mehr um eine rituelle Reinigung als um Hygiene. Es wird dabei keine Seife benutzt, und wo kein Wasser zur Verfügung steht, kann man einfach mit der trockenen

17. Zur gültigen Konversion kann das Aussprechen der *shahada* nur in Anwesenheit von Zeugen und bei Vorliegen der entsprechenden inneren Absicht führen. (Anm. d. Übers.)

Hand die Waschbewegungen vollziehen. Im Zustand der rituellen Reinheit steht der Muslim dann mit dem Gesicht nach Mekka und vollzieht die formale Absichtserklärung für das Gebet. Die *salat*-Gebete bestehen aus mehreren Koranversen, die in einem Zyklus stehend, sitzend und kniend rezitiert werden. Jeder Zyklus heißt *rak'a,* die Anzahl der Zyklen variiert, je nachdem welches der fünf täglichen Gebete gerade verrichtet wird.

Bei der Verrichtung der *salat* gibt es wenig Spielraum, die meisten Verse oder Phrasen sind festgelegt und kommen aus dem Koran. An bestimmten Stellen innerhalb einer *rak'a* kann der einzelne Muslim auswählen, welche Passage aus dem Koran er rezitiert, doch kann man nichts anderes – zum Beispiel ein nicht-koranisches Gebet oder einen Hymnus – auswählen und in das Gebet integrieren. Die *salat*-Gebete werden immer in arabischer Sprache verrichtet, auch von der Mehrheit der Muslime weltweit, die diese Sprache nicht verstehen. So gesehen ist *salat* nicht ein Gebet im Sinne eines persönlichen Gespräches mit Gott, sondern eher eine rituelle Pflicht, die erfüllt werden muß, um die eigene Beziehung zu Gott zu bekräftigen.

Das Fasten

Während des Monats Ramadan, des neunten Monats im islamischen Mondkalender, sollen die Muslime fasten. Einen ganzen Monat lang ist von vor Sonnenaufgang bis nach Sonnenuntergang auf Essen, Trinken, Rauchen, Gewalt und sexuelle Beziehungen zu verzichten. Dabei soll man nicht nur den Handlungen selber entsagen, sondern selbst dem Gedanken daran. Hunger und Durst zu spüren und gewalttätige und sexuelle Gedanken zu meiden sollen dem Menschen Selbsterkenntnis vermitteln und mehr Mitgefühl mit denen, die weniger Glück haben als man selbst, die nicht nur aus der Not heraus ohne Nahrung und Wasser auskommen, sondern auch ihren Zorn und ihr Verlangen verbergen müssen, weil sie immer auf die Gnade der anderen angewiesen sind.

Der Ramadan ist der heiligste Monat des islamischen Jahres, und das Fasten gehört zu den islamischen Ritualen mit der stärksten sozialen Komponente. In Ländern mit einer islamischen Bevölkerungsmehrheit ändert sich während des Ramadan der gesamte Tagesablauf, um das Fasten zu erleichtern. Die meisten Familien stehen vor Sonnenaufgang auf, um ein reichhaltiges Frühstück zu sich zu nehmen und zu beten. Der Beginn des Fastens wird entweder durch das Signal einer Sirene angekündigt oder durch Männer, die Trommeln

Exkurs: Gebet und Moschee

Das Gebet nimmt im religiösen Leben und Ritual des Islams einen zentralen Platz ein, Das Ritualgebet mit der Bezeichnung *salat* – *namaz* in den meisten nicht-arabischen Sprachen – soll fünfmal täglich zu festgesetzten Zeiten und in einer genau vorgeschriebenen Art und Weise verrichtet werden. Die meisten Muslime beachten diese rituelle Pflicht zwar nicht ganz regelmäßig, sehen *salat* aber doch als zentralen Aspekt ihrer Religion an und assoziieren das Verrichten des Gebetes mit Frömmigkeit. Es gibt verschiedene andere Formen des muslimischen Gebetes, so die persönlichen, informellen Gebete, in denen man Gott eine Bitte vorträgt, oder die mystischen Gebete, die den Menschen spirituell weiterbringen sollen. Als fundamentales Ritual unterscheidet sich *salat* von diesen anderen Formen und bildet das Herzstück religiösen Lebens im Islam.

Zum Zeichen ihrer totalen Unterwerfung unter den Willen Gottes knien die Betenden beim salat nieder und berühren mit der Stirn den Boden eine Haltung, die als sajda oder Prostration bezeichnet wird, Manche Menschen tragen mit Stolz eine Art Schwiele auf der Stirn als Zeichen eines lebenslangen Gebetes. Die Bedeutung der sajda zeigt sich in der Tatsache, daß ein islamisches Gebetshaus – die Entsprechung einer Kirche oder einer Synagoge – masjid genannt wird, das heißt »der Ort, an dem die sajda verrichtet wird«. Über das Spanische hat das Wort sieh seinen Weg in die europäischen Sprachen als »Mosque« oder »Moschee« gebahnt.

Die Muslime sind grundsätzlich nicht verpflichtet, ihre Ritualgebete in der Moschee zu verrichten. Empfohlen wird es aber insbesondere im Falle des freitäglichen Mittagsgebetes, das als wöchentliches Gemeinschaftsgebet gilt, sowie anläßlich der besonderen Gebete an großen religiösen Feiertagen. Tatsächlich gibt es viele Muslime, die nur bei diesen Gelegenheiten beten. Die Moscheen unterscheiden sich sehr in ihrer Größe, dem architektonischen Stil und dem ornamentalen Reichtum. Sie können aus einem einfachen Innenhof bestehen, mit einer Markierung an der Wand, die die Gebetsrichtung (qibla) anzeigt, aber auch die Form eines Kathedralen ähnlichen Gebäudes annehmen, das die Silhouette der Stadt dominiert und den Gipfel architektonischen Könnens in der jeweiligen Gesellschaft repräsentiert. In aller Regel verfügen die Moscheen über eine Wasserstelle, an der die rituelle Reinigung vor dem Gebet vorgenommen werden kann, eine Nische (mihrab), die die Gebetsrichtung anzeigt und eine Kanzel (minbar), die für Predigten, Vorlesungen und allgemeine Verlautbarungen benutzt wird. *Minbars* können feststehend oder beweglich

Die Süleymaniye-Moschee in Istanbul, Türkei, wurde 1557 fertiggestellt. Die kleinen Schornsteine im Vordergrund gehören zu einer der Schulen des Moschee-Komplexes.

sein und sind häufig aus kunstvoll geschnitztem Holz oder gemeißeltem Stein gefertigt. Der mihrab ist ein künstlerischer Blickfang in der Moschee; Gemeindemoscheen mit öffentlicher Finanzierung verfügen häufig über ganz außergewöhnliche mihrabs mit den kunstvollsten Kachel- und Intarsienarbeiten.

In den meisten Moscheen ist die Atmosphäre eher entspannt und informell. Da die Muslime auf dem Boden beten, gibt es keine Möbel, und in Gesellschaften, in denen es wenig Verbrechen und konfessionelle Gewalt gibt, bleiben die Türen offen. Es ist keinesfalls ungewöhnlich, in einer Moschee Leute anzutreffen, die zum informellen Gebet oder einfach zur Unterhaltung in kleinen Gruppen zusammensitzen oder einen Moment der Pause suchen in der Hitze des Tages und den überfüllten Straßen. Große Moscheen wie die eindrucksvolle Süleymaniye in Istanbul, Türkei, dienen als Zentrum ganzer Städte oder Stadtviertel. Im 16. Jahrhundert erbaut, befindet sie sich im Zentrum eines riesigen Komplexes, der ein Krankenhaus, öffentliche Küchen*, ein Waisenhaus und Bildungseinrichtungen *(madrasas)*, in denen Religion und Wissenschaften unterrichtet wurden, umfaßte. Auf abstrakter Ebene symbolisierte ein solcher Komplex ein islamisches Welt Modell mit den darin für wichtig befundenen Werten.**

* Diese Küchen dienten in der Regel der Armenspeisung. (Anm. d. Übers.)
** Gülrü Necipoglu: The Süleymaniye Complex in Istanbul. An Interpretation, in: Mugarnas 3 (1985), 92–117.

schlagend durch die Straßen laufen. Restaurants schließen tagsüber entweder ganz oder bedienen ihre Kunden mit größter Diskretion. In einigen sehr konservativen Gesellschaften ist es verboten, in der Öffentlichkeit zu essen oder zu trinken, und nur bestimmte Restaurants dürfen geöffnet bleiben, um Nicht-Muslime oder Reisende zu bedienen.[18] Viele Muslime brechen das Fasten in sehr einfacher Weise mit Wasser und etwas Salz oder einigen Datteln und ahmen so das Vorbild des Propheten nach. Das Abendessen ist reichhaltiger als zu anderen Zeiten des Jahres. Den ganzen Monat prägt eine festliche Stimmung mit einem tiefen Sinn für Frömmigkeit. Kinder bestehen häufig darauf zu fasten, weil diese Praxis mit dem Erwachsensein assoziiert wird. Für viele Muslime ist es ein großes Ereignis, wenn die Eltern erstmals an einem ganzen Tag oder im ganzen Monat das Fasten erlauben. Es ist gleichsam ein informeller Übergang von der Kindheit ins Erwachsenenalter.

Das Almosen

Das Almosengeben wird im Islam als eine besonders verdienstvolle Handlung angesehen. Ganz wie beim Gebet hat eine spezielle Form des Almosens rituellen Charakter und unterscheidet sich so von anderen. Als *zakat* bezeichnet, bedeutet sie, einen gewissen Prozentsatz des eigenen Vermögens als Almosen zu geben. Der Prozentsatz variiert dabei von einer Gruppe zur anderen und liegt zwischen zweieinhalb Prozent bei den Sunniten und zehn Prozent bei einigen schiitischen Gruppierungen. Eine große Bandbreite gibt es auch bei der Frage, welche Arten des Vermögens und Einkommens im Sinne der *zakat* steuerpflichtig sind. Ist beispielsweise Einkommen im Unterschied zu Vermögen steuerpflichtig, und wie kalkuliert man die Steuer für landwirtschaftliche Produkte?

In einigen modernen islamischen Gesellschaften wird die *zakat* ebenso wie andere Steuern von der Regierung eingezogen. Das entsprechende Steueraufkommen wird ausschließlich für religiöse Zwecke und für soziale Wohlfahrt wie den Bau von Krankenhäusern oder Schulen verwendet. In anderen Gesellschaften sind die Menschen diesbezüglich eigenverantwortlich und tragen ihre Almosen zu selbst gewählten Anliegen bei. Manche Muslime geben die gesamte Summe ihrer Moschee vor Ort oder einem angesehenen religiösen

18. Reisende sind vom Fastengebot entbunden, ebenso schwangere Frauen, stillende Mütter, Kranke und Menschen, die schwere körperliche Arbeit zu verrichten haben. (Anm. d. Übers.)

Führer, der das Geld dann einem guten Zweck zuführt. Diese Praxis ist insbesondere unter Schiiten verbreitet und teilweise ausschlaggebend für den größeren Einfluß, den schiitische Klerikerfamilien im Vergleich zu den Sunniten genießen. Andere Muslime teilen das Geld und geben einen Teil an wohltätige Einrichtungen und den Rest direkt an Bedürftige. In der Vergangenheit nutzten wohlhabende Muslime ihre *zakat*, um ärmere Familien oder mittellose Waisen während ihres ganzen Lebens zu unterstützen. Andere stifteten ganze Schulen oder Krankenhäuser und deckten deren laufende Kosten. In heutiger Zeit sind diese Verwendungsformen von *zakat* unüblich geworden, aber nicht ganz verschwunden.

Der hajj

Hajj ist die Bezeichnung der Pilgerfahrt nach Mekka, die alle Muslime, die über die entsprechenden Mittel verfügen, einmal im Leben vollziehen sollen. Der *hajj* muß zu einer bestimmten Zeit des Jahres unternommen werden, nämlich von den ersten Tagen bis zum zehnten Tag des Pilgermonats, des letzten Monats des islamischen Kalenders mit dem Namen *Dhu al-hijja*. Wird die Pilgerfahrt zu einem anderen Zeitpunkt des Jahres durchgeführt und ohne einige wichtige Rituale, die an heiligen Orten außerhalb der Stadt Mekka vollzogen werden, wird sie als *umra* bezeichnet, eine gute Tat, die aber nicht die Pflicht des Muslims zum Vollzug des *hajj* erfüllt.

Vierzehn Jahrhunderte lang hat der *hajj* die Pilgerfahrt, die Mohammed nach dem Fall Mekkas an die Muslime vollzogen hatte, nachgestellt. Vor der Ankunft in Mekka treten die Pilger in einen Zustand ritueller Reinheit ein und legen ein spezielles Pilgergewand an. Während des gesamten *hajj* widmen sie ihrer äußeren Erscheinung und Körperpflege keine Aufmerksamkeit. Zunächst laufen sie siebenmal um die Kaaba, das Zentrum des islamischen Glaubens. Die Kaaba ist ein einfacher Ziegelbau, von dem die Muslime glauben, daß Abraham ihn als Tempel Gottes errichtete. Heute dient sie nicht nur als Zentrum des *hajj*, sondern auch als Richtungsweiser für das Gebet der Muslime in aller Welt.

Nach den Umrundungen der Kaaba laufen die Pilger zwischen den beiden kleinen Hügeln Safa und Marwa hin und her. Dieses Ritual erinnert an eine Begebenheit aus dem Leben Abrahams und seiner Familie, da Abraham Hagar und ihren kleinen Sohn Ismael (arabisch: Isma'il) in der Wüste zurückgelassen hatte. Als Ismael vor Hunger schrie, lief Hagar auf der Suche nach Wasser siebenmal zwischen Sa-

Während des hajj gehen muslimische Pilger aus aller Welt in Arafat, Saudi-Arabien, über eigens konstruierte Bahnen.

fa und Marwa hin und her. In der Zwischenzeit soll Ismael seine Fersen in den Sand gebohrt haben, woraufhin auf wunderbare Weise ein Brunnen zu sprudeln begann. Diesem Brunnen mit dem Namen *Zamzam* werden wundersame Kräfte zugeschrieben, und die Pilger nehmen sein Wasser nach Vollendung des *hajj* als Andenken mit. Häufig werden im Rahmen der Bestattungsriten Verstorbene damit eingerieben.

Nach Abschluß des Laufes zwischen den Hügeln begeben sich die Pilger zu zwei Städten in der Nähe von Mekka, um anderer Ereignisse im Leben Abrahams zu gedenken. Zum letzten Teil des *hajj* gehört es, einen Nachmittag in der Ebene von Arafat zu verbringen, wo Mohammed seine Abschiedspredigt gehalten hatte. Der *hajj* endet am dritten Tag, an dem die Pilger im Andenken an Abrahams Bereitschaft, seinen Sohn zu opfern, und den Umstand, daß Gott ihn gegen einen Widder austauschte, Schafe und Ziegenböcke sowie gelegentlich Rinder und Kamele opfern. Dieses Opfer beendet den *hajj,* und die Pilger können wieder ihr gewohntes Äußeres annehmen.

Bevor es Flugzeuge und moderne Schiffsreisen gab, war der *hajj* ein mühsames Unterfangen und verlangte enorme Vorbereitung. Die lange Dauer der Reise und die innewohnenden Gefahren bedeuteten auch, daß die Pilger ihre Angelegenheiten ordnen und Vorsorge für ihre Familien treffen mußten, war doch die Möglichkeit, daß sie nie wiederkehren würden, durchaus real. Der Aufbruch der *hajj*-Karawanen war daher in allen islamischen Städten ein herausragendes Ereignis und ist es bis heute geblieben. In heutiger Zeit ist ein enormes Maß an Organisation notwendig, um in wenigen Tagen bis zu zwei Millionen Pilgern gleichzeitig den Vollzug derselben Rituale am selben Ort zu ermöglichen. Die saudiarabische Regierung hat große Geldsummen in den Bau von Übergängen, Tunneln und Emporen für Fußgänger investiert, damit der *hajj* möglichst reibungslos verläuft. Der Flughafen von Dschidda, der Mekka bedient, wird in den Tagen unmittelbar vor und nach dem *hajj* zu einem der betriebsamsten Flughäfen der Welt. Trotz bester Absichten der Behörden kommt es nicht selten zu Unfällen, und die Überfüllung bringt gelegentlich eine große Anzahl von Verletzungen mit sich.

Der jihad

Jihad steht für »das Streben auf dem Pfad Gottes« und gehört zu den am häufigsten mißverstandenen Konzepten im Islam. Es umfaßt alle Handlungen, die entweder der Verteidigung des Islams oder der Förderung seiner Sache dienen. So wurden Kriege, in denen Muslime versuchten, neue Regionen dem Islam zu unterwerfen, als *jihad*-Kriege bekannt und wurden von Muslimen ähnlich verstanden und gerechtfertigt wie die Kreuzzüge durch die Christen. Heute wird jeder Krieg, der der Verteidigung des eigenen Landes, der Heimat oder der Gemeinschaft dient, als *jihad* bezeichnet. Dieses Verständnis ist dem des »gerechten Krieges« in der westlichen Gesellschaft sehr ähnlich. In vergleichbarer Weise bezeichnen politische Extremisten, die an die Gerechtigkeit ihrer Sache glauben, ihre Guerilla-Aktivitäten oder terroristischen Kriege als *jihad*, auch wenn die Mehrheit ihrer eigenen Gesellschaft ihr Handeln als vollkommen ungerechtfertigt ansieht.

Für die meisten Muslime ist der *jihad*-Krieg weitgehend dasselbe wie irgendein gerechter Krieg für den durchschnittlichen amerikanischen Christen. Die Theorie des *jihad* gibt einem Soldaten die Rechtfertigung, den Feind zu töten; anders würde er einen Mord begehen, der im Islam als sehr schwere Sünde gilt. Ähnlich wird derjenige, der in der gerechten Sache des *jihad* stirbt, zum Märtyrer, dem seine oder ihre Sünden vergeben werden.

Islamische Gelehrte sprechen von einem äußeren *jihad*, der entweder der *jihad* des Schwertes, wie der oben erwähnte »gerechte Krieg« sein kann, oder der *jihad* der Feder, der in schriftlicher Form den Islam verteidigt, missionarisch aktiv ist oder einfach die eigene Bildung fördert. Es gibt aber auch einen inneren *jihad* – den Kampf aller Menschen gegen ihre eigenen niederen Instinkte. Aufgrund der damit verbundenen Schwierigkeit wird dieser oft als der große *jihad* bezeichnet.

Brauchtum: Rituale im Lebenslauf

Islamische Gesellschaften in aller Welt praktizieren eine Reihe von Ritualen, die den Lebenslauf des Einzelnen von der Geburt bis zum Tod prägen. Die meisten dieser Rituale unterscheiden sich im Detail sehr von einer Gesellschaft zur anderen. Es gibt aber gewisse Wendepunkte im menschlichen Leben, die als Ereignisse von religiöser Bedeutung besondere Beachtung finden und zumindest in ihrem Grundbestand überall ähnlich begangen werden. Drei dieser Rituale im Lebenslauf sind die Beschneidung der Jungen, die Heirat und der Tod mit den Bestattungsbräuchen.

Beschneidung

Die männliche Beschneidung ist im Koran nicht erwähnt, doch wird diese Praxis in allen islamischen Gesellschaften für wesentlich gehalten. Der *hadith* beschreibt sie als eine Sitte, die alle Propheten vor Mohammed beachteten, insbesondere Abraham, der sich im Alter von achtzig Jahren selbst beschnitten haben soll. Abhängig von ihrer jeweiligen Kultur und dem sozialen Stand ihrer Eltern werden muslimische Jungen zwischen der frühen Kindheit und dem Einsetzen der Pubertät beschnitten. In vielen islamischen Gemeinschaften gelten sieben Tage als das ideale Alter, denn die Tradition berichtet, Mohammed habe das Ritual an seinen Enkeln Hasan und Husain vollzogen, als diese eine Woche alt waren. Andernorts gelten zehn Jahre als das ideale Alter, denn ein weiterer *hadith* besagt, daß Ibn Abbas, ein Cousin des Propheten, in diesem Alter beschnitten wurde. Im städtischen Raum lassen viele Familien das Ritual im Kindesalter in einem Krankenhaus oder der Klinik mit wenig begleitendem Tamtam vollziehen. Für andere ist es Teil einer großen Zeremonie und ein einschneidendes Ereignis, das der betreffende Junge in Erinnerung behalten wird. Insbesondere trifft das auf Malaysia und die Türkei zu, hier wird die Beschneidung üblicherweise mit etwa dreizehn Jahren vorgenommen. Der Junge wird wie ein Prinz gekleidet, und nach den finanziellen Möglichkeiten der Familie wird nach der Zeremonie ein aufwendiges Fest ausgerichtet, bei dem er zahlreiche Geschenke erhält. In diesen Gesellschaften ist die Beschneidung ein Ritual im Zusammenhang mit der Pubertät und markiert den Eintritt des Jungen ins Erwachsenenalter. Durch den öffentlichen Charakter der Zeremonie kann er seine Tapferkeit und Ehre unter Beweis stellen. Danach wird er als vollgültiges Mitglied der islamischen Gesellschaft angesehen und muß wie ein Erwachsener beten und fasten.

Heirat

Die Heirat ist ein grundlegendes Element im sozialen Leben der Muslime. Sie wird zwar nicht explizit als eine der religiösen Pflichten aufgeführt, doch betrachten viele sie als solche, zölibatäres oder monastisches Leben hingegen als irgendwie minderwertig und unvollkommen. Diese Haltung rechtfertigen sie mit der häufigen Erwähnung der Heirat im Koran und dem Vorbild des Propheten Mohammed, der selbst verheiratet war. Nach den überlieferten Worten des Propheten soll es im Islam keinen Zölibat geben, und ein Mensch, der heiratet, erfüllt damit die Hälfte seiner religiösen Verpflichtungen. Der Koran enthält ausführliche Vorschriften darüber, wen man heiraten darf, und was die Rechte und Pflichten von Mann und Frau in der Ehe sind. Wo der Koran Lücken läßt, regeln die Sunna des Propheten und die lebendige Tradition jeder Gesellschaft die Einzelheiten.

Mohammed wuchs in einer äußerst patriarchalen Gesellschaft heran, in der fast alle wirtschaftliche und soziale Macht den Männern vorbehalten war. Im Gegensatz hierzu führten die neuen islamischen Gesetze des Korans zahlreiche neue Rechte an, die die Frauen den Männern gegenüber geltend machen konnten. Muslimische Feministinnen und liberale Theologen sind sich häufig dahingehend einig, daß viele dieser Regeln aus der Perspektive einer modernen westlichen Gesellschaft archaisch oder ungerecht erscheinen, doch sollte man beachten, daß sie zu jener Zeit wichtige Reformen für die rechtliche Lage der Frau bedeuteten.

Nach dem sunnitisch-islamischen Recht kann ein Mann entweder eine muslimische Frau oder die Angehörige einer anderen monotheistischen Religion heiraten. Eine Frau hingegen darf nur einen muslimischen Mann heiraten. Dieser Ungleichheit liegt die Vorstellung zugrunde, daß die Heirat in erster Linie der Schaffung einer angemessenen Umgebung für die Erziehung von Kindern dient. Das patriarchalische Sozialsystem, das in den meisten islamischen Gesellschaften als Ideal fungierte, geht davon aus, daß die Kinder der

Religion ihres Vaters folgen und insofern die Nachkommen einer muslimischen Mutter und eines nicht muslimischen Vaters der muslimischen Gemeinschaft verlorengehen. Das schiitische Recht ist in diesem Punkt sogar noch strenger und erlaubt einem schiitischen Mann keine Ehe mit einer nicht-muslimischen Frau.

Das islamische Recht erlaubt dem Mann ferner, bis zu vier Frauen gleichzeitig zu heiraten, jedoch legt der Koran ihm nahe, sie alle gleich zu behandeln, und sagt im selben Kapitel, daß dies gar nicht möglich sei. Muslimische Gegner der Polygamie sehen in diesen Koranversen ein implizites Verbot und gehen davon aus, daß die Polygamie nur als zeitlich begrenztes Mittel zugelassen war, weil die arabischen Männer vor dem Islam daran gewöhnt waren, viele Frauen zu haben, und eine abrupte Veränderung ihrer Heiratsbräuche nicht akzeptiert hätten.

Der Koran benennt verschiedene Kategorien von Verwandten, die als *mahram* (»verboten« oder »sakrosankt«) bezeichnet werden und die man aufgrund eines besonderen Grades familiärer Affinität oder Blutsverwandtschaft nicht heiraten darf.[19] Praktisch liegt der einzige Unterschied zu den allgemeinen westlichen Gepflogenheiten darin, daß man Cousins ersten Grades heiraten darf. In vielen traditionellen Gesellschaften wird diese Form der Eheschließung bevorzugt, denn sie stärkt nicht nur Familienbande, sondern bietet darüber hinaus Gewähr dafür, daß der Besitz in der Großfamilie bleibt. Im alltäglichen Leben ist das Konzept der *mahram*-Beziehungen in Gemeinschaften und Familien besonders relevant, in denen die Verschleierung von Frauen üblich ist. Hier sollen Frauen vor einem Mann, der kein *mahram* ist, nicht unverschleiert auftreten.

Ganz nüchtern betrachtet ist die islamische Institution der Ehe eine legale, vertragliche Vereinbarung, die eine materiell gesicherte Umgebung für das Aufwachsen von Kindern bietet und ein sozial akzeptables Ventil für sexuelles Verlangen. Der Buchstabe des Gesetzes sieht die Ehe nur in diesem Sinne. Er konzentriert sich folglich auf die Einzelheiten des Vertragsabschlusses und trifft Vorkehrungen für seine Auflösung im Falle einer Scheidung. Dennoch mißt jede islamische Kultur der Heiratszeremonie große Bedeutung bei und bettet den rechtlichen Teil des Rituals in aufwendige Feierlichkeiten ein. Viele dieser Heiratsbräuche haben in erster Linie kulturellen Charakter: ein syrisch-muslimisches Zeremoniell ist einem syrisch-christli-

---

19. Vgl. Koran 4:23. (Anm. d. Übers,)

chen sehr ähnlich, und eine indisch-muslimische Hochzeit hat vieles mit einer hinduistischen gemeinsam.

Rechtlich steht die Unterzeichnung und Bezeugung des Heiratsvertrages im Mittelpunkt der islamischen Heiratszeremonie. Dieser Vertrag kann entweder von Braut und Bräutigam selbst oder von ihren Vormündern unterzeichnet werden. Ein wichtiger Teil des Vertrages ist die Festlegung des »Brautpreises«, den der Bräutigam der Braut zu überreichen hat und der ihr persönliches Eigentum wird. In einigen Kulturen hat der Brautpreis die Form eines Schuldscheines angenommen und hält so die Männer davon ab, eine Scheidung anzustrengen, in anderen wird wenig mehr als eine Formalität oder eine altmodische Sitte darin gesehen. Dennoch, der Umstand, daß es den Brautpreis immer noch gibt, ist seinen Kritikern ein krasses Zeichen dafür, daß Frauen die Stellung einer Ware haben, die Männer unter sich handeln.

Die islamischen Ehegesetze erlauben grundsätzlich die Scheidung. Rechtlich ist es für einen Ehemann einfacher, sich von seiner Frau scheiden zu lassen als umgekehrt, allerdings gibt es klare Vorkehrungen, wie die Frau im Falle von Mißhandlung, Vernachlässigung oder Verlassen die Scheidung einklagen kann. Dennoch sind die meisten islamischen Gesellschaften noch sozial konservativ und familienorientiert, und wenngleich die Scheidung rechtlich erlaubt ist, gibt es enormen sozialen Druck dagegen. Dem Propheten Mohammed wird ein sehr berühmter Ausspruch zugedacht, nach dem Gott von allen Dingen, die er erlaubt hat, die Scheidung am meisten verabscheut.

Tod

Die Muslime sehen den Tod als Höhepunkt des Lebens an, da die Menschen zu Gott zurückkehren und für ihr Handeln in dieser Welt Rechenschaft ablegen. So gilt der Tod wie in vielen anderen Religionen als ein Übergang von einer Lebensform in die andere.

Im Idealfall sollten die Muslime zur Kaaba in Mekka gewandt und mit der *shahada* (»Es gibt keinen Gott außer Gott, und Mohammed ist der Gesandte Gottes«) auf den Lippen sterben. Wer selbst zu schwach ist, wird von Verwandten unterstützt, die die *shahada* stellvertretend rezitieren. In vielen Gesellschaften rezitieren die Menschen auch die sechsunddreißigste Koransure mit dem Titel Ya-Sin[20], die mehrere sehr kraftvolle Verse zum Thema Tod enthält.

20. Der Titel dieser Sure besteht aus zwei Buchstaben des arabischen Alphabetes, die Bedeutung ist unklar, weshalb es keine Ubersetzung dafür gibt. (Anm. d. Übers.)

Der Mensch soll innerhalb eines Tages nach dem Tod beerdigt werden: wer morgens gestorben ist, sollte vor Einbruch der Dunkelheit begraben werden, und wer am Abend stirbt, sollte am darauffolgenden Morgen zu Grabe getragen werden. In der Praxis verzögern sich Bestattungen häufig um mehrere Tage, beispielsweise wenn eine Person nicht zu Hause verstirbt und zum Begräbnis zurückgebracht werden muß.

Der Leichnam wird vor dem Begräbnis rituell gewaschen, und zwar traditionell von Familienangehörigen, die demselben Geschlecht angehören wie der oder die Verstorbene. Diese Waschung wird in derselben Form vorgenommen wie die rituelle Reinigung vor dem Gebet, allerdings wird der Körper eine ungerade Zahl von Malen – üblicherweise drei – mit Seife und gelegentlich parfümiertem Wasser gewaschen. Das Einbalsamieren, Bekleiden oder Schmücken des Körpers ist unter Muslimen nicht üblich. Der Leichnam wird unbekleidet in ein weißes, baumwollenes Tuch gehüllt, das ihn vom Kopf bis zu den Zehen bedeckt. Die Verwendung von Särgen ist unüblich, wenn doch, sind sie aus sehr einfachen Materialien hergestellt.

Für die meisten Muslime ist die Erdbestattung der einzig akzeptable Umgang mit Verstorbenen. Das Grab ist etwa anderthalb Meter tief mit einer Nische, die am Fußende ausgehoben wird, so daß es insgesamt einen L-förmigen Querschnitt hat. Der Körper wird mit dem Kopf Richtung Mekka auf die rechte Seite in die Nische gelegt. Die Nische wird sodann verschlossen, gelegentlich auch mit ungebrannten Lehmziegeln, und das Grab wird aufgefüllt. Strenge Auslegungen des islamischen Rechts verbieten die Schaffung dauerhafter Gräber und verlangen statt dessen einfache Erdhügel, eventuell mit einem bescheidenen Grabstein, der den Ort kennzeichnet. In der Praxis gibt es in allen Teilen der islamischen Welt eine lange Tradition in der Schaffung aufwendigster Grabstätten. Einige der unzähligen Mausoleen von Heiligen und Aristokraten zählen zu den Meisterwerken der islamischen Architektur. Der Taj Mahal in Agra, Indien, ist ein solches Beispiel, ebenso die Nekropolis der Mamluken in Kairo, Ägypten. Mancherorts sind um das Grab einer hochverehrten religiösen Persönlichkeit ganze Städte entstanden, so zum Beispiel Kerbela im Irak, Mashhad in Iran und Mazar-e Sharif in Afghanistan.

Das islamische Begräbnis zeichnet sich traditionell durch ein einfaches Bestattungszeremoniell aus. Üblicherweise tragen vier Männer die Totenbahre zum Friedhof. Die Bahre selbst ist in der Regel eine einfache Liege mit einem weißen oder grünen Tuch, das den

Leichnam bedeckt. Die Teilnahme an einem Beerdigungszug gilt als kollektive Pflicht; gibt es nicht genug Leute, die einen Leichnam zum Friedhof geleiten, so ist der einzelne Muslim verpflichtet, sich anzuschließen. In den betriebsamen Straßen moderner Städte wird diese Regel allerdings immer seltener beachtet.

Das Bestattungsgebet ist eine Variante des muslimischen *salat* oder Ritualgebetes, allerdings schließt das Beerdigungszeremoniell auch verschiedene Gebete für den Verstorbenen ein, in denen um Rechtleitung und Vergebung im jenseitigen Leben gebeten wird. Eine interessante Besonderheit in den islamischen Riten um Tod und Begräbnis betrifft die Behandlung von Kindern und Märtyrern. Kleine Kinder gelten als nicht verantwortlich für ihr Handeln, so daß das Totengebet keine Bitte um Vergebung enthält. Ähnlich stellt man sich vor, daß Märtyrer von allen Sünden losgesprochen werden; hier wird nicht nur auf die Bitte um Vergebung der Sünden verzichtet; sie werden vor der Bestattung nicht einmal gewaschen, sondern in den Kleidern, die sie im Augenblick ihres Todes trugen, begraben.

In vielen Gesellschaften gibt es festgelegte Tage nach dem Begräbnis – insbesondere der vierzigste Tag –, an denen im Gedenken an den Verstorbenen bestimmte Rituale vollzogen werden. Üblicherweise schließen diese die Verteilung von Essen oder Geld unter den Bedürftigen ein sowie die Versammlung von Trauernden zur Lektüre des Korans. Obwohl islamische Rechtstexte sich an vielen Stellen dagegen aussprechen, ist auch das individuelle und kollektive Klagen, besonders durch Frauen, weit verbreitet.

Brauchtum: Feste

Alle religiösen Feiertage des Islams orientieren sich am islamischen Mondkalender. Da er in seinen Ursprüngen auf die *hijra* Mohammeds, seine Auswanderung von Mekka nach Medina, zurückgeht, wird er auch der *hijri*-Kalender genannt. Er folgt dem Mondjahr, das elf Tage kürzer ist als das Sonnenjahr. So bewegen sich die islamischen Feiertage rückwärts durch das Jahr, und ein Fest, das in einem Jahr mitten im Sommer ist, ist zehn Jahre später mitten im Winter. Die islamischen Feste entwickeln so anders als Weihnachten oder Ostern keinen saisonalen Charakter.

Manche dieser Feste haben offiziellen Charakter oder sind für die Religion von zentraler Bedeutung, so daß sie entweder von allen

Muslimen oder, wenn es sich um die Eigenheit einer Untergruppe handelt, von allen Angehörigen dieser Gruppe begangen werden. Andere wie die Heiligenfeste sind spezifisch für einen bestimmten Ort. Neben diesen Festen haben die Muslime auch saisonale Feiertage, die in der Regel weniger religiösen Charakter haben. Der bekannteste ist die Feier des persischen Neujahrs oder Nowruz, das mit dem Frühlingsanfang koinzidiert und vor allem in Iran und den benachbarten Ländern ausgiebig gefeiert wird.

Id al-fitr: Der Höhepunkt des Ramadan

Id al-fitr – wörtlich »Fest des Fastenbrechens«, in vielen Gesellschaften auch als »Zuckerfest« oder »das kleine Fest« bezeichnet – wird am ersten Shawwal, dem zehnten Monat des islamischen Jahres, gefeiert. Mit diesem Fest wird das Ende der einmonatigen Fastenzeit begangen, die nicht nur den Einzelnen, die auf Essen und Trinken verzichten, viel abverlangt, sondern auch der Gesellschaft insgesamt, da die veränderten Essenszeiten und die zusätzliche Zeit, die im Gebet verbracht wird, den Rhythmus des täglichen Lebens unterbrechen – man könnte sagen, daß genau das das Ziel ist. Das Fest des *Id al-fitr* bringt diesen veränderten Rhythmus des Ramadan zum Ende, und das Leben kann wieder seinen normalen Lauf nehmen. In vielerlei Hinsicht ist *Id al-fitr* das Gegenteil des Ramadan. Es ist geprägt von einem gemeinsamen Gebet im Laufe des Vormittags, das in vielen Städten so gut besucht ist, daß die Hauptmoscheen die Gläubigen nicht fassen können und die Gottesdienste an öffentlichen Orten wie in Freizeitgeländen oder auf großen Plätzen abgehalten werden müssen. Während des Monats Ramadan essen die fastenden Muslime jeweils reichlich am frühen Morgen sowie in der Nacht. Am *Id al-fitr* nehmen sie dagegen üblicherweise keine geregelten Mahlzeiten ein, sondern verteilen zahlreiche Imbisse über den ganzen Tag. Die Atmosphäre ist festlich: in den meisten islamischen Ländern werden Schulen und Büros für zwei Tage geschlossen, teilweise auch für länger. Wer es sich leisten kann, trägt neue Kleider, und die Kinder bekommen von älteren Verwandten Geschenke, meist in Form von Geld.

Id al-adha: der Höhepunkt des hajj

Id al-adha – wörtlich »Opferfest«, auch »das große Fest« genannt ist der heiligste islamische Feiertag und gleichzeitig der Höhepunkt des *hajj.* Er fällt auf den zehnten Tag des letzten Monats im islamischen Kalender. Hauptmerkmal des *Id al-adha* ist das Opfern von Tieren, mit dem der Bereitschaft Abrahams, seinen Sohn Gott zuliebe zu opfern, gedacht wird. In der islamischen Version dieser Geschichte, die sich auch in der Bibel findet, verlangt Gott von Abraham, ihm das Liebste zu opfern, um so seine Hingabe zu zeigen. Als er merkt, daß es sich dabei um seinen Sohn Ismael (arabisch: Isma'il) handelt, geht Abraham zu ihm und sagt ihm, was Gott von ihm verlangt hat. Ismael willigt ohne Zögern ein. Da Abraham den Anblick beim Töten seines eigenen Sohnes nicht ertragen kann, legt er eine Augenbinde an und führt dann das Opfer aus, indem er Ismael die Kehle durchschneidet. Als er daraufhin die Augenbinde abnimmt, ist Abraham erschrocken, Ismael unversehrt an seiner Seite stehen zu sehen, zu seinen Füßen aber einen toten Widder, durch den Gott Ismael ersetzt hatte.

Muslime, die über die finanziellen Möglichkeiten verfügen, sollen im Andenken an jenes Ereignis Schafböcke opfern. In manchen Kulturen werden andere domestizierte Tiere wie Ziegen, Rinder oder Kamele genommen. Hauptbedingung ist, daß es sich um ein vollkommen gesundes, erwachsenes, männliches Tier handelt. Das Fleisch des Opfertieres wird zwischen der eigenen Familie, den Nachbarn und den Armen verteilt. Da beim *hajj* jeder Pilger ein Tier opfert, gibt es zu dieser Zeit in Mekka weit mehr Fleisch als verzehrt werden kann. Um Verschwendung zu vermeiden, wird dieses Fleisch konserviert und das Jahr hindurch von Hilfsorganisationen verwendet. Für viele Muslime, die als Minderheiten in Westeuropa oder den Vereinigten Staaten leben, ist es schwierig, dieser Pflicht selbst nachzukommen. Sie beauftragen internationale Organisationen, das Opfer an ihrer Stelle zu vollziehen und das Fleisch an die Bedürftigen des ausgewählten Landes zu verteilen.

Muharram

Muharram ist der Name des ersten Monats im islamischen Kalender. Er wurde zum Synonym eines Trauerrituals, das Angehörige der zwölfer-schiitischen Konfession begehen, um des Martyriums von Mohammeds Cousin Ali sowie wichtiger noch von Alis Sohn, Mohammeds Enkel Husain, zu gedenken. In den ersten zehn Tagen des Monats engagieren sich die Menschen in mehrfacher Weise: jeden Abend tragen professionelle Geschichtenerzähler bewegten Zuhörerschaften farbenreiche und ans Herz gehende Legenden über das Martyrium Husains vor. Ferner gibt es »Passionsspiele« – *ta'ziya* genannt –, in denen das Leiden Husains und seiner Familie nachgestellt wird. Die Zuschauer sind häufig innerlich so sehr an dem Spiel beteiligt, daß der Darsteller des großen Bösewichtes Shimr, der den tödlichen Schlag gegen Husain ausführte, eine Polizeieskorte anfordern muß, um das Theater verlassen zu können.

Das typischste Ritual des *Muharram* ist die ebenfalls *ta'ziya* genannte Trauerprozession, bei der es einige zentrale Elemente gibt: Leuchten, die die Prozession führen, einen flachen Wagen, der den Sarg Husains darstellt, eine Art Container für seine Waffen und ein Pferd, das den Platz seines Reittieres einnimmt. Häufig gibt es einen weiteren Wagen mit kleinen Kindern in traditionellen arabischen Kleidern, die die Familienangehörigen Husains darstellen, die nach seinem Martyrium gefangengenommen wurden. Die Prozession wird von Zelebranten begleitet, die ein Trauerritual vollziehen und sich dabei auch selbst mit Messern und Rasierklingen Verletzungen beibringen. Namhafte schiitische Kleriker in allen Gesellschaften mißbilligen diese gewaltsamen Trauerrituale und versuchen nachdrücklich, die Bevölkerung an der Teilnahme zu hindern, jedoch mit begrenztem Erfolg.

Volkstümliche Feste

Neben den erwähnten großen religiösen Festen gibt es eine Reihe weiterer Feiertage, die überall in der islamischen Welt in unterschiedlicher Weise gefeiert werden. Einige davon sind auf eine Region oder eine Gruppierung begrenzt, und häufig handelt es sich um Feste im Zusammenhang mit einem bestimmten Heiligengrab der Sufis oder der Schiiten. Andere Feiertage erinnern an Ereignisse im Leben des Propheten: hierzu zählen sein Geburtstag, der am zwölften Rabi al-Awwal, dem dritten Monat, gefeiert wird, sowie die Nacht der Himmelfahrt – *»lailat al-mi'raj«* oder *»shab-e mi'raj«* – am 27. Rajab, da Mohammed in den Himmel aufgestiegen sein soll, um mit Gott zu sprechen, und die Nacht der Bestimmung – *»lailat al-qadr«* vom 26. auf den 27. Ramadan – als Jahresgedenken an die erste Koranoffenbarung an Mohammed. Manche Muslime verharren die ganze Nacht über im Gebet in dem Glauben, daß Gott die Bitten dieser Nacht erfüllen wird.

5. Islamisches Denken in der modernen Welt

Während der Jahrhunderte abbasidischer Vorherrschaft und selbst nach dem politischen Niedergang des Reiches im 12. und 13. Jahrhundert expandierte die islamische Welt geographisch, kulturell und politisch weiter. Eine kritische Phase in der islamischen Geschichte war die erste Hälfte des 13. Jahrhunderts: Die mongolische Invasion brach über Westasien herein und gipfelte 1258 in der Zerstörung der Reichshauptstadt Bagdad. Bagdad war das Rom jener Tage, der Sitz der Abbasiden, das Zentrum der islamischen Welt und in vielerlei Hinsicht die kosmopolitischste Stadt im Mittelmeerraum. Seine Zerstörung und Hand in Hand damit die Unterwerfung islamischer Gebiete von Iran und Irak unter die nicht muslimische, mongolische Herrschaft bedeuteten eine schwere Erschütterung für die Muslime, die sich selbst als Gottes bevorzugte Religionsgemeinschaft verstanden. Hieraus entstand ein theologisches Trauma, das bis zur Ankunft des europäischen Kolonialismus konkurrenzlos blieb.

Die mongolische Herrschaft erwies sich als sehr kurzlebig, läutete aber eine neue Ära ein, in der die kulturelle und politische Vorherrschaft über die islamische Welt von den Arabern an die Perser, Türken und andere ethnische Gruppen überging. Dennoch blieb das Arabische die überwiegend genutzte Sprache der Gelehrsamkeit sowie das Kommunikationsmittel zwischen den Menschen weit entlegener Regionen der islamischen Welt. Während dieser Zeit trugen Missionare, Mystiker und Händler den Islam weiter, so daß er sich im 16. Jahrhundert in Indonesien, Ostafrika und den Weidegebieten südlich der Sahara im westlichen Afrika fest etabliert hatte.

Im 17. Jahrhundert erreichte der Islam seine größte geographische und soziale Ausdehnung, und gleichzeitig begann Europa, schnelle politische und kulturelle Gewinne zu verzeichnen. Zahlreiche Beobachter sahen zwischen der niedergehenden Macht und Bedeutung der islamischen Welt auf der einen und dem Aufstieg des christlichen Europa auf der anderen Seite einen kausalen Zusammenhang. Auf muslimischer Seite machen historische Revisionisten die intellektuelle Stagnation der muslimischen Gelehrten für die Machtverschiebung verantwortlich. Ihnen wird vorgeworfen, bereits im 13. Jahrhundert mit der sprichwörtlichen Schließung des Tores des *ijtihad* –

Die Löwenhalle in der Alhambra, Granada, Spanien, 1354–1391. Der Palastkomplex der Alhambra (aus dem arabischen al-Hamra, »die Rote«) ist ein Überbleibsel der großen, späten Blüte islamischer Kultur in Spanien, die nahezu mit der der goldenen Zeit der Umayyaden etwa 300 Jahre zuvor konkurrieren konnte. (Die Umayyaden hatten Spanien 711 erobert und konnten sich dort bis 1031 halten. Anm. d. Übers.)

unabhängige Urteilsfindung – der eigenen intellektuellen Innovationsfähigkeit ein Ende bereitet zu haben. Die Europäer versuchten diese Entwicklung als Resultat ihrer überlegenen Zivilisation, die sich in Renaissance und Aufklärung ausdrückt, zu verstehen. Abgesehen von diesen umfassenden sozialen Veränderungen hat schneller technologischer Fortschritt dem Westen zweifellos geholfen. Beispielsweise ermöglichte die überlegene Technologie der Schiffahrt den europäischen Nationen die Entdeckung der beiden Teile Amerikas. Mit dem Zugang zu neuen Gold- und Handelsquellen sollte die europäische Entwicklung bald darauf einen solchen Antrieb erfahren, daß die islamische und chinesische Kultur im Vergleich dazu stillzustehen schienen.

Der Islam in der Kolonialzeit

Die Begegnung mit Europa durch den Kolonialismus und die unzweifelhafte weltweite ökonomische und militärische Dominanz des Westens in postkolonialer Zeit waren für die Entwicklung des Islams ganz entscheidend. Mit Ausnahme der Türkei, Irans, Afghanistans und Saudi-Arabiens waren alle islamischen Länder irgendwann unter kolonialer Herrschaft. Selbst die, die formal nicht kolonialisiert waren, konnten aber dem Einfluß des Kolonialismus nicht ganz entkommen. Saudi-Arabien, Iran und Afghanistan waren Protektorate oder mußten in ihrer Souveränität erhebliche Konzessionen gegenüber den Briten oder Russen machen. Die Türkei, zentrale Provinz des Osmanischen Reiches, war durch deren Territorien in Osteuropa und Nordafrika in ständigem Kontakt mit den westeuropäischen Mächten und mußte diesen im 19. und frühen 20. Jahrhundert demütigende Zugeständnisse machen. In jüngerer Zeit hat der Zustrom von Technologie und Medien aus dem Westen in die islamische Welt die westliche Welt mit ihren Symbolen und Werten praktisch in jedes muslimische Haus gebracht.

Im 19. Jahrhundert anerkannten viele Muslime, daß die europäische Welt ein Niveau an Technologie und wissenschaftlicher Erkenntnis erreicht hatte, das alles, was man diesbezüglich in der islamischen Welt finden konnte, bei weitem übertraf. Zahlreiche Mitglieder der intellektuellen und politischen Elite sahen für die islamische Welt die Notwendigkeit, Bildungswesen und Verwaltung zu modernisieren, um erfolgreich mit dem Westen konkurrieren zu können. So leitete das Osmanische Reich, in vieler Hinsicht der Hüter des islamischen Traditionalismus, einen Reformprozeß ein, der schließlich zur Entstehung der säkularen Republik Türkei führte. Zur Verwaltung der vormals unabhängigen religiösen Stiftungen und Güter wurde ein Ministerium eingerichtet. 1868 wurde in Istanbul die erste Schule nach europäischem Vorbild eröffnet, 1876 wurde das Osmanische Parlament begründet.

Im Hauptteil dieser Reformzeit, der *Tanzimat* (1839–1876), gab es im Bereich der militärischen Ausbildung und Organisation grundlegende Veränderungen, und es entstand eine Klasse von Berufssoldaten. Diese übernahmen Anfang des 20. Jahrhunderts de facto die Kontrolle über das Land, verhinderten so die Zersplitterung der Türkei nach dem verlorenen Ersten Weltkrieg (1914–1918) und schufen eine Republik, die eher auf ethnisch-nationaler als auf religiöser Zugehörigkeit fußte. In der Zeit zwischen 1924 und 1928 schaffte der erste Präsident und Held der Republik Kemal Atatürk das Kalifat, das Ministerium für religiöse Angelegenheiten und Stiftungen und ein ganzes Bildungssystem, in dem die religiösen Autoritäten untrennbar mit den Funktionären der staatlichen Bürokratie verbunden waren, ab. Darüber hinaus schloß er die religiösen Gerichte und Schulen, verbot alle Sufi-Organisationen und erklärte schließlich, der Islam sei nicht länger Staatsreligion. Zwei Jahrzehnte später führte die Regierung gewisse Religionsfreiheiten wieder ein, doch hatte die Türkei zu diesem Zeitpunkt die religiösen Institutionen und Funktionen bereits unwiderruflich von denen des Staates getrennt.

Tradition und Reform

Muslimische Denker des 18. und 19. Jahrhunderts haben sich überwiegend mit der Frage der Stärkung ihrer Gemeinschaften und Verbesserung ihrer Lebensbedingungen beschäftigt. Abhängig von ihrer Sicht der islamischen Vergangenheit und ihrer Beziehung zur Zukunft betrachten sie dies als eine Wiederbelebung oder einfach als eine Belebung. Einige Denker vertreten dabei einen entwicklungstheoretischen Ansatz und sehen sozialen Fortschritt als etwas an, was von der Annahme einer rationalistischen, wissenschaftlichen Weitsicht abhängt. Jüngere muslimische Gelehrte hingegen neigen dazu, dieses Modell als zu materialistisch zu verwerfen, da es ihrer Ansicht nach dem Kontext, in dem Entwicklung stattfinden soll, in keiner Weise Rechnung tragt.[21] Sie betonen lieber die »Authentizität«, die die unterschiedlichen Bedürfnisse von Gesellschaften besser einschließt. In einem islamischen Kontext kann Authentizität eine von zwei möglichen Ausprägungen annehmen – die individuelle Authentizität, in der die einzelnen Muslime nach Vollkommenheit streben, und die kollektive Authentizität, in der Muslime versuchen, eine Gemeinschaft zu schaffen, die das ganze Potential, das Gott ihr bestimmt hat, lebt.[22]

Das Konzept der Authentizität dominiert in diesem Jahrhundert einen großen Teil des islamischen Denkens und deckt ein breites Spektrum ab: von äußerst esoterischen Gedanken zur persönlichen spirituellen Vollkommenheit bis zu sozial aktiven Bewegungen, die die islamische Authentizität nur in einer von allen westlichen Einflüssen gereinigten Gesellschaft sehen. In jedem Fall gründet sich das Streben nach Authentizität auf die Überzeugung, daß es eine ideale Form des Islams gibt und daß diese wörtlich oder metaphorisch im Koran und im Leben des Propheten enthalten ist. Dieser »authentische« Islam ist erreichbar, und er ist der einzige Weg zur Belebung des Islams und der Muslime.

Westliche Kommentatoren haben ein ganzes Spektrum islamischer Bewegungen und einzelner Persönlichkeiten als »fundamentalistisch« bezeichnet, ein Terminus, der in der aktuellen Diskussion über den Islam sehr geläufig geworden ist. Zweifellos gibt es muslimische Fundamentalisten, wenn und insofern Fundamentalismus definiert ist als der Glaube an 1. die Unfehlbarkeit der Schrift, 2. ihre wörtliche Wahrheit und Anwendbarkeit zu jeder Zeit und an jedem Ort, 3. die Existenz einer idealen Form der Religion, die unabhängig davon, ob es Menschen gibt, die sie zu einer bestimmten Zeit praktizieren, Bestand hat, und 4. die Existenz einer idealen oder utopischen religiösen Gemeinschaft irgendwann in der Vergangenheit.

21. Zum Thema Entwicklung und den hiermit zusammenhängenden Ideologien gibt es zahllose Werke. Ein entscheidender Beitrag zur Entwicklung der Vorstellung, daß die Entwicklungsstrategien den Bedingungen der jeweiligen Gesellschaften Rechnung tragen sollten, war E. F. Schumacher: Small is Beautiful, Economics as if People Mattered, Oxford 1973. Wichtige Argumente gegen die Vorstellung, Technologie sei frei von kulturellen Werten, finden sich bei Arnold Pacey: The Culture of Technology, London 1983.

22. Eine detaillierte Diskussion des Konzeptes islamischer Authentizität findet sich bei Robert D. Lee: Overcoming Tradition and Modernity. The Search for Islamic Authenticity, Boulder 1997.

Da aber der Glaube an den Koran als buchstäbliches und ewiges Wort Gottes für den Islam von zentraler Bedeutung ist, könnte man die Mehrheit der Muslime als Fundamentalisten bezeichnen.[23] Schon aus diesem Grund ist »Fundamentalismus« kein befriedigender Begriff, um die Denkkategorien der islamischen Welt zu verstehen. Allerdings werden auch andere Termini wie Reformismus, Erweckungsbewegung, Radikalismus u. a. nicht konsequent verwendet und können gleichermaßen irreführend sein. In diesem und dem nächsten Kapitel habe ich ein vereinfachtes Sortiment von Begriffen benutzt. Sie leiten sich aus verschiedenen Zusammenhängen her: einmal aus der Vorstellung, daß islamische Ideologien über Weltbilder verfügen, die vom Konzept »traditionell versus modern« bestimmt sind; dann aus unterschiedlichen Verstehensweisen des Authentizitätskonzeptes; und schließlich aus dem jeweiligen Verhältnis zum Modernismus.

Traditionalisten sind jene Muslime, die eine Kontinuität im islamischen Denken und in der islamischen Kultur seit der Zeit des Propheten wahrnehmen. Diese Kontinuität reicht demnach bis zu dem Zeitpunkt, als das Gefüge der islamischen Gesellschaft vom europäischen Kolonialismus zerrissen wurde. Traditionalisten wünschen sich die Rückkehr in vorkoloniale Zeiten und zu der »authentischen« islamischen Gesellschaft jener Zeit, verkörpert in den traditionellen islamischen Institutionen des Bildungs- und Sozialwesens, den Regierungsformen und den religiösen Hierarchien. In seiner extremen Form lehnt der Traditionalismus technischen Fortschritt insgesamt ab, auch Strom, moderne Medizin und Eisenbahnen. Im frühen 20. Jahrhundert war dies bei der wahhabitischen Bewegung in Saudi-Arabien der Fall, die aber zwischenzeitlich technologischen Fortschritt akzeptiert hat. Traditionalismus ist eine heute weitgehend verloschene Ideologie. Sie wird in der Regel mit ältlichen Religionsgelehrten assoziiert, aus deren Sicht die moderne Welt die Privilegien ihres Berufsstandes unterminiert.

Neben den Traditionalisten gibt es nicht einfach nur die »Modernisten«, sondern eine wesentlich breiter gefaßte Kategorie von modernen Menschen. Eine wichtige Spielart davon sind die Islamisten: Sie befinden es für notwendig, eine Gesellschaft auf der Grundlage islamischer Prinzipien zu gründen, die von ihrem Verständnis von

---

23. Eine übersichtliche Darstellung des Phänomens Fundamentalismus in verschiedenen Religionen findet sich bei Bruce B. Lawrence: Defenders of God. The Fundamentalist Revolt against the Modern Age, San Francisco 1989.

Recht und Werten im Islam regiert wird. Die meisten Islamisten glauben daran, daß sie durch die Anwendung des islamischen Rechts und »das Gebieten des Guten und Verbieten des Bösen« die Staatsbürger überzeugen können, selbst authentisch islamische Werte und Praktiken anzunehmen, um so eine authentische islamische Gesellschaft zu schaffen. Dabei gilt es folgendes zu bedenken: Die Islamisten sind keine Modernisten. Aber sie sind doch insofern moderne Menschen, als sie bewußt und aktiv am Leben der modernen Welt teilnehmen, sei es in den schnellen sozialen Veränderungen, die die muslimische Welt durch Verstädterung und Migration heimsuchen, oder im Gebrauch moderner Mittel, vom Auto, das das Transportwesen revolutioniert hat, bis zu den Computern, die Informationsvermittlung durch Printmedien und elektronische Daten radikal vereinfachten.

Im Gegensatz zu den Islamisten verschreiben sich Modernisten einem ganzen Spektrum von Ideologien. Allen diesen Ideologien ist gemeinsam, daß sie der Natur menschlichen Lebens eine neue Bedeutung zuerkennen. Sie sind zudem alle geprägt durch spezielle Formen des rationalen Denkens und durch den Glauben an die Bedeutung des Individuums. Dabei teilen sie tendenziell die Überzeugung, daß der Prozeß der Modernisierung die radikale Abkehr von traditionellen Werten einschließen muß, so daß modernes wissenschaftliches und rationales Denken an die Stelle reiner Glaubensüberzeugungen tritt. Einfach ausgedrückt, machen sich die Islamisten nur die Technologie zu eigen, die Modernisten aber die Wertesysteme und das Denken, aus denen Technologie hervorgeht. Viele muslimische Modernisten, insbesondere am Ende des 19. und Anfang des 20. Jahrhunderts, waren von den Errungenschaften der modernen Wissenschaft tief beeindruckt und setzten große Hoffnungen auf die Versprechungen der wissenschaftlichen Methode. Jüngere Modernisten haben wie viele nicht-muslimische Denker eine nüchternere Haltung zu industriellem und kapitalistischem Fortschritt und seinen negativen Nebenwirkungen entwickelt und sich Haltungen angeeignet, die sich eher auf die individuelle als auf die soziale Entwicklung konzentrieren.

Viele muslimische Modernisten fühlen sich auch der Ideologie des Liberalismus verbunden. Dies wird insbesondere deutlich bei der Unterscheidung zwischen subjektiver Meinung und objektiver Wahrheit und der konsequenten Überzeugung, daß Personen mit unterschiedlichen Ansichten hierüber in einen Dialog eintreten können. Die Konsequenz einer solchen Diskussion kann sein, daß es gelingt, den anderen von der eigenen Meinung zu überzeugen, aber auch, daß man selbst die Meinung des anderen als die überlegene erkennt. Selbstverständlich sind die Islamisten nicht zu den Liberalen zu zählen. Denn für sie kann es zwischen ihrer subjektiven Auffassung von Wahrheit und der objektiven Wahrheit keinen Unterschied geben.

Im weiteren Verlauf dieses Kapitels fasse ich die bedeutendsten Ideen einiger der größten islamischen Denker des späten 19. und des 20. Jahrhunderts kurz zusammen. Es soll keine vollständige Liste sein. Wohl aber ist sie repräsentativ für eine gewisse Bandbreite islamistischen und modernistischen Denkens.

Frühe Reformer

Jamal ad-Din al-Afghani

Jamal ad-Din al-Afghani (1839–1897) befaßte sich mit zwei zusammenhängenden Anliegen: der Verteidigung der vom europäischen Expansionismus gefährdeten islamischen Länder und der inneren Stärkung des Islams. Häufig wurde er als allzu politisch kritisiert, doch war der Ansatz des gebürtigen Iraners und Pädagogen im Grunde eher theoretisch und hatte großen Einfluß auf zwei Generationen von Muslimen.

Afghani lehnte die seinerzeit vorherrschende Vorstellung von einer irgendwie angeborenen Überlegenheit der Europäer gegenüber den Muslimen ab. Im Gegensatz, so seine Argumentation, gründe sich der »authentische Islam« selbst auf die Vernunft, die Basis des westlichen Erfolgs. Er akzeptierte die Gültigkeit eines wissenschaftlichen Weltbildes und erklärte sogar: »Der Islam ist von allen Religionen der Wissenschaft und Erkenntnis am nächsten, und es gibt zwischen beidem keinerlei Unvereinbarkeit.«[24]

Der Islam hatte Schwächung und Spaltung erfahren, weil er seine Wurzeln vergessen und Jahrhunderte phantasieloser Lehre und verheerender Trennung toleriert hatte. Afghani kombinierte alte koranische Gedanken über die *umma* – die gesamte muslimische Gemeinde mit zeitgenössischem Nationalismus und begründete so eine neue Form des Pan-Islamismus. Er forderte schiitische und sunnitische Muslime auf, ihre Differenzen beizulegen und den europäischen Übergriffen geschlossen entgegenzutreten.

---

24. Nikkie R. Keddie: An Islamic Response on Imperialism, 2. Auflage, Berkeley 1983.

Afghani griff frühere liberale Strömungen des islamischen Denkens auf und vertrat die Ansicht, daß Koranverse, die dem modernen Betrachter merkwürdig erscheinen, symbolisch zu interpretieren seien. In einem radikalen Bruch mit der Vergangenheit verkündete er, daß jeder geistig gesunde und mit dem Leben des Propheten vertraute Mensch in der Lage sei, den Koran zu interpretieren. Die Bildungselite des Islams hatte seiner Ansicht nach eine besondere Verantwortung zur Verbreitung ihres Wissens in der übrigen muslimischen Gesellschaft, und er agitierte gegen die Existenz eines Klerus aus Religionsgelehrten. Vor allem anderen sollten die Muslime nach der Wiedererlangung des essentiellen, dynamischen Islams des goldenen Zeitalters streben, denn sonst würden die europäischen Mächte ihr seiner Ansicht nach oberstes Ziel erreichen und den Islam als Religion auslöschen.

Mohammed Abduh

In den Fußstapfen von Afghani unterschied der gebürtige Ägypter Mohammed Abduh (1849–1905) zwischen der essentiellen und unveränderlichen Glaubensdoktrin des Islams und seinen sozialen und moralischen Lehren, die sich in gewissen vom Koran vorgegebenen Grenzen mit den sozialen Gegebenheiten ändern sollten. Abduh förderte durchschlagende Reformen im ägyptischen Bildungswesen und betonte in bemerkenswerter Weise den Unterricht von Mädchen und Frauen. Die Modernisierung der Al-Azhar-Universität gelang ihm nicht, doch hat er sicherlich andere Denker stimuliert. Manche von ihnen, wie Ali Abd ar-Raziq (1888–1966), von dem noch die Rede sein wird, akzeptierten im Grunde genommen die Notwendigkeit, Religion und Staat zu trennen. Andere, wie der Syrer Rashid Rida (1865–1935), favorisierten eine rigorose Verteidigung der islamischen Doktrin und endeten als Unterstützer der strengen hanbalitischen Rechtsschule und zum Teil gar der wahhabitischen Sicht des Islams.

Visionäre in Politik und Religion

Rifah at-Tahtawi

Den Ägypter Rifah at-Tahtawi (1801–1873) verband eine Art Liebesgeschichte mit dem Westen, doch war er auch bestrebt, die besten Eigenschaften der islamischen Kultur zu retten. Vom ägyptischen Herrscher Mohammed Ali wurde er für fünf Jahre als Imam der ägyptischen Gemeinde nach Paris gesandt und schrieb voll Bewunderung über die französische Offenheit für neue Ideen. Zurück in Ägypten modernisierte er das Erziehungswesen des Landes nach europäischem Vorbild. Gleichzeitig war seine eigene Lesart des Liberalismus tief in der islamischen Tradition verwurzelt. Für ihn gab es zwischen dem islamischen Recht und dem europäischen »Naturgesetz« wenig Unterschiede. So könnten und sollten die Muslime in bestimmten Situationen europäische Rechtsbücher konsultieren, wenn dort die richtige Antwort zu finden wäre. Mit großem Stolz schrieb Tahtawi in Prosa und Poesie über die ägyptische Geschichte und auch die vorislamische Zeit. Eine hochentwickelte intellektuelle Grundlage des modernen ägyptischen Nationalismus wird ihm angerechnet.

Ziya Gökalp

Ziya Gökalp (1875–1924) ist in erster Linie als ideologischer Vater des modernen türkischen Nationalismus bekannt, doch vertrat er im Grunde eine subtilere Mischung aus ethnischem Stolz und einem neuen Konzept der islamischen Gesellschaft. Nach seiner Überzeugung entwickelten sich alle Gesellschaften von der primitiven über die organische zur modernen – dies gilt für muslimische Staaten ebenso wie für alle anderen. In Nachahmung Abduhs sprach Gökalp über zwei komplementäre, sich aber gegenseitig ausschließende historische Quellen: *nass* (Text), der aus dem Koran und den authentischen *hadithen* Mohammeds besteht, und *urf* (soziale Tradition), das je nach Kontext unterschiedliche Verhalten einer muslimischen Gesellschaft. Das erste ist von Gott festgelegt und insofern nicht verhandelbar, das zweite ist ein soziales Phänomen und daher als veränderbar definiert. Historisch betrachtet haben alle vier Hauptschulen der islamischen Rechtslehre *nass* und *urf* nach unterschiedlichen »Rezepten« kombiniert, um zu neuen Lösungen rechtlicher Probleme zu gelangen. In einer eher europäischen Formulierung verglich er *nass* und *urf* mit dem Sakralen und dem Profanen. Der göttliche Text ist heilig, die Abläufe in einer Gesellschaft aber sind unvermeidlich profan. Im nachhinein betrachtet wurde selbst in klassisch-islamischer Zeit der heilige, moralische Bereich vom profanen, politischen unterschieden. Gökalp schloß daraus, daß der Kern einer Religion von ihrer sozialen Interpretation zu trennen sei. In seinen eigenen Schriften vertrat er die Ansicht, daß Muslime, die eine verloschene, orientalische Zivilisation zugunsten einer pulsierenden, okzidentalen aufgeben, immer noch Muslime sind. Kurz gefaßt akzeptierte er westliche Methoden der Rationalität, ohne muslimische Werte abzulehnen.

Ali Abd ar-Raziq

Die Abschaffung des Kalifates 1924 war für traditionalistische Muslime ein katastrophales Ereignis, das für sie nicht nur den Bruch mit der historischen Kontinuität der Vergangenheit symbolisierte, sondern auch die Lösung des Bandes zwischen Islam und politischer Macht. In dieser belasteten Atmosphäre schrieb Ali Abd ar-Raziq (1888–1966) sein Buch *Der Islam und die Grundlagen der Macht (al-Islam wa-usul al-hukm),* in dem er sich in die islamische Geschichte und die muslimischen Quellen vertieft, um zu einer revolutionären Erkenntnis zu gelangen: Das Ende des Kalifates könnte kein Desaster, sondern eine einzigartige Gelegenheit sein, um die Welt der Politik von der der Religion zu trennen und möglicherweise sogar zu befreien.

Als Bruder des Rektors der Al-Azhar und Student in Oxford hatte Abd ar-Raziq zweifellos die intellektuelle Autorität, um ein solches Thema anzugehen. Wenn sich die Autorität des Kalifates aus der islamischen Gemeinschaft herleite und nicht von Gott komme, wie frühere Gelehrte es bereits vertreten hatten, könnte – so seine Argumentation – eine Veränderung im Konsens der Gemeinschaft *(ijma)* die Notwendigkeit, einen Kalifen zu haben, beseitigen. Er wies darauf hin, daß selbst Mohammeds politisches Amt in der Gesellschaft von seinen prophetischen, religiösen Funktionen getrennt war, und kommt zu dem Schluß, daß das ganze Konzept eines »Islamischen Staates« ein begrifflicher Widerspruch sein könnte. Selbst wenn die ganze Welt den Islam als ihre Religion annähme, »würde es die menschliche Natur übersteigen und nicht mit dem Willen Gottes in Einklang stehen«, eine einzige Regierung zu haben. »Nach dem Willen Gottes soll die Menschheit vielfältig bleiben.«[30] So erklärte er, der Islam könne niemals die legitime Basis eines Nationalstaates sein.

Traditionalistische Gelehrte kritisierten ihn natürlich dafür, den Islam auf ein rein spirituelles System zu reduzieren. Schwerwiegender noch war ihre Anklage, er verunglimpfe das Andenken des Propheten und stelle die »ideale islamische Gesellschaft« in Frage. Im Gegenzug erklärte Abd ar-Raziq, jede muslimische Gemeinschaft habe das Recht, ihren eigenen Kalifen zu wählen, wenn sie einen will. So gesehen ist die gemeinsame Entscheidung jeder beliebigen authentischen islamischen Gesellschaft per Definition selbst islamisch.

---

25. Leonard Binder: Islamic Liberalism. A Critique of Development Ideologies, Chicago 1988, 142–143.

Mohammed Iqbal

Wie Gökalp in der Türkei wurde Mohammed Iqbal (1873–1939) als ideologischer Vater eines anderen modernen Staates, nämlich Pakistans bekannt. Er war ein überaus beliebter Nationaldichter und schlug bereits in den 1930er Jahren einen muslimischen Staat in Nordwest-Indien vor. Ein dauerhafteres Vermächtnis hinterließ er aber wohl als Philosoph, der die Entwicklung des Individuums als Kern des Islams ansah. Iqbal brachte die frühere islamisch modernistische Haltung zur Wissenschaft einen entscheidenden Schritt weiter: für ihn war das Studium der Natur in sich selbst ein religiöser Akt, da Gott es ist, der die Naturgesetze geschaffen hat. So sagte er: »Die Natur ist dem göttlichen Selbst das, was das Wesen dem menschlichen Selbst ist … (und) die Natur zu kennen bedeutet, das Verhalten Gottes zu erkennen.«[26]

Gleichzeitig empfand Iqbal, daß der Koran die Aufmerksamkeit auf das spirituelle Wesen der Realität lenkt und die Religion Fragen beantwortet, die die Wissenschaft nicht erreichen kann, weil sie letztlich nur »einen ausschnitthaften Blick auf die Realität« hat. Tatsächlich befähigt nur die Religion die Menschen, ihren kosmischen Sinn zu verstehen, nämlich trotz all ihrer Unzulänglichkeiten Stellvertreter Gottes in dieser Welt zu sein. In diesem Zusammenhang interpretiert Iqbal die Vertreibung von Adam und Eva aus dem Paradies nicht als Fall, sondern als Erhebung auf eine andere Bewußtseinsebene. Adam und damit jeder Mensch – ist ein freier Mensch, der ungehorsam sein und zweifeln kann.

Iqbal hatte ein positives Weltbild. Das Universum wird immer größer und besser, und die Menschen werden letztlich über das Böse siegen. Doch verlange dies jedem einzelnen Individuum das Streben nach Selbst-Vervollkommnung ab in dem vollen Bewußtsein ihrer Verantwortung als Stellvertreter Gottes im Universum. In vielerlei Hinsicht reflektierten diese Ideen die vorherrschende Haltung des europäischen Denkens. Tatsächlich war Iqbal in den Genuß europäischer Bildung gekommen – zunächst in einem College britischer Missionare in seiner Heimatstadt, dann in einem Regierungscollege in Lahore und später in Cambridge, Heidelberg und München. Gleichzeitig bezog er seine Gedanken direkt aus dem Koran und zog dabei revolutionäre Schlüsse: die eigene Vervollkommnung ist in sich selbst ein Akt des Gebetes, und so muß das Gebet nicht auf das islamische Ritual beschränkt werden.

---

26. Muhammad Iqbal: The Reconstruction of Religious Thought in Islam, hrsg. v. M. Saeed Sheikh, 2. Auflage, Lahore 1983, 107.

Sayyid Abu'l-A'la Maududi

Sayyid Abu'l-A'la Maududi (1903–1979), ein Landsmann und Zeitgenosse von Iqbal, nahm zur Frage von Islam und Staat eine deutlich andere Haltung ein. Während Iqbal den herannahenden Staat Pakistan begrüßte, leistete der islamische Gelehrte und Journalist Maududi gemeinsam mit den Traditionalisten Widerstand. Für ihn war ein Nationalstaat unvereinbar mit der Überzeugung, daß alle Muslime eine Gemeinschaft *(umma)* bilden. Gleichzeitig fürchtete er um die Sicherheit der muslimischen Minderheit, die im überwiegend hinduistischen Indien zurückblieb.

Als Pakistan 1947 gegründet wurde, emigrierte Maududi aber dennoch dorthin, um mit seiner Organisation Jama'at-e Islami für einen islamischen Staat im vollen Sinne des Wortes zu kämpfen. Zwei Jahre vor seinem Tod 1979 erlebte Maududi die Verkündung eines islamischen Rechtssystems für Pakistan, in dem zahlreiche »unislamische« Zivilrechte und Sozialpolitiken aufgehoben wurden.

Seine Gegner betrachteten Maududi als Anwalt überholter Ideen, in Wirklichkeit aber kritisierte er einen versteinerten traditionellen Islam ebenso wie eine moderne Gesellschaft nach westlichem Vorbild. Er ermahnte die Muslime, durch die Rückkehr zum »authentischen« Islam nach einer prophetischen soziopolitischen Ordnung zu streben und alle Gewohnheiten über Bord zu werfen, die nicht direkt aus dem Koran oder der Sunna kamen. Gleichzeitig interpretierte er das Konzept vom »Kalifat« *(khilafa)* insofern neu, als jeder einzelne ein »Kalif« sein könne, und erinnert in diesem Punkt an die Betonung der Selbst-Vervollkommnung bei Iqbal. Maududi betrachtete aber die Schaffung tugendhafter Individuen nicht als Ziel an sich, sondern als Mittel zur Schaffung einer perfekten Gesellschaft. In Anlehnung an das koranische Gebot »Gebiete das Gute und verwerfe das Böse« glaubte Maududi fest daran, daß die Durchsetzung von Tugend in der Gesellschaft eine Aufgabe der Autoritäten sei.

Sayyid Qutb

Sayyid Qutb (1906–1966) hatte unter allen Reformdenkern des 20. Jahrhunderts den größten Einfluß, insbesondere auf die politisch aktiven islamischen Gruppen in der arabischen Welt. Er wurde zum ideologischen Kopf der einflußreichen sunnitischen Bewegung der Muslimbruderschaft, und sein Hauptwerk *Meilensteine* wurde von radikalen Gruppen, darunter auch denen, die 1981 Präsident Sadat ermordeten, aufgegriffen.

Qutb stand unter dem Einfluß von Maududi und dem Gründer der Bruderschaft Hasan al-Banna, fügte aber seine eigenen neuen Gedanken hinzu. Wesentlich war dabei eine radikale Neuinterpretation des Konzeptes der *jahiliya* (Zeitalter der Unwissenheit), die traditionell die Schwächen der gottlosen und tyrannischen vorislamischen Zeit bezeichnete. Qutb faßte die Bedeutung weiter und bezog sie auch auf die korrupten Herrscher nominell islamischer Länder. Wenn die Gesellschaft nicht nach den wahren islamischen Prinzipien regiert wird – so seine Argumentation –, wären alle wahren Muslime zum Kampf gegen ihre unterdrückerischen Herrscher verpflichtet.

Seine Anhänger interpretierten Qutbs Aufruf sehr unterschiedlich: einige konzentrierten sich auf den Bau von Schulen und die Teilnahme an nationalen Wahlen, andere – eine Minderheit, der viel Öffentlichkeit bereitet wurde – konzentrierten sich auf Gewaltakte und Terror. In der Praxis florierte der zweite Ansatz, wann immer autoritäre und nicht partizipative Regierungen versuchten, die Opposition zu zerschlagen. Anders gesagt radikalisiert Unterdrückung sonst moderate Islamisten. Ägyptens nationaler Führer Gamal Abdul Nasser ließ Qutb wegen seiner angeblich aufwieglerischen Überzeugungen hinrichten. In gewisser Hinsicht lieferte Qutb ein sunnitisches Modell für eine religiös politische Denkungsart, die insbesondere im zeitgenössischen schiitischen Iran bekannt wurde.

Die iranische Revolution

Seit dem frühen 16. Jahrhundert wurde der zwölfer-schiitische Islam zur Mehrheitsreligion in Iran, dem klassischen Persien, was für die Kleriker ein ironisches Dilemma bedeutete. Der schiitische Islam repräsentierte historisch gesehen die Unterdrückten, nicht die Mächtigen, und die schiitische Doktrin betrachtete alle Regierungen als unausweichlich korrupt, bis der verborgene Imam wiederkehren und die Menschheit erlösen würde. Politik wurde insofern als »dreckiges Geschäft« angesehen, und politischer Aktivismus galt als nutzlos.

In derselben Logik förderten aber diese Überzeugungen eine starke und unabhängige religiöse Hierarchie, ein Trend, der im 18. Jahrhundert verschärft wurde, als eine kurze sunnitisch-afghanische Belagerung Irans die iranisch-schiitischen Gelehrten zur Flucht in den osmanisch regierten Irak zwang. Dort, in den Städten Najaf und Kerbela bei den Gräbern von Ali und Husain, lebten und studierten große Gelehrte, die Ayatollahs genannt wurden. Selbst nachdem die Schiiten die Herrschaft über Iran zurückerobert hatten, blieben die meisten von ihnen im Irak und operierten so weiter außerhalb der Reichweite der iranischen Regierung.

Zusammengenommen helfen diese Faktoren zu erklären, warum die iranischen *ulama* (Religionsgelehrte) im 19. und 20. Jahrhundert so unabhängig und in Opposition zur Monarchie handeln konnten. Eine Reihe von Protesten hatte 1906 in Iran zur Verfassungsrevolution geführt. Als Konsequenz daraus wurde die Verfassung im folgenden Jahr durch eine Klausel erweitert, die besagte, daß jedes vom Parlament erlassene Gesetz einem Komitee aus fünf Religionsgelehrten, die diese unter ihresgleichen gewählt hatten, vorzulegen sei, damit es verifiziere, ob der vorgelegte Gesetzesentwurf nicht im Widerspruch zum Islam stehe. Im Jahr darauf aber nahm der als »*shah*« bezeichnete König die Hilfe russischer Truppen in Anspruch, löste das Parlament auf und suspendierte damit alle Verfassungsreformen.

1921 besiegte ein Brigadegeneral die herrschende iranische Dynastie und krönte sich selbst mit dem Segen des traditionalistischen Klerus im Dezember 1925 zum Kaiser. In den folgenden Jahren benutzte seine künstlich kreierte Pahlavi-Dynastie – so benannt aufgrund der mythologischen, vorislamischen Anklänge – den Klerus als Schwert gegen die Modernisten, die ein demokratischeres Regierungssystem forderten. Die Kleriker verabscheuten zwar die pro-westliche Politik und die monarchischen Ansprüche des Schahs, willigten aber doch in dieses Arrangement ein, da ihnen die Pahlavi-Regierung immer noch lieber war als der Alptraum eines kommunistischen Regimes – angesichts der langen Grenze Irans mit der Sowjetunion eine durchaus realistische Befürchtung.

In den 1960er Jahren dann führten die Menschenrechtsverletzungen in Iran und seine überaus konziliante Politik gegenüber den Vereinigten Staaten zu Demonstrationen gegen die Regierung, an denen sowohl Kleriker als auch liberale Elemente beteiligt waren. Ayatollah Khomeini trat als schärfster Regimekritiker in Erscheinung und wurde nach einem Angriff von Regierungskräften auf sein Seminar in Ghom verhaftet. Tausende starben bei gewalttätigen Protesten gegen seine Gefangennahme. 1964 wurde ein uneinsichtiger Khomeini zunächst in den Irak und später nach Frankreich ins Exil geschickt, von wo aus er seine Verleumdungskampagne fortsetzte. 1978 schließlich zwang eine breite Koalition aus säkularen und religiösen Intellektuellen, Basarhändlern, Kommunisten und Frauengruppen den Schah,

Iran zu verlassen. Als die Kleriker dann 1979 eine »Islamische Republik« im vollen Sinne des Wortes schufen, fühlten sich viele, die am Kampf gegen den Schah beteiligt gewesen waren, verraten. Nicht genug damit, daß sie in der neuen Regierung nicht vertreten waren, nutzte das neue Regime dieselbe Sicherheits-Maschinerie und verübte dieselben Greueltaten wie einst der Schah, um jede Opposition zum Schweigen zu bringen.

Der Werdegang Ayatollah Khomeinis als spiritueller Führer des Iran kann leicht in einem negativen Licht gesehen werden, denn unter seiner Leitung wurde Iran weltweit isoliert, verlor das Vertrauen der ehemals Verbündeten in der islamischen Welt und im Westen, führte einen sehr kostspieligen Krieg gegen den Irak, beging im eigenen Land umfangreiche Menschenrechtsverletzungen, ließ Oppositionelle außerhalb des Landes umbringen, wurde Zeuge der Flucht vieler gebildeter Leute und des Verlustes großen Wohlstandes und erlebte schließlich ein Jahrzehnt ökonomischer Stagnation. Gleichzeitig zählen viele Ideen, für die Khomeini eintrat, bevor er zum Führer einer Revolutionsregierung wurde, zu den faszinierendsten Beispielen radikal-islamistischer Literatur und zeigen beachtliche Parallelen zu einigen Konzepten der Befreiungstheologie in Lateinamerika.

Ayatollah Khomeini

Khomeini hielt es für die Pflicht der Religionsgelehrten, einen islamischen Staat zu schaffen und darin legislative, exekutive und judikative Ämter einzunehmen. Diese spezielle Regierungsform bezeichnete er als »Herrschaft des Gottesgelehrten« *(velayat-e faqih).* Ein Religionsgelehrter, den eine unerreichte Kenntnis des islamischen Rechts auszeichnete, sollte die oberste Autorität sein und über uneingeschränkte exekutive Macht verfügen. Er sollte von solch herausragender Moral sein, daß man ihn im Grunde als frei von jeglicher größeren Sünde bezeichnen könnte. Es besteht wohl kein Zweifel daran, daß Ayatollah Khomeini, als er nach der Islamischen Revolution die Rolle des religiösen Führers Irans übernahm, in genau dieser Eigenschaft regierte.

Khomeini gründete seine Lehre von der Regierung der Gelehrten auf islamische Vorbilder, darunter den *hadith,* der besagt: »Die Gelehrten meiner Gemeinschaft sind wie die Propheten, die vor mir kamen.« Khomeini teilte Maududis Überzeugung, daß eine tugendhafte Führung eine tugendhafte Gesellschaft hervorbringt. Im Unterschied zu den meisten anderen Islamisten des 20. Jahrhunderts bemühte er aber auch den symbolischen Gehalt von Klasse und wirtschaftlicher Ausbeutung und suchte Anklänge an die marxistischen Gegner des Schahs. Er formulierte es so: »Wenn die *ulama* … die Befehle Gottes umsetzen würden … würden die Menschen nicht mehr in Hunger und Elend leben, und die Gesetze des Islams wären nicht länger außer Kraft.«[27]

Gelegentlich klingen die Ermahnungen Ayatollah Khomeinis zugunsten der Armen exakt wie die der römisch-katholischen Befreiungstheologen, die zeitgleich in Lateinamerika schrieben:

»Der Islam hat das Problem der Armut gelöst und an die Spitze seines Programmes gestellt. ›*Sadaqat* (Barmherzigkeit) ist für die Armen.‹ Dem Islam ist bewußt, daß zuerst die Situation der Armen verbessert werden muß.«[28]

Ali Shari'ati

Manche Gelehrte haben die Ansicht vertreten, Khomeini habe die traditionelle islamische Sorge um die Armen und Unterdrückten deshalb mit marxistischen und sozialistischen Gedanken und Symbolen vermengt, um Kapital aus der enormen Popularität eines anderen wichtigen iranischen Denkers zu schlagen: Ali Shari'ati (1933–1977). Anders als Khomeini gehörte Shari'ati keiner Klerikerfamilie an, hatte aber neben dem regulären Schulbesuch eine formale religiöse Erziehung genossen. Nach fünf Jahren des Studiums in Paris kehrte Shari'ati nach Iran zurück, doch führte seine Kritik am Schah zur Verbannung zurück nach Frankreich, wo er nach Ansicht vieler unter mysteriösen Umständen starb. Shari'ati beklagte, daß die beste Islamwissenschaft bei Europäern und nicht bei den Muslimen zu finden sei. So sagte er: »Als Anhänger einer großen Religion müssen wir den Islam korrekt und systematisch lernen und kennen. Einfach nur etwas zu glauben ist an sich noch keine Tugend.«[29]

Wie zuvor Iqbal forderte Shari'ati seine Zuhörer auf, durch die Entdeckung ihrer individuellen Einzigartigkeit authentisch zu werden. Seine Werke vertiefen dieses Thema wiederholt, und er nutzt das Beispiel schiitischer Helden wie Fatima, der Tochter Mohammeds, die über ihre soziale Rolle hinausging, um ihrer Bestimmung als vollkommenes menschliches Wesen nachzukommen.[30] Die alles überra-

27. Khomeini: Islam and Revolution. Writings and Declarations of Imam Khomeini, übers. u. kommentiert von Hamid Algar, Berkeley 1981, 123.
28. Khomeini, 120.
29. Ali Shari'ati: On the Sociology of Islam, übers. v. Hamid Algar, Berkeley 1979, 60.
30. Ali Shari'ati: Fatima is Fatima, übers. v. Laleh Bakhtiyar, Teheran o. J.

gende Botschaft des schiitischen Islams war für Shari'ati der Kampf um eine bessere Gesellschaft durch das Selbst-Opfer. In diesem Zusammenhang zitiert er das Beispiel von Fatimas Sohn Husain, der freiwillig das Martyrium auf sich nahm, um das kriminelle Wesen seiner »bösen Feinde« offen zutage treten zu lassen. Shari'ati schrieb: »*Shahadat* (Martyrium) ist eine Einladung an alle Generationen und zu jeder Zeit, wenn du deinen Unterdrücker nicht töten kannst, dann stirb.«[31] Im Arabischen bedeutet das Wort *shahadat* sowohl Martyrium als auch, Zeugnis abzulegen.

Schluß

Die hier vorgestellten Denker vertreten unterschiedliche Standpunkte, die im letzten Jahrhundert Einfluß gewinnen konnten. Ein deutlicher Fortschritt ist nachvollziehbar von den frühen Modernisten wie Afghani und Abduh, die in Wissenschaft und Industrialisierung sowie in dem damit einhergehenden Weltbild ein großes Potential für die Stärkung islamischer Gemeinschaften in der Zukunft sahen, zu Personen wie Iqbal und weiter noch zu Abd ar-Raziq, die sich vom aufgehenden Industriezeitalter immer weniger verwirren ließen und sich statt dessen auf verschiedene liberale Werte im europäischen Modernismus konzentrierten. Shari'ati ist ein großer Schritt für die Entwicklung des islamischen Modernismus, da er zum einen bewußt westliche Gedanken in die islamische Gesellschaft einführte, und zum anderen auf der Grundlage seiner Lesart der islamischen Geschichte eine islamische Modernität entwickelte.

Diese Denker stehen im Kontrast zu den Islamisten, die aktiv für die Durchsetzung einer islamischen Ordnung durch die Macht des Staates kämpfen. Wie sich bei Maududi und Khomeini zeigt, sind einige Islamisten stark von den Ideen der muslimischen Modernisten beeinflußt worden, wenngleich sie sehr selektiv vorgehen in der Frage, was sie sich davon aneignen, und die meisten liberalen und pluralistischen Ideen verwerfen. Dieser Trend hat sich in jüngster Zeit fortgesetzt und ein hohes Maß an Mißtrauen erzeugt zwischen Menschen, die über die Zukunft des Islams und der Muslime unterschiedlicher Meinung sind.

31. Mehdi Abedi und Gary Legenhausen (Hrsg.): Jihad and Shahadat. Struggle and Martyrdom in Islam, Houston 1986, 214.

6. Ein Blick in die Zukunft

Der Wunsch, den Islam von innen heraus zu stärken und gleichzeitig gegen den vermeintlichen Angriff des Westens zu verteidigen, hat im vergangenen Jahrhundert einen großen Teil des islamischen Denkens dominiert und die Haltungen zahlreicher islamischer Gruppen geprägt. Muslimische Reformer unterschiedlicher Couleur, insbesondere aber die Islamisten, sind zwischen zwei Hindernissen gefangen: sie fühlen sich nicht nur von der westlichen Welt bedroht, sondern werden auch von der Rhetorik ihrer eigenen Geschichte geschlagen. Viele Muslime sind sich ihrer glorreichen Vergangenheit, in der die islamische Welt viele der reichsten Städte überhaupt sowie der wichtigsten Zentren der Gelehrsamkeit beheimatete, sehr deutlich bewußt. Ihr Selbstverständnis als Leitstern für den Rest der Menschheit steht der Gegenwart unversöhnlich gegenüber: die Muslime sind außerstande, erfolgreich mit anderen, vitaleren Gesellschaften zu konkurrieren, und es ist bittere Realität, daß kein muslimisches Land unter den höchstentwickelten Nationen rangiert, die meisten vielmehr zu den ärmsten zählen und unter extremen sozialen Problemen leiden.

Wie im vorausgegangenen Kapitel erläutert, sieht die Mehrheit moderner muslimischer Denker den besten Ausweg aus dem unerwünschten gegenwärtigen Zustand in der Rückbesinnung auf eine authentische Form des Islams. In der Suche nach Authentizität verbirgt sich aber in der Regel ein zentrales, inhärentes Problem: Um wessen Authentizität geht es?

> »Wenn die Frauen in Deh Koh, einem Dorf in den westiranischen Bergen, ihren Babies lange Zeit Amulette anlegten, um böse Geister fernzuhalten, ist das dann nicht ein Element eines authentischen Lebensstils? Haben diese Frauen nicht das Recht, religiösen Eiferern zu mißtrauen, die ihnen sagen, sie sollten im Gebet zu Gott Schutz suchen? Die Islamische Republik Iran hat sich dieser Art ›authentischen‹ bäuerlichen Verhaltens gegenüber feindselig gezeigt, und zwar im Namen einer Revolution, die ganz besonders durch Aufrufe zu ›authentischen‹ iranischen Werten gegen den gottlosen, materialistischen und wissenschaftlichen ›Universalismus‹ des Westens vorangetrieben wurde.«[32]

32. Lee (s. Anm. 22), 178.

Die Kontroverse um Salman Rushdie hat im Verständnis des Verhältnisses zwischen muslimischer und westlicher Welt am Ende des 20. Jahrhunderts sowohl als Wetterfahne als auch als Blitzableiter fungiert.

Die Salman-Rushdie-Kontroverse

Als Salman Rushdie, ein aus Indien stammender Muslim, im September 1986 seine *Satanischen Verse* veröffentlichte, war er im englischsprachigen Raum bereits ein anerkannter Romancier. Das Buch löste praktisch unmittelbar einen Skandal aus, der wenig mit dem literarischen Wert zu tun hatte, sondern vielmehr mit der Anschuldigung, das Buch verhöhne den Propheten Mohammed und beschädige damit den guten Namen des Islams. Die heftigsten Reaktionen kamen unter anderem aus Indien und Pakistan. Dort wurde das Buch bald verboten, und es kam zu schweren Krawallen, die auch Proteste muslimischer Gemeinschaften in Rushdies Wahlheimat Großbritannien nach sich zogen. In Kalifornien wurden Brandbomben in zwei Buchhandlungen, die die Publikation vertrieben, geworfen. Es kam aber noch schlimmer: Am 14. Februar 1989 gab Ayatollah Khomeini ein persönliches Rechtsgutachten, eine *fatwa,* heraus, in dem er Rushdie als einen Blasphemiker bezeichnete und erklärte, sein Verbrechen sei mit dem Tod zu bestrafen, und eine Prämie auf sein Leben aussetzte. Seither war der Autor gezwungen, sich in Großbritannien versteckt zu halten.

Rushdie hat den Roman mit der ihm eigenen Kombination aus respektlosem Esprit, Satire und der Fähigkeit, eine Welt des magischen Realismus mit zahlreichen parallelen Handlungssträngen zu schaffen, geschrieben. Der Titel geht auf die Legende zurück, daß sich die Verse 19 bis 23 von Sure 53 des Korans ursprünglich auf drei vorislamische Gottheiten als Töchter Allahs beziehen. Diese angeblich falschen Offenbarungen wurden unter dem Namen ›die satanischen Verse‹ bekannt. Darüber hinaus beleidigte Rushdie viele Muslime mit der Mutmaßung, Mohammeds Frauen seien Prostituierte gewesen, sowie durch eine kaum verschleierte Satire über das Leben des Ayatollah Khomeini im Pariser Exil.

Der Skandal führte innerhalb eines Jahres zum Verkauf von einer Million gebundener Exemplare, insbesondere wohl aufgrund der ungewöhnlichen Begleiterscheinungen. So könnte es sich hier um den am wenigsten gelesenen Bestseller aller Zeiten handeln. Die Auswirkungen der Rushdie-Affäre gehen aber weit über die Frage hinaus, ob sein Buch nun beleidigend ist oder nicht. Die meisten Muslime lehnten die Todesdrohung gegen Rushdie ab, distanzierten sich aber keinesfalls von den Protesten. In gewisser Hinsicht illustrierte die Rushdie-Affäre den Zusammenprall zweier Werte: das Recht des Künstlers auf freie Äußerung gegen das Recht von Minderheitengemeinschaften, aufgrund ihres Glaubens nicht beleidigt oder diskriminiert zu werden. Der Gelehrte Akbar S. Ahmed erklärte dazu:

> »So wie die Menschen im Westen nicht verstanden haben, wie sehr die Muslime den Propheten verehren, so konnten die Muslime ihrerseits nie wirklich erfassen, was ihre Todesdrohung gegenüber dem Autor und das Verbrennen seines Buches auslösten. So geartete Handlungen haben eine tiefe kulturelle Bedeutung und eine Resonanz in der Geschichte. Sie rühren an den wundesten Nerv der Menschen in der westlichen Welt. Vieles von dem, was sie als ihre größten Errungenschaften und nobelsten Ideen ansehen, ist betroffen. Im Idealfall geht es hier um die Prinzipien der Rede-, Ausdrucks- und Bewegungsfreiheit, die Abscheu vor jeder Zensur, die Achtung vor der Auseinandersetzung, eine offene und freie Gesellschaft ... Die Inquisition, die Ablehnung der etablierten Kirche, die zur Reformation führte, die Zensur durch Nazis und Sowjets – das sind die Schilder am Weg, den die Menschen im Westen beschritten haben. Für sie ist die Vorstellung, Bücher zu verbrennen, für alle Zeit mit den Nazis im Hitler-Deutschland verbunden, Sie symbolisiert die dunkelste Macht des Bösen, Anarchie und Terror, sie bedeutet Rassenhaß und intellektuelle Verwüstung.«[33]

Dennoch überzeugte die wahrgenommene »Überreaktion« mancher Muslime viele im Westen davon, daß alle gläubigen Muslime engstirnig und gewalttätig sind. Tatsächlich verurteilte Shaikh at-Tantawi, Großmufti von Ägypten und somit im Grunde die höchste religiöse Autorität der Sunniten, die Illegalität außergerichtlicher Hinrichtungen:

> »Die beste Reaktion ist in so einem Fall wohl, das Buch zu lesen und wissenschaftlich darauf zu antworten, um die Irrtümer zu widerlegen, den Autor zu enttarnen und zu beweisen, daß er Gott in ungerechter Weise beleidigt hat. Ihn zu töten ist nur dann zulässig, wenn er eines

33. Akbar S. Ahmed: Postmodernism and Islam. Predicament and Promise, London 1992, 170–171.

> Verbrechens überführt wurde, auf das die Todesstrafe steht. Die Vollstreckung einer solchen Strafe aber liegt in der Verantwortung der jeweiligen Regierung.«[34]

Andere wandten ein, daß ein schiitischer Kleriker wie Khomeini nicht über Sunniten und damit die muslimische Mehrheit weltweit Recht sprechen könne. Dennoch verstärkte die Rushdie-Affäre gemeinsam mit anderen Ereignissen von globaler Bedeutung Mißtrauen und Stereotypien. Die überwiegende westliche Reaktion überzeugte viele Muslime davon, daß der Westen den Muslimen feindlich gesonnen ist und ihre bürgerliche Gleichheit in Frage stellt. So zitierten sie die Scheinheiligkeit des britischen Blasphemie-Gesetzes, das die Kirche von England schützt, nicht aber andere Gemeinschaften.

Ferner machte die Affäre die Kluft zwischen muslimischen Immigranten im Westen, die der Arbeiterklasse angehören und in einer Art kommunalem Kokon leben, und den besser assimilierten intellektuellen muslimischen Bürgern deutlich. Die erstgenannte Gruppe ist in sich keinesfalls homogen, doch tendieren ihre Mitglieder dazu, sich in erster Linie mit ihrer ethnischen und nationalen Gruppe zu identifizieren, und assimilieren sich entweder gar nicht oder lediglich in der Arbeitswelt, nicht aber im sozialen Leben. Viele dieser nicht-assimilierten Immigranten mißtrauen denen, die sich assimiliert haben und die sie als Verräter ihrer Kultur wahrnehmen. Insbesondere Menschen wie Salman Rushdie wird unterstellt, sie fühlten sich der westlichen Welt gegenüber minderwertig und könnten diese nur zufriedenstellen, indem sie eine arrogante Überlegenheitshaltung gegenüber dem durchschnittlichen Immigranten einnehmen, den sie zu vertreten behaupten. Dabei beschränken sich ihre Kontakte aber auf wenige kurze Begegnungen beim Besuch in der ethnischen Nachbarschaft zum Essen oder zum Lebensmitteleinkauf.

Muslimische Minderheiten im Westen

Ganz offensichtlich beherrschen Muslime in den Vereinigten Staaten, Großbritannien, Frankreich und anderen Ländern die Symbole und Instrumente der westlichen Gesellschaft wie das Fernsehen, die Printmedien und in zunehmendem Maße das Internet, da sie davon ausge-

34. Zitiert bei Abdallah Anouar u. a.: Pour Rushdie: cent intellectuels arabes et musulmans pour la liberté d'expression, Paris 1993, 287; in englischer Übersetzung von Roger Allen in: Iranian Studies 28 (1995), H. 3–4, 231–233.

hen, daß diese Fähigkeiten die muslimische Gemeinschaft innerlich stärken werden und sie in den pluralistischen Gesellschaften, in denen sie als Minderheiten leben, sicht- und hörbarer machen werden. Daß Muslime in Europa und Nordamerika soziale Anerkennung errungen haben, verdanken sie in erster Linie dem Bemühen solcher Menschen und nicht den assimilierten Eliten. Die Rushdie-Affäre sowie einige ausgiebig publizierte Fälle häuslicher Gewalt in muslimischen Arbeiterfamilien in Großbritannien haben Fragen der muslimischen und asiatischen Immigration ins Zentrum nationalen Bewußtseins gerückt. Das British Home Office warnte, die Haltung der Polizei gegenüber der großen Gemeinschaft von Immigranten aus Pakistan und Bangladesch habe Mißtrauen und Feindseligkeit unter den Minderheiten ausgelöst und könnte zu ethnischen Auseinandersetzungen führen. Zeitgleich wählte Großbritannien 1997 sein erstes muslimisches Parlamentsmitglied, und das Erziehungsministerium gewährte ab 1998 staatliche Unterstützung für zwei islamische Schulen in London und in Birmingham. Mit dieser Entscheidung wurde den islamischen religiösen Schulen und der von ihnen vermittelten Erziehung derselbe Status eingeräumt, den auch die Kirche von England, die römisch-katholische Kirche und die jüdische Gemeinschaft genießen.

Die Situation in den Vereinigten Staaten ist etwas anders, da der eine Islam dort eine wichtige Rolle als Religion von Afroamerikanern spielt, die als »authentischere« Amerikaner angesehen werden als die Immigranten. Der Islam kam mit den ersten Sklaven aus Westafrika nach Nord- und Südamerika. Zur Zeit der Sklaverei wurde der Islam aktiv unterdrückt und fast ausgelöscht. In der Zeit der Bürgerrechte erlangte er aber in den Vereinigten Staaten einen neuen symbolischen Wert, da der Islam als authentisch afrikanisch angesehen wurde, das Christentum aber als eine »weiße Religion«[35]. Einige frühe Gruppen wie die ›Moorish Science Temple‹ und die ›Nation of Islam‹ unter Elijah Mohammed wurden von den Immigranten noch nicht recht als muslimisch angesehen, aber unter der Führung von Warith Deen Mohammed und durch den späteren charismatischen Einfluß von Malcolm X näherte sich die überwältigende Mehrheit afroamerikanischer Muslime dem sunnitischen Islam an. Die Zusammenarbeit zwischen den Afroamerikanern auf der einen und den muslimischen Immigranten auf der anderen Seite – insgesamt etwa fünf Millionen

35. Mehr über den Islam der Afroamerikaner bei Allan D. Austin: African Muslims in Antebellum America. Transatlantic Stories and Spiritual Struggles, New York 1997, und Richard B. Turner: Islam in the African-American Experience, Bloomington 1997.

Menschen – brachte eine Reihe substantieller Veränderungen und Verbesserungen im Status des Islams in den Vereinigten Staaten mit sich, insbesondere in den 1990er Jahren, als der Präsident erstmals Erklärungen zu großen islamischen Feiertagen abgab, Sitzungen des Kongresses mit muslimischen Gebeten eröffnet wurden und das Militär muslimische Seelsorger akzeptierte. 1998 war die Syracuse University die erste große amerikanische Institution, die an einem islamischen religiösen Feiertag geschlossen blieb – ein Meilenstein, von dem noch wenig Notiz genommen wurde.

In den west- und mitteleuropäischen Ländern unterscheidet sich die gesellschaftliche Situation und die Zusammensetzung der muslimischen Minderheiten stark. Das hat z. T. mit der kolonialen Vergangenheit, z. T. mit wirtschaftlichen und anderen äußerlichen Faktoren zu tun. Die meisten Muslime in Großbritannien kommen aus Commenwealth-Ländern, insbesondere vom indischen Subkontinent (Indien, Pakistan). Die in Frankreich lebenden Muslime stammen ganz überwiegend aus Nordafrika (Maghreb-Staaten). In Deutschland dagegen kommen etwa 60 % der Muslime aufgrund der sog. Gastarbeiteranwerbung und Familiennachzug aus der Türkei, die übrigen sind zum Teil Flüchtlinge oder Asylsuchende aus Bosnien, dem Kosovo und Albanien.

Auch die staatlichen Rahmenbedingungen sind sehr unterschiedlich: In Frankreich gibt es eine säkularistische Tradition, die auf die französische Revolution von 1789 zurückgeht. Aus dieser Tradition heraus gibt es z. B. in Schulen keinen Religionsunterricht, und sowohl Lehrern wie Schülern ist es verboten, religiöse Abzeichen zu tragen. Nach Auffassung vieler Schulleiter gehören dazu auch Kopftücher, was immer wieder für Probleme sorgt. In Deutschland besteht eher das Problem, daß die Muslime sich nur schwer in dem vergleichsweise engen Verhältnis zwischen Staat und Religion (bisher christliche Kirchen sowie Judentum) Anerkennung verschaffen können. Der Staat verlangt einen einheitlichen »Ansprechpartner«, den es bisher unter den Muslimen noch nicht gibt. In Österreich dagegen, wo zu Zeiten der habsburgischen Monarchie Teile des Reiches muslimisch waren (Bosnien-Herzegowina), hat der Islam den Status einer rechtlich anerkannten Religionsgemeinschaft. In England ist die staatliche und kulturelle Anerkennung der Muslime wohl am weitesten vorangeschritten.

Islam im Kontext

Die größte Spannung zwischen den verschiedenen muslimischen Gemeinschaften wird durch die folgenden Frage ausgelöst: Wer vertritt die normative Form des Islams? Sollen – und falls ja: wie sollten traditionelle islamische Praktiken und Glaubensüberzeugungen und Institutionen verändert werden, um in eine sich rasant verändernde Welt zu passen? Manche modernistischen Muslime und westliche Kritiker tendieren dazu, traditionelle und islamistische Lesarten der Religion als intolerant anzusehen und als aggressive Bedrohung für das gesamte Unternehmen des menschlichen Fortschritts zu betrachten. Sie identifizieren islamische rechtliche und rituelle Traditionen mit dieser umstrittenen Rückständigkeit und lehnen den Islam entweder ganz ab oder sie suchen einen Aspekt der Religion, der den wahrgenommenen Bedürfnissen der modernen Welt genügen könnte.

Viele muslimische und nicht-muslimische Kommentatoren des Islams versuchen in Sufi-Bewegungen ein wünschenswerteres und toleranteres Gesicht des Islams zu finden. Im Gegensatz dazu werden Islamisten und Traditionalisten bisweilen als undifferenzierte Konservative über einen Kamm geschoren, die sich mehr um die Konformität mit überholtem religiösem Ritual und Gesetz sorgen als um das spirituelle und physische Wohlergehen der Menschen, denen sie ihre Vorstellungen akzeptablen sozialen und religiösen Verhaltens aufzwingen.

Kommentatoren, die den Weg der Sufis bevorzugen, identifizieren die islamische Tradition der Toleranz in Verhalten und Glauben als reizvollstes Charakteristikum dieser Tradition. Die am meisten üblichen Gradmesser dieser Haltung betreffen die Freiheit der Frauen in Kleidung und Bewegung. Ferner geht es um die Frage, inwieweit vermeintlich islamische Werte einer ganzen Gesellschaft aufgezwungen werden, beispielsweise durch die Beschränkung des Essens in der Öffentlichkeit während des Fastenmonats oder des Verkaufs und Konsums von Alkohol das Jahr hindurch. Tatsächlich ist aber die Korrelation zwischen sozialer Toleranz und sufistischen islamischen Gesellschaften oder Autoritätssystemen nicht so einfach. Viele islamische Reformer gingen speziell Probleme innerhalb des Sufismus an und schlachteten die negative öffentliche Wahrnehmung bestimmter Aspekte des sufistischen Islams aus, um sozialen Einfluß zu gewinnen.

Ein Teil der muslimischen Angriffe auf den Sufismus und die sufistische Gesellschaft paßt zu dem Wunsch, eine »authentische« Form des Islams zu verkünden. Nach Ansicht vieler Reformer haben die meisten Glaubensüberzeugungen und Praktiken der Sufis zur Zeit Mohammeds noch nicht existiert und sind insofern unerwünschte Neuerungen. Traditionalistische Muslime kritisieren nicht nur einen großen Teil der Sufi-Philosophie und viele Meditationsformen, sondern auch die widersprüchlichen oder heterodoxen Ausdrucksformen des Sufismus, die als moralisch degeneriert und hedonistisch angesehen werden. Die wesentlich potentere Kritik an der sufistischen Gesellschaft gründet aber auf dem rigiden und ausbeuterischen Sozialsystem, das die Loyalität zu einer Heiligenfamilie hervorbringt. In manchen Regionen der islamischen Welt, zum Beispiel unter den Kurden in der Türkei und im Irak, den Sindhis in Pakistan und in Teilen Marokkos, liegt die politische Macht bei den Familien von Heiligen, die diesen Stand geerbt haben und sich auf ihren Ruf als Inhaber von *baraka* stützen. Hierin liegt ebensoviel übernatürliche Bedrohung wie Segen, und die Loyalität der lokalen Bevölkerung kann so gebunden werden.

Trotz des so gegebenen Ausbeutungspotentials in sufistischen Sozialstrukturen sehen die Leute in manchen Teilen der muslimischen Welt den Sufismus als die reine und ursprüngliche Form des Islams, in Abgrenzung zu der importierten sogenannten normativen Tradition der Islamisten. Dies trifft insbesondere auf Teile der ehemaligen Sowjetunion zu wie beispielsweise Tschetschenien. Hier hat die Bevölkerung eine Abgrenzung vorgenommen zwischen ihrer eigenen traditionellen Form des Islams, die auf Sufi-Orden basiert, die ihrerseits eng mit den Loyalitäten zu bestimmten Clans verwoben sind, und dem wahhabitischen Reformismus, der durch ein Netzwerk von angeblich aus Saudi-Arabien unterstützten Missionaren verbreitet wird. Die Wahhabiten sind an ihrer Tendenz zum Tragen von Bärten, Kappen und Schleier leicht zu erkennen und meiden ferner jede Stammesloyalität zugunsten von religiösen Bindungen. Sie wurden zum Ziel von Spott und Verfolgung, ja gelegentlich sogar aus ihren Heimatdörfern vertrieben. Die Wahhabiten werden als Bedrohung der traditionellen tschetschenischen Lebensweise wahrgenommen, als Vorhut eines neuen, intoleranten Islams, wie er in Afghanistan durchgesetzt wurde.

Viele kritische Fragen von universeller Bedeutung beeinflussen diese Auseinandersetzung in Tschetschenien: die Frage nach der Beziehung zwischen dem gemeinen Volk und den Eliten etwa, zwischen muslimischen Gesellschaften und dem Westen, aber auch nach Geschlechterbeziehungen und der Rolle der Frau. Die zentrale Frage lautet wiederum letztlich: Wer kann für sich beanspruchen, den »authentischen« Islam zu verkörpern?

Frauen im Islam

Koran und *hadith* äußern sich ausführlich über die Stellung der Frau, und zwar zum einen über ihre religiösen und spirituellen Rechte und Pflichten sowie zum anderen über ihre Rolle und Stellung in der Gesellschaft. Dem Koran geht es dabei offenbar vor allem um eine einheitliche Regelung der Stellung der Frau, die sich in einer Gesellschaft mit unterschiedlichen Gepflogenheiten der Sippen und wirtschaftlichen Lebensbedingungen sehr unterschiedlich darstellte. Einige Vertreter der vorislamischen Gesellschaft lehnten die Geburt von Töchtern so vehement ab, daß sie sie töteten, eine Praxis, die der Koran scharf verurteilte:

> »Wenn einer von ihnen von der Geburt eines Mädchens benachrichtigt wird, bleibt sein Gesicht finster, und er unterdrückt (seinen Groll). Er verbirgt sich vor den Leuten wegen der schlimmen Nachricht. Solle er es nun trotz der Schmach behalten oder es im Boden verscharren? Übel ist, wie sie da urteilen.« (16:58–59)

Verschiedene andere Koranverse fordern deutlich gleiche religiöse Rechte und Pflichten für Männer und Frauen:

> »Für die muslimischen Manner und Frauen, Männer und Frauen, die gläubig ergeben, wahrhaftig, geduldig, demütig sind, die Almosen geben, fasten, ihre Scham bewahren und Gottes viel gedenken – für sie hat Gott Vergebung und einen großartigen Lohn bereitet.« (33:35)

Andere Verse implizieren die biologische Gleichwertigkeit der Geschlechter – »und es gehört zu seinen Zeichen, daß Er euch aus euch selbst Gattinnen erschaffen hat ...« (30:21). Der Koran unterstreicht die Bedeutung zärtlicher Verbindungen (»Und Er hat Liebe und Barmherzigkeit zwischen euch gemacht« (30:21) und gegenseitiger Unterstützung (»Die gläubigen Männer und Frauen sind untereinander Freunde« (9:71). An anderen Stellen des Korans aber werden die Männer deutlich als den Frauen überlegen dargestellt:

»Die Männer haben Vollmacht und Verantwortung gegenüber den Frauen, weil Gott die einen vor den anderen bevorzugt hat und weil sie von ihrem Vermögen (für die Frauen) ausgeben. Die rechtschaffenen Frauen sind demütig ergeben und bewahren das, was geheimgehalten werden soll, da Gott es geheimhält. Ermahnt diejenigen, von denen ihr Widerspenstigkeit befürchtet, und entfernt euch von ihnen in den Schlafgemächern und schlagt sie. Wenn sie euch gehorchen, dann wendet nichts Weiteres gegen sie an. Gott ist erhaben und groß.« (4:34)

Viele muslimische Feministinnen haben die Ansicht vertreten, daß die Verse, die das Konzept männlicher Überlegenheit vertreten, nur deshalb in den Koran aufgenommen wurden, weil der Glaube an die Minderwertigkeit der Frau in der arabischen Gesellschaft dieser Zeit so tief verwurzelt war. Apologetischere und polemischere Stimmen unter ihnen sagen, der Koran räume den Frauen eine wesentlich höhere Stellung ein als die hebräische Bibel oder das Neue Testament, aber auch als irgendeine Schrift der Hindus oder Buddhisten.

Viele muslimische Feministinnen führen die patriarchalische Struktur der meisten muslimischen Gesellschaften auf die ursprüngliche Situation der Regionen zurück, in die sich der Islam ausbreitete. Insbesondere der Mittelmeerraum hat aus ihrer Perspektive eine sehr frauenfeindliche Grundtendenz, die die Muslime sich zu eigen machten, als sie in Kulturen eindrangen, die materiell weiter entwickelt waren als die arabische und daher nachahmenswert erschienen. Selbst die historische Entwicklung der *hadith*-Tradition soll diesen Trend illustrieren. Frühe Sammlungen beruhten zu einem großen Teil auf Informationen von Mohammeds Witwe A'isha und forderten im allgemeinen die Gleichheit der Geschlechter. Spätere Sammlungen hingegen spielten die Bedeutung A'ishas herunter und enthielten nunmehr Regelungen, durch die die Freiheiten der Frau beschränkt wurden.[36]

Wenngleich die Sozialstruktur in den meisten islamischen Gesellschaften durch Ungleichheit geprägt ist, tendieren Frauen der unterschiedlichsten Lebensumstände eher zur Annahme als zur Zurückweisung ihrer religiösen Tradition. Muslimische Feministinnen wei-

36. Mehr zur feministischen Neuinterpretation der frühislamischen Gesellschaft bei Fatima Mernissi: The Veil and the Male Elite. A Feminist Interpretation of Women's Rights in Islam, Reading 1991. Ein Bericht über das sich wandelnde Bild von Mohammeds Frau A'isha als Spiegel veränderter Vorstellungen von der idealen Frau findet sich bei Denise A. Spellberg: Politics, Gender and the Islamic Past. The legacy of A'isha bint Abi Bakr, New York 1994.

Junge muslimische Frauen lernen in Malaysia den Umgang mit dem Computer. Die meisten islamischen Länder akzeptieren neue Technologien.

sen sowohl die Haltung westlicher Kritiker zurück, die den Islam als im Wesen frauenfeindlich ansehen, als auch die Haltung muslimischer Traditionalisten, für die nur eine Sozialstruktur authentisch islamisch sein kann, in der Frauen den Männern unterstellt sind. Innerhalb des Islams nehmen sie zwei unterschiedliche Verstehensweisen wahr, von denen sich eine in den pragmatischen Regeln für die Gesellschaft ausdrückt und die andere in der Formulierung einer ethischen Vision.

> »Unmißverständlich gibt es im Islam einen ethischen Gleichheitsgrundsatz, weshalb muslimische Frauen häufig für Nicht-Muslime völlig unverständlich darauf bestehen, daß der Islam nicht sexistisch ist. Vollkommen zu Recht hören und lesen sie in seinem heiligen Buch eine ganz andere Botschaft, als sie die Urheber und Förderer eines orthodoxen, androzentrischen Islams verkünden.«[37]

Die Tendenz junger berufstätiger Frauen, als Zeichen ihrer Selbstbestimmung freiwillig den Schleier anzulegen, stellt westliche Vorstellungen von Emanzipation, die auch von vielen muslimischen Moder-

37. Leile Ahmed: Women and Gender in Islam. Historical Roots of a Modern Debate, New Haven 1992, 65–66.

nisten geteilt werden, vor eine weitere Herausforderung. Nach ihrem Selbstverständnis streben die islamistischen Frauen nach einem Ideal islamischer Weiblichkeit, wohingegen sie andere Frauen, die westliche Kleidungs- und Erscheinungsstandards annehmen – und ihrerseits häufig die Mütter der neu Verschleierten sind –, als Sklavinnen eines Wertesystems ansehen, in dem Frauen Zierat und Spielzeuge sind.[38]

Eine Frage der Interpretation

Feministisch-muslimische Haltungen, ob sie nun islamistisch oder modernistisch ausgerichtet sind, gehen davon aus, daß die Abschnitte des Korans, die unmißverständlich die Unterordnung der Frau unter den Mann fordern, metaphorisch zu verstehen sind und nur für die Umstände, in die hinein sie offenbart wurden, wirklich relevant waren.

Mit ihrer Forderung nach einem Verständnis des Korans, das die historischen und gesellschaftlichen Kontexte und die bildhafte Art des Sprechens berücksichtigt, wenden sich muslimische Feministinnen gegen die weitverbreitete Überzeugung, der Koran sei das reine Wort Gottes und daher in all seinen Punkten in Ewigkeit verbindlich. Ihre Unterscheidung zwischen dem Buchstaben des Textes und seiner ethischen Vision ist aber keinesfalls einmalig. Viele konservative Islamisten und Traditionalisten machen regelmäßig solche Unterscheidungen. Ein drastisches Beispiel ist eine Diskussion, die Ende der 1970er Jahre in Pakistan geführt wurde; dabei ging es um die religiöse Legitimation des staatlichen Verbotes der Sklaverei. Die Verfechter einer wörtlichen Koranauslegung beriefen sich auf einen Vers, nach dem die Befreiung von Sklaven eine religiös verdienstvolle Handlung ist. Die Sklaverei könne somit nicht gänzlich abgeschafft werden, weil dann spätere Generationen nicht mehr die Chance hätten, sich durch die Befreiung von Sklaven Verdienste zu erwerben. Ein breites Spektrum von Religionsgelehrten widersetzte sich dieser Auffassung. Im Lichte der koranischen Ethik von der Gleichheit der Menschen gelesen, erscheint dieser Vers im Kontext; er wurde offenbart zu einer Zeit, in der die Muslime Sklaven hatten, und führt sie zu einer Zeit hin, in der dies nicht mehr der Fall sein sollte.

Eine vergleichbare Tendenz zur sinnbildlichen Interpretation findet sich bei manchen Islamisten im Verständnis des oben zitierten

38. Mehr über die Tendenz zur Verschleierung bei Sherifa Zuhur: Revealing Reveiling. Islamist Gender Ideology in Contemporary Egypt, Albany 1992.

Koranverses, der Männern erlaubt, ihre Frauen zu schlagen. Apologeten bringen vor, daß man mit einem so zarten Gegenstand wie einer Feder schlagen könne, und machen unmißverständlich klar, daß körperliche Gewalt im Widerspruch zu islamischen Werten steht. So lobenswert aber das Bestreben, eheliche Gewalt zu eliminieren, auch sein mag, eine solche Interpretation kann nicht darüber hinwegtäuschen, daß eine Instanz, die dem Ehemann erlaubt, seine Frau zu disziplinieren, das Gegenteil aber nicht zuläßt, mit dem Konzept der Gleichheit der Geschlechter unvereinbar ist.[39] Dennoch geht diese Haltung über eine buchstabengetreue Interpretation hinaus und öffnet insofern die Tür für zukünftige Diskussionen über die wortgetreue Anwendbarkeit einer heiligen Schrift.

Schluß

Es ist unmöglich, in all den unterschiedlichen Gesellschaften, die die muslimische Welt ausmachen, den wahrscheinlichen Lauf der Dinge für die Zukunft vorauszusagen. Eine der großen Fragen der ersten Hälfte des 21. Jahrhunderts dürfte aber mit Sicherheit die sein, ob es in einer islamischen Gesellschaft unterschiedliche Verstehensformen des Islams nebeneinander geben darf oder nicht. Liberale muslimische Denker wie der aus Algerien gebürtige Mohammed Arkoun fordern ein breiteres Verständnis des Islams, das alle existierenden Varianten in Glaube und Praxis einschließt. Nur so kann seiner Ansicht nach authentischer Islam Wirklichkeit werden.

Die derzeitigen sozialen und politischen Trends, nicht nur in der muslimischen Gesellschaft, sondern weltweit, lassen leider vermuten, daß sich Liberalismus und Pluralismus auf dem Rückzug befinden und die Zukunft einen noch größeren Konflikt zwischen konträren Vorstellungen vom wahren Islam in Aussicht stellt. In säkularen islamischen Ländern wie Usbekistan, Kasachstan und der Türkei liegt ein inhärentes Dilemma in der Verfolgung der Islamisten, denen das Recht abgesprochen wird, sich politisch und sozial zu artikulieren. Eine solche Verfolgung schadet letztlich den betroffenen Regierungen, denn sie legitimiert die Islamisten in den Augen der Bevölkerung und verleiht ihren Behauptungen, die Regierung sei korrupt und an den Bedürfnissen der Bevölkerung gar nicht interessiert, größere

39. Weitere Informationen über die Rechte der Frau in der Ehe in Kapitel 4, 456–478.

Glaubwürdigkeit. Andererseits stimmen die bisherigen Leistungen islamistischer Gruppen in verschiedenen Gesellschaften nicht optimistisch, daß sie in der Lage wären, kompetentere oder ethisch wertvollere Regierungen zu bilden und an zivilen und demokratischen politischen Institutionen festzuhalten, die sie sich zum politischen Machtgewinn sehr geschickt zunutze machen.

In der öffentlichen Vorstellung werden die Islamisten weltweit mit extremistischen Gruppen wie den Taliban in Afghanistan oder der Bewaffneten Islamischen Gruppe, die für schockierende Greueltaten in Algerien verantwortlich zeichnet, identifiziert. Dies schwächt die Position der Islamisten und ermutigt die Menschen, konsequenter über den Unterschied zwischen dem Islam ihres jeweiligen Lebenszusammenhangs und dem fremden Islam der Islamisten nachzudenken.

Der größte Fehler vieler gängiger Islamisten und einiger Modernisten ist vielleicht, daß sie den Islam als völlig rationale Lehre darzustellen versuchen. Aus dieser Perspektive ist der Islam die ideale Religion, da er ihrer Ansicht nach über das effizienteste Rechts- und Sozialsystem verfügt, oder weil er sich in vollständiger Übereinstimmung mit der Wissenschaft befindet und seine Wahrheiten durch moderne wissenschaftliche Erkenntnisse bestätigt werden. Ein solches Verständnis des Islams spricht den durchschnittlichen Muslim so gut wie gar nicht an – es ist also tendenziell kontraproduktiv, da es letztlich die Religion auf ein wenn auch perfektes legales und politisches System reduziert und so säkularisiert. So wird sie jeder übernatürlichen, heiligen oder emotionalen Dimension beraubt, also genau jenes Aspektes der Religion, der den Menschen inspiriert, nicht nur am Mast des Glaubens festzuhalten, sondern auch die Segel der Phantasie und Genialität zu setzen und die künstlerischen und intellektuellen Meisterwerke hervorzubringen, die das Wesen jeder Zivilisation sind. Insofern mag die Zukunft des Islams in einer erneuten Untersuchung und Wertschätzung seines reichen Erbes liegen und in der Annahme der unterschiedlichen modernen Ausdrucksformen einer großen und pulsierenden Religion.

Anhang

Zeittafel

ca. 570 n. Chr.	Geburt des Propheten in Mekka
619	Tod von Khadija, der ersten Frau des Propheten und ersten Konvertitin zum Islam
622	Die *hijra:* Auswanderung Mohammeds und seiner Anhänger von Mekka nach Medina und Ausgangspunkt des islamischen Mondkalenders
630	Eroberung von Mekka
632	Abschiedswallfahrt und Tod des Propheten
632	Tod von Fatima, Tochter des Propheten und Frau von Ali
632–634	Kalifat des Abu Bakr
634–644	Kalifat des Omar
635	Eroberung von Damaskus
639	Eroberung von Ägypten
640	Eroberung von Persien
644	Tod von Omar
644–656	Kalifat des Osman
651	Tod des letzten vorislamischen persischen Kaisers Yazdigird III.
653	Offizielles Datum der Kanonisierung des Korans unter Osman
656	Tod von Osman
656–661	Kalifat des Ali
657	Schlacht von Siffin zwischen Anhängern Alis und der Armee Mu'awiyas
661	Ermordung von Ali, Mu'awiya wird Kalif
661–750	Dynastie der Umayyaden
678	Tod von A'isha, Frau des Propheten und eine der einflußreichsten Gestalten im frühen Islam
680	Husain, Sohn des Ali und Enkel des Propheten, stirbt in Kerbela den Märtyrertod.
711	Eroberung von Spanien
711–712	Eroberung des Industals
750	Niederschlagung der Umayyaden durch die Dynastie der Abbasiden
762	Gründung der Stadt Bagdad als Sitz des Kalifates und Hauptstadt der Abbasiden

765 Tod von Ja'far as Sadiq, dem sechsten schiitischen Imam. Er ist der letzte Imam, den sowohl die Zwölfer-Schiiten als auch die Ismailiten anerkennen, und genießt aufgrund seines religiösen Wissens großes Ansehen.

767 Tod des großen Rechtsgelehrten Abu Hanifa

784–786 Bau der Großen Moschee in Cordoba, Spanien

786–809 Regierungszeit des berühmten Kalifen Harun ar-Rashid

801 Tod der Asketin und Mystikerin Rabi'a al-Adawiya

813–833 Regierungszeit des Abbasidenkalifen al-Ma'mun mit einer großen Blüte islamischer Gelehrsamkeit und Literatur. Bedeutsame theologische Diskussion über die Natur des Korans

817 Versuch der Versöhnung von sunnitischem und schiitischem Islam[40]

820 Tod des berühmten Rechtsgelehrten ash-Shafii

855 Tod des Theologen und Rechtsgelehrten Ibn Hanbal

870 Tod des berühmten *hadith*-Sammlers Bukhari

874 Der zwölfte Imam der Zwölfer-Schiiten Mohammed al-Qa'im (Mohammed al-Mahdi) begibt sich in einen Zustand der Entrückung. Erst wenn sich das Ende der Welt ankündigt, wird seine Rückkehr erwartet.

875 Tod des berühmten *hadith*-Sammlers Muslim Ibn al-Hajjaj

890 Im Irak treten erstmals religiöse und politische Aufständische der Ismailiten in Erscheinung.

um 900 Aufstieg des zaiditisch-schiitischen Islams im Jemen

928 Die extremistischen Anhänger von Hamdan Qarmat plündern Mekka und entweihen die Kaaba.

935 Tod des großen Theologen al-Ash'ari

950 Tod des Philosophen al-Farabi

970 Gründung der Al-Azhar-Moschee in Kairo

1037 Tod des Philosophen Ibn Sina, im Westen als Avicenna bekannt

1064 Tod des Theologen, Philosophen, Dichters und Rechtsgelehrten Ibn Hazm, möglicherweise der größte Gelehrte, den das islamische Spanien hervorbrachte

1071 Schlacht von Manzikert, in der die seldschukischen Türken die byzantinische Armee schlugen, den Kaiser Romanos IV. Diogenes gefangennahmen und so das byzantinische Territorium weiteren Invasionen und Eroberungen öffneten

40. Der Abbasidenkalif al-Ma'mun hatte den 8. schiitischen Imam Ah ar-Rida (gest. 818) als Nachfolger im Kalifenamt designiert. (Anm. d. Übers.)

1099	Die Kreuzritter nehmen Jerusalem ein
1111	Tod des berühmten Theologen Al-Ghazzali
1153	Tod des Religionsgeschichtlers Mohammed ash-Shahrastani, der für sein »Buch der Religionen und Sekten« bekannt wurde
1187	Rückeroberung Jerusalems von den Kreuzfahrern durch Saladin
1198	Tod des großen spanischen Philosophen Ibn Rushd, im Westen bekannt als Averroes
1220	Mongolische Invasion in die islamische Welt
1240	Tod des großen spanischen Mystikers und Philosophen Ibn al-Arabi
1258	Mongolische Eroberung Bagdads und Ende des abbasidischen Kalifates
1260	Schlacht von Ain Jalut,[41] bei der die ägyptischen Mamluken die Mongolen besiegten und so am Vormarsch nach Afrika hinderten
1273	Tod des berühmten mystischen Dichters Jalal ad-Din Rumi
1453	Eroberung von Byzanz (Konstantinopel) durch die osmanischen Türken
Ende 15. Jh.	Im südlichen Westafrika haben sich muslimische Gemeinschaften etabliert.
1492	Fall von Granada und Ende des letzten muslimischen Fürstentums in Spanien
1501–1524	Regierungszeit von Shah Isma'il I., Gründer des Safavidenreiches in Iran
1502	Der zwölfer-schiitische Islam wird in Iran zur Staatsreligion erklärt.
1505	Tod des berühmten ägyptischen Historikers, Grammatikers und Koranwissenschaftlers as-Suyuti
1517	Osmanische Eroberung Ägyptens, nach der sich der osmanische Herrscher auch als Kalif der islamischen Welt ausgibt[42]
1520–1566	Regierungszeit des osmanischen Sultans Süleyman der Prächtige; unter ihm wird der Anspruch der Osmanen, wichtigste Herrscher der sunnitisch-islamischen Welt zu sein, Wirklichkeit.

41. Goliatsquelle, nördlich von Jerusalem. (Anm, d. Übers.)

42. Als Nicht-Araber, die also auch nicht die weitläufigste Verwandtschaft mit dem Hause des Propheten für sich beanspruchen konnten, hatten die Osmanen es mit dem Anspruch auf die Kalifatswürde nicht leicht. Sie behaupteten schließlich, der letzte Mamlukensultan habe ihnen 1517 in Kairo die Kalifenwürde übertragen. (Anm. d. Übers.)

1526–1530	Regierungszeit des Kaisers Babur, der das Fundament der Mogul-Dynastie in Indien legte
um 1550	Der Islam erreicht Kambodscha.
Mitte 15. Jh.	Der Islam etabliert sich in Borneo.
1550–1557	Bau der Süleymaniye-Moschee in Istanbul
1609–1614	Vertreibung aller Muslime aus Spanien
1624	Tod des indischen Mystikers und Reformers Ahmed Sirhindi
1744	Bündnis zwischen dem religiösen Reformer Ibn Abd al-Wahhab und Mohammed Ibn Sa'ud, das später zur Gründung von Saudi-Arabien führt
1792	Tod von Abd al-Wahhab
1798	Einmarsch Napoleons in Ägypten
1803	Gründung des Sokoto-Kalifates[43] in West-Afrika
1817	Tod von Usuman Dan Fodio, Gründer des Kalifates von Sokoto
1897	Tod des Reformers Jamal ad-Din al-Afghani
1898	Tod des Reformers Sayyid Ahmad Khan
1906	Verfassungsreform im Iran
1924	Abschaffung des sunnitischen Kalifates
1924	Die Türkei wird die erste säkulare Republik mehrheitlich muslimischer Bevölkerung.
1939	Tod des Philosophen und Dichters Mohammed Iqbal
1947	Gründung des Staates Pakistan als erste moderne Republik auf der Grundlage der Religion als nationalem Element
1966	Tod des islamistischen Reformers Sayyid Qutb
1977	Tod des iranischen Aktivisten und religiösen Intellektuellen Ali Shari'ati
1979	Schaffung der Islamischen Republik Iran unter Ayatollah Khomeini
1979	Tod des islamistischen Reformers und Gründes der Jamaat-e Islami: Abu'l-A'la Maududi
1989	Tod von Ayatollah Khomeini
1991	Die Auflösung der Sowjetunion führt zur Unabhängigkeit der Sowjetrepubliken mit muslimischer Bevölkerungsmehrheit, die zuvor russische Kolonien gewesen waren.
1992	Bosnien Herzegowina erklärt seine Unabhängigkeit als einzige pluralistische Gesellschaft in Europa mit muslimischer Bevölkerungsmehrheit und wird unmittelbar darauf von der serbisch-jugoslawischen Volksarmee

43. Nordnigeria, bis heute eine der Hochburgen des Islams im subsaharischen Afrika. (Anm. d. Übers.)

okkupiert, die gemeinsam mit ihren Alliierten eine Politik des Völkermordes und ethnischer Säuberungen initiiert.

1998 Als erstes islamisches Land testet Pakistan Atomwaffen.

Glossar

Abbasiden: Name einer sunnitischen Dynastie, die im sogenannten goldenen Zeitalter des Islams über einen großen Teil der islamischen Welt herrschte

Abdallah: Vater Mohammeds

Abd al-Muttalib: Großvater Mohammeds väterlicherseits

Abu Bakr: Freund und Berater Mohammeds, Vater von seiner Frau A'isha und erster Kalif der Sunniten

Abu Talib: Mohammeds Onkel väterlicherseits, der ihn als Waisenkind in seine Obhut nahm

Adhan: Islamischer Gebetsruf, der fünfmal täglich von den Moscheen erschallt

Ahmadiya: Anhänger des religiösen Reformers Mirza Ghulam Alimad Qadian (gest. 1908). Da sie diesen als Propheten ansehen, betrachten die Sunniten sie als Apostaten.

A'isha: Tochter Abu Bakrs und Ehefrau Mohammeds, sie überlebte ihn um mehrere Jahrzehnte und zählt zu den wichtigsten Quellen doktrinärer und historischer Information aus der Frühzeit des Islams.

Al-Ash'ari: Name des berühmtesten Theologen in der Geschichte des Islams und Gründer der theologischen Schule der Ash'ariya

al-Azhar: Name des renommiertesten Zentrums sunnitischer Gelehrsamkeit und eine der ältesten, noch bestehenden Universitäten der Welt mit Sitz in Kairo

Ali: Vetter und Schwiegersohn Mohammeds. Für die schiitischen Muslime ist er der erste Imam, für Sunniten der vierte Kalif. Er zählt zu den herausragenden Persönlichkeiten der islamischen Frühzeit.

Allah: Wörtlich »der Gott«, ist der eigentliche Name Gottes im Islam

Amina: Mutter Mohammeds

Ash'ariya: Name der einflußreichsten theologischen Schule im Islam

Aya/ayat: Wörtlich »Zeichen Gottes«, Bezeichnung einzelner Koranverse

Ayatollah: Hochrangige Vertreter des zwölfer-schiitischen Klerus, die über die Berechtigung zum *ijtihad* verfügen

Azan: s. Adhan

Baraka: (auch barkat oder bereket) Wundersame Kraft, die Gott den Menschen verleihen kann und über die die Sufi-Heiligen verfügen sollen

Batin: Im Sufismus und im esoterischen schiitischen Islam wird mit diesem Begriff die innere, verborgene Bedeutung eines Textes, insbesondere des Korans bezeichnet.

Chishti: Name eines Sufi-Ordens mit besonderer Popularität in Südasien

Dhikr: Wörtlich »Wiederholung«, »Erinnerung«, »Äußerung« oder »Erwähnung«, gebräuchlichste Bezeichnung für Meditationsübungen der Sufis

Fana: Mystisches Konzept der Sufis, das die Auflösung der Individualität eines Menschen in der Einheit Gottes bezeichnet

Faqih: Gelehrter, der sich mit dem theoretischen Studium der islamischen Jurisprudenz *(fiqh)* befaßt

Fatima: Tochter Mohammeds, Frau von Ali und Mutter von Husain, genießt im schiitischen Islam ganz besondere Verehrung

Fatwa: Rechtsmeinung oder Dekret, Antwort eines *mufti* auf eine ihm gestellte Frage

Fiqh: Islamische Jurisprudenz

Hadith: Traditionen oder Anekdoten über Leben und Worte des Propheten Mohammed; sie werden als schriftliche Quelle von zweitrangiger Bedeutung nach dem Koran herangezogen.

Hafiz: Wörtlich »Wächter«, Ehrentitel einer Person, die den Koran auswendig beherrscht

Hajj: Pilgerfahrt zur Kaaba nach Mekka, eine der rituellen Pflichten im Islam

Hanafi: Eine der vier sunnitischen Rechtsschulen

Hanbali: Eine der vier sunnitischen Rechtsschulen

Hashim: Clan Mohammeds

Hijra: Auswanderung Mohammeds und seiner Anhänger von Mekka nach Medina im Jahr 622. Ausgangspunkt des islamischen *hijri*-Kalenders

Husain: Jüngerer Sohn von Ali und Fatima und Enkel des Propheten. Sein Martyrium in Kerbela spielt im schiitischen Glauben und Ritual eine zentrale Rolle.

Id al-Adha: »Opferfest« am Ende der Pilgerfahrt *(hajj)*

Id al-Fitr: Fest am Ende des Fastenmonats Ramadan

Ijtihad: Unabhängige Urteilsfindung eines qualifizierten islamischen Rechtsgelehrten, der als *mujtahid* oder *faqih* bezeichnet wird

Imam: Wörtlich »Führer«, wird als Begriff für jeden verwandt, der in der Moschee Gebete leitet, sowie gewichtiger als Titel des rechtmäßigen Führers der muslimischen Gemeinschaft in der schiitischen Konfession

Iman: Glaube

Islam: Wörtlich »Unterwerfung«, »Hingabe«, Name einer monotheistischen Religion mit enger Beziehung zum Judentum und Christentum; die Angehörigen dieser Religionen werden als Muslime bezeichnet.

Islamisten: Personen, die an die Notwendigkeit glauben, eine Gesellschaft auf der Grundlage islamischer Prinzipien aufzubauen und mit ihrem Verständnis von Recht und Werten im Islam zu regieren

Isma'iliten: Bezeichnung einer schiitischen Sondergruppe

Isnad: Kette der Überlieferer eines *hadith*-Berichtes

Jabriya: Frühe theologische Schule, die davon ausging, daß die Menschen ausschließlich durch den Zwang Gottes handeln und keinerlei freien Willen haben

Ja'far as-Sadiq: Sechster Imam der Schiiten und Gründer der wichtigsten schiitischen Rechtsschule

Jahiliya: Wörtlich »Unwissenheit«, beschreibt die Gesellschaft vor dem Islam. Bestimmte islamistische Organisationen sind dazu übergegangen, alle Teile der Welt mit dem Begriff zu belegen, die die Anforderungen an Tugend und rechtmäßige Herrschaft nicht erfüllen.

Jama'at-e Islami: Mächtigste islamistische Organisation unter den Muslimen Südasiens mit engen Verbindungen zu sunnitischen islamistischen Organisationen in aller Welt und wachsendem Einfluß in Zentralasien

Jihad: Der Begriff bedeutet wörtlich »sich bemühen« und ist eine Kurzform für »sich bemühen auf dem Wege Gottes«, Das Konzept des *jihad* deckt alle Handlungen zur Verteidigung des Islams oder Förderung seiner Sache ab.

Jinn: Empfindungsfähige Wesen, die im Koran erwähnt werden und häufig als Dämonen identifiziert werden

Kaaba: Würfelförmiges Gebäude in Mekka, das Abraham nach muslimischem Glauben auf Geheiß Gottes erbaute. Gibt dem Gebet der Muslime die Richtung und steht im Zentrum der rituellen Pilgerfahrt *hajj*.

Kalam: Wörtlich »Rede« oder »Dialektik«, gebräuchlichste Bezeichnung der Theologie im Islam

Kalifen: Führer der muslimischen Gemeinschaft nach Mohammed. Der Begriff leitet sich vom arabischen Wort *khalifa* in der Bedeutung »Repräsentant« oder »Stellvertreter« her, was impliziert, daß die Kalifen nicht aus eigener Autorität, sondern als Stellvertreter Gottes und seines Propheten herrschten.

Khadija: Erste Frau des Propheten, auch als erste Konvertitin zum Islam verehrt

Khalifa: s. Kalifen

Koran: s. Qur'an

Liberalismus: Ideologie, die unter anderem den Unterschied zwischen subjektiver Meinung und objektiver Wahrheit betont. Sie basiert auf der Überzeugung, daß Menschen oder Gruppen mit unterschiedlichen Ansichten in einen Dialog treten sollten, statt sich mit gewaltsamen und unterdrückerischen Mitteln gegen Schwächere durchsetzen zu wollen.

Maliki: Eine der vier sunnitischen Rechtsschulen

Masjid: Moschee, muslimischer Ort des Gebetes

Mevlevi: Name eines Sufi-Ordens in der Türkei und einigen weiteren Regionen, die ehemals zum Osmanischen Reich gehörten, berühmt für sein charakteristisches *dhikr*-Ritual, das *sema* genannt wird

Mihrab: Gebetsnische in einer Moschee, die die *qibla* anzeigt, d.h. die Richtung nach Mekka

Minbar: Kanzel, zählt zu den wichtigsten architektonischen Charakteristika einer Moschee

Modernisten: Reformer, die verschiedenen Ideologien anhängen, die aber alle gemeinsam anerkennen, daß sich die modernen Bedeutungen menschlichen Lebens substantiell von den früheren unterscheiden. Modernismus ist gekennzeichnet durch spezielle Formen des rationalen Denkens und den Glauben an die Bedeutung des Individuums.

Mohammed: Wichtigster Prophet des Islams, der nach muslimischer Überzeugung eine göttliche Offenbarung in Gestalt des Korans erhielt und der letzte in einer Reihe von Propheten ist, die mit Adam beginnt und alle Propheten der hebräischen Bibel sowie Jesus einschließt.

Moschee: Muslimischer Ort des Gebetes *(masjid)*

Mufti: Person, die normalerweise von der Regierung eingesetzt wird, um Fragen im Zusammenhang mit dem islamischen Recht *(shari'a)* zu beantworten

Muharram: Name des ersten Monats im islamischen Kalender, Synonym eines Trauerrituals, das Angehörige der zwölfer-schiitischen Gruppierung im Andenken an das Martyrium von Mohammeds Vetter Ali und wichtiger noch von Alis Sohn und Mohammeds Enkel Husain begehen

Mujtahid: Geachteter und gebildeter muslimischer Gelehrter der das Recht zur unabhängigen Urteilsfindung, *ijtihad,* hat

Muslim (fem. Muslima): Mensch, der sich zur Religion des Islams bekennt

Muslimbruderschaft *(Al-Ikhwan al-muslimin)*: Mächtigste islamistische Organisation in der arabischen Welt mit engen Verbindungen zu den sunnitischen islamistischen Organisationen in anderen muslimischen Gesellschaften

Mu'tazila: Eine der wichtigsten und einflußreichsten theologischen Schulen in der Geschichte des Islams

Nabi (Pl. Anbiya): Prophet. Der Glaube an das Prophetentum ist ein wichtiger Bestandteil muslimischen Glaubens.

Namaz: Bezeichnung des islamischen Ritualgebetes *(salat)*

Qadariya: Frühislamische theologische Schule, die an die absolute Freiheit des menschlichen Willens glaubte

Qadi: Islamischer Richter

Qawwali: Sehr charakteristische Form des Gesangs, die von Anhängern des Chishti-Sufi-Ordens als Teil ihrer *dhikr*-Übungen praktiziert wird

Qibla: Ausrichtung des muslimischen Gebets, das von allen Orten der Erde aus mit der Ausrichtung auf die Kaaba in Mekka vollzogen werden soll

Quraish: Stamm Mohammeds

Qur'an: Heilige Schrift der Muslime, die Gott dem Propheten Mohammed offenbart haben soll

Ramadan: Neunter Monat des islamischen Mondkalenders, in dem die Muslime fasten und den ganzen Monat von vor Sonnenaufgang bis nach Sonnenuntergang auf Essen, Trinken, Rauchen, Gewalt und sexuelle Beziehungen verzichten

Rasul (Pl. Rusul): Besondere Kategorie von Propheten *(nabi)*, denen Gott eine konkrete Botschaft gegeben hat, in der Regel in Form einer offenbarten Schrift, die den Menschen weitergegeben werden soll

Sajda: Niederbeugen oder Prostration als eine der charakteristischsten Formen des islamischen Ritualgebetes *salat*

Salat: Islamisches Ritualgebet *(namaz)*

Scharia: Islamisches Recht

Schiiten: Bezeichnung muslimischer Gruppierungen, die sich von der sunnitisch-islamischen Mehrheit abspalteten, weil sie Ali für den rechtmäßigen Nachfolger Mohammeds hielten

Sema: Sehr charakteristische Form eines aus Drehungen bestehenden Tanzes, den Angehörige des Mevlevi-Sufi-Ordens als Teil ihrer *dhikr*-Übungen praktizieren

Shafi'i: Eine der vier sunnitischen Rechtsschulen

Shahada: Islamisches Glaubensbekenntnis: »Ich bezeuge, daß es keinen Gott gibt außer Gott, und ich bezeuge, daß Mohammed der Gesandte Gottes ist.«

Sufismus: Bezeichnung für ein breites Spektrum mystisch-religiöser Ausdrucksformen im Islam. Auch *tasawwuf* genannt

Sunna: Brauch oder Tradition des Propheten Mohammed, die als Rechtsquelle und als informelles Verhaltensvorbild im Alltagsleben herangezogen wird

Sunniten: Mehrheitliche Ausrichtung innerhalb des Islams

Sura/Sure: Bezeichnung der einzelnen Kapitel im Koran

Tanzimat: Modernisierungs- und Reformperiode im Osmanischen Reich zwischen 1839 und 1876

Tariqas: Sufi-Orden, die in der islamischen Geistes- und Sozialgeschichte eine wichtige Rolle spielten

Tasawwuf: s. Sufismus

Tauhid: Konzept göttlicher Einheit, das im Zentrum des muslimischen Glaubens steht

Ta'widh: Talismane, die in vielen Teilen der islamischen Welt üblicherweise zur Abwehr des bösen Blicks getragen werden

Ta'ziya: Passionsspiele, die die Zwölfer-Schiiten zum Andenken an das Martyrium Husains im Monat Muharram vollziehen. Der Begriff wird auch für Trauerprozessionen verwandt, die während dieses Monats veranstaltet werden.

Traditionalisten: Muslime, die seit der Zeit des Propheten eine Kontinuität im islamischen Denken und der Kultur wahrnehmen, bis zu dem Zeitpunkt, als die islamische Gesellschaft vom europäischen Kolonialismus zerrissen wurde; sie wünschen sich eine Rückkehr in the vorkoloniale Zeit.

Ulama (Sg. Alim): Muslimische Religionsgelehrte

Umayyaden: Erste Dynastie, die die islamische Welt beherrschte

Umma (Ummat): Bedeutet »Nation« oder »Gemeinschaft« und bezieht sich auf die Gemeinschaft der Gläubigen, zu der alle Muslime weltweit zählen

Umra: Pilgerfahrt zur Kaaba in Mekka, die zu jeder beliebigen Zeit des Jahres außer zu der für den rituellen *hajj* vorgesehenen vollzogen werden kann. Die *umra* gilt als minderwertig gegenüber dem *hajj*, bringt aber doch religiöse Verdienste mit sich.

Usul al-fiqh: Prinzipien islamischer Jurisprudenz, die zur Interpretation des islamischen Rechts (Scharia) herangezogen werden

Wahhabiten: Traditionalistische islamische Bewegung mit dem Schwerpunkt Saudi-Arabien, die ursprünglich moderne technologische und soziale Neuerungen als korrupt betrachteten und für die Rückkehr zu einer muslimischen Gesellschaft agieren, wie es sie zur Zeit des Propheten gab

Wudu: Rituelle Waschung vor dem Gebet *(salat)*

Zahir: Im Sufismus und im esoterischen schiitischen Islam wird mit diesem Begriff die äußere, offenkundige Bedeutung eines Textes, insbesondere des Korans, bezeichnet.

Zaiditen: Bezeichnung einer schiitischen Untergruppe, die sich weitgehend auf den Jemen beschränkt

Zakat: Rituelles Almosengeben, bei dem jährlich ein fester Prozentsatz des Vermögens für wohltätige Zwecke gegeben wird

Zikr: s. Dhikr

Zwölfer-Schiiten: Bezeichnung einer schiitischen Untergruppe, die in Iran die Bevölkerungsmehrheit stellt

Feste und Feiertage

Ashura (10. Muharram, 1. Monat): Muslimischer Sühnetag, an dem die Sunniten freiwillig fasten. Gleichzeitig der wichtigste schiitische Feiertag, an dem des Martyriums des Prophetenenkels Husain gedacht wird.

Id milad an-nabi (12. Rabi'al-awwal, 3. Monat): Gedenken des Prophetengeburtstages[44]

Lailat al-mi'raj (27. Rajab, 7. Monat): An diesem Tag wird der Himmelfahrt Mohammeds gedacht. In nicht-arabischen, asiatischen Gesellschaften wird auch der Begriff Shab-e mi'raj[45] oder Miraj gecesi[46] verwandt.

---

44. Der Tag wurde willkürlich festgelegt, nicht einmal das Geburtsjahr des Propheten ist genau bekannt. (Anm. d. Übers.)

Lailat al-bara'a (14. Nacht im Sha'ban, 8. Monat): Im Volksglauben wird in dieser Nacht das Schicksal eines jeden Menschen im Himmel verzeichnet. Das Ereignis wird sowohl mit nächtlichen Gebeten als auch mit Feiern und Illuminationen begangen. In Süd- und Südostasien ist es auch der muslimische Totentag, an dem im Namen verstorbener Vorfahren Opfer dargebracht werden. Gleichzeitig ist es der Vorabend zum Geburtstag des 12. Imams der Zwölfer-Schiiten. Auch als Shab-e barat bekannt[47]

Ramadan: Name des neunten Monats im islamischen Kalender, in dem einen Monat lang von vor Sonnenaufgang bis nach Sonnenuntergang gefastet wird

Lailat al-qadr (Nacht vom 26. auf den 27. Ramadan, 9. Monat): Die Nacht der Bestimmung. Jahresgedenken an die Nacht, da Mohammed die erste koranische Offenbarung erhielt. Nach der Tradition werden Bitten, die Gott in dieser Nacht vorgetragen werden, erfüllt. In asiatischen, nicht arabischen Gesellschaften auch Shab-e qadr[48] und Kadar gecesi[49] genannt

Id al-fitr (1. Shawwal, 10. Monat): Fest am Ende des Ramadan-Fastens und zweitgrößtes Fest im islamischen Jahr, das ausgiebig begangen wird. Auch ›Kleines Fest‹ oder ›Zuckerfest‹ genannt

Id al-Adha (10. Dhu'l-hijja, 12. Monat): Opferfest

Hajj (7–10. Dhu'l-hijja, 12, Monat): Gedenken, daß Abraham seinen Sohn Ismael (arabisch Isma'il) opfern sollte, was der Höhepunkt des *hajj* ist. Wichtigster Feiertag im islamischen Jahr, auch als ›Großes Fest‹ und als ›Opferfest‹ bekannt

Register

45. Im iranischen Sprachraum. (Amm, d. Übers.)
46. Im türkischen Sprachraum. (Anm. d. Übers.)
47. Im iranischen Sprachraum. (Anm. d. Übers.)
48. Im iranischen Sprachraum. (Anm. d. Übers.)
49. Im türkischen Sprachraum. (Anm. d. Obers.)

JUDENTUM

1. Einführung

Ein Sabbat in der Vorstadt

Im Buch Genesis, dem ersten Buch der hebräischen Bibel der Juden, heißt es, Gott habe in sechs Tagen Himmel und Erde gemacht und »den Menschen als sein Ebenbild« erschaffen. Am siebten Tag habe Gott schließlich geruht, und seither kennt man diesen Tag als den *Sabbat.* Als Mose die *Zehn Gebote* erhielt, trug Gott den Israeliten wiederum auf: »Gedenke des Sabbats und halte ihn heilig.«

Der Sabbat beginnt nach jüdischer Tradition am Freitagabend und endet am Samstagabend, er gilt als der heiligste Tag im Jahreslauf (wohl mit Ausnahme des *Yom Kippur,* des Versöhnungstags), obwohl er innerhalb von 12 Monaten 52mal wiederkehrt. Auch die Christen kennen den Begriff des Sabbats, feiern ihn jedoch am Sonntag.

In der jüdischen Gemeinschaft gibt es recht unterschiedliche Weisen, den Sabbat zu begehen. Das Folgende ist ein Augenzeugenbericht davon, wie in einer streng *orthodoxen* Familie der Freitagabend verläuft.

Stellen wir uns einen Freitagabend im Sommer im Vorstadtbezirk einer großen amerikanischen Stadt vor. Die Häuser sind nicht groß, aber gepflegt; sie stehen im Schatten sorgfältig gepflanzter Bäume. Überall ticken Rasensprenger und sorgen dafür, daß die Grünflächen satt und üppig gedeihen. Es ist eine orthodoxe jüdische Wohngegend, und der Sabbat steht bevor.

Gruppen von Männern und Jungen sind in ihrer sabbatlichen Feiertagskleidung zu Fuß zur *Synagoge* unterwegs. Trotz der Hitze tragen sie schwarze Kittel und Hosen und auf dem Kopf entweder kleine Käppchen oder breitkrempige schwarze Hüte. Die meisten sind bärtig; an ihren Hosen sieht man ihre weißen rituellen *Quasten* baumeln. Unter den Leuten, die auf dem Weg sind, ist deutlich der *Rabbi* mit seinem besonders großen schwarzen Hut und in seinem glänzenden Kaftan zu erkennen; er führt seine beiden Söhne an der Hand.

Derweil herrscht in den Häusern geschäftiges Treiben. Selbst im Haus des Rabbi surren Föne, schreien und lärmen Kinder, und ständig hört man Füße laufen. Es herrscht eine hektische Stimmung. Schnell muß noch jemand angerufen werden, weil nach jüdischem

Gesetz nach Anbruch des Sabbats das Telefon schweigen muß. Im Eßzimmer ist der Tisch für zwanzig Personen gedeckt. Die beiden nichtjüdischen Frauen treffen in der Küche umfangreiche Vorbereitungen. Dann erscheinen plötzlich alle Frauen des Haushalts. Die Frau des Rabbi ist von ihrer Mutter und Schwester begleitet; sie tragen besonders schöne Kleider, auf dem Kopf elegant frisierte Perücken. Nach dem jüdischen Gesetz müssen Frauen ihr Haar verhüllen, und in vielen orthodoxen Gemeinden hat sich die Tradition eingebürgert, diese Vorschrift dadurch zu erfüllen, daß man eine Perücke trägt. Drei kleine Mädchen sind in lange Feiertagsröcke gekleidet, von den drei anwesenden kleinen Jungen sind zwei noch Säuglinge.

Bei den anderen weiblichen Gästen handelt es sich um eine ältere Russin mit ihrer Tochter und Enkelin. Sie sind erst am Morgen dieses Tages aus Rußland, aus St. Petersburg, in den Vereinigten Staaten angekommen. Der Rabbi hatte sie spontan eingeladen, den Sabbat in seinem Haus zu verbringen. Keine von ihnen spricht ein einziges Wort Englisch, aber sie werden von einer weiteren russischen Frau begleitet, die seit einem guten Jahr im Land ist. Außerdem ist noch eine englische Journalistin anwesend, die ein Buch über die jüdische Gemeinde der Stadt schreiben will. Sie ist von allen Frauen die einzige nichtorthodoxe Jüdin, aber mit Rücksicht auf ihre Gastgeber hat sie ihr Haar ganz mit einem schwarzen Tuch verhüllt.

Die Frauen entzünden die Sabbatkerzen und sprechen auf Hebräisch den traditionellen Sabbatsegen: »Gesegnet seist Du, unser Herr und Gott, König des Alls, der Du uns durch Deine Gebote geheiligt und uns befohlen hast, die Sabbatlichter zu entzünden.« Als die Männer von der Synagoge heimkommen, müssen es an die dreißig Kerzen sein, die brennen und den Tisch hell erleuchten. »Good *Shabbos*, good *Shabbos!*« rufen sie den Frauen zu. Andere sprechen den ursprünglicheren Sabbatgruß »Schabbat Shalom – Friedvollen Sabbat!« Außer den Männern der Frauen und ihren verschiedenen Söhnen und Neffen sind auch noch einige junge rabbinische Schüler aus der örtlichen *Jeschiwa* (talmudischen Lehranstalt) dabei.

Der Rabbi nimmt seinen Platz am einen Tischende ein, am anderen sitzt ihm sein Schwiegervater gegenüber. Reihum spricht jeder der anwesenden Männer den Segen über einen Kelch mit Wein. Der jüngere Schwiegersohn stimmt die Sabbatgesänge an, bei denen nur die Männer mitsingen. Nach der strengsten Gesetzesauslegung des orthodoxen Judentums dürfen Männer nicht dem Singen von Frauen zuhören, weshalb die Frauen als stille Zuhörerinnen dabeisitzen. Hiernach

Beim Sabbatmahl spricht das Familienoberhaupt den Segen über das Brot: »Gesegnet seist Du, o Herz. unser Gott, König des Alls, der Du aus der Erde das Brot hervorbringst.«

werden die Speisen für ein festliches Mahl aufgetragen. Es gibt *gefilten* Fisch (Fischpasteten), Hühnersuppe mit Klößchen, gebratenes Hühnerfleisch, paniertes Hühnerfleisch, süßes Hühnerfleisch, Apfel-*kugel* (Pudding), Kartoffel-*kugel,* Zwiebel-*kugel* sowie überreichlich Salat aus Tomaten und Kürbis. Das Essen ist streng *koscher.* Die Hühner wurden rituell und schmerzlos von einem erfahrenen Metzger geschlachtet. Das strenge jüdische Speisegesetz schreibt vor, daß Milch und Fleisch nicht zusammen verzehrt werden dürfen. Da es sich um ein Fleischgericht handelt, werden also keine Milchprodukte gereicht, und der Nachtisch besteht aus einem milchfreien Speiseeis. Die russischen Frauen staunen, daß es so etwas überhaupt gibt.

Das Festmahl zieht sich sehr lange hin. Die Frau des Rabbi und ihre Mutter und Schwester bedienen die Männer und kommen kaum dazu, sich selbst hinzusetzen. Indessen sind die beiden nichtjüdischen Frauen in der Küche mit dem Abwasch beschäftigt und nehmen weitere Speisen aus dem Herd, während die Männer wieder singen. Es wird spät, bis schließlich alle auseinandergehen. Die Journalistin, die am anderen Ende der Stadt wohnt, nächtigt im Haus, da das jüdische Gesetz am Sabbat die Benützung von Motorfahrzeugen verbietet. Sie und ihr Mann bleiben noch sitzen und unterhalten sich angeregt mit dem Schwiegervater, einer bemerkenswerten Persönlichkeit. Er ist in einem nur gemäßigt orthodoxen Haus aufgewachsen und hat an der Universität von Harvard studiert. Aber er war fest entschlossen, nach seiner Heirat mit seiner Familie einen strikt orthodoxen jüdischen Lebensstil zu führen. Inzwischen ist er der Vater von sieben Söhnen und zwei Töchtern, die alle erwachsen und verheiratet sind, und er hat schon über dreißig Enkelkinder. Beruflich war er mit seinem Familienunternehmen recht erfolgreich und hat zusammen mit seiner Frau zwei kleine jüdische High Schools gegründet und unterstützt, eine für Jungen und eine für Mädchen; außerdem unterstützte er zahlreiche andere jüdische Einrichtungen. Ja, es ist weithin seiner Initiative und seinem Engagement zu verdanken, daß die hiesige Gemeinde in ziemlicher Blüte steht.

Um halb elf gehen die Lichter aus. Wie in den meisten orthodoxen Haushalten werden sie von Zeitschaltuhren gesteuert, die sie automatisch ein- und ausschalten. Eines der Zehn Gebote verbietet die Arbeit am Sabbat. Vor Jahrhunderten hatten die Rabbinen erklärt, auch das Feuermachen sei eine der damit gemeinten Arbeiten. So fällt auch das Betätigen von elektrischen Lichtschaltern unter dieses Gebot. Es ist Zeit, zu Bett zu gehen, aber der Sabbat dauert an. Der ganze nächste Tag bis nach Sonnenuntergang wird dem Gebet, dem Beisammensein, der Gemeinde und Gott gewidmet. Es ist der siebte Tag der Woche, der Sabbat, der Ruhetag, eines der großen Geschenke des jüdischen Volkes an die Welt.[1]

Das organisierte religiöse Judentum

So ähnlich spielt sich diese Sabbatszene in allen streng orthodoxen Haushalten in jeder europäischen und amerikanischen Großstadt und im ganzen Staat Israel ab. Doch es gibt auch jüdische Familien, die den Sabbat anders gestalten. Die weniger orthodoxen halten vielleicht ebenfalls ein Familienessen samt den Segenssprüchen und Gesängen, aber alle, Männer, Frauen und Kinder, beteiligen sich daran

1. Frei nach Dan und Lavinia Cohn-Sherbok: The American Jew, London 1994 und Grand Rapids 1995, 180 f.

in gleicher Weise. In wieder anderen Familien gibt es vielleicht so gut wie keine ausdrückliche religiöse Gestaltung mehr, aber der Freitagabend und Samstag werden immer noch als besondere »Zeit daheim« betrachtet.

Die streng orthodoxen Juden sind eine kleine, aber unmittelbar augenfällige Gruppe. Die Männer tragen ihre besondere Kleidung mit schwarzen Anzügen, schwarzen Hüten und rituellen Fransen und Quasten. Die Frauen und Mädchen halten sich an strenge Anstandsregeln: Die Kleider müssen die Knie bedecken, die Ärmel über den Ellbogen gehen; die Krägen müssen geschlossen sein, immer sind Strümpfe zu tragen. Das Leben der Orthodoxen wird von einer Unzahl von Vorschriften der *Tora* (des jüdischen Gesetzes im weitesten Sinn) geprägt. Das bedeutet, daß sie dazu neigen, eng beieinander in ziemlich geschlossenen Gemeinschaften zu leben, denn sie müssen zu Fuß die Synagoge erreichen können. Fast alle Männer gehen täglich, vielleicht sogar zweimal, zum Gottesdienst. Im Synagogengebäude sind Männer und Frauen strikt getrennt. Das Studium des Gesetzes ist weithin den Männern vorbehalten, während die Frauen die Oberherrschaft über den Haushalt führen.

Außer im Fall einer medizinischen Notwendigkeit wird die Geburtenkontrolle abgelehnt. Die jungen Männer und Frauen heiraten schon bald Anfang ihrer Zwanzigerjahre; eine große Kinderschar gilt als Segen. Sogar das sexuelle Miteinander wird von der Tora genau geregelt. Während ihrer Monatsperiode und sieben Tage lang danach darf die Frau mit ihrem Ehemann keinen Verkehr haben. Am Ende dieser Zeit baden die Frauen allmonatlich im rituellen Gemeinschaftsbad *(Mikwe)*, und erst danach dürfen sie wieder ihre ehelichen Beziehungen aufnehmen. Die Kinder besuchen jüdische Schulen, in denen die Buben und Mädchen getrennt nach unterschiedlichen Lehrplänen unterrichtet werden. Zusätzlich zu ihrem normalen weltlichen Unterricht lernen sie Hebräisch und werden mit den heiligen Büchern des Judentums vertraut gemacht. Wenn die Jungen in ihr zweites Lebensjahrzehnt eintreten, fangen sie an, den *Talmud* zu lesen, das umfangreiche Kompendium der jüdischen Gesetze, das im 6. Jahrhundert n. Chr. in Babylonien zusammengestellt wurde. Nach dem Abschluß an ihrer jüdischen High School studieren die Jungen nicht an weltlichen Universitäten, sondern besuchen eine *Jeschiwa*, in der das Wissen und die Weisheit des Judentums der einzige Studienstoff ist. Die Mädchen besuchen ein Seminar mit einem ganz eigenen Lehrplan, als dessen Abschluß sie eine

Art Diplom erhalten. Während dieser Jahre stehen die jungen Leute unter der gewissenhaften Aufsicht der Älteren, kommen zusammen, tauschen sich aus, verloben sich untereinander und heiraten. Es ist weithin üblich, daß das junge Paar in seinen ersten Ehejahren noch von Eltern und Verwandten unterstützt wird. Erst wenn der junge Mann sich nach Abschluß seines Talmudstudiums seine festen lebenslangen Glaubensgewohnheiten angeeignet hat, begibt er sich an das ernsthafte Geschäft, für sich und seine Familie den Lebensunterhalt zu verdienen.

Obwohl sie deutlich in die Augen fällt, ist die strenge Orthodoxie eine kleine Bewegung. Von den sechs Millionen Juden in den USA wissen sich nur drei Millionen einer Synagoge zugehörig, und von diesen sind nur 300 000 streng orthodox. Die Mehrheit der amerikanischen Juden betrachtet sich darum nicht als orthodox; die meisten derjenigen, die es tun, gehören der sogenannten *neo-orthodoxen* Bewegung an. Deren Anhänger sind der Überzeugung, es sei möglich, ein observanter Jude zu sein und sich zugleich ganz in der heutigen Kultur zu bewegen. In ihren Synagogen finden ebenfalls die täglichen Gebete statt und sind die Bereiche von Männern und Frauen getrennt. Doch die Gemeindemitglieder tragen gängige, unauffälligere Anzüge. Die Mehrheit der Männer trägt allerdings immer (außer im Schlaf und beim Baden) das Scheitelkäppchen, und viele neo-orthodoxe Juden halten sich an die jüdischen Speisegesetze (die Gesetze der *Kaschrut*). Manche schließen auch Kompromisse: essen daheim koscher, außer Haus aber alles. Ihre Kinder besuchen eventuell jüdische Schulen, jedoch sind diese von der Art, daß darin weltliche Unterrichtsgegenstände genauso wichtig wie die speziell jüdischen sind; die Graduierten besuchen anschließend normalerweise gewöhnliche Universitäten. Anders als die streng Orthodoxen, deren Ehen arrangiert werden, suchen sich die Neo-Orthodoxen ihre Ehepartner selbst (gewünscht wäre, innerhalb der Glaubensgemeinschaft), und bei ihnen ist es ungewöhnlich, wenn sie schon vor Mitte Zwanzig heiraten. Gewöhnlich haben sie keine besonders hohe Kinderzahl, und die Frauen haben weithin ihre eigenen Berufe.

Trotz dieser Zugeständnisse an die heutige Zeit lehrt die neo-orthodoxe Bewegung weiterhin, das jüdische Gesetz, die Tora, sei das inspirierte Wort Gottes, das ursprünglich dem Propheten Mose gegeben worden sei, als er auf dem Berg Sinai vor dem Allmächtigen stand (siehe S. 547). Der Gründer dieser Bewegung, Samson Raphael Hirsch (1808–1888), erklärte:

»Würde unsere Religion uns tatsächlich ganz beherrschen, so würden wir aus der sogenannten Zivilisation und dem Fortschritt aussteigen. Wir würden fraglos gehorchen, weil wir glauben, daß unsere Religion die wahre Religion ist. Sie ist das Wort Gottes, und vor diesem muß jede andere Überlegung weichen. Der Jude muß alles nach dem unwandelbaren Prüfstein seines gottgegebenen Gesetzes bemessen. Alles, was dieser Prüfung nicht standhält, existiert für ihn nicht.«[2]

Die Orthodoxen kontrollieren zwar die religiösen Einrichtungen im Staat Israel und verfügen in den USA und Europa über großen Einfluß, aber viele Juden lehnten diese Form des Judentums ab, weil sie sie für eine fundamentalistische Auslegung hielten. Daher entstanden im 19. Jahrhundert im Gefolge der damals aufkommenden Bibelkritik und den zunehmend besseren Möglichkeiten für Juden, sich in die weltliche Gesellschaft zu integrieren, zwei wichtige neue Bewegungen. Die Bewegung des *Reformjudentums* setzte im frühen 19. Jahrhundert ein und trat für religiöse Vielfalt, Freidenken und Autonomie des Einzelnen ein. Gegenüber den rein ritualistischen Aspekten ihrer Religion versuchten die Mitglieder der Reformbewegung die ihnen wichtiger erscheinende ethische Dimension des Judentums in den Vordergrund zu stellen. Ihrer Auffassung nach war das Judentum in der Orthodoxie zu einer nur noch den eigenen Nabel beschauenden Sekte degeneriert. Aber jetzt, in einem Zeitalter des größeren Liberalismus in Europa, sei es an der Zeit, die allgemeingültigen jüdischen Werte offener mit allen christlichen und sogar nichtreligiösen Mitbürgern zu teilen. Wenn das hieß, daß sie die überlieferte Form der Gottesverehrung verwässerten, wie ihnen die Orthodoxen vorwarfen, dann war das eben unvermeidlich.

Von da her legten die Reformjuden besonderen Nachdruck auf die prophetische Tradition und ließen folglich das Erbe von Talmud und Rabbinentum aus den Jahren des jüdischen Exils in den Hintergrund treten. Sie verstanden ihr Anliegen so, daß sie das Judentum für den heutigen Juden wieder relevanter erscheinen lassen und ihm helfen wollten, den Anschluß an die allgemeine bürgerliche Gesellschaft nicht ganz zu verlieren. So vertraten sie, daß die ethischen Vorschriften der Zehn Gebote Vorrang vor den minutiösen Anordnungen einer überholten Gesetzgebung über Tieropfer, rituell reine Speisen

2. Samson Raphael Hirsch: The Nineteen Letters on Judaism, zitiert nach Lavinia und Dan Cohn-Sherbok: A Short Reader of Judaism, Oxford 1996, 138.

und andere Bräuche haben sollte, die die Juden allzusehr von ihren nichtjüdischen Zeitgenossen abhoben.

Doch dauerte es nicht lange, und die Reformbewegung selbst spaltete sich auf, namentlich in die Parteien derer, die für mäßige, und solcher, die für radikale Änderungen eintraten, etwa im Synagogengottesdienst das Hebräische zugunsten der jeweiligen Landessprache aufzugeben oder aus den Gebeten Formulierungen zu tilgen, die allzusehr die Besonderheit des jüdischen Volkes betonten; ja manche wünschten sogar, den Sabbat vom Samstag auf den Sonntag zu verlegen, um in besserer Abstimmung auf ihre christliche Umgebung leben zu können.

Eine dieser neuen Gruppierungen entwickelte sich zum *konservativen* Judentum. Diese Bewegung entstand etwas später im gleichen Jahrhundert in Amerika. Ihre Vertreter hielten einige Änderungen in der jüdischen Lebensart für unvermeidlich und suchten nach einem Kompromiß zwischen dem Reform- und dem orthodoxen Judentum. Heute gehört in den USA die Mehrheit der drei Millionen Juden, die sich formell einer Synagoge angeschlossen haben, entweder einer Gemeinde der »Reformierten« oder der »Konservativen« an.[3]

Die Reformierten und die Liberalen weisen auf den Gebieten des Glaubens und der Praxis beträchtliche Unterschiede auf. Wie ihre Bezeichnung als »Conservatives« andeutet, sind die Liberalen zögerlicher als die Reformer, von den uralten Überlieferungen abzuweichen. In anderen Ländern, etwa in England, Frankreich und Ungarn, kam es zu entsprechenden Kontroversen über Einzelheiten des Gottesdienstes, die zu einer Fülle von Benennungen für unterschiedliche Splittergruppen führten. In England nennt sich die traditioneller ausgerichtete Organisation die »Reform«, während die für Neuerungen Offenere sich als »Liberale« bezeichnet. Alle diese Gruppierungen sind sich darin einig, die Erkenntnisse der modernen Bibelwissenschaft zu rezipieren. Ihre Anhänger glauben nicht mehr, die Tora sei dem Mose buchstäblich von Gott diktiert worden, sondern sie betrachten sie als eine Sammlung von Traditionen, die in ganz unterschiedlichen Zeiten im alten Israel entstanden seien. Zwar sei sie durchaus von Gott inspiriert, aber zugleich auch das Produkt des sich immer weiterentwickelnden menschlichen Nachdenkens.

3. Die »Conservatives« der USA lassen sich, wie weiter unten noch ausführlicher gezeigt wird, zutreffender als die »Liberalen« bezeichnen, was auch der entsprechenden Richtung bei den Juden in Deutschland näherkommt, so wird im Folgenden für sie die Bezeichnung »Liberale« verwendet. (Anm. d. Übers.)

Das hat zur Folge, daß sich die nicht-orthodoxen Juden ermächtigt fühlen, gewisse Bestimmungen des jüdischen Gesetzes abzuwandeln oder sogar abzuschaffen, wenn sie nicht mehr dem heutigen Empfinden entsprechen. Als die Rabbiner der amerikanischen Reformbewegung 1885 bei einer Konferenz in Pittsburgh ihre Grundsätze festlegten, erklärten sie deshalb: »Wir nehmen als bindend nur die Moralgesetze an und behalten nur solche Zeremonien bei, die unser Leben erheben und heiligen, lehnen jedoch alle diejenigen ab, die zu den Ansichten und Gewohnheiten der modernen Zivilisation nicht mehr passen.«[4] Seit damals ist die Bewegung stark angewachsen und hat sich weiterentwickelt. Heute stellen es die Reformjuden ihren Mitgliedern frei, ob sie persönlich die Speisegesetze einhalten wollen oder nicht. Sie vertreten die absolute Gleichberechtigung von Männern und Frauen und haben die Reinheits- und Scheidungsgesetze abgeschafft, weil diese die Frauen benachteiligen (siehe 5. Kapitel). Mädchen und Jungen erhalten genau die gleiche religiöse Erziehung, und in den letzten Jahren sind sowohl bei den Liberalen als auch bei den Reformern Frauen zu Rabbinerinnen ordiniert worden.

Im 20. Jahrhundert entstanden zwei weitere Bewegungen. Der *»Rekonstruktionismus«* erwuchs aus dem Liberalen Judentum. Sein Gründer Mordecai Kaplan (1881–1983) lehrte, das Judentum sei als sich ständig weiterentwickelnde Zivilisationsströmung zu verstehen, die religiöse wie weltliche Elemente enthalte. Der Glaube an Gott sei nicht länger unentbehrlich und die Synagogen sollten zu Zentren für alle Aspekte der jüdischen Kultur umgewandelt werden. Noch radikaler ist das *Humanistische Judentum.* Es entstand in Detroit im Staat Michigan unter der Führung von Rabbi Sherwin Wine (geb. 1928). Er lehrte, das Judentum sei genau wie alle anderen Religionen eine rein menschliche Schöpfung, die stets der Wandlung unterworfen sei; es umfasse viele Glaubensrichtungen und Lebensstile. So hebt Wine vor allem die humanistischen Dimensionen des Glaubens hervor.

Ein weiterer Umstand ist zu beachten: Viele Juden sind religiös, ohne organisatorisch irgendwo dazuzugehören. Rund 50 Prozent der Juden gehören keiner Synagoge an; sie schicken ihre Kinder nicht in den Religionsunterricht; viele heiraten Partner aus anderen Religionen und genießen in voller Freiheit alle Vorzüge der heutigen Lebensart.

---

4. G. W. Plaut (Hrsg.): The Growth of Reform Judaism: American and European Sources, zitiert nach Cohn-Sherbok in: A Short Reader, 135.

Doch trotz dieser offensichtlichen Indifferenz gegenüber ihrem religiösen Erbe betrachten sich auch noch viele dieser Menschen als Juden und fühlen sich auch als solche. Bei manchen führt das dazu, daß sie sich für jüdische Belange einsetzen, etwa indem sie sich an den Hilfsaktionen für die Juden im ehemaligen Sowjetreich beteiligen oder mit Spenden jüdische Hilfsorganisationen oder Schuleinrichtungen unterstützen. Wieder andere pflegen ihr Judesein, indem sie das *Jiddisch* ihrer Vorväter lernen oder gern osteuropäische jüdische *Klesmer*-Musik hören. Oder andere sind der Überzeugung, sie erfüllten die ethischen Verpflichtungen ihres jüdischen Erbes, wenn sie sich an Aktionen zur Durchsetzung allgemeiner sozialer Anliegen beteiligen (etwa bei der amerikanischen Bürgerrechtsbewegung mitmachen oder sich für die Gleichberechtigung der Geschlechter engagieren). Ein eindeutiger Schwerpunkt dieser Identifikation mit dem Judentum besteht darin, daß sie sich für den jüdischen Staat Israel stark machen.

In diesen säkularisierten Kreisen ist die Selbsterklärung gängig: »Mit der Religion können wir nicht viel anfangen, aber wir unterstützen Israel.«

Die moderne *Zionisten*bewegung beruht auf dem alten jüdischen Glauben, das Volk werde in sein ihm von Gott versprochenes (daher »Gelobtes«) Land zurückkehren. Sie wurde 1897 durch den österreichischen Journalisten Theodor Herzl (1860–1904) auf dem Ersten Zionistenkongreß gegründet. Herzl war der Überzeugung, der *Antisemitismus* sei aus der europäischen christlichen Gesellschaft nicht auszurotten, weshalb die Juden als Minderheitengruppe in einem fremden Land nie sicher würden leben können. Für ein Leben in wirklicher Freiheit bräuchten sie ein eigenes Land. Der Zionismus wurde in seiner Frühzeit vorwiegend von den Unterdrückten in Osteuropa unterstützt, von den *Progressiven* unter den Juden in der reichen Neuen Welt dagegen weithin abgelehnt. Doch nach dem *Holocaust* im »Dritten Reich«, durch den in den Todeslagern der Nazis annähernd ein Drittel des Weltjudentums ums Leben kam, schwenkte die öffentliche Meinung um. Heute ist sich die gesamte jüdische Gemeinschaft, Orthodoxe, Progressive wie säkularisierte Juden, in ihrer festen Überzeugung einig, daß der nach dem Zweiten Weltkrieg als Heimatland der Juden geschaffene politische Staat Israel auf jeden Fall erhalten bleiben müsse.

Der Staat Israel

Die Errichtung des jüdischen Staates im Jahre 1948 wurde von vielen als die Erfüllung eines religiösen Traumes betrachtet. Beim alljährlichen Frühlingsfest des *Pessach* sprechen sich die Teilnehmer am rituellen Mahl immer zum Abschluß den Wunsch zu: »Nächstes Jahr in Jerusalem!« In der zweiten Hälfte des 20. Jahrhunderts war das zum ersten Mal wieder ein praktisch erfüllbarer Wunsch geworden, nachdem fast zweitausend Jahre vergangen waren, seit die jüdische Herrschaft in Palästina im 1. Jahrhundert n. Chr. erloschen war.

Die alten jüdischen Gemeinden in Osteuropa wurden im Holocaust des nationalsozialistischen Antisemitismus nachhaltig zerstört. So mußten die Überlebenden der Konzentrationslager nur allzuoft feststellen, daß in ihrer alten Heimat kein Platz mehr für sie war. Daher wurde Israel ihr Ziel; als der neue Staat gegründet war, siedelten sich zwei Drittel der Menschen aus den Vertriebenenlagern dort an. Die Bevölkerung Israels wuchs gewaltig. 1946 lebten dort ungefähr 600 000 Juden. Nach den offiziellen Berechnungen betrug die jüdische Bevölkerung 1989 mehr als dreieinhalb Millionen. Dieser Zuwachs ergab sich trotz der drei verheerenden Kriege von 1956, 1967 und 1973, der ständigen militärischen Bedrohung und der fast unüberwindlichen wirtschaftlichen Probleme.

Bei weitem nicht alle Einwanderer waren Überlebende des Holocausts. Faktisch wurde Israel durch die Einwanderung von Juden, durch die Bereitschaft, zur Selbstverteidigung Waffen zu gebrauchen, und durch eine Resolution der Vereinten Nationen gegründet. Die umliegenden Länder Ägypten, Jordanien, Syrien und Libanon weigerten sich unversöhnlich, einen Judenstaat in ihrer Mitte zu dulden. Die Folge war ein gewaltiges Anschwellen des Antisemitismus bei den Arabern. Das Leben von Juden in vielen islamischen Ländern – diese Juden wurden als *Sefardim* bezeichnet – wurde unerträglich, so daß auch für sie die Auswanderung ins *Gelobte Land* zur attraktiven Möglichkeit wurde. Dadurch kam es zu beträchtlichen Zuwanderungsschüben aus der Türkei, dem Irak, Syrien, Libanon, dem Iran, dem Jemen und den Ländern Nordafrikas. Weltweites Aufsehen erregte zudem die Zuwanderung Schwarzer Juden aus Äthiopien und einer großen Anzahl aus den Ländern der ehemaligen Sowjetunion, die ebenfalls vor einer langen Tradition des Antisemitismus flohen.

Im Staat Israel selbst kam es ebenfalls zu einigen eigenen religiösen Strömungen. Ein früherer *Oberrabbiner* von Palästina, Rabbi

Abraham Isaac Kook, versuchte die Aktivitäten der atheistischen zionistischen Juden für den Wiederaufbau des alten jüdischen Staats zu etwas Heiligem zu erklären, da dies, wie er sagte, einen Teil der »Erlösung Israels« darstelle. Außerdem vertrat er das Prinzip »*Tora im Derek Erez*«, also daß »der Weg des Landes auf der Tora gründen« solle, das heißt, religiöse und praktische Werte ineinander verwoben werden sollten. Kook schlug dadurch die Brücke zwischen den säkularisierten und den religiösen Juden und erfüllte den religiösen Zionistenflügel, bekannt als die *Misrachi*-Bewegung (seit 1956 in Israel die National-Religiöse Partei *Mafdal*), mit neuem Leben. So unterstützen heute die meisten »Modernen Orthodoxen Juden« in Israel die Werte der Misrachi.

In Israel leben zwar Juden aus vielen unterschiedlichen Ländern, und es gibt im Land mehrere religiöse Strömungen, aber das Wahlsystem der proportionalen Vertretung hat den streng Orthodoxen zu beträchtlichem Einfluß verholfen. Dieses System ermöglicht es ihnen, die Kontrolle über die rabbinischen Gerichte zu behalten und die Einführung der Zivilehe und der Ehescheidung zu verhindern. Ihre eigenen Schulen, die sich auf religiöse Inhalte konzentrieren, werden vom Staat finanziell unterstützt. Es gibt zahlreiche Jeschiwot und Seminare; über das Ministerium für Religionsangelegenheiten werden die Synagogen und religiösen Gerichtshöfe von der Regierung finanziert. Es gibt zwei Oberrabbiner als Staatsbeamte, deren einer die *Aschkenasim* (Juden osteuropäischer Herkunft), der andere die *Sefardim* (Juden aus dem Orient) vertritt. Das Ministerium wird von den Orthodoxen kontrolliert, und trotz der Existenz fortschrittlicher Seminare und Synagogen tun sich die nicht-orthodoxen Bewegungen sehr schwer. Sie erhalten von der Regierung kein Geld und stoßen auf die entschiedene Gegnerschaft des religiösen staatlichen Establishments.

Viele Israelis haben wenig Zeit für die traditionelle jüdische Religion. Die Trennung von weltlichen und streng orthodoxen Schulen trägt wenig zum gegenseitigen Verständnis bei. Säkularisierte Israelis verurteilen zu Recht energisch die aggressiven Übergriffe mancher Jugendlicher der streng Orthodoxen, etwa wenn es um die Einhaltung des Sabbats geht (sie bewarfen schon fahrende Autos mit Steinen) oder wenn sie archäologische Ausgrabungen verhindern wollen (weil das jüdische Gesetz das Ausgraben von Leichen verbietet). Der Umstand, daß die streng Orthodoxen aus religiösen Gründen von der Wehrpflicht befreit sind, hat zur Folge, daß sie eine wichtige Erfahrung verpassen, die die anderen zusammenschweißt. Aber sogar orthodoxe Juden, die freiwillig in der Armee dienen, verursachen gelegentlich Probleme. Wo ihre Treue zur Tora (wie sie sie verstehen) mit ihrer Loyalität gegenüber dem Staat in Konflikt kommt, kann das zu schrecklichen Konflikten führen. Ein besonders schlimmes Beispiel war im November 1995 die Ermordung von Premierminister Izhak Rabin durch einen extremistischen Jeschiwa-Studenten; sie brachte die öffentliche Meinung zum Kochen.

Doch Israel bleibt ein jüdischer Staat und der Mittelpunkt der jüdischen Welt. Trotz seiner vielen Probleme auf sozialem, militärischem, wirtschaftlichem und religiösem Gebiet inspiriert er zu gewaltiger Loyalität. In der traditionellen Pessachliturgie heißt es: »Dieses Jahr sind wir hier, nächstes Jahr sind wir im Land Israel. Dieses Jahr sind wir Knechte, nächstes Jahr sind wir frei ...«[5]

Wer ist ein Jude?

In einer Hinsicht unterscheidet sich das Judentum eindeutig vom Christentum und Islam: Ob jemand Jude ist, hängt nicht in erster Linie davon ab, ob er sich an das betreffende Glaubenssystem oder diese Lebensweise hält. Nach dem jüdischen Gesetz ist vielmehr jeder Mensch, der eine jüdische Mutter hat, Jude. Alle diejenigen, die in gerader *matrilinearer* Abkunft von einer Frau abstammen, die von der Gemeinschaft als Jüdin anerkennt ist, sind laut Definition wiederum Juden. In der *Mischna*, der im 2. Jahrhundert n. Chr. zusammengestellten jüdischen Gesetzessammlung, heißt es: »Dein Sohn von einer *israelitischen* Frau wird dein Sohn genannt, aber dein Sohn von einer heidnischen Frau wird nicht dein Sohn genannt.«[6]

Diese Definition hatte drei bemerkenswerte Vorteile. Zunächst einmal war sie klar und einfach zu verstehen. Zweitens läßt sich darüber, wer die Mutter eines Kindes ist, selten streiten, da es für die Schwangerschaft und Geburt fast unvermeidlich immer Zeugen gibt, wogegen die Ermittlung des Vaters eines Kindes sehr viel schwieriger sein kann. Drittens konnte in einer langen Geschichte der Unterdrükkung und Verfolgung auch ein durch Vergewaltigung gezeugtes Kind in die jüdische Gemeinschaft integriert werden. Da das Judesein eine

5. Aus der Pessach-Haggada.
6. *Kiddushin* III.

Frage der physischen Abstammung ist, spielt dabei die religiöse Überzeugung keine Rolle. Laut der *Halacha* ist es durchaus möglich, ein gläubiger Muslim oder Christ und dennoch ein Jude zu sein. Die Geschichte kennt viele Beispiele für solche Menschen. Die Tora lehrt, daß selbst vom Glauben Abgefallene, die sich also vorsätzlich davon abgewandt haben, Juden bleiben.

Es ist auch möglich, sich zum Judentum zu bekehren. Wie das vor sich geht, beschreibt der Talmud:

»Die Rabbinen sagen: Wenn nun jemand kommt und ein Bekehrter sein möchte, sagen sie zu ihm: Warum willst du ein Bekehrter sein? Weißt du nicht, daß die Juden gequält, gehetzt, verfolgt und schikaniert werden und daß sie viele Beschwerden erleiden? Wenn er zur Antwort gibt: Ich weiß das und bin dessen nicht wert, dann sollen sie ihn ohne weitere Widerrede aufnehmen.«[7]

Tatsächlich ist diese Prozedur im allgemeinen komplizierter als hier beschrieben. Viele Jahrhunderte lang betrachtete es die christliche Kirche als ein mit der Todesstrafe zu sühnendes Vergehen, einen Christen zum Judentum zu bekehren. Zudem lehrten die Rabbinen immer, auch die Nichtjuden seien Gott gefällig, sofern sie sich an einige elementare Gesetze hielten. Andererseits sind Juden verpflichtet, die Tora mit ihren ganzen Komplikationen zu halten. Daher, so vertraten sie, sei es nicht von Vorteil, ein Jude zu werden, und sie sahen keinen Grund, zu Konversionen zum Judentum zu ermutigen.

Die Frage, wer Jude sei, wird noch komplizierter, seit diesbezüglich unlängst in der Amerikanischen Reformbewegung eine Entscheidung gefällt wurde. Es ist eine statistische Tatsache, daß jüdische Männer mit größerer Wahrscheinlichkeit »hinausheiraten« als jüdische Frauen; zudem erbrachte 1990 eine Umfrage unter allen in den USA lebenden Juden, daß inzwischen die Juden insgesamt sich zu ungefähr 57 Prozent mit nichtjüdischen Ehepartnern verheirateten. Als Konsequenz daraus setzte die Vereinigung der reformierten Rabbiner fest, künftig solle jedes Kind eines jüdischen Elternteils (handle es sich um Vater oder Mutter) grundsätzlich als Jude gelten, und jedes Kind eines jüdischen Vaters müsse als Jude betrachtet werden, sofern es in irgendeiner Form jüdisch erzogen werde. Diese Entscheidung ist natürlich für die Orthodoxen und Liberalen nicht akzeptabel, denn sie halten sich weiterhin an das Prinzip der matrilinearen Abstammung.

---

7. *Yebamot* XLVII.

Die ganze Fragestellung hat sich noch weiter zugespitzt, seit es den Staat Israel gibt. Wer hat ein Recht darauf, Bürger Israels zu werden? Nach vielen Debatten erließ die Knesset, das israelische Parlament, das *Rückkehrergesetz,* in dem es klipp und klar heißt: »Jeder Jude hat das Recht, als Einwanderer in dieses Land (Israel) zu kommen.« Dabei wurde definiert, als »Jude« gelte jeder Mensch, »der von einer jüdischen Mutter geboren wurde oder sich zum Judentum bekehrt hat und nicht Mitglied einer anderen Religionsgemeinschaft ist«. Zudem wird auch den nächsten Familienangehörigen dieser Menschen das Recht zuerkannt, Bürger Israels zu werden.[8] Indem man dabei bewußt auf eine genauere Definition der Konversion zum Judentum verzichtete, fallen darunter auch alle, die über die nicht-orthodoxen Bewegungen in den Schoß des Judentums gekommen sind. Ferner lassen sich durch die Einbeziehung nichtjüdischer Familienmitglieder auch die heidnischen Ehepartner und Kinder und viele, die nicht eine streng matrilineare Abkunft nachweisen können, darin einschließen.

Die jüdische Gemeinschaft in der heutigen Welt

Die große Mehrheit der jüdischen Gemeinschaft hat während der letzten 2500 Jahre außerhalb des Landes Israel gelebt. Schätzungen zufolge zählte vor Ausbruch des Zweiten Weltkriegs 1939 die weltweite Judenschaft ungefähr 16,5 Millionen Juden. Von diesen lebten 7,5 Millionen in Osteuropa und Rußland, zwei Millionen in Westeuropa, eine Million in Asien, eine halbe Million in Afrika und 5,5 Millionen in der Neuen Welt.[9] So war also damals die größte jüdische Gemeinschaft diejenige Osteuropas: in Polen, Österreich-Ungarn, auf dem Balkan, in Rußland und in den baltischen Staaten, wo sie in Handel und Gewerbe eine bedeutende Mittelschicht darstellten. Es gab dort ein blühendes religiöses Leben. Die meisten Juden lebten in *Schtetln,* das heißt vorwiegend von Juden bewohnten Kleinstädten. Ihre gemeinsame Sprache war das Jiddisch. Die jungen Männer studierten den Talmud in berühmten Jeschiwot; in den Häusern wurden die überlieferten Rituale gepflegt, das Leben kreiste um Synagoge und

---

8. Israelische Statuten nach »Law of Return«, zitiert nach: Cohn-Sherbok: A Short Reader, 170.
9. Diese Zahlen nach der *Encyclopaedia Judaica,* zitiert nach Cohn-Sherbok: A Short Reader, 164.

Heim. Eine anwachsende Minderheit fand neue Lebensmöglichkeiten in größeren Städten wie im polnischen Warschau, im österreichischen Wien und im südrussischen Odessa. Die Anziehungskraft der weltlichen Gesellschaft führte zunehmend zur *Assimilierung.* Viele erstiegen die Sprossen der sozialen Stufenleiter ihrer Gastgesellschaft, wurden bekannte Anwälte, Ärzte, Journalisten usw. Doch ihr Erfolg weckte unter ihren nichtjüdischen Mitbürgern zuweilen auch Gefühle des Antisemitismus, weil diese mit Mißgunst sahen, wie weit sie es brachten.

Zu Anfang des 20. Jahrhunderts hatten die Einrichtungen des Schtetels zunehmend unter Auszehrung zu leiden, da sich diesen osteuropäischen Juden mit der Auswanderung nach Amerika ganz neue Lebensmöglichkeiten boten. Schätzungen zufolge sollen zwischen 1840 und 1925 mehr als zweieinhalb Millionen Menschen jüdischer Herkunft als Einwanderer in die USA gekommen sein. Die überlieferte Lebensweise wurde vollends durch die Katastrophe der Judenvernichtung durch die Nationalsozialisten zerstört. Hier sprechen die Zahlen eine grausige Sprache. Bis 1948 war die Weltjudenschaft auf 11,5 Millionen reduziert. Davon lebten inzwischen fast 6 Millionen in den USA. Westeuropäische Juden gab es nur noch ungefähr eine Million; in Osteuropa lebte keine ganze Million mehr, weitere zwei Millionen gab es noch in der Sowjetunion und ungefähr eine halbe Million im neuen Staat Israel. Seit damals hat sich die Bevölkerung Israels noch wesentlich vergrößert, aber ansonsten stand damit die neue zahlenmäßige Verteilung fest. Die USA bleiben die Heimat der größten, reichsten und mächtigsten jüdischen Gemeinschaft, die die Welt je gekannt hat. Diese ist fast doppelt so groß wie diejenige des Staates Israel, der die zweitgrößte jüdische Gemeinschaft auf der Welt darstellt. Anders als in den USA, wo die aschkenasische Judenschaft dominiert, besteht die Gesellschaft in Israel ungefähr je zur Hälfte aus Aschkenasim und Sefardim. Die drittgrößte jüdische Gemeinschaft ist diejenige in den Staaten der ehemaligen Sowjetunion. Doch während der Jahre der kommunistischen Herrschaft durften dort die Juden ihr religiöses und kulturelles Erbe nicht mehr weiterpflegen.

Um also das ganze Ausmaß und die Vielfalt des jüdischen Lebens in der *Zerstreuung* (gewöhnlich, nach der griechischen Übersetzung dieses Ausdrucks, Diaspora genannt) kennenzulernen, muß man sich die Juden in den USA genauer ansehen. Es gibt dort unter ihnen eine verwirrende Vielfalt von Einrichtungen. In den zahlreichen Synagogen versammeln sich Gläubige mit allen möglichen religiösen Überzeugungen, darunter auch Gebetsgruppen für solche, die sich eher in einem feministischen oder homosexuellen Umfeld daheim fühlen. Sodann gibt es das breite Spektrum jüdischer Wohltätigkeitseinrichtungen. Die Juden sind großzügige Menschen und unterstützen bereitwillig gute Zwecke. In jeder größeren amerikanischen Stadt gibt es jüdische Altersheime und Anlagen für betreutes Wohnen von Älteren und Behinderten. Es gibt einen jüdischen Familienverband und Gesamtverbände der jüdischen Krankenhäuser und Bestatter. Die jüdische Gemeinschaft unterhält unzählige Bildungseinrichtungen, von streng orthodoxen Jeschiwot bis zu progressiven jüdischen Tagesschulen, von Synagogenkindergärten bis zu koscheren Sommerlagern. Für die jungen Erwachsenen bieten die zahlreichen jüdischen Gemeinschaftszentren ein breites Spektrum von Aktivitäten an, die von Freizeitclubs bis zu Bibliotheken, Museen und umfangreichen Programmen der Erwachsenenbildung reichen. Das Spenden an jüdische Wohltätigkeitseinrichtungen gilt als *Mizwa*, als gute Tat, und die jüdischen Einrichtungen in den USA sind gewaltige, finanzkräftige Unternehmen.

Nur wenige Familien sind schon länger als drei oder vier Generationen lang in den USA; genau wie die Familien in Israel haben sie Vorfahren aus allen möglichen Ländern der Welt. Die viertgrößte jüdische Gemeinschaft ist diejenige in Frankreich mit rund 600 000 Juden. Das ist eine besonders interessante Gruppe, da sich in ihr zwei unterschiedliche Kulturen begegnet sind. Die alte Gemeinschaft der Aschkenasen wurde zwar während des Zweiten Weltkriegs und der deutschen Besatzungszeit stark dezimiert, doch die Überlebenden wurden durch einen beträchtlichen Zustrom sefardischer Juden aus Nordafrika verstärkt. Heute lebt mehr als die Hälfte der französischen Juden in Paris, das als »das größte und lebendigste Zentrum jüdischen Lebens von ganz Europa« bezeichnet wurde.[10]

Großbritannien blieb während des Krieges von der Naziherrschaft verschont, so daß seine jüdischen Einrichtungen intakt überlebten. Heute gibt es in England mehr als 300 000 Juden, die mehrheitlich der »Orthodox United Synagogue« unter der Leitung des Oberrabbiners angehören. Obwohl sich die meisten von ihnen als Orthodoxe verstehen, heißt das nicht unbedingt, daß sie einen orthodoxen Lebensstil führen. Einzelne Juden haben es zu einflußreichen Positionen in Regierung, Wirtschaft und Industrie, in den Berufen und in den Kün-

10. Nicholas de Lange: Atlas of the Jewish World, Oxford 1984, 174.

sten gebracht. Sichtbare Anzeichen des Antisemitismus gibt es kaum, so daß die Juden in England gut etabliert sind. Tatsächlich stammen manche Familien von Juden ab, die sich schon im 17. Jahrhundert im Land angesiedelt haben.

Kleinere jüdische Gemeinschaften gibt es auch in allen anderen Ländern Europas. In Asien lebt außerhalb Israels ungefähr eine halbe Million Juden, von der Türkei im Westen bis nach China im Osten. Unlängst wurde in Hongkong eine neue Synagoge gebaut. Eine besonders interessante Gruppe sind die Juden in Indien. Sie behaupten, bereits in biblischer Zeit ins Land gekommen zu sein. Es gibt mehrere uralte Gemeinden, die bis ins 18. Jahrhundert anscheinend gar keinen Kontakt untereinander hatten. In manchen Orten gibt es sogar ein Kastensystem, bei dem zwischen Weißen und Schwarzen Juden unterschieden wird, und bis vor kurzem waren Heiraten zwischen diesen Untergruppen nicht erlaubt.

In der Neuen Welt leben außerhalb der USA 300 000 Juden in Kanada, mehr als eine Viertelmillion in Argentinien und noch einmal ungefähr gleich viel in den übrigen lateinamerikanischen Ländern zusammen. Die jüdische Gemeinschaft von Südafrika umfaßt über 100 000 Mitglieder, in Australasien gibt es mehr als 70 000 Juden. Alle diese Bevölkerungsgruppen verfügen über ihre eigenen charakteristischen Merkmale. Die Wurzeln mancher Gemeinschaften reichen weit zurück, andere wurden mehrheitlich von denen gegründet, die vor dem Nationalsozialismus flüchteten.

In Nordafrika gibt es mehrere alteingewurzelte, bedeutende Gemeinschaften. Doch in den letzten Jahren erlebten sie einen ziemlichen Aderlaß. Nachdem Algerien von der französischen Herrschaft unabhängig geworden war, verließ die Mehrheit der Juden das Land und wanderte nach Frankreich oder Israel aus. Auswanderungen in großem Maßstab erfolgten auch aus Tunesien und aus der wichtigen, historisch weit zurückreichenden Gemeinde von Kairo, so daß es in Ägypten nur noch wenige hundert Juden gibt. Selbst in Marokko, wo der König häufig ausdrücklich seinen Wunsch erklärt hat, seine jüdischen Untertanen sollten in Frieden und Wohlstand leben können, ist die Gemeinschaft von über 200 000 auf rund 20 000 zusammengeschrumpft.

Jene afrikanische Gruppe, die besonders in die Schlagzeilen geriet, war die von Äthiopien. Die tatsächlichen Ursprünge der Juden in Äthiopien sind unbekannt, sie selbst allerdings behaupten, die Nachkommen von König Salomo und der Königin von Saba zu sein. Zu-

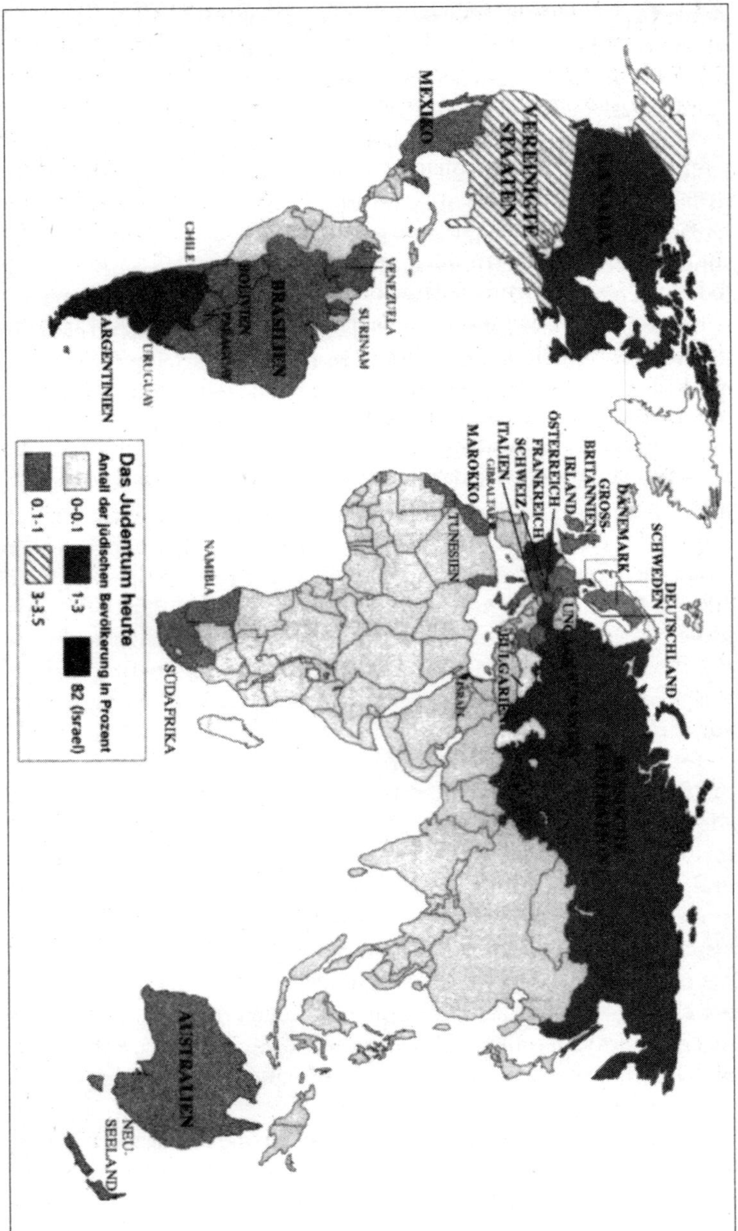

Das Judentum heute
Anteil der jüdischen Bevölkerung in Prozent
0-0.1
1-3
82 (Israel)
0.1-1
3-3.5
VEREINIGTE STAATEN
MEXIKO
VENEZUELA
SURINAM
BRASILIEN
BOLIVIEN
CHILE
URUGUAY
ARGENTINIEN
SCHWEDEN
DÄNEMARK
DEUTSCHLAND
GROSS-BRITANNIEN
IRLAND
FRANKREICH
ÖSTERREICH
SCHWEIZ
ITALIEN
MAROKKO
TUNESIEN
BULGARIEN
NAMIBIA
SÜDAFRIKA
AUSTRALIEN
NEU-SEELAND

nächst gab es einige Zweifel, ob es sich bei ihnen überhaupt um echte Juden handle, aber 1973 erklärte sie das Israelische Oberrabbinat zu Israeliten, und zwei Jahre danach wurde ihnen gemäß dem Rückkehrergesetz der Rechtsanspruch auf die israelische Staatsbürgerschaft zuerkannt.

So ist die jüdische Gemeinschaft im wesentlichen eine internationale Gemeinschaft. Viele ihrer Mitglieder fühlen sich patriotisch ihrem Geburtsland zugehörig. Zugleich haben sie das Gefühl, nicht nur Juden zu sein, sondern auch an einer weiteren gemeinsamen Geschichte und Erfahrung teilzuhaben. Die Juden gehören allen möglichen verschiedenen Rassen an; sie decken ein breites Spektrum sozialer und wirtschaftlicher Verhältnisse ab; sie vertreten stark unterschiedliche Glaubensüberzeugungen. Doch zugleich leben sie aus dem Bewußtsein, ein einziges Volk zu sein, und die Vorstellung der *Klal Jisrael* (der Gesamtheit Israels) ist ihnen sehr wichtig, auch wenn sie nicht einer Meinung darüber sind, was das genau bedeutet.

2. Die Geschichte des jüdischen Volkes

Das Judentum zur Zeit der Bibel

Die Frühgeschichte der Israeliten, der Vorfahren des jüdischen Volkes, beruht weithin auf den in der hebräischen Bibel überlieferten Geschichten. Die Juden kennen dieses Buch auch als den *Tenach* (ein hebräisches Akronym aus den Anfangsbuchstaben seiner drei Hauptteile), während die Christen es als das »Alte Testament« in ihre Heilige Schrift mit einbezogen haben. Die ersten fünf Bücher der Bibel sind als der *Pentateuch* (die *Tora*) bekannt, und im ersten dieser fünf Bücher, dem Buch Genesis, werden die wesentlichen Züge des jüdischen Glaubens, nämlich daß Gott der Erschaffer der Welt sei, erläutert.

Allerdings sind sich die Gelehrten nicht sicher, ob diese biblischen Erzählungen tatsächlich die historischen Fakten genau wiedergeben, denn manche dieser geschilderten Ereignisse, Völker und Genealogien decken sich nicht mit den archäologischen Funden oder mit den Erwähnungen der Israeliten in den Schriften der Völker in den Nachbarländern.

Die Juden glauben, daß sie vom *Patriarchen* Abraham abstammen, der laut den Erzählungen und Genealogien der Bibel ungefähr zwischen 1700 und 1900 v. Chr. gelebt haben müßte. Abraham stammte aus der Stadt Ur im Mittleren Osten (im heutigen Irak). Gott versprach ihm, wenn er sein seßhaftes Leben aufgebe, werde er ihn zum Vater eines großen Volkes machen. Obwohl er und seine Frau schon vorgerückten Alters waren und keine Kinder hatten, folgte Abraham diesem Ruf und wurde Nomadenhirte. Nach einiger Zeit bekam er (ungefähr 1850 v. Chr.) von einer Sklavin einen Sohn, Ismael, der der Stammvater des Volkes der Araber werden sollte. Aber nicht Ismael sollte der Erbe von Gottes Verheißung sein. Schließlich bekam auch Abrahams bereits ältere Frau Sara wider alles Erwarten noch einen Sohn, Isaak. Gott schloß mit dem Patriarchen einen *Bund.* Er versprach, Abrahams Familie zu beschützen und zu erhalten; ihre Nachkommen sollten so zahlreich wie die Sterne am Himmel werden und sie sollten sein *auserwähltes Volk* sein. Dafür sollten Abrahams Nachkommen Gottes Gebote befolgen. Als Symbol des Bundesschlusses wurde die Praxis der Beschneidung eingeführt: »Alles, was männlich ist unter euch, muß beschnitten werden ... Das soll geschehen zum Zeichen des Bundes zwischen mir und euch. Alle männlichen Kinder bei euch müssen, sobald sie acht Tage alt sind, beschnitten werden« (Genesis 17, 10–12). Bis heute lassen auch viele ihrem Glauben entfremdete Juden ihre Söhne immer noch beschneiden. Das bleibt ein elementarer Glaubensartikel.

Die drei Patriarchen Abraham, sein Sohn Isaak und sein Enkel Jakob (ungefähr 1750 v. Chr.) werden in der jüdischen Tradition hoch verehrt. Jakob erhielt auch den Namen Israel (»der mit Gott gerungen hat«). Später zog Jakob mit seiner ganzen Familie nach Ägypten und wurde dort seßhaft. Er war der Vater von zwölf Söhnen, die ihrerseits die Väter der zwölf Stämme des jüdischen Volkes wurden. Anfangs wurden sie als bevorzugte Einwanderer behandelt, aber im Buch Exodus wird erzählt: »In Ägypten kam ein neuer König an die Macht, der Josef (Jakobs zweitjüngsten Sohn) nicht gekannt hatte« (Exodus 1, 8). Die Ägypter machten die Israeliten zu Sklaven und setzten sie beim Bau ihrer Städte ein. Doch ein junger Israelit namens Mose, der laut der Erzählung am Hof des Pharao aufgezogen worden war, wurde von Gott dazu inspiriert, sein Volk in die Freiheit zu führen. Gott schickte eine Reihe von zehn Plagen über das Land. Die letzte bestand im Tod aller Erstgeborenen. Die Israeliten entkamen dieser Katastrophe, denn Gott wies sie an, ein Lamm zu schlachten und dessen Blut an die Türpfosten ihrer Häuser zu streichen. Überall, wo der Todesengel hinkam und das Blut sah, sollte er an diesem Haus »vorübergehen«. Das Entsetzen der Ägypter wurde so groß, daß sie die Juden schließlich ausziehen ließen. Sie packten derart eilends ihre Habe zusammen, daß sie nicht einmal mehr die Zeit hatten, ihr Brot aufgehen zu lassen, und flohen aus dem Land. Dieses Ereignis wird von den Juden bis heute als das Fest des »Vorübergangs«, des *Pessach* (Passah, Pascha), gefeiert. Es ist ein Fest der Freiheit. Acht Tage lang wird nichts gegessen, was mit Sauerteig oder Hefe zubereitet ist; die Festfeier beginnt mit einem Familienessen, bei dem jedesmal die Geschichte vom Entkommen der Vorfahren aus der Knechtschaft in Ägypten erzählt wird.

Die Flüchtlinge zogen vierzig Jahre lang durch die Wüste auf der Halbinsel Sinai. Während dieser Zeit empfing Mose die endgültige Offenbarung. Auf dem Berg Sinai wurde ihm die Tora, das Gesetz der Juden, überreicht. Dieses ist im Pentateuch, den ersten fünf Büchern der jüdischen Heiligen Schrift, enthalten. Der Pentateuch (»Fünf Bücher«) enthält die Bücher Genesis, Exodus, Levitikus, Numeri und

Der Auszug der Israeliten aus Ägypten, der während des Pessachfestes gefeiert wird, ist in der Geschichte des jüdischen Volkes ein zentrales Ereignis. Angeführt von Mose, wurden die Israeliten aus der Knechtschaft befreit und entkamen ihren Verfolgern trockenen Fußes, als sich das Rote Meer auf wunderbare Weise teilte.

Deuteronomium. Die orthodoxen Juden glauben, Gott habe die Tora Mose buchstäblich diktiert. Der große Philosoph und Gesetzessammler Maimonides (1135–1204) drückte es so aus: »Ich glaube mit vollkommenem Glauben, daß das gesamte und vollständige Gesetz, wie wir es kennen, ein und dasselbe wie das ist, das dem Mose gegeben wurde … Ich glaube mit vollkommenem Glauben, daß das Gesetz nie geändert werden wird und daß vom Schöpfer nie ein anderes Gesetz an seiner Statt erlassen werden wird.«[11] Die Reformierten und Liberalen Juden vertreten eine in ihren Augen flexiblere Ansicht, aber grundsätzlich stellt die Tora für alle Juden die Grundlage ihres religiösen Lebens dar. Jede Woche lesen die Gläubigen in der Synagoge aus der *Torarolle*, wobei der Zyklus des Pentateuchs jedes Jahr einmal ganz gelesen wird. So sind die Juden in einem ganz realen Sinn tatsächlich ein »Volk des Buches«.

Im Buch Josua wird beschrieben, wie die Israeliten das Land Kanaan erobern (das Gebiet des heutigen Israel), das sie als das ihnen von Gott gelobte Land betrachteten. Anfangs wurden die Juden von einer Reihe charismatischer Richter angeführt, die immer zu Zeiten militärischer Bedrohung auf den Plan traten, aber im Lauf der Zeit entstand das Bedürfnis nach einem König. So wählten die Zwölf Stämme zunächst einen jungen Mann namens Saul (im 11. Jh. v. Chr.), der jedoch nach einer verheerenden Niederlage durch ein Nachbarvolk Selbstmord beging. Sein Nachfolger wurde David (10. Jh. v. Chr.), der in der Tradition in vieler Hinsicht als der ideale König gilt. Er eroberte die Stadt Jerusalem und machte sie zu seiner Hauptstadt, und Gott schwor ihm: »Deinem Haus gebe ich auf ewig Bestand, und von Geschlecht zu Geschlecht richte ich deinen Thron auf« (Psalm 89, 5). Die Juden glauben immer noch, Gott werde einen neuen König, einen *Messias* (»Gesalbten«), schicken, um die Gottesherrschaft auf Erden aufzurichten, und dieser Auserwählte werde aus dem Haus David stammen.

Davids Sohn, König Salomo (gestorben ca. 930 v. Chr.), baute den prächtigen *Tempel* in Jerusalem. Dieser wurde dem Einen Gott geweiht. Darin wurden täglich Opfer zum Lobpreis des Allmächtigen und zur Sühne für Israels Sünden dargebracht. Doch nach dem Tod Salomos spalteten sich die zehn Stämme des Nordens von den zwei Stämmen des Südens ab und errichteten ihr eigenes Königtum. Wäh-

11. Prinzipien des jüdischen Glaubens nach dem Authorised Daily Prayer Book (viele Ausgaben).

rend des Zeitalters der gespaltenen Königreiche (930–722 v. Chr.) traten viele der biblischen *Propheten* auf. Elija (9. Jh. v. Chr.), Hosea, Amos, Micha und Jesaja (alle im 8. Jh. v. Chr.), warnten das Volk vor der unmittelbar bevorstehenden Katastrophe. Sie waren der festen Überzeugung, Gott werde sein Volk dafür bestrafen, daß es sein Wort mißachte, ein übles Leben führe und von seinem Bund abgefallen sei. Insbesondere Elija war derart gewaltig, daß er nicht starb, sondern mit einem feurigen Wagen in den Himmel aufgenommen wurde. Die Orthodoxen glauben immer noch, er stehe bereit, um wiederzukommen und die Tage des Messias anzukündigen.

Die Unheilsprophezeiungen erwiesen sich als nur allzu wahr. Im Jahre 721 v. Chr. zerstörten die Assyrer (aus dem heutigen Irak) das nördliche Königreich. Die zehn Nordstämme verschwanden aus der Geschichte. Die Legende will zwar wissen, daß sie noch irgendwo in einer fernen Gegend überleben, um in den Tagen des Messias wieder gesammelt werden zu können, aber in Wirklichkeit verheirateten sie sich mit benachbarten Stämmen, verschmolzen schließlich mit diesen und verloren so ihre nationale und religiöse Identität. Schließlich eroberten im Jahre 586 v. Chr. die Babylonier, die Nachfahren der Assyrer, die beiden südlichen Stämme (Juda und Benjamin). Sie zerstörten König Salomos Tempel in Jerusalem und verschleppten die Juden ins Exil. Es war eine verheerende Erfahrung. Dennoch überlebten die Juden, weil sie sich nicht zuletzt von den Worten der biblischen Propheten und des Gesetzes gehalten wußten. Der Prophet Ezechiel tröstete das Volk mit dem Hinweis auf Gottes unerschütterliche Treue: »Ich hole sie zurück von den Orten, wohin sie sich am dunklen, düsteren Tag zerstreut haben. Ich führe sie aus den Völkern heraus, ich hole sie aus den Ländern zusammen und bringe sie in ihr Land« (Ezechiel 34, 12–13).

Während der langen Jahre des Exils aus dem Gelobten Land entwickelten die führenden Kräfte der Juden eine neue Zukunftshoffnung. Sie hielten Ausschau nach einer Königsgestalt, einem Messias, der die Nation in ihrem früheren Glanz wiederherstellen und allem Leid der Menschen ein Ende setzen werde. Noch wichtiger war, daß in dieser Zeit die prophetische Tradition aufblühte. Die Propheten verurteilten die Juden nicht nur deswegen, weil sie heidnische Bräuche übernommen hatten, sondern tadelten das Volk auch wegen seiner früheren Missetaten und drängten darauf, es solle zum wahren Geist des Gesetzes zurückkehren, statt nur noch leere Rituale zu befolgen. Damit wollten die Propheten die Juden nicht von den Ritualen abbringen, sie jedoch deutlich an ihre ethischen Pflichten erinnern. Die Gelehrten betrachten das als ein Zeitalter der Vertiefung der Lehre und Weisheit des Judentums, ja sogar als eine Bewegung weg von einer sich von allen anderen absetzenden Einstellung zu einem neuen Universalismus. Zur selben Zeit warnten die Propheten auch vor den Gefahren, die der jüdischen Identität dadurch drohten, daß sie von lauter politischen Feinden umringt waren.

Die Anführer der Juden scheinen in dieser Zeit den Brauch eingeführt zu haben, sich regelmäßig zu versammeln. Opfer konnten sie nicht mehr darbringen, weil nur der Tempel der dafür angemessene Ort war, aber zum Beten und zum Studium der Tora konnten sie zusammenkommen. Das war der Anfang der Synagoge als fester Einrichtung. Knapp siebzig Jahre später wurden die Babylonier ihrerseits von den Persern (dem heutigen Iran) erobert. Zwar entschieden sich viele Juden, in Babylon zu bleiben, wo sie inzwischen ein ganz angenehmes Leben gefunden hatten, aber eine Gruppe der Gläubigen bemühte sich mit aller Kraft, wieder ins Gelobte Land heimkehren zu dürfen. Das wurde ihnen schließlich erlaubt, und unter Führung des Serubbabel (eines Nachfahren Davids) und des Priesters Haggai bauten sie den Tempel wieder auf. Er war wesentlich bescheidener als sein Vorgängerbau, aber der Opferdienst konnte wieder eingerichtet werden. Doch von da an gab es zwei Zentren des Weltjudentums, Judäa (das alte Königreich des Südens) mit seinem Mittelpunkt Jerusalem und die »Zerstreuung« mit ihrem Zentrum in Babylon.

Die heimgekehrten Exilanten lebten unter äußerst schwierigen Bedingungen. Ihre Lage verbesserte sich unter Nehemia (5. Jh. v. Chr.), der im Jahre 445 zum Statthalter des Landes ernannt wurde. Der Schreiber Esra versammelte das Volk und las ihm das Gesetz vor. Die Zuhörer wurden davon erschüttert. Sie faßten unverzüglich den festen Entschluß, die in der Tora vorgeschriebenen Feste wieder zu feiern: *Pessach (Passah), Schawuot* (Wochen) und *Sukkot (Laubhütten).* Es handelte sich um Ackerbaufeste und zugleich Gedächtnisfeste der Güte Gottes, der die Juden aus der Sklaverei befreit, Mose das Gesetz gegeben und die Israeliten in der Wüste am Leben erhalten hatte. Außerdem bestand Esra darauf, das Volk solle alle Mischehen mit ausländischen Frauen auflösen, damit das Land von götzendienerischen Einflüssen gereinigt werde. Bis heute betrachten die Juden ihre Treue zur Tora und ihre Abneigung gegen Mischehen als die Grundpfeiler ihres ethnischen und religiösen Überlebens als Volk.

Der Zweite Tempel und die Zerstreuung

Die Babylonier hatten nicht die gesamte jüdische Bevölkerung nach Babylon verschleppt, sondern nur die Anführer, die Begüterten und die Einflußreichen. Das »Volk des Landes« hatten sie zurückgelassen. Es ging Mischehen mit den anderen dort ansässigen Bevölkerungsgruppen ein, bewahrte sich jedoch seinen Glauben an den Einen Gott. Als die Exilierten zurückkehrten, waren diese Leute sehr darauf bedacht, ihre Zugehörigkeit zu den Juden zu betonen, und hatten sich anerboten, beim Wiederaufbau des Tempels zu helfen. Doch die Juden wollten ihre Hilfe nicht. Als die *Samariter,* wie man sie später nannte, sahen, daß sie nicht als Israeliten akzeptiert wurden, entwikkelten sie ihre eigenen, getrennten Traditionen. Eine kleine Gruppe von ihnen existiert bis heute. Sie behaupten, ihre Version der Tora sei die richtige und ihr *Hoherpriester* stamme aus der Familie des Mosebruders Aaron, des ersten Hohenpriesters. Im Jahre 333 v. Chr. erhielten sie die Erlaubnis, auf dem Berg Garizim ihren eigenen Tempel zu bauen. Sie behaupten, das sei der einzige Ort, an dem es erlaubt sei, Opfer darzubringen, und ihn habe Gott sich gewählt. Dieser Tempel wurde gegen 128 v. Chr. von jüdischen Soldaten zerstört, aber die Samariter bringen weiterhin auf ihrem Berg ihr Pessachopfer dar und pflegen weiterhin ihre alte Eigenform der israelitischen Religion.

Judäa selbst wurde weiterhin von auswärtigen Mächten besetzt. Im Jahre 333 v. Chr. besiegte Alexander der Große (352–323) von Mazedonien (in Nordgriechenland) den persischen König. Alexanders Ziel war es, die griechische Kultur über die ganze Welt zu verbreiten. Er schuf durch seine Eroberungen ein riesiges Reich, das sich von Griechenland bis an die Grenzen Indiens erstreckte und auch Ägypten und Babylonien umfaßte. Als er am Fieber starb, wurden diese Gebiete unter vielen Generälen aufgeteilt. Nach zwanzig Jahren erbitterter Kämpfe untereinander blieben noch drei davon übrig. Ptolemaios I. gründete in Ägypten die Dynastie der Ptolemäer, Seleukos I. in Mesopotamien die Dynastie der Seleukiden und Antigonos I. in Kleinasien und Mazedonien die Dynastie der Antigoniden. Anfangs war Judäa unter der Herrschaft der Ptolemäer von Ägypten. Die Ptolemäer verhielten sich im allgemeinen der jüdischen Religionspraxis gegenüber tolerant; in der Stadt Alexandria im Nildelta gab es eine blühende jüdische Gemeinde. Diese ägyptischen Juden blieben zwar dem Gott ihrer Väter treu, sprachen jedoch Griechisch und genossen einen ziemlich angepaßten Lebensstil. In Alexandria wurde die hebräische Heilige Schrift zum ersten Mal ins Griechische übersetzt; diese Übersetzung wurde als die *Septuaginta* bekannt. Alexandria war auch die Heimatstadt des hervorragenden jüdischen Philosophen Philo (ca. 25 v. Chr.–40 n. Chr.), der versuchte, die griechische Philosophie und die jüdische Religionslehre zu einer Gesamtschau zu verschmelzen.

Im Jahre 198 v. Chr. hatte ein Seleukidenkönig, Antiochos III. (er regierte von 223–187), die Herrschaft über Judäa errungen. Er übernahm zwar die tolerante Einstellung seiner Vorgänger, war jedoch entschlossen, aus Jerusalem eine griechische Stadt zu machen. So wurden verschiedene neue Dinge eingeführt, wie etwa die griechischen Wettkämpfe, bei denen die Athleten nackt kämpften. Für die jüdische Tradition war das ein Greuel. Der nächste Monarch, Antiochos IV. (er regierte 175–163 v. Chr.) hatte noch weniger Gespür. Er besetzte die Stadt, verbot die Beschneidung und plünderte den Tempelschatz. Er weihte das Gebäude neu, und zwar dem Zeus, dem obersten der griechischen Götter, und er ordnete an, als Opfertiere sollten auch Schweine verwendet werden, die die Juden für rituell unrein (»unkoscher«) halten. Es kam zum Konflikt zwischen den Juden, die aus dem Anliegen größerer Anpassung an die griechische Welt heraus die jüdische Praxis liberalisieren wollten, und den Verfechtern der jüdischen Tradition unter Anführung des Priesters Mattatias (gest. ca. 167 v. Chr. – und danach seiner Söhne, vor allem des Judas (bekannt als der *Makkabäer,* der »Hammer«, gest. 160 v. Chr.). Die Armee des Antiochos unterstützte die *Hellenisierer,* jedoch gelang es den aufständischen Kämpfern für die Tradition, Jerusalem zu erobern. Als erstes reinigten sie den Tempel und weihten ihn wieder dem Gott Israels. Es wird berichtet, das heilige Öl zum Unterhalt der großen Lampe habe nur noch für einen Tag gereicht, jedoch wunderbarerweise habe das Licht acht Tage lang gebrannt. Dieser Ereignisse wird am winterlichen Fest der Lichter *(Chanukka)* gedacht. Heute läßt man in den Gemeinden acht Tage lang Kerzen brennen, um diesen Sieg der Juden über ausländische Überfremdungen zu feiern.

Den Nachfahren des Mattatias gelang es, eine Dynastie von Herrschern und zugleich Hohenpriestern zu begründen. Die Seleukidenkönige sahen sich gezwungen, die Unabhängigkeit von Judäa anzuerkennen. Das Königreich wurde auf Idumäa, Galiläa und das nördliche Transjordanien ausgedehnt. Alle Bewohner dieser Gebiete wurden gezwungen, zum Judentum zu konvertieren. Aber das jüdische Reich sollte nicht lange überleben. Gegen Mitte des 1. Jahrhunderts v. Chr. hatten die Römer Judäa besetzt und zum Vasallenstaat gemacht. Herodes (73–74 v. Chr.) entstammte einem reichen Geschlecht aus Idumäa, wo sein Großvater Statthalter war. Mit 25 Jahren wurde er von den Römern zum Statthalter von Galiläa ernannt. Als die Römer von den Parthern vertrieben wurden, floh Herodes, kehrte jedoch 37 v. Chr. mit einer römischen Armee zurück, um Judäa zurückzuerobern. Hiernach wurde er von den Römern als König von Judäa eingesetzt und regierte bis zu seinem Tod. Obwohl er seiner Religion nach Jude war, verachtete ihn sein Volk als Usurpator. Dennoch tat er

Exkurs: Die Jüdische Kunst

Das zweite der Zehn Gebote lautet: »Du sollst dir kein Gottesbild machen und keine Darstellung von irgend etwas am Himmel droben, auf der Erde unten oder im Wasser unter der Erde« (Exodus 20, 4). Das wurde weithin als Verbot jeder Art von Götzendienst verstanden (also der Anbetung von Bildern) und als Verbot, sich irgendein Abbild Gottes anzufertigen. Die Juden waren in ihrer Ablehnung aller bildhaften Kunst weniger streng als die Muslime, aber doch im allgemeinen sehr zurückhaltend darin, im religiösen Zusammenhang die Gestalt von Menschen oder Menschengesichtern abzubilden.

Allerdings gibt es bei den Juden eine starke kunsthandwerkliche Tradition. Vielerorts, namentlich in islamischen Ländern, waren die Juden als Feinkunstschmiede berühmt, wobei sie mit besonderer Sorgfalt Ritualgegenstände anfertigten. Jeder jüdische Haushalt sollte an der Eingangstür eine *Mesusa* aufweisen (eine Kapsel mit einem vorgeschriebenen Auszug aus der Heiligen Schrift). Sie kann aus Silber, Holz, Glas oder Plastik sein, und es gibt dafür eine ungemeine Vielfalt von Mustern. Ebenso besitzen die meisten Familien einen Weinkelch und einen Kerzenleuchter, was beides für die Feier am Sabbat und an anderen Festen erforderlich ist. Auch hierfür gibt es kein einheitliches Aussehen, und die Geräte können aus unterschiedlichem Material sein. Oft sind es Gegenstände von auserlesener Schönheit.

In der Synagoge ist es der Brauch, die Schriftrollen mit dem Gesetzestext entweder in einem metallenen Schrein oder in einem Stoffbehältnis zu verwahren. Beides kann reich verziert sein. Der hölzerne Schriftrollenschrein ist oft mit kostbaren Beschlägen versehen. An diesen hängen häufig Glöckchen, die an die Priestergewänder im Tempel von Jerusalem erinnern, Oder es hängen daran Krönchen, die symbolisieren, daß die Tora, das Gesetz, das Leben der Juden beherrscht. Auf dem Deckel ruht eine silberne Platte, in die gelegentlich die Zehn Gebote eingraviert sind; auf jeden Fall ist auch sie ein ausge-

viel für das Land. Er baute den neuen Hafen von Cäsarea (und benannte ihn nach seinem römischen Oberherrn); er erhandelte von den Römern für die Juden etliche Privilegien; und er baute den Tempel großartig wieder auf. Es wurde eine imposante Anlage. Zu diesem Tempel gehörte ein äußerer Hof, den alle, Juden wie Nichtjuden, betreten konnten, ein weiterer Hof für die jüdischen Frauen, ein Hof für die männlichen Israeliten und ein Hof für die Priester, wo die Priesterschaft die täglichen Opfer darbrachte. Das innerste Heiligtum war

zeichnetes Werk der Silberschmiedekunst. Da die Schriftrolle selbst als heilig gilt, berührt man den Text nicht mit der menschlichen Hand. Stattdessen wird ein Zeigestab verwendet. Dieser ist oft aus Silber angefertigt und hat vorne häufig die Form einer Menschenhand mit ausgestrecktem Zeigefinger.

Das Charakteristischste ist der siebenarmige Kerzenleuchter. Ein solcher gehörte zur Ausstattung des Tempels in Jerusalem. Wie das Relief auf der Titussäule zeigt (siehe S. 558), wurde er nach der Plünderung des Tempels im Jahre 70 n. Chr. im Triumph nach Rom verschleppt. Er blieb ein besonders wichtiges Symbol des Judentums, und im Verlauf seiner Geschichte tauchte er in vielerlei Formen auf und wurde sehr unterschiedlich gedeutet.

Alte jüdische Katakombe an der Via Appia bei Rom. Die Praxis, die Toten in unterirdischen Gängen mit Seitennischen für Gräber zu bestatten, wurde von den Juden in Palästina begonnen.

das *Allerheiligste.* Es war dem Blick durch einen Vorhang entzogen; nur einmal im Jahr, am *Versöhnungstag (Yom Kippur),* betrat es der Hohepriester. Er bat dort Gott um Verzeihung für die Sünden des Volkes. Bis heute ist der Versöhnungstag mit seinen vorausgehenden *Zehn Bußtagen* die wichtigste Festzeit des jüdischen Jahres.

Der Tempeldienst wurde von Priestern versehen, die in Erbfolge aus bestimmten Familien stammten. Es hieß, ihre Abstammung reiche bis auf Aaron, den Bruder Moses, zurück, dessen Söhnen und deren Nachkommen es Gott »als dauerndes Anrecht« (Exodus 29,9) verliehen habe. Inzwischen gehörten sie einer Gruppe an, die als die *Sadduzäer* bekannt waren, vielleicht benannt nach Zadok (10. Jh. v. Chr.), dem Hohenpriester des Königs Salomo, der bereits unter König David gedient hatte. Die Sadduzäer werden im *Neuen Testament* erwähnt und vom Historiker Josephus (ca. 38– ca. 100 n. Chr.) beschrieben. Sie vertraten, der Pentateuch gelte in seinem vollen Umfang als Autorität, und lehnten die Gültigkeit einer Sammlung mündlicher Gesetzesauslegungen ab. Die Folge war, daß sie unter anderem nicht an eine *Auferstehung* der Toten glaubten, da sich dieser Glaube aus Diskussionen über komplizierte Schlußfolgerungen aus den biblischen Texten ergeben habe. Sie waren zahlenmäßig keine große Gruppe, aber als die Aristokraten der jüdischen Nation übten sie starken Einfluß aus, und als Gruppe mit der größten Autorität mußten sie mit den Römern auskommen. Ganz anders waren die *Pharisäer.* Sie galten als Schriftgelehrte und Weise und waren für ihre mündlichen Auslegungen der heiligen Bücher bekannt. Sie erläuterten regelmäßig in den Synagogen die tieferen Sinne der Heiligen Schrift, und als selbsternannte moralische Führer des Volkes schufen sie im Lauf der Jahre eine umfangreiche Sammlung *mündlicher* Gesetze. Gegen Ende des 1. Jahrhunderts v. Chr. verfügte jedes jüdische Dorf über eine Synagoge, wo sich die Leute versammeln und den Predigten der Pharisäer zuhören konnten.

Im Judäa der damaligen Zeit gab es noch weitere Gruppierungen. Bei den *Essenern* handelte es sich um eine Mönchsgruppe, die in Erwartung des baldigen Heilshandelns Gottes ein asketisches Leben führte. Wir wissen von ihnen dank der Schilderung des Josephus; außerdem stammen von ihnen vermutlich die berühmten *Schriftrollen vom Toten Meer.* Die *Zeloten* waren Freiheitskämpfer und eine Art politischer Guerilla.

Nach dem Tod Herodes' im Jahre 4 v. Chr. kam Judäa unter eine Reihe von Herrschern und römischen Statthaltern. Es war eine schwierige Zeit. Zwischen Reichen und Armen brachen Feindseligkeiten aus, immer wieder gab es Hungersnöte, es herrschte ein fieberhaftes Warten auf den Messias. Vor allem eine Sekte, die Anhänger des Jesus von Nazaret, war von dieser Erwartung erfüllt. Sie behaupteten, das Himmelreich breche an. Nach der Kreuzigung Jesu verehrten sie ihren hingerichteten Anführer als den versprochenen Messias. Nach einiger Zeit setzten sie sich ganz von den übrigen Juden ab und wurden schließlich zu einer davon getrennten, eigenen Religionsgemeinschaft, den Christen. Diese Ereignisse werden im christlichen Neuen Testament beschrieben, und heute ist das Christentum die größte Weltreligion.

Die Lage spitzte sich bis zum Jahr 66 n. Chr. zu. Die Zeloten lösten einen Aufstand aus und eroberten die Stadt Jerusalem. Daraufhin rückten von Norden her die römischen Armeen an und belagerten die Stadt. Im Spätsommer 70 n. Chr. wurden die täglichen Opfer eingestellt, und am 24. August ging der herrliche Tempel des Herodes in Flammen auf. Nach der Zerstörung blieb nur noch seine äußerste *Westmauer* übrig. Sie bleibt für die jüdische Welt der heiligste Ort und ist das Ziel von Wallfahrten. Selbst verweltlichte Juden kehren ins Land ihrer Vorväter zurück, um dort ihre Gebete zu verrichten oder einfach ehrfürchtig vor der großen Mauer zu stehen. Die Zeloten leisteten weiter im Süden, in der Bergfestung von Masada, noch zähen Widerstand. Als ihr Aufstand schließlich ganz niedergeschlagen war, veranstalteten die Römer einen Triumphzug durch die Straßen Roms und führten dabei die Beutestücke aus dem Tempel mit. Das ist auf dem Titusbogen abgebildet, der immer noch auf dem römischen Forum (Marktplatz) steht.

Im Jahre 132 n. Chr. kam es zu einem weiteren Aufstand der Juden gegen Rom, der aber bis 135 niedergeschlagen war. Um diese Zeit wandelte der römische Kaiser Hadrian Jerusalem in eine heidnische Stadt um und verbot den Juden, dort zu leben. Der Provinz Judäa gab er einen neuen Namen, nämlich *Palästina,* nach dem Namen der Philister, der uralten Feinde der Juden; es war der vorsätzliche Versuch, die Verbindung zwischen dem Land und dem Volk der Juden ganz auszulöschen. Die Historiker betrachten dies als das endgültige Aus der jüdischen politischen Oberherrschaft über ihr Gelobtes Land, zumindest für die nächsten ungefähr 1800 Jahre. So mußten die Juden mit einem neuen System ihrer Religion zurechtkommen, weil ihm der Tempel als Mittelpunkt und folglich auch das Priestertum und die Opfer genommen waren. Es gab zu diesem Zeitpunkt bereits im

Der Titusbogen wurde vom römischen Senat im Jahre 81 n. Chr. zu Ehren der Kaiser Vespasian und Titus errichtet. Er dient dem Gedächtnis des römischen Siegs über die Juden im Krieg von 66–70 n. Chr.

ganzen Mittelmeerraum in allen wichtigen städtischen Zentren Kolonien von Juden. Daher mußte sich die religiöse Führung der Juden in zunehmendem Maß auf die Bedürfnisse und Weiterentwicklung dieser wachsenden Gemeinden in der Zerstreuung konzentrieren.

Das rabbinische Judentum

Von da an, als der Tempel als verkohlte Ruine dalag, hätte das Judentum genauso wie viele andere Kulte der antiken Welt für immer verschwinden können. Sein Überleben verdankt es weithin der Weitsicht und Hingabe der Pharisäer. Während der Belagerung Jerusalems konnte Rabbi Jochanan ben Zakkai (1. Jh. n. Chr.) aus der Stadt fliehen und an der Küste in Jabne eine Akademie gründen. Dort kamen Gruppen von Gelehrten zusammen, um die Gesetzestradition zu besprechen, weiterzuentwickeln und zu erhalten. Unter Jochanans Nachfolger Gamaliel II. (frühes 2. Jh. n. Chr.) wurde die oberste gesetzgebende Versammlung der Juden, der *Sanhedrin,* wieder eingerichtet; aus nah und fern kamen die Gelehrten, um bei den Debatten zuzuhören oder sich selbst daran zu beteiligen. Dabei wurde der *Kanon* der heiligen Schriften festgelegt; man organisierte regelmäßige tägliche Gebete und richtete für die Leiter der Judengemeinden ein System der Ordinierung zum Rabbiner ein.

Diese Tätigkeiten wurden nur kurzfristig durch einen Aufstand von 132–135 n. Chr. unterbrochen, jedoch wurde die Akademie von Jabne nach Galiläa verlegt. Im 2. Jahrhundert waren die mündlichen Gesetzesauslegungen inzwischen ziemlich kompliziert geworden. So stellte sich Juda ha-Nassi (»der Patriarch«) die Aufgabe, die Diskussionen und Entscheidungen zu jedem einzelnen Thema genau aufzuschreiben. Seiner offiziellen Stellung und Autorität ist es zu verdanken, daß sein »Buch der Ansichten über das Gesetz«, die *Mischna*, offizielle Anerkennung erlangte. Der Text dieses umfangreichen Gesetzeskommentars umfaßt sechs Hauptteile: *Seraim* mit den den Ackerbau betreffenden Gesetzen, *Moed* mit den Gesetzen über Sabbat, Fasten und Feste, *Naschim* mit den Heirats- und Scheidungsgesetzen, *Nesikin* mit dem Zivil- und Strafrecht, *Kodaschim* mit den Gesetzen für Tempelritual und Opfer, und *Teharot* mit den Gesetzen bezüglich der rituellen Reinheit. Es handelt sich dabei nicht nur um eine Sammlung von Beschlüssen. Vielmehr werden die Diskussionen geschildert, wobei immer zuerst die Ansicht der Minderheit wiedergegeben wird (»Rabbi Simeon sagt ...«), und schließlich endet jeder Bericht mit der Schlußfolgerung (»Aber die Weisen erklären ...«). Es ist eine erstaunliche Leistung, mit der Juda ha-Nassi eine solide Grundlage schuf, auf der die weitere Diskussion aufbauen konnte.

Zur damaligen Zeit waren die Leiter der Judengemeinden auch mit der korrekten Auslegung der heiligen Schriften beschäftigt. Die rabbinische Auslegung der Heiligen Schrift ist als der *Midrasch* bekannt. Da vor allem der Pentateuch als das Wort Gottes gilt, ist es von vitaler Bedeutung, daß man ihn richtig versteht. Verschiedene Experten legten Regeln für die *Exegese*, die Auslegung, fest, damit Konflikte vermieden werden konnten. Das vierte der Zehn Gebote lautet zum Beispiel: »Gedenke des Sabbats: Halte ihn heilig! Sechs Tage darfst du schaffen und jede Arbeit tun. Der siebte Tag ist ein Ruhetag, dem Herrn, deinem Gott, geweiht. An ihm darfst du keine Arbeit tun« (Exodus 20, 8–10). In Anwendung dieser Regeln kamen die Rabbinen zu dem Schluß, es gebe 39 Arten von Arbeiten, die man am Sabbat nicht ausführen dürfe. Dazu gehören das Ernten und das Feuermachen, weshalb die Orthodoxen bis heute während des Sabbats weder eine Blume pflücken noch ein elektrisches Licht einschalten.

Derweil gründeten andere jüdische Gelehrte auch anderswo ähnliche Zentren. In Galiläa gab es bekannte Akademien in Tiberias, Cäsarea und Sepphoris. Vor allem ist die jüdische Gemeinde von Babylon nicht zu vergessen. Dort anerkannte der König den Gemeindeleiter und verlieh ihm den Titel *Exilarch*. Das wurde zum erblichen Amt, und seine Inhaber behaupteten, sie stammten von König Jojachin (6. Jh. v. Chr.), dem letzten König von Judäa aus der Abstammungsreihe des David, ab.

Zur selben Zeit wurden in Sura in Mittelmesopotamien und Pumbedita am Eufratfluß ebenfalls berühmte Ausbildungsstätten eingerichtet. Die Häupter dieser Akademien erhielten den Titel *Gaon*. Zusammen mit dem Exilarchen standen diese *Geonim* der mächtigen babylonischen Gemeinschaft vor. Die dortigen Gelehrten wurden nicht als Rabbiner bezeichnet; dieser Titel wurde nur durch die Handauflegung bei der Ordinierung verliehen, was nur in Judäa der Brauch war. Die babylonischen Autoritäten wurden als *Raw* bezeichnet. Es sei darauf hingewiesen, daß der heutige Titel »Rabbi« wiederum in einem etwas anderen Sinn verwendet wird. Heute ist ein Rabbiner jemand, der im jüdischen Gesetz ausgebildet ist, zum Lehren und Predigen ordiniert wurde und im allgemeinen vollberuflich in einer Gemeinde seinen Dienst versieht. Die judäischen und babylonischen Gelehrten dagegen hatten fast unvermeidlich weltliche Beschäftigungen, mit denen sie ihren Lebensunterhalt verdienten. Erst im Mittelalter wurde der Titel »Rabbi« für den geistlichen Leiter einer bestimmten jüdischen Gemeinde verwendet.[12]

An der Auslegung des Gesetzes wurde ständig weitergearbeitet. Gegen Ende des 4. Jahrhunderts n. Chr. hatten die Rabbinen von Judäa die Lehren weiterer Generationen von Gesetzeskundigen über vier der sechs Hauptteile der *Mischna* zusammengestellt. Dieses zusätzliche Material wurde als die *Gemara* (Vervollständigung) bezeichnet; das Ganze ist bekannt als der palästinensische (oder Jerusalemer) Talmud. Die gleiche Arbeit unternahm man in Babylon. Der babylonische Talmud wurde im 6. Jahrhundert n. Chr. fertiggestellt. Er ist fast viermal so umfangreich wie sein palästinensisches Gegen-

12. Anm. d. Übers. zum genauen Sprachgebrauch; *Rabbi* war um die Zeitenwende eine übliche allgemeine Anrede (»mein Herr«); daraus entwickelte sich ab Ende des 1. Jh. der Titel *Rabbi* für die palästinensischen Gesetzeslehrer; die babylonischen wurden als *Raw* (oder *Rab*) bezeichnet. *Rabbiner* (mit der Anrede *Rabbi*) sind die ordinierten jüdischen Geistlichen; als *Rabbinen* werden die großen Lehrer der Vergangenheit bezeichnet.

stück, und ihm wird größere Autorität zuerkannt, weil die babylonischen Schulen und das dortige Exilarchat bis in die islamische Zeit hinein starken Einfluß behielten. Der babylonische Talmud enthält nicht nur Gesetzesdeutungen und Diskussionen darüber, sondern auch viele Einzelheiten aus den Gebieten der Medizin, Geschichte, Naturwissenschaft und Landwirtschaft. Dazu kommen Sprichwörter und Märchen, Volkslegenden und Anstandsregeln. Wegen seiner durchgehend spontanen Verknüpfung der vielfältigsten Assoziationen ist er mit einem großen Meer verglichen worden. Er bildete das ganze Mittelalter hindurch die Hauptgrundlage für das Studium an den babylonischen Akademien und verbreitete sich in der ganzen jüdischen Welt. Bis heute bleibt er in den orthodoxen Jeschiwot der Haupttext, und viele tauchen mit Freude in seine unerschöpflichen Reichtümer ein. Auch wenn viele seiner Anordnungen nicht mehr von Belang sind – etwa diejenigen, die den Tempel und das Priestertum betreffen –, werden sie immer noch gelesen. Innerhalb der heutigen orthodoxen Gemeinschaft bleibt das Talmudstudium eine lebenslange Aufgabe.

Jedoch nicht alle Juden betrachteten diese Entwicklung des Mündlichen Gesetzes mit dem gleichen Wohlwollen. Solange es noch den Tempel gab, vertraten die aristokratischen Sadduzäer, nur das *Geschriebene Gesetz* verfüge über Autorität und seine spätere mündliche Auslegung könne man weglassen. Allem Anschein nach hat sich trotz der Bemühungen der palästinensischen und babylonischen Weisen die Tradition dieser Überzeugung innerhalb der Gemeinschaft durchgehalten. Gegen 760 n. Chr. gründete Anan ben David, der nicht die Exilarchenwürde erlangt hatte, seine eigene alternative Bewegung. Anan vertrat den Grundsatz: »Durchforscht gründlich die Tora und verlaßt euch nicht auf meine Meinung.« Er betonte, das ganze Gesetz lasse sich in der Heiligen Schrift finden und nicht in der rabbinischen Auslegung. Nach und nach breitete sich seine Bewegung aus. Ihre Anhänger wurden als die *Karäer* bekannt. Im 10. Jahrhundert gab es schließlich in Ägypten, Nordafrika, Persien, Babylonien und Palästina zahlreiche Karäergemeinden. Ihrer Verbreitung leisteten die Vertreter der rabbinischen Richtung Widerstand, konnten sie jedoch nicht ausrotten. Aus den Reihen der Karäer stammten viele hervorragende Bibelgelehrte des Frühmittelalters. Sie wurden in den christlichen *Kreuzzügen,* in denen man die Muslime aus Palästina zu vertreiben versuchte, genauso verfolgt wie ihre *rabbinischen* Glaubensbrüder. Doch im 16. Jahrhundert hatte der Verfall dieser Bewegung eingesetzt; ihre Mitgliederzahl schrumpfte. Mitte des 20. Jahrhunderts gab es nur noch auf der Krim und in Ägypten Karäergemeinden sowie einige wenige in Osteuropa. Doch mit der Schaffung des Staates Israel setzte ein Umschwung ein. Nach dem Rückkehrergesetz wurden sie für einwanderungsberechtigt erklärt, und viele machten von diesem Recht Gebrauch. Heute lebt in Israel eine Gemeinde von rund 7000 Karäern. Sie pflegen ihre eigenen Bräuche, haben ihre eigenen rituellen Metzger und unterhalten ihren eigenen religiösen Gerichtshof. Doch sowohl kraft israelischen Gesetzes wie auch kraft ihres eigenen Brauchtums dürfen sie sich nicht mit Angehörigen der übrigen Bevölkerung Israels verheiraten.

Die Herausforderung durch das Christentum

Heute leben überall auf der Welt Juden. Wir wissen, daß es im 1. Jahrhundert n. Chr. in allen großen Städten des Mittelmeerraums jüdische Gemeinden gab. Der christliche Missionar Paulus (1. Jh. n. Chr.) schrieb in seinem Brief an die Römer (15, 24) von seinem Vorhaben, Spanien zu besuchen. Da er immer zunächst vor den Juden predigte, müssen wir annehmen, daß es im Westen jüdische Kolonien gab. Das Judentum scheint in seiner Frühzeit selbst eine missionarische Religion gewesen zu sein. Jesus sagt im Neuen Testament von den Pharisäern: »Ihr zieht über Land und Meer, um einen einzigen Menschen für euren Glauben zu gewinnen« (Matthäus 23, 15). Diese zum Judentum Bekehrten wurden als *Proselyten* (»Herzugekommene«) bezeichnet. Das änderte sich im 4. Jahrhundert, als das Christentum zur Staatsreligion des Römischen Reiches erklärt wurde. Die Christen waren der Überzeugung, ihr »Neues Testament« ergänze und »vervollständige« das »Alte Testament«. Als sich die christliche Theologie entwickelte, behaupteten die Christen von sich, weil sie Jesus als ihren König annähmen, seien künftig sie das erwählte Gottesvolk und lösten darin die Juden ab. Zudem wurde die Kluft zwischen ihnen und ihren jüdischen Vorgängern irreparabel, als sie Heiden zu ihrem neuen Glauben bekehrten und hellenistische Vorstellungen übernahmen.

Die frühen Christen waren also des festen Glaubens, sie seien die wahren Erben der Privilegien Israels, während die Juden in ihrer Ablehnung ihres eigenen Messias verstockten Herzens und blind seien. Zur Zeit der Abfassung der Evangelien wurden die Juden schließlich als von Dämonen besessen betrachtet. Aus polemischen Gründen flochten die Schriftsteller des Neuen Testaments Konflikte zwischen Jesus und den Anführern der Juden in ihre Erzählungen ein. Sie machten sogar den Juden direkt den Vorwurf, Jesus getötet zu haben, weil sie gerufen haben sollen: »Sein Blut komme über uns und unsere Kinder!« (Matthäus 27, 25). Das streute die Saat für fast zwanzig Jahrhunderte des christlichen Antisemitismus aus.

Im christlichen Europa bildeten die jüdischen Gemeinden in sich selbst geschlossene Einheiten. Die christlichen Herrscher erlaubten jedem Gebiet, seine eigenen Regeln aufzustellen, und im 10. Jahrhundert gab es schließlich in Nordfrankreich und im Rheinland bedeutende Zentren der jüdischen Bildung. Zur Zeit der Eroberung Englands durch die Normannen im Jahre 1066 hatten sich die Juden auch dort angesiedelt. Auch in ganz Frankreich gab es kleine jüdische Gemeinden sowie auch im ganzen Heiligen Römischen Reich (den heutigen Niederlanden, Deutschland und Österreich). Zu den bedeutenden Gelehrten unter ihnen gehörte der große Bibelkommentator Raschi (Rabbi Salomo ben Isaak von Troyes, 1040–1105), dessen Werk über die Heilige Schrift und den Talmud noch heute einen Grundlagentext darstellt. Doch die Juden waren sich im christlichen Europa ihres Lebens nie sicher. Die Kirche lehrte beharrlich, nur das jüdische Volk sei am Tod des christlichen Messias Jesus schuldig, weshalb es regelmäßig zu gewalttätigen Ausschreitungen gegen die Gemeinschaft kam.

Als die Kreuzzüge begannen, verschlimmerte sich die Lage noch. Bis zum 11. Jahrhundert hatten sich die islamischen Türken des Heiligen Lands und der christlichen heiligen Stätten bemächtigt. Nun wurden die europäischen Fürsten von der Kirche aufgefordert, Heere zum Kampf gegen die Ungläubigen auszuschicken. Wenn es schon verdienstlich erschien, im fernen Land Muslime niederzuschlachten, dann war es nur logisch, daß es genauso verdienstlich sein mußte, daheim auf die Juden loszugehen, denn schließlich galten ja auch sie als Ungläubige. Als dann im 14. Jahrhundert der Schwarze Tod Europa verheerte, wurden weit und breit die Juden angeklagt, diese Krankheit ausgelöst zu haben, indem sie die Brunnen vergiftet hätten. Es gab auch andere schlimme Anschuldigungen gegen sie.

Schon 1144 wurde die jüdische Gemeinde von Norwich in England des Vergehens beschuldigt, dort werde bei der Herstellung der ungesäuerten Passahbrote das Blut christlicher Kinder verwendet. Die Beschuldigung der Juden, *Ritualmorde* zu begehen, in England *Blood Libel* genannt, verbreitete sich über ganz Europa. Aus England wurden 1290 alle Juden verbannt; wenige Jahre danach verwies der französische König alle Juden aus seinen Kronländern. 1298 zerstörten christliche Pöbelhaufen rund 150 jüdische Niederlassungen in Deutschland. Als schließlich 1492 die christlichen Könige Ferdinand und Isabella die muslimischen Herrscher von der spanischen Halbinsel vertrieben hatten, vertrieben sie auch die alteingesessene, blühende jüdische Gemeinschaft aus ihrem Herrschaftsbereich.

Dadurch wirkte die Gastfreundschaft Polens ganz besonders anziehend. Dort wurden die Juden nämlich seit dem 13. Jahrhundert ausdrücklich geschützt. Die polnischen Adligen setzten die Juden zum Steuereintreiben und zur Verwaltung ihrer riesigen Ländereien ein. Im 16. Jahrhundert führten die Religionskriege zwischen den Protestanten der Reformation und den Katholiken der Gegenreformation zur weiteren Auswanderung von Juden aus Mittel- nach Osteuropa. So kam es, daß gegen Ende des 16. Jahrhunderts die jüdischen Gemeinschaften von Polen und den baltischen Staaten die größten und mächtigsten in ganz Europa waren. Sie erfreuten sich sogar eines Systems der autonomen Verwaltung ihrer Gemeinden. Ihre gemeinsame Sprache war das *Jiddisch,* eine mit hebräischen Buchstaben geschriebene Mischung aus Deutsch und Hebräisch; ihre Rabbiner hatten eigene religiöse Gerichte und Jeschiwot eingerichtet.

Derweil war es den Juden in den islamischen Ländern ganz anders ergangen. Mohammed (ca. 570–632), der Gründer des Islams in Südarabien, hatte gehofft, die Juden würden seine Botschaft annehmen. Er lehrte genau wie sie, Gott sei Einer, und er übernahm bestimmte jüdische Rituale. So richtete er zum Beispiel einen *Fasttag* ein, der dem Versöhnungstag der Juden glich. Den Muslimen ist wie den Juden der Verzehr von Schweinefleisch verboten, sie haben ebenfalls feste Gebetszeiten, und auch sie lehnen die Bilderverehrung ab. Ein Großteil der ursprünglichen Gesetzgebung Mohammeds glich ziemlich der jüdischen *Halacha* (dem Gesetz), und wie die Juden verfügen auch die Muslime über eine ausgiebige mündliche Tradition. Doch die Juden in Arabien waren nicht gewillt, Mohammed als Gottes Propheten anzunehmen, woraufhin Mohammed ihnen schließlich feindlich gesinnt wurde. Allen voran wurde die jüdische Gemeinschaft von Medina vertrieben und vernichtet.

Trotz dieser unglücklichen Anfänge verfuhren die muslimischen Herrscher im allgemeinen mit den Juden tolerant und sahen ihren Wert. Da sie *Monotheisten* (Gläubige an *einen Gott*) waren, betrachteten sie sie nicht als Ungläubige und fühlten sich nicht zum Führen eines Heiligen Krieges gegen sie verpflichtet. Gelegentlich gab es zwar

Übergriffe, aber im allgemeinen durften die Juden auf islamischem Gebiet leben und frei ihren Glauben ausüben. Dafür wurde von ihnen erwartet, daß sie besondere Kleidung trugen, an der man sie als Juden erkannte; sie durften niemanden zu ihrem Glauben bekehren und mußten eine zusätzliche Steuer entrichten. Das führte natürlich dazu, daß sie als besondere Gruppe in ihrer Eigenart erhalten blieben. Das ganze Mittelalter hindurch gab es in den islamischen Ländern viele blühende Judengemeinden.

Auf der Iberischen Halbinsel gab es Dichter wie Juda Halevi (1075–1141), Moses ibn Esra (ca. 1055–ca. 1135) und Salomo Ibn Gabirol (ca. 1021–ca. 1056) und Philosophen wie Bachja ben Joseph Ibn Pakuda (ca. 1050–1120), Abraham ben David Halewi ibn Daud (ca. 1110–1180) und Chasdaj Crescas (134–1412). Am berühmtesten von allen wurde Maimonides (Mose ben Maimon, 1135–1204). Er verfaßte nicht nur eine umfassende Kodifizierung des Corpus des jüdischen Gesetzes (die *Mischne Tora*, »Wiederholung des Gesetzes«), sondern sein philosophisches Werk *Der Führer der Unschlüssigen* (1190) wurde maßgebend für alle nachfolgenden Erörterungen. Doch die Blüte der spanischen Judenschaft sollte nicht anhalten. Als die Christen Spanien eroberten, setzte eine Zeit der Unsicherheit ein. Schließlich wurden 1492 alle Juden vom spanischen Boden vertrieben. Nur wer sich taufen ließ, durfte bleiben. Die Mitglieder dieser reichen, kultivierten und blühenden Gemeinschaft wurden in alle Winde zerstreut. Manche gingen nach Nordafrika, andere nach Italien, Holland und in die Türkei.

Sefardim und Aschkenasim

Um diese Zeit hatten sich deutlich zwei unterschiedliche Traditionen nebeneinander herausgeschält. Die Nachkommen der Juden, die seit dem Spätmittelalter aus Mittel- nach Osteuropa, also nach Österreich, Polen, die baltischen Staaten und Rußland, ausgewandert waren, wurden als *Aschkenasim* (»Ostjuden«) bezeichnet; ihre Sprache war, wie bereits gesagt, das *Jiddisch.* Dagegen hießen die Nachfahren der Juden aus Spanien *(»Spaniolen«),* Nordafrika und Babylonien die *Sefardim* (»Orientalen«); ihre Sprache war das »Judenspanisch«, das *Ladino.* Jede Gruppe anerkannte die andere voll als Juden, aber sie verwendeten unterschiedliche liturgische Riten und hatten viele unterschiedliche Gewohnheiten und Bräuche. Selbst innerhalb der

Großgruppen von Aschkenasim und Sefardim gab es noch einmal je nach Ort Unterschiede. Die Aschkenasim verfaßten Hymnen, bekannt als *Pijutim,* und Bußgebete *(Selihot).* Sie waren für ihre Frömmigkeit bekannt, für ihre strenge Befolgung des jüdischen Gesetzes und ihre gründliche Kenntnis des Talmuds. Die Sefardim dagegen galten als offener für die weltliche Kultur; sie waren für ihre Gesetzessammlungen und ihre liturgische Kreativität bekannt. Das kann dadurch bewirkt worden sein, daß die Gastkultur, in der sie lebten, für die Einbeziehung der Sefardim ins gesellschaftliche Leben offener war. Der Unterschied zwischen den beiden Traditionen läßt sich gut am Beispiel der Gemeinden der holländischen Stadt Amsterdam im 17. Jahrhundert zeigen. Die ursprüngliche Gemeinde war aschkenasisch, aber nach der großen Vertreibung ließen sich dort viele spanische Juden nieder. Zeitgenössische Stiche der spanischen und der deutschen Synagoge zeigen, daß die spanische Gemeinde viel wohlhabender, eleganter und weltlicher war; ja, die Gottesdienstteilnehmer wirken, als seien sie festlich für eine Galaaufführung im Theater gekleidet. Die deutsche Synagoge war dunkler und kleiner; die Frauen waren auf einen fernen Balkon verbannt, im Raum herrschte eine Atmosphäre intensiver Frömmigkeit. Diese Unterschiede im Brauchtum gaben sie offen zu. Als der sefardische Joseph Karo (1488–1575), damals die führende Autorität auf dem Gebiet des Gesetzes, seinen großen Kodex des jüdischen Gesetzes, den *Schulchan aruch* (»Gedeckten Tisch«) veröffentlichte, mußte er einen Anhang anfügen, damit er auch für die Aschkenasim akzeptabel wurde. Gerade deswegen ist es bemerkenswert, daß dennoch die wesentlichen jüdischen Gesetze für beide Gemeinden gleich wichtig blieben.

Wie bereits gesagt, stellt die Bevölkerung des heutigen Staates Israel eine Mischung aus Sefardim und Aschkenasim dar. Als der Staat 1948 gegründet wurde, war er zunächst hauptsächlich als Zufluchtsort für die Überlebenden des Nazi-Holocausts vorgesehen. Doch tatsächlich wurden viele der sefardischen Gemeinden in arabisch regierten Ländern schließlich derart drangsaliert, daß sie die Möglichkeit zur Einwanderung nach Israel nutzten.

3. Das jüdische Leben in der heutigen Zeit

Chassidim und Mitnaggedim

Zu Beginn der Neuzeit hatten sich die Juden in ganz Europa und Nordafrika sowie in etlichen asiatischen Ländern angesiedelt. Obwohl vielerorts die antijüdischen Gefühle nachließen, sollten die großen Judengemeinschaften Osteuropas im 17. und 18. Jahrhundert große Wandlungen erfahren. Ihre Sicherheit wurde 1648 plötzlich in Frage gestellt. In diesem Jahr wurde Bogdan Chmelnizki (1593–1657) zum Hetman der ukrainischen Kosaken gewählt, der noch im selben Jahr die Ukraine von der polnischen Herrschaft lossagte und sie 1654 vertraglich mit Rußland verband. Die Juden, von denen viele als Verwalter der riesigen Ländereien der polnischen Adeligen fungierten, wurden sehr stark als Interessenvertreter der Polen eingeschätzt und bekamen die ganze Wucht dieses Konflikts zu spüren, der zum Massaker ausartete. Im Verlauf dieses Kosakenaufstands wurde schätzungsweise ein Viertel der jüdischen Bevölkerung Polens ermordet; viele andere wurden auf den Sklavenmärkten von Konstantinopel (dem heutigen Istanbul) verkauft. Damit war Polen für die Juden keine sichere Zuflucht mehr.

Die Geschichte zeigt immer wieder, daß unsichere Verhältnisse zu messianischen Erwartungen führen. Das könnte das Phänomen eines zweiten Traumas erklären, das sich im Gefolge des ersten einstellte. Schabbetai Zewi (1626–1676), ein begabter, aber unausgeglichener Gelehrter, hatte viele Anhänger angezogen. Er war in Smyrna am 9. *Aw* zur Welt gekommen, welcher Tag laut der Überlieferung der Geburtstag des Messias sein soll. Nach den Schrecken des von Chmelnizki ausgelösten Aufstands hofften die Juden allenthalben, in Kürze werde ein messianischer Erlöser erscheinen. Schabbetai wurde 1651 aus seiner eigenen Gemeinde ausgestoßen, aber 1665 anerkannte ihn Natan ben Elischa von Gaza (1644–1680) als den Messias. Natan von Gaza (in Südpalästina) glaubte von sich selbst, er sei der Prophet Elija, der Vorläufer des Messias. Er schickte Botschaften in die gesamte jüdische Welt hinaus und verhieß darin, der türkische Sultan werde in Bälde abgesetzt und die Zwölf Stämme Israels würden wieder vereint. Die gegenwärtigen Schwierigkeiten deutete er als die »Geburtswehen des Messias«. Die Weltjudenschaft geriet in Aufruhr. Das Datum der Erlösung wurde auf den 18. Juni 1666 festgesetzt. Ein christlicher Zeitgenosse beschrieb, wie er »bei den Juden ein merkwürdiges Verhalten feststellte. Keiner von ihnen ging noch irgendeinem Geschäft nach … Alle ihre Reden, alle ihre Träume und alle Verfügungen bezüglich ihrer Angelegenheiten kreisten um nichts anderes mehr als um die Wiedererrichtung des Gelobten Landes durch die Größe und Herrlichkeit, Weisheit und Lehre des Messias.«[13] Doch als Schabbetai in der Nähe der ottomanischen Hauptstadt Konstantinopel landete, wurde er unverzüglich verhaftet. Er wurde vor den Gerichtshof des Großwesirs gebracht und vor die Wahl gestellt, entweder hingerichtet zu werden oder zum Islam zu konvertieren. Schabbetai und seine Frau zogen es vor, Muslime zu werden, und er starb schließlich im Exil in Albanien.

Merkwürdigerweise war das nicht das Ende der Geschichte. Natan von Gaza behauptete weiterhin fest, Schabbetai sei der Messias und seine Konversion sei Teil seines anhaltenden Kampfes gegen die Mächte des Bösen. In manchen Gegenden lebte der Glaube an Schabbetai fort, und manche Juden folgten ihrem Meister in den Islam und bildeten die »Apostatensekte« der *Dönmeh.* Eine Dönmeh-Gemeinde existierte noch bis in die Mitte des 20. Jahrhunderts in Istanbul. Doch für die meisten Juden endete die ganze Angelegenheit in einer maßlosen Enttäuschung. Schabbetai war nicht der Messias gewesen, Gott hatte seinen Gesalbten nicht zur Rettung Israels und der Welt gesandt. Es war, als hätten die talmudische Gelehrsamkeit und das überlieferte Wissen der Rabbinen völlig versagt. So bemühten sich die Juden Osteuropas um eine neue Art des Judentums.

Sie fanden sie in den Lehren von Israel ben Elieser (ca. 1700–1760), bekannt als der *Baal Shem Tow* (»Meister des Guten Namens«) oder Bescht. Er war im Karpatengebirge (im heutigen Rumänien) aufgewachsen, und seine mystische Lehre zog eine Gruppe von Anhängern an. Er vertrat, das Studium der Tora sollte ein Akt der Gottesverehrung sein und sein gesamtes Alltagsleben könne man zu einer Opfergabe an Gott umwandeln. Vor allem betonte er, der Gottesdienst solle eine Quelle der Freude sein; er pflegte zu sagen, seine Jünger sollten Gott mit frohem Herzen dienen, denn ein froher Mensch fließe vor Liebe zu seinen Mitmenschen und zu allen Geschöpfen Gottes über. Die Anhänger des Bescht wurden als die *Chassidim* (»die Frommen«) bekannt, und die Bewegung breitete sich über ganz Osteuropa aus. Es

13. Sir Paul Ricaut, zitiert in: Cohn–Sherbok: A Short Reader, 111.

Rabbiner in Lodz, Polen, bei ihrem Sabbatgang zur Synagoge im Jahre 1915. Der Sabbat ist ein Ruhetag und wird dem Gebet, dem Studium und der Erfrischung des Geistes gewidmet. Zum Synagogengottesdienst gehören Lesungen aus der Tora und den Büchern der Propheten.

tauchten verschiedene Anführer auf, und im Lauf der Zeit wurde die Anführerschaft erblich vom Vater an den Sohn weitergegeben. Gegen Anfang des 19. Jahrhunderts bekannte sich vermutlich fast die Hälfte der osteuropäischen Judenschaft zu dieser neuen Bewegung.

Die Chassidim legten mit Vorliebe die Kabbala aus, die Überlieferung aus dem Hauptstrom der mystischen Tradition des Judentums. Diese ursprünglich esoterische Tradition, deren Anfänge in die Endphase der Tenach (d. h. der hebräischen Bibel) zurückreichen, war hauptsächlich im Gebiet der Sefardim entwickelt worden. Die Fachleute sind heute der Ansicht, daß die Kabbala den islamischen Sufismus und den christlichen Pietismus beeinflußte und umgekehrt auch von diesen beeinflußt wurde. Die hauptsächlichen Bücher der Kabbala waren der *Sefer Bahir* (»Buch des Bahir«) und der *Sohar* (»Glanz«). Die Chassidim versuchten diese bislang geheime Welt den gewöhnlichen Juden im Bereich der Aschkenasim zu erschließen. Aber vor allem leiteten sie von der Kabbala die Werte und Eigenschaften ihrer Frömmigkeit, Glaubenstreue und Weisheit sowie ihres Wissens und Verständnisses ab.

Zu den wichtigen Merkmalen des Chassidismus gehörten der Jubel und Enthusiasmus, die zum festen Bestandteil der religiösen Erfahrung der gewöhnlichen Menschen wurden. Es dauerte nicht lange, bis sich unterschiedliche chassidische Sekten bildeten, deren jede von einem Zaddik (»Bewährten«) angeführt wurde, von dem man glaubte, er sei der geistliche Kanal, durch den Gottes Gnade fließe. Indem der Chassid den Zaddik genau beobachtet und nachahmt, kann er es lernen, wie man Gott bei jeder einzelnen Alltagsverrichtung verehren kann, vom Schnüren seiner Schuhe bis zum Essen und Ruhen beim Mittagsschlaf. Als spiritueller Leiter seiner Gemeinde hält der Zaddik öffentliche Versammlungen und Unterweisungen ab, gibt jedoch auch individuellen Rat und lebt von den Spenden der Gläubigen. Es waren zahlreiche Geschichten mit Schilderungen der wunderbaren Heiligkeit der Zaddikim im Umlauf, und Sammlungen ihrer Ansprachen wurden veröffentlicht.

Die osteuropäischen chassidischen Gruppen wurden durch die deutschen Nationalsozialisten dezimiert. Dennoch überlebte diese Bewegung, namentlich in den USA und in Israel. Bei den ihr Zugehörigen handelt es sich wohl um die augenfälligste Teilgruppe der streng orthodoxen Gemeinschaft: Vor allem die Männer sind deutlich an ihrer Kleidung erkennbar (schwarze Hüte, Bärte, Schläfenlocken, schwarze Anzüge, rituelle Quasten und am Sabbat eindrucksvolle Pelzhüte). Zu den bekanntesten Gruppen gehören diejenigen von *Lubawitsch, Sarmar, Belz, Bobower, Gur* und *Wischnitz* (was jeweils die Bezeichnung ihrer Ursprungsstadt ist).

Doch waren nicht alle Juden vom Chassidismus überzeugt. Viele Gelehrte mißbilligten die chassidisehen Abweichungen von der traditionellen Liturgie. Sie bemängelten die Errichtung eigener Gebetshäuser statt der örtlichen Synagoge, und vor allem waren sie entsetzt darüber, wie sehr die *Chassidim* das peinlich genaue Textstudium vernachlässigten. Diese Traditionalisten wurden als die *Mitnaggedim* (»Gegner«) bekannt; ihr Anführer war der gelehrte *Gaon* von Wilna in Litauen, Elijah ben Salomo Zalman (1720–1797). Der Gaon von Wilna, wie er genannt wurde, war eine Art Wunderkind und galt bereits mit 13 Jahren als Meister des Talmuds. Er war fest entschlossen, die überlieferte Gelehrsamkeit hochzuhalten und wurde zur maßgeblichen Gestalt bei der Erneuerung des Talmudstudiums. Zwischen den Mitnaggedim und den Chassidim kam es zum erbitterten Konflikt. Man verbrannte gegenseitig Bücher, exkommunizierte sich gegenseitig, und es war bei den Mitnaggedim durchaus üblich, daß Eltern für einen ihrer Söhne die Totenfeiern begingen, wenn er sich der chassidischen Sekte anschloß.

Der Unterschied zwischen den beiden Gruppen wird amüsant mit einer (vermutlich apokryphen) Anekdote über den Gaon von Wilna illustriert. Es war im Unterricht, und zwei Jungen schauten aus dem Fenster nach einem hoch in der Luft fliegenden Vogel. Der Gaon fragte sie, woran sie dächten, und der eine Junge gab zur Antwort, der Vogel lasse ihn an die zum Himmel steigende Seele denken. Diese Antwort erinnerte allzusehr an die chassidische Mystik, weshalb der Gaon den Jungen aus dem Zimmer wies. Der andere sagte, ihn beschäftige die Frage, wem, gesetzt den Fall, der Vogel stürze tot vom Himmel und falle genau auf einen Grenzzaun, nun wohl sein Leichnam gehören werde. Darüber war der Gaon von Wilna entzückt und rief aus: »Dem Höchsten sei Preis, denn hier ist einer, der erfaßt hat, worum es in der Religion geht!«

Heute ist die Feindschaft zwischen Chassidim und Mitnaggedim weitgehend beigelegt. Auch die Chassidim sind zu guten Talmudgelehrten geworden. Was vermutlich jedoch vor allem dazu beitrug, war der Umstand, daß beiden zusammen eine weit größere Bedrohung aus der abendländischen *Aufklärung* erwuchs. Die Juden Westeuropas erhielten nach und nach alle bürgerlichen Rechte und wurden immer stärker von der weltlichen Kultur angesteckt. Sie begannen so elementare Grundsätze wie den göttlichen Ursprung der Tora in Frage zu stellen. Das war für jeden Mitnaged genau wie für jeden Chassid ein schrecklicher Greuel. Dagegen energisch Stellung zu beziehen, waren sie gemeinsam entschlossen. Darum umfaßt heute die Gemeinschaft der streng Orthodoxen Chassidim wie Mitnaggedim.

Aufklärung und Reform

Während im Osten die Mitnaggedim und Chassidim einander bekämpften, kam es im Westen zu großen sozialen Umbrüchen. Im Heiligen Römischen Reich wurde unter Kaiser Joseph II. (1741–1790) ein Toleranzedikt erlassen. Die Beschränkung der Juden auf bestimmte Wohnbezirke und eigene Schulen und ihre Verpflichtung zu besonderer Kleidung wurden aufgehoben. In ähnlicher Weise gewährte 1791 die Französische Nationalversammlung der jüdischen Bevölkerung die vollen Bürgerrechte und führte die allgemeine Religionsfreiheit ein. Als Napoleon (1769–1821) die Regierung Frankreichs übernommen hatte, ging er noch einen Schritt weiter: 1806 berief er eine Versammlung der jüdischen Standesvertreter ein und ließ ein Jahr danach den Sanhedrin, die überlieferte oberste Gesetzesautorität der Juden, wieder ins Leben rufen. Von da an war die jüdische Gemeinschaft in Frankreich fast genau wie eine staatliche Behörde organisiert. In Preußen wurde 1812 ein »Emanzipationsedikt« für die Juden erlassen. Napoleon wurde zwar 1815 in der Schlacht von Waterloo besiegt, aber trotz eines verbleibenden christlichen Antisemitismus ließen sich seine Reformen nicht wieder rückgängig machen. Etliche deutsche und französische Intellektuelle verlangten laut nach den vollen Rechten für alle Juden. Seit 1830 trat die deutsch-liberale Bewegung für die bürgerliche Gleichstellung der Juden ein, und der § 16 der Frankfurter Reichsverfassung von 1848 sah sie ausdrücklich für sie vor (dieser Paragraph wurde erst im »Dritten Reich« gestrichen). 1869 erließ das Norddeutsche Parlament ein Gesetz zur Judenemanzipation, und 1871 wurden alle Beschränkungen bezüglich Beruf, Wahlrecht, Heirat oder Wohnsitz abgeschafft. Derweil hatten in England die Juden bereits seit dem 17. Jahrhundert die volle Freiheit besessen, ihr Glaubensleben ganz nach ihren Vorstellungen zu gestalten. Allerdings mußte man verschiedene religiöse Bedingungen erfüllen, wenn man voll am politischen und kulturellen Leben teilnehmen wollte, was die Juden ein Stück weit davon ausgeschlossen hielt. Im Lauf des 19. Jahrhunderts wurden auch dort diese Bedingungen abgeschafft; 1858 konnte das erste jüdische Parlamentsmitglied seinen Sitz im Unterhaus einnehmen.

Während diese bedeutsamen sozialen Veränderungen vor sich gingen, erfuhren die Juden selbst eine intellektuelle Revolution. Der einflußreichste Denker der jüdischen Aufklärung war Moses Mendelssohn (1729–1786). Ermutigt von dem christlichen Philosophen G. E. Lessing (1729–1781), lehrte er, daß sich mittels des bloßen Gebrauchs der natürlichen Vernunft die Existenz Gottes, seine Vorsehung und sein Geschenk der Unsterblichkeit nachweisen ließen. Seiner Überzeugung nach bestand die Sendung der Juden darin, auf die Einheit und Einzigkeit Gottes aufmerksam zu machen und die übrige Menschheit ständig an ihre Berufung zum ethischen Monotheismus zu erinnern.

Er plädierte ferner für die Freiheit der Gottesdienstausübung und die Abschaffung der Einmischung des Staates in religiöse Angelegenheiten. So sagte er: »Bietet nicht Belohnungen oder Anreize dafür, daß die Menschen bestimmte Theologien annehmen. Laßt jeden, der nicht den allgemeinen Frieden stört, auf seine Art zu Gott beten.«[14] Zugleich förderte Moses Mendelssohn die Modernisierung der jüdischen Ausbildung; er übersetzte den Pentateuch ins Deutsche und schrieb einen ausführlichen Bibelkommentar. Unter seiner Leitung wurde das deutsche Judentum mit der weltlichen europäischen Kultur vertraut gemacht. Er selbst blieb ein streng observanter Jude, jedoch hatte seine Befürwortung der Emanzipation der Juden ein neues Problem zur Folge: Es entstand die schwierige Frage, bis zu welchem Grad sich ein Jude die Kultur der Außenwelt zu eigen machen konnte, ohne in ihr aufzugehen und damit seine Identität zu verlieren. War es folglich nur ein zufälliges Unglück, daß vier von Mendelssohns eigenen sechs Kindern schließlich zum Christentum konvertierten?

Die jüdische Aufklärung veränderte das Leben des westlichen Judentums von Grund auf. Die Juden waren nicht mehr auf bestimmte Wohnbezirke *(Ghettos)* und Berufssparten beschränkt. Sie eigneten sich das weltliche Wissen in seiner ganzen Bandbreite an.

Derweil begannen unter dem Einfluß des zeitgenössischen historischen Denkens einige religiöse Leitfiguren die Grundlehre zu leugnen, daß die Tora in ihrer Gesamtheit auf dem Berg Sinai dem Mose von Gott ausgehändigt worden sei. Sie versuchten die Geschichte des Judentums ohne jede religiöse Voreingenommenheit zu erforschen. Andere behaupteten, das Judentum sei lediglich eine religiöse Tradition des ethischen Monotheismus und viele überlieferte Praktiken seien obsolet geworden. Darum empfahlen sie Abwandlungen der Speisegesetze, die Abschaffung der Pflicht, beim Gebet das Haupt zu verhüllen, und sie schlugen sogar vor, den Sabbat vom Samstag auf den Sonntag zu verlegen, um mehr Gemeinsamkeit mit ihren christlichen Mitbürgern zu haben.

Ein Ergebnis dieser Entwicklung, die Bewegung des Reformjudentums, begann in Deutschland. Der Finanzier Israel Jacobson (1768–1828) ließ 1801 in Seesen (bei Goslar) die erste Reformsynagoge bauen. In der dortigen Liturgie wurden auch Gebete auf Deutsch ver-

---

14. Moses Mendelssohn: Jerusalem, nach dem (engl.) Zitat in: Cohn-Sherbok: A Short Reader, 130.

wendet, und es wurde der Chorgesang eingeführt. Eine ähnliche Gemeinde wurde 1818 in Hamburg eröffnet. Dort wurde die Kopfbedeckung der Männer abgeschafft, die Gebete und Predigten wurden auf Deutsch gehalten, Orgelmusik wurde üblich. Man brachte sogar ein eigenes Gebetbuch heraus, aus dem alle Anspielungen auf den Messias und die Wiederherstellung der Zwölf Stämme im Heiligen Land ausgemerzt waren. Die Mitglieder dieser Synagoge betrachteten sich als loyale Deutsche und fühlten sich keinem anderen Ort innerlich verpflichtet. Die 1845 in Berlin gegründete Reformgemeinde (Samuel Holdheim, Joseph Lehmann) verlegte sogar den Sabbatgottesdienst auf den Sonntag.

Die neue Bewegung breitete sich rasch aus. Schon 1838 hatte die erste Konferenz der Reformierten Rabbiner stattgefunden. 1841 wurde die Synagoge für Reformjuden in West-London gegründet. In Breslau wurde 1854 ein Reformrabbinisches Seminar gegründet, ein weiteres 1867 in Ungarn, und 1872 öffnete die *Berliner Hochschule* ihre Pforten.

In zunehmendem Maß sollten jedoch die USA das Hauptzentrum für die Reformbestrebungen werden. Die erste amerikanische Reformsynagoge wurde 1824 in Charleston in South Carolina gegründet. Ihre Liturgie glich derjenigen der Synagoge in Hamburg, und ihre Gründer begründeten ihren Zweck damit, daß alles vermieden werden solle, was gebildete Israeliten abstoßen könnte. Später wurden in den meisten größeren Städten der USA ebenfalls Reformsynagogen gebaut. Man gab ein neues *Amerikanisches Reformiertes Gebetbuch* heraus, und 1869 fand in Philadelphia die erste Konferenz der amerikanischen Rabbiner statt. 1875 wurde in Cincinnati, Ohio, das erste amerikanische Rabbinerseminar, das Hebrew Union College, eröffnet. 1885 wurden in Pittsburgh die Grundsätze des Amerikanischen Reformjudentums formuliert. Man kam überein, daß die jüdische Tradition die Ergebnisse der modernen Wissenschaft mit einbeziehen solle; daß nur die Moralgesetze des Pentateuchs für alle Zeiten bindend seien und daß die Juden nicht mehr auf das Kommen des Messias und die Wiederherstellung des Landes Israel warten sollten; außerdem seien die Speisegesetze und die Gesetze der rituellen Reinheit überholt. Damit war für die nächsten fünfzig Jahre ein Rahmen für das Grundbekenntnis des Amerikanischen Reformjudentums geschaffen. Gegen Ende des 19. Jahrhunderts waren viele Juden Nordamerikas in Kleidung, Sitten, Bildung und Anliegen kaum mehr von ihren Mitbürgern zu unterscheiden. Während in Deutschland liberale und Reformgemeinden nur in den äußeren Formen des Gottesdienstes verschiedene Wege gingen, theologisch jedoch keine großen Unterschiede entwickelten, kam es in den USA zu den beiden Flügeln der »Reformierten« und der »Konservativen«, wobei der Gottesdienst der »Konservativen« in den USA dem der liberalen Gemeinden in Deutschland entsprach.

Im 20. Jahrhundert machte das Reformjudentum weitere Entwicklungen durch; eine ganze Reihe von Glaubensrichtungen und neuen Gebetbüchern entstanden.

Die Orthodoxen ließen diese Umwandlung nicht kampflos geschehen. Sie waren von den neuen Entwicklungen entsetzt und befürchteten, die volle Teilnahme an der weltlichen Kultur werde allzuleicht zur völligen Assimilierung führen. Der bekannteste deutsche orthodoxe Denker der damaligen Zeit war Samson Raphael Hirsch (1808–1888). Er hatte seine Bildung an der Universität von Bonn erhalten. Dennoch verteidigte er die Orthodoxie und vertrat, der Sinn des Lebens bestehe nicht darin, glücklich zu werden, sondern Gott zu dienen. Er blieb bei der Überzeugung, daß die Tora göttlichen Ursprungs sei und das Leitprinzip des Lebens der Juden bleiben müsse. Zugleich glaubte er, es sei möglich, ein ganz observanter Jude und zugleich für die moderne Kultur aufgeschlossen zu sein. Diese Einstellung wurde als die »Moderne Orthodoxie« bekannt. Ihre Vertreter betonten, Kompromisse bezüglich der Lehre von der gottgegebenen Natur der Tora könne es nicht geben und die Reformbewegung sei rundweg zu verurteilen. Zugleich jedoch gestatteten sie den Juden die Vorzüge einer weltlichen Ausbildung und den Genuß der Früchte der modernen Kultur.

Die Moderne Orthodoxie war wohl in Westeuropa sehr einflußreich, doch die Juden von Polen, Rußland und den baltischen Staaten wurden davon weniger angesteckt. Westeuropa verfügte bereits über eine lange Tradition des demokratischen Kompromisses; im Gegensatz dazu wählten in den radikaleren Traditionen Osteuropas die unzufriedenen Juden den sozialistischen Säkularismus als bevorzugtes Mittel des Protests gegen die Orthodoxie. Eine Veränderung war unausweichlich, aber sie sollte nicht als Ergebnis der politischen Emanzipation kommen, sondern in Reaktion auf den Antisemitismus und dank der Möglichkeit eines völlig neuen Lebens jenseits des Atlantischen Ozeans.

Antisemitismus und Zionismus

Man hatte gehofft, mit der Umwandlung des jüdischen Lebens in Westeuropa werde der Antisemitismus verschwinden. Das sollte nicht der Fall sein. Stattdessen veränderte sich die Art des Judenhasses. Jahrhunderte lang waren die Juden als sozial geachtete Gruppe betrachtet worden. Weil in den Evangelien der Christen stand, die Juden hätten Jesus als den Messias verworfen und ihn ans Kreuz geliefert, war es der großen Mehrzahl der Christen unverständlich, weshalb die Juden immer noch bei ihrem alten Glauben blieben, wo er doch von der Lehre Jesu überholt worden sei. So betrachteten sie die Juden als verbohrt, verstockt und blind für Gottes Gnade. Doch wenn sich ein Jude zum Christentum bekehrte, änderte sich die Einstellung ihm gegenüber schlagartig. Damit war dieser Jude kein Jude mehr, sondern Christ. Er kam in den Genuß aller Rechte und Privilegien seines neuen Standes, und sofern er seinem früheren Glauben vollständig abschwor, wurde er voll als Mitglied in die christliche Gesellschaft aufgenommen, sei er Mann oder Frau.

Der Begriff »Antisemitismus« kam erst in den siebziger Jahren des 19. Jahrhunderts auf und bezeichnete eine neue Art von Vorurteil. Der Erfinder dieses Wortes, Wilhelm Marr (1818–1904), behauptete, die Juden seien nicht wegen ihrer Religion anders, sondern wegen ihrer anderen, fremdländischen Rasse. Er vertrat die Überzeugung, die moderne Geschichte sei als der fortwährende Kampf zwischen »der eingeborenen germanischen Rasse« und den semitischen Ausländern zu verstehen. Gegen 1881 kam die Behauptung auf, der jüdische Körpertypus stelle eine Gefahr für die Reinrassigkeit der Germanen dar. Die Juden wurden als ihrem Wesen nach käuflich, selbstsüchtig, materialistisch, feige und degeneriert beschrieben. Diese Ansichten wurden in Publikationen wie den *Protokollen der Weisen von Zion* verbreitet. Diese kamen gegen Ende der 1880er Jahre in Rußland in Umlauf, und es wurde behauptet, es handle sich um Dokumente einer jüdischen Organisation, die die Weltherrschaft anstrebe. Obwohl man längst weiß, daß es sich dabei um eine Fälschung handelt, kursieren die *Protokolle* in Rußland noch heute und finden jetzt neuen Zuspruch bei Leserschaften in den arabischen Ländern und bei einigen fanatischen amerikanischen Gruppen.

Im späten 19. Jahrhundert wurde der Antisemitismus zu einem wichtigen Faktor der europäischen Politik. Regierungen, die aus anderen Gründen unter Druck standen, benutzten ihn, um die Unzufriedenheit von sich weg auf die Juden abzulenken. In Rußland wurden die gewalttätigen Ausschreitungen gegen die Juden als *Pogrome* bezeichnet. Ein Pogrom ist der Überfall einer Bevölkerungsgruppe auf eine andere innerhalb ein und desselben Landes; oft gehörten dazu Vergewaltigung, Mord und Vernichtung von Eigentum. Nach der Ermordung von Zar Alexander II. (1818–1881) kam es zwischen 1881 und 1884 in Rußland zu einer ganzen Reihe von Pogromen gegen die jüdische Gemeinschaft. Die zivilen Mächte taten kaum etwas, um den Juden zu Hilfe zu kommen, sondern schürten den Mob eher dazu an. So meinten viele Juden, ihre einzig sichere Zuflucht bestehe noch in der Auswanderung in die Neue Welt. Zwischen 1903 und 1906 kam es in Rußland zu einer zweiten Welle von Pogromen, und schließlich zu einer dritten während der russischen Revolution und dem anschließenden Bürgerkrieg. Man schätzt, daß insgesamt zwischen 1917 und 1921 bis zu 150 000 jüdische Menschen von Einheiten sowohl der Roten wie der Weißen Armee getötet wurden. So wundert es nicht, daß die Juden Osteuropas unbedingt auswandern wollten. Zwischen 1881 und dem Ausbruch des Ersten Weltkriegs 1914 siedelten sich annähernd zwei Millionen in den USA an, weitere 350 000 in Westeuropa, 200 000 im Vereinigten Britischen Königreich, 115 000 in Argentinien und 100 000 in Kanada.

Auch Westeuropa war gegen den Judenhaß nicht immun. Die internationale Aufmerksamkeit zog er anläßlich der Dreyfus-Affäre auf sich. Der Jude Alfred Dreyfus war ein hochrangiger französischer Armeeoffizier, wurde des Hochverrats angeklagt und zu lebenslänglicher Haft verurteilt. Er beteuerte beharrlich seine Unschuld, und schließlich kam heraus, daß seine Verurteilung auf gefälschten Dokumenten beruht hatte. Dennoch wurde er 1899 noch einmal vor Gericht gestellt und zum zweiten Mal schuldig gesprochen. Erst 1906 bekam er endlich sein Recht. Dieser Vorfall spaltete die öffentliche Meinung in Frankreich; viele konnten nicht glauben, daß ein Jude überhaupt ein ganz loyaler Franzose sein könne. Ein junger Journalist namens Theodor Herzl erlebte die Szene der Verurteilung von Dreyfus mit und schrieb später: »Ich habe noch das wilde Geschrei des Mobs auf der Straße in den Ohren, der beim Gebäude der Militärschule zusammengelaufen war, wo die Anordnung erging, Dreyfus sei zu degradieren …«

Theodor Herzl (1860–1904) kam zur Überzeugung, das Problem des Antisemitismus lasse sich nur lösen, wenn die Juden wieder in einem eigenen Staat würden leben können. Als Gegend, in der dieser

Staat gegründet werden müßte, schlug er Palästina vor, denn dort hatte das Judentum zuletzt selbständig gelebt, und außerdem war diese Landschaft voller Bezüge zur Bibel. Schließlich hatte die jüdische Gemeinschaft noch nie ganz ihren alten Traum von der Rückkehr ins Gelobte Land aufgegeben; in ihrer Liturgie wurde er weiterhin bewahrt. Immer noch glaubte man, in den Tagen des Messias würden die Zwölf Stämme wieder vereint und in Jerusalem werde der Tempel wieder errichtet. Schon 1882, nach den ersten russischen Pogromen, war eine Gruppe Juden nach Palästina ausgewandert, und sie hatten sich dort als Ladenbesitzer, Handwerker und Bauern niedergelassen. Herzl plädierte für eine internationale Vereinbarung zur Schaffung eines jüdischen Staates. Er berief 1897 den Ersten Zionistenkongreß nach Basel ein und widmete den Rest seines kurzen Lebens ganz der Aufgabe, sich um diplomatische Unterstützung für dieses Vorhaben zu bemühen. Er war grundsätzlich dafür offen, neben Palästina auch andere Weltgegenden dafür in Betracht zu ziehen. Schließlich erklärten sich die Briten bereit, den Juden einen Teil von Uganda in Afrika anzubieten, und nach einem Besuch der von verheerender Armut geplagten jüdischen Dörfer in Rußland war Herzl derart verzweifelt, daß er willens war, auf dieses Angebot einzugehen. Dieses Vorhaben erregte jedoch auf dem Sechsten Zionistenkongreß einen derartigen Sturm des Protests, daß sich Herzl kurz vor seinem Tod gezwungen sah, sich eindeutig zum Projekt in Palästina zu bekennen.

Die kleine Schar jüdischer Bewohner Palästinas bestand hauptsächlich aus religiösen Pilgern zu den Heiligen Stätten; die islamische arabische Bevölkerung bildete die erdrückende Mehrheit. Außerdem gehörte das Land zum Herrschaftsgebiet der türkischen Ottomanen. Einige Zionisten, wie etwa der englische jüdische Autor Israel Zangwill, waren der Auffassung, bei den eingeborenen Arabern handle es sich vorwiegend um nicht seßhafte Nomaden, weshalb sie von Palästina als »einem Land ohne Volk für ein Volk ohne Land« sprachen. Andere allerdings waren weitsichtiger: 1891 sprach Ahad Ha-Am die Warnung aus, die Juden würden erst dann ihre Träume verwirklichen können, wenn sie die Rechte und Ansprüche der palästinensischen Araber achteten. Aus dem Nachhinein kann man also sagen, daß es unvermeidlich zu Konflikten kommen mußte.

Ein alter Spruch lautet: »Wo vier Juden zusammenkommen, gibt es sechs unterschiedliche Meinungen.« Das traf in jedem Fall auf die Zionistenbewegung zu. Ihre Dachorganisation wurde die von Herzl gegründete *Zionistische Organisation.* Sozialistische Juden schlossen sich zudem der Zionistischen Arbeiterpartei *Poale Zion* an. Die streng Orthodoxen formierten sich zur Misrachi-Partei, die darauf hinarbeitete, daß im neu zu gründenden Staat eine strikt orthodoxe Lebensweise eingehalten werden solle. Doch die Mehrzahl der westlichen und östlichen (mit Ausnahme der orthodoxen) Delegierten der Zionistenkongresse war völlig weltlich gesinnt, was in Europa zu beträchtlichen Konflikten mit der etablierten Orthodoxie führte. Zu den prominentesten frühen Zionisten gehörten Aaron David Gordon (1856–1922), der entschieden für die Förderung landwirtschaftlicher und wirtschaftlicher Ansiedlungen eintrat, die Schriftsteller Ahad Ha-Am (1856–1927) und Chajim Nachman Bialik (1873–1934), deren Anliegen es war, eine hebräische statt jiddische Kultur zu schaffen, und die Sozialisten Nachman Syrkin (1868–1924) und Ber Borochow (1881–1917), die die Schaffung kollektiver Farmbetriebe *(Kibbuzim)* und starker Gewerkschaften betrieben.

In der Frühzeit des Zionismus hatten viele der streng Orthodoxen mit dieser Bewegung ihre Schwierigkeiten. 1912 gründeten sie die *Aguddat Jisrael,* eine Vereinigung von Rabbinern und Laien, die gegen die neue Bewegung waren. Sie vertraten, das Sammeln der Verstreuten aus dem Exil könne erst erfolgen, wenn der Messias erschienen sei; es sei verboten, die Erlösungstat Gottes vorwegzunehmen oder herbeizuzwingen. Selbst nach dem Holocaust gab es solche, die der festen Meinung blieben, das Bemühen der Zionisten um die Sammlung der vertriebenen Juden Europas sei ein Irrweg, weil es nicht möglich sei, schon vor dem Kommen des Messias Gottes Pläne für sein Auserwähltes Volk kennen zu wollen.

Nach dem Ersten Weltkrieg übertrug der neu gegründete Völkerbund England die Verwaltung Palästinas. Die dortige jüdische Bevölkerung nahm weiter zu. Schon 1917 hatte die englische Regierung in ihrer Erklärung von Balfour versprochen, für einen jüdischen Staat in Palästina einzutreten. Ende der 1920er Jahre hatten sich die verschiedenen sozialistischen Gruppen zur Israelischen Arbeiterbewegung zusammengetan. Chaim Weizman (1874–1952) war Präsident der Zionistischen Weltorganisation und versuchte mit den Engländern zusammenzuarbeiten. Derweil waren die arabischen Einwohner des Landes angesichts des Zustroms von jüdischen Einwanderern zunehmend nervös geworden, und ab 1936 kam es zu Angriffen gegen die neuen Siedler. Die Lage verschärfte sich ins Unerträgliche. 1937 schlug eine englische Königliche Kommission vor, Palästina zwischen den beiden Bevölkerungsgruppen aufzuteilen, aber das wurde mit dem

»White Paper« von 1939 verworfen, worauf man die jüdische Zuwanderung stark drosselte. Als dann die Schrecken des Zweiten Weltkriegs ausbrachen, konnte nichts Weiteres mehr unternommen werden. Derweil brach über die Juden in Europa die Katastrophe herein.

Das Judentum im 20. Jahrhundert

In den dreißiger Jahren des 20. Jahrhunderts wurden Europa und auch die USA von einer schweren wirtschaftlichen Depression heimgesucht. Besonders schlimm war die Lage in Deutschland, wo zwischen 1930 und 1933 mehr als sechs Millionen Menschen arbeitslos waren, Die Regierung war instabil, und nach mehreren fruchtlosen Koalitionen wurde 1933 Adolf Hitler (1889–1945) zum Reichskanzler ernannt. Hitler war der Anführer der Nationalsozialistischen Deutschen Arbeiterpartei (NSDAP), der »Nazis«. Seine Ideologie beruhte auf einer Kombination von Antikommunismus und Antisemitismus. Er war der Überzeugung, alle Juden seien degeneriert und Parasiten, und in seinem Buch *Mein Kampf* behauptete er, daran, daß Deutschland den Ersten Weltkrieg verloren habe, seien die verräterischen Juden schuld. Er sah in den Juden ein von Dämonen besessenes Volk, das nach der Weltherrschaft strebe. Wörtlich sagte er:

»Der schwarzhaarige Judenjunge lauert stundenlang, satanische Freude in seinem Gesicht, auf das ahnungslose Mädchen, das er mit seinem Blute schändet und damit seinem, des Mädchens Volke raubt … Juden waren es und sind es, die den Neger an den Rhein bringen, immer mit dem gleichen Hintergedanken und klaren Ziele, durch die dadurch zwangsläufig eintretende Bastardierung die ihnen verhaßte weiße Rasse zu zerstören, von ihrer kulturellen und politischen Höhe zu stürzen und selber zu ihren Herren aufzusteigen.«[15]

Nach der Machtergreifung durch die Nazis kam es zu einer ganzen Reihe von antijüdischen Erlassen. Den Juden wurde das Bürgerrecht aberkannt; es wurde ihnen verboten, deutsche Bürger zu heiraten oder sexuelle Kontakte mit ihnen zu haben, und sie wurden gezwungen, ihr gesamte Habe registrieren zu lassen. Schließlich organisierte die Regierung in der Nacht des 9. November 1938 einen konzertierten Angriff gegen alle jüdischen Geschäfte und Gemeindeeinrichtungen. Synagogen wurden niedergebrannt, Geschäfte zerstört und viele

15. Adolf Hitler: Mein Kampf, München 1933 (21. Aufl.), 357.

einzelne Juden ermordet. Diese Ereignisse der sogenannten *Reichskristallnacht* machten es den Juden in Deutschland endgültig klar, daß sie von den Nazis kein Erbarmen erhoffen konnten. Sie suchten nach Mitteln und Wegen, um mit ihren Familien aus dem Land zu fliehen; aber das war nicht leicht. Die USA hatten ohnehin schon eine hohe Arbeitslosenquote und ließen nur wenige Einwanderer ins Land. Die Engländer hatten die jüdische Ansiedlung in Palästina stark eingeschränkt, und die Länder Westeuropas waren nicht geneigt, noch weitere Flüchtlinge aufzunehmen. Die Familien griffen zu verzweifelten Maßnahmen, indem sie etwa ihre Kinder allein zu Verwandten ins Ausland schickten oder in »Kindertransporten« außer Landes brachten. Doch allzuviele waren zum Bleiben gezwungen, und als schließlich im September 1939 der Zweite Weltkrieg ausbrach, gab es kein Entkommen mehr.

Die deutschen Armeen überrannten Europa, und wo sie hinkamen, begannen sie die Juden zu verfolgen. In Polen mit seiner starken jüdischen Bevölkerung wurden die Juden überall erfaßt und in Arbeitslagern zu Schwerarbeit gezwungen. Diese Sklavenarbeiter mußten jede Woche sieben Tage arbeiten, waren in wenig mehr als Lumpen gekleidet und bekamen völlig unzulängliche Essensrationen. Als die Nazis dann 1941 weit nach Rußland hinein vorgestoßen waren, stellten sie spezielle *Einsatzgruppen* auf, die sich ausschließlich um die Juden kümmerten. Diese holten in jeder eroberten Stadt alle Juden zusammen, ließen sie ins freie Gelände hinausmarschieren und erschossen sie dort. Schätzungen zufolge wurden zwischen Oktober 1941 und Dezember 1942 auf diese Weise 1,2 Millionen Menschen ermordet.

Doch in den Augen der Naziführer war das noch nicht systematisch oder effektiv genug. Auf der Wannsee-Konferenz vom 20. Januar 1942 wurde die »Endlösung der Judenfrage« konzipiert und beschlossen. Daraufhin richteten die Nazis ein Netz von Konzentrations- und Vernichtungslagern ein. Dann holten sie die Juden in ganz Europa zusammen und deportierten sie zur angeblichen »Neuansiedlung« in den Osten. Zunächst pferchten sie sie in Ghettozonen in den größeren Städten zusammen, um sie dann später von dort weiter in die Konzentrationslager zu schaffen. Dort, in den Konzentrationslagern von Chelmno, Auschwitz, Sobibor, Majdanek, Treblinka und Belzec wurden die Jungen und Kräftigen zur Arbeit ausgesondert, die Alten, Kranken und Kinder in die Gaskammern geschickt. Die Arbeiter lebten in elenden Verhältnissen, im Zustand ständiger Angst, bei Kälte und mit Hunger. Sobald sie ebenfalls schwach wurden, schickte man auch sie in den Tod. Das Lager von Auschwitz in Südpolen konnte 140 000 Gefangene auf einmal aufnehmen und verfügte über fünf Krematorien, die pro Tag 10 000 Leichen verbrennen konnten. Das gesamte Unternehmen wurde mit grausiger Effizienz durchgeführt, und selbst als schon eindeutig klar war, daß Deutschland den Krieg verlieren würde, durfte nichts den Transport der jüdischen Zivilbevölkerung in die Vernichtungslager behindern. Man schätzt, daß in diesem Holocaust insgesamt sechs Millionen Juden ums Leben gekommen sind.

Vielerorts versuchten die Juden mit allen Mitteln, Widerstand zu leisten. In den Konzentrationslagern flackerten hie und da Aufstände auf; die Bewohner des Warschauer Ghettos leisteten der Übermacht des Deutschen Reichs mehrere Wochen lang erbitterten Widerstand. Allerdings waren die Juden an den meisten Orten arm und isoliert; sie waren von feindlichen Nachbarn umgeben und von der übrigen Welt verlassen. So hatten sie keine Chance. Beim Ende des Zweiten Weltkriegs war die europäische Judenschaft stark dezimiert. Die alten Synagogen, Jeschiwot und jüdischen Bildungseinrichtungen waren für immer zerstört.

Der nahezu völlige Untergang des osteuropäischen Judentums und die Schaffung des Staates Israel stehen in einem inneren Zusammenhang. Nach all den genannten traumatischen Erfahrungen war sich das Weltjudentum einig wie nie zuvor und vertrat energisch das zionistische Anliegen. Juden hatten in den Armeen der Engländer, Amerikaner und Kanadier gekämpft, aber das Problem der überlebenden Flüchtlinge aus den Konzentrationslagern schien unlösbar. Auch die Situation in Palästina war inzwischen unerträglich geworden. Ein ansehnlicher Teil der jüdischen Bevölkerung unter der Führung von Menachem Begin (1913–1992) war inzwischen so weit, daß er zu terroristischen Maßnahmen gegen die britischen Verwalter bereit war. Am 6. November 1944 wurde Lord Moyne, der englische Minister für die Angelegenheiten des Mittleren Ostens, ermordet. Zwischen dem Führer der Weltorganisation der Zionisten Chaim Weizman und Begin kam es über einem Bombenattentat auf das König-David-Hotel in Jerusalem zum Zerwürfnis, aber die Welle von Gewalttaten ging weiter und gipfelte in der Erhängung von zwei Sergeanten der britischen Armee. Die Engländer hielten es nicht mehr aus. Sie übergaben die Verantwortung an die neugeschaffene Organisation der Vereinten Nationen.

Von den Amerikanern erhielten die Zionisten Rückendeckung. Präsident Harry S. Truman hatte große Sympathie für die Juden und

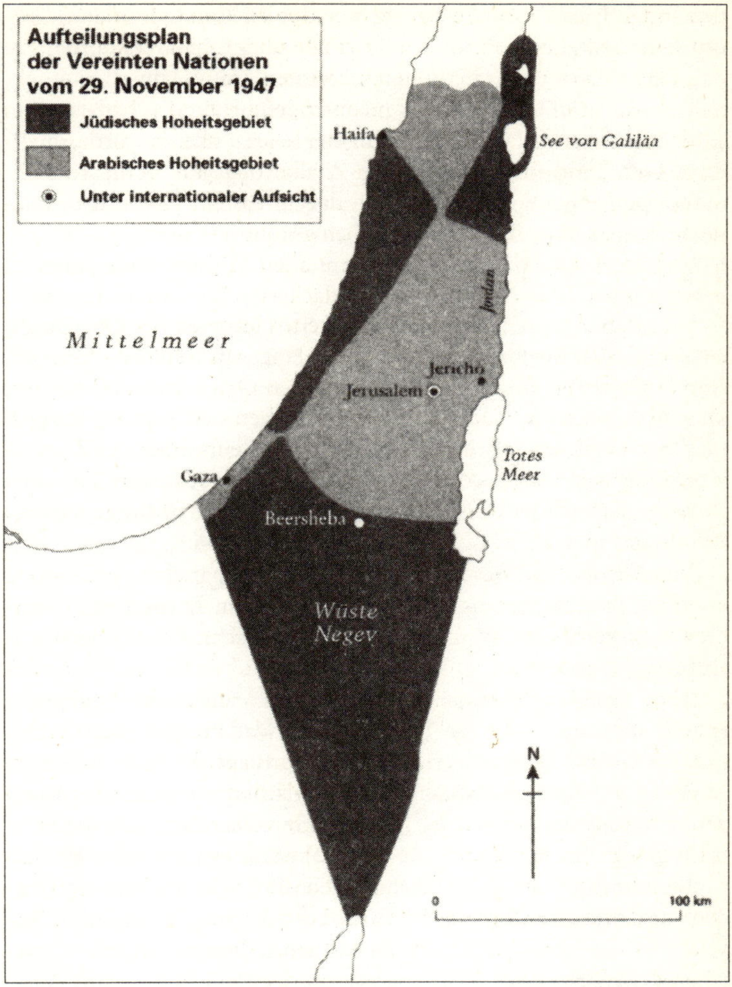

Der Staat Israel wurde 1948 nach dem Abzug der Briten ausgerufen. Angesichts des Widerstands der Araber hatten die UN einen Plan entworfen, gemäß dem Palästina in einen jüdischen Staat, einen arabischen Staat und eine international verwaltete Zone um Jerusalem aufgeteilt werden sollte.

war zudem auf die Stimmen der jüdischen Wähler für die Präsidentenwahlen von 1948 bedacht. Die Frage eines jüdischen Staates kam zum ersten Mal im Mai 1947 auf die Tagesordnung der Vereinten Nationen, und am 29. November einigte sich die Generalversammlung mit Unterstützung sowohl der Sowjets wie der Amerikaner darauf, daß Palästina in einen jüdischen und einen arabischen Staat aufgeteilt werden und Jerusalem zur internationalen Zone erklärt werden solle (siehe Karte S. 583). Die Zionisten waren mit der grundsätzlichen Aufteilung einverstanden, die Araber dagegen nicht; sie argumentierten, mit dieser Aufteilung würden ihnen ihre »nationalen Rechte« über das gesamte Land in Abrede gestellt, von denen sie behaupteten, daß sie ihnen von der Charta der Vereinten Nationen garantiert seien.

Die Araber begannen unverzüglich die jüdischen Siedlungen anzugreifen, aber die Juden festigten unter Führung von David ben Gurion (1886–1973) ihre Stellung. Am 14. Mai 1948 wurde der jüdische Staat in Palästina für unabhängig erklärt, was sowohl mit der Resolution der Vereinten Nationen als auch mit »nationalen und angestammten Rechten« begründet wurde. Die neue Nation sollte »Israel« heißen. Doch der Konflikt hielt weiter an; bis 1949 hatten sich die Israelis großer Gebiete des Landes über die von den Vereinten Nationen umschriebenen Grenzen hinaus bemächtigt. Schließlich wurde zwischen Israel einerseits und Jordanien, Syrien, Ägypten und Libanon andererseits ein Waffenstillstand unterzeichnet; der Friede war als bleibend gedacht.

Doch 1956 brach wieder Krieg aus, dann wieder 1967 (wobei die Israelis Jerusalem und die Westbank des Jordan, den Gazastreifen und die Golanhöhen einnahmen) und noch einmal 1973. Bis heute ist das Problem der palästinensischen Flüchtlinge, die vor dem Krieg den Großteil der arabischen Bevölkerung Palästinas ausmachten, nicht gelöst. Im Krieg von 1947/48 flohen über eine halbe Million Araber aus ihrer Heimat. Manche fanden Zuflucht in den umgebenden Ländern, aber sehr viele leben immer noch in provisorischen Lagern, die eine ständige Quelle der Unzufriedenheit und terroristischer Aktivitäten sind.

Dennoch ist heute der Staat Israel vielleicht sicherer als jemals seit seiner Existenz. Ab 1978 beteiligten sich die Ägypter aktiv am Friedensprozeß. 1982 drangen israelische Truppen jedoch in den Libanon vor, um Stützpunkte der arabischen Guerilla zu zerstören. Das destabilisierte dieses Gebiet. Fünf Jahre später begannen die Palästinenser in den besetzten Gebieten mit einem intensiven Widerstandsprogramm (Intifada). Es bestand unter anderem darin, Steine zu werfen, Anschläge zu verüben und gezielt Streikaktionen durchzu-

Die Westmauer ist der übriggebliebene Teil der Außenmauer des Tempels von Jerusalem. Seit dem Mittelalter wurden hier regelmäßige Gottesdienste abgehalten. Sie bleibt bis heute (als die »Klagemauer«) für alle Juden ein bevorzugter Ort des Gebets.

führen. Die Israelis erkannten nach und nach, daß sie Kompromisse eingehen mußten. Ab 1991 begannen weitere Friedensgespräche zwischen der Regierung und der Palästinensischen Befreiungsorganisation (PLO), die zu Hoffnungen geführt haben, daß sich ein autonomer arabischer Palästinenserstaat gründen läßt, der friedlich mit Israel zusammenlebt. Diese Gespräche kamen zum jähen Abbruch, und die ganze israelische Gesellschaft wurde schwer erschüttert, als ein extremistischer jüdischer Student 1995 Premierminister Rabin ermordete. Die weitere Entwicklung in Richtung eines dauerhaften Friedens wurde auch noch einmal verlangsamt, als 1996 aus den israelischen Wahlen die Hardliner-Partei des Likud als Sieger hervorging. Trotz gewaltiger Probleme besteht dennoch kein Zweifel, daß die internationale Gemeinschaft die Existenz des jüdischen Staates Israel anerkennt und weltweit viele Menschen zusammen mit den frommen Juden »um Frieden für Jerusalem beten« (Psalm 122, 6).

4. Jüdische Glaubensüberzeugungen und Praktiken

Gott und die Tora

Bevor hier die jüdische Religion genauer vorgestellt wird, sei noch einmal ausdrücklich betont, daß bei weitem nicht alle Menschen, die sich als Juden verstehen, religiös eingestellt sind. Innerhalb der jüdischen Gemeinschaft gibt es ein breites Spektrum religiöser Praktiken und Überzeugungen. Was hier folgt, ist eine kurze Beschreibung des traditionellen orthodoxen Judentums, weil das die Form des Judentums ist, die jahrhundertelang eingehalten wurde. Zugleich muß man sich vergegenwärtigen, daß die meisten Juden in Amerika, der Heimat der größten jüdischen Gemeinschaft der Welt, nicht orthodox sind und sich die Bewegungen der Reformierten und der Liberalen an ihre eigenen Gebräuche und *Liturgien* halten. Doch auch diese wurzeln letztlich in der hebräischen Bibel. Hinzu kommt, daß viele Juden überhaupt nicht mehr religiös praktizieren.

Der Kernpunkt des jüdischen Glaubens ist, daß Gott Einer ist. Das Hauptgebet des jüdischen Glaubens besteht in der Aussage dieser Überzeugung. Es ist als das *Schema Jisrael* bekannt, was vom hebräischen Anfangswort »Höre!« kommt. Die meisten Juden sprechen morgens beim Aufstehen, abends beim Zubettgehen und hoffentlich auch auf ihrem Sterbebett: »*Schema Jisrael, Adonai Elohejnu, Adonai Ehad!* – Höre, Israel, der Herr unser Gott, (ist) ein Ein(z)iger Gott!«. Das ist die höchste Wahrheit. Es ist die wesentliche Botschaft der Heiligen Schrift, und das war die einzigartige Einsicht, die Gott dem jüdischen Volk schenkte. So heißt es im Buch Deuteronomium: »Das hast du sehen dürfen, damit du erkennst: Jahwe ist der Gott, kein anderer ist außer ihm« (4,35).

Der Eine Gott ist die Quelle des Universums. Das Buch Genesis, das erste Buch der Bibel, fängt mit dem Satz an: »Im Anfang schuf Gott Himmel und Erde« (1,1). Es fährt dann mit der Beschreibung fort, wie Er sechs Tage lang arbeitete, um die Nacht und den Tag, die Welt und den Himmel, das Meer und das trockene Land, die Pflanzen zur Nahrung, die Sonne, den Mond und die Sterne und alle Lebewesen zu erschaffen. Schließlich erschuf Er noch Menschenwesen nach

Seinem eigenen Abbild. Jahrhundertelang haben Gelehrte und Laien darüber diskutiert, was dieses »Abbild-Sein« genau bedeute, aber die meisten sind sich inzwischen einig, daß nach jüdischer Weltsicht die Menschen genau wie ihr Schöpfer mit einem freien Willen ausgestattet sind. Sie können zwischen Gut und Böse wählen. Manche beschreiben sogar die Weltgeschichte als eine fortlaufende Partnerschaft zwischen Gott und Mensch. Und weil wir Gottes Abbild widerspiegeln, gilt im Judentum das menschliche Leben als sakrosankt. Am siebten Tag ruhte Er; dieser Tag wurde als der Sabbat bekannt (siehe S. 526 und 595).

Die Schöpfung wird nicht nur als einmaliges historisches Ereignis angesehen; sie ist ein fortlaufender Prozeß. Jedes Samenkorn, das keimt, jede Veränderung des Wetters und jede neue Geburt sind ein Beweis dafür, daß Gott in Seinem Universum am Wirken ist. Zugleich übersteigt, »transzendiert« Er Seine Schöpfung. Im Buch Jesaja heißt es: »Meine Gedanken sind nicht eure Gedanken, und eure Wege sind nicht Meine Wege – Spruch des Herrn. So hoch der Himmel über der Erde ist, so hoch erhaben sind Meine Wege über eure Wege und Meine Gedanken über eure Gedanken« (55, 8–9).

Laut dem Schöpfungsbericht des Buches Genesis sah Gott, als Er Sein Werk vollendet hatte, daß alles gut war. Es war ein Abglanz Seiner eigenen Natur. In diesem Sinn schrieb der Psalmist: »Der Herr ist gnädig und barmherzig, langmütig und reich an Gnade ... Sein Erbarmen waltet über all Seinen Werken« (Psalm 145, 8–9). Damit entsteht die Frage, wie das Böse in die Welt kam. Während der ganzen Geschichte des Judentums wurde darüber intensiv spekuliert; verschiedene Antworten wurden zu geben versucht. Dieses Problem verschärfte sich ganz besonders, seit die Entsetzlichkeiten des Holocausts bekanntgeworden sind. Gott als Quelle von allem wird in der Überlieferung als allmächtig, allwissend und allgut betrachtet. So ist es schwer zu verstehen, weshalb Gott, wenn Er von der »Endlösung« der Nazis wußte und wenn Er in der Lage gewesen wäre, sie zu verhindern, nicht beschlossen hat, das zu tun. Das scheint absolut nicht zu Seinem grenzenlosen Erbarmen zu passen. Auch dieses Dilemma zu lösen, wurden die verschiedensten Versuche unternommen. Doch für die meisten ist es ein unlösbares Problem. Gottes Wege sind unerforschlich. In der Bibel heißt es von Ijob, er habe von Gott eine Erklärung dafür gefordert, daß Er ihn mit einer Reihe unverdienter Schicksalsschläge heimgesucht habe. Gottes Antwort lautete: »Wo warst du, als ich die Erde gegründet?« (Ijob 38, 4). Für die Frommen bleibt dies die einzig mögliche Antwort. Die Existenz des Bösen bleibt das letzte theologische Geheimnis.

Die Juden glauben, sie seien das Auserwählte Volk des Einen Gottes. Das bedeutet nicht, daß Gott eine Art Günstlingswesen betreiben würde. In der Tradition wurde immer betont, das Auserwähltsein beinhalte ein gleiches Maß an Verantwortung wie an Vorzug. Die Beziehung Gottes mit den Juden wird als von beiden Seiten vereinbarter Bundesschluß betrachtet. Was dabei vereinbart wurde, steht im Buch Exodus: »Jetzt aber, wenn ihr auf Meine Stimme hört und Meinen Bund haltet, werdet ihr unter allen Völkern Mein besonderes Eigentum sein« (19, 5). Um diese Beziehung zu erhalten, müssen die Juden Gottes Gesetz befolgen. Daß zwischen dem Gehorsam gegenüber dem Gesetz und dem Auserwähltsein ein eindeutiger Zusammenhang besteht, wird in der Liturgie deutlich hervorgehoben. Immer wenn in der Synagoge ein Vorleser zur Torarolle (in diesem Fall zu den fünf Büchern Moses) hergerufen wird, spricht er: »Gesegnet seist Du, o Herr, unser Gott, König des Alls, der Du uns aus allen Völkern erwählt und uns Dein Gesetz gegeben hast.«[16]

Tora ist das hebräische Wort für »Gesetz«. Im Judentum wird damit der Pentateuch bezeichnet, aber das Wort kann in seinem weiteren Sinn auch das Gesamt des Geschriebenen und Mündlichen Gesetzes meinen oder auch die ganze jüdische Lebensart. Die Tora geht bis in alle Einzelheiten: Sie beschreibt die erlaubten Speisen, die angemessene Kleidung, das richtige Benehmen gegenüber Mitjuden, den rechten Umgang mit allen Menschenwesen, die Rolle der Frauen, die Pflichten von Eltern und Kindern, die Feste, die gefeiert, und die Fasten, die beobachtet werden sollen.

Dennoch treffen die Weisen eine wichtige Unterscheidung zwischen der Offenbarung des Pentateuchs und der übrigen Heiligen Schrift. Vom Pentateuch gilt, daß er dem Mose direkt von Gott gegeben worden sei, weshalb ihm ganz besondere Ehrfurcht gebührt. Er wird von Hand auf eine lange *Schriftrolle* geschrieben und in der *Lade,* dem Mittelpunkt der Aufmerksamkeit in der Synagoge, verwahrt. Wird die Schriftrolle aus der Lade genommen, so steht die Gemeinde auf, und die Rolle wird mit größter Ehrerbietung behandelt. Der Text ist in 54 Abschnitte eingeteilt; jede Woche wird einer davon laut vorgelesen. Seine Bedeutung für das jüdische Leben kann gar nicht überschätzt werden. Mit den Worten der Liturgie gesprochen: »Er ist der

16. Übersetzt aus dem amerikanischen *Authorised Daily Prayer Book.*

Baum des Lebens für die, welche ihn erfassen; die ihn halten, sind wahrhaft glücklich ...«[17]

Insgesamt enthält der Pentateuch 613 Gebote. Sie alle wurden im reichen Schatz des Mündlichen Gesetzes erklärt und ausgelegt. Noch später wurde dieses umfangreiche Gesetzeswerk kodifiziert. Die streng orthodoxen Juden betrachten die gesamte Tora, Geschriebene, Mündliche und Kodifizierte, als Wort Gottes. Sie ist es, was die Juden von allen anderen Nationen trennt. Wie wir gesehen haben, vertreten die Nicht-Orthodoxen (die Liberalen und die Reformierten) eine liberalere Auffassung. Dennoch ist es der Gehorsam gegenüber Gottes Gesetz, was die Identität der Juden bewahrt und ihr Überleben gewährleistet hat, während so viele andere religiöse Gruppen der Antike spurlos verschwunden sind. Die Rabbinen ergingen sich zwar auch in theologischen Spekulationen, aber diese wurden nicht für so wichtig gehalten. Was zählte, war die Treue zum Bund mit Gott. Dieser Punkt wird auf bewegende Weise in einer bekannten Geschichte über den Holocaust veranschaulicht. Eines Abends versammelte sich inmitten all der Qualen eine Gruppe jüdischer Gelehrter, um Gott anzuklagen. Wie konnte Er dulden, was mit Seinem Volk geschah? Die ganze Nacht hindurch diskutierten sie hitzig, und endlich blieb nur noch ein einziger Schluß: Gott hatte Seine Erwählten irgendwie betrogen. Die jüdische Religion mußte auf einer Täuschung beruhen. Damit schlossen sie ihre Diskussion ab. Der Morgen dämmerte schon, und ein weiterer Tag voller grausamer Schinderei stand ihnen bevor. Alle Teilnehmer erhoben sich und beteten gemeinsam in Andacht das traditionelle Morgengebet.

Von Tag zu Tag

In den orthodoxen Synagogen wird dreimal täglich Gottesdienst gehalten. Das entspricht den Zeiten, zu denen im Tempel in Jerusalem Opfer dargebracht wurden. Damit ein Gottesdienst stattfinden kann, müssen mindestens zehn erwachsene Männer anwesend sein. Der Überlieferung nach zählen Frauen bei dieser Quote nicht, und heute ist es oft schwierig, die erforderliche Zahl zusammenzubringen. Die nichtorthodoxen Juden, die die absolute Gleichheit der Geschlechter vertreten, zählen die Frauen mit. Doch in den meisten Reformsynagogen finden keine täglichen Gottesdienste statt.

17. Ebd.

Exkurs: Die Gestaltung der Synagoge

Die Juden neigten dazu, ihre Synagogen im Stil ihrer Gastländer zu bauen. So wurden im Mittelalter die Synagogen Europas oft im romanischen oder gotischen Stil errichtet. Im Polen des 17. und 18. Jahrhunderts handelte es sich bei den Synagogen oft um einfache hölzerne Gebäude mit Ziegeldach. Im 19. Jahrhundert wurden in wohlhabenden Judengemeinden großartige Bauwerke im maurischen, ägyptischen, gotischen oder klassizistischen Stil üblich. In jüngster Zeit kamen vor allem in den USA moderne, eindrucksvolle Gebäude auf; ein berühmtes Beispiel ist die von Frank Lloyd Wright für die Beth-Shalom-Gemeinde von Elkins Park in Pennsylvania entworfene Synagoge. Auf Hebräisch heißt die Synagoge *Bet Ha-Knesset*, »Versammlungshaus«, was mehr auf ihre historisch soziale Funktion als auf ihren religiösen Charakter hinweist. Die jiddisch sprechenden Gemeinden Osteuropas pflegten das Gebäude als »Schul« zu bezeichnen, also buchstäblich als Schule. Eine Synagoge ist daher sowohl ein Ort des Studiums und Lernens als auch eine Stätte des Gebets. Im Gegensatz dazu hielt man den Tempel in Jerusalem für das Haus Gottes. Man glaubte, Gott wohne auf eine ganze reale Weise im Allerheiligsten, dem innersten sakralen Bezirk des Tempels, und in den Tempelhöfen wurden Ihm dreimal täglich Opfer dargebracht. Seit der Zerstörung des Tempels im Jahre 70 n. Chr. ist bei den Juden die Opferpraxis erloschen. Stattdessen wird Gott der Gottesdienst durch regelmäßiges Gebet und gelegentliches Fasten dargebracht.

Die Einteilung des Synagogengebäudes zeigt deutlich seine Verwendung. Im Mittelpunkt der Aufmerksamkeit steht die Lade, ein großer, zuweilen reich verzierter Schrank, der die Gesetzesrollen enthält. Die Lade befindet sich an der Stelle des Gebäudes, die am nächsten in Richtung der heiligen Stadt Jerusalem liegt. Die Gesetzesrollen sind

Den Kern der Liturgie machen zwei Gebete aus, das *Schema* (»Höre, Israel …«) und das *Amida* (»das Stehen«), ursprünglich eine Reihe von 18 Segenssprüchen. Mit dem *Schema* wird bekannt, daß Gott Seinem Wesen nach eins sei, und an die Notwendigkeit erinnert, immer an sein Gesetz zu denken.

Im Buch Deuteronomium gibt Gott die Anweisung: »Du sollst sie (die Worte Meines Gesetzes) als Zeichen um das Handgelenk binden. Sie sollen zum Schmuck auf deiner Stirn werden. Du sollst sie auf die Türpfosten deines Hauses und in deine Stadttore schreiben« (6, 8–9). Die Juden erfüllen das buchstäblich, indem sie sich die sogenannten

von Hand geschrieben und enthalten den Text des Pentateuchs, also der ersten fünf Bücher der hebräischen Heiligen Schrift. Aus ihnen wird beim Morgengottesdienst jeweils so viel vorgelesen, daß alljährlich der gesamte Text zum Vortrag kommt. Im räumlichen Mittelpunkt des Gebäudes ist das Podium *(Bima)*, von dem aus der Gottesdienst geleitet wird. Jeder jüdische Mann (und bei den Nicht-Orthodoxen auch jede Frau) kann den ganzen liturgischen Dienst oder Teile davon leiten; einzelne Gemeindemitglieder werden formell aufgerufen, um aus den Rollen vorzulesen. In den Synagogen der Orthodoxen und Modernen Orthodoxen sind die Sitze für die Frauen abseits von den Männern so angeordnet, daß sie ohne Zerstreuung beten können oder die Männer nicht von ihren Gebeten ablenken.

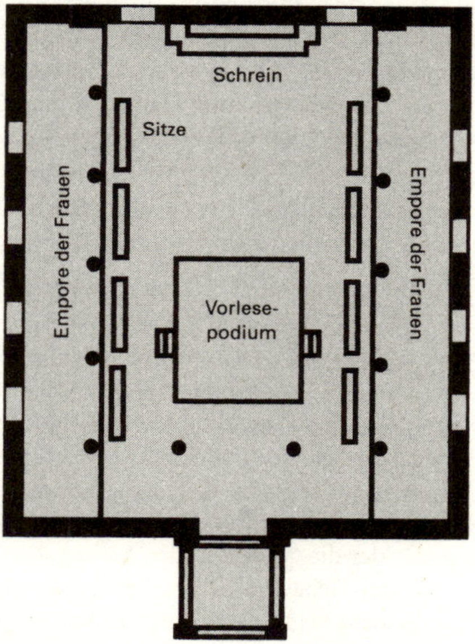

In der herkömmlichen Synagoge steht beherrschend im Zentrum das Vorlesepodium. Die Sitze sind vorwiegend beidseitig angeordnet, mit der Blickrichtung zur Mitte. Die Säulen tragen die Frauenempore.

Phylakterien oder Tefillin anlegen und eine *Mesusa* an die Pfosten ihrer Haustür nageln. Bei den orthodoxen Juden tragen nur die Männer Phylakterien, bei den Reformjuden jedoch gelegentlich auch die Frauen, besonders die weiblichen Rabbiner. Phylakterien sind besondere Kapseln, die Pergamentstücke enthalten, auf die von Hand bestimmte Bibelverse geschrieben sind. Diese Kapseln sind an Bändern befestigt. Eine dieser Kapseln befestigt man mittels dieser Bänder so auf dem Kopf, daß sie senkrecht über den Augen sitzt, die Bänder mit einer weiteren Kapsel werden so um den Arm geschlungen, daß diese genau vor dem Herzen liegt. Auch die *Mesusa* ist eine kleine Kapsel mit einem Pergamentstück. Auf dieses Pergament sind die ersten beiden Abschnitte des *Schema*-Gebets geschrieben. Die Kapsel wird an den rechten Türpfosten genagelt. Fast alle Juden, die noch eine Beziehung zu ihrem Judentum haben, befestigen an ihrer Haustür eine *Mesusa,* während die streng Orthodoxen eine solche an jede Tür im Haus nageln (ausgenommen die Toilettentür). Phylakterien wie Mesusa sind sichtbare Zeichen, die die Frommen an ihre Pflicht gegenüber Gott erinnern und ihnen vor Augen halten, welche erhabenen Pflichten sie als Mitglieder des auserwählten Volkes haben.

Die Segenssprüche des *Amida*-Gebets werden herkömmlicherweise im Stehen gesprochen. Sie enthalten eine Bitte um die Wiederherstellung des Tempels, außerdem den Dank an Gott für Seine vielen Gnaden und die Bitte um Frieden für das Volk Israel. Im Reformjudentum wird der Friede für Israel und die gesamte Welt erbeten. Zu den anderen wichtigen Gebeten des täglichen Gottesdienstes gehören das *Kaddisch* und der *Alenu*-Hymnus. Das Kaddisch ist ein Ausdruck der Sehnsucht nach der Errichtung von Gottes Hoheit über die Erde. Er wird am Ende jedes Hauptteils der Liturgie und von den Trauernden am Ende des Gottesdienstes gesprochen. Da es religiöse Pflicht ist, das Kaddisch nach dem Tod eines engen Angehörigen elf Monate lang zu sprechen, was aber nur in der Versammlung mit der erforderlichen Mindestzahl geschehen kann, trägt das dazu bei, daß die Anwesenheit von wenigstens zehn Teilnehmern am täglichen Gottesdienst gewährleistet wird. Mit dem *Alenu*-Hymnus, der den Gottesdienst beschließt, wird die Königsherrschaft Gottes über die ganze Erde ausgerufen.

Die Synagoge ist zwar die zentrale gemeindliche Einrichtung des jüdischen Glaubens, aber der eigentliche Brennpunkt des religiösen Lebens bleibt der einzelne Haushalt. Der Überlieferung nach sind Frauen von den ausdrücklich zeitlich fest vorgeschriebenen Pflichten (wie etwa der Teilnahme am täglichen Gottesdienst) entbunden, weil ihre Rolle als Hausfrau und Mutter von allergrößter Wichtigkeit ist. Sogar was die Nahrung und Kleidung angeht, sind die Frauen nicht so genau gebunden wie die Männer. Eines der am deutlichsten sichtbaren Zeichen der männlichen Juden ist das Scheitelkäppchen *(Jarmulke* oder *Kippa).* Die streng Orthodoxen tragen es immer, die Fortschrittlichen meistens nur zum Gebet. Interessanterweise ist dieser Brauch nicht alt. Er geht nur bis ungefähr ins 12. Jahrhundert n. Chr. zurück und wurde vermutlich zur Unterscheidung des jüdischen Brauchs vom christlichen eingeführt (weil die christlichen Männer immer mit entblößtem Kopf beten). Die orthodoxen Männer tragen auch allgemein Bärte. Der Grund dafür ist, daß im Buch Levitikus das Verbot steht: »Du sollst deinen Bart nicht stutzen« (19,27). Außerdem ist es üblich, seine Schläfenlocken lang wachsen zu lassen.

Ein weiteres Element der äußeren Erscheinung der Orthodoxen ist, daß sie Quasten tragen. Laut der Tora wurden die Israeliten angewiesen: »Sie sollen sich Quasten an ihre Kleiderzipfel nähen, von Generation zu Generation, und sollen an den Quasten eine violette Purpurschnur anbringen; sie soll bei euch zur Quaste gehören. Wenn ihr sie seht, werdet ihr euch an alle Gebote des Herrn erinnern« (Numeri 15, 38–39). Das wird erfüllt, indem man ein Unterkleid *(Tallit)* mit Quasten *(Zizit)* an den vier Enden trägt. Bei den Modernen Orthodoxen und den Reformjuden besteht der Tallit aus einem Gebetsschal, den man sich umlegt. Im Reformjudentum tragen ihn Frauen wie Männer. Die Quasten des Tallit werden auf bestimmte Weise geknüpft, um damit symbolisch den Zahlenwert des Gottesnamens zum Ausdruck zu bringen. Da es sich um ein Unterkleid handelt, ist er normalerweise nicht zu sehen, obwohl oft eine Quaste aus dem Gürtel herausgezogen und in eine Tasche gesteckt wird. Ähnliche Quasten sind an den vier Ecken des Schals angebracht, den man zum Gebet in der Synagoge trägt. Die Kleidung der orthodoxen Frauen zeichnet sich durch besondere Bescheidenheit aus. Die verheirateten Frauen sollen die ganze Zeit ihren Kopf bedeckt halten; das wird vor allem bei den Chassidim dadurch erfüllt, daß sie eine Perücke tragen. Außerdem dürfen Männer keine Frauenkleider und Frauen keine Männerkleider anziehen; das bedeutet, daß man orthodoxe Mädchen zum Beispiel nie in Jeans sehen wird.

Wenn ein einzelner Faktor das jüdische Volk von den anderen Nationen abgesondert gehalten hat, dann sind es seine Speisegesetze. Die Muslime erbten die Vorstellung von rituell reinen Speisen von den Juden, während im Gegensatz dazu die meisten Christen alle diese Einschränkungen für null und nichtig halten, weil sie glauben, der Neue Bund habe den Alten vollständig überholt. Nicht nur sind bestimmte Sorten von Speisen rundweg verboten, sondern auch die erlaubten Tiere und Vögel müssen auf eine ganz bestimmte Weise geschlachtet werden, und Milchprodukte dürfen nicht zusammen mit Fleischspeisen verzehrt werden. Das heißt in der Praxis, daß alle weltlichen Speisen in Gaststätten und alles, was in Häusern der Heiden zubereitet wird, als nicht koscher gelten, das heißt als rituell unerlaubte Speise. Nach der Schilderung der Schöpfung im Buch Genesis waren die ersten Menschen Vegetarier. Das Essen von Fleisch wurde erst nach der großen Flut erlaubt (Genesis 6–9). Doch selbst dann wurde es mit so vielen Einschränkungen versehen, daß viele Autoritäten lehren, in den Tagen des Messias werde die Menschheit wieder ganz zum Vegetarismus zurückkehren. Nur Tiere, die einen gespaltenen Huf haben und zugleich Wiederkäuer sind, dürfen gegessen werden, und von den Vögeln nur die ausdrücklich als erlaubt erklärten. Schweinefleisch ist zum Beispiel verboten, weil die Schweine nicht wiederkäuen; als nicht koscher gelten alle erjagten Vögel. Das Tier muß von einem qualifizierten Metzger geschlachtet werden. Es wird durch einen raschen Schnitt in die Kehle getötet und aufgehängt, damit das Blut rasch ausläuft. Der Grund dafür ist, daß das Essen von Blut verboten ist. Für das Schlachten von Fischen gibt es keine genauen Anweisungen, aber nicht alle Seetiere sind erlaubt, nur diejenigen mit sowohl Flossen wie Schuppen. So essen observante Juden zum Beispiel in keiner Form Austern oder Aale.

An drei Stellen im Pentateuch steht das Gebot: »Du sollst das Zicklein nicht in der Milch seiner Mutter kochen« (Exodus 23, 19; 34, 26; Deuteronomium 14, 21). Das wurde so gedeutet, daß es heiße, man dürfe nicht Fleisch und Milchprodukte zusammen verzehren. Da winzige Speiseteilchen am Geschirr oder Besteck hängenbleiben können, verfügt die observante Hausfrau über zwei ganz getrennte Garnituren von Töpfen und Pfannen. Sogar die Spülbecken und Abtropfgestelle und die Zubereitungsstellen müssen voneinander getrennt sein. Heute ist es in streng observanten Haushalten durchaus üblich, über zwei Spülen, zwei Kühlschränke und sogar zwei Geschirrspülmaschinen zu verfügen. Ferner bedeutet das, daß keine Fertignahrungsmittel ins Haus kommen dürfen, es sei denn, sie seien garantiert koscher, das heißt, die Regeln für das Schlachten seien beobachtet und dabei sei genau darauf geachtet worden, daß es zu keiner Vermischung von Milch und Fleisch komme. In den USA tragen heute viele Massenprodukte ein Gütesiegel, das bescheinigt, daß jeder Fertigungsschritt von einer anerkannten religiösen Autorität überwacht wurde.

Oft wird behauptet, die koscheren Speisegesetze seien aus gesundheitlichen Gründen entstanden. Es heißt zum Beispiel, Schweinefleisch sei deshalb verboten gewesen, weil es den Bandwurm übertragen kann. Tatsächlich gibt es in der Tora derartige Erklärungen nicht. Man glaubt von den Gesetzen der Kaschrut genau wie von den Kleidervorschriften und den Geboten für jeden anderen Aspekt des Alltagslebens, daß sie von Gott für Sein Auserwähltes Volk erlassen worden seien. Damit ist für die Orthodoxen alles gesagt. Für die Observanten stellt das Leben als Jude in allen seinen festgelegten Einzelheiten eine ständige Erinnerung an die besondere Beziehung dar, die zwischen Gott und Israel besteht. Einer anderen Rechtfertigung bedarf es nicht. Doch sei noch einmal daran erinnert, daß dieses Maß an Observanz nur von einer kleinen Minderheit innerhalb der gesamten Gemeinschaft eingehalten wird.

Die Speisegesetze führen ganz besonders deutlich das breite Spektrum vor Augen, das es innerhalb des Judentums gibt. Für die ganz Orthodoxen ist eine Speise nur dann koscher, wenn sie als solche von ihrer eigenen rabbinischen Autorität anerkannt ist. Doch die meisten Modernen Orthodoxen akzeptieren jede Autorität, die etwas für koscher erklärt, und manche gehen eventuell auch für sich selbst Kompromisse ein. So achten sie vielleicht in ihrem eigenen Haushalt darauf, daß die Speisen koscher sind, essen aber außer Haus jede Art vegetarischer Speisen. Oder wieder andere essen womöglich außer Haus sogar alles. Die Gesetze der Kaschrut werden in zunehmendem Maß auch wieder von den Liberalen und den Reformierten beobachtet. Manche achten daheim auf koschere Speisen; manche meiden nur Schweinefleisch und Austern. Aus religiösen wie gesundheitlichen Gründen ist der Vegetarismus auf dem Vormarsch. Viele andere Juden ignorieren die Speisegesetze einfach und begründen das damit, daß sie moralisch irrelevant seien und eben einfach an das Jüdischsein erinnerten. So gibt es also ein breites Spektrum an Formen der Gesetzesbeobachtung.

Von Jahr zu Jahr

Das jüdische Leben wird traditionellerweise vom regelmäßigen Rhythmus des wöchentlichen Sabbats und den alljährlichen Fast- und Feiertagen beherrscht. Weil der jüdische Kalender auf einem Mondkalender beruht, während der weltliche Kalender ein Sonnenkalender ist, scheinen die Feiertage nicht jedes Jahr auf den gleichen Tag zu fallen. Die 12 jüdischen Monate zählen zusammen nur 354 Tage; diese zu kurze Spanne wird alle paar Jahre durch die Einschaltung eines 13. Monats ausgeglichen. Damit ist gewährleistet, daß die Feiertage immer ungefähr in die gleiche Jahreszeit fallen, wenn auch nicht immer auf das gleiche Datum des weltlichen Kalenders.

Ein orthodoxer Sabbat wurde bereits im 1. Kapitel beschrieben. Der Sabbat fällt auf den Samstag, den siebten Wochentag, weil Gott selbst am siebten Tag vom Werk der Erschaffung ausruhte (Genesis 2, 1–3). Er beginnt am Freitagabend und endet am Samstagabend beim Aufgehen der Sterne. Während der ganzen 25 Stunden ist er eine Zeit der Ruhe, ein Tag der Wonne und Freude. Er beginnt damit, daß die Mutter des Haushalts die Sabbatkerzen entzündet, und er endet am folgenden Abend mit der *Hawdala,* einer Zeremonie mit Wein und Gewürzen, einem besonderen Segen und einer eigens dazu entzündeten Kerze. Die Gewürze erfrischen die Seele; das Entzünden der Kerze symbolisiert das Ende des Sabbats; und der Segen stellt eine Danksagung an Gott dar, daß er eine Unterscheidung zwischen dem Heiligen und dem Weltlichen getroffen habe. Der Sabbat ist eine Zeit, um sich der Gemeinschaft mit seiner Familie und guten Freunden zu erfreuen und die Tora zu studieren; die Ehemänner und ihre Frauen lieben einander und geben Gott die Ehre. Zwar kommen vielen Juden heute die überlieferten Einschränkungen einengend und altmodisch vor, aber dennoch wird in allen Ausprägungen des Judentums der Sabbat immer noch in mehr oder weniger strengem Maß gehalten. Das gemeinsame Sabbatmahl, der Gang zur Synagoge und ein Familienspaziergang gewährleisten ein regelmäßiges, ruhiges Zwischenspiel im ansonsten geschäftigen Leben.

Laut dem Buch Deuteronomium soll das jüdische Volk alljährlich drei *Wallfahrtsfeste* feiern: »Dreimal im Jahr sollen alle deine Männer hingehen, um das Angesicht des Herrn, deines Gottes, an der Stätte, die er auswählt, zu schauen: am Fest der Ungesäuerten Brote [Pessach], am Wochenfest *[Schawuot]* und am Laubhüttenfest *[Sukkot]*« (16, 16). Als der Tempel noch stand, zogen an diesen Tagen Tausende von Juden nach Jerusalem hinauf, um Opfer darzubringen. Alle drei Feste sind mit der Ackerbaukultur und zugleich mit Erinnerungen an Ereignisse in der jüdischen Geschichte verknüpft. Am Pessach, am Frühjahrsfest, wird der Beginn der Gerstenernte sowie auch die Befreiung Israels aus der Sklaverei in Ägypten gefeiert. Es dauert sieben Tage (außerhalb des Landes Israel acht), und während dieser Zeit essen observante Juden nichts, was mit Sauerteig oder Hefe zubereitet ist. Das gesamte Haus muß von oben bis unten blitzblank geputzt werden; außerdem wird das spezielle Pessachgeschirr und -besteck hervorgeholt. In der ersten Nacht wird ein besonderes Pessachmahl *(Seder)* verzehrt, während dessen jedesmal die Geschichte erzählt wird, wie Gott die Juden aus der Knechtschaft befreit hat. Selbst die verweltlichsten Juden nehmen an einem Pessachmahl teil, und oft werden bei dieser Gelegenheit wieder lebhafte Kindheitserinnerungen wach. Das Mahl bietet der ganzen vielleicht weitverstreuten Großfamilie die Gelegenheit zum Zusammenkommen, und der Abend endet mit dem beliebten, hoffnungsvollen Wunsch: »Nächstes Jahr in Jerusalem!«[18] Anders als die meisten Feste, deren Mittelpunkt die Synagoge ist, findet der Höhepunkt des Pessachfestes, das Sedermahl, zu Hause statt. Es ist voller ausgeprägt gegensätzlicher Symbole. Salzwasser (für die Tränen) und Meerrettich (für die Bitterkeit) spielen auf die schweren Zeiten an, als die Juden in Ägypten Sklaven waren. Doch die vier vorgeschriebenen Becher Wein und die reichlichen Kissen erinnern sie daran, daß sie jetzt frei sind. Eier und frisches Grün stellen symbolisch die Hoffnung auf Frühling, Neugeburt und Fruchtbarkeit dar. Es heißt, das christliche Osterfest beruhe auf dem jüdischen Pessach; richtig ist sicher, daß beide Feste ungefähr in die gleiche Jahreszeit fallen.

Am *Schawuot* wird das Ende der Gerstenernte gefeiert; es findet sieben Wochen nach dem Pessachfest statt. Zudem erinnert es an den Tag, an dem Mose auf dem Berg Sinai von Gott die Tora erhielt, so daß es in einem sehr wirklichen Sinn das Geburtsfest der jüdischen Religion ist. Dem Brauch gemäß verzehrt man am Schawuot Milchspeisen, denn wie die Milch ernährt die Tora jeden, vom Jüngsten bis zum Ältesten. Aus alter Tradition ist an diesem Termin auch die Abschlußfeier der Jungen und Mädchen vom Religionsunterricht an der Synagogenschule, die das Ende ihrer formellen religiösen Erziehung bezeichnet. Bei den Reformierten wurde für die Sechzehnjährigen die Zeremonie der Konfirmation eingeführt, und zwar als Anreiz, über das Alter der *Bar/Bat Mizwa* hinaus (siehe im nächsten Abschnitt) in der Schule zu bleiben.

Sukkot, das Laubhüttenfest, findet im Herbst statt. Es ist sowohl ein Erntefest als auch eine Erinnerungsfeier an den Zug der Juden durch die Wüste, bis sie das Gelobte Land erreichten. Sie sollen während der vollen acht (oder außerhalb Israels neun) Tage dieses Festes in einer »Laubhütte« (einer provisorisch errichteten Unterkunft oder Hütte) wohnen; dafür, wie diese angelegt sein sollte, gibt es genaue Anweisungen. Darin sollten auf jeden Fall die Hauptmahlzeiten verzehrt werden; in kälteren Klimazonen besteht jedoch nicht die Verpflichtung, auch darin zu übernachten. Die Juden haben ferner genaue Anweisungen dafür, wie sie einen *Lulaw* binden sollen, ein Büschel aus Palm-, Weiden- und Myrtenzweigen. Dieses halten sie in der einen Hand und

18. Pessach-*Haggada*.

in der anderen eine Zitrone (oder einen Paradiesapfel, *Etrog*, eine limonenähnliche Frucht), und in der Synagoge schwenken sie den *Lulaw* in alle Richtungen, zum Symbol dafür, daß Gott den gesamten Raum beherrscht. Am letzten Tag ist das Ende des jährlichen Zyklus der Lesung aus der Tora erreicht, und ein neuer Zyklus wird begonnen. Das ist Anlaß zu unbändiger Freude. Die Torarollen werden unter Gelächter und Freudenrufen in einer Prozession um die Synagoge getragen. In chassidischen Gemeinden ist die Begeisterung so groß, daß die Prozession gelegentlich bis auf die Straße hinauszieht.

Es gibt noch zahlreiche kleinere, meist fröhliche Feste, die vor allem bei den Kindern beliebt sind. Die bekanntesten davon sind das *Chanukka*-Fest, das Fest der Lichter, und das *Purim*-Fest, das Fest Esters. In jüngster Zeit hat das Chanukka-Fest an Bedeutung beträchtlich zugenommen, weil es fast auf die gleiche Zeit wie das christliche stark kommerzialisierte Weihnachtsfest fällt. Gefeiert wird dabei der Sieg des Judas Makkabäus über die Seleukidenkönige im 2. Jahrhundert v. Chr., die in Israel den Hellenismus einführen wollten. Dieses Fest dauert acht Nächte; man tauscht Geschenke aus, und jede Nacht wird eine besondere Kerze angezündet. Das Purim-Fest fällt in den Spätwinter; dabei wird gefeiert, daß das jüdische Volk den mörderischen Absichten des verschlagenen Haman entrinnen konnte, der laut dem biblischen Buch Ester die jüdische Gemeinde in Persien vernichten wollte. Es wird in der Synagoge mit Lesungen und Umzügen gefeiert.

Die wichtigsten Feiertage beginnen mit dem *Neujahr (Rosch ha-Schana)* im Herbst. Es ist der Anfang der Zehn Tage der Buße, die mit dem Versöhnungstag *(Yom Kippur)* schließen. Die Mischna lehrt, alle Menschenwesen träten am Neujahrstag vor Gott und würden dem Gericht unterworfen. Ein ganz kleiner Teil von ihnen werde als vollkommen gerecht erkannt, eine andere Gruppe unverzüglich als unheilbar böse verworfen. Die große Mehrheit liege dazwischen. Sie habe zehn Tage Zeit, ihre bösen Wege zu bereuen und sich im großen Fasten bis zum Yom Kippur zu läutern. An Rosch ha-Schana wird der *Schofar*, das Widderhorn, geblasen. Es hat einen ganz merkwürdigen, überirdischen Klang, der die Menschen zur Buße ruft. Maimonides, der große Philosoph des 12. Jahrhunderts, sagte, der *Schofar* befehle: »Wacht auf, ihr Sünder, und erwägt eure Taten; denkt an euren Schöpfer, widersagt dem Bösen und kehrt zu Gott zurück.«[19] Der Versöhnungstag ist der feierlichste Tag des ganzen jüdischen Jahres. Von

19. Moses Maimonides: Mischne Tora (viele Ausgaben).

Am Sukkot-Fest, einem der drei Wallfahrtsfeste, wird des Schutzes gedacht, den Gott den Israeliten während ihres Zugs durch die Wüste bis ins Gelobte Land Kanaan gewährte. Diese Schulkinder halten in der einen Hand den Lulaw (ein Büschel aus Palm-, Myrten- und Weidenzweigen), in der anderen einen Paradiesapfel (Etrog, eine Zitrusfrucht). Die Büschel werden in alle vier Himmelsrichtungen geschwenkt sowie in Richtung Erde und Himmel. Dabei wird Gott gepriesen und anerkannt als die unerschütterliche Mitte der Schöpfung.

jedem erwachsenen Juden, Mann wie Frau, wird erwartet, daß er vom Sonnenuntergang an bis zur Abenddämmerung des nächsten Tages fastet und mittels dieser Übung die Vergebung seiner Sünden erwirkt. Die Observanten verbringen den ganzen Tag in der Synagoge und beten um Vergebung. Sogar die Verweltlichteren besuchen häufig an Rosch ha-Schana und Yom Kippur die Gottesdienste. Juden, die sonst nie gehen, sind immer wieder vom Ritual und der Symbolik tief beeindruckt, und die Synagogen sind voll.

Eine andere Fastenzeit sind die *Neun Tage des Aw (Tischa be-Aw)*, an denen der Zerstörung des Tempels durch die Babylonier im Jahre 586 v. Chr. und durch die Römer im Jahre 70 n. Chr. gedacht wird. Die Reformjuden halten diese Zeit nicht allgemein, mit der Begründung, daß sie den Wiederaufbau des Tempels weder erwarteten noch wünschten; aber in jüngster Zeit ist auch diese Feier bei ihnen wieder belebt worden. Weniger wichtig sind die Fasten zum *Tammus*, bei denen der Durchbrechung der Mauern Jerusalems durch die Truppen der Babylonier und der Römer gedacht wird, und das Fasten im Monat *Tewet* zur Erinnerung an den Beginn der Belagerung durch die Babylonier. In Israel wird dieser Tag auch als Gedenktag an die sechs Millionen Juden begangen, die im Holocaust durch die Nazis umkamen. Zum Fasten gehört die Enthaltung von Speise und Trank, vom Baden, von der sexuellen Begegnung und vom Tragen von Leder. Im allgemeinen ist das Judentum keine besonders asketische Religion, aber mittels dieser jährlichen Gelegenheiten zum Fasten kann der fromme Jude seine physische Natur disziplinieren und symbolisch an den Katastrophen teilnehmen, die über jüdische Menschen im Lauf der Jahrhunderte hereingebrochen sind.

Von der Geburt bis zum Tod

Seit alters wurden alle jüdischen Jungen beschnitten. Nach der Tradition geht diese Praxis (als *Berit Mila* bekannt) auf den Patriarchen Abraham zurück. Heute wird dieser Eingriff immer noch acht Tage nach der Geburt vorgenommen. Das Kind wird fest gehalten, und die eigentliche Operation führt ein *Mohel* aus, ein professioneller Beschneider. Für diese Aufgabe ist beträchtliches Können erforderlich. Unmittelbar vor der Handlung spricht der Vater ein Segenswort: »Gesegnet seist Du, o Herr, unser Gott, König des Alls, der Du uns durch Deine Gebote geheiligt und uns geboten hast, unsere Söhne in den Bund Abrahams eintreten zu lassen.«[20] Darauf antwortet die versammelte Gemeinde: »Genau wie dieses Kind in den Bund eingetreten ist, möge es in die Tora eintreten, unter den Hochzeitsbaldachin und in gute Werke.« Das Kind erhält seinen hebräischen Namen, und

20. Nach dem amerikanischen *Authorised Daily Prayer Book.*

auf die Zeremonie folgt im allgemeinen ein frohes Zusammensein. Die Praxis der Beschneidung ist in der jüdischen Gemeinschaft tief verwurzelt. Auch verweltlichte Juden lassen oft ihre Söhne noch beschneiden, wenn auch vielleicht eher vom Arzt als in einer religiösen Zeremonie.

Die Geburt einer Tochter wird mit einer kurzen Segnung des Säuglings beim normalen Synagogengottesdienst gefeiert. Das ist eine bescheidene Handlung. In den letzten Jahren gab es im Gefolge der feministischen Bewegung Bestrebungen, auch eine spezielle Feier für Mädchen zur Aufnahme in den Bund einzuführen. Obwohl dafür bereits mehrere Alternativen vorgeschlagen wurden, ist es noch kaum bei einer gelungen, dafür eine ähnlich erregende Mischung aus Schmerzen, Blut, Unsicherheit, Freude und uralter Symbolik zu finden, wie sie für die Beschneidung der Jungen typisch ist.

Ist der neugeborene Junge der Erstgeborene seiner Mutter, so findet einen Monat später eine weitere Zeremonie *(Pidjon Haben)* statt. Gemäß der Tradition gehört der erstgeborene Sohn Gott und muß von seinen Eltern ausgelöst werden. Das geschieht durch die symbolische Zahlung einer Geldsumme oder die Überreichung eines kleinen silbernen Gegenstandes an einen Priester. Der Priester *(Kohen)* übt heute im Judentum nur spärliche Funktionen aus. Einige Mitglieder der Gemeinschaft, darunter Juden mit den Familiennamen Cohen, Cohn, Kohen und Kohn, leiten ihre Abstammung immer noch auf die Priesterfamilien zurück, die im alten Israel Dienst taten. Bei der Zeremonie überreicht der Vater das Geld, und der Priester hält es über das Kind und spricht: »Dies statt jenem, dies zum Tausch für jenes und dies zum Nachlaß von jenem.«[21] Hierauf betet er für das Kind und erteilt ihm den traditionellen priesterlichen Segen. Diese Zeremonie wird bei den Reformjuden nicht praktiziert, zum Teil deshalb nicht, weil die Reformjuden nicht von der priesterlichen Abstammung der heutigen Priester überzeugt sind, und außerdem, weil sie das als Diskriminierung der Mädchen empfinden.

Nach dem jüdischen Gesetz haben die Eltern die Pflicht, ihre Kinder zu erziehen, und in den orthodoxen Kreisen erwartet man, daß vor allem die Jungen eine möglichst gute Schulbildung erhalten. Im Alter von 13 Jahren erreicht der Junge den Erwachsenenstand als Jude. Von da an ist er verpflichtet, die Gebote zu halten, und er wird in der Synagoge mitgezählt, wenn es um die erforderliche Teilnehmer-

21. Ebd.

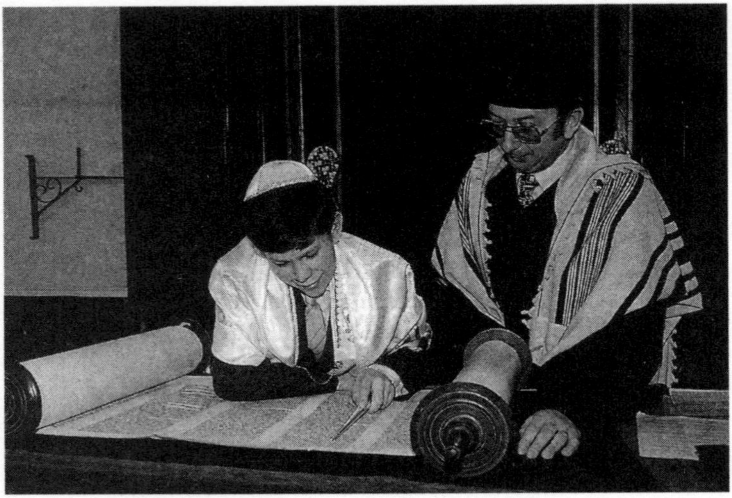

Ab dem Alter von 13 Jahren ist jeder Junge verpflichtet, alle Gebote zu halten. Bei der Bar-Mizwa-Zeremonie wird er erstmals in der Synagoge aufgerufen, aus der Tora vorzulesen.

zahl geht. Wenn er diesen Status erreicht hat, wird er zum *Bar Mizwa* (»Sohn des Gesetzes«) erklärt. Der Überlieferung gemäß gehört dazu lediglich, daß der Junge zum ersten Mal in der Synagoge zum Vorlesen aus der Torarolle aufgerufen wird. Ein orthodoxes Kind, das eine intensive jüdische Erziehung erhält, tut sich damit nicht schwer, denn Jungen, die in orthodoxen Haushalten aufwachsen, können mühelos hebräische Texte lesen. Diejenigen, die mit der Sprache nicht so vertraut sind, bekommen zusätzlichen Unterricht darin, damit sie ihre »Anteile« genauso gut wie ihre observanteren Altersgenossen vortragen können. Oft schließt sich an die Zeremonie ein aufwendiges Fest an. Die religiösen Instanzen sehen das nicht gern, können aber kaum etwas dagegen tun. Enttäuschend ist zudem, daß, sobald dieses Ereignis stattgefunden hat, sich viele Jungen nicht mehr bemüßigt fühlen, sich weiterhin einer jüdischen Erziehung zu widmen.

Früher zog es die Reformbewegung vor, die Jungen und Mädchen bis zum 16. Lebensjahr in der Religionsschule zu behalten, statt Bar-Mizwa-Feiern zu halten. Doch der Druck aus der Gemeinschaft wurde so stark, daß jetzt Jungen und Mädchen jeweils ihre eigene Feier haben. Die Mädchen werden im Alter von 12 Jahren *Bat Mizwa* (»Tochter des Gesetzes«), und ihr Fest ist bis in alle Einzelheiten mit demjenigen ihrer Brüder identisch. Auch bei den Modernen Orthodoxen findet dazu für die Mädchen eine Zeremonie statt, aber sie lesen nicht aus den Torarollen vor. Die streng Orthodoxen tun noch kaum etwas, um das Erwachsenwerden der Mädchen zu begehen. Die Feier der Bat Mizwa stellt mehr als ein Zugeständnis dar: An ihr kann man ablesen, welche Rolle den Frauen in den Gemeinden der Reformierten, Liberalen und Modernen Orthodoxen zukommt.

Das nächste wichtige Ereignis im Lebenslauf ist die Heirat. Die Juden kennen keine Tradition der Ehelosigkeit. Bei den streng Orthodoxen herrscht der Brauch vor, daß die jungen Burschen und Frauen bereits vor ihrem zwanzigsten Lebensjahr oder bald danach heiraten. Es ist ziemlich gebräuchlich, daß die Eltern das junge Paar noch unterstützen, bis der Ehemann seine jüdische Ausbildung abgeschlossen hat. Bei den Nicht-Orthodoxen läßt man sich mehr Zeit. Die jungen Leute besuchen zunächst die weltlichen Universitäten und machen lange berufliche Ausbildungszeiten durch. Von daheim weit fort und oft von der Gemeinschaft getrennt, wählen sie oft nichtjüdische Ehepartner. Die interreligiöse Heirat, die sogenannte »Mischehe«, gilt heute als die größte Gefährdung des Fortbestands der jüdischen Gemeinschaft in der Zerstreuung. In den späten achtziger Jahren waren über die Hälfte der Ehen von Juden Mischehen. Die Kinder aus solchen Ehen werden im allgemeinen nicht mehr als Juden erzogen und gehen folglich der Gemeinschaft verloren.

Es gibt jedoch auch nichtjüdische Ehepartner, die zum Judentum konvertieren. Jüdische Jungen verlieben sich öfter in nichtjüdische Mädchen. Sie wollen sie dann heiraten, möchten aber, daß ihre Kinder jüdisch erzogen werden. Die Orthodoxen nehmen Konvertiten auf, bestehen jedoch darauf, daß die Konversion aus dem aufrichtigen Wunsch, jüdisch zu werden, erfolgen muß, und nicht nur, um heiraten zu können. Die Bewegungen der Progressiven dagegen sind flexibler. Aus der Überzeugung, das Judentum könne nur überleben, wenn es bereitwillig Konvertiten aufnehme, wurden an ihren Synagogen und Gotteshäusern regelmäßige Konvertitenkurse eingerichtet. Die Folge ist, daß die große Mehrheit der im 20. Jahrhundert zum Judentum Konvertierten über die Gemeinden der Progressiven zum Judentum gestoßen sind. Das Problem dabei ist jedoch, daß die Orthodoxen diese Menschen nicht als Juden anerkennen. Aus ihrer Sicht bleiben sie Nichtjuden, und wenn es sich um Frauen handelt, gelten auch ihre Kinder als Nichtjuden. So gibt es heute viele Mitglieder der Reformierten und Liberalen Synagogen, die sich selbst als Juden betrachten, ihre Kinder als Juden erziehen und in ihren eigenen Gemeinden als Juden anerkannt sind, von den Orthodoxen jedoch als Nichtjuden eingestuft werden.

Vorausgesetzt, die betreffende Synagoge anerkennt beide Partner als Juden, kann jedoch eine jüdische Trauung gefeiert werden. Diese findet unter einem Trauungsbaldachin *(Chuppa)* statt, wobei beide Elternpaare ihren Kindern assistieren. Es wird ein formeller Heiratsvertrag *(Ketubba)* ausgestellt und von Zeugen unterschrieben. Oft werden diese Verträge wunderschön verziert und vom Ehepaar als Kostbarkeit gehütet. Heutzutage wird es bei den jüdischen Brautleuten immer beliebter, ihre *Ketubbot* selbst anzufertigen oder in Auftrag zu geben und darauf kunstvoll Aspekte ihrer beider Charaktere abbilden zu lassen. Auf diese Weise können sie ein einmalig persönliches Dokument schaffen, das ihren Glauben aneinander und an das Judentum zum Ausdruck bringt. Hierauf trinken Braut und Bräutigam aus einem Glas Wein, und der Bräutigam steckt seiner Braut den Ring an den Finger und spricht dazu die Worte: »Siehe, du wirst mir mit diesem Ring angetraut gemäß dem Gesetz des Mose und Israels.«[22] Darauf folgen sieben Segensworte über das junge Paar, und die Zeremonie schließt damit, daß der Bräutigam auf dem Boden ein Glas zertritt. Die Ursprünge dieses Brauchs sind unklar, jedoch wird er als Ermahnung gedeutet, die Anwesenden sollten trotz aller Hochzeitsfreude nicht vergessen, daß Jerusalem zerstört wurde.

Eine jüdische Hochzeit ist Anlaß zu ausgelassener Freude. In einem der Segenssprüche heißt es, die Hochzeit sei ein Zustand der »Freude und des Frohseins, des Lachens und Jauchzens, des Vergnügens und der Wonne, der Liebe, des Friedens und der Freundschaft«. Das Judentum läßt die Scheidung zu, aber sie wird als tragisches Ereignis betrachtet, und die Juden sind für die Stabilität ihres Familienlebens bekannt.

Auch dem Lebensende widmet das Judentum besondere Aufmerksamkeit. In der Tradition wird betont, den Sterbenden müsse äußerste Aufmerksamkeit und Umsicht zugewandt werden. Man sollte ihnen nahelegen, vor Gott ihre Lebensbeichte abzulegen. Im Idealfall sollten ihre letzten Worte die des *Schema* sein: »Höre, Israel, der Herr, unser Gott, ist ein Einziger Gott!«[23] Nach dem jüdischen Gesetz muß der Leichnam nach dem Tod so bald wie möglich begraben werden,

22. Ebd.
23. Vgl. ebd.

und grundsätzlich soll man den bzw. die Verstorbene mit Ehre umgeben. Dazu gehört, daß der Leichnam nie allein gelassen wird. Bei den Orthodoxen wird er rituell gewaschen und in ein einfaches Leichentuch aus Leinen oder Baumwolle gehüllt. Am Sarg soll kein Metall sein. Der Rabbiner geleitet die Begräbnisprozession zum Friedhof; während der Sarg ins Grab gesenkt wird, werden Gebete gesprochen, und hierauf wird das Grab zugeschüttet. Im allgemeinen wird ein Nachruf gehalten, der die Tugenden des bzw. der Verstorbenen aufzählt, und beendet wird die Feier mit dem Sprechen des *Kaddisch,* eines Lobpreises an Gott und einer Bitte um Frieden.

Nach dem Begräbnis kehrt die Familie heim und beginnt eine siebentägige Trauerzeit. Man bezeichnet sie als das »*Sitzen zur Schiwa*«. Während dieser Woche kommen Kondolenzbesucher aus der Gemeinschaft, und die Familie verläßt das Haus nur für den eventuellen Gang zur Synagoge. Während dieser Zeit sollten die Trauernden dreimal täglich zur selben Zeit, wie die Gottesdienste stattfinden, das Kaddisch sprechen. Während der daran anschließenden dreißig Tage soll noch weiterhin das Kaddisch gesprochen werden, aber die Trauernden wenden sich nach und nach wieder ihren Alltagsbeschäftigungen zu. Ist Vater oder Mutter gestorben, wird das Kaddisch ein ganzes Jahr lang gesprochen. Da es nur verrichtet werden kann, wenn mindestens zehn Männer beisammen sind, ist während dieser Zeit der Synagogenbesuch Pflicht. Nach diesem Jahr wird des Verstorbenen alljährlich am Jahrestag seines Todes gedacht, berechnet nach dem hebräischen Kalender. Dieses jährliche Totengedächtnis ist als *Jahrzeit* bekannt; es ist Brauch, an diesem Tag eine Kerze anzuzünden, die den ganzen Tag brennt. Auf diese Weise wird in der jüdischen Tradition mittels eines regelmäßigen jährlichen Rituals das Gedächtnis der Verstorbenen in Geist und Herz derer wachgehalten, die ihnen in Liebe verbunden sind.

Im Unterschied zu den Orthodoxen wählen Reformjuden gelegentlich die Form der Feuerbestattung. Dennoch werden sogar von ganz verweltlichten Juden oft noch die Bräuche gepflegt, gelegentlich das Kaddisch zu sprechen und eine Jahrzeit-Kerze anzuzünden.

5. Das Judentum im 21. Jahrhundert

Die Zukunftshoffnung

Die streng Orthodoxen stellen sich die Zukunft weiterhin in religiösen Begriffen vor. Das jüdische Volk hoffte im Lauf der vielen Jahrhunderte seines Exils aus dem Gelobten Land betend auf Anzeichen dafür, daß Gott in die Weltgeschichte eingreifen werde. Im Mittelpunkt dieses Glaubens stand das Kommen von Gottes gesalbtem König, dem Messias. Laut dem Psalmisten in der Bibel hatte Gott versprochen, dem Haus König Davids auf ewig Bestand zu geben und es von Geschlecht zu Geschlecht über Israel regieren zu lassen (Psalm 89, 5; auch 2 Samuel 7). Den letzten davidischen König stießen die Babylonier im Jahre 586 v. Chr. vom Thron. So wurde Gottes Versprechen zunehmend als Verheißung für die Zukunft gedeutet: Gott selbst werde seine Herrschaft über die Welt errichten; Wahrheit und Gerechtigkeit würden herrschen, und diese Herrschaft würde ewig dauern. Der Glaube an den künftigen Messias war das zwölfte der Glaubensprinzipien des Maimonides, und der Philosoph vertrat, jeder, der daran zweifle, stehe im Widerspruch zur Tora.

Im langen Verlauf der jüdischen Geschichte gab es viele, die für sich den Messiastitel beanspruchten. Die bekanntesten sind Jesus von Nazaret (1. Jh. n. Chr.), der Gründer des Christentums, Simeon bar Kochba (2. Jh. n. Chr.), der 132 einen Aufstand gegen die Römer anführte, David Alroy (12. Jh.), der den Juden Bagdads den Glauben einflößte, sie würden alle auf Engelsflügeln nach Jerusalem fliegen, und Schabbetai Zewi (1626–1676), dessen Laufbahn bereits im 4. Kapitel vorgestellt wurde. Auch in jüngster Zeit gab es einen wichtigen Anwärter auf den Messiastitel. Von Menachem Mendel Schneersohn (1902–1994), dem Anführer der *Lubawitscher Chassidim,* glaubten viele seiner Anhänger, er erfülle die messianischen Prophezeiungen. Doch die große Mehrheit der Juden, und zwar gleichermaßen der orthodoxen, reformierten und verweltlichten, weisen diesen Anspruch zurück. Aber selbst nach seinem Tod waren noch viele seiner ergebenen Anhänger davon überzeugt, er werde wiederkommen.

Im Lauf der Jahrhunderte wurde viel darüber diskutiert, was genau geschehen werde, wenn der Messias tatsächlich komme. Die Rabbinen des Talmuds glaubten, er werde ein Goldenes Zeitalter eröffnen, eine Zeit umfassenden Glücks. Er werde als Gottes auserwählte Hand die Gerechtigkeit wiederherstellen, die Tora lehren und alles Unrechte und Schlimme beheben. Er werde auf wunderbare Weise die Zwölf Stämme des Volkes Israel wieder im Land Israel zusammenführen; alle Nationen würden zu Jerusalem als dem Ort der geistlichen Erleuchtung aufblicken. So wurde für die streng Orthodoxen die Zionistenbewegung zu einem großen Problem. Nach dem von der Tradition vorgesehenen Plan für den Ablauf der Ereignisse war es nicht vorgesehen, daß die Juden bereits vor dem Kommen des Messias in ihr Land zurückkehren würden. Tatsächlich nahmen die Zionisten der Verheißung der Rückkehr ihren religiösen Charakter und betrachteten die Errichtung des jüdischen Staates eher als ein politisches denn als ein religiöses Ziel. Noch heute gibt es einige ganz streng orthodoxe Gruppen, die die Legitimität des Staates Israel nicht anerkennen. Manche von ihnen leben sogar im Land, halten sich aber völlig aus der Politik heraus und warten weiterhin auf die Befreiung durch Gott. Doch die Mehrheit der orthodoxen Gemeinschaft betrachtet den neuen Staat als den Anfang, wenn auch noch nicht die Erfüllung des messianischen Zeitalters. In Anbetracht der derzeitigen Lage im Mittleren Osten läßt sich diese Überzeugung immer weniger aufrechterhalten, da ein Hauptkennzeichen der Tage des Messias darin besteht, daß allgemeiner Friede herrschen wird.

Am anderen Ende des religiösen Spektrums verwarfen auch die Anführer der Reformbewegung des 19. Jahrhunderts die messianische Hoffnung, jedoch aus anderen Gründen. Sie vertraten, die Juden seien keine Nation, sondern eine Religionsgemeinschaft, und sie hielten die Vorstellung vom Messias für zu sektiererisch und nationalistisch. Daher deuteten sie das messianische Zeitalter als eine Zeit der Wahrheit, der Gerechtigkeit und des Friedens, die mittels Bildung, Wirtschaftsreform und wissenschaftlicher Entdeckungen zustande kommen werde. Der Holocaust überzeugte die etablierten Reformierten schließlich vom Anliegen der Zionisten. Die Reformgemeinden unterstützen zwar Israel, bleiben jedoch auch ganz allgemein dem sozialen Engagement verpflichtet, weil sie in ihm das gottgewollte Mittel zur Umwandlung der Welt sehen. So waren im 20. Jahrhundert Anwälte aus den Reihen der Reformjuden an der vordersten Front der amerikanischen Bürgerrechtsbewegung tätig; sie warfen ihr Gewicht zugunsten der Emanzipation der Frauen in die Waagschale, und sie nahmen aktiv an den verschiedenen Friedensbewegungen teil. Auf diese Weise wandelten sie die alte Erwartung, Gott werde sein Reich aufrichten, in das innerweltliche Engagement für nachhaltige Reformen auf den Gebieten des Sozialen, der Politik und der Bildung um.

Der Überlieferung gemäß richtete sich die jüdische Zukunftshoffnung auf einen Zustand in dieser Welt: der König-Messias werde Gottes Reich auf Erden errichten. Wenn das nicht schon während des eigenen Lebens eintreffen würde, dann eben zu Lebzeiten der eigenen Kinder oder Kindeskinder. Eine Lehre von der Unsterblichkeit des Einzelnen kam erst im 4. oder 3. Jahrhundert v. Chr. auf, vermutlich als Ergebnis babylonischer Einflüsse. Sie wurde nicht von allen übernommen. Noch im 1. Jahrhundert n. Chr. lehnten die Sadduzäer diese Vorstellung ab, während die Pharisäer behaupteten, die Lehre vom Weiterleben nach dem Tod sei implizit in den Schrifttexten enthalten. Doch bis zum 12. Jahrhundert war der Glaube an eine schließliche Auferstehung der Toten so allgemein geworden, daß ihn Maimonides als einen der Grundsätze des jüdischen Glaubens aufzählt. Die Rabbinen des Talmuds lehrten die Vorstellung, im messianischen Zeitalter würden die Toten wieder aufwachen und von Gott gerichtet werden. Maimonides selbst glaubte, diejenigen, die dann verurteilt würden, müßten hiernach noch einmal und endgültig sterben; außerdem seien nur die Seelen von Menschenwesen unsterblich.

Heute würden ihm die meisten frommen orthodoxen Juden zustimmen. Das heutige wissenschaftliche Verständnis dessen, was Materie ist, macht es allerdings schwierig, sich eine physische Auferstehung vorstellen zu können. Dennoch ist der Glaube an Belohnung oder Strafe für das vergangene Leben ein fester Bestandteil der Tradition. In der Vergangenheit war man sich in der Vorstellung einig, die Gerechten würden in den Himmel kommen. Dieser Himmel wird in der Literatur als Ort der Schönheit und Wonnen beschrieben. Dagegen würden die von Gott Verworfenen einer Reihe schrecklicher Qualen ausgeliefert. Die Vorstellung vom Gericht Gottes ist ein wesentlicher Bestandteil der Liturgie an Neujahr und am Versöhnungstag. Doch die heutigen Juden haben im allgemeinen die Vorstellung von einer göttlichen Strafe aufgegeben. In seinem Kommentar zum überlieferten jüdischen Gebetbuch sagte der inzwischen verstorbene Oberrabbiner des Britischen Commonwealth J. H. Hertz klipp und klar: »Das Judentum lehnt die Lehre von einer ewigen Strafe ab« und: »Im Volksglauben und der dichterischen Phantasie gibt es darüber die vielfältigsten Vorstellungen … jedoch unsere maßgeblichsten religiösen Führer verkünden anderes: Kein Auge habe gesehen und kein

Sterblicher könne ergründen, was uns im Jenseits erwartet; indes werde selbst die schwärzeste Seele nicht für immer vom geistlichen Glück ausgeschlossen bleiben«[24] Das führt zu einem ernsthaften Problem: Wenn die Bösen nicht bestraft werden und schließlich alle den gleichen Lohn erhalten, ist schwerlich noch eine letzte Gerechtigkeit Gottes zu erkennen.

So bleibt der jüdische Zukunftsglaube unklar. Die streng Orthodoxen beten weiterhin darum, Gott möge seinen Messias senden, um das Goldene Zeitalter herbeizuführen, die Übriggebliebenen des jüdischen Volkes zu sammeln, die Toten aufzuerwecken und das Endgericht zu halten. Die große Mehrheit dagegen erwartet das nicht mehr. Die Reformierten und die Liberalen glauben an die Unsterblichkeit der Seele, sind jedoch in ihrer Lehre nicht präzise. Insbesondere die Vorstellung einer ewigen Qual haben sie abgelegt. Manche gehen noch weiter. Sie erwarten überhaupt nicht mehr, daß Gott je seine Gegenwart in der Welt offenbar machen werde, und sie haben auch jeden Glauben an eine persönliche Unsterblichkeit verloren. Ihr Jüdischsein beschränkt sich entweder auf ihre Loyalität gegenüber dem politischen Staat Israel oder auf die abstrakte Überzeugung, das jüdische Volk müsse überleben. Das sind die beiden tragenden Säulen des heutigen Judentums geworden: Israel und der Fortbestand des Judentums. Viele Kommentatoren glauben nicht, daß das genügen werde, um die jüdische Identität durch das neue Jahrtausend hindurch wahren zu können.

Das Überleben des jüdischen Staates

Das heutige Israel, der Staat der Juden, wurde nicht vom Messias geschaffen. Er ist das Ergebnis einer massiven Einwanderung von Juden, des Wohlwollens der entscheidenden Weltmächte und einer Resolution der Vereinten Nationen. Von seinen frühesten Tagen an war er gefährdet. Als die Vereinten Nationen 1947 die Schaffung eines jüdischen Staates befürworteten, waren die umgebenden arabischen Nationen entschlossen, diesen jedenfalls nicht auf ihrem Gebiet im Mittleren Osten zuzulassen. Im Unabhängigkeitskrieg von 1948 kämpften die jüdischen Siedler gegen eine starke Übermacht und besiegten diese, aber selbst nach ihrer Niederlage waren die Araber fest

24. Im Authorised Daily Prayer Book.

entschlossen, den neuen Staat niemals anzuerkennen. So befand sich Israel weiterhin in einer Art von dauerndem Belagerungszustand. Zwischen dem Ende des Unabhängigkeitskrieges und dem Jahr 1993 fielen mehr als 18 000 Israelis im Krieg oder wurden das Opfer von terroristischen Anschlägen. Hinzu kam, daß sich die Weltmeinung in diesem Zeitraum gegen Israel kehrte. 1975 verurteilten die Vereinten Nationen den Zionismus als eine Form des Rassismus, und in zunehmendem Maß wurde die israelische Armee als eine imperialistische Unterdrückungsmacht betrachtet.

Das Palästinenserproblem blieb ungelöst. Nach dem Sechstagekrieg von 1967 besetzten die Israelis das Westjordanland und den Gazastreifen. Das waren Wohngebiete von Millionen feindlich gesinnter Araber, nämlich von Flüchtlingen aus dem israelischen Unabhängigkeitskrieg. Die meisten von ihnen lebten in Elendsquartieren und verfügten nur über spärliche Schuleinrichtungen. Jüdische Neueinwanderer wurden ermutigt, sich in diesen Gebieten anzusiedeln. 1982 versuchte die Armee, die palästinensischen Terroristen ein für allemal auszurotten, indem sie ihre Lager im Libanon angriff. Dieser Feldzug trug nicht zur Verbesserung des Bildes Israels in der Weltöffentlichkeit bei, zumal libanesische christliche Soldaten, die mit Israel verbündet waren, ein Massaker unter den Bewohnern eines muslimischen Flüchtlingslagers anrichteten. Derweil wurden die in den besetzten Gebieten lebenden Araber immer militanter. Die seit 1987 bestehende *Intifada* (»Volkserhebung«) war schwer zu kontrollieren. Selbst die größten Sympathisanten Israels unter den in der Zerstreuung lebenden Juden bekamen gemischte Gefühle, wenn sie Bilder von israelischen Soldaten sahen, die auf Steine werfende Kinder schossen.

Das bildet den Hintergrund der derzeitigen Friedensinitiative. 1993 reichte der damalige israelische Premierminister Izhak Rabin (1922–1996), selbst ein Militärheld, symbolisch Yassir Arafat (geb. 1929), dem Anführer der Palästinensischen Befreiungsorganisation (PLO), die Hand. Beide Seiten verpflichteten sich auf die Einhaltung der Osloer Verträge, zu denen gehörte, daß die Palästinenser die Autonomie über Gaza und das Westjordanland erhalten sollten. Die PLO anerkannte Israel, und Israel anerkannte das Recht der PLO, die Palästinenser zu vertreten. Israel bedurfte dringend der wirtschaftlichen Stabilität. Das Land war allzu lange von der Unterstützung Amerikas abhängig gewesen. Zu Anfang der neunziger Jahre waren 10 Prozent der Bevölkerung arbeitslos. Nach dem Zerfall des Sowjetreiches nahmen Tausende russischer Juden ihr Recht auf Grund des israelischen

Rückkehrergesetzes in Anspruch und wanderten nach Israel aus. Viele dieser Menschen waren hochgebildet. Es wurde in zunehmendem Maß notwendig, eine Wirtschaft zu entwickeln, bei der ihr Fachwissen sinnvoll eingesetzt werden konnte. Die notwendige Voraussetzung dafür, daß Israel endlich seine eigene Identität als unabhängiger, wirtschaftlich stabiler Staat finden konnte, war ein Friedensschluß.

Selbst die Ermordung Rabins durch einen extremistischen Studenten und die Wahl einer Regierung des rechten Flügels konnten den Friedensprozeß nicht mehr aufhalten. Die israelische Rechte wird von den Ultra-Orthodoxen unterstützt, die entschlossen sind, ein »Größeres Israel« einzurichten, das sich an die Grenzen des Gebietes hält, das dem Volk in der Bibel von Gott versprochen wurde. Die übrige Bevölkerung ist sich darin einig, daß dies kein realistischer Anspruch ist. Die Scharen neuer jüdischer Einwanderer haben alle unter dem Antisemitismus gelitten, aber nach achtzig Jahren der Sowjetherrschaft haben sie kaum mehr eine Ahnung von ihrem jüdischen Glauben. Bei einem großen Teil von ihnen handelt es sich nach der traditionellen orthodoxen Definition überhaupt um keine Juden. Ihnen geht es vor allem um ein menschenwürdiges Leben und wirtschaftliche und politische Stabilität. Selbst wenn man von den aus der Sowjetunion Stammenden absieht, ist die Mehrheit der Bevölkerung Israels nicht religiös eingestellt. Für sie steht an erster Stelle der Wunsch nach Frieden, nicht nach dem »größeren Israel«.

Inzwischen machen die Menschen arabischer Abstammung mit Wohnsitz in Israel und israelischer Staatsbürgerschaft mindestens zwanzig Prozent der Bevölkerung Israels aus. Zudem ist ihre Geburtenrate höher als die des Durchschnitts der jüdischen Einwohner. Die Mehrheit von ihnen wird von ihren jüdischen Nachbarn als Bürger zweiter Klasse betrachtet; an den Universitäten und in den anspruchsvolleren Berufen sind sie unterrepräsentiert. Es ist fraglich, wie lange sie das noch hinnehmen werden. Als Ergebnis des Friedensprozesses sind in den von Israel seit 1967 besetzten Zonen bereits autonome Palästinensergebiete eingerichtet worden. So ist damit zu rechnen, daß es bald einen unabhängigen Palästinenserstaat geben wird. Es könnte sein, daß die israelischen Araber sich zum Umzug in den neuen Staat bereit erklären; doch ist es genauso möglich, daß sie es vorziehen, mit ihren eigenen nationalistischen Bestrebungen weiterhin ein Dorn im Fleisch des jüdischen Staates zu bleiben. Die jüngsten Ereignisse im früheren Jugoslawien führen die möglichen Gefahren anschaulich vor Augen.

Viele der umliegenden arabischen Länder sehen den Frieden mit Israel als den ersten Schritt zur Schaffung eines regionalen wirtschaftlich gemeinsamen Marktes. Auf beiden Seiten ist der Anreiz groß, ein gemeinsames Handelsbündnis zu schließen. Damit ein solches mit Erfolg zustande kommen kann, müssen die jüdischen und islamischen Extremisten neutralisiert werden. Viele Beobachter der Lage glauben, wenn die Israelis erst einmal mit den Jordaniern, Syrern und Libanesen bei wirtschaftlichen Projekten kooperieren würden, ergäbe sich daraus auch das soziale Zusammenwirken.

Ein besonderes Problem stellt derzeit im jüdischen Staat noch für jeden, der keine orthodoxe jüdische Abstammung auf der mütterlichen Stammlinie nachweisen kann, das Heiraten dar. Sehr viele der eingewanderten russischen und äthiopischen Juden und der amerikanischen Reformjuden haben damit ihre Schwierigkeiten. Das Heiraten wird nämlich weiterhin von der etablierten Orthodoxie kontrolliert, die nur Heiraten zwischen Juden (die gemäß ihrer engen Definition solche sind) zuläßt. Das ist bereits die Ursache für viel Unwillen. Die Problematik wird sich noch verschärfen, wenn es zu israelisch-arabischen wirtschaftlichen Gemeinschaftsunternehmen kommen wird, denn höchstwahrscheinlich werden im Gefolge davon auch zunehmend jüdisch-islamische Ehen geschlossen. Die gleiche Entwicklung, die dazu geführt hat, daß die jungen Juden in der Zerstreuung in zunehmendem Maß ihre Ehepartner aus den Nichtjuden wählen, mit denen sie zusammen aufgewachsen sind und die Schule und Universität besucht haben, wird künftig wohl auch in Israel einsetzen.

So sind viele Beobachter heute der Überzeugung, Israel werde im Mittleren Osten zu einem Staat wie jeder andere werden. Es wird nicht länger ein von amerikanischem Geld finanzierter Vorposten des Westens mit seiner eigenen einmaligen und exklusiven Religion und Kultur bleiben, sondern in das größere Netzwerk der Gesellschaft des Mittleren Ostens einbezogen werden. Die Wahrscheinlichkeit ist groß, daß es gegen Ende des 21. Jahrhunderts kulturell aus einer Verschmelzung von Juden und Arabern bestehen wird. Israel wird außerdem weithin ein weltlicher Staat sein. Die streng Orthodoxen werden weiterhin in ihren selbstgewählten Ghettos wohnen, aber trotz ihrer gewaltigen Geburtenrate werden sie nur noch eine kleine Minderheit der Bevölkerung ausmachen. Die überwiegende Mehrheit wird aus weltlichen Einwohnern des Mittleren Ostens bestehen, die Nachkommen von Juden wie Arabern sind und nicht mehr in erster Linie auf Tora und Talmud bedacht sein werden, sondern auf Wohlstand und technologischen Fortschritt. Es mag sein, daß sich dann schließlich auch die Überzeugung der Orthodoxen als richtig erweist: daß es tatsächlich unmöglich ist, ohne das Kommen des Messias Gottes einen spezifisch jüdischen Staat einzurichten.

Zugleich gab es in den letzten Jahren hoffnungsvolle Entwicklungen auf dem Feld der christlich-jüdischen Beziehungen. 1965 erließ die römisch-katholische Kirche das Dekret *Nostra Aetate.* Darin anerkennt sie im Abschnitt über die jüdische Religion das spirituelle Band, das Juden und Christen miteinander verbindet; ferner bekräftigt sie, daß Gottes Bund mit den Juden fortbestehe. Besonders wichtig ist jedoch, daß sie die Juden ausdrücklich von der Anklage, Gottesmörder zu sein, freispricht: »Obgleich die jüdischen Obrigkeiten mit ihren Anhängern auf den Tod Christi gedrungen haben, kann man dennoch die Ereignisse seines Leidens weder allen damals lebenden Juden ohne Unterschied noch den heutigen Juden zur Last legen.«[25]

Ähnlich erklärte der Weltrat der Kirchen, wohl die wichtigste ökumenische Einrichtung der Christenheit, bereits 1948 formell sein Entsetzen angesichts der Ausrottung von Juden im Holocaust. Er erließ 1948 mehrere Dokumente, in denen ausdrücklich auf das Judesein Jesu und Gottes Sorge um die Juden hingewiesen wird. 1967 wurde die Aussage formuliert, zwar habe Gottes Offenbarung in der hebräischen Heiligen Schrift ihre Erfüllung in Jesus gefunden, aber Gott habe das Volk der Juden trotzdem nicht aufgegeben. Heute werden in vielen Ländern aktiv feste Einrichtungen zur Begegnung zwischen Christen und Juden gefördert, um den fruchtbaren Dialog zwischen den beiden Glaubensüberlieferungen zu pflegen. Obwohl der Antisemitismus bislang ein ständiger Charakterzug der Geschichte des Christentums war, mehren sich jetzt die Anzeichen, daß die Menschen guten Willens versuchen, diese angstmachende Tradition aufzugeben. So deutet endlich etliches darauf hin, daß Christen und Juden das Versprechen des Psalmisten schätzen lernen: »Seht doch, wie gut und schön ist es, wenn Brüder miteinander in Eintracht wohnen« (133, 1).

---

25. Zweites Vatikanisches Konzil, Erklärung über das Verhältnis der Kirche zu den nichtchristlichen Religionen (Nostra Aetate), Art. 4, in: Lexikon für Theologie und Kirche, Ergänzungsband II, Freiburg i. Br. 1967, 493.

Das Judentum und der Feminismus

Der größte Teil der Weltjudenschaft erwartet nicht mehr das Kommen des Messias und setzt wenig Vertrauen auf Gottes letztliche Gerechtigkeit. Aller Wahrscheinlichkeit nach wird sich Israel selbst vom Judenstaat zum weltlichen Staat im Mittleren Osten wandeln. Viele Juden entscheiden sich zur Heirat mit Nichtjuden; zwischen den religiösen Instanzen von Juden und Christen entstehen positivere Beziehungen. Eine weitere noch ernsthaftere Herausforderung an den traditionellen jüdischen Glauben stellt jedoch das veränderte Rollenverständnis der Frauen in der heutigen Welt dar.

Das strenge orthodoxe Judentum ist im wesentlichen eine patriarchalische Religion mit klar umschriebenen Rollen für Männer und Frauen. Zwar wurde das Judesein von der Mutter an das Kind weitergegeben, aber das Kind selbst wird immer als Sohn oder Tochter des Vaters bezeichnet (wie etwa als Isaac *Ben* Abraham und Ruth *Bat* Sha'ul). Wie wir gesehen haben, wird der Tradition gemäß die Geburt eines Sohnes immer ausführlich gefeiert, mit der rituellen Beschneidung und möglicherweise der Zeremonie der Auslösung des Erstgeborenen. Dagegen wird die Geburt einer Tochter nur mit einem Segen im Verlauf eines normalen Synagogengottesdienstes bedacht. Damit wird deutlich sichtbar, welchem Geschlecht bei den Orthodoxen der Vorzug gilt. Diese Diskriminierung setzt sich die gesamte Kindheit hindurch fort. Die Ausbildung des Sohnes gilt als wichtige Elternpflicht, für die keine Mühe zuviel sein darf. Das Kind muß bei seinem Aufwachsen gründlich in Tora und Talmud geschult werden, um seiner Familie zur Ehre zu gereichen. Die Ausbildung einer Tochter ist dagegen bei den Orthodoxen weit weniger wichtig. Natürlich muß die junge Frau sich darin auskennen, wie man einen koscheren Haushalt führt, aber traditionellerweise wird sie nicht ermutigt, sich intellektuell zu bilden. In vielen Kreisen ist es den Frauen sogar verboten, den Talmud zu studieren. Zwar unterhalten orthodoxe Gemeinschaften in Israel und den USA durchaus auch religiöse Schulen für Frauen, aber in der orthodoxen Gemeinschaft gibt es keine weiblichen Rabbiner. Wenn ein Junge mit dreizehn Jahren das religiöse Erwachsenenalter erreicht, wird seine *Bar Mizwa* als großes Ereignis gefeiert. Er wird vor seiner umfangreichen Verwandtschaft, den Freunden seiner Familie und der versammelten Gemeinde aufgerufen, zum ersten Mal aus der Torarolle vorzulesen. Für Mädchen kennt die Tradition keine entsprechende Feier. Anerkannt ist, daß Mädchen früher als Jungen reifen, weshalb das jüdische Mädchen ab zwölf Jahren als *Bat Mizwa* gilt, aber dieser Schritt wird höchstens mit einer kleinen häuslichen Feier begangen.

Die Frauen sind von allen ausdrücklichen religiösen Pflichtterminen entbunden, und es wird von ihnen nicht erwartet, aktiv am liturgischen Leben der Synagoge teilzunehmen. Ihre Anwesenheit zählt sogar überhaupt nicht, wenn es darum geht, die erforderliche Mindestzahl von Teilnehmern für einen gültigen Gottesdienst zustande zu bringen. Das bedeutet zum Beispiel: Wenn die Eltern einer Frau sterben und sie keine Brüder hat, muß sie entweder ihren Mann bitten oder einen anderen frommen jüdischen Mann dafür bezahlen, das Kaddisch für die Verstorbenen zu verrichten. Wenn sie selbst zur Synagoge geht, muß sie im Frauenbereich Platz nehmen. Dieser befindet sich entweder hinter einer festen Abschirmung, so daß sie das Geschehen gar nicht sehen kann, oder hoch über dem Gottesdienstraum auf einer getrennten Empore. Beides ermutigt ganz und gar nicht zur direkten Teilnahme. Dazu kommt noch, daß ihr im Verlauf der Liturgie ihr Status immer wieder eindeutig zu Bewußtsein gebracht wird. Die Männer beten nämlich täglich beim Gottesdienst: »Gesegnet seist Du, o Herr unser Gott, König des Alls, der Du mich nicht als Frau erschaffen hast.«[26] Im entsprechenden Gebet für Frauen heißt es: »... der Du mich nach Deinem Willen erschaffen hast.«[27]

Für ein streng orthodoxes Mädchen gibt es nur eine allgemein anerkannte Bestimmung: das Heiraten und die Mutterschaft. Ein entsprechender Weg wie in der christlichen Mönchstradition ist unbekannt, wo eine besonders fromme, talentierte oder intellektuell begabte junge Frau ihre eigenen Interessen entwickeln und eine persönliche Beziehung mit dem Allmächtigen pflegen kann. In den 16 Bänden der Encyclopaedia Judaica[28] gibt es bemerkenswert wenig Artikel über Frauen, und in der hebräischen Bibel sind nur drei Bücher nach Frauen benannt, die Bücher Rut, Ester und Judit. Die Frauen werden im allgemeinen nur als Ehefrauen oder Mütter männlicher Helden oder Gelehrter erwähnt. Da die Frauen möglichst bald heiraten sollen und die Geburtenkontrolle auf jeden Fall in jungen Jahren streng verpönt ist, ist für Frauen die Chance gering, ein Universitätsstudium abzuschließen oder eine gründliche berufliche Ausbildung zu erwerben. Laut dem Buch Genesis (2, 18) wurde die Frau als »Hilfe« für den

26. Nach dem amerikanischen *Authorised Daily Prayer Book.*
27. Ebd.
28. Jerusalem 1971.

Mann erschaffen. Das wurde so verstanden, daß die Frau dazu dasein solle, den Mann von allen häuslichen Sorgen freizuhalten, damit er sich voll und ganz dem Talmudstudium widmen kann. In der Welt der Orthodoxen wurden im Lauf der Jahrhunderte die Begabungen der Frauen von einem Wust häuslicher Pflichten erstickt.

Daran hat sich in den streng orthodoxen Gemeinden in Europa, den USA und Israel bis heute kaum etwas geändert. Immer noch werden die Jungen getrennt von ihren Schwestern unterrichtet; bei beiden Geschlechtern wird die frühe Heirat gefördert; eine kinderreiche Familie gilt immer noch als großer Segen. Die streng Orthodoxen setzten sich im allgemeinen mit den Herausforderungen durch den Feminismus auf die Weise auseinander, daß sie sie überhaupt nicht an sich heranließen. Da die Orthodoxen im Staat Israel die volle Kontrolle über die Standesämter ausüben, werden den Frauen immer noch bestimmte bürgerliche Rechte vorenthalten. Am akutesten ist das Problem der Scheidung. Es gibt keine Zivilscheidung, und nach dem jüdischen Gesetz kann nur der Mann die Frau aus der Ehe entlassen, nicht umgekehrt. Wenn ein Mann seiner Frau die Scheidung verweigert, kann sie dagegen nichts machen. Dadurch bleibt sie unter Umständen an einen Mann gebunden, der sie schlägt, ihre Kinder belästigt oder Massenmörder ist; wenn er ihr nicht das erforderliche Dokument ausstellt, kann sie gesetzlich nicht von ihm freikommen. Doch in anderer Hinsicht sind die Frauen nicht an das Gesetz der Orthodoxen gebunden. Die Verfassung Israels garantiert die vollständige Gleichheit von Männern und Frauen. Bei der überwältigenden Mehrheit der Bevölkerung Israels erhalten die Töchter und Söhne die gleiche Ausbildung und erfreuen sich der gleichen beruflichen Möglichkeiten.

So befinden sich im Staat Israel die weltlichen jüdischen Frauen in einer merkwürdigen Lage. Einerseits leiden sie auf dem Gebiet der Ehescheidung unter dem Fehlen eines wichtigen bürgerlichen Rechts, aber im normalen Alltagsleben dürfen sie erwarten, von ihren männlichen Kollegen von gleich zu gleich behandelt zu werden. In der Zerstreuung ist das anders. Die große Mehrheit der Juden gehört nicht den streng Orthodoxen an. In den Synagogen der Modernen Orthodoxen können Frauen Führungspositionen einnehmen und tun das auch. Sie sind Synagogenvorsteherinnen und leiten Spendensammlungen. Dennoch können sie nicht zu Rabbinern ordiniert werden und zählen nicht einmal mit, wenn die erforderliche Mindestzahl von Gottesdienstteilnehmern zusammenkommen muß. Der Grund dafür

Der Überlieferung nach konnten nur Männer den Dienst des Rabbiners versehen. Doch in den letzten Jahrzehnten wurden in den Bewegungen der Reformierten, Liberalen und Rekonstruktionisten auch Frauen zu Rabbinern ordiniert.

ist, daß die Modernen Orthodoxen glauben, sowohl das Geschriebene wie das Mündliche Gesetz stammten direkt von Gott und könnten deshalb in keiner Einzelheit abgeändert werden.

In den Synagogen der Liberalen und der Reformierten ist das ganz anders. Dort sitzen Männer und Frauen beisammen, und alle nehmen voll am Gottesdienst teil. Ein *Bat Mizwa* für Mädchen wird bei den Reformierten, Liberalen und Rekonstruktionisten mit der gleichen freudigen Erregung gefeiert wie ein *Bar Mizwa* für Jungen, und die Mädchen erfahren genau die gleiche religiöse Schulbildung wie ihre Brüder. Seit den frühen siebziger Jahren sind in der Reformbewegung Frauen zu Rabbinern ordiniert worden, und in jüngerer Zeit haben sich die Liberalen und Rekonstruktionisten dieser Praxis angeschlossen. Die Bewegung der Liberalen hat zwar grundsätzlich die Frauenordination und liturgische Gleichheit angenommen, aber in den einzelnen Synagogen ist das noch ein heißumstrittenes Thema, und die tatsächliche Praxis der Synagogen bezüglich der Gleichheit der Geschlechter kennt noch große Unterschiede. Heute werden die nicht-orthodoxen Rabbinerseminare von annähernd der gleichen Zahl von studierenden Männern wie Frauen besucht, und man ist sich allgemein darin einig, daß das Format der aufstrebenden jungen Frauen im Durchschnitt eindrucksvoller ist als das der jungen Männer. So ist die Wahrscheinlichkeit groß, daß im 21. Jahrhundert viele der führenden Kanzeln schließlich von weiblichen Rabbinern besetzt sein werden.

Das moderne Judentum stand stark unter dem Einfluß der feministischen Bewegung; ja viele der bekanntesten Anführerinnen der Feministinnen sind selbst jüdischer Abstammung. Bei den nicht-orthodoxen und weltlichen Juden hat sich die traditionelle Leidenschaft für das Talmudstudium in den Wunsch umgewandelt, seinen Kindern die bestmögliche Ausbildung zu ermöglichen, die die Welt der Heiden zu bieten hat. Das wollen sie für ihre Töchter genauso wie für ihre Söhne. Heute studieren jüdische junge Frauen in großer Zahl Medizin oder Jura oder qualifizieren sich in der Wirtschaft. Ihr Ehrgeiz wurde obendrein durch die gezielte Förderung der Frauen seitens der Bildungseinrichtungen bekräftigt. Bei dieser hochgebildeten Gruppe ist das späte Heiraten die Regel. Ja manche entscheiden sich, überhaupt nicht zu heiraten, zudem scheint es einen ernsthaften Mangel an jungen Männern mit der gleichen oder einer höheren Qualifikation zu geben. Selbst wenn diese Frauen heiraten, haben sie wahrscheinlich nicht mehr als zwei Kinder. Die Geburtenrate bei den nicht-orthodoxen jüdischen Ehepaaren ist niedrig, ja reicht bei weitem nicht zur natürlichen Regeneration.

Trotz der Bemühungen der Modernen Orthodoxen und der nichtorthodoxen Synagogen scheinen sich viele dieser intelligenten, jungen Frauen mit hohem Einkommen nicht von dem angezogen zu fühlen, was sie ihnen zu bieten haben. Selbst wenn sie einen jüdischen Mann finden, heiraten und ihre Kinder jüdisch erziehen, ist die Wahrscheinlichkeit groß, daß ihre Verbindung zur religiösen Gemeinschaft bestenfalls sporadisch ist. Sie neigen leicht dazu, sich dem Hauptstrom der nichtjüdischen Gesellschaft anzuschließen, und mit hoher Wahrscheinlichkeit werden viele ihrer Bekannten Nichtjuden sein. Für junge Menschen, die zusammen mit der Elite der Nichtjuden aufwachsen und ihre Ausbildung erfahren, ist die spätere interreligiöse Heirat und vollständige Assimilierung immer eine naheliegende Möglichkeit.

Die Assimilierung und die langfristige Zukunft

Die amerikanische jüdische Gemeinschaft bleibt die größte in der Welt und ist reicher und mächtiger denn je. Doch die Zeiten der geschlossenen jüdischen Privatclubs und Wohngebiete sind vorbei. Schon seit den frühen sechziger Jahren sind die jüdischen jungen Menschen in noch nie dagewesener Zahl in die angeseheneren Universitäten und Berufe eingerückt. Ihr Fortschritt war erstaunlich. Gegen 1970 war bereits ein Viertel der Studenten an der Harvard-Universität jüdischer Abstammung; an der Columbia-Universität waren es sogar 40 Prozent. Diese Studentengeneration gelangte in den neunziger Jahren zu beträchtlichem Einfluß auf das Rechtswesen und die Politik. Präsident Clinton (geb. 1946) berief während seiner ersten Amtszeit zwei Juden in den Supreme Court, und im 1992 gewählten Kongreß waren die Juden in beiden Häusern fünfmal stärker vertreten, als sie proportional in der Gesamtbevölkerung ausmachen. Das gleiche gilt für die Bereiche der Medizin, der Universitäten, der Unterhaltungsindustrie, des Journalismus, des Bankenwesens und der Geschäftswelt ganz allgemein.

1994 waren weniger als zwei Prozent der Bevölkerung der USA Juden, aber ihr Einfluß auf fast jedem öffentlichen Gebiet war deutlich spürbar. In ihrer überwältigenden Mehrzahl bestand die jüdische Gemeinschaft aus Vorstadtbewohnern, die der Mittelschicht angehörten, über ein Universitätsstudium verfügten und wohlhabend waren. Als in politischer Hinsicht traditionellerweise liberal eingestellt, neigten bezeichnenderweise in der Reagan-/Bush-Ära viele den Republikanern zu, obwohl die große Mehrheit für den Demokraten Bill Clinton stimmte. Doch in den achtziger Jahren erwies sich das wirtschaftliche Eigeninteresse als stärker als die traditionelle jüdische Betonung der sozialen Gerechtigkeit und Sorge um die benachteiligteren Mitglieder der Gesellschaft. Doch in den letzten Jahren wurden die Umstände für die Jüngeren wohl etwas weniger rosig. Programme zur besonderen Förderung ethnischer Gruppen und der Frauen wirkten sich für die jüdischen männlichen Studenten (nicht jedoch für ihre Schwestern) nachteilig aus. Es könnte sein, daß sich die in den neunziger Jahren herangewachsene Generation schwerer damit tut, die obersten Ränge der amerikanischen Gesellschaft zu erreichen. Dennoch geht es der jüdischen Gemeinschaft derzeit ausgezeichnet.

Damit soll nicht gesagt sein, daß es in den USA keinen Antisemitismus mehr gebe. Doch auf dem gesellschaftlichen Parkett tritt er kaum zutage. Der Holocaust hat allzu schrecklich vor Augen geführt, wohin der Judenhaß führen kann. Mittels der Erziehungsprogramme, Gedenkstätten an den Holocaust, Museen und Erzeugnisse der Volkskultur wird die Nazizeit mit Erfolg im öffentlichen Bewußtsein präsent gehalten. Filme wie *Sophies Wahl* und *Schindlers Liste* gewährleisten, daß das Leiden der Juden nicht vergessen wird. Die »Anti-Defamation League«, eine zur Bekämpfung von Äußerungen des Antisemitismus gegründete Organisation, erwies sich für die Abwehr von Äußerungen antijüdischer Vorurteile als besonders wirksam. Selbst der jüngste Ausbruch von Anzeichen des Antisemitismus in der afroamerikanischen Bevölkerungsschicht hat sich kaum als Gefahr für die Sicherheit der jüdischen Gemeinschaft ausgewirkt.

Das Schwinden des offenen Judenhasses und der Einzug der Juden in alle Einrichtungen der amerikanischen gehobenen Mittelklasse hatten unvermeidlich zur Folge, daß die Juden zu begehrten Heiratspartnern wurden. Die Zahlen sprechen für sich. Zwischen 1900 und 1940 waren weniger als drei Prozent der verheirateten Juden mit Nichtjuden verheiratet. In den vierziger und fünfziger Jahren wuchs der entsprechende Prozentsatz auf 6,7 Prozent an. Bis 1970 war er auf 31,7 Prozent hochgeschnellt, und ab Mitte der achtziger Jahre erreichte er 52 Prozent.[29] Mit anderen Worten heißt das, daß auf jedes

29. Zahlen aus Jack Wertheimer: A People Divided, New York 1993, 59.

jüdische Paar, das heiratet, zwei Mischehen kommen. In der Vergangenheit war die Wahrscheinlichkeit des »Hinausheiratens« bei den jüdischen Männern bei weitem größer als bei den Frauen. Das Grundmuster schien dabei so auszusehen, daß die jüdischen Männer, die sich nichtjüdische Frauen wählten, im allgemeinen Frauen heirateten, deren Väter sozial und wirtschaftlich von niedrigerem Rang als ihre eigenen Familien waren. Viele dieser Frauen waren willens, zum Judentum zu konvertieren. Heute konvertiert noch bestenfalls einer von drei Ehepartnern, und weniger als eines von drei Kindern aus diesen Mischehen wird als Jude erzogen. Damit geht die Mehrheit dieser Familien dem Judentum verloren. Hinzu kommt, daß viele Juden sich entschließen, nicht zu heiraten oder in einer homosexuellen Beziehung zu leben. Angesichts alles dessen glauben viele Kommentatoren, daß die amerikanischen Juden, mit den Worten des Historikers Norman Cantor gesprochen, »eine Hinfahrkarte in Richtung Verschwinden als besondere ethnische Gruppe gelöst haben«[30].

Die jüdische Gemeinschaft versucht, diesen Prozeß aufzuhalten. Die Zahlen zeigen, daß vor allem die Juden mit geringem religiösem Hintergrund zum »Hinausheiraten« neigen. Darum haben die finanziellen Aufwendungen zur Förderung und zum Ausbau von jüdischen Tagesschulen und Synagogenprogrammen, mit denen die gemischt Verheirateten und Gemeindefernen angesprochen werden sollen, sprunghaft zugenommen. Derweil verschanzen sich die streng Orthodoxen, die weithin immun gegen die Auswirkungen der Verweltlichung zu sein scheinen, buchstäblich in ihren eigenen observanten Ghettos. Sie sind die einzige Gruppe der Gemeinschaft, die zahlreiche Kinder hervorbringt. Die Welt der orthodoxen Jeschiwot und Mädchenseminare war noch nie so blühend wie heute. Zugleich arbeiten die streng Orthodoxen immer weniger mit der übrigen Judenschaft zusammen, die sie als hoffnungslos an die Welt angepaßt betrachten. Doch selbst wenn man diese kleine blühende Enklave mit einrechnet, liegt die Durchschnittszahl der Kinder pro jüdischer Familie deutlich unter den 2,3 Prozent, die notwendig wären, um den derzeitigen Bevölkerungsstand zu halten.

In den anderen Ländern der Zerstreuung ist die Lage ganz ähnlich. Auch hier behalten die streng Orthodoxen ihre besondere Lebensart bei, aber ansonsten nimmt die Zahl der Mischehen zu und alljährlich gehen Tausende von Juden verloren. In Großbritannien zum Beispiel

30. Norman Cantor: The Sacred Chain, New York/London 1994, 426.

wählen mehr als die Hälfte der jüdischen jungen Leute nichtjüdische Ehepartner und die Geburtenrate jüdischer Ehen liegt mindestens zwanzig Prozent unter derjenigen der Gesamtbevölkerung des Landes. Dieses Problem ist so akut, daß der Oberrabbiner des British Commonwealth, Jonathan Sacks (geb. 1948), ein Buch mit dem Titel schrieb: *Will We Have Jewish Grandchildren?*[31] (»Werden wir noch jüdische Enkel haben?«) und sich an die Spitze einer Kampagne für den Fortbestand der jüdischen Gemeinschaft stellte.

So sind viele Beobachter der Auffassung, es bestehe kein Grund zum Optimismus. Die Geburtenrate der Juden in der Zerstreuung ist zu niedrig, und die Anreize der Assimilierung sind zu stark. Sicher, das Land Israel wird in der Hand von Menschen bleiben, die von Juden abstammen, aber manche Kommentatoren glauben, daß sich in den kommenden Jahrzehnten auch sie durch Heiraten immer mehr mit den umliegenden Nationen vermischen und sich immer stärker als Israelis und nicht mehr als Juden verstehen werden. Die einzig Überlebenden werden die streng Orthodoxen sein, die weiterhin den Gott ihrer Vorfahren so anbeten werden, wie es schon vor ihnen ihre Eltern getan haben; aber sie werden sich immer weiter von der modernen Zivilisation abkapseln.

Deutschland: Neue Heimat für Juden?[32]

Die Zahlenangaben schwanken: Annähernd 100 000 Juden gebe es heute in Deutschland, wird allgemein kolportiert. Im Zusammenhang mit dieser verdächtig runden Zahl werden exaktere Statistiken über Entkommene aus dem Nazi-Terror und über Einwanderer aus Osteuropa, besonders aus Rußland, vorgelegt. In den frühen fünfziger Jahren wurden in Deutschland ca. 20 000 Juden gezählt, meistens neu Eingewanderte. Um 1990 gab es 29 000 jüdische Gemeindemitglieder. Seither seien über 60 000 Juden mit ihren Familien aus der Sowjetunion in Deutschland eingetroffen. Es stünden aber auch derzeit noch ungefähr ebensoviele auf dem Sprungbrett nach Deutschland. Diese weiteren 60 000, so heißt es, behalten ihr Visum nach Deutschland, um es erst in sich entfaltenden Notzeiten für ein neues Leben in einem neuen Land zu benützen. Es ist allgemein ins jüdische

31. Essex 1994.
32. Autor dieses Nachtrags: Clemens Thoma, Professor für Judaistik, Luzern.

Bewußtsein gedrungen, daß das heutige Deutschland ein ganz anderes Deutschland ist als seinerzeit das judenmörderische Nazideutschland: Es läßt sich in Deutschland wohnen und dabei die eigene jüdische Geschichte neu zu fassen. Außerdem wird das alte Kulturdeutschland als mit Erinnerungszeichen an die schwerste Leidens- und Sterbenszeit von Angehörigen und Verwandten gefülltes Land charakterisiert: »Ich, das weiß ich genau, werde immer in Deutschland bleiben, denn es gibt Orte, die sind für die Gegenwart da, und es gibt Orte, die sind für die Erinnerung da.«[33]

Drei schwere Lasten haben die Juden Deutschlands vor allem zu tragen: Die erste Last ist das geforderte Auffangen, Verkraften und Betreuen jüdischer Einwanderungsgruppen aus Osteuropa. Die zweite Last ist der Neuaufbau jüdischer oder gar jüdisch-deutscher Identität. Die dritte Bürde ist ein möglichst untraumatisches Leben in der Nachwelt und nach der Schoa. Die Juden und Jüdinnen leben somit in Deutschland auf ideologisch »heißem« Boden. Es fällt vielen von ihnen oft sehr schwer, ihre Existenzweise der Außenwelt plausibel zu machen. Bei weitem nicht alle Juden stehen in Deutschland »auf den gepackten Koffern«. Es geht der jüdischen Gemeinschaft vielmehr darum, in Deutschland wieder versuchsweise heimisch und eigenständig zu werden. Deutschland ist ja – dies gilt für dieses Land ebenso wie für England, Frankreich, Rußland und die Schweiz – mit vielfältigen jüdischen Traditionen gefüllt. Die religiöse und profane deutsch-jüdische und europäisch-jüdische Literatur wirkt immer noch kreativ für den Aufbau jüdischer Identität. Sie beeinflußt auch das Geistesleben jüdischer Einwanderer im Staat Israel. Die jüdische Bevölkerung schaut auf zukunftsträchtige Tendenzen in den Gastländern. Obwohl aber Jüdinnen und Juden heute viel positive Nachbarschaften erleben, fühlen sie doch, besonders in Deutschland, stete Furcht vor neu aufflackernden Antisemitismen.

Hier ist nicht der Raum für inhaltlich umfassende Beurteilungen aller Nuancen jüdischer Befindlichkeiten in Deutschland. Ein Nebenaspekt *kann* aber zur Geltung kommen. Es ist auffallend, wie stark sich Juden in Deutschland, und überhaupt in Europa, für das Gespräch *auch* mit den Christen und über das Christentum interessieren. Die Identität vieler Juden in Europa und in Israel ist *nebenbei* auch vom Bewußtsein der religiösen und menschlichen Anerken-

---

33. So der jüdische Literat Maxim Biller, geb. 1960; zit. in Metzler Lexikon der deutsch-jüdischen Literatur, hg. von Andreas B. Kilcher, Stuttgart 2000, 68.

nung seitens der christlichen Welt geprägt. Das war u. a. deutlich am 26. März 2000 zu merken, als Papst Johannes Paul II. an der Jerusalemer Klagemauer seine Botschaft hinterließ: »Mit der Bitte um Deine (= Gottes) Vergebung möchten wir uns verpflichten zu echter Brüderlichkeit mit dem Volk Deines Bundes.« Viele Ängste werden vertrieben, wenn die jüdischen Mitbürger das Bewußtsein haben, daß ihre christlichen Nachbarn nicht mehr antisemitisch sind, sondern die jüdische Eigenständigkeit und Nützlichkeit anerkennen.

Anhang

Zeittafel

ca. 2000–1750 v. Chr.	Zeitalter der Patriarchen (Abraham, Isaak, Jakob)
ca. 1750	Jakobs Familie läßt sich in Ägypten nieder.
18. Jh.	In Texten von Mari erste Erwähnung der »Apiru«, möglicher Vorläufer der Hebräer
17./16. Jh.	Herrschaft der asiatischen Hyksos-Dynastie in Ägypten
13./12. Jh.	Auszug aus Ägypten. Ansiedlung in Kanaan. Zeit der Richter
11. Jh.	Errichtung des Königtums durch König Saul
10. Jh.	Zeitalter von König David und Eroberung Jerusalems Zeitalter von König Salomo und Bau des Ersten Tempels
ca. 930	Tod von König Salomo und Teilung des Königreichs
Mitte 9. Jh.	Zeit der Propheten Elija und Elischa
ca. 840	Schwarzer Obelisk mit Darstellung von König Jehu, der sich vor Assyrien verneigt
8.Jh.	Zeit der Propheten Amos, Hosea, Micha und Jesaja
Spätes 8. Jh.	Kultreform durch König Hiskija von Juda
Spätes 7. Jh.	Reformen des Königs Joschija. Das Deuteronomium, eines der fünf Bücher Moses, wird wiedergefunden.
721	Das Nordreich fällt an Syrien.
586	Deportierung der zehn nördlichen Stämme. Zerstörung des Ersten Tempels in Jerusalem durch die Babylonier
586–538	Die Juden im Exil in Babylon
538	Rückkehr nach Jerusalem und Wiederaufbau des Tempels
5. Jh.	Religiöse Erneuerung unter Führung des Schriftgelehrten Esra
4./3.Jh.	Judäa fällt hintereinander unter die Herrschaft des persischen, makedonischen und ägyptischen Reiches.
198	Judäa wird von der Dynastie der Seleukiden übernommen.
164	Aufstand der Makkabäer. Errichtung einer (immer gefährdeten) Unabhängigkeit
63	Judäa wird Teil des Römischen Reiches.
37–4 v. Chr.	Herrschaft des Königs Herodes. Wiederaufbau des Tempels

1. Jh. n. Chr.	Zeit der Pharisäer, Sadduzäer und Essener
70	Während des Jüdischen Krieges Zerstörung des Zweiten Tempels
132–135	Gescheiterter Aufstand des Simon bar Kochba
Spätes 1. Jh.	Einrichtung der rabbinischen Akademie in Jabne
3. Jh.	Kompilation der *Mischna* durch Juda ha Nassi
Spätes 4. Jh.	Kompilation des Jerusalemer *Talmuds*
6. Jh.	Kompilation des Babylonischen *Talmuds*
8. Jh.	Anfänge der Karäer
ca. 800	Der Vertrag von Omar regelt das Leben der Juden im Islamischen Reich.
9./10. Jh.	Ausbreitung jüdischen Lebens in Europa, Nordafrika und im Irak
10.–12. Jh.	Goldenes Zeitalter der spanischen Juden
1096	Judenmassaker im Rheinland während des Ersten Kreuzzugs
Spätes 11. Jh.	Kompilation der Bibelkommentare Raschis
1144	Erstes Beispiel der Anklage des Ritualmords in Norwich, England
Mitte 12. Jh.	Der Philosoph Maimonides besorgt die Kodifizierung des jüdischen Rechts.
1291	Vertreibung der Juden aus England
Ab 13. Jh.	Schutz der Juden in Polen
Spätes 13. Jh.	Entstehen des *Sohar* und der mystischen Tradition
1492	Vertreibung der Juden aus Spanien
16. Jh.	Wiederaufleben der mystischen Tradition in Safed in Palästina
17./18. Jh.	Die osteuropäischen Juden erleiden viele Umbrüche.
1648	Chmelnizki veranstaltet in Polen ein Massaker an Juden.
1666	Schabbetai Zewi konvertiert zum Islam.
Frühes 18. Jh.	Entstehen des Chassidismus in Osteuropa
Mitte 18. Jh.	Jüdische Aufklärung (Moses Mendelssohn)
18./19. Jh.	Die Juden erhalten in Westeuropa zunehmend die Bürgerrechte.
19. Jh.	Wachsen der Reformbewegung in Westeuropa und den USA
1818	Bau der ersten Reformsynagoge in Hamburg
1875	In Cincinnati Eröffnung des Hebrew Union College
1880–1920	Judenpogrome in Osteuropa, Massenemigration in die USA
1896	Dreyfus-Affäre in Frankreich
1897	Theodor Herzl beruft den Ersten Zionistenkongreß nach Basel ein.

1919	Der Völkerbund stimmt der britischen Verwaltung von Palästina zu.
1933–1945	In der Judenverfolgung durch die deutschen Nationalsozialisten werden 6 Millionen Juden ermordet.
1948	Errichtung des Staates Israel
1967	Im Sechstagekrieg wird Jerusalem wieder vereint. Israel bringt das Westjordanland, den Gazastreifen und die Golanhöhen unter seine Kontrolle.
1970er Jahre	Die Reformbewegung ordiniert Frauen zu Rabbinern.
1990er Jahre	Tausende russischer Juden wandern nach Israel aus.
1993	Friedensgespräche zwischen der israelischen Regierung und der Palästinensischen Befreiungsorganisation
1995	Ermordung von Premierminister Izhak Rabin

Glossar

Aguddat Jisrael: Organisation der orthodoxen Juden, die den Zionismus ablehnt.

Allerheiligstes: Innerstes Heiligtum des Tempels von Jerusalem.

Amida: Gebet, das ursprünglich aus 18 Segenssprüchen besteht und im täglichen Synagogengottesdienst verwendet wird.

Antisemitismus: Haß auf die Juden.

Aschkenasim: (Einzahl: *Aschkenasi*) In Nordfrankreich, Deutschland und Osteuropa ansässige Juden und ihre Nachfahren in Israel und den USA.

Assimilierung: Prozeß des Verlustes der jüdischen Identität durch Aufgehen in der nichtjüdischen Welt (durch Mischehen, religiöse Indifferenz, Konversion zu anderen Religionen).

Auferstehung: Der Glaube, daß die Toten wieder aus ihren Gräbern auferstehen, um von Gott gerichtet zu werden.

Aufklärung: Im späten 18. und frühen 19. Jh. der Umbruch im weltlichen wissenschaftlichen Denken und in der Bildung mit der Tendenz, alles mit der kritischen Vernunft zu durchleuchten.

Auserwähltes Volk: Selbstbezeichnung der Juden, die glauben, sie seien von Gott als sein Bundesvolk auserwählt und besonders verpflichtet, sein Gesetz zu halten.

Aw: (auch *Ab*) 11. Monat (Juli/August) des jüdischen Kalenders. Am 9. Aw *(Tischa be-Aw):* Fasten zur Erinnerung an den Verlust des Tempels von Jerusalem.

Bar Mizwa: Zeremonie zur Feier des Eintritts ins Erwachsenenalter für die 13jährigen Jungen.

Bat Mizwa: Zeremonie zur Feier des Eintritts ins Erwachsenenalter für die 12jährigen Mädchen.

Bund: Ein besonderes Abkommen zwischen Gott und dem jüdischen Volk.

Chanukka: Winterfest, bei dem der Sieg der Makkabäer über die Hellenisierer gefeiert wird.

Chassidim: Anhänger einer mystischen Bewegung, die im 18. Jh. im osteuropäischen Judentum aufkam.

Essener: Jüdische mönchsähnliche Gemeinschaften; Blütezeit im 1. Jh. n. Chr.

Evangelium: Christliche Schrift mit der Beschreibung des Lebens und Werkes Jesu Christi.

Exegese: Auslegung heiliger Texte.

Exilarch: *Resch Galuta,* vom 1. bis 13. Jh. der Führer der babylonischen Judenschaft.

Fasten: Tag der Enthaltung von Speisen.

Gaon: (Mehrzahl: *Geonim*) »Majestät«, Titel des Vorstehers der babylonischen Talmudschulen.

Gelobtes Land: Das Land Israel; das Land, das laut der Bibel Gott dem Abraham und seinen Nachkommen in einem Gelöbnis (daher »gelobt«) versprochen hat.

Geschriebenes Gesetz: Die im Pentateuch enthaltenen Gesetze.

Ghetto: Abgetrennnter Wohnbezirk für Juden.

Haggada: Im Unterschied zur *Halacha* die nichtgesetzlichen Inhalte der talmudischen Literatur; Verlaufsordnung des Pessachmahls.

Halacha: Der gesetzliche Teil der jüdischen Oberlieferung.

Heiden: Alle Menschen nichtjüdischen Glaubens. Der englische Ausdruck *Gentiles* wird in diesem Sinn bis beute verwendet, das deutsche Wort nur für das Zeitalter der Antike.

Hellenisierer: Im 4. Jh. v. Chr. diejenigen, die versuchten, griechische Vorstellungen und Bräuche ins Judentum einzuführen.

Hoherpriester: Der israelitische oberste Priester, der am Tempel in Jerusalem den Dienst versah.

Holocaust: Die Vernichtung der europäischen Judenschaft zwischen 1933 und 1945.

Humanistic Judaism: »Humanistisches Judentum«, eine radikale Bewegung des heutigen amerikanischen Judentums, z. T. unter Ablegung des Gottesglaubens.

Israeliten: Bezeichnung für das jüdische Volk, vor allem in der biblischen Zeit.

Jahrzeit: Jahresgedächtnis eines verstorbenen engen Familienangehörigen.

Jarmulke: Scheitelkäppchen der jüdischen Männer.

Kabbala: Seit dem 12. Jh. eine besondere Form der jüdischen Mystik.

Kaddisch: Trauergebet, das gerade in der Trauer Gottes Größe preist.

Kanon: Offiziell anerkannte Sammlung der Bücher der Heiligen Schrift.

Karäer: Anhänger einer im 8. Jh. n. Chr. entstandenen häretischen Sekte.
Kaschrut: Die Speisegesetze.
Kibbuz: Eine landwirtschaftliche Kommune in Israel.
Kippa: Scheitelkäppchen,
Knesset: Die gewählte Volksvertretung Israels.
Konservative: *Conservatives,* eine gemäßigte Reformbewegung innerhalb des amerikanischen Judentums, am besten als »Liberale« zu kennzeichnen.
koscher: Zum Essen geeignet, d. h. der *Kaschrut* entsprechend.
Kreuzzug: Feldzugsbewegung in der mittelalterlichen Christenheit zur Vertreibung der Muslime aus Palästina.
Laubhüttenfest: siehe *Sukkot*
Lulaw: Büschel aus Myrten-, Palm- und Weidenzweigen, verwendet im Gottesdienst am *Sukkot.*
matrilinear: In der Abstammungsfolge über die Mütter.
Messias: Gottes auserwählter König, der die endgültige Gottesherrschaft auf Erden herstellen wird.
Mesusa: Pergamentröllehen, die an den Türpfosten jüdischer Häuser befestigt werden.
Midrasch: Rabbinischer Bibelkommentar.
Mikwe: Rituelles Gemeinschaftsbad.
Mischehe: Ehe zwischen einem jüdischen und einem nichtjüdischen Partner.
Mischna: Mündliches Gesetz. Auch Titel der Textsammlung über das Mündliche Gesetz durch Juda ha-Nassi im 2. Jh. n. Chr.
Misrachi: Der orthodox-religiöse Flügel der zionistischen Bewegung, seit 1956 als *Mafdal* politische Partei in Israel.
Mizwa: Gesetz.
Moderne Orthodoxie: Eine Modernisierungsbewegung innerhalb der jüdischen Orthodoxie.
Mohel: Fachmann für die rituelle Beschneidung.
Monotheisten: Vertreter des Ein-Gott-Glaubens.
Mündliches Gesetz: Die mündliche Auslegung des Geschriebenen Gesetzes, wie sie in *Mischna* und *Talmud* aufgezeichnet ist.
Nassi: Vom 2. bis 4. Jh. n. Chr. Titel des Führers der palästinensischen Judenschaft.
Neues Testament: Der zweite Teil der christlichen Heiligen Schrift mit der Beschreibung des Lebens Jesu Christi, der Frühkirche und ihrer Lehre.
Neujahr: 1. Tag des Monats Tischri, Beginn der Zehn Tage der Buße.
Oberrabbiner: Zentraler religiöser Leiter einer bestimmten regional (meist nach Ländern) umschriebenen Gruppe von Juden.
Orthodoxe: »Rechtgläubige«; diejenigen, die glauben, daß das Geschriebene und Mündliche Gesetz direkt von Gott gegeben wurde und darum bis in jede Einzelheit befolgt werden muß.

Passah: siehe *Pessach*

Patriarchen: Die Urväter des jüdischen Volkes: Abraham, Isaak und Jakob (Israel).

Pentateuch: Die ersten fünf Bücher der hebräischen Heiligen Schrift: Genesis, Exodus, Levitikus, Numeri und Deuteronomium (auch 1. bis 5. Buch Moses genannt).

Pessach: (auch *Passah*) Frühlingsfest zur Befreiung der Juden aus der Knechtschaft in Agypten.

Pharisäer: Eine religiöse Sekte zur Zeit des Zweiten Tempels, die besonders sorgfältig auf die Einhaltung sowohl des Geschriebenen wie des Mündlichen Gesetzes bedacht war.

Phylakterien: *(Tefillin)* Kapseln mit Pergamenttröllchen, die sich fromme Juden täglich auf Arme und Stirn binden.

Pijutim: Gedichte, die als Gebete verwendet werden.

Poale Zion: »Arbeiter Zions«, eine Sozialistenbewegung innerhalb des Zionismus.

Pogrom: Russisch »Verwüstung«, im 19. und frühen 20. Jh. gewalttätige Ausschreitung in Rußland und Polen, vorwiegend gegen Juden.

Progressive: Nichtorthodoxe.

Prophet: Einer, der das Wort Gottes heraussagt. Als klassische Propheten gelten diejenigen, deren Worte in der Bibel aufgezeichnet sind.

Proselyt: Ein zum Judentum Bekehrter.

Purim: »Lose«; Fest zur Befreiung der Juden aus Persien, wie sie im Buch Ester beschrieben wird.

Quasten: *Zizit,* rituelle Anhängsel an den Zipfeln der Gewänder.

Rabbaniten: Rabbinische Juden im Gegensatz zur Sekte der *Karäer,* die die Gültigkeit des Mündlichen Gesetzes bestreiten.

Rabbiner: Ein anerkannter jüdischer Lehrer und geistlicher Führer. Heute Amtsbezeichnung des Gemeindevorstehers, des jüdischen Geistlichen.

Raw: Titel der jüdischen Lehrer im babylonischen Judentum (als »Amoräer« bezeichnet).

Reformierte: Die Richtung fortschrittlicher Juden, die versucht, das Judentum mit den modernen historisch-kritischen Erkenntnissen zu vereinbaren.

Rekonstruktionisten: Anhänger einer radikalen jüdischen Bewegung des 20. Jh., die das Judentum als eine Zivilisation auffaßt, die sich in ständiger Evolution befindet und daher immer wieder »umgebaut« werden kann.

Ritualmord: Im Mittelalter Beschuldigung gegen die Juden, sie ermordeten Christenkinder und verwendeten ihr Blut zur Anfertigung ihrer ungesäuerten Pessachbrote.

Rosch: »Haupt«, das jüdische Neujahrsfest *Rosch ha-Schana.*

Rückkehrergesetz: Das Gesetz, wonach jeder Jude einen Rechtaanspruch darauf hat, in den Staat Israel einzuwandern.

Sabbat: Der Samstag als siebter Tag und Ruhetag.
Sadduzäer: Aristokratische Priesterkaste zur Zeit des Zweiten Tempels.
Samariter: Nachfahren der Bewohner des nördlichen Königreichs, die sich mit der umliegenden Bevölkerung vermischten.
Sanhedrin: Höchstes religiöses Gremium der Juden zur Zeit des Zweiten Tempels und danach.
Schabbat: Anhänger des falschen Messias Schabbetai Zewi im 17. Jh.
Schabbes: Jiddischer Ausdruck für Sabbat.
Schawuot: Fest zur Feier des Geschenks der Tora.
Schema: »Schema Jisrael«, die wichtigste Bekenntnisformel des jüdischen Glaubens an den einen Gott.
Schiwa: Siebentägige Trauerzeit nach dem Tod eines engen Fainilienangehörigen.
Schofar: Widderhorn, das zum *Rosch ha-Schana* und *Yom Kippur* geblasen wird.
Schrein: Ursprünglich Behälter für die Gesetzestafeln; Schrank in der Synagoge, in dem die Torarollen verwahrt werden.
Schriftrolle: Lange Pergamentrolle, auf der die Heiligen Bücher geschrieben stehen.
Schriftrollen vom Toten Meer: Alte Schriftrollen, die im 20. Jh. in Tongefäßen am Toten Meer gefunden wurden und vermutlich von den Essenern stammen.
Schtetl: Jiddisch »Städtchen«, osteuropäisches Dorf, das vorwiegend von Juden bewohnt wird.
Seder: Das Pessachmahl.
Sefardim: Juden spanischer oder orientalischer Abstammung.
Selihot: Von den Aschkenasim verfaßte Bußgebete.
Septuaginta: »Buch der Siebzig«, Übersetzung der hebräischen Heiligen Schrift ins Griechische im 3. Jh. v. Chr., der Überlieferung nach durch siebzig Gelehrte in Alexandria.
Sohar: Hauptwerk der Kabbala in Form eines Kommentars zum Pentateuch.
Sukkot: »Laubhüttenfest«; Fest zur Erinnerung an die Zeit der Wanderung der Juden durch die Wüste.
Synagoge: Haus für den Gottesdienst.
Tallit: Untergewand mit Quasten *(Zizit)*, das die Orthodoxen tragen.
Talmud: Schriftliche Sammlung des Mündlichen Gesetzes, zusammengestellt im späten 5. Jh. in Palästina und im späten 6. Jh. in Babylon.
Tempel: In alter Zeit das Zentralheiligtum der Juden in Jerusalern. Als »temple« bezeichnen die amerikanischen Reformierten auch ihre Synagogen.
Tora: Gottes Offenbarung an die Juden; das jüdische Gesetz; der Pentateuch.
Torarolle: Schriftrolle, auf der der Pentateuch steht.

Versöhnungstag: Heiligster Tag des jüdischen Jahres; dazu gehören ganztägiges Fasten und Gebete um Vergebung der Sünden.
Wallfahrtsfeste: *Pessach, Schawuot und Sukkot,* so genannt, weil sie traditionellerweise in Jerusalem gefeiert wurden.
Westmauer: Rest des Jerusalemer Tempels, Ort besonderer Andacht für die Juden.
Yom Kippur: Versöhnungsfest, wichtigstes Fest des jüdischen Jahres.
Zaddik: Oberhaupt der Chassidim, in erblicher Nachfolge.
Zehn Bußtage: Der Zeitraum zwischen *Rosh ha-Schana* und *Yom Kippur.*
Zehn Gebote: Die zehn Gebote, die laut Exodus 20, 2–17 Gott dem Mose gegeben hat.
Zeloten: Jüdische Aufständische gegen die Römerherrschaft.
Zerstreuung: Hebräisch *Galut,* griechisch *Diaspora,* auch »Verbannung«: die außerhalb des Landes Israel lebenden jüdischen Gemeinschaften.
Zionisten: Bewegung derer, die sich einsetz(t)en, um das Gelobte Land wieder zum politisch selbständigen Stammland der Juden zu machen.
Zionistische (Welt-)Organisation: Ursprünglich gegründet, um die Gründung eines jüdischen Staates in Palästina zu betreiben; heute Organisation zur Verbindung zwischen den Juden in aller Welt und in Israel.

Für die deutsche Schreibweise der hebräischen Ausdrücke wurden konsultiert:
Jüdisches Lexikon (5 Bde.), Berlin 1927–1930.
John F. Oppenheimer u. a. (Hrsg.): Lexikon des Judentums, Gütersloh u. a. 1971.

Feiertage und Fastenzeiten

Frühjahr

Pessach (15.–22. Nissan): Feier der Befreiung von der Knechtschaft in Ägypten.
Israelischer Unabhängigkeitstag (5. Ijjar)
Schawuot (6.–7. Siwan): Gedächtnis der Übergabe des Gesetzes durch Gott an Mose auf dem Berg Sinai.

Sommer

Tammus-Fasten (17. Tammus): Gedächtnis der Zerstörung der Mauern Jerusalems 586 v. Chr. durch die Babylonier und 70 n. Chr. durch die Römer.
Tischa be-Aw (9. Aw): Trauerfeier wegen der Zerstörung des Jerusalemer Tempels 586 v. Chr. und 70 n. Chr.

Herbst

Rosch ha-Schana (1.–2. Tischri): Neujahrsfest, an dem die Juden zur Buße aufgerufen werden.
Yom Kippur (10. Tischri): Versöhnungstag, dem Gebet und Fasten als Sühne für die Sünden gewidmet.
Sukkot (15.–21. Tischri): Laubhüttenfest, während dem die Juden zum Gedächtnis ihres Aufenthalts in der Wüste in provisorischen Hütten wohnen.
Simchat Tora (20.–21. Tischri): Fest der Freude am Gesetz. Feier des Abschlusses des jährlichen Lesezyklus aus der Tora und des Anfangs des neuen Zyklus.

Winter

Chanukka (25. Kislew bis 3. Tewet): Lichterfest; Feier des Sieges von Judas Makkabäus über den Hellenistenkönig.
Tewet-Fasten (10. Tewet): Gedächtnis des Beginns der Belagerung durch die Babylonier und der Opfer des Holocausts durch die Nazis.
Purim (14. Adar): Gedächtnis der Vereitelung der Pläne, die persische Judenschaft zu vernichten, wie im Buch Ester beschrieben.

Diese Feiertage und Fastenzeiten sind alle im 4. Kapitel genauer beschrieben.

Register